DECADÊNCIA

CB126392

Michel Onfray

DECADÊNCIA

vida e morte do Ocidente

Tradução
Dorothée de Bruchard

martins fontes

© 2024 Martins Editora Livraria Ltda., São Paulo, para a presente edição.
© Michel Onfray e Flammarion, Paris, 2017.
Esta obra foi originalmente publicada em francês sob o título
Décadence: vie et mort du judéo-christianisme por Flammarion.

Publisher	Evandro Mendonça Martins Fontes
Coordenação editorial	Vanessa Faleck
Produção editorial	Carolina Cordeiro Lopes
Preparação	Mariana Echalar
Revisão	Lucas Torrisi Ubiratan Bueno
Projeto gráfico	Renata Milan
Capa	Fernando Campos
Diagramação	Renato Carbone

Dados Internacionais de Catalogação na Publicação (CIP)
(Angélica Ilacqua CRB-8/7057)

Onfray, Michel
Decadência : vida e morte do Ocidente / Michel Onfray ; tradução de Dorothée de Bruchard. - São Paulo : Martins Fontes - selo Martins, 2024.
(Trilogia "Breve enciclopédia do mundo" ; 2)

Bibliografia
ISBN 978-65-5554-081-9
Título original: Décadence: Vie et mort du judéo-christianisme

1. Civilização Ocidental - História 2. Judaísmo - História 3. História da igreja 4. Religiões - História I. Título II. Bruchard, Dorothée de

24-3452 CDD 909.09821

Índice para catálogo sistemático:
1. Civilização Ocidental - História

Todos os direitos desta edição reservados à
Martins Editora Livraria Ltda.
Av. Dr. Arnaldo, 2076
01255-000 São Paulo SP Brasil
Tel.: (11) 3116 0000
info@emartinsfontes.com.br
www.emartinsfontes.com.br

Decadência é o segundo volume de uma trilogia intitulada *Breve enciclopédia do mundo*. Apresenta uma *filosofia da história*. O primeiro volume, *Cosmos*, propõe uma *filosofia da natureza*. O terceiro será intitulado *Sabedoria* e terá a forma de uma *filosofia prática*.

As águas da religião estão em baixa e deixam para trás pântanos e charcos; as nações se enfrentam novamente em fortes hostilidades e tentam-se dilacerar. As ciências, cultivadas sem medida e com a mais cega despreocupação, dissolvem e esfacelam tudo o que era objeto de uma sólida crença; as classes educadas e os Estados civilizados são varridos por uma corrente de negócios magnificamente desdenhosos. Nunca um século foi tão secular, tão pobre em amor e bondade. Nesse turbilhão de ambições concretas, os meios intelectuais não passam de faróis ou refúgios. Tornam-se, eles próprios, cada dia mais instáveis, mais vazios de pensamento e de amor. Tudo está a serviço da barbárie que se aproxima, tudo, inclusive a arte e a ciência destes tempos.

Nietzsche, *Considerações inatuais*, III, § 4.

SUMÁRIO

Prefácio

METAFÍSICA DAS RUÍNAS
ATÉ A MORTE MORRE

Cartago, Túnis,
sexta-feira, 29 de abril de 2016,
final da manhã

Sob um céu negro, como que saturado das cinzas de um vulcão inexistente, duas vezes rasgado por uma luz fria que mal consegue penetrar a escuridão, uma cidade inteira ameaça desabar numa praia sem água onde, não longe de um barco encalhado, medita um bispo de mitra e bastão. A paleta do pintor que assina esse quadro, Monsù Desiderio[1], é sóbria: tem o preto alcatrão da noite e o dourado acobreado de um sol frio. A cidade já foi magnífica, magnificente até: as construções, como atestam as ruínas, foram sublimes por sua grandeza, sua potência, sua robustez. Há uma coluna imensa, uma rotunda cobrindo o topo de um arco maciço, um campanário ornamentado, imponentes prédios de vários andares, mas tudo isso está arruinado, estragado, desabado, sem que se saiba por quê. Guerra? Só se tivesse contado com os nossos recursos militares. Uma peste esvaziou a cidade de seus habitantes e deixou ao tempo o tempo de cumprir a sua obra? Possível. Um terremoto, o que explicaria o mar ter desertado a praia e se refugiado mais adiante, após o tremor, deixando na margem um barco arruinado? É o mais provável.

---

1 Monsù Desiderio era o nome com que os historiadores designavam, até meados do século XX, certo autor de pinturas realizadas no início do século XVII na região de Nápoles. O uso de *Monsù*, uma corruptela do francês *Monsieur*, denota sua origem estrangeira. Desde então descobriu-se que a obra atribuída a ele era de autoria de ao menos três artistas diferentes: François de Nomé, Didier Barra, referidos adiante no texto, e um terceiro, ainda desconhecido. [N. T.]

Essa *Lenda de santo Agostinho: ruínas e nave encalhada* foi pintada no século XVII por dois franceses naturalizados napolitanos, Didier Barra e François de Nomé. Existe outro, nessa mesma linha, mas sem esquife em terra e com um mar em grandes borbotões azuis do qual emergem as ruínas: *Lenda de santo Agostinho: ruínas imaginárias à beira-mar*. O primeiro se encontra na National Gallery, em Londres; o segundo, numa coleção particular. Ambos os quadros, porém, foram assim intitulados por Félix Sluys, que dedicou uma monografia aos dois pintores usando e abusando do pensamento mágico freudiano, segundo o qual uma torre é um falo, e uma ruína, uma vagina... Sabemos muito pouco sobre esses pintores, e sabemos ainda menos quando descobrimos que os títulos das telas foram inventados por um crítico de arte, e nada autoriza a validação das alcunhas.

Pois se a mitra e o bastão fazem o bispo, não é por isso que farão santo Agostinho. Mas santo Agostinho faz a tela, pois esse homem, que foi bispo, tinha mais de um motivo para estar à beira-mar: em Cartago, quando lecionava, e ainda a vida inteira, já que esteve nessa cidade trinta e três vezes em trinta anos; em Óstia, o porto de Roma, onde experimentou um êxtase e onde morreu sua mãe; em Hipona, onde foi nomeado bispo e onde faleceu na cidade sitiada havia três meses. Hipona é também a praia onde, meditando sobre o mistério da Trindade, ele avistou uma criança trazendo água do mar numa concha para vertê-la num buraco que havia cavado na areia. Santo Agostinho diz à criança, que na verdade é um anjo, que seu projeto está fadado ao fracasso e ouve dela que ela terminará de transvazar o mar no buraco antes que ele, o filósofo, compreenda o mistério trinitário.

A mitra e o bastão, atributos do bispo, depõem a favor de Hipona, onde Agostinho assumiu o cargo em 396. Ele será bispo até a sua morte, em 28 de agosto de 430. Quando deu o seu último suspiro, a cidade estava sendo sitiada havia semanas pelos vândalos, uma tribo de 12 mil homens conduzida pelo rei Genserico e à qual se aliaram alanos e godos. Observe-se que esses bárbaros eram... cristãos: eram arianos, ou seja, acreditavam que Deus era divino, e seu Filho, humano, mas parcialmente divino. Agostinho ainda teve tempo de ver os estragos. O mar estava nas mãos daqueles que desde então denominamos "bárbaros"; eles tor-

turaram dois bispos até a morte; destruíram as cidades, devastaram as *ville* rurais, mataram os proprietários ou forçaram a fugir os que não conseguiram apanhar; violaram as virgens consagradas; proibiram o culto católico; esvaziaram e queimaram as igrejas - faziam o que faziam os cristãos sempre que estavam no poder desde que o imperador cristão convertera o Império...

É possível, portanto, que as pinturas de Monsù Desiderio representem santo Agostinho numa praia. E, nesse caso, trata-se muito provavelmente de Hipona, atual Annaba, na Argélia. Mas a pista histórica importa menos que a pista alegórica, metafórica, filosófica: o que mostram os dois pintores lorenos estabelecidos em Nápoles é uma *natureza-morta*. O que um dia foi grande, seja homem ou civilização, está fadado a virar pó. Mesmo um célebre Pai da Igreja, um grande doutor da Igreja, um notável teólogo, um filósofo cristão, um santo segundo a Igreja Católica, Agostinho também foi um doente, um moribundo, um morto, um cadáver, depois uma carniça, segundo Baudelaire[2], um esqueleto, cinzas, poeira e, em seguida, poeira dispersa na poeira.

Essa cidade sublimada pelos pintores conta a grandeza da civilização encarnada por ela: a Roma imperial, a Roma de um César pagão, dos filósofos estoicos, dos edifícios majestosos, da genialidade dos engenheiros e dos arquitetos, das vitórias militares em tantos campos de batalha, do pensamento imanente, de Virgílio e Cícero, dos pensadores epicuristas e dos poetas elegíacos da Campânia. Agostinho não se melindra. Podemos até imaginar o que lhe passa pela cabeça nessa praia sem mar, pois ele escreveu a respeito:

> Tudo isso que contam é pavoroso; os montes de ruínas, os incêndios, as pilhagens, os assassinatos e as barbáries. Tudo isso é verdade; gememos e choramos sem nos poder consolar; não nego, estou de acordo, essa história é triste, e a Cidade sofreu cruelmente... Surpreende-vos o fato de o mundo perecer; acaso vos escandaliza o mundo envelhecer? O mundo é como o homem; nasce, cresce, morre... Que não nos aflija ver os justos sofrerem! Seu sofrimento é uma provação; não é uma danação. (*Sermões*, LXXXI, 8)

2 Alusão ao poema "Uma carniça", do livro *As flores do mal*.

E também: "Nisso tudo, o mais importante é o proveito que se tira dessas coisas das quais se pode dizer que vêm a calhar ou em má hora [...] É bem verdade que o importante é menos o que sofremos do que o modo como o sofremos" (*A cidade de Deus*, I, 8). De acordo com o princípio da grande tradição teocrática, Agostinho enxerga a mão de Deus no curso da História: se Deus quis o fim do Império Romano, tinha lá suas razões, e eram boas razões. Se Roma deve perecer, que pereça, como a Cartago púnica pereceu sob o ferro e o sal da férula romana.

O que Agostinho não sabe é que a ruína da civilização romana à qual ele assiste da praia de Hipona tornou possível o advento da civilização judaico-cristã, da qual ele se tornou um dos principais pensadores. Antes de Agostinho, Hipona foi fenícia, púnica, númida, romana; sob o seu mandato, tornou-se cristã, vândala, bizantina e, em 705, muçulmana - como é até hoje. A morte da Hipona romana tornou possível a Hipona cristã, e Agostinho viveu na junção desses dois mundos. Nós vivemos, eu vivo, vocês vivem na junção de dois mundos: o fim do judeu-cristianismo e o advento de algo ainda vago. A morte do que foi é certa; a epifania do que virá é incerta, mesmo que o esboço já dê uma ideia da obra por vir.[3]

Entre as ruínas de Cartago, onde a Igreja realizou tantos concílios em seus primórdios, perambulo sob uma luminosidade contemporânea de Agostinho, avisto o Mediterrâneo e o céu: são exatamente os mesmos do tempo do filósofo cristão. Há passarinhos cantando, são os mesmos tentilhões, os mesmos rabirruivos, as mesmas toutinegras; buganvílias de um violeta musgoso filtram a luz, são as mesmas flores; o sol aquece a alma, é o mesmo sol. As coisas, porém, não são as mesmas, pois o Mesmo é Outro até esgotamento do Mesmo e do Outro.

Monsù Desiderio é um pintor de *vanitas*[4], de naturezas-mortas e de história, o que dá na mesma. A torre de Babel como símbolo da impos-

3 O termo *judaico-cristão* é geralmente utilizado para caracterizar o conjunto de crenças comuns do judaísmo e do cristianismo, a partir do surgimento deste último e até o tempo presente. O termo *judeu-cristianismo* remete mais especificamente aos primórdios do cristianismo, quando estruturas teológicas e litúrgicas do contexto judaico foram adotadas pelos primeiros cristãos, e até que as doutrinas do cristianismo fossem definidas. [N. ED. BR.]

4 No original: *vanités*. *Vanitas* (em latim, vaidade, futilidade), estilo artístico que expressa, por meio de alegorias e símbolos (caveiras, ruínas, ampulhetas, folhas secas etc.), a efemeridade da vida e a inevitabilidade da morte. [N. T.]

sibilidade de se terminar qualquer construção em comparação ao tempo e como reconhecimento de que, antes mesmo de se concluir a obra, a ruína é o destino do edifício; ruínas imaginárias com recordação do Egito e de suas pirâmides, reminiscência de Atenas e de suas colunas coríntias, memória de Roma, de suas colunas votivas e de seus arcos comemorativos; prédios que desmoronaram com suas cenas mitológicas, veterotestamentárias e neotestamentárias. A cada vez, numa paleta de ouro e noite, de âmbar e fuligem, personagens vivem seu destino numa história que é maior do que elas, que as contém e as arrasta com ela.

Os edifícios esburacados, as paredes derrubadas, o fuste caído, desmantelado, o arco quebrado, a cúpula rebentada, a igreja explodida, os túmulos abertos, as ruas repletas de escombros, muros no chão, o porto derribado no fundo mar, tudo isso mostra aquilo que espera pelo espectador dessas ruínas: *Memento mori*, "lembra-te de que tu também morrerás", dizem baixinho os montes de pedras, tal como o escravo, de pé atrás do imperador romano no carro de seu triunfo, sussurrava-lhe ao ouvido no dia de sua sagração. Se até uma cidade que foi grande pode deixar de existir, o que dizer de um homem sujeito à lei universal da entropia?

Contemplando as ruínas de Cartago do alto de um belvedere, persuadimo-nos de que a ruína é verdadeiramente a lei de tudo o que é: do mais humilde dos homens à mais majestosa das civilizações. O judeu-cristianismo produziu ruínas antes de rachar e se tornar por sua vez uma ruína, à semelhança de Stonehenge ou Karnak, Babilônia ou Quéops, Palmira ou Leptis Magna, Atenas ou Roma. Santo Agostinho contempla as ruínas de Roma e servirá para a edificação da pós-Roma imperial; sabemos hoje, ao ver Santo Agostinho meditando sobre essas ruínas, que a sua obra cristã está em vias de se juntar às ruínas causadas pelos vândalos e por seus aliados. Aquilo que foi morre e dá nascimento àquilo que é antes de morrer também.

A história do judeu-cristianismo é repleta de ruínas, e podemos esboçá-la apenas evocando suas ruínas: ruínas dos templos pagãos desmontados e desconstruídos, devastados pelos primeiros cristãos nos tempos em que a seita, sendo bem-sucedida por obra e graça do imperador Constantino, tornou-se religião de Estado. Basta pensar no Arco de

Constantino, que celebra a vitória do imperador cristão sobre Maxêncio na Ponte Mílvia e seus dez primeiros anos no poder: foi edificado entre o final de 313 e o verão de 315, ou seja, em cerca de vinte meses, com material retirado das construções pagãs destruídas. A primeira basílica de Roma e os monumentos de Constantinopla também foram erguidos com pedras pagãs. O cristianismo recicla o paganismo tanto na arquitetura quanto na elaboração de sua fábula.

Ruínas das antigas ruínas que a Renascença descobriria mais tarde: durante mil anos, a verdade se encontra pretensamente na Bíblia, horizonte intransponível de toda ontologia, de toda filosofia, de toda ciência, de toda metafísica, de toda história, de toda política, de toda astronomia, de toda geologia, de toda moral... A pedra com inscrições romanas que aflora do solo, os túmulos que se abrem e se enchem de luz, revelando pérolas e joias, fíbulas e tecidos, pulseiras e pedras preciosas, fustes e cimalhas, tríglifos e métopas misturados com a terra escura dão origem à arqueologia que permite a história dos povos sem escrita – portanto, dos povos sem escrita.

A ruína desse mundo soterrado se revela um tesouro: podemo-nos alforriar da Bíblia e buscar a resposta às nossas perguntas lendo as inscrições no alto dos monumentos, procurando os textos dos autores contemporâneos desse mundo que aflora do solo – como Lucrécio, que é como uma alavanca intelectual e espiritual para um mundo novo. As ruínas antigas arruínam a visão cristã do mundo. Com o velho, os antiquários criam o novo; com esse novo, o cristianismo se torna velho. A ruína romana viva mata a vida cristã, que aos poucos se torna ruína.

As fissuras no edifício cristão o minam. Ao pintar *Explosão numa igreja*, Monsù Desiderio mostra metaforicamente que a Renascença pagã e o protestantismo iconoclasta do que restou do paganismo no cristianismo destruíram o edifício. Os dois homens pintam o desmoronamento à direita, enquanto homens saqueiam as estátuas e os ídolos à esquerda. Monsù Desiderio registra um certo tipo de desmoronamento do cristianismo. Sua pintura poderia ilustrar o movimento da Contrarreforma católica barroca. Registra o desabamento de um mundo que arrastará com ele mais do que se imagina *a priori*.

Pois, no século seguinte, em 14 de julho de 1789, a Bastilha seria tomada, destruída e vendida aos pedaços pelo jacobino Pierre-François

Palloy, um empresário da construção que empregava oitocentos operários para desconstruí-la. Com os fragmentos de pedra ele produziria anéis. Madame de Genlis usa um pingente feito de um suporte de pedra da Bastilha com a palavra *Liberdade* escrita em diamantes! As correntes da prisão viram medalhões patrióticos. Madeiramentos, ferragens e pedras são reciclados. Materiais da fortaleza são aproveitados para a Pont de la Concorde. O mesmo Palloy rentabilizou seu negócio mandando construir maquetes da prisão destruída e vendendo-as às prefeituras departamentais. Esse empresário, que à sua maneira inventou os *souvenirs* que hoje se vendem em museus, comemorava todo ano a morte de Luís XVI com um banquete em que servia uma cabeça de porco recheada. Era conhecido como o Patriota. Tornou-se monarquista durante a Restauração, recebeu em 1814, das mãos do futuro Carlos X, a condecoração da Ordem do Lis. *Sic transit*... Há homens que também são ruínas.

Hubert Robert, o emblemático pintor das ruínas, pintou a destruição, intitulando-a *A Bastilha nos primeiros dias de sua demolição*, e a expõe no Salão de 1789. Mundano, hedonista, epicurista, maçom, retrata igualmente, com voracidade anticlerical, a demolição de prédios religiosos. Como *A demolição da igreja de Saint-Jean-en-Grève* ou *A abadia de Longchamp*. O que não evitou que passasse nove meses encarcerado sob o Terror. Ele pintava sua prisão em pratos. Solto depois de Termidor[5], tornou-se curador do Museu do Louvre. Incorrigível, pintou, em 1796, uma... *Vista imaginária da Grande Galeria do Louvre em ruínas*.

Não há quem desconheça o vandalismo associado à Revolução Francesa. Podemos listar, além da Bastilha: saque de inúmeros castelos da aristocracia; mesma coisa com cidadelas e outras construções fortificadas; destruição de igrejas com suas estátuas, esculturas, vitrais e quadros; refundição de relicários; derrubada de prédios que tivessem figuras da realeza; arrombamento e profanação dos túmulos dos reis; construção de uma pirâmide em homenagem a Marat com pedaços de sarcófagos reais; destruição da Galeria dos Reis da Notre Dame; heca-

5 Termidor é o 11º mês do calendário republicano instituído durante a Revolução Francesa. Designa igualmente, por elipse, a data da prisão de Robespierre (9 de termidor do ano II, ou 27 de julho de 1794) – ele foi guilhotinado no dia seguinte. A data assinala o início do desmantelamento do governo revolucionário e o fim do Terror. [N. T.]

tombe de estátuas de monarcas; destruição a marteladas dos emblemas reais, como brasões, escudos, flores de lis; decapitação de estátuas. Como em todos os regimes totalitários, seria inútil procurar grandes obras de arte, inclusive arquitetônicas, produzidas pelo jacobinismo que confiscou a Revolução Francesa! O Panteão foi um uso pagão e profano da Igreja, e os templos da razão fizeram o mesmo com os locais de culto cristãos. As grandes arquiteturas megalômanas e revolucionárias de Lequeu, Boullée e Ledoux não passaram de utopia – assim como a Liberdade para todos...

Ruínas pagãs, ruínas romanas, ruínas revolucionárias, a história do judeu-cristianismo segue a história das ruínas que ele deixa para trás. O esgotamento da civilização multiplica o número de ruínas. As duas guerras mundiais encarnam grandes momentos de niilismo; devastam a Europa e destroem, além dos seres humanos, cidades e aldeias em grandes quantidades. Na guerra de 1914 a 1918, por exemplo, Reims foi bombardeada pelos alemães de 3 de setembro de 1914 a 5 de outubro de 1918. De 14 mil casas, 2 mil escaparam ao massacre. A catedral pega fogo, perde a nave e o coro: 350 bombas são lançadas sobre ela. Na guerra de 1939 a 1945, a *débâcle* e a Libertação geraram destruição em abundância. A Normandia foi devastada após o desembarque de 6 de junho de 1944. Era a região mais rica em monumentos medievais e renascentistas da França. Caen foi ininterruptamente bombardeada durante 65 dias.

Em 10 de junho de 1944, em Oradour-sur-Glane, a divisão do Reich reuniu 642 aldeões na praça da aldeia e os massacrou. Trancados na igreja, crianças, mulheres, idosos e homens, alguns levados à força da lavoura enquanto trabalhavam, foram queimados vivos. Cinco pessoas morreram no forno do padeiro. Corpos foram encontrados dentro de um poço. A aldeia foi mantida tal qual: os carros queimados, as casas calcinadas, o sino derretido da igreja, os trilhos do bonde. Essa ruína é conservada tal qual. Está fora de cogitação que a natureza recobre seus direitos e que a grama, a hera e os arbustos voltem a cobrir tudo. Trata-se de uma legítima ruína falsa, preservada em memória do fato de que alguns homens quiseram arruinar a civilização.

Somem-se às ruínas de guerra as ruínas do regime totalitário que as quis. Hitler, que queria ser arquiteto na juventude, e a quem devemos

talvez o maior número de destruições de edificações no mundo, sonhava com um Reich de mil anos. Pediu ao arquiteto Albert Speer que pensasse suas construções tendo em mente as ruínas que produziriam: como um Nero moderno, o ditador nazista queria que elas se parecessem com as ruínas romanas! O projeto de civilização nacional-socialista foi uma barbárie que durou de 30 de janeiro de 1933 a 8 de maio de 1945: o milênio durou doze anos – doze anos de fúria assassina sem nome.

Entre o desembarque aliado e a chegada das tropas de libertação a Berlim, os nazistas tiveram tempo de apagar os rastros de seus crimes. Dinamitaram câmaras de gás e campos de concentração, que se tornaram as ruínas onde Claude Lanzmann rodou *Shoah*, sua obra-prima. Alguns desses prédios, entre os quais Auschwitz, foram mantidos no estado em que se encontravam e viraram museus, locais de memória. Enquanto isso, os bombardeios aliados devastaram as cidades alemãs. Entre 13 e 15 de fevereiro de 1945, poucos dias após o término da Conferência de Yalta, como que para mostrar a Stálin a determinação americana, Dresden foi riscada do mapa. Em três *raids*, 1.300 bombardeiros lançaram cerca de 7 mil toneladas de bombas. Perto de 40 mil pessoas morreram no fogo e nos escombros.

A URSS também possui suas ruínas: as de Stalingrado, é claro, a cidade mártir. Mas também as do país inteiro, que pagou caríssimo pela Segunda Guerra Mundial. Na sequência, a Rússia soviética concentrou suas energias no aperfeiçoamento de um regime totalitário: construção da Cortina de Ferro para isolar a Europa livre da sua parte marxista-leninista, Muro de Berlim para dividir a cidade ao meio, um vasto programa de construção de milhares de *gulags* país afora. Tal como o Terceiro Reich, que se propunha a instaurar uma nova civilização, o Estado bolchevique chegou ao fim: hoje os destroços dos *gulags* estão cobertos de vegetação, são varridos pelo vento gelado e queimados pela neve do inverno, invisíveis com frequência para quem não sabe de sua existência.

O Muro de Berlim foi demolido. Não faltaram Mercadores do Templo para reciclar o concreto, a exemplo do cidadão jacobino que reciclou as pedras da Bastilha. Um antigo operário da RDA, Volker Pawlowski, recuperou o entulho da demolição. Vendeu-o por varejo e atacado nas lojas de suvenires de Berlim; repintou ou reconstituiu os pedaços, segundo a demanda do mercado; vendeu fragmentos em cápsulas certificadas com as armas da antiga Alemanha Oriental fabricadas por ele. A CIA comprou um pedaço para integrá-lo a sua nova sede. Das 302 torres de vigia, restam cinco, uma das quais dentro de um museu.

Essas ruínas europeias, ruínas nazistas, ruínas bolcheviques, vêm somar-se à lista das ruínas pagãs, ruínas romanas e ruínas revolucionárias. O judeu-cristianismo possui também uma ruína tecnológica: a de Chernobyl, menos devida ao nuclear em si do que à imperícia marxista-leninista que, à força de burocracia, de funcionarização e, digamos, de oblomovismo, tornou possível a explosão de um reator nuclear que devastou uma cidade inteira e contaminou a Europa a partir dessa localidade da Ucrânia, que hoje pode ser visitada de ônibus... Essa ruína poderia até mesmo prefigurar uma derradeira ruína, a da civilização do fim das civilizações, para a qual nos parece conduzir a culposa inocência dos homens.

Nossa Europa judaico-cristã em final de carreira já possui uma ruína emblemática na forma de uma das construções mais visitadas da Europa: a catedral da Sagrada Família, em Barcelona, concebida pelo arquiteto vitalista Antoni Gaudí no século XIX, em 1883, para sermos mais precisos, na mesma época em que Nietzsche publicava *Assim falava Zaratustra*! A cripta e a fachada da natividade dessa igreja, concebidas por Gaudí, foram declaradas patrimônio da Unesco em 2005. E o papa Bento XVI, por sua vez, consagrou a igreja em 7 de novembro de 2010. Em que pese esse reconhecimento profano e clerical, a Sagrada Família continua inacabada... constituindo, portanto, uma ruína ântuma[6]!

Repare-se que, quando Guilherme, o Conquistador, decidiu erigir, em Caen, a Abadia dos Homens (que mil anos mais tarde contemplo todos os dias do meu escritório...) e a Abadia das Damas, ele precisou de dezoito anos (de 1065 a 1083) para concluir as duas obras, entre tantas outras, como o castelo. Antes disso, entre 1035 e 1066, Guilherme mandou construir cerca de vinte abadias no ducado. Menos de vinte anos para erguer duas abadias com os recursos da engenharia medieval, ao passo que a Sagrada Família, iniciada em 1883, permanece lamentavelmente inaca-

6 No original: *anthume*, neologismo criado pelo jornalista e escritor Alphonse Allais (1854-1905). Antônimo de "póstumo", o termo é empregado sobretudo de forma irônica. [N. T.]

bada 130 depois... O projeto catalão se estende por três séculos, do XIX ao XXI, sem ser concluído. O soberano pontífice, portanto, consagrou pessoalmente uma igreja que os homens não conseguem terminar. É forte o simbolismo.

A potência de uma civilização sempre vai de par com a potência da religião que a legitima. Quando a religião se acha em fase ascendente, o mesmo se dá com a civilização; quando se acha em fase descendente, a civilização também declina; quando morre a religião, a civilização perece com ela. O ateu que sou não se choca nem se alegra com isso: apenas constato, como um médico constata uma descamação ou uma fratura, um infarto ou um câncer. A civilização judaico-cristã europeia se encontra em fase terminal.

O anúncio nietzschiano da morte de Deus na Europa do século XIX coincide com o do começo do fim da civilização judaico-cristã. O que no século de Guilherme, o Conquistador, a fé alcançava em matéria de construção de catedrais e abadias, igrejas e basílicas, a fé aquebrantada do século XXI não consegue realizar. Os andaimes que envolvem a Sagrada Família como uma prótese que a sustenta simbolizam à perfeição o ponto exato em que se encontra a religião cristã: em deriva ontológica. Para cúmulo de ironia, já existe a ruína do cristianismo, abençoada pelo papa Bento XVI.

Foi esse mesmo papa que, na terça-feira 12 de setembro de 2006, na Universidade de Ratisbona, onde lecionara teologia e filosofia, citou Manuel II Paleólogo para explicar o que estava acontecendo na Europa. Será que compreendeu, diante das reações no planeta inteiro, que era tarde demais e só lhe restava pedir demissão? O fato é que Bento XVI renunciou ao cargo em 28 de fevereiro de 2013 - renunciou, pediu demissão, retirou-se para o silêncio e a oração... Voltou a ser Joseph Aloisius Ratzinger. Substituiu-o o papa Francisco, que, de tão jesuíta que é, adotou o nome do primeiro dos franciscanos! A Sagrada Família está em ruínas, e o papa que a consagrou pede demissão. Roma não está mais em Roma.

Introdução

POTÊNCIA E DECADÊNCIA NO ECO DE UMA ESTRELA COLAPSADA

Treze bilhões e oitocentos milhões de anos antes do leitor.

Big Bang

Antes de algo, não havia o nada, havia o que tornou possível o algo. Da mesma forma, antes desse algo já havia algo. Acrescente-se que, antes desse algo que torna possível o algo, havia outro algo que tornou possível o antepenúltimo algo... E assim infinitamente, pois, se existisse finitude, teríamos de falar de causa incausada, de primeiro motor imóvel. Consequentemente, Deus teria de mostrar a sua cara ontológica, e é de se perguntar por que não seria esse Deus causado por outro algo que não seja ele mesmo. Temos de nos contentar com eternos filhos de pais que são filhos, sem que um filho possa ser pai de si mesmo. O pai é sempre mais velho que o filho, mas eternamente mais jovem que aquilo que o tornou possível.

A metafísica permite tudo – é por esse motivo, aliás, que a reconhecemos. Diferentemente da física, que se contenta com o mundo dado. Para o empírico que sou, não existe nada além de uma ontologia materialista – o tom já estava esboçado em *Cosmos*. Basta advir um único evento, o primeiro de todos, o original, o genealógico, o inicial, o primordial, para que a sua história seja possível. A história, aliás, é a resposta para uma série de perguntas que, afinal, são apenas variações da primeira. A primeira: de onde vem o que é? As seguintes: como veio? Que formas assumiu? Como? Por quê? Afora aquele que a vive, não existe história sem o historiador que a compõe. Não há, portanto, um sentido para a história, ou um sentido da história, e sim um sentido dado pelo historiador à história contada por ele, a qual vai tomando forma sob a pressão escultora de seu verbo. O verbo faz a carne da história.

Toda filosofia da história que apresente a si mesma como objetiva não é mais que história da filosofia subjetiva daquele que a propõe. A verdade de uma filosofia da história não deve ser buscada ou encontrada na história, mas descoberta no historiador que propõe a sua ordem. Assim, em Hegel, a Razão menos faz a lei na História do que impõe sua ordem ao cérebro do filósofo, que quer ver a História, de início confusa em sua mente, dobrar-se ao jugo de seus conceitos. Da mesma forma em Vico, ou em Herder antes dele, em Spengler ou Toynbee. E em Kant, antes, e Marx depois.

O que Hegel quer, a história *a priori* não quer, mas o filósofo faz com que ela queira *a posteriori*. A mesma observação se aplica a quem quer que se aventure a propor uma filosofia da história. A história, mesmo enfeitada com uma maiúscula, não obedece a nenhuma ordem senão a ordem do historiador, o qual, por sua vez, se submete à inclinação de sua biografia. Nietzsche disse tudo o que havia a dizer sobre o assunto quando afirmou, com razão, que toda filosofia era produção de uma autobiografia. A fragilidade psicológica de Hegel, apontada até mesmo por seus hagiógrafos, encontra matéria para superação e aquietação no edifício composto por tríades de tríades, e tríades de tríades de tríades, em que o real diverso, difuso, múltiplo, difratado, estilhaçado, entra como um brinquedo manufaturado nas gavetas do armário de um adulto.

Schopenhauer, com seu *querer*, e Nietzsche, com sua *vontade de poder*, ou Bergson, com seu *impulso vital*, e Deleuze, com seus *fluxos*, chegaram muito perto do que é a história quando afirmaram o império de uma potência que escapa à razão, mas que se sujeita de bom grado à observação. A melhor epistemologia, em história inclusive, continua sendo a que Paul Feyerabend apresenta em *Contra o método*, um livro subintitulado *Esboço de uma teoria anárquica do conhecimento* (1975). É característico desse antimétodo, que funciona como um método autêntico, nunca abordar o real com o *a priori* de uma ideia ou conceito, e muito menos com o de um paradigma previamente elaborado pela ideologia.

É necessário primeiro deixar-se tomar por aquilo que advém, para só então pensar sobre ele.

As filosofias da história, não raro alemãs, fundamentam-se numa arquitetura conceitual *a priori* (o progresso kantiano, a razão hegeliana, a morfologia spengleriana...), em detrimento da matéria do mundo em si. Compete ao real permanecer firme diante dos castelos conceituais construídos no ar. Spengler está certo ao falar em morfologia das civilizações, mas erra ao acreditar que um mesmo e único esquema possa funcionar para todas as civilizações – como se um mesmo e único padrão lógico fosse capaz de explicar a sexualidade dos carrapatos, o tropismo dos girassóis em relação à luz, o uso da matemática pelos homens e o canto da arara na floresta amazônica. Uma mesma vida perpassa tudo o que é, mas as dinâmicas, as formas e as forças dessa vida não são as mesmas de um fragmento do mundo para outro.

O mesmo acontece com as civilizações. Todas obedecem ao esquema do que é vivo: nascer, ser, crescer, desenvolver-se, resplandecer, cansar-se, exaurir-se, envelhecer, sofrer, morrer, desaparecer. Mas nem todas vivem da mesma maneira: um recém-nascido tanto pode morrer logo que saia do ventre da mãe como se tornar um lépido centenário; pode ter uma vida feliz, sem muitos percalços, sem grandes dores, sem sofrimento real, ou desenvolver uma doença grave, ter uma existência cheia de perigos, aflições, suplícios; talvez tenha uma vida breve, mas intensa, ou uma existência longa, mas insossa; conhecer pessoas boas, que o farão crescer, ou más, que o humilharão; etc.

Assim também as civilizações: todas nascem, são, vivem, crescem, morrem, mas em ordens diversas e múltiplas, irredutíveis. Uma é breve, outra é longa. Uma civilização que existiu há 3 mil anos, a dos judeus submetidos à lei de Moisés, persiste até hoje, depois de muitas vicissitudes, mas em plena saúde existencial; outra, a dos etruscos, por exemplo, durou seiscentos anos antes de desaparecer, diluída na monarquia romana, deixando sorrisos enigmáticos em sarcófagos de esposos[7] ou frágeis pinturas de corpos femininos que viraram pó há séculos.

7 Referência à escultura *Le Sarcophage des époux de Cerveteri*, obra-prima da antiguidade e emblemática da sociedade etrusca. [N. E.]

Algumas deixam rastros duradouros, por desejo de eternidade daqueles que as escrevem, como é o caso do judeu-cristianismo; outras, ao contrário, como as civilizações africanas, polinésias ou oceânicas, entalham máscaras de madeira que são abandonadas aos cupins após o seu uso cerimonial, desenham adornos caligráficos na pele para os rituais sagrados ou trançam fibra de coco com penas e cabelos para fazer adornos que se desmancham na primeira chuva. Mas o sorriso do anjo gótico da catedral de Reims não diz menos do que as máscaras zombeteiras do povo Himba, que os membros das sociedades secretas Bugado e Bambudye exibem nas cerimônias fúnebres.

Uma mesma energia, uma mesma força, um mesmo determinismo, no entanto, atuam sobre os homens nos mesmos momentos. Senão, como explicar que, separados por montanhas incontáveis, quilômetros de geografia hostil, paisagens nada propícias ao contato, homens esculpam caretas muito semelhantes nas montanhas do Nepal primitivo, a leste de Katmandu, e numa aldeia africana da tribo Pende Mbangu, no antigo Congo belga: uma e outra mostram um nariz retorcido pela careta, uma boca deformada pelo ricto da dor, do sofrimento – e na mesma direção. Essas bocas abertas num grito parecem ter sido entalhadas na madeira por uma mesma inteligência, embora os escultores ignorem e desconheçam a arte de seu irmão ontológico. Há necessariamente, na alma desses homens, uma força idêntica em ação.

De onde vem essa força que faz a história? Do eco e do tremor de uma estrela colapsada. Ocorre que a filosofia da história peca por só conceber as coisas a pequenas distâncias. Por influência de um artigo publicado por Fernand Braudel em 1958, os historiadores trabalharam no passado com o que chamavam de *longas durações*. Mas o que é a longa duração no sentido braudeliano? Alguns séculos, sequer milênios... Pequeníssimas distâncias, ínfimos espaços, ridículos segmentos em comparação com a vastidão em que se inscreve tudo o que é e advém neste planeta.

Pois o antropocentrismo habitual e legitimamente denunciado pelos historiadores faz a lei em matéria de filosofia da história. Ora, o movimento que anima as civilizações, todas as civilizações, desde as primeiras e mais rústicas até as últimas e mais elaboradas, teve início bem antes dos homens, bem antes dos seres vivos, bem antes da Terra, no tempo fora do tempo do qual a astronomia nos dá mais uma ideia do que uma medida, mais uma intuição do que uma razão. Vivemos no jato de um movimento descrito pela astronomia mais recente. Mas não sabemos disso. Ou pelo menos o queremos não saber.

A história, que é escrever o passado no presente para preservá-lo para o futuro, pressupõe o tempo. Verdade óbvia e ululante. Ocorre que o tempo, por sua vez, pressupõe que o abordemos menos como um filósofo querendo uma bela definição - do tipo *forma imóvel da eternidade imóvel* platônica, o *número do movimento segundo o anterior e o posterior* aristotélico, ou a *forma* a priori *da sensibilidade* kantiana - do que como um pensador empírico que sabe que a duração advém, pelo menos da forma como a conhecemos, quando a estrela da qual tudo procede colapsa. Essa explosão em expansão há quase 14 bilhões de anos vem produzindo uma onda na qual se inscreve tudo o que vive: uma estrela ou uma formiga, a rotação de um planeta ou o tropismo de uma enguia rumando para o Mar dos Sargaços, o ponto fixo da Estrela Polar na Via Láctea ou o se tornar homem a partir de um macaco, de uma civilização ou de um ser humano.

Vitalismo? Pode ser. Pois o vitalismo invalida o mecanismo que é descrição *a posteriori* do real e não compreensão da epifania desse mesmo real. A simples soma das ações humanas não poderia compor a história, tanto quanto a soma de todas as células de um corpo não conseguiria produzir um ser vivo. A simples adição dos fatos não basta para a obtenção de uma ordem. Tampouco a multiplicação ou a subtração. A civilização obedece à força que a impulsiona, exatamente da mesma forma como o projétil não faz mais do que se sujeitar à lei de quem gerou o seu movimento. Deus é ele próprio um projétil dos homens, não o propulsor - que é o sopro dessa estrela colapsada.

Pensar a eternidade usando as categorias do tempo será sempre uma tarefa impossível. Assim também o espaço, principalmente quando pensamos em termos de anos-luz. Pois o que significa estar a 10 mil anos--luz de um lugar? E que diferença a mente é capaz de fazer entre 10 mil anos-luz e 10 milhões de anos-luz? Dez milhões é mais longe, sem dúvi-

da, mas como podemos dizer que essa distância é mais distante do que a outra? Acrescentar uma dimensão ao infinito não aumenta o infinito, só aumenta o nosso constrangimento por não conseguirmos apreendê-lo. O infinito jamais será pensado conforme a ordem da nossa finitude.

Somos prisioneiros do nosso tempo e do espaço no qual nos movemos. Mas a nossa inteligência, que é incapaz de perceber o infinito do tempo ou do espaço como um todo, pode sentir o vórtice, cambalear à beira do precipício, tremer diante do abismo sem fim. As verdades da astrofísica causam vertigem ao pensamento que, empreendendo essa viagem rumo ao inefável, experimenta a embriaguez diante desse espetáculo: a voracidade dos buracos negros e o campo infinito dos multiversos, o enigma da matéria escura que nomeia a quase totalidade do que é e o eco do Big Bang que até hoje é audível, a contração de uma estrela que se tornou uma anã branca e as misteriosas saídas dos buracos de minhoca, a explosão das supernovas e o brilho eletromagnético dos pulsares, a vibração conceitual das cordas e o quasar que é quase uma estrela, a dilatação exponencial do universo e a possibilidade de vida em outras galáxias. Para além das nossas miúdas categorias mentais destroçadas pelas lições da astrofísica, o que é possível saber e o que é possível esperar?

Somente uma imagem permite conceber um pouco do que foi até a nós e qual lugar ocupamos no universo. A alegoria é conhecida: se recorrermos à metáfora de um ano de 365 dias e situarmos o nascimento do universo à zero hora do dia 1º de janeiro, o que advém em seguida e quando? Esse artifício conceitual foi pensado para um *big bang* de quinze bilhões de anos, mas estimativas recentes o refinaram em 13,8 bilhões de anos. Com a primeira configuração, portanto, um ano é igual a quinze bilhões de anos. Um dia são 41 milhão de anos; 24 dias são um bilhão de anos; um milhão de anos são 36 minutos; um segundo são quinhentos anos.

Ou seja: à zero hora de 1º de janeiro ocorre um *big bang* antes do qual... havia alguma coisa. As recentes teorias da gravitação quântica avançam a hipótese de que, antes deste Universo, existia o mesmo, só que invertido. Vazio e campos aleatórios de energia numa vasta extensão gelada, era isso que existia antes do nosso universo. Essas forças ganharam intensidade e se agregaram, formaram-se grumos e depois buracos negros dentro dos quais a densidade da matéria aumentou. O espaço colapsou. A densidade, a temperatura e a curvatura atingem um ponto máximo antes de decrescer. O Big Bang nomeia o momento dessa reversão: de certa forma, ele *já* é uma decadência.

Prosseguindo a metáfora: no fim de janeiro, forma-se a nossa galáxia, que chamamos de Via Láctea. Ela é o rastro branco que cinge o céu estrelado. Os gregos a representavam como as gotas de leite que respingaram do seio de Juno enquanto amamentava Hércules, na época um bebê irrequieto... Vivemos numa galáxia achatada como uma panqueca, composta por uma concreção de estrelas. A Terra faz parte dessa galáxia observável. Por isso só podemos ver a sua borda. Diâmetro: cem mil anos-luz. Espessura: dois mil anos-luz. O centro é composto de um aglomerado de estrelas em torno de um buraco negro maciço. De fevereiro a agosto: vários ciclos se constituem em nossa galáxia – nebulosas, formação de estrelas, anãs brancas, gigantes vermelhas, supernovas, explosão de algumas perto da nossa nebulosa. Nessa conjunção de forças e eventos, em 31 de agosto se formam a Terra e o sistema solar no qual ela se move. Segundo a ordem da metáfora, esse processo leva um dia: a duração real são 41 milhões de anos...

A *vida astrofísica* e a *vida geológica* transcorrem simultaneamente: em 6 de setembro aparecem os minerais mais antigos que conhecemos (zircão australiano); em 12 de setembro, as rochas mais velhas que conhecemos (Lago dos Escravos, no Canadá). Vida astrofísica, vida geológica. Em 13 de setembro, é a vez da *vida biológica*, com os mais antigos vestígios de vida que conhecemos (certa matéria orgânica encontrada na Groenlândia); em 24 de setembro, os primeiros fósseis conhecidos (bactérias e estromatólitos descobertos na Austrália); em 15 de outubro, teve início a mais antiga glaciação que conhecemos, e é desnecessário dizer que essas variações climáticas são efeitos cósmicos, e não antrópicos (houve quinze até hoje); em 25 de outubro, surgiram os mais antigos vestígios químicos que conhecemos (células eucarióticas); em 31 de outubro, houve a criação da crosta continental e da tectônica das placas, a formação da Pangeia e o início da vida constante dos continentes terrestres. Fim do Arqueano, era geológica, e início do Proterozoico, outra era geológica. Por volta de 10 de novembro, o oxigênio livre aparece na atmosfera. Um mês depois, surgem as algas, os vermes e as medusas. Em 15 e 16 de dezembro, glaciações generalizadas, formação e deslocamento da última Pangeia. Aparecimento da era primária. Conchas e crustáceos, em 18 de dezembro; no dia seguinte, os primeiros peixes; um dia depois, vegetais e animais terrestres. Era secundária: na noite de 25 para 26 de dezembro, mamíferos e dinossauros – e estes últimos desaparecem em 30 de dezembro, às 10 horas da manhã.

Era terciária. Na vida biológica surge a *vida humana*, apesar de estarmos ainda no tempo genealógico do humano: em 31 de dezembro, por volta das 21 horas, aparece Tumai, o momento genealógico do primata que possibilita o homem – estamos 7 milhões de anos antes de hoje. O crânio foi descoberto no Chade. Nesse mesmo dia, só que uma hora e meia depois, aparece Lucy, descoberta na Etiópia – estamos há 3,2 milhões de anos dela. Lucy é bípede. Era quaternária: em 31 de dezembro, às 23h59min26, homens pintam as paredes da gruta de Lascaux. Segundos depois, os sinos batem a meia-noite. Na sexta badalada, os faraós mandam construir as pirâmides de Queops. Oito segundos nos separam deles.

Quando colapsa a estrela de cuja poeira tudo é feito, surge a potência. Chamo de potência a força cega que obedece somente a esse plano desconhecido – não divino, mas cósmico – que nos conduz do ser ao não ser. Pois tudo que é vivo morre: estrela e galáxia, universo e espécie. Tudo obedece cega e inexoravelmente a esse esquema: nascer, ser, crescer, culminar, decrescer, desaparecer. As civilizações também estão sujeitas a esse processo que afeta tudo o que é vivo e se encontra num tempo e num espaço. Chamo de decadência o que advém após a plena potência e conduz ao fim dessa mesma potência.

A alegoria é extensiva ao futuro. Estamos, portanto, alguns segundos depois desse novo ano. Nessa nova série, a Terra vai desaparecer, e o Sol se transformará numa gigante vermelha no início de maio. Tudo o que tiver acontecido neste planeta será anulado. O homem terá desaparecido muito tempo antes. A Terra será uma bola de rochas em fusão circulando na atmosfera como um terrível incêndio. Por volta de 10 de maio, o Sol vai morrer. Será uma anã negra. O que foi não será sequer uma lembrança.

Portanto, não podemos propor uma filosofia da história sem vincular o homem ao cosmos. As filosofias da história vincularam o homem ao homem, acreditando que ele decidia, que ele queria; mas, na verdade, ele era decidido, ele era querido. Da mesma forma que uma estrela não resolveu um belo dia colapsar, a Pangeia não quis mudar por influência da tectônica das placas, tampouco os dinossauros resolveram desaparecer do planeta e os homens quiseram aparecer, tudo o que foi, tudo o que é e tudo o que será obedece a essa potência. O real não é mais do que o desdobramento de uma fatalidade, mero efeito do determinismo. Enganam-se os homens quando julgam querer aquilo que os quer.

Não há como desvincular o homem daquilo que o tornou possível, assim como não há como o desvincular daquilo que o conduz ao seu aniquilamento. Engana-se a filosofia da história que considera apenas o microrrecorte da civilização, achando que jogos de força voluntários opõem homens, culturas e civilizações com objetivos claros. Em história, o olhar de Sirius continua sendo um olhar de míope. A potência que produziu essas forças com que a história se compõe importa-se tanto com os homens quanto o oceano com as gotas que o formam.

Um materialismo histórico e dialético deve ser redefinido do zero, mas sob uma óptica bem distinta da de Marx e Engels. O materialismo histórico se torna patente quando remetemos as forças em jogo na história à potência que se originou do colapso de uma estrela. O tempo e o espaço, as duas modalidades arquitetônicas da história, nascem sob essas formas naquele exato momento. A história é dialética porque obedece a um movimento que ela não escolhe, mas que a escolhe. Esse movimento diz respeito ao vitalismo: o que é vive para rumar para a sua própria morte. E assim é com as civilizações, é claro.

Discípulo dos vitalistas Théophile de Bordeu e Paul-Joseph Barthez, o anatomista Bichat, que morreu aos trinta anos depois de dissecar centenas de cadáveres, alguns dos quais obtidos mediante violação de sepultura, tem razão em definir a vida como "o conjunto das forças que resistem à morte". Uma civilização luta, em primeiro lugar, contra aquilo que a põe em risco. Ela só existe enquanto leva a melhor sobre o que a ameaça e deseja o seu fim. Depara-se, já ao nascer, com aquilo que quer extingui-la. Para se estabelecer, precisa impor-se; para se impor, precisa conquistar. Inicialmente, toda civilização é obra de bárbaros. A qualificação se inverte: quando o bárbaro vence, ele é o civilizado que chama de bárbaro aquele que foi vencido. A história é escrita pelos vencedores, que, raramente sendo magnânimos, matam os cadáveres e assassinam os mortos.

A civilização luta contra tudo o que a ameaça. Como o princípio da entropia é lei, ela só existe segundo a lógica da neguentropia que possibilita a homeostasia do sistema. A civilização morre quando aquilo que a ameaça desde que ela é leva a melhor porque as forças já não são suficientemente tensionadas, retesadas, eficazes. A neguentropia explica a capacidade de adaptação permanente a um ambiente mutável. A entropia sempre acaba por triunfar, porque a potência está fadada a entrar em decadência, assim como a vida está fadada a um dia desaguar na morte.

Mas a denegação se torna lei assim que a morte entra em jogo. Quer trate-se de indivíduos ou civilizações, há uma grande lucidez sobre a morte alheia, mas não sobre a sua própria. Como disse Valéry magnificamente em *A crise do espírito*, e novamente em 1919, em *Variedades*, logo após a Primeira Guerra Mundial: "Nós, civilizações, sabemos agora que somos mortais". *Mortais*, dirá o denegador, não significa *moribundas* nem *mortas*! E abrirá a sacolinha mágica para bancar o Diafoirus[8] da civilização e declarar que tem o emético, o purgante, o laxante, o diurético, o desintoxicante – que não se dizia nos tempos de Molière – para purgar a criança e fazê-la renascer – antes de assistir, boquiaberto, ao falecimento do doente um minuto depois de abrir o saco...

No entanto, não precisamos ter uma grande cultura para saber que não se enterram mais faraós nas pirâmides do Egito, que os druidas não se reúnem mais nos megálitos celtas, que ninguém mais sobe os degraus do Panteão para oferecer sacrifícios a Atena, que não há reuniões do senado no fórum romano, que não se oferecem mais corações humanos ao deus asteca do sol, e que não se sagram mais reis na catedral de Reims... Temos de explicitar por quê? Porque essas civilizações estão mortas!

8 Referência ao doutor Diafoirus, personagem da comédia *O doente imaginário* (1673), de Molière, a quem interessa menos a saúde de seus pacientes do que desfiar complicados termos do jargão científico. [N. T.]

Não existe um motivo único para a ruína de uma civilização, mas existe um pretexto para a morte do que devia morrer um dia. O rol das causas apresentadas para a queda do Império Romano parece um inventário: alteração climática com um longo período de seca, degradação do solo por imperícia agrícola, queda drástica da população, epidemias, malthusianismo cristão induzido pela política sexual, vandalismo dos bárbaros, mestiçagem das populações, generalização do fausto e da corrupção, destruição das riquezas e da produção por pressão fiscal, má gestão financeira e administrativa, deslocamento do comércio para o Oriente, ausência de uma linha política clara em razão do assassinato dos imperadores, fim do espírito militar, perda do patriotismo, cisão do Império, crise intelectual e moral derrotista, vida numa era de angústias etc.

Nenhuma dessas causas, contudo, poderia ser única: um império não desaba porque as ferramentas agrícolas que possibilitaram sua grandeza provocaram de repente a sua queda! Ou porque a agricultura esgotou os solos, ou as chuvas geraram carestia. Ou porque os cristãos praticavam a abstinência sexual. Tampouco porque faltasse patriotismo. Na verdade, a maioria dessas supostas causas parece efeito! Porque há entropia da potência e insuficiência de forças neguentrópicas para combatê-la, o que seria uma picada de mosquito no couro de um elefante se transforma em veneno mortal. A renúncia ao sexo dos devotos da seita de Cristo não basta para causar a ruína do Império de Roma.

Um império desaba porque a neguentropia o impediu de lutar contra a entropia, que leva a melhor depois de espreitar, acompanhar, ameaçar, corroer, estragar, vencer. O tempo que nasce no limbo astrofísico não tem vocação para a eternidade. Ele é por natureza volátil, passageiro, fugidio - temporário, se eu não temesse ser redundante. Uma civilização estoura um belo dia como bolha de sabão porque é da ordem das coisas que o ser deixe de ser, que o ser rume em direção ao não ser para nele se dissolver, que o ser deslize para o nada feito o corpo para o caixão, e o caixão para o túmulo. Nada escapa à entropia num mundo cuja matéria mais dura é o tempo.

A decadência é um fato. Mas há uma exploração política desse fato. Ela é sempre prejudicial. O otimista dirá que basta um homem providencial para inverter o movimento decadentista. Um homem providencial ou uma perspectiva messiânica: os marxismos e os fascismos, incluindo o nacional-socialismo, são otimismos na medida em que afirmam que basta agir em determinado sentido para inverter a curva entrópica. O islamismo entra nessa categoria das políticas otimistas que preveem um futuro radiante, caso concretizem seu projeto. Viver segundo a ordem da xariá suprimiria tudo o que é apresentado como decadente. Marxistas, leninistas, maoistas, castristas, fascistas, vichystas, nazistas, islamitas – todos falam de regeneração, homem novo e renascimento, acreditam que o mundo pode ser diferente do que é, ou seja, melhor, próspero, florescente e, de certa forma, edênico. O sangue não entra em conta nesse delírio de regeneração pelo proletariado, pela nação, pela raça ou pelo *jihad*. Esse otimismo vai de par com as hecatombes inomináveis e o fracasso sistemático desses projetos na história.

O pessimista dirá que não há nada a fazer, que é assim mesmo, que é da ordem do mundo, mas que é necessário erguer um dique para conter essa maré de sujeira. Natureza humana, para os laicos; pecado original, para os cristãos; pulsão de morte, para os freudianos; todos comungam da crença num regime forte para conter a violência que não tem como não ser. O contrarrevolucionário Joseph de Maistre apela para o carrasco; o neobudista Schopenhauer, para o homem de pulso; o pansexualista Freud, para o ditador fascista; o filósofo do esquecimento do Ser, Heidegger, para o Führer; e o homem dos *Silogismos da amargura* e do *Breviário de decomposição*, Cioran, para o gládio purificador dos bárbaros...

O pessimista às vezes se torna otimista, quando se declara reacionário, isto é, no sentido etimológico de querer restaurar uma antiga ordem. O otimista quer melhorar o presente com o futuro; o pessimista quer o mesmo, só que com o passado. Um promete o paraíso com o progresso; o outro, com o retrocesso. O primeiro espera a salvação no futuro, pois acredita que tudo se ajeite com as suas receitas progressistas; o segundo considera que, já que antigamente era melhor, devemos retornar aos antigos fundamentos. Ora, o presente não se faz nem com o futuro do otimista, nem com o passado do pessimista, e sim com o instante do trágico.

Pois não cabe nem otimismo, nem pessimismo quando se impõe a terceira opção: o pensamento trágico. O trágico vê o real tal como ele é, ou pelo menos se esforça ao máximo para ver o real tal como seja. Não se contenta em acreditar como o otimista que é possível tapar a cratera do vulcão em erupção nem em supor como o pessimista que um dique pode conter as torrentes de lava. O trágico vê e não arquiteta planos para impedir que o real seja. É assim que é, e não de outro modo. *Fatum*, diziam os romanos. O vulcão despejando lava, assim como a civilização que desaba, é uma manifestação de puro determinismo. Ficar chocado é coisa do pensamento mágico.

Mas, dirão os amantes do livre-arbítrio, o certo não seria engajar-se numa causa, e não noutra? Optar por um lado e rejeitar o outro? O que não aconteceu teria acontecido se o que aconteceu não tivesse acontecido. São formas aleatórias de forças que se mantêm. Se Napoleão tivesse morrido aos quatro meses em seu berço, outro homem teria feito correr sangue, alimentado os campos de batalha da Europa e tentado conquistar terras que não lhe pertenciam. Pouco importa o nome do ditador, a ditadura está inscrita na ordem das coisas. A resistência à ditadura obedece a um determinismo similar. Assim como a indiferença à ditadura. Os nomes próprios são as máscaras da necessidade.

O eterno retorno é uma evidência não do mesmo, do que aconteceu com tal ou qual fantasma, e sim da potência multiforme, poliforme, proteiforme. Que importância têm os nomes de Tamerlão ou Gengis Khan: eles eram testas de ferro de uma força continuamente em ação, cujo nome é tanatocracia, e que triunfa como uma das inúmeras variações sobre o tema da *potência*. Eles foram, já não são, mas outros semelhantes a eles os substituíram, antes de não serem mais e outros que agirão exatamente como eles os substituírem. Ontem, Stálin e Mao. Hoje, Kim Jong-Un na Coreia do Norte e o califa Al-Baghdadi no Estado Islâmico.

Numa configuração judaico-cristã nutrida pela crença no livre-arbítrio, é difícil conceber que a história seja uma aventura em que os homens são sujeitos, e não atores. Quanto mais pareçam atores, mais são sujeitos. As civilizações são uma cristalização do princípio stendhaliano do ramo caído na salina de Salzburgo: ao redor de um pedaço de madeira, aglutinam-se cristais de sal que transformam o galho num objeto cintilante. A ficção de um Jesus, pura construção conceitual saída diretamente do Antigo Testamento dos judeus, é o ramo no qual se cristalizam as moléculas que lhe dão brilho: religião, teologia, exército, política, arte, lei, direito, Estado, polícia, justiça, arquitetura, educação, escola, universidade, guerra – esses são os cristais que presentificam o ramo judaico-cristão.

Toda leitura de civilização se assemelha a uma desconstrução cristalográfica. Tudo é cristal: um cristal de sal é similar a outro cristal de sal, uma vez que ambos obedecem a uma mesma necessidade, e nenhum dos dois escolheu ser o que é e não outra coisa qualquer. Um cristal de quartzo se parece com outro cristal de quartzo pelos mesmos motivos. Mas, embora sejam ambos cristais, o sal e o quartzo se sujeitam às mesmas regras cristalográficas sem serem semelhantes. Assim também as civilizações: semelhantes no princípio dialético do seu devir, sujeitas ao jogo da entropia e da neguentropia, mas dissemelhantes no detalhe desse devir.

Ninguém escolhe ser o que é, pois muitos indivíduos teriam escolhido ser diferente do que são se tivessem a possibilidade. Baudelaire não escolheu ser poeta, assim como aquele que queria ser Baudelaire não escolheu não conseguir ser Baudelaire. A potência poética toca um, e poupa o outro. Assim como uma civilização se torna o que é por desenvolvimento de seu programa aleatório. Ela é uma potência que vai e força o real a encontrar uma saída para a sua exigência. Sua trajetória é um destino. A potência segue em frente até se esgotar por acumulação de fricções entrópicas. A soma de tudo o que reduz a marcha acaba um dia por imobilizar.

O ramo de uma civilização é sempre uma espiritualidade. Não há exemplo na história de uma civilização em que, no núcleo duro, não estivesse na origem uma crença que, tornada oficial e coletiva, transformou-se em religião. Sabemos que uma religião é uma seita que deu certo. E como uma seita pode dar certo? Quando se impõe pela força e pela violência, e nada mais. A potência só é aliada da potência. O que a contraria ou contradiz é pulverizado à sua passagem.

O judeu-cristianismo triunfa não porque seja verdade, mas porque é potência armada, coerção policial, astúcia política, intimidação marcial. De puro e glorioso conceito messiânico saído dos versículos veterotestamentários, o profeta judeu Jesus se torna figura histórica coibitiva por obra e graça da soldadesca. Econômica e darwiniana, a história sempre escolhe a via de uma minoria atuante para submeter as minorias silenciosas. O vigor é, então, o que caracteriza a civilização em seu momento genealógico. A primeira parte de *Decadência*, "Os tempos do vigor", propõe-se a descrevê-lo em suas particularidades.

A potência transborda da sala da guarda e do suor dos legionários, também sabe ser inteligência, penetra os cérebros de outra minoria que dá corpo ideológico à ficção: quando são católicos, e é do interesse de todos ser católico nessa época, pensadores, filósofos, teólogos e professores contribuem para a cristalização do ramo civilizacional. A patrística, a retórica, a sofística, a escolástica, a teologia são legiões que vêm de todos os lados para apoiar os soldados que cheiram a alho e vinho ruim. Enquanto um afia e lustra a espada, o outro aponta a pena e prepara a tinta. Caminham ambos na mesma direção.

Artistas, pintores, escultores, músicos, arqueólogos, historiadores acrescentam divisões a esse corpo de armada. Dão rostos e corpos, formas e vestes, olhares e vozes, sangue e carne à história de Jesus e dos seus. Inventam uma vida real e concreta para ele, encontram locais para o seu nascimento, julgamento, morte, crucificação, vasculham o solo a fim de resgatar os pregos e os pedaços da verdadeira cruz. Quatro séculos mais tarde, têm os espinhos da coroa do suplício e dobram cuidadosamente a túnica do crucificado.

O arquiteto constrói os escrínios dessas engrenagens ideológicas. A destruição dos antigos edifícios, a reciclagem dos templos pagãos, a construção de novos prédios majestosos, tudo isso confere à ideia uma forma finamente elaborada. Os órgãos do poder e do saber contam com edificações próprias. A visibilidade da potência requer edifícios monumentais. Pululam os locais de culto. Século após século, o movimento desse vigor pode ser acompanhado num mapa da Europa: a incrível profusão de basílicas, abadias, igrejas, catedrais e mosteiros mostra a proliferação do judeu-cristianismo, confiante em sua excelente saúde.

Ao imperador, legionário, teólogo, artista, arquiteto, vem-se juntar o jurista. A fé tem força de lei, a lei tem força de fé. A malha jurídica funciona como a rede do *retiarius*[9] na arena: impossível livrar-se dela

9 Reciário (ou retiário) era uma categoria de gladiador romano que combatia armado de um tridente, um punhal e uma rede, que atirava para imobilizar o adversário, prendendo-o em suas malhas, à moda de um pescador.

depois que fosse lançada sobre os gladiadores. A lei não é mais do que a cristalização de uma força numa forma vantajosa para aqueles que a criam. O direito não expressa o justo ou o verdadeiro, expressa a força. O jurista é uma mescla de padre e soldado, filósofo e professor. Dá à violência a aparência de paz. Ou pelo menos proíbe qualquer violência que não seja a que ele próprio impõe.

O professor educa os educadores. A escola e a universidade fabricam os soldadinhos intelectuais da ideologia dominante. Nesses lugares, não se aprende a pensar livremente, mas a obedecer fielmente. O saber, ali, gira sobre si mesmo como um dervixe ensandecido. Os arabescos da escolástica, as volutas da retórica, o rococó da sofística afogam o peixe intelectual nas águas salobras de um mundo cansativo. Aquilo que o professor não consegue, o jurista realiza com a ajuda do soldado e do carcereiro. O banco da universidade só convence os que já se convenceram. Fora, o poder judaico-cristão massacra, enquanto os alunos recitam as fórmulas do silogismo - Barbara, Festino, Celarent, Fresison, Bocardo etc.

O exercício da Razão corresponde, de certa forma, à entrada de um lobo no aprisco. Quando não é o instrumento da fé, o que foi durante mil anos, a razão se torna sua inimiga, o que seria durante alguns séculos, antes de ser tragada pelo vazio que ela própria cavou sob os seus pés. Nas mãos de Tomás de Aquino, a razão não obtém os mesmos resultados que obteria nas mãos de Montaigne, que extinguiu a Idade Média. O tempo do vigor foi o tempo do *Nascimento*, do *Crescimento*, da *Potência* da civilização judaico-cristã; o tempo do esgotamento que se anuncia será o da *Degenerescência*, da *Senescência* e da *Deliquescência*. Essa é a segunda parte de *Decadência*.

A Razão bem conduzida, ou seja, autônoma e desvencilhada de Deus, faz mais e melhor do que o imperador, o legionário, o teólogo, o artista, o arquiteto, o jurista, o professor, porque extingue toda essa gente. A realidade política construída a partir da ficção crística racha. À maneira da arqueologia, a exegese bíblica traz à tona depoimentos que provam que nem tudo foi como diz o relato oficial. Contradições, inverossimilhanças, anomalias, facécias, estranhezas, esquisitices se espalham sobre a mesa do filósofo que, de pé, nunca ajoelhado, pensa verdadeiramente os textos e não se contenta em recitá-los ou glosar as glosas. A desconstrução racional instala cargas explosivas em cada canto do edifício judaico-cristão. Não deixa de ser engraçado que tenha sido um padre o primeiro a dinamitar o cristianismo nos primeiros anos do século XVIII: Jean Meslier.

Não foram os filósofos que acionaram o detonador que eles próprios instalaram, mas os revolucionários de 1793. A onda de choque abala a civilização, na Europa e em toda a esfera judaico-cristã. Durante mil anos, uma casta submeteu os povos escorando-se em Deus e em seus ministros. Não se humilha impunemente um povo ou uma pessoa. O ressentimento é uma potência capaz de eliminar a potência dominante – jogo de força, efeitos de dinâmica, sequências causais, princípios de termodinâmica... Aquilo que é reprimido aqui procura uma saída ali. A mecânica feudal gera uma contramecânica revolucionária. Deus sendo parte da primeira, a morte de Deus estrutura a segunda.

Com a guilhotina, instrumento apresentado como igualitário e humanista por seu inventor maçom, o Homem Ressentido impõe sua lei onde antes havia a tora e o machado do Homem Feudal. O sangue que jorra do pescoço decepado de Luís XVI continuará jorrando por pelo menos dois séculos. Da mesma forma como foi preciso o sangue de Cristo para ungir a civilização judaico-cristã, na teocracia foi preciso o sangue de um rei para encharcar um mundo que quis superar o judeu-cristianismo tornando-se o seu exato contrário. Não se elimina uma luva virando-a do avesso.

Manter a teocracia sem Deus, conservar o milenarismo sem o Messias, preservar a parusia sem o Profeta, salvaguardar o inferno e o paraíso sem um ultramundo[10], sacrificar à escatologia sem sentido, visar ao fim da história depois de quebrar a bússola teológica era incontestavelmente correr para o precipício. Não há como se dirigir ao abismo sem ser aspirado por ele – é a lei da física. O vazio chama a queda.

A entropia dessa potência afrouxada pela razão crítica triunfa sobre a neguentropia. A razão cristã não faz mais a lei, tampouco a razão filo-

10 O "ultramundo" é um conceito desenvolvido por Friedrich Nietzsche (cf. *Assim falava Zaratustra*) que reúne todas as filosofias que são alvo de sua crítica, ou seja, as que extrapolam a existência de um mundo superior, bem como qualquer forma de idealismo. [N. E.]

sófica e filosofante. O que foi negação se vê negado pelas vanguardas intelectuais e estéticas do começo do século xx. A razão negadora da fé é negada pelo retorno da força bruta – o instinto desatado, o inconsciente liberado, o cérebro reptiliano entregue a si mesmo, o niilismo tem uma larga avenida à sua frente. E cá estamos nós, como a balsa da Medusa[11] num mar antes da tempestade...

11 Referência à *Balsa da Medusa* (1819), do pintor Théodore Géricault (1791-1824), dramática representação de um naufrágio que constitui uma das obras essenciais do romantismo francês. [N. T.]

Parte I

OS TEMPOS DO VIGOR

1
NASCIMENTO
A invenção de uma civilização

1

AS AVENTURAS DO ANTICORPO DE CRISTO
BIOGRAFIA DE UMA FICÇÃO

Monte Gólgota, Palestina,
sexta-feira, 7 de abril de 30

A civilização judaico-cristã se constrói sobre uma ficção: a de um Jesus que nunca teve outra existência senão alegórica, metafórica, simbólica, mitológica. Não existe dessa personagem nenhuma prova tangível em sua própria época: não há nenhum retrato físico seu, nem na história da arte que lhe é contemporânea, nem nos textos dos Evangelhos, nos quais não se acha nenhuma descrição da personagem. Mais de mil anos de história da arte lhe deram um corpo de homem branco, um rosto de olhos claros, cabelos loiros e uma barba bífida, ou seja, critérios que dizem mais sobre os artistas que o figuraram (no sentido etimológico, que lhe deram uma figura) do que sobre o tema. Na arte ocidental, Jesus adquiriu o corpo do ariano braquicéfalo que o pintou. Nada do que constitui esse retrato emblemático, porém, encontra fundamento em nenhum versículo sequer do Novo Testamento, que silencia sobre a sua aparência física.

Nossa civilização inteira parece assentar-se na tentativa de dar corpo a esse ser que teve apenas existência conceitual. Jesus de Nazaré, que não existiu historicamente, tornou-se o Cristo Pantocrator que cristaliza em seu nome quase dois mil anos de uma história ocidental saturada dele mesmo. Se a história daquela época foi silenciosa a seu respeito, a história que se seguiu foi mais do que tagarela, visto que foi guiada pelo desejo de dar a Jesus a forma do mundo. A aposta quase se cumpriu: o mundo não foi feito completamente à sua imagem e semelhança, mas o que foi poupado teve de se definir em relação a ele para existir.

Esse Jesus sem corpo procede de um nascimento que não é um nascimento. Um anticorpo não pode manifestamente nascer como nasce um corpo! Recordando algumas banalidades básicas: desde o início da humanidade, quis a história que uma criança digna desse nome, isto é, um ser de carne e osso, tivesse um pai que fosse seu genitor e uma mãe que carregasse a criança concebida com a semente desse pai – pelo menos, até o final do século XX e, banalmente, o pai era um homem, e a mãe, uma mulher...

Muito à frente de seu tempo, o trio Jesus, Maria, José procede de algo muito ao gosto da modernidade: uma procriação dissociada do sexo, um pai que não é pai, uma mãe que é virgem e cujo hímen é preservado no parto, um genitor sem esperma, um esperma sem genitor, uma criança concebida sem líquido seminal, irmãos oriundos de uma mãe que ainda assim continua virgem, uma família em que o pai não tem sexualidade, nem a mãe, nem mesmo o filho, que morre virgem aos 33 anos. Tudo isso num indivíduo que se diz Filho de Deus, e ainda afirma que Pai e Filho são a mesma coisa – o conjunto sendo chamado igualmente Espírito Santo. Essa falta de corpo físico real parece ser prejudicial ao exercício de uma razão sadiamente conduzida. Ora, sobre essa desrazão é que se construiu a razão ocidental judaico-cristã.

A genealogia de Jesus é bem complicada. A litania no início do Evangelho segundo Mateus o faz descendente direto de Davi, Abraão, em três vezes catorze gerações. Desde o início, portanto, o objetivo é apresentar Jesus como o Messias esperado pelos judeus, o herdeiro direto das promessas feitas a Abraão, a Davi e à sua dinastia. O que diz o apóstolo é que Jesus é o Profeta anunciado pelos judeus: os judeus que aceitam essa versão são judeu-cristãos, e os que não a aceitam são judeus. Na configuração judaico-cristã, Jesus é uma ficção que cristaliza o anúncio que se fez dele. Assim, aqueles que fizeram Jesus para o futuro o construíram tal como ele foi anunciado no passado. O que se anuncia no Antigo Testamento se pronuncia realizado no Novo Testamento: o que para o primeiro era futuro torna-se passado para o segundo. Voltarei a esse ponto mais adiante.

Se reduzimos a genealogia aos pais e avós de Jesus, os corpos são tão performativos, como se diz em linguística, quanto o dele: só existiram porque se disse que existiram. Avalie-se: os avós de Jesus eram Ana e Joaquim. O nome Joaquim significa em hebraico "preparação do Senhor", ou seja, o patronímico já anuncia o cunho teológico: ele é aquele que permitirá a encarnação de Deus; o nome Ana, por sua vez, quer dizer "graça" - lembra o da mãe de Samuel. A função ontológica do avô e da avó de Jesus é anunciada assim que eles são enunciados: um possui a graça, o outro dá forma a Deus. Como a sua progenitura poderia escapar do destino já fixado e cristalizado em seus prenomes? O próprio nome Jesus significa "Deus salva", "Deus liberta". Essas meras informações patronímicas já anunciam a natureza metafórica da história.

Os Evangelhos sinóticos não falam muito de Ana e Joaquim. Temos de ler os Evangelhos apócrifos para obter informações mais detalhadas sobre esses avós que humanizam Jesus. É compreensível que Santo Agostinho, ao definir os 27 livros do Novo Testamento em *A doutrina cristã* (II,8), escolha o que alimenta a mitologia de um cristianismo conforme aos seus próprios anseios - mais metafísico do que um cristianismo conforme à história. Quanto mais se espiritualiza, mais se desmaterializa. Quanto menos material é Jesus, mais espiritual se torna.

O *Protoevangelho de Tiago* e o *Evangelho da Infância do Pseudo-Mateus* permitem saber mais sobre os genitores dos pais do anticorpo de Jesus. O título original do protoevangelho é *Natividade de Maria*. O Ocidente latino condenou esse texto, que foi amplamente difundido em várias línguas - latim, siríaco, copta, armênio, georgiano, etíope, árabe, irlandês antigo. Ele recicla, como sempre faz o cristianismo, histórias já presentes no Antigo Testamento: a de Sara e Abraão e o nascimento inesperado de Isaac anunciado por um anjo de forma humana no Gênesis (18,1-15).

Ana é estéril e viúva. Joaquim jejua no deserto quarenta dias e quarenta noites para que Deus lhe dê o filho que apagaria a afronta da esterilidade, considerada uma punição divina naquela época e naquele meio. Esses quarenta dias remetem a durações simbólicas: Moisés (Êxodo, 24,18), Elias (1 Reis, 19,8) e Jesus (Mateus, 4,2). Enquanto isso, Ana chora. Na nona hora, ela se senta por acaso debaixo de um loureiro: ocorre que essa árvore, sempre verde, simboliza a imortalidade... A nona hora seria também a hora da morte de Cristo na cruz. Ela invoca Deus e evoca Sara, Abraão e Isaac. Ergue os olhos e vê um ninho na árvore - é desnecessário explicitar o simbolismo. Ela se lamenta, um anjo aparece, ele se apresenta também a Joaquim. Sete meses depois, número da perfeição e número do dia da conclusão da criação, Ana dá à luz Maria, futura mãe de Jesus. Ela amamenta.

O *Evangelho da Infância do Pseudo-Mateus* traz informações suplementares. Joaquim é pastor e, mais uma vez, a profissão revela menos uma condição sociológica do que um dado alegórico: o pastor conduz ovelhas e carneiros, mas também é aquele que guia o rebanho dos fiéis. Ele é pastor como o seria também o seu neto, embora este siga a profissão do pai... que era carpinteiro! É preciso habituar-se. A lógica da alegoria nunca é a lógica da razão razoável e raciocinante.

Joaquim é generoso, doa e alimenta a "todos que temem a Deus" (I,1) - alegoria de novo. No texto, são as viúvas, os órfãos e os pobres, em outras palavras, a futura arraia-miúda para a qual Jesus vai pregar. Aos vinte anos, casa-se com Ana; vinte anos depois, ainda não tinham filhos. Como não tem descendência, vontade punitiva de Deus, os sacerdotes proíbem a entrada de Joaquim no Templo, ele é alvo de chacota. Então ele vai para o deserto. Não quarenta dias, como diz o texto de Tiago, mas cinco meses - porque cinco é o número nupcial: é a soma do dois feminino com o três masculino. O anjo visita Ana e anuncia a maternidade, depois aparece para Joaquim e lhe dá a boa nova: "Saiba que ela concebeu uma filha da tua semente" (3,2), diz o enviado de Deus ao homem que, sem ser genitor, se torna pai.

Sem ressentimentos, Joaquim convida o anjo a entrar na tenda para celebrar o acontecimento. Ele recusa educadamente e responde: "Meu alimento é invisível, e minha bebida não pode ser vista pelos mortais" (3,3), inaugurando assim a culinária ontológica do neto anunciado. Joaquim sacrifica um cordeiro, de tal modo que "o anjo, acompanhado pelo aroma do sacrifício, como que junto com a fumaça, subiu aos céus" (3,3). Joaquim adormece, o anjo reaparece em sonho e confirma o anúncio.

Joaquim vai para junto da esposa, outro anjo avisa Ana da volta do marido, que ela não viu durante cinco meses. Ela dá à luz Maria no prazo esperado.

Essa é a parentela de Jesus: um avô que procria sem tocar a esposa estéril, e uma avó que ainda assim dá à luz uma menina, sua mãe. Assim como os avós constituem um par ontológico singular (um idoso que se torna pai com uma idosa que é estéril, sem relação sexual, apenas por intercessão de um anjo), os pais farão o mesmo. Essa embrulhada familiar não pode ser um bom agouro para uma posteridade equilibrada. Uma civilização construída a partir das raízes dessa árvore genealógica augura um formidável romance histórico.

A vida de Maria também nada de braçada no fantástico: a criança nasce antes do tempo, no sétimo mês, o que é sinal de intervenção divina. Sendo Deus um numerólogo, ele sabe que sete é o número da perfeição. Isaac também nasceu sob esse mesmo símbolo. Maria caminha aos seis meses e dá... sete passos. Com um ano, é apresentada aos grãos-sacerdotes de Israel, que a abençoam. Com três, entra no Templo, e ali reside como uma pomba, diz o texto – a pomba anuncia o fim do Dilúvio, ou seja, o fim da ira de Deus, e é vista sobre a cabeça de Jesus durante o seu batismo. Por outro lado, o anagrama numérico da palavra "pombo", em grego, resulta na mesma soma que *alfa* e *ômega*. Maria "recebia alimento da mão de um anjo". Ora, sabemos que os anjos não consomem alimento terrestre, e sim alimentos imateriais e, portanto, simbólicos. Com esse tipo de alimento ontológico, o único receio é uma indigestão de símbolos.

Aos doze anos, ela menstrua. Impura, segundo a lei judaica do Levítico, deve deixar o Templo. Um anjo diz ao grão-sacerdote que ele deve convocar os viúvos do Templo. Cada um deve levar uma vara. Deus enviará seu sinal através dessas varas, que já se encontram no Antigo Testamento (Números, 17,16-28): aquele cuja vara florescer (os freudianos comentam...) será o eleito de Deus. Nenhum broto apareceu na varinha de José, que ficou jogada num canto (os freudianos continuam...) – lembramos que ele era viúvo. Mas... uma pomba sai do seu pauzinho (os freudianos etc.) e pousa sobre a sua cabeça.

José é velho, viúvo e tem filhos de um primeiro casamento; Jesus terá irmãos, meios-irmãos. Irmãs também, segundo dizem. Maria é jovem e virgem. O carpinteiro recusa a guarda da menina, teme o ridículo e o diz que diz. O sacerdote o obriga a acolhê-la em casa: Maria tem doze anos. Ele a recebe sob o seu teto, não a toca, respeita a virgindade da menina e volta às obras – José era mais um empreiteiro do que um pequeno e modesto artesão. Chegava a ficar três meses fora, em obras distantes.

Enquanto isso, Maria e outras 82 virgens tecem o véu do Templo que separa o santuário do Santo dos Santos. Ela pertence à tribo de Davi. Tem sangue nobre, descende de uma grande linhagem. As tarefas são repartidas; sete moças tecem cada qual um material: ouro, amianto, linho, seda, azul, escarlate e púrpura. A Maria, obviamente, cabe tecer a púrpura, símbolo do poder e do império. Códigos, sempre.

Certo dia em que vai buscar água na fonte – metáfora e alegoria mais uma vez –, um anjo aparece e anuncia seu destino. Algum tempo depois, ele torna a dizer: "Não temas, Maria, pois encontraste graça diante do Senhor de todas as coisas. Vais conceber por sua Palavra" (11,2). Para quem sabe ouvir, a angélica frase *"conceber pela Palavra de Deus"* significa que Jesus não é um corpo, e sim um conceito, um *Logos*, um Verbo, uma Palavra. O Evangelho de João diz que a pista é correta: Jesus não é um corpo de carne, mas um *corpus de palavras*.

Maria interroga o anjo sobre as modalidades dessa concepção: conceberá como as outras mulheres, com um pai que seja um genitor concreto, terreno? O anjo afasta ideia tão banal. Não é necessário corpo para gerar um anticorpo: "A potência de Deus te cobrirá com a sua sombra" (12,3), diz ele. Ela será coberta, sim, mas por uma sombra; e não por uma sombra qualquer, é claro, mas pela sombra de Deus, que é sombra ainda assim. E o anjo diz que seu filho se chamará Jesus. Lembramos que a etimologia ensina que ela dará à luz *aquele que salva*.

Essa sombra de Deus é uma luz… Ou pelo menos uma sombra luminosa. Lucas explica que "uma nuvem luminosa cobria a gruta com sua sombra" (1,35). Maria tem dezesseis anos quando engravida. Seis meses depois de partir, José volta para casa e encontra a mulher prenhe. Ele bate no próprio rosto, rola no chão, chora, e pergunta quem é o pai!

"Quem me roubou a virgem e a maculou?" (13,1). Pergunta legítima... Maria responde que não o traiu: "Sou pura, não conheço homem". E continua: "Não sei de onde ele veio em mim" (13,3). Silêncio por parte de José, que pensa como reagir: calar-se é trair a lei de Israel, falar é correr o risco de ninguém acreditar e sacrificar o que poderia ser o Filho de Deus. Cogita pedir a Maria que deixe discretamente a casa. É dissuadido pelo anjo Gabriel.

O grão-sacerdote acusa José de traição. Maria é levada ao tribunal do Templo. Ela chora e repete: é pura e não conheceu homem nenhum. "Consumaste furtivamente teu casamento" (16,1), afirma o grão-sacerdote. José chora. Retruca ao sacerdote com esta frase magnífica: "Envia teus servidores, e encontrarás a virgem grávida" (15,2). Uma virgem grávida é um oximoro que causaria estragos tremendos quando a Igreja propusesse esse modelo existencial às mulheres ocidentais por mais de um milênio. Os Padres da Igreja precisariam de muita manha sofística para explicar, com muitas circunlocuções, que é possível ser casta transando - basta não consentir ao prazer e fazer da necessidade sexual uma virtude uxoriana!

Os sacerdotes submetem o casal a um ordálio: o pai que não é o genitor e a mãe que não transou bebem a *água da amargura* oferecida pelo oficiante: se, depois de beber e dar várias voltas em torno do altar, a mulher for culpada de adultério, sua barriga inchará, e seu seio definhará. Nada acontece. Os dois partem para o deserto e retornam sãos e salvos. Prova de que disseram a verdade! O casal volta para casa e dá graças a Deus. A gravidez pode chegar ao fim: Maria está grávida de Deus, continua virgem, portanto, e José é um homem respeitável, porque não dormiu com a sua mulher, embora ela esteja grávida.

Quando chega a hora, José sela um jumento e acomoda Maria em cima dele. Procuram uma gruta para o parto. O jumento é uma citação do Antigo Testamento, mais precisamente de Zacarias: "Eis que o teu rei vem a ti: ele é justo e vitorioso, humilde, montado sobre um jumento" (9,9), assim como um anúncio do Novo Testamento sobre a futura entrada de Jesus em Jerusalém montado num jumento (por exemplo, Mateus, 11,29). O casal segue em direção ao seu destino.

Pouco antes do parto, Tiago relata que houve um prodígio cósmico: a abóbada celeste para, José passeia e não passeia, o ar se paralisa de terror, os pássaros pairam no céu, operários perto dali comem e não comem, as ovelhas andam e permanecem no mesmo lugar, o pastor estende a mão para tocá-las, e sua mão fica suspensa no ar, os cabritos enfiam o focinho no rio e não bebem – de súbito, o tempo suspenso retoma o seu curso: tudo anda, tudo vive, tudo se move outra vez. A abóbada celeste está em movimento, os pássaros voam, os operários comem, as ovelhas andam, o pastor já não tem motivo para tocá-las, os cabritos bebem água, Jesus pode nascer.

"Uma nuvem luminosa cobria a gruta" (19,2). É a famosa sombra de Deus... A parteira judia diz: "A salvação nasceu para Israel" (19,2). Nascia com Jesus o judeu-cristianismo. Ela diz: "E imediatamente a nuvem retirou-se da gruta, e uma forte luz apareceu na gruta, tão forte que os olhos não podiam suportá-la. E, pouco a pouco, essa luz se retirou, até que apareceu um recém-nascido: e tomou o seio de sua mãe Maria" (19,2). O Êxodo fala de "nuvem espessa" (19,16). Entre sombras luminosas e nuvens espessas, acabamos confusos! O fato é que Jesus nasceu e houve luz, muita luz – o que confirma minha hipótese apresentada em *Cosmos* de que Jesus é o nome que o ancestral culto pagão da luz adotou na história.

A encarnação é manifesta desde o primeiro sopro de Jesus: Jesus, que como mamãe podia alimentar-se dos alimentos espirituais do anjo, mama em seu peito como fazem todos os bebês do planeta desde que o mundo é mundo. A parteira, ao sair da gruta, encontra Salomé e lhe diz: "Uma virgem deu à luz, embora sua natureza não o permita". Salomé responde: "Tão certo como existe o Senhor meu Deus, enquanto eu não puser meu dedo e examinar sua natureza, não posso acreditar que uma virgem tenha dado à luz" (19,3). Salomé põe o seu dedo: "E eis que minha mão, devorada pelo fogo, se aparta de mim", prova ontológica, se não ginecológica, de que Maria é mesmo virgem e mãe. Salomé confirma: Jesus nasceu para ser o rei de Israel.

A infância de Jesus, além do episódio em que ensina os sacerdotes aos doze anos de idade, relatado somente por Lucas (2,41-50), é desconhecida: entre a fuga para o Egito, quando tinha apenas alguns dias, e os primeiros momentos de seu magistério, por volta dos trinta anos... não há nada. Três décadas sem vestígios. Nada sobre a sua infância, nada sobre a sua adolescência, nada sobre os seus estudos, nada sobre a sua formação, nada sobre eventuais amigos de rua. Nada também sobre as brincadeiras com seus irmãos Tiago, o Justo, José Barsabás, Judas Apóstolo e Simão Zelotes - Paulo menciona Tiago na Epístola aos Gálatas (15,19) e os dois outros irmãos de Jesus na Primeira Epístola aos Coríntios (9,4-5).

Ora, existe um texto intitulado *História da infância de Jesus* que relata os feitos de um moleque danado entre os cinco e os doze anos de idade. Esse texto breve é um florilégio das artes e artimanhas do que hoje chamaríamos de criança mimada... De fato, José e Maria parecem muitas vezes desnorteados diante do rebento. Se Jesus era fruto do Espírito Santo, o texto mostra que ele também podia ser humano, muito humano, e, portanto, bem desagradável. Esse provavelmente é o motivo por que Agostinho não incluiu essa pequena joia literária no *corpus* neotestamentário, e hoje ela faz parte dos escritos apócrifos.

A lei judaica proíbe toda e qualquer atividade no dia do sabá. Ora, o judeuzinho de cinco anos confecciona doze passarinhos de argila. O simbolismo é grande: se Deus usou argila para criar o primeiro homem, Jesus repete o gesto, mas para fazer doze passarinhos, ou seja, doze apóstolos... José o repreende por não respeitar o sabá. O filho, que não está nem aí para o pai, reage: bate as mãos, e as aves voam para o céu. Em outras palavras, nada impediria Jesus de fazer o que ele deve fazer - infringir o sabá dos judeus e juntar um grupo de apóstolos que voariam pelo mundo para levar a boa nova, a sua boa nova. O que se manifesta metaforicamente nesse episódio é o nascimento do judeu-cristianismo como elemento apartado do judaísmo.

Para conseguir a água que mistura à terra para modelar os passarinhos, Jesus faz uma pequena barragem no vau de um arroio. O filho de um escriba que estava brincando com ele destrói sem maldade o laguinho que se formou ao divertir-se com um ramo de salgueiro. Jesus o amaldiçoa e diz ao seu pai, que estava junto de José: "Que teu rebento seja sem raiz e teu fruto se torne árido como um galho arrancado pelo vento" (3,1). Dito e feito: o menino resseca ali mesmo. Não se brinca com o menino Jesus!

Jesus estava andando com o pai quando uma criança esbarra sem querer no seu ombro. Descontente, Jesus diz: "Não seguirás teu caminho" (4,1), e o menino cai morto. Os pais do garoto fulminado pela vontade de Jesus queixam-se a José, que não aguenta mais. Ele pergunta a Jesus por que ele se comporta dessa forma. O menino responde que ninguém se deve opor à sua vontade, e cega quem atravessar o seu caminho. José fica bravo e lhe puxa a orelha: Jesus responde que ele, seu próprio pai, não sabe comportar-se...

Zaqueu, que estava passando por ali, ouve Jesus falar desse modo com o pai. Oferece-se para educá-lo e ensiná-lo a se comportar, amar os colegas, ajudar os idosos (isso significa que ele não ajudava os idosos, coisa que nenhuma história registra...), ser amigo das crianças e ensiná-las também. Jesus reage com arrogância e diz a Zaqueu: "Antes de nasceres, eu já estava aqui" (5,2a). E se propõe a ensinar aquele que queria ensiná-lo. Todos caem na gargalhada. Ele responde: "Eu brinquei convosco, porque ficais maravilhados com pouco, e tendes pouca ciência e pouca inteligência" (6,2d).

Mais determinado do que nunca, Zaqueu quer educar o moleque insolente, pretensioso, agressivo e presunçoso, impertinente e malcriado. Começa com gentileza e leva Jesus à escola. O menino se cala. O professor recita o alfabeto e pede ao aluno que repita a primeira letra; Jesus se recusa. Zaqueu se aborrece e lhe dá um cascudo. Jesus diz: "Quando se bate numa bigorna, aquele que bate é quem mais sente o golpe. Posso dizer-te que falas igual a um bronze que soa e um sino que ecoa, que não pode falar e não tem ciência nem sabedoria" (6,2f). E recita o alfabeto. E acrescenta: "Quem não conhece o *alfa*, como pode ensinar o *beta*? Ó, hipócritas, começai por ensinar o que é *alfa*, e então acreditaremos em vós quanto ao *beta*" (6,3).

Então Jesus dá uma aula ao mestre sobre a forma e o nome da primeira letra, o porquê de ter vários triângulos, ser alongada, inclinada para baixo, torta, reta. Zaqueu desiste e reconhece que está diante de um ser de exceção. "Infeliz que sou, julgava ter encontrado um discípulo, quando, na verdade, encontrei um mestre!" (7,2). Diante da surra, diz o texto, "Jesus ri" (8,1): não há em nenhum dos 27 textos incluídos no *corpus* definitivo do Novo Testamento uma única ocorrência de riso de Jesus. Está fora de cogitação dar uma forma demasiado humana a essa personagem conceitual. Um conceito não ri. Magnânimo, depois que a humilhação do mestre faz todos aderirem à sua natureza excepcional, ao seu caráter fora de série, Jesus anula as maldições: decide que aqueles a quem cegou recobrarão a visão. E eles recobram a visão. O conceito Jesus é performativo.

Mas a generosidade dura pouco; na verdade, depende da ocasião. Certo dia em que estava brincando num telhado com outras crianças, uma delas cai e morre. As outras fogem. Os pais do menino morto o acusam: Jesus o empurrou. Nem lhe passa pela cabeça não reagir. Jesus pergunta ao cadáver: "Zenão, fui eu quem te derrubou?" (9,3). O pequeno defunto desperta, levanta-se e responde: "Não, meu Senhor". Os pais, estupefatos, rendem glória a Deus. E Jesus volta para as brincadeiras de um garoto de cinco anos.

Dois anos mais tarde, aos sete anos, Jesus vai buscar água na fonte. O jarro se quebra. Problema nenhum: ele estende o manto no chão, enche-o de água e leva-o para a mãe, que se espanta com o pequeno prodígio de um tecido que não deixa vazar o líquido. Espanta-se, mas não diz nada a ninguém. Os poderes taumatúrgicos permitem que Jesus desobedeça ao pai, vingue-se de um colega que ele considera mau, humilhe um professor, mate um menino que esbarra nele na rua, ressuscite outro para mostrar que não o matou e também, mais trivialmente, remedeie o incômodo de um jarro quebrado.

Aos oito anos, o pai lhe ensina os rudimentos do ofício de carpinteiro. Mas não negligencia sua formação intelectual e, mais uma vez, encaminha Jesus a um professor. Este, como o anterior, lhe pede que ele soletre o *alfa* e o *ômega* – metaforicamente, que nomeie o início e o fim de todas as coisas. Jesus banca de novo o insolente e questiona o mestre, mandando que lhe diga primeiro o que é o *alfa*. Só depois ele dirá o *beta*. O adulto se irrita e bate no menino. Fiel ao método que já mostrou sua eficiência, Jesus lhe tira a vida: volta para a casa dos pais como se nada tivesse acontecido. José pede a Maria que segure o garoto em casa "para que quem batesse nele não viesse a morrer" (14,3). Que clima...

Um terceiro professor resolveu domar o menino. Assim que entrou na escola, Jesus "não leu o que estava escrito, mas, abrindo a boca, falou pelo espírito, de sorte que o mestre, tomado de pavor, caiu ao chão e implorou" (15,2). A vida com o menino Jesus não é propriamente tranquila. Ao saber da história e, temendo o pior devido às experiências anteriores, José vai receando encontrar mais uma vítima. Como não houve homicídio do professor dessa vez, José pega Jesus pela mão e o leva de volta para casa.

De outra feita, Jesus e Tiago vão pegar lenha na floresta. Tiago é picado na mão por uma cobra e perde os sentidos; Jesus estende a mão, sopra onde a cobra cravou as presas e cura o irmão. Quem morre é a cobra. Não é preciso buscar muito longe o significado da alegoria: a serpente, que desde o Gênesis significa o mal, é morta por Jesus, que faz o bem e mata o mal. Trata-se de uma resposta ao pecado original, que sabemos que se cumpriria por sua adesão à pregação e à crucificação.

Também podemos compreender as mortes provocadas por Jesus quando alguém se opõe à sua vontade, atravessa o seu caminho, tenta ensinar aquele cuja vocação é ensinar, acusa-o do que não fez, sucede um acidente que lhe atrapalha a vida, ou o mal tenta ditar a lei, como histórias que ensinam que ninguém se pode opor àquilo que o menino se deve tornar, que não se deve contrariar a sua vontade, que é vontade de Deus, que dizer "não" ao menino que ele é significa dizer "não" ao Messias que ele seria.

História conhecida: aos doze anos ele dá aulas aos doutores do Templo de Jerusalém. Esse episódio encerra a *História da infância de Jesus*, e encontra-se no Novo Testamento. Mas os Evangelhos canônicos, salvo esse momento, ignoram a infância de Jesus. Provavelmente porque, nos textos que restaram, a alegoria é mais complexa, o símbolo é mais difícil. O texto nos permite imaginar que um Jesus que distribui a morte por capricho é mau, e que isso não combina com a imagem do Jesus bom e manso que brilha nos textos escolhidos para constituir o *corpus* institucional.

O corpo de Jesus menino obedece às mesmas leis que o corpo de Jesus adulto: ele não come, não bebe, não ri, não dorme, não sonha, não padece; não tem desejos, não tem paixões; não é afetuoso, não é amoroso com o pai; não lhe obedece, e até lhe desobedece; não tem qualquer relação com as meninas, e a única mulher com que convive é a mãe. O texto que não foi incluído no Novo Testamento confirma que Jesus, mesmo criança, é uma personagem conceitual que cristaliza as informações disseminadas no Antigo Testamento acerca do Messias anunciado pelos textos judeus. Jesus só existe plenamente na medida em que coincide com o retrato anunciado pelo *corpus* veterotestamentário. Ele é o que os textos disseram que ele seria.

A biografia de Jesus corresponde à biografia do Profeta anunciado pelos judeus. Deixemos de lado as demais influências, numerosas, que a tornam uma cristalização de outras fontes: sírias, egípcias, asiáticas, gregas, romanas. Já é muita coisa desemaranhar o novelo de citações que mostram a que ponto Jesus é uma colagem mediterrânea. Jesus também está conceitualmente relacionado aos essênios, os gnósticos, os fariseus, os zelotes, os saduceus e diversas outras seitas que floresciam na época e que hoje desapareceram sem deixar nem rastros, nem textos.

Mas o judeu-cristianismo que nos interessa é menos o das fontes e o da colagem que o do resultado: houve um Jesus de papel, por falta de um Jesus histórico, e essa figura se constituiu a partir de relatos poéticos, prosas alegóricas, textos simbólicos, discursos mitológicos que remedeiam a ausência de um ser concreto, real e, vale repetir, histórico, mediante um excesso de metáforas com textos e, mais tarde, com obras de arte. O Ocidente é o nome assumido pela ação estética desse excesso metafórico. Nossa civilização nomeia a estetização de um conceito para tentar presentificá-lo na história.

O corpo de Jesus representado nos Evangelhos canônicos não come e não bebe. Ou então come alimentos espirituais e simbólicos. O anticorpo ingere metáforas. Esse mesmo Jesus também não dorme: no Getsêmani, com Pedro e os dois filhos de Zebedeu, ele vigia e ora. Os outros dormem; ele ora. É um corpo de judeu, porque foi circuncidado no oitavo dia (Lucas, 2,21). Mas é também um corpo de taumaturgo: cura os doentes, ressuscita os mortos, transmuda a água em vinho, anda sobre as águas, acalma o mar em fúria, multiplica os pães, coisas que nenhum homem normal faz. Quando está na cruz e vive suas derradeiras horas, uma lança lhe transpassa o flanco e dele escorrem linfa e sangue, e não palavras. *Ecce homo*...

Levar a alegoria ao pé da letra é se condenar a nunca mais sair do fantástico. Lê-la como um enigma em código, que exige ser decodificado, é o que dá sentido aos textos. O que fazer senão abundantes parábolas: o joio e o trigo, o grão de mostarda, o fermento, o servo impiedoso, os operários da vinha, o tesouro escondido, a pérola preciosa, a ovelha desgarrada, os dois filhos, os vinhateiros homicidas, o bom pastor, as bodas reais, a figueira, os talentos e tantas outras histórias que não devem ser tomadas ao pé da letra, mas apreendidas em espírito?

Mateus diz que "Jesus falou tudo às multidões por parábolas. E sem parábolas nada lhes falava, para que se cumprisse o que foi dito pelo Profeta: *Abrirei a boca em parábolas; proclamarei coisas ocultas desde a fundação do mundo*" – e essa é uma citação dos Salmos (78,2). A citação mostra que Jesus é um nome dado pelos judeus que acreditavam que o Messias não estava por vir, mas já tinha vindo. Para dizer que ele existiu, e como existiu, bastava voltar aos textos que o anunciavam para transformá-lo naquele que parecia ser verdadeiramente o Messias anunciado – porque sua vida coincidia com o que se disse sobre ele. A biografia de Jesus já estava escrita antes mesmo de ele precisar viver a sua vida – tanto mais que não precisou vivê-la, já que não teve vida.

Assim, a ascendência de Jesus tal como é apresentada no início do Evangelho segundo Mateus é diretamente tirada dos textos do Antigo Testamento: Gênesis, Isaías, Crônicas, Josué, Rute, Samuel, Livro dos Reis etc. O anjo que aparece para Maria está no Gênesis (16,7), em sonhos, no Eclesiastes (34,1). A Virgem que dá à luz um filho está em Isaías (7,14). O batismo purificador no Jordão está no segundo Livro dos Reis (5,14). A tentação no deserto, os Mercadores do Templo, a multiplicação dos pães, a eucaristia e várias outras cenas do Novo Testamento estão no Antigo.

Mateus diz que Jesus nasceu em Belém (2,1), o que faz sentido quando nos remetemos a Miqueias (5,13), ao segundo Livro de Samuel (5,2) e ao primeiro Livro das Crônicas (11,2), e consideramos a hipótese de um Jesus inventado para corresponder ao anúncio judeu da vinda próxima de um Messias. Mateus cita os textos do Antigo Testamento: "E tu, Belém, terra de Judá, de modo algum és o menor entre os clãs de Judá, pois de ti saíra um chefe que apascentará Israel, o meu povo" (2,6).

Mas Lucas (2,39) cita Nazaré como cidade natal de Jesus – e não se diz comumente "Jesus de Nazaré"? Ocorre que Nazaré não existia historicamente na época em que Jesus - que tampouco existe historicamente - supostamente nasceu. As buscas arqueológicas da cidade mostram que o povoado surgiu no fim do século II. Se dizem que Jesus é de Belém, é porque essa cidade é primeiro, e sobretudo, uma metáfora: Jesus deve ser o sucessor de Davi, soberano da terra de Israel quando esta era uma só. Pois Belém, como lembra Lucas (2,3-5), é a cidade de Davi.

A etimologia de "evangelho", a *boa nova*, revela que se cumpriu o que foi anunciado. A história do cristianismo é a história das notas de rodapé dessa ficção livresca, e sua inscrição na história *através* da patrística, das decisões conciliares, do papado, da teologia, da escolástica e da filosofia medieval, tudo transformado em imagem pela arte ocidental.

A própria Paixão de Cristo já está nas entrelinhas do Salmo XXII, intitulado "Sofrimentos e esperanças do justo": sabemos que, já na cruz, numa célebre *sexta-feira 7 de abril de 30*, Jesus diz a estranha frase: "Meu Deus, meu Deus, por que me abandonaste?" (Marcos, 15,34). Essa frase se encontra, palavra por palavra, no segundo versículo do salmo referido: "Meu Deus, meu Deus, por que me abandonaste" (XXII,2). Encontramos igualmente *nesse texto escrito vários séculos antes de Jesus*: a mãe dando à luz conforme Deus ordenou, o escárnio e o desprezo pelo homem em questão, a multidão perguntando por que seu Deus não o liberta da penosa situação em que se encontra, o sofrimento e a sede na punição, os patifes que o cercam, os pés e mãos esfolados, as vestes repartidas, a túnica sorteada, o reino de Deus anunciado por sua linhagem...

Portanto, não adianta ler os Evangelhos como textos de historiadores, e muito menos como textos redigidos por testemunhas diretas. Se Jesus tivesse existido historicamente, nenhum dos evangelistas o teria conhecido: o mais próximo da Paixão está separado de Jesus por pelo menos uma geração - na melhor das hipóteses. Por outro lado, se os fatos ocorreram realmente como dizem, com tantas manifestações sobrenaturais - escurecimento do céu e noite em pleno dia, tremores de terra e rochas fendidas, silêncio dos animais e rasgo do véu do Templo, sem falar nos corpos dos santos saindo dos túmulos... -, custa acreditar que um historiador da época não os tenha registrado.

Nenhum dos historiadores que viveram naquela época menciona esses acontecimentos: nem Suetônio, nem Plínio, nem Flávio Josefo, um judeu que passou para o lado dos romanos e registrava escrupulosamente os mínimos gestos de judeus e romanos. Não existe nenhum manuscrito do século I da nossa era. Flávio Josefo não fala de Jesus, mas de cristãos. E a análise estilística do documento revela que o parágrafo dedicado ao assunto foi acrescentado cerca de oito séculos mais tarde por monges copistas, que o completaram porque julgaram que foi um esquecimento da parte do historiador!

Se não restaram vestígios, é porque não houve fatos. O único fato que houve é de ordem conceitual: o de uma construção alegórica, mítica, mitológica, fabulosa, metafórica, simbólica, que funciona como um enigma. Essa cristalização dá um corpo de papel a um Jesus que nunca teve outro corpo. A própria carne da sua encarnação é uma ficção: Jesus bebe o vinho porque o líquido vermelho anuncia o sangue da Paixão – e é a vinha do Senhor plantada por Javé, simbolizando o povo de Israel. Jesus come o pão porque ele anuncia o fermento dos crentes que faz crescer a massa da Igreja – e é o pão que Deus dá a Moisés para o povo de Israel, o pão do Céu que aparece no Êxodo (16,4). Jesus come o peixe porque as letras gregas que compõem o seu nome são as mesmas que compõem o nome do peixe – e é uma alusão a Ezequiel (XLVII), que ensina que onde há o peixe há a água viva, e a água viva é a água do batismo de João, de Jesus e dos futuros cristãos.

Jesus come símbolos e, uma vez que os símbolos ingeridos não produzem dejetos, não nos surpreende que Jesus, o Deus feito homem, não precise urinar ou defecar – o que seria o mínimo quando se escolhe o caminho da encarnação. Jesus bebe o vinho e come o pão durante a Ceia, mas anuncia a Paixão, o sangue que será derramado para redimir os pecados do mundo, e o fermento dos cristãos que cumpririam a profecia; ele come o peixe grelhado após a ressurreição, mas é para anunciar que chegou o tempo do batismo e da Igreja.

Quanto mais terrestre e concreto é o evangelho, quanto mais ele entra nas minúcias factuais, mais indecifrável ele se torna, pois mais facilmente nos prendemos à anedota, atolamos na história miúda, estagnamos e não alcançamos o verdadeiro sentido, que está oculto, codificado.

Acreditar que a multiplicação dos pães é fruto de um milagre é não saber que a numerologia sagrada remete sempre a um sentido oculto: em hebraico, toda letra é, além de letra, um número. Portanto, toda palavra produz seu equivalente numérico: a *Gematria* é a disciplina que relaciona entre si os termos com o mesmo valor numérico; o *Notariqon* é um código que associa as letras iniciais, mediais e finais de diversas palavras para formar outras; e o *Temurá* é o procedimento cabalístico que permite transpor uma letra em outra.

A aplicação desses procedimentos permite ler, por trás do texto, o que ele quer verdadeiramente dizer. Há, portanto, dois níveis de leitura: um para o povo, a quem se destinam as histórias mitológicas, fabulosas, lendárias, míticas (Jesus pesca 153 peixes no mar de Tiberíades), fáceis de entender - donde a profusão de parábolas -, e outro para os iniciados, que diz que, por trás do número "153", se esconde o valor numérico da expressão "Filhos de Deus", mas também "Páscoa" e "Cordeiro pascoal". O que Jesus pesca é, exotericamente, 153 peixinhos e, esotericamente, o anúncio do que virá: o reino daquele que puxou sua rede.

Para quem estiver disposto a entender, está tudo dito no Evangelho segundo João. Esse evangelho é a chave para os outros três, mas é também, paradoxalmente, uma chave criptografada... João é o mais racional, o mais conceitual, o mais intelectual dos evangelistas. É também o mais enigmático, o que é o cúmulo, sendo o mais claro acerca da verdade conceitual e não histórica de Jesus. Diz João: "No princípio estava o Verbo, e o Verbo estava com Deus, e o Verbo era Deus. No princípio, ele estava com Deus" (1,1). O Verbo é o *Logos*, é a Palavra. Deus, portanto, é Jesus, que, portanto, é *Logos*, Verbo e Palavra - e nada mais. Jesus é pura palavra, um Verbo puro, um simples *Logos*. Não tem nenhuma existência histórica, mas, da mesma forma que abrimos uma cebola e não encontramos nada no centro dela, Jesus é uma cebola conceitual no centro da qual há apenas um verbo, uma palavra, um discurso. De modo que, quando os discípulos chamam Jesus para comer, ele responde: "Tenho para comer um alimento que não conheceis" (4,32). E: "Meu alimento é fazer a vontade daquele que me enviou e consumar a sua obra" (4,34). Ele come pão, sem dúvida, mas da sua receita ontológica:

"O verdadeiro pão do céu; porque o pão de Deus é aquele que desce do céu e dá vida ao mundo" (6,32-33).

Dizem que Jesus ressuscitou no terceiro dia e, em seguida, subiu aos céus. No túmulo, só se encontraram faixas enroladas e um sudário dobrado. O verdadeiro corpo de Cristo é um corpo ausente: por sua ausência ele é a presença mais obsessiva que há. A civilização judaico-cristã quis – mas foi sem querer, porque ela não sabia o que queria – dar um corpo a Cristo, que não tinha nenhum, ou só o tinha na forma de *Logos*, Verbo, Palavra. Acreditar nesse Verbo significava ser salvo.

O judeu-cristianismo, que nomeia uma civilização que está prestes a desabar, constituiu-se ao longo de 1.500 anos procurando dar forma a esse Cristo conceitual. Essa forma é a nossa civilização. Esse Cristo sem corpo precisou de discípulos, de artistas que dessem corpo a esse verbo sem carne, de imperadores para nos obrigar a acreditar nessa ficção, de crentes que acabaram acreditando nessa fábula para criancinhas, e de filósofos que pouco a pouco desconfiaram levemente da veracidade dessa história.

Evidentemente, Jesus ainda conta com vários bilhões de discípulos mundo afora. Mas uma alucinação coletiva, mesmo sendo coletiva e juntando multidões, nem por isso deixa de ser uma ilusão. João Batista e Jesus, tal como Isis e Osíris, Shiva e Vishnu, Zeus e Pã, Júpiter e Mercúrio, Thor e Freia, são ficções. As civilizações se constroem em cima de ficções, e só descobrimos que eram ficções depois que as civilizações que se tornaram possíveis graças a elas deixam de existir. Quanto maior a força com que se acredita nessas ficções, mais poderosa é a civilização. A curva da crença acompanha a da civilização: a fábula de Jesus é a genealogia dos 1.500 anos da nossa.

2

TEORIA DA CIRCUNCISÃO DOS CORAÇÕES A DESCENDÊNCIA DO ABORTIVO[12] DE DEUS

Estrada de Damasco,
julho de 34, por volta do meio-dia

O anticorpo de Cristo tornou possível, portanto, o corpo do judeu-cristianismo – e isso em detrimento do corpo real e concreto dos cristãos. Foi necessária, para essa transmutação do conceito de Jesus em ouro religioso, a ação de um homem que, ele sim, tinha um corpo de verdade, mas um corpo débil. Falo de Paulo de Tarso, ou São Paulo. Mais do que qualquer outro, esse judeu que começou a sua carreira contribuindo para o assassinato de Estêvão, o primeiro mártir cristão, teve motivos para querer que seu corpo impotente gerasse uma potência que compensasse o anticorpo que ele também possuía – embora o seu fosse um anticorpo fisiológico. Paulo transformou o manso Jesus num Cristo com uma espada. E, do gume dessa espada, escorreria sangue por mais de mil anos.

Não sabemos o nome completo de Paulo; ignoramos a data de seu nascimento; não sabemos exatamente quais foram seus meios de locomoção em suas numerosas viagens; ele toma muitas notas ao longo de suas missões, mas, ao redigir, distorce fatos, desloca acontecimentos, modifica situações e produz não uma autobiografia histórica, mas uma obra literária apologética; não sabemos onde, quando e como ele morreu – dizem que decapitado; tampouco a data – talvez 67 ou 68; desconhecemos o local de sua sepultura – possivelmente em São Paulo Extramuros...

12 Alusão a Paulo, que se apresenta como "abortivo" na Primeira Epístola aos Coríntios (15,8). [N. E.]

Paulo reconstrói sua história; inventa uma personalidade *ad hoc*; reescreve discursos e mostra ao leitor não o que ele disse, mas o que gostaria que acreditássemos que ele disse; ele conta a história do avanço do cristianismo tal como ele a quis, desejou, mas ela não avançou de fato como ele diz; apresenta a si mesmo como o instrumento de Deus que permite a expansão da profecia do Cristo em todo o planeta; ele se traveste de ator desse filme histórico que mostra um judeu convertido que tenta converter os outros – primeiro os judeus, depois o resto da humanidade, os gentios – à mensagem de Jesus. Ele faz propaganda de si mesmo, mas isso não transforma seus textos em documentos históricos, embora com frequência sejam considerados como tal.

Não são autobiográficos os relatos que se apresentam como tais. Pretextando contar a história real de uma luta real num tempo e num lugar real, Paulo conta a história fantástica de um cristianismo que se universaliza graças a ele; constrói a si mesmo como missionário do cristianismo, conquistador do mundo que transforma a seita oriental cristã e palestina dos primórdios em religião ocidental mediterrânea, depois europeia e por fim planetária.

Sua biógrafa católica, Marie-Françoise Baslez, diz que, movido por tais sentimentos, "Paulo tornou-se a partir de meados do século II um herói de romance, o primeiro herói de romance cristão". Na verdade, Constantino foi o verdadeiro convertedor; foi ele quem criou o Ocidente cristão e deu forma política ao judeu-cristianismo. Mas, sem Paulo, essa conversão do Império talvez fosse menos fácil, e até menos possível. Foi preciso que o décimo terceiro apóstolo transformasse o discurso de Jesus, no mais das vezes pacifista, numa apologia da conversão pelo gládio, símbolo de Paulo.

O que parece certo, ao menos segundo os *Atos de Paulo*, evidentemente apócrifos, é que Paulo era baixo, magro, careca, barbudo, tinha sobrancelhas unidas, nariz aquilino e pernas arqueadas. Sabemos também que contrariou a tradição do povo judeu ao não se casar. Era costume na época noivar por volta dos dezoito anos e casar pouco depois para evitar a errância, senão sentimental, ao menos sexual, prejudicial para as filiações, essenciais para a vida e a sobrevivência do povo judeu. O casamento estabilizava a libido. Em sua Primeira Epístola aos Coríntios,

Paulo afirma: "Queria que todos os homens fossem como eu" (7,7), em outras palavras, celibatários, não casados, sem cônjuge. Esse homem desgracioso não tem mulher - um enigma no meio judeu. Que motivos teria alguém, naquela época, para permanecer solteiro?

Sabemos que São Paulo sofria, segundo ele por causa de Satã, de um "espinho em sua carne" (2 Coríntios, 12,7). Esse espinho é provavelmente o que nos permite decifrar o enigma dessa vida sem mulher e sem esposa: o ódio ao corpo e à carne, o desprezo pelas mulheres e pela sexualidade, o convite à castidade ou à continência, a proposta do modelo de uma virgem que dá à luz ou da imitação do cadáver de Cristo, tudo isso são esquemas do corpo judaico-cristão infligidos há mais de mil anos aos ocidentais que procedem em linha direta do corpo débil e enfermo de Paulo de Tarso.

É farta a literatura sobre esse espinho. Ela remete, no mais das vezes, à fisiologia: artrite, cólica renal, tendinite, ciático, gota, taquicardia, angina, comichões, sarna, prurido, antraz, furúnculos, hemorroidas, fístula anal, eczema, lepra, herpes-zóster, peste, raiva, erisipela, gastralgia, cólica intestinal, litíase, otite crônica, sinusite, traqueobronquite, retenção urinária, uretrite, febre de Malta, filariose, paludismo, pilariose, tinha, cefaleias, gangrenas, supurações, abcessos, soluço crônico, convulsões, epilepsia. Compilei tudo isso quando escrevi meu *Tratado de ateologia*. Comentei à margem da lista: "Articulações, tendões, nervos, coração, pele, estômago, intestinos, ânus, ouvidos, cavidades nasais, bexiga, cabeça, nada se salva...".

Nada, exceto o que seria da alçada do sexólogo, do conselheiro matrimonial, do psicólogo, ou mesmo do psicanalista - existem até mesmo estranhos centauros dessa corporação que mesclam fabulação freudiana e fabulação cristã... Pois, mesmo admitindo que Paulo sofresse de soluço crônico ou otite persistente, é muito pouco para concluir que tal patologia o tenha impedido de encontrar uma mulher para fazer filhos! É claro que uma fístula, ou hemorroidas, talvez desanimassem uma moça em busca de um pai para a sua prole; mas, se todos os homens que sofrem de males semelhantes tivessem de permanecer solteiros a vida inteira, haveria uma multidão deles.

Uma homossexualidade latente e/ou reprimida chegou a ser aventada por psicanalistas, que descobrem mais fácil o que não é do que o que é. Tal hipótese não exige grande esforço anatômico, mas é difícil imaginar que Paulo desejasse que seu mal, esse mal, se tornasse um bem para a humanidade, já que, na Primeira Epístola aos Coríntios, ele convida todo indivíduo a ser como ele. Ser como ele no celibato, sem dúvida, não na homossexualidade, e, se esta fosse a causa daquele, ele decerto teria achado outra formulação.

Observei antes que o uso metafórico desse espinho dissimulava certa vergonha: não há de fato nenhuma razão para esconder uma artrose, um cobreiro, uma gastralgia, cefaleias ou angina. Como também não há por que esconder algo que fosse visível – sarna, tinha, eczema, furúnculos. Se Paulo se cala sobre o seu problema, é provavelmente porque se trata de uma doença vergonhosa que lhe impede o contato com mulheres e a possibilidade de fundar uma família. Em outras palavras, impotência sexual com impossibilidade de turgescência.

Quando deseja que a humanidade seja como ele, e discorre logo em seguida sobre a castidade, quando elogia a continência absoluta, em vez do casamento, com a qual concorda por falta de firmeza suficiente para renunciar à carne, Paulo faz da necessidade virtude: acredita ser livre querendo aquilo que o quer, a saber, a impotência sexual. O homenzinho calvo de pernas tortas, o judeu raquítico e enfermiço, o barbudo sem graça diz não querer o corpo que não o quer, o corpo que o abandonou. É compreensível. Mas disso a querer neurotizar o Universo, achando que assim ninguém verá a sua neurose, é um passo!

Antes de se converter ao cristianismo, Paulo perseguiu os cristãos. Participou da lapidação de Estêvão – ele segurou as vestes do discípulo de Cristo enquanto o apedrejavam. Na estrada de Jerusalém para Damasco, sob o calor abrasador do sol de julho de 134, ia pedir autorização à sinagoga para prender os cristãos quando vê uma luz descer do céu e ouve uma voz lhe falar. Ela pergunta por que ele o persegue. Trata-se, portanto, de Cristo. As pessoas que o acompanham escutam a voz, mas não veem nada. Paulo, que então ainda se chama Saulo, cai – mas não do cavalo (a iconografia é que lhe empresta uma montaria, ausente nos textos neotestamentários) – e se levanta. Mas está cego. Três dias depois, o cristão Ananias lhe devolve a visão (Atos, 9,10-19).

O episódio é relatado três vezes – na Segunda Epístola aos Coríntios (5,17) e nos Atos (9,3-8 e 23,6-11). Nos Atos, Paulo esclarece que isso aconteceu "por volta do meio-dia" (22,6): meio-dia, obviamente, é uma hora simbólica. É a hora da claridade mais absoluta, hora do Sol no zênite, hora da luz maior, hora sem sombra, que faz as trevas recuarem e, ao mesmo tempo, faz triunfar a verdade, o certo, a justiça. Dos cultos solares pré-históricos às obras maçônicas, passando pelo zoroastrismo e pela metáfora nietzschiana, meio-dia é a hora mais intensa de claridade, metafórica e real. Da mesma forma, a cegueira e o recobrar da visão pouco têm a ver com problemas oftalmológicos – um erro que cometi na época do *Tratado de ateologia*, tomando o texto ao pé da letra biográfica e atentando menos para o sentido alegórico e simbólico. A leitura histórica pressupõe uma escrita histórica, o que não foi o caso. A queda, seguida da perda de visão, logo recobrada, podem ser entendidas como sinais de uma crise de histeria. Os sintomas coincidem. E eu caí nessa leitura...

Mas, para além do erro de olhar apenas com olhos de historiador documentos escritos com pena poética, mitológica, é preciso decodificar os signos: Paulo é um judeu que persegue os cristãos; a caminho do crime, a verdade toma conta dele; a violenta claridade é a forma tomada pela manifestação da potência divina; a cegueira é a do judeu que não compreendeu que a verdade do judaísmo está no cristianismo – ou que a verdade do cristianismo está na formulação desse neojudaísmo; o recobrar da visão é a prova de que Paulo sabe o que agora é preciso saber: ele vai dedicar sua vida a ensinar essa boa nova. Ora, a "boa nova" se diz "evangelho": lembremos que os evangelhos foram escritos *depois de Paulo*. Recuperar a visão três dias após o ocorrido também faz sentido: depois de três dias Cristo ressuscitou. O que a morte foi para Jesus, a queda na estrada de Damasco é para Paulo. O reinado de um e o reinado de outro advêm após esse momento repleto de claridade – aos amigos que encontram o túmulo vazio, um anjo luminoso, também repleto dessa mesma claridade irradiante, informa que Cristo está vivo. Do anjo que anuncia a vinda do Messias ao que informa que a sua missão foi cumprida, passando pela conversão de Paulo, a luz faz a lei.

O anticorpo de Jesus é celebrado, portanto, por um homem que detesta o seu corpo e se propõe a recorrer a uma metáfora para dizer aquilo que prega. Esse homem, provavelmente impotente, faz da mensagem de um Jesus sem corpo uma oportunidade para abolir a circuncisão do prepúcio que definia o judeu e substituí-la por uma "circuncisão do coração" que vai definir o judeu-cristão. A luta para abolir a marca identitária do corpo local pelo *mohel* (o rabino que presidia o corte do pedaço de carne), em benefício da marca espiritual da alma universal pelo batismo, funda o judeu-cristianismo.

Jesus é circuncidado, Paulo é circuncidado. O que é normal, já que ambos são judeus. Paulo, no entanto, quer que a circuncisão não se refira mais ao corpo de carne, mas à alma. Jesus, que não teve corpo próprio, não precisa do corpo alheio: nunca manifestou nenhum menosprezo pela carne dos outros, pelo corpo dos outros, pela sexualidade dos outros, pela libido dos outros. Nunca alertou contra as relações sexuais, não sugeriu ao próximo a castidade ou a abstinência, a continência ou o celibato. Não sugeriu a ninguém que casasse ou deixasse de casar. Não se preocupou em preconizar fisicamente, e sim espiritualmente. Paulo, que era possivelmente impotente, quis verdadeiramente fazer da impotência a potência dos cristãos. O que, ao longo de mais de mil anos, ele muitas vezes conseguiu.

A circuncisão vem do Egito – e da Etiópia. Os faraós se submeteram a ela. Abraão a praticou em seu próprio corpo aos 99 anos, e em seu filho Ismael, antepassado dos árabes, aos 13 anos. Circuncidar significa cortar a pele do prepúcio; o rabino que efetua a operação, com uma lâmina consagrada, lambe o sangue que escorre da ferida; o prepúcio pode ser enterrado num local sagrado, sob uma árvore centenária, em encruzilhadas, túmulos de antepassados, sob a soleira das casas e outros lugares que se acreditava carregados de energia cósmica.

Este rito se realiza no sétimo dia – oitavo, se contado o dia do nascimento, dizem o Gênesis (17,12) e o Levítico (12,3). Todos sabemos que Deus criou o mundo em sete dias. O dia seguinte é aquele que permite ao homem viver a sua vida. A circuncisão é ocasião de dar nome. De entrar na vida, portanto, para vivê-la. E vivê-la sob o signo de Deus. Esse gesto cirúrgico, efetuado por um rabino, assinala a acolhida do impetrante na comunidade judaica – que é testemunhada, além do rabino, pelo pai, por sua testemunha ou padrinho e por mais oito pessoas. É também sinal da fidelidade do povo judeu a seu Deus.

Jesus, embora não tivesse corpo, pois não tinha existência real, foi circuncidado. A prova está na dúzia de prepúcios piedosamente conservados em diferentes locais de culto europeus – com os monges de Coulombs, no Eure-et-Loir; na abadia Saint-Sauveur de Charroux, na Vienne; em Hildesheim, na Alemanha; na basílica de São João de Latrão, em Roma; em Antuérpia; em Puy-en-Velay; em Chartres; em Metz; etc. Carlos Magno chegou a ganhar um de presente das mãos de um anjo. A festa do Santo Prepúcio foi celebrada pelos cristãos em 1º de janeiro (dia do meu nascimento...) durante mais de mil anos, até 1º de janeiro de 1970, quando o Vaticano discretamente a relegou aos seus guardados.

Para quem não sabe, outros locais de culto também conservam o cordão umbilical que ligava Maria a Jesus (Roma, Clermont, Châlons-en-Champagne...), ou seus dentes de leite (Soissons, Versalhes, Noyon...). "Santo Prepúcio", também chamado de "Santa Virtude" (vá saber por quê!), "Santo Umbigo" e "Santos Dentes", isso tudo é muito sério, não estou inventando nada, são muitas as provas de que, para um Jesus que não teve corpo, esse que lhe emprestam foi tão multiplicado quanto os pães. Esse corpo inencontrável deu crias incontáveis na forma de órgãos disseminados. Milagres...

Nada nos permite saber o que foi feito do prepúcio de Paulo, também secionado. Fosse eu psicanalista – Deus me livre e guarde –, veria nessa operação cirúrgica um trauma indutor da teologia paulina: esse corte o teria marcado pelo resto da vida, teria inflamado seu complexo de castração a ponto de secionar metaforicamente seus genitais. Assim, ele teria desejado, de um lado, proibir a circuncisão aos cristãos a fim de evitar a reprodução do trauma e, de outro, condensar e deslocar o gesto anatômico para convertê-lo em gesto espiritual. Mas não sou psicanalista, graças a Deus.

Paulo marca a passagem do judaísmo para o judeu-cristianismo conseguindo que os discípulos de Cristo não sejam circuncidados fisicamente, e sim espiritualmente. "Cuidado com os falsos circuncidados! Os circuncidados somos nós, que prestamos culto pelo Espírito de Deus e nos gloriamos em Cristo Jesus e não confiamos na carne" (Epístola aos Filipenses, 3,2). Agindo assim, Paulo define um cristianismo que abole a diferença entre gregos e judeus, bárbaros e citas, escravos e cidadãos, circuncisos e incircuncisos; restam apenas homens e mulheres que comungam de uma mesma fé em Deus, *através* de Jesus Cristo. Paulo cria o universalismo cristão, passa do local e do nacional judeu para o cosmopolitismo e o internacionalismo cristão. O judaísmo era uma religião nacional, tribal, como bem demonstra a circuncisão do prepúcio; o cristianismo se torna uma religião mundial, desterritorializada, como atesta a circuncisão do espírito.

Paulo abole o corpo físico e fala em "circuncisão dos corações" – mas essa formulação que permite o abandono do judaísmo é judaica: está no Deuteronômio (10,16; 30,6). Há também uma "circuncisão da boca" e uma "circuncisão dos lábios" no Êxodo (6,12), uma "circuncisão da alma" no Levítico (26,41), uma "circuncisão dos ouvidos" em Jeremias (6,10). Quando Paulo, que é judeu, deixa o judaísmo, ele o deixa ainda como judeu, e é como judeu que ele funda o judeu-cristianismo.

Diz Paulo: "De resto, nem a circuncisão é alguma coisa, nem a incircuncisão, mas a nova criatura" (Gálatas, 6,15). Esse homem novo funda uma antropologia nova – a da nossa civilização. Em oposição ao homem judeu ou ao homem romano, o homem cristão que Paulo deseja não vai querer imitar o Jesus filósofo, sábio, xamã, imagem de mansidão, paz, amor e tolerância, o homem que perdoa a mulher adúltera, mas o Cristo, ou pior, o cadáver de Cristo. O corpo doente de Paulo, que afirma: "Trato duramente o meu corpo e reduzo-o à servidão" (1 Coríntios, 9,27), torna-se o corpo emblemático, a carne arquetípica, o modelo apresentado aos cristãos a fim de que mereçam e alcancem a salvação.

Não basta querer imitar a vida santa de Jesus para ser salvo; é preciso também imitar Cristo na cruz, isto é, o corpo içado e pregado, o corpo coroado de espinhos, o corpo transpassado por uma lança, o corpo que bebe o vinagre da esponja, e, para isso, requer-se uma vida masoquista. Nossa civilização judaico-cristã se constrói, portanto, a partir de um corpo ausente, o de Jesus, assumido pelo corpo de um masoquista, Paulo, que pretende neurotizar o mundo para não mais se sentir um estranho. Quando o mundo inteiro sofrer como ele, seu sofrimento lhe parecerá mais suportável. Só que ele não sofreu menos por causa disso, e durante mil anos seu discurso ensinou a milhões de homens e mulheres o gozo do sofrimento.

O nó górdio da circuncisão foi cortado, digamos assim, pelo primeiro Concílio de Jerusalém, no ano 51 do que ainda não é a era cristã. Foi o primeiro de todos os concílios e forneceu a matriz de todos os que viriam e decidiriam a natureza, a forma e, portanto, a força da Igreja. Os fiéis de Antioquia debatem a questão colocada por Paulo: os judeus devem ser circuncidados para poder ser o que são. Mas os cristãos também devem ser circuncidados? Sem dúvida, eles procedem de uma linhagem judia, mas devem conservar ou descartar essa marca no corpo? Paulo, como se sabe, defende a circuncisão dos corações e a incircuncisão dos corpos.

Cerinto, assim como outros fariseus de Antioquia, quer que os gentios tornados cristãos sejam circuncidados e obedeçam a todos os preceitos judeus. Em outras palavras, que os cristãos sejam... judeus iguais aos outros. Paulo e Barnabé argumentam que Cristo veio para libertar os homens desse tipo de servidão. Consta que cinco apóstolos assistiram ao concílio: Pedro, João, Tiago, apresentado como irmão de Jesus, Paulo e Barnabé. Estavam acompanhados de alguns discípulos. Pedro é contra a circuncisão, assim como Tiago, que quer que os convertidos se abstenham de comer a carne consagrada aos ídolos, e qualquer outro alimento cárneo, e proíbe a fornicação. Ficou decidido que os cristãos não precisavam ser circuncidados. Disseram que o Espírito Santo havia ditado assim a sua lei. Foi um oráculo divino, portanto, e não uma prescrição humana... Bilhões de prepúcios cristãos foram poupados nesse dia do ano 51.

Se na história da arte São Paulo é representado com uma espada, não é necessariamente por ser o instrumento do seu suplício, como sempre se disse. A espada expressa o conluio da religião com a política, que se tornou possível graças à doutrina teológica de Paulo, que funda o que mais tarde seria chamado cesaropapismo. A espada de Paulo é a espada do poder temporal do espiritual. A palavra pacífica de Jesus pôde tornar-se ação conquistadora *através* de Paulo. O anticorpo de Jesus se torna, graças a Paulo, o corpo político cristão. O corpo de Cristo é a Igreja; e a Igreja é o Vaticano, o poder concentrado na mão de um só - o imperador que é papa, o papa que é imperador, versão cristã do filósofo-rei de Platão.

Da mesma forma que Paulo preenche as lacunas de Jesus com as suas próprias preocupações (o silêncio de Jesus sobre o sexo se torna um protesto contra o sexo em Paulo; o mutismo de Jesus sobre as mulheres se torna misoginia em Paulo; a ausência de comentários sobre o casamento é substituída pela prescrição do casamento, se não for possível viver em continência...), o "décimo terceiro apóstolo", como ele se autodenomina, preenche as lacunas de Jesus no terreno político. Porque também não se sabe nada sobre a política de Jesus: ele não disse nada sobre suas preferências ou aversões. Seu reino, dizia, não era deste mundo – Paulo pensava exatamente o contrário...

Há um trecho nos Evangelhos do qual se pode deduzir uma política de Jesus. Os escribas e os grãos-sacerdotes lhe perguntam se é permitido pagar tributo a César. Resposta célebre e famosa: "'Mostrai-me um denário. De quem traz a imagem e a inscrição?' Responderam: 'De César.' Ele disse então: 'Devolvei, pois, o que é de César a César, e o que é de Deus a Deus'" (Lucas, 20,24-25). Parte dos cristãos se apoia nesse versículo para afirmar, hoje, que Jesus inventou a laicidade: foi ele quem disse que existem dois registros heterogêneos: o da cidade dos homens, com César e seus denários, e o da cidade de Deus, com esse reino que não é deste mundo.

Paulo não segue essa lógica *libertária* (se me permitem o anacronismo...) de Jesus, o qual não reconhece nenhum poder temporal: nem o de Augusto, sob o qual ele teria nascido; nem o de Tibério, sob o qual teria morrido; nem o do rei Herodes, rei de seu nascimento; nem o de Pôncio Pilatos, procurador na época de sua morte; nem o dos funcionários romanos na Palestina. Jesus está interessado unicamente em sua obra espiritual e reivindica um único senhor: Deus, a quem os concílios, aliás, o identificam... A seu modo, ele é um Diógenes que não reconhece nenhum Alexandre que lhe venha fazer sombra e lhe ocultar a luz de Deus, seu único senhor. O ensinamento de Jesus não é desses sobre os quais se constrói um império: um César cujo reino não seja deste mundo não pode ser um César. Santo talvez, mas não César por muito tempo. Um César que não julgue, que perdoe as faltas, que queira o amor ao próximo? É o contrário de um César...

O que Jesus não autoriza, ou seja, César e o império, Paulo autorizaria; por isso a iconografia o representa com uma espada na mão. É ele quem conquista e cristianiza as terras da bacia do Mediterrâneo. Um episódio dos *Atos dos Apóstolos* relata um auto de fé: Paulo está em Éfeso para evangelizar os efésios. Converte uma dúzia (Atos, 19,7) – o mesmo número dos apóstolos, o número simbólico faz mais a lei do que a matemática imanente. Esses novos convertidos se puseram "a falar em línguas e a profetizar" (Atos, 19,6); em outros termos, atacados de glossolalia, discorriam numa língua inventada, como se estivessem possuídos.

Nessa cidade da Ásia Menor, hoje situada na Turquia, Paulo faz sua obra de conversão durante dois anos. Durante cinco horas, das 11 às 16, o tribuno fala numa sala. O calor é sufocante. Ele realiza milagres. As pessoas se aproximam, tocam sua pele com panos que viram relíquias usadas pelos cristãos novos para curar. Ocorrem altercações com os judeus, mas não temos detalhes, o texto diz apenas que os judeus, "desnudos e feridos, tiveram de fugir" (Atos, 19,16). O clima de violência está comprovado: vestes rasgadas, arrancadas, laceradas, retalhadas, mas também corpos cortados, talhados, feridos, ensanguentados.

Da mesma forma, o narrador, focado na hagiografia, refere violências sem especificar sua natureza, como é o caso desse auto de fé. Nem pensar em dizer, deixar dizer, levar a crer que Paulo provoca, solicita, pede, quer, organiza ou se alegra com isso: Lucas, que dizem ser o autor do texto, conta que, como por encantamento e sem que Paulo tivesse alguma coisa a ver com isso, as pessoas trazem seus livros e os jogam numa grande fogueira. É o primeiro vestígio de um auto de fé cristão. "Calculando-se o seu preço, acharam que seu valor chegava a cinquenta mil peças de prata" (Atos, 19,19) – o que é uma quantia considerável. Em 1562, Maarten De Vos, um pintor maneirista flamengo, reconstituiu a cena numa grande tela intitulada *São Paulo em Éfeso*. Assim como o pintor barroco Eustache Le Sueur, conhecido como "o Rafael francês", em *O sermão de São Paulo em Éfeso*.

Diz o hagiógrafo cristão que eram livros de "magia". Não se sabe o que significa "magia" para pessoas que acreditam que uma mulher pode ser virgem e mãe, que um pai pode não ter relação sexual com sua esposa, mas pode gerar mesmo assim um filho com ela, que, entretanto, permanece virgem, que um homem pode morrer e ressuscitar três dias depois antes de subir aos céus e sentar-se à direita do Senhor... É o roto cristão falando do esfarrapado pagão. Muito provavelmente eram livros sagrados pagãos, que dizem tão respeito à magia quanto os Evangelhos. Ou então textos de filósofos incompatíveis com a fábula cristã: os vários rolos de Demócrito ou os trezentos livros de Epicuro não sumiram do mapa sem motivo.

Paulo viaja em seguida para Roma a fim de prosseguir a evangelização: supõe-se que houve outras rixas com judeus e pagãos, outros autos de fé de livros da religião que se tinha de erradicar, ou de obras de filósofos que se tinha de destruir, ou seja, desqualificar associando-os a práticas induzidas por livros de magia – como são todos os livros religiosos. E Paulo não teve nada a ver com isso! Brigam, batem, ferem, desnudam, surram o próximo, queimam livros, mas Paulo não pediu nada disso! Ora, ele pode não pedir nada, mas está claro que *deixa acontecer*! Não diz nada contra, não impede, não condena, não pede moderação, não faz o que deve ser feito para que o sangue dos adversários não seja derramado, e para que livros que não sejam os seus deixem de ser destruídos. Num contexto de perseguições com vítimas e braseiros onde se jogam bibliotecas inteiras, quem cala consente. Um consentimento bem reconstituído por De Vos e Le Sueur.

A hagiografia enfatizou o Jesus de mansidão e bondade. A história da arte abunda em imagens à glória desse homem. Não se fala que houve também um outro Jesus, menos conhecido, mais escondido, menos citado, e igualmente legítimo, que permitiu que os incitadores de autos de fé da época de Paulo, os cruzados armados até os dentes e prontos para a briga, os inquisidores com seus instrumentos de tortura, os conquistadores com suas espadas, invocassem Jesus sem que suas reivindicações fossem consideradas ilegítimas.

De São Paulo em Éfeso a Bernardo Gui, que escreveu o *Manual do inquisidor* no século XIII, passando pelo papa Urbano II, que deflagrou a primeira cruzada contra os muçulmanos no século XI, ou Arnaud Amaury, bispo de Narbona, chefe da ordem cisterciense que reprimiu a revolta cátara e exclamou no cerco de Béziers, durante a Cruzada Albigense, no século XIII, "Matem todos. Deus reconhecerá os seus", ou ainda o conquistador espanhol Hernán Cortés, que destruiu a civilização asteca no século XVI, todos os que impuseram o judeu-cristianismo mundo afora podem-se apoiar neste versículo do evangelho de Mateus (10,34-36), que afirma sem rodeios: "Não penseis que vim trazer paz à terra. Não vim trazer paz, mas espada. Com efeito, vim contrapor o homem ao seu pai, a filha à sua mãe, a nora à sua sogra. Em suma: os inimigos do homem serão os seus próprios familiares". É essa, portanto, a famosa espada associada a São Paulo.

A lógica da seleção permite obliterar o Jesus de paz, de tolerância, o Jesus que oferece a outra face quando lhe batem, que perdoa as ofensas, que retribui com amor a quem o odeia. Para isso, basta invocar outros trechos do Novo Testamento. Por exemplo: "Eu vim trazer fogo à terra, e como desejaria que já estivesse aceso!" (Lucas, 12,49). E também: "Pensais que vim para estabelecer a paz sobre a terra? Não, eu vos digo, mas a divisão" (Lucas, 12,51). Mas também isto, que segue a Parábola das Minas: "Quanto a esses meus inimigos, que não queriam que eu reinasse sobre eles, trazei-os aqui e trucidai-os em minha presença" (Lucas, 19,27). Ou ainda o episódio citado com admiração por Hitler em *Minha luta*: "E, entrando no Templo, ele começou a expulsar os vendedores e os compradores que lá estavam: virou as mesas dos cambistas e as cadeiras dos que vendiam pombas, e não permitia que ninguém carregasse objetos através do Templo" (Marcos, 11,15). E este, por fim: "Se alguém vem a mim e não odeia seu próprio pai e mãe, mulher e filhos, irmãos, irmãs e até a própria vida, não pode ser meu discípulo" (Lucas, 14,26).

Trazer o fogo e a guerra, a divisão e a espada sobre a terra, sugerir que se corte a garganta dos que se recusam a se converter à sua palavra, manifestar sua ira e, "tendo feito um chicote de cordas" (João, 2,15), bater no seu semelhante, odiar os próprios pais e a própria descendência para pôr em primeiro lugar o amor de Jesus é o que permite a São Paulo, que não amava seu corpo nem a vida e, na lapidação de Estêvão, mostrou que trazia em sua negra alma matéria para celebrar mais Tânatos do que Eros, é o que basta para transformar a comunidade cristã num exército dominado pela espada. A Igreja será a espada com que a civilização é talhada no calor da História.

Paulo não gosta dos filósofos. A filosofia, diz ele, é uma "enganosa especulação" (Colossenses, 2,8). Em suas muitas peregrinações, Éfeso e Antioquia, Tessalônica e Corinto, Cesareia e Pérgamo, Tiro e Mileto, entre Síria e Galácia, Bitínia e Lídia, Trácia e Macedônia, Ponto e Cilícia, ele cruzou com muitos nas ágoras ou no meio do povo, entre comerciantes e tecelões, pisoeiros e oleiros, peixeiros e carregadores. É ali que os pitagóricos, os platônicos, os estoicos, os epicuristas, os cínicos ensinavam a arte de viver segundo a ordem da razão. Nessa época, a religião fornece espiritualidade aos amantes das histórias simples; a filosofia também, só que para os que desejam menos ficções que os tranquilizem do que verdades que os apaziguem.

O Novo Testamento conservou indícios de um dos encontros do apóstolo com filósofos. Paulo está em Atenas, na ágora que servira de cenário para as interlocuções entre Sócrates e Platão, Platão e Aristóteles, Diógenes e Platão, Platão e Aristipo, sem mencionar outros tantos filósofos menos conhecidos, inclusive neoplatônicos. Os *Atos dos Apóstolos* dizem, a respeito de Paulo, que "seu espírito inflamava-se dentro dele ao ver cheia de ídolos a cidade" (17,16). Espírito inflamado? Eis uma coisa que pressagia um grande clima de serenidade mental e espiritual, filosófica e cordial...

Vejamos: "Até mesmo alguns filósofos epicureus e estoicos o abordavam. E alguns diziam: 'Que quer dizer este palrador?' E outros: 'Parece um pregador de divindades estrangeiras.' Isto, porque ele anunciava Jesus e a Ressurreição" (Atos, 17,18). Os filósofos pedem que ele esclareça o que está ensinando, porque ressurreição da carne é para fazer sorrir qualquer partidário de Zenão ou Epicuro! Paulo faz um discurso para os filósofos. Ele repara que os pagãos erigiram na cidade um altar ao deus desconhecido – é assim o politeísmo, que nunca é detrator do deus alheio, mas sempre lhe dá um lugar no seu panteão.

Dialético hábil, Paulo se apropria desse deus desconhecido, dizendo, de um lado, que é o seu deus e, de outro, que é o único deus. Isso faz eminentemente sentido, é alegoricamente profético: abolição do paganismo e de sua multiplicidade de deuses tolerantes e substituição desses deuses diversos e múltiplos, tolerantes, por um Deus único e exclusivo, intolerante quando chega ao poder. O programa paulino cabe inteirinho nesse discurso aos filósofos: eles terão de empacotar os seus antigos deuses e guardá-los no porão da história para dar lugar ao único Deus que existe, o Deus que ensina a "ressurreição dos mortos" (Atos, 17,32). Em face desse delírio mental, os filósofos riem, caçoam, escarnecem. Paulo se afasta da plateia zombeteira, mas não sem antes converter Dionísio, o Areopagita, futuro primeiro bispo de Atenas, e uma mulher chamada Damaris. Ele continua o périplo, e vai evangelizar Corinto.

A Igreja é para ele o corpo que ele não teve; é também o corpo que Jesus não teve. Para explicar sua missão evangélica, Paulo disse, na Epístola aos Colossenses: "Completo, na minha carne, o que falta das tribulações de Cristo pelo seu Corpo, que é a Igreja" (1,24). Para ele, "a realidade é o corpo de Cristo" (2,17). E o que é o corpo de Cristo? "A Cabeça, pela qual todo o Corpo, alimentado e coeso pelas juntas e ligamentos, realiza o seu crescimento em Deus" (2,19). Na Epístola aos Efésios, Paulo especifica: "Cabeça da Igreja, que é o seu Corpo" (1,22), ou ainda, na Epístola aos Colossenses: "Ele é a Cabeça da Igreja, que é o seu Corpo" (1,18). O corpo é uma cabeça cuja coesão é feita pelos ligamentos. Explique-se - será mesmo necessário? - que essa anatomia é metafórica...

Somando-se o corpo inexistente de Jesus ao corpo debilitado de Paulo, obtém-se, portanto, o corpo da Igreja. Um falso corpo mais um corpo débil - segundo o próprio dono, que se apresenta como um "abortivo" na Primeira Epístola aos Coríntios, (15,8) - é igual a um corpo místico, o da Igreja, que é comunidade. A eucaristia é o lugar onde ocorre essa transmutação dos corpos esparsos num corpo místico. Sabemos que, na última refeição antes da Paixão, a Ceia permite a Jesus partilhar o pão e o vinho com seus discípulos. Ao afirmar que recebeu o princípio da eucaristia do próprio Cristo, Paulo emborca o judaísmo original, ao qual diz pertencer, para o cristianismo, mais particularmente para o catolicismo, cuja etimologia remete ao universal.

De fato, lê-se na Primeira Epístola aos Coríntios:

> Com efeito, eu mesmo recebi do Senhor o que vos transmiti: na noite em que foi entregue, o Senhor tomou o pão e, depois de dar graças, partiu-o e disse: "Isto é o meu corpo, que é para vós; fazei isso em memória de mim". Do mesmo modo, após a ceia, também tomou o cálice, dizendo: "Este cálice é a nova Aliança em meu sangue; todas as vezes que dele beberdes, fazei-o em memória de mim". Todas as vezes, pois, que comeis desse pão e bebeis desse cálice, anunciais

> a morte do Senhor até que ele venha. Eis por que todo aquele que comer do pão ou beber do cálice do Senhor indignamente será réu do corpo e do sangue do Senhor. (1 Coríntios, 11,23-27)

Paulo funda assim um sacramento próprio da Igreja Católica. O corpo ausente de um Jesus inexistente, passando pelo corpo débil de um Paulo enfermo, produz um corpo místico obtido numa refeição simbólica, durante a qual o crente come o corpo de Cristo sob a forma do pão da hóstia e bebe o sangue de Cristo sob a forma do vinho (o próprio Cristo), misturado com água (o povo de Cristo). Cada comunhão une e reúne os membros da comunidade, que se define e estreita os laços na reiteração simbólica de uma cena alegórica - uma Ceia alegórica[13]. A Paixão inaugura a era cristã. Em várias ocasiões, Paulo se refere a essas primeiras comunidades cristãs que se reúnem para partir o pão, mas também, às vezes, para "beber de um rochedo espiritual [...] que é Cristo" (1 Coríntios, 10,4). O vinho é sangue, o pão é carne, o rochedo é líquido. A razão tirou férias.

Paulo é também, por último e principalmente, o homem de uma teologia política, ou mesmo de uma política teológica. A ele devemos essa terrível afirmação: "Todo poder vem de Deus". Vejamos este texto fundador da teologia política paulina, que constitui a base sobre a qual se constrói a Igreja política de São Pedro:

> Todo homem se submeta às autoridades constituídas, pois não há autoridade que não venha de Deus, e as que existem foram estabelecidas por Deus. De modo que aquele que se revolta contra a autoridade opõe-se à ordem estabelecida por Deus. E os que se opõem atrairão sobre si a condenação. Os que governam incutem medo quando se pratica o mal, não quando se faz o bem. Queres então não ter medo da autoridade? Pratica o bem e dela receberás elogios, pois ela é instrumento de Deus para te conduzir ao bem. Se, porém, praticares o mal, teme, porque não é à toa que ela traz a espada: ela é instrumento de Deus para fazer justiça e punir quem pratica o mal. Por isso é necessário submeter-se não somente por temor do

13 O autor joga aqui com as palavras *scène* (cena) e *cène* (ceia), que em francês são homófonas. [N. T.]

> castigo, mas também por dever de consciência. É também por isso que pagais impostos, pois os que governam são servidores de Deus, que se desincumbem com zelo do seu ofício. Dai a cada um o que lhe é devido: o imposto a quem é devido; a taxa a quem é devida; a reverência a quem é devida; a honra a quem é devida. (Romanos, 13,1-7)

Para um político, esse trecho da Epístola aos Romanos, se me permitem a expressão, é um presente do céu: basta invocar Deus para associar quem quer que se oponha a ele não a um adversário político, mas a um inimigo de Deus, já que o poder que ele tem é Deus quem lhe dá! Essa formidável prestidigitação teológica serve de pedra angular da Igreja enquanto poder temporal. Toda figura depositária de algum poder, desde que se diga cristã, é *de facto* investida por Deus; só resta submeter-se. O vigário, o padre, o pároco, o bispo, o cardeal e o papa, mas também a hierarquia que vai do soldado romano ao imperador, passando por toda a burocracia imperial, inclusive o cobrador de impostos – e diante desses é que nos devemos ajoelhar. Isso é dito muito claramente: a autoridade é um instrumento de Deus, furtar-se a ela é rejeitar Deus.

Aparece nesse trecho da epístola a famosa "espada", o gládio. Ela é, portanto, cada vez menos um símbolo do martírio do santo, instrumento da sua paixão, e cada vez mais o do seu poder temporal em nome do espiritual, instrumento da sua autoridade. Uma brecha ontológica desse tamanho é providencial para Constantino, que percebe que esse tipo de doutrina é uma bênção para conduzir sozinho um império cujo poder foi dividido desde a tetrarquia instaurada por Diocleciano no final do século III para lutar contra as invasões bárbaras.

Com Paulo, Jesus deixa de ser uma personagem conceitual. Ele veste a armadura e empunha a espada estendida pelo apóstolo. A civilização judaico-cristã entra em ordem de marcha. O imperador pode dar o sinal ao exército cristão, que se vai pôr em movimento. Os discípulos de Paulo vão sair das catacumbas e entrar nos palácios. Os andrajosos que formam os primeiros batalhões cristãos – Celso os descreve e zomba deles – vão ser os soldados sem escrúpulos de um império cristão. O judeu-cristianismo dos perseguidos vai-se tornar um judeu-cristianismo perseguidor. Não são mais os cristãos que, como Estêvão, vão perecer por sua fé; são os pagãos que vão morrer por professar a fé errada.

3

UM MURRO JUDEU NA FACE DE CRISTO
O NASCIMENTO DO ANTISSEMITISMO CRISTÃO

Epístola do Pseudo-Barnabé,
Alexandria, cerca do ano 130

A patrística é uma corrente filosófica de quase mil anos que a história oficial da filosofia omite. Depois dos pré-socráticos e Platão, Aristóteles e Epicuro, Lucrécio e Cícero, Sêneca e Marco Aurélio, a filosofia vira um buraco negro. Fala-se muito de Santo Agostinho e da filosofia medieval, ou melhor, do pensamento escolástico, mas esquece-se a incrível nebulosa representada pela patrologia grega e latina, com um número formidável de pensadores que colocam a inteligência e a pena a serviço de um cristianismo inicialmente fragmentado, espalhado, molecular, depois coligido, ortodoxo, oficial, institucional, molar, e finalmente dominador e conquistador. Os concílios são um instrumento ideológico de dominação maciça: a patrística alimenta os debates.

A origem do cristianismo é opaca, obscura: precisa entrar em acordo com um Jesus invisível, incorpóreo, conceitual. Esse cristianismo primitivo precisa dizer o indizível, manifestar o inefável, dar aparência racional ao que não é racional, ou parece nitidamente desarrazoado. Por exemplo: como uma virgem pode permanecer virgem e dar à luz? Como é possível que José, o pai, seja pai de um filho sem ser o genitor? O corpo de Cristo está realmente ou simbolicamente presente na hóstia? O pecado original tem a ver com o saber ou com a sexualidade? Quando um viúvo se casa e reencontra a primeira esposa no paraíso, e depois a segunda, como fica? Como é possível ser Pai e Filho ao mesmo tempo, se um gera o outro e, para isso, o Pai tem de preexistir ao Filho? Deus tudo quer, inclusive o mal, e, se sim, por quê? Como é o paraíso? E o inferno? Qual a diferença entre virgindade, castidade e continência? Que caminho escolher, o do celibato ou o do casamento? Por quais motivos? Um oficiante de Cristo pode ser casado? A alma é una? Material ou espiritual? Ela sobrevive à morte? Se sim, como? O caminho da ascese é o único caminho? Qual o sentido da penitência? O pecado original é transmitido pela carne ou pelo espírito? O que são os sacramentos? Quantos são? Como organizar a Igreja? Qual a aparência dos anjos? O que diferencia anjos e arcanjos, tronos e serafins? O que devemos escolher: a vida monástica dos cenobitas ou a vida anacorética dos eremitas? O que é graça? Por que podemos não recebê-la? E a predestinação? Como se define um dogma? O que é um concílio? Um símbolo? O Espírito Santo? Qual a relação entre fé e razão? Existe um jeito certo de ler as Sagradas Escrituras? Podemos representar Cristo? Qual o poder de um bispo? De um cardeal? O papa pode errar? Como conhecemos Deus? Quais são os atributos divinos? Qual é a natureza de Cristo? O que se pode dizer sobre a encarnação? Que aparência terão os corpos na ressurreição dos mortos? O que é um corpo glorioso? Quais são os tipos de redenção? O que distingue a graça santificante da graça atual, as graças superiores das graças extraordinárias? Como a Igreja pode distribuir as graças? Para que servem o batismo, a crisma, a eucaristia, a penitência, a extrema unção? O que é pecado? Onde está o bem? E o mal? Quais são as virtudes teologais? Para que serve a oração? Quem é chamado ao sacerdócio? Como ele é chamado? E outras facécias intelectuais...

A patrística fornece material para as controvérsias que são discutidas em seguida nos concílios: ela debate os erros acerca de Deus e do mundo no gnosticismo, no marcionismo, no maniqueísmo, no priscilianismo, no mitraísmo, no panteísmo; aponta os erros sobre a Trindade cometidos pelos unitarianos (que são adocionistas), pelos modalistas (também chamados de monarquianistas ou patripassianistas), pelos arianistas (subdivididos em anomeus, homeanos, homeusianos...), pelos focianos, pelos pneumatômacos; denuncia os erros sobre Cristo e Maria cometidos pelos docetistas, pelos alogianos, pelos apolinaristas, pelos nestorianos, pelos monofisistas, pelos monotelitas, pelos antidicomarianitas;

analisa os erros dos iconoclastas em relação às imagens; discorre profusamente acerca dos equívocos sobre a graça e os sacramentos cometidos pelos pelagianos, semipelagianos e predeterminacionistas; evidencia os erros sobre a Igreja ou a disciplina cometidos pelos quartodecimanos, novacianistas, donatistas, luciferianos; denuncia os erros sobre os fins últimos dos milenaristas, dos origenistas; e ainda instrui o processo dos que cometem erros acerca da vida cristã, como, por exemplo, os encratistas e montanistas.

A lista revela que havia mil e uma maneiras de ser cristão nos primeiros séculos do cristianismo. Essa constelação de seitas em torno de um indivíduo (Ariano, Marcião, Pelágio, Manes, Paulo de Samósata, Fócio, Caio, Nestório, Papias, Orígenes, Taciano, Eustácio e tantos outros...) não tinha como constituir uma Igreja santa, católica, apostólica. É preciso, para isso, estabelecer um pensamento verdadeiro, justo, reto, conforme – a ortodoxia –, e um pensamento errado, adulterado, corrompido – a heterodoxia. A heresia é o nome daquilo que a ortodoxia recusa: ela é tudo o que esta não é.

O concílio é o lugar onde se constitui a verdade da Igreja. Verdade que não é mais do que a cristalização política dos bispos mais espertos, mais violentos, mais astutos, mais fortes, mais intrigueiros, mais demagogos, mais dialéticos, mais sofistas, mais manhosos e, não raro, também mais ricos. Para afinar a mecânica das paixões tristes e das paixões humanas, muito humanas, o concílio decide que, quando toma uma decisão, leva em consideração somente a verdade, e nada mais. E decide, um belo dia, que suas decisões não decorrem da soma das vontades individuais democraticamente expressas, e sim da manifestação do Espírito Santo, que, como a pomba sobre a cabeça de Cristo durante o batismo, desce sobre cada um dos eleitores no momento do voto. Consequentemente, opor-se a uma decisão conciliar significa simplesmente se opor ao Espírito Santo, ou seja, ao próprio Deus.

Essas votações decidem o material com que se constitui a civilização ocidental. Ao longo dos séculos, definem o que é e como deve ser o corpo cristão segundo a Igreja – um corpo carnal menosprezado em proveito de uma alma imaterial; definem a política cristã teocrática e sua onipotência – uma monarquia absoluta que permite a realização da cidade de Deus na cidade dos homens; definem a intimidade do poder espiritual com o poder temporal – o clero e o papado apoiam os imperadores, os reis e os príncipes que os apoiam; definem a submissão da razão à crença, da inteligência à fé – e a filosofia se torna ultrajantemente serva da teologia; definem as relações com os não cristãos, que devem ser convertidos ou sujeitados – legitimação das guerras "justas" e consentimento dos massacres perpetrados em nome de Cristo...

Ficamos pasmos quando descobrimos que decisões fundadoras do Ocidente foram tomadas em concílios formados por pouquíssimos bispos: no Concílio de Cartago, em 253, eram dezoito; no de Colônia, em 346, eram catorze; no de Zaragoza, em 380, eram doze; e, no de Constantinopla, em 448, eram 31! Alguns bispos, analfabetos, não sabem sequer escrever o próprio nome; outros tiveram uma formação que hoje chamaríamos de superior e dominavam a retórica clássica. Alguns são camponeses incultos que se tornaram bispos de seus lugarejos; outros são sofistas formados em determinada escola filosófica. Os debates são tumultuados, agressivos, sob aplausos ou vaias do povo, e vez por outra há troca de tapas e murros. Depois que Constantino assume o poder, o ouro corre a rodo, e os homens do imperador distribuem moedas em abundância em troca da nomeação de tal ou tal bispo.

Só no século I foram oito concílios: Hierápolis, em 170; Roma, em 196; Éfeso e Palestina, no mesmo ano; Roma; Cesareia; Lyon, no ano seguinte; e o Concílio da África, em 200. Quase todos envolvem a questão da data em que se deve celebrar a Páscoa: no domingo, dia da ressurreição de Cristo, para aqueles que se apoiam nos textos e nos apóstolos; no décimo quarto dia da Lua, qualquer que seja o dia da semana, para os que se apoiam em outros textos e outros apóstolos. Os catorze bispos reunidos no Concílio da Palestina, em 196, optaram pelo domingo. Mas o Concílio da Ásia, realizado em Éfeso e presidido por Policarpo, bispo local, rejeita essa decisão e ameaça separar a Igreja do Oriente da Igreja do Ocidente. Em Roma, em 197, o papa Vítor quer excomungar os quartodecimanos, os que preferem celebrar a Páscoa no décimo quarto dia da Lua. O Concílio de Lyon, dirigido por Irineu, bispo da cidade, apazigua os ânimos e mantém os quartodecimanos na Igreja.

Dois concílios fogem a esse debate, que depois seria qualificado de bizantino, e podemos entender por quê! O primeiro, o da Ásia, realizado em Hierápolis por volta de 170, envolvia política interna: 26 bispos se alinham a Apolinário, o bispo local, que pretendia expulsar Montano da Igreja. Esse bispo tinha surtos nos quais negava os ensinamentos dos profetas e dizia ser o Espírito Santo! Fundou junto com duas mulheres a seita dos catafrígios – os montanistas. O segundo concílio, o da África, reuniu prelados da África e da Numídia em torno de Agripa, bispo de Cartago, e decidiu não validar os batismos celebrados fora da Igreja oficial.

Uma vida inteira não bastaria para desemaranhar o novelo patrístico. São nomes demais, obras demais, debates demais, discursos demais. Sermões em profusão, homilias em grande quantidade, cartas em abundância, epístolas à vontade, tratados à farta. Centenas de milhares de páginas ilegíveis, incompreensíveis, obscuras, absconsas. Uma lista interminável de nomes – de Clemente de Roma e Inácio de Antioquia, no século II, a João Damasceno e Teodoro Estudita, por volta do fim do período, no século VIII. Confusões, picuinhas, argúcias, chicanas, sutilezas, sofistarias, retórica, processos, rabulices – bizantinismo, como se diria mais tarde –, esse atoleiro intelectual e filosófico não cansa de nos surpreender: tanta inteligência a serviço de tanta bobagem, tanta razão desperdiçada, tantos debates inúteis em que o pensamento delira, o juízo derrapa, o discernimento some, o entendimento foge, o espírito se ausenta, a perspicácia morre, a reflexão agoniza – e isso ao longo de quase mil anos! É compreensível que parte da filosofia ocidental, a escolástica medieval e o idealismo alemão, a fenomenologia germânica e a *French Theory* tenham sido contaminados por essas divagações...

No meio dessa selva patrística, podemo-nos deter numa questão para ver como funciona essa máquina de fabricar a ideologia e as verdades institucionais. A questão judaica, para usar o termo do vocabulário posterior, não carece de interesse. Para se tornar cristianismo histórico, o judeu-cristianismo dos primórdios precisa ser antissemita. Esse antissemitismo já se encontra no Novo Testamento, na Primeira Epístola de Paulo aos Tessalonicenses, por exemplo. Há também um hipotético momento na subida do Gólgota que dá nascimento ao mito do Judeu Errante.

Lembremos que Jesus é judeu, Paulo também. Ambos são circuncidados. Os dois pregam que a verdade do judaísmo não está na observância de certos ritos e costumes, como a circuncisão, mas na criação de ritos e costumes para o futuro de todos. Jesus afirma ser *a verdade advinda* que os judeus dizem que está *por vir*: um diz que é o Profeta anunciado, e os outros, que esse Profeta ainda está por vir. Judeu-cristianismo é, portanto, o nome adotado pelos judeus que "creem em Cristo", como se diz. Podemos imaginar que tal profecia era uma ofensa para os judeus crentes e estritos – os fariseus ou os saduceus, por exemplo, que encontramos o tempo todo nos Evangelhos.

Essa ofensa pode explicar por que os judeus mais zelosos, ou mais ofendidos, desejavam a morte de Jesus ou de Paulo. Jesus não podia circular pela Judeia, "porque os judeus o queriam matar", escreve João em seu Evangelho (7,1), e, de Paulo, os *Atos dos Apóstolos* dizem o seguinte: "Decorridos muitos dias, os judeus deliberaram entre si como matá-lo" (9,23). Antes da crucificação, Pilatos pergunta aos judeus se eles querem matar Jesus; eles respondem que não têm esse direito, mas sugerem que o próprio Pilatos o mate. Então, Pilatos redige a placa: "Jesus, rei dos judeus", mas os judeus o advertem de que isso ele não é, mas afirma que é, portanto ele não pode escrever o que pretendia escrever. Quando Pilatos comunica aos judeus que lavava as mãos dessa morte que eles exigiam, ele diz: "Estou inocente desse sangue. A responsabilidade é vossa". E todo o povo (judeu) responde: "O seu sangue caia sobre nós e sobre nossos filhos" (Mateus, 27,24-25). Paulo relata: "Dos judeus recebi cinco vezes os quarenta golpes menos um" (2 Coríntios, 11,24). E também, quando estava preso em Roma: "Querendo agradar aos judeus, Félix mantivera Paulo encarcerado" (Atos, 26,27).

Quando Jesus morre na cruz, Paulo afirma claramente que os judeus mataram Cristo: "Eles mataram o Senhor Jesus e os profetas, e nos têm perseguido a nós. Desagradam a Deus e são inimigos de toda gente" (1 Tessalonicenses, 2,15). Povo deicida, povo odiado por Deus e, principalmente, povo inimigo de todos os homens: como diríamos hoje, aqui são colocados os elementos de linguagem do antissemitismo ocidental. A Igreja Católica só vai abolir essa versão dos judeus como povo deicida em 1962, sob João XXIII, no famoso Concílio Vaticano II. Nesse meio-tempo, foram quase dois mil anos de antissemitismo cristão e seu terrível coroamento com a *Shoah*.

Aos textos neotestamentários que fundam esse antissemitismo, junta-se a interpretação de um estranho momento associado à história de Jesus. Ele é relacionado com frequência a uma fonte evangélica para explicar que, ao subir o Gólgota, Jesus para em frente à oficina de um sapateiro para descansar. O homem o expulsa. Jesus então lhe diz: "Eu vou descansar, mas tu andarás errante até a minha volta". Dizem também que foi diante do palácio de Pilatos que Jesus parou, e um guarda lhe disse "Anda, Jesus, vai logo. Por que estás aqui parado?" e lhe desfecha um tremendo murro no rosto. Então, Jesus lhe disse: "Eu vou, mas tu esperarás até a minha volta" – variação sobre o tema. Quer o sapateiro, quer o guarda de Pilatos, são dois judeus que rejeitam Cristo, um deles com violência. Por causa desse gesto, são condenados a errar até o retorno de Cristo à terra, ou seja, até o fim dos tempos. O mito do judeu errante, Aasvero, tem origem nessa história.

Os livros doutos remetem ao Evangelho segundo João (21,23). Quem repete essa informação sem conferi-la deveria verificar melhor, porque essa parte dos Evangelhos se refere a Pedro, a quem Jesus aparece depois de sua morte, e não a essa história. Ela não é mencionada em nenhum outro evangelho. Essa lenda é tão lendária que a sua própria origem pretensamente neotestamentária é lendária! Ela aparece em Mateus de Paris, um monge beneditino inglês do século XIII. Lembramos que Estêvão, primeiro mártir cristão ao qual é associado Paulo, ainda não convertido, foi massacrado pelos judeus. De modo que era preciso que os judeus, de quem Jesus roubou o protagonismo messiânico, fossem culpados. A patrística construiu o dispositivo antissemita ocidental.

Tudo começa com a Epístola de Barnabé, judeu levita originário de Chipre. Barnabé era cristão antes mesmo da crucificação de Jesus. Foi ele quem apresentou Paulo aos apóstolos de Jerusalém e à pequena comunidade de Antioquia. Foi também o primeiro companheiro de estrada de Paulo em suas viagens missionárias. Estamos no século I da nossa era – exceto para os que contestam a paternidade desse texto e preferem falar de um Pseudo-Barnabé, que teria redigido esse texto em Alexandria, por volta do ano 30...

O subscrito Barnabé redige uma homilia, um pequeno tratado apologético em forma de carta no qual se dirige aos cristãos que permanecem fiéis à sinagoga e respeitam as regras judaicas tradicionais. Segundo ele, os profetas anunciaram a vinda do Messias, que é Cristo; portanto, é preciso obedecer a Cristo, e não aos textos do Antigo Testamento. Ele diz que os judeus não entenderam o sentido alegórico e místico dos textos bíblicos. Deus não pede sacrifícios sangrentos, mas um coração arrependido; não quer o jejum do corpo, mas a prática de boas ações; não deseja a circuncisão da carne, mas a dos ouvidos e dos corações; não proíbe o consumo de carne, mas quer que os homens se afastem dos vícios representados pelos animais impuros. Que Barnabé considere os judeus, que são especialistas em hermenêutica, incapazes de compreender o que leem porque carecem de inteligência para captar os sentidos ocultos chega a ser cômico!

Depois de Barnabé, surge, por volta de 140, Aristo de Pela, um cristão originário da Síria que fala grego antigo. Foi provavelmente secretário do bispo Marcos em Jerusalém. A ele se deve o *Diálogo de Jasão e Papisco a respeito de Cristo*. Ocorre que esse texto se perdeu. Mas, como a obra foi comentada, sabemos que opunha Jasão, um judeu-cristão convicto, a Papisco, um judeu de Alexandria que é convencido pelos argumentos de seu interlocutor e se converte à nova religião. Fulbert Cayré, autor de um tratado de patrística usado antigamente para formar jovens padres franceses, apoia-se em Máximo, o Confessor, um teólogo bizantino do século VII, para afirmar que esse texto é "a primeira apologia redigida contra os judeus" (I,107).

Justino de Nablus, nascido na Síria Palestina, atual Cisjordânia, é conhecido como Justino Mártir porque se recusou a cultuar os ídolos e foi decapitado por volta de 165. Também é chamado de Justino Filósofo porque teve uma formação filosófica de primeira. Era samaritano, ou seja, não judeu, não circuncidado, mas descendente dos mais antigos israelitas da região. Afirma que a prática da filosofia grega, pitagórica, aristotélica, estoica e, principalmente, platônica o preparou para ser cristão. Diante da exemplaridade da vida de ascese, de pobreza e de dignidade dos cristãos que conheceu, Justino se converte. Viaja muito, vai até Roma, abre uma escola de filosofia cristã sob Marco Aurélio. Justino e Crescêncio, o Cínico, polemizam o assunto: o primeiro acredita que a razão é compatível com o cristianismo; o segundo, não. O prefeito da cidade de Roma, que é estoico, considera Justino Filósofo um fator de perturbação na cidade. Ele é martirizado com seis de seus companheiros - chibatadas e decapitação.

Justino escreve em *Diálogo com Trifão*, um juiz de Éfeso:

> Mas, ainda agora, na verdade, vossas mãos se erguem para o mal; pois, depois de ter matado Cristo, não tendes nem arrependimento; odiais-nos, nós que por ele cremos no Deus e Pai do Universo; condenais-nos à morte sempre que tendes poder; blasfemais incessantemente contra ele e seus discípulos.

Para Justino Filósofo, há os "judeus que creem em Cristo", e são bons; e há os que não creem, e são maus.

Justino teve provavelmente um discípulo chamado Milcíades, que Tertuliano denomina Milcíades, o Sofista. Originário talvez da Ásia Menor, viveu na segunda metade do século II e escreveu um *Contra os judeus*. Também escreveu contra os montanistas e os valentinos. Eusébio de Cesareia afirma que é dele um tratado escrito para o imperador Marco Aurélio ou seu filho Cômodo - um texto que foi escrito, portanto, ou entre 161 e 169, ou entre 176 e 179 - para converter os poderosos ao modo de vida cristão. Todas as suas obras se perderam. Perdeu-se também o *Contra os judeus* escrito por Apolinário, bispo de Hierápolis, na Frígia, que também fez uma apologia do cristianismo e a enviou ao imperador filósofo Marco Aurélio, em 172. Perdeu-se igualmente a *Demonstração contra os judeus* de Santo Hipólito (c. 170-235).

É longa a lista de Pais da Igreja que escreveram contra os judeus, o povo acusado pela morte de Jesus, de Cristo e de Deus, as três instâncias que fazem uma só, apesar das diferenças em torno das quais os bispos se digladiam nos concílios: no século IV, Gregório de Nazianzo, Gregório de Nissa, Atanásio de Alexandria, Cirilo de Jerusalém, Dídimo de Alexandria, Basílio de Cesareia; no século V, Astério de Amaseia, Epifânio de Salamina; no século VI, Leôncio de Bizâncio; no século VII, Máximo, o Confessor, Jorge de Pisídia; no século VIII, João Damasceno...

João Crisóstomo (c. 344-407), ou seja, "boca de ouro", ter-se-ia formado em retórica com Libânio. Em Antioquia, onde nasceu, viveu uma juventude de libertinagem – gostava de comer, ir ao teatro, assistir aos concursos de eloquência jurídica. Aos dezoito anos, conheceu Melécio, e foi batizado. Tornou-se eremita em Antioquia, depois se dedicou à exegese e à teologia. Foi diácono, padre, predicador, escreveu muito, fez palestras concorridas para um vasto público. Tornou-se bispo de Constantinopla e se destacou pela rudeza, austeridade e gosto pela ordem moral: expulsou bispos, destituiu padres, mandou de volta para o mosteiro os monges mendicantes que haviam abandonado a clausura. Fazia suas refeições sozinho e rejeitava toda ostentação. Impôs austeridade aos que o cercavam, padres e outros dignitários cristãos, e censurava sua vida não conforme ao Evangelho. Atiçou rancores. O casal imperial lhe tinha simpatia no início, mas depois ele a perdeu. Envolveu-se em situações que o desacreditaram. Alguns bispos conseguem um sínodo contra ele na Vila do Carvalho, nas proximidades de Calcedônia. Ele perdeu. Foi deposto e condenado. A imperatriz sofre um aborto, e vê nisso um sinal divino; manda chamar João Crisóstomo de volta. Numa homilia, ele compara a princesa a Herodíade; é exilado na Armênia. Morre no exílio, em 407.

João Crisóstomo escreveu nada menos do que oito sermões seguidos contra os judeus! Diz, em suas *Homilias*: "A sinagoga é um lugar ruim para onde vai tudo que há de mais depravado; é um local de encontro de prostitutas e efeminados. Os demônios habitam a própria alma dos judeus e os lugares onde eles se reúnem" (13). Ou, então, o seguinte, para dissuadir os cristãos que ainda frequentam a sinagoga:

> E se alguém matasse teu filho, diz-me, suportarias seu olhar? Escutarias quando ele fala? Não fugirias dele como de um demônio mau, como do próprio diabo? Eles mataram o filho do teu Senhor e tu te atreves a entrar com eles num mesmo local? Enquanto aquele que eles mataram te honrou a ponto de te tornar irmão e herdeiro dele. E tu lhe fazes a mesma afronta que seus assassinos, que o pregaram na cruz, quando praticas e observas as festas deles, frequentas os edifícios ímpios, cruzas os pórticos impuros e tomas parte da mesa dos demônios. Por isso é que sou obrigado a exigir jejum dos judeus, depois do assassinato de Deus.

Considera que os judeus "merecem ser massacrados" (18); afirma que o dever de todo cristão é odiar os judeus (19); declara que é pecado tratá-los com respeito; trata-os de cachorros, porcos, bodes, feras selvagens; cita Jeremias, que os descreve como "garanhões saciados; todos relincham para a mulher do próximo"; atribui-lhes os vícios dos animais, vorazes, glutões, lúbricos; cria também um *topos* antissemita, associando os judeus a vícios que lhes seriam próprios, como "cupidez, rapina, traição dos pobres, furtos, tramoias de muambeiro"; afirma que seus cultos são grotescos e ridículos, e são pretextos para bebedeiras. Não surpreende que os nazistas tenham fartamente citado João Crisóstomo para justificar seu empreendimento antissemita aos cristãos. Esse Pai da Igreja, santo e doutor da Igreja Católica, da Igreja Ortodoxa e da Igreja Copta, é peça fundamental do dispositivo patrístico.

Nilo de Ancira, Nilo do Sinai ou São Nilo foi discípulo de João Crisóstomo. Alto funcionário em Constantinopla, era casado e pai de família quando foi seduzido pelas palavras de João e se afastou da mulher e dos dois filhos para viver uma vida cristã e virar anacoreta no Monte Sinai. Também encontramos páginas terríveis de sua lavra contra os judeus. No início do século V, quando o Império já era cristão, Nilo escreveu: "Não te deixes impressionar pelo judeu que afirma ter sido espoliado da Palestina por outras faltas. Porque não foi por outras faltas, foi pela morte de Cristo que ele sofre de males incuráveis" (*A Zosarios*, 57).

Bispo de Ravena, santo e doutor da Igreja, Pedro Crisólogo (a alcunha, que significa "das palavras de ouro", é devida a sua eloquência) acrescenta uma peça ao dossiê do antissemitismo cristão montado pelos Pais da Igreja: povo deicida, incapaz de compreender o que lê, blasfemador e agressivo, frequentador de efeminados e prostitutas, facínora, gente que não merece respeito, indivíduos possuídos pelo demônio, canalha legitimamente espoliada de sua terra, é também uma nação ressentida, movida pela inveja de Jesus Filho de Deus (*Sermões*, 4, PL 52). Para o conselheiro do papa Leão I, a inveja move o mundo: tanto levou Caim a matar seu irmão Abel como determinou os judeus a querer o sucesso de Cristo após a conversão do Império.

Esses elementos de linguagem contra os judeus, mais do que os argumentos, são retomados por outros Pais da Igreja: em seus *Poemas dog-*

máticos, Gregório de Nazianzo chama os judeus de inimigos de Deus; em *Sobre os provérbios* (PG 10), Hipólito de Roma estigmatiza a "serva que rejeita sua ama", isto é, "a sinagoga que matou o Senhor crucificando a carne de Cristo"; em *Sobre os salmos* (58,8), Cirilo de Alexandria vê a sinagoga como um lugar de esbórnia e conclama a "rejeição de Israel por suas iniquidades"; em *Sobre a adoração em espírito e em verdade* (4,183), Cirilo de Alexandria diz que Cesário de Arles julga que "a sinagoga que matou o Senhor é uma besta de carga carregada de livros"; no *Comentário ao Evangelho concordante, ou Diatéssaron* (11,8), Efrém de Nísibe descreve os israelitas como "um vaso sem serventia"; no século IV, o autor anônimo das *Constituições apostólicas* (2,61) escreve: "Tu que caminhas para a casa dos demônios, a sinagoga dos assassinos de Cristo ou a assembleia dos malfeitores, por acaso não escutaste esta palavra: 'Eu detestei a assembleia dos malfeitores'?"; são Jerônimo trata os judeus de serpentes, compara suas orações e seus salmos a zurros de jumentos; Santo Ambrósio diz em seu *Comentário à Primeira Epístola de São Paulo aos Coríntios e Lucas IV*: "Há neles o mau cheiro dos crimes", e acrescenta que o povo judeu "macula sua pretensa pureza corporal com o lixo interior da alma". Devemos acrescentar a isso as diatribes antissemitas de Epifânio, Diodoro de Tarso, Teodoro de Mopsuéstia, Teodoreto de Ciro, Cosme Indicopleustes, Anastácio Sinaíta, Sinésio, Hilário de Poitiers, Prudêncio, Paulo Orósio, Sulpício Severo, Guennadi, Venâncio Fortunato, Isidoro de Sevilha etc.

Com Constantino no poder no início do século IV, o antissemitismo de papel se torna antissemitismo de Estado. O primeiro alimenta o segundo. Eusébio de Cesareia, seu hagiógrafo, registra os mínimos atos e gestos do imperador a fim de embelezá-los. Em sua "Carta de Constantino Augusto às igrejas sobre o Concílio de Niceia", que inicia *Vida de Constantino*, o imperador se refere da seguinte maneira aos judeus:

> Julgamos, para todas as igrejas, que é inadequado celebrar a santíssima solenidade da Páscoa segundo o costume dos judeus, cujas mãos estão manchadas por um crime abominável [...] O que podem saber homens que, após o assassinato do Senhor e o parricídio, não se comportam mais segundo a razão e são arrastados por irresistíveis pulsões?

E em seguida: "Importa não termos nada em comum com os parricidas que mataram o Senhor". E mais o seguinte, também registrado por Eusébio: "O imperador proibiu aos judeus ter escravos cristãos, pois não era justo que aqueles que foram resgatados pelo Senhor fossem postos sob o jugo da servidão por aqueles que mataram os profetas e o Senhor".

Constantino não era ainda cristão no início de seu reinado; em junho de 313, assina um édito de tolerância, o Édito de Milão, que permite aos judeus, mas também aos cristãos e aos pagãos, praticar sem problemas suas religiões. Esse édito põe fim às perseguições que se alastravam há vários anos. Em 321, edita uma lei que permite aos judeus serem dispensados por toda a vida da nomeação para a cúria – uma nomeação que obrigava a render culto ao imperador e às divindades tradicionais. Em 323, com a morte de Licínio, que reinava sobre o Oriente, Constantino torna-se o único imperador; é quando se torna cristão por oportunismo, compreendendo que essa ideologia que afirma que todo poder vem de Deus é politicamente rentável.

Não longe de Granada, o Concílio de Elvira é realizado durante o seu reinado. Reúne dezenove bispos, 26 padres, diáconos, sem falar no povo, presente e barulhento. Às vezes, como no teatro ou nos jogos circenses, ele impõe sua lei com vaias e aplausos, pressionando assim as decisões episcopais – a Igreja se diz inspirada pelo Espírito Santo nesses momentos, esquecendo-se de que a aclamação popular conta muito, e que a demagogia dos bispos atrai às vezes, ou muitas vezes, o apoio de uma claque organizada.

Esse concílio separa os judeus dos cristãos: torna-se impossível um judeu casar-se com uma cristã, o mesmo valendo, evidentemente, para as judias, que não podem mais se casar com cristãos; estes não têm mais o direito de entregar a gestão de seus bens a um judeu; é vedada, de ambas as partes, a possibilidade de comércio entre elas; os judeus não podem receber cristãos à sua mesa nem estão autorizados a compartilhar refeições na casa deles; os judeus não têm direito de abençoar a lavoura dos cristãos. Esse mesmo concílio provincial impõe abstinência sexual aos padres, excomunga as mulheres que praticam o aborto e reserva o mesmo tratamento a atores, comediantes e profissionais do circo. Novas variações sobre o tema do amor ao próximo...

Por volta do ano 329, Constantino promulga uma lei que ameaça de morte na fogueira os judeus que lapidarem os seus convertidos ao cristianismo; em 335, há uma reiteração nesse mesmo sentido, proibição de molestar os convertidos; em 329, castigo similar aos "que aderem à sua seita ímpia e participam de seus grupos sediciosos"; em março de 336, uma lei proíbe os senhores judeus de circuncidar escravos não judeus – caso persistam na prática, os escravos serão alforriados e soltos. O Édito de Milão é abolido. Constantino tributa pesadamente os não cristãos, judeus inclusive, e concede inacreditáveis privilégios fiscais aos cristãos. É fácil imaginar quanto a isenção de impostos contribuiu para as conversões em massa! Fica proibido aos judeus entrar em Jerusalém, exceto no dia em que comemoram a destruição do Templo; podem entrar nesse dia, mas pagando um pesado tributo.

Vieram, em seguida, leis que proibiam os judeus de deixar herança aos filhos e netos convertidos; leis que lhes impunham pesados encargos sociais; leis que os privavam dos tribunais especiais onde julgavam seus assuntos internos; leis que lhes vedavam o exercício de cargos públicos; leis que regulamentavam os detalhes do sabá e os obrigavam a celebrar a Páscoa depois dos cristãos. Justino lhes proíbe recitar suas orações. Os doutores judeus são exilados da Judeia. E condenados à morte se pregarem. São obrigados a assar pão no dia do sabá, dia em que, segundo sua fé, é proibida toda e qualquer atividade. Sob Teodósio, sinagogas são incendiadas...

O judeu-cristianismo se tornou cristão sendo antissemita. Se adotássemos a ideia de que, desde tempos imemoriais, as sociedades ou civilizações sempre se fundaram com um sacrifício de sangue, é do sangue judeu que teríamos de falar para examinar a fundação da civilização judaico-cristã, ou melhor, cristã. Jesus é judeu, seus pais também, Paulo é judeu, os discípulos de Cristo eram judeus. Eles tiveram de virar a faca que servia para circuncidar e apontá-la para o peito de seus semelhantes para que o sangue judeu regasse a civilização cristã durante quase dois milênios: desde Santo Agostinho, que queria condená-los à errância e à humilhação para demonstrar o triunfo da Igreja sobre a Sinagoga, até Martin Heidegger, também católico, que libera seu antissemitismo nos *Cadernos negros*, o antissemitismo é estreitamente ligado ao cristianismo.

Quem foi o católico do século XX que escreveu sobre o judeu?

> [...] sua vida é somente deste mundo, e seu espírito é tão profundamente estranho ao verdadeiro cristianismo quanto era seu caráter, dois mil anos atrás, ao grande fundador da nova doutrina. É preciso reconhecer que este último nunca escondeu a opinião que tinha do povo judeu, e até ao chicote recorreu, quando foi preciso, para expulsar os Mercadores do Templo do Senhor, esses adversários da humanidade que enxergavam na religião, como sempre enxergaram, apenas uma maneira de fazer negócios. Mas Cristo foi pregado na cruz por causa disso.

Um certo Adolf Hitler, em *Minha luta*. O antissemitismo dos cristãos primitivos foi a condição para a emergência da civilização cristã; o antissemitismo dos nazistas, que não foram anticristãos, e pelos quais o papa Pio XII tinha certa queda, é um dos sinais do fim dessa civilização.

4

A INVENÇÃO DO CORPO MUTILADO
UNIVERSALIZAÇÃO DE UMA NEUROSE

Alexandria, por volta do ano 215,
Orígenes seciona os próprios genitais

Como o cristão mediano, convidado por sua religião a imitar o anticorpo de Jesus ou o cadáver de Cristo, e a cristã mediana, forçada por sua fé a se parecer com Maria, Virgem e Mãe, vivem com seu próprio corpo? Como lidam com o sexo e a sexualidade, a libido e os desejos? Pois se Jesus, aparentemente, não conheceu nenhum prazer sensual ou sexual, se Cristo foi um grande cadáver mutilado e sangrento, se Maria pariu sem se deitar com José, o que mais resta a quem abraça essa fé, senão se tornar *como um cadáver* – para empregar a expressão que seria mais tarde o lema dos jesuítas...

A lei que trata da sexualidade cristã se encontra em alguns versículos da Primeira Epístola aos Coríntios, uma obra-prima de neurose pessoal que neurotizou e ainda neurotiza milhões de cristãos há quase dois milênios. Paulo inicia da seguinte maneira a arenga misógina, falocrata, sexista e homofóbica – se é que é preciso recorrer ao vocabulário contemporâneo para nomear coisas tão antigas:

> Passemos aos pontos sobre os quais me escrevestes. É bom ao homem não tocar em mulher. Todavia, para evitar a fornicação, tenha cada homem a sua mulher e cada mulher o seu marido. O marido cumpra o dever conjugal para com a esposa; e a mulher faça o mesmo em relação ao marido. A mulher não dispõe do seu corpo; mas é o marido quem dispõe. Do mesmo modo, o marido não dispõe do seu corpo; mas é a mulher quem dispõe. (1 Coríntios, 7,1-4)

Paulo expõe seu projeto: toma o cuidado de dizer que o corpo real, material, carnal, concreto, não existe para si mesmo, em si mesmo, e sim para o Senhor (6,13). Fornicar é pecar contra seu próprio corpo, que é "um templo do Espírito Santo" (6,19). O que significa *fornicar*? Cometer o pecado da carne, ou seja, ter uma relação sexual sem intenção de procriação. Onde Jesus fala em *pecado da carne*? Em lugar nenhum... O que Paulo quer, portanto, é uma vida em que o número de relações sexuais seja igual ao número de filhos, ou seja, algo em torno de dez, se tanto! Paulo prega a virgindade e, na falta dela, para os que não conseguem observá-la, o casamento dentro dos estreitos limites da monogamia, da fidelidade, da coabitação, da reprodução. O casamento é, para ele, um mal menor.

Paulo universaliza sua própria neurose: já que a sexualidade não o quer, ele não quer a sexualidade; e quer que a humanidade se recuse ao que se recusa a ele. "Quisera que todos os homens fossem como sou. [...] Contudo, digo aos celibatários e às viúvas que é bom ficarem como eu. Mas, se não podem guardar a continência, casem-se, pois é melhor casar-se do que ficar abrasado" (7,8-9). Paulo quer ou a virgindade ou o casamento dentro da continência. Ele inventa o *dever conjugal* (7,3); proíbe o divórcio (7,10); rejeita o segundo casamento (7,11); aconselha o celibato (7,32) - o dos padres se origina nesse mandamento, e nele apenas; pede aos pais que conservem sua filha virgem (7,39); desaconselha viúvos e viúvas a se casarem de novo, embora não os proíba (7,39); vilipendia o adultério (6,9). Na Epístola aos Romanos, condena a homossexualidade ao opróbrio:

> Por isso Deus os entregou a paixões aviltantes: suas mulheres mudaram as relações naturais por relações contra a natureza; igualmente os homens, deixando a relação natural com a mulher, arderam em desejos uns para com os outros, praticando torpezas homens com homens e recebendo em si mesmos a paga da sua aberração. (Romanos, 1,26-27).

Faz a mesma condenação na Primeira Epístola a Timóteo (1,10).

Nessa epístola, Paulo também essencializa as mulheres e considera que "não foi Adão que foi seduzido, mas a mulher que, seduzida, caiu em transgressão. Entretanto, ela será salva por sua maternidade" (1 Timóteo, 2,14-15). Essa misoginia de um homem se torna misoginia da Igreja: Eva pecou, não Adão; se quiser redimir-se, ela que tenha filhos - com seu marido, evidentemente. Paulo passa de uma mulher, Eva, para todas as mulheres: se uma delas é pecadora, então todas são e serão culpadas e por toda a eternidade. Ele quer que as mulheres usem trajes decentes, não usem tranças, nem joias, nem pérolas, nem roupas caras, que sejam submissas e caladas (2,11), que não ensinem ou mandem no homem (2,12). A Primeira Epístola aos Coríntios diz claramente: "A cabeça de todo homem é Cristo, a cabeça da mulher é o homem" (11,3).

Paulo nos remete explicitamente ao pecado original de Adão e Eva. E o texto do Gênesis relata que a serpente, que é o diabo, Satã, o mal, convida Eva a provar do fruto da Árvore Proibida, que é "a árvore do conhecimento do bem e do mal" (Gênesis, 2,17). O que Deus proíbe é o saber, o conhecimento, a inteligência. O pecado de Eva é querer saber, quando Deus nos convida a não saber para se limitar a Lhe obedecer. Eva inventa o uso da razão, a liberdade de análise, o exercício da vontade independente. Mas o texto não menciona em lugar nenhum o pecado da carne! O que o Gênesis diz é que Eva pecou quando preferiu saber, em vez de obedecer - ela inventou a filosofia.

Como esse pecado, que é pecado de conhecimento, torna-se pecado da carne? O Concílio de Cartago decreta a decadência de Adão em 418; e acrescenta que esse pecado se transmite de forma hereditária pela geração! O Concílio de Orange retoma essa tese em julho de 529, e o Concílio de Trento, em 1546! É claro que os Pais da Igreja ensinam a transmissibilidade do pecado original de Adão, o primeiro homem, até o último: Irineu de Lyon, em *Contra as heresias* (v,16,3); Tertuliano, em *O testemunho da alma* (3); Santo Ambrósio, em *Apologia do profeta Davi* (II,12); Santo Atanásio, no *Memorando sobre a deposição de Ário* (I,51); São Basílio em suas *Homilias* (VIII,7); Dídimo, o Cego, em *Contra os Maniqueus* (8). Antes de Santo Agostinho, porém, nenhum sexualiza o pecado original.

Em *A cidade de Deus*, Agostinho discorre longamente sobre o pecado original, que ele associa à concupiscência, mesmo não havendo nada nesse sentido no Gênesis! Embora o problema fosse apenas provar o fruto da árvore do conhecimento, Agostinho fala de Adão e Eva destacando "a rebelião de sua carne" (14,18)! Como é que Agostinho chega a essa concepção? Não por uma explicação, demonstração ou prova, mas por um desvio subjetivo – ele simplesmente associa a serpente ao sexo: "Julgava que era [...] a serpente que representa o sentido corporal", escreve em *A Trindade* (XII,20). E, se Santo Agostinho julgou, o assunto está encerrado...

O problema, portanto, não é mais o conhecimento, e sim a nudez subsequente ao pecado original. Mas quais são as modalidades de transmissão desse pecado? Não as modalidades espirituais, que dizem respeito à alma, mas as modalidades corporais, que envolvem o ato sexual e, em particular, o esperma! Essa teoria possui uma vantagem teológica inegável: como Jesus foi concebido sem esperma, não foi tocado pelo pecado original! E nós, que fomos todos concebidos pelo esperma, somos todos pecadores. A sexualidade, portanto, não é um jogo lúdico entre dois corpos, mas a inoculação de um vírus ontologicamente mortal...

A questão se tornou artigo de fé. Ora, Agostinho defende essa tese porque ela se opõe à doutrina de Pelágio, um monge britânico que afirma que o pecado cometido por Adão diz respeito somente a Adão. Uma afirmação simples e sensata que pressupõe que cada um é responsável pelo bem e pelo mal que cometeu. Por que tornar os descendentes de Adão, até o último homem, responsáveis e culpados de um crime que não cometeram? Há nisso uma injustiça singular, semelhante à punição coletiva por toda a eternidade de um delito cometido por um só num momento determinado.

Pelágio afirmava que Adão agiu mal, mas que todo homem dispõe de liberdade para não seguir esse mau exemplo. Agostinho considera que Pelágio atribui demasiada importância à liberdade e pouca importância à graça. Durante séculos, esse será o debate do agostinismo, em especial com o jansenismo e o protestantismo. A doutrina de Pelágio se espalha pela África, onde Agostinho começa a combatê-la: para ele é questão de manter a liderança – na verdade, o autor das *Confissões* foi uma figura autoritária e oportunista, violenta e carreirista, um "bolsista de dentes compridos", para usar a expressão de Lucien Jerphagnon, um ambicioso que abandonou a concubina para se casar com uma herdeira rica, um homem que sabia o que tinha de fazer para galgar a hierarquia eclesiástica. Combater o que atravessa seu caminho faz parte da trajetória política do bispo de Hipona.

O pensamento de Pelágio faz sombra a Agostinho nas terras norte-africanas; ele o combate. E esse combate exige que se oponha à doutrina pelagianista no que diz respeito ao pecado original. Publica textos contra os pelagianos; ataca-os em sermões; prega em Cartago como o mordaz ironista, o hábil orador, o notório sofista que é. O pensamento de Pelágio faz discípulos até na Palestina: os pelagianos acreditam que a perfeição pode ser uma questão humana, os agostinianos, não. Concílios são diligenciados contra os pelagianos. Agostinho redige os cânones do Concílio de Cartago em 1º de maio de 418; o papa lhe pede que mobilize os bispos do Norte da África contra Pelágio, o que ele faz. Na época de sua morte, Agostinho ainda refutava o pelagianismo em *Contra Juliano de Eclano*, que ficou inacabado. Sua doutrina, que associa pecado original a sexualidade, ou seja, transforma o sexo em pecado, continua se impondo como lei até hoje. Paulo tinha um corpo mutilado e quis que esse corpo fosse um modelo para todos a fim de se sentir menos só em sua patologia: conseguiu em parte graças a Agostinho; a Igreja sempre viu o corpo, a carne, os desejos, as paixões, as pulsões, ou seja, a vida como sua grande inimiga. Nossa civilização se construiu sobre a repressão paulina da carne.

O que se deve fazer, concretamente, para viver segundo a ordem cristã? Sem corpo, sem sexo, desejo e prazer culposos. É preciso renunciar à sexualidade, a toda sexualidade? Os encráticos dizem que sim. O fundador dessa seita é Justino de Nablus. Seus adeptos rejeitam o casamento, abstêm-se de toda e qualquer relação sexual, não comem carne, não bebem vinho e, sendo abstêmios, celebram a eucaristia com água. Por isso são chamados, em grego, de *hidroparastatos* e, em latim, de *aquarianos*... O imperador Teodósio II os transforma em heréticos.

O monaquismo não é alheio a essa corrente que vai de Justino, no fim do século II, até sua condenação imperial, no fim do século IV - o que, aparentemente, não foi suficiente, porque o imperador Teodósio II precisou reiterar a condenação em 428. O cristianismo podia ser vivido por leigos, que assim tinham uma profissão no Império cristão; também envolvia pequenos grupos, que constituíam comunidades inspiradas naquela formada por Jesus e seus discípulos. Os desertos do Oriente acolhem Santo Antão no Egito, Santo Epifânio na Palestina, Santo Efrém e Afraates na Síria Oriental, Diodoro, Teodoro e São João Crisóstomo na região de Antioquia, São Basílio na Ásia Menor.

Foi no Egito que nasceu o monaquismo, com os denominados Padres do Deserto. A vida desses santos compôs uma abundante literatura apologética. O monaquismo envolvia indivíduos solitários, os anacoretas, ou reunidos em comunidades, os cenobitas. O primeiro anacoreta é Santo Antão, que nasceu no Egito por volta de 250. Retirou-se para as montanhas de Pispir, na direção do Mar Vermelho, antes de se embrenhar no deserto, onde viveu até a sua morte, em 356. Essa forma ascética de viver o cristianismo ensejou curiosas biografias de personagens que não sabiam mais o que inventar para humilhar-se, desprezar-se, depreciar-se, machucar-se, morrer em vida, pender para o cadáver.

É um fato sabido. Orígenes toma o texto dos Evangelhos ao pé da letra e seciona os próprios genitais em Alexandria, por volta de 215. Muitos Padres do Deserto realizam variações sobre o tema, sem chegar à castração física voluntária, mas com um requinte que extrapola a razão em matéria de castração mental. Obviamente eles se privam de alimentos agradáveis, bebidas frescas, pratos sofisticados, mas têm sobretudo de se sujar, macular, poluir, contaminar. O corpo precisa ser martirizado, como o corpo de Cristo foi martirizado pelos soldados romanos.

Assim, no século IV, no Egito, Santo Antão pede aos vinte anos de idade que o tranquem num sepulcro durante vários meses a fim de aprender a ser um anacoreta: quando julga estar apto a levar uma vida de renunciante, sai do túmulo e ruma para o deserto, para uma ruína romana infestada de serpentes que elege como domicílio. Tem uma vida frugal: uma refeição de pão por dia, ou a cada dois dias, um pouco de água, sal, e mais nada; pouquíssimo sono, duas ou três horas por noite; a oração no lugar do sono; quando deita para dormir, é numa simples esteira de juncos, ou diretamente no chão; não recebe visitas.

É claro que ficar no escuro, não ver a luz do dia, jejuar tão drasticamente, beber tão pouco, privar-se de sono, não ter contato com ninguém provoca alucinações. Disso a vê-las como manifestações do diabo é um passo. Antão ouve gritos de animais selvagens que o atormentam, ursos e leopardos, leões e touros, serpentes e escorpiões o atacam, sente-se moído de pancadas, derrubado pelo mal, fica longos períodos estendido no chão. São essas as famosas tentações de Santo Antão, nascidas num corpo voluntariamente esgotado. Nessa época, as pessoas acreditam em demônios e deuses, em Deus e no diabo, nos anjos e nos maus espíritos: o lugar deles é no deserto, onde a solidão é maior, onde todos se libertam.

Aparecem visitantes pedindo exorcismos, orações, curas; ele se nega a recebê-los, mas afinal consente; forma alguns discípulos por volta de 305 - é a primeira comunidade monástica cristã do mundo. No Egito. Mas a companhia dos homens é um peso; Antão foge desse afluxo de gente, que inclui aspirantes a discípulos. Em 312, deixa as ruínas e se embrenha ainda mais longe no deserto. Escolhe uma caverna no alto de uma montanha, com uma vista sublime para o Mar Vermelho. Está com sessenta anos. Os animais selvagens vêm incomodá-lo; tornam-se seus amigos. O céu se enche de visões angélicas, uma mais delirante do que a outra. Dizem que morreu aos 105 anos, por volta do ano 356. Seus discípulos o enterraram num local secreto para evitar um culto que acabou acontecendo.

A *Vida de Antão* escrita por Atanásio é, naturalmente, uma mescla de verdades e ficções, alegorias e fatos reais, símbolos e detalhes biográficos. Esse gênero literário se pretende edificante, e edifica. Dezenas, centenas, milhares de pessoas optam por essa presença no mundo que é renúncia do mundo: dar de comer e beber ao corpo apenas o suficiente para ele não morrer, conceder-lhe apenas o sono suficiente para não se esgotar, abandonar o mundo mundano dos homens pelo mundo celeste de Deus, pedir e obter do próprio corpo que morra só o suficiente em vida para merecer e obter a salvação eterna junto de Deus pela extinção dos desejos, da libido, das paixões, da carne. Querer ser um ectoplasma para se igualar ao máximo a esse conceito exangue chamado Jesus.

Da mesma forma que Atanásio redigiu uma *Vida de Antão*, Jerônimo escreveu uma *Vida de Paulo de Tebas, primeiro eremita*, outro anacoreta do Egito. O único problema é que essa biografia, escrita por volta de

374-379, refere-se a um homem que nunca existiu – é o que diz a crítica autorizada. Não há a menor prova da existência de Paulo, mas sua vida mítica tem valor de realidade para quem busca a edificação. O que Jerônimo tinha em mente quando inventou essa fábula? Supondo que tivesse más intenções, coisa de que se mostrou bem capaz quando enlameou a memória do filósofo Lucrécio, ele conseguiu contestar o fato de Antão ter sido o primeiro eremita, porque Paulo supostamente o antecede, seguindo as mesmíssimas lógicas: Antão vai para o deserto aos vinte anos, Paulo faz melhor e vai aos quinze. Vive frugalmente durante cem anos numa ruína ocupada outrora por antigos falsificadores de moedas que abandonaram ali suas ferramentas. Vive próximo a uma tamareira e uma fonte, de modo que pode comer tâmaras, confeccionar vestimentas e beber o estrito necessário para não morrer. Não longe dali, vive um recluso numa caverna; há trinta anos só come pão de cevada e bebe água lamacenta; outro vive trancado numa cisterna e come cinco figos por dia. Antão tem oitenta anos quando descobre a existência de Paulo: já não é, portanto, o criador do anacoretismo, e sim o discípulo de um mais velho. Atravessa o deserto sírio para visitá-lo. Encontra um demônio ao meio-dia, naturalmente, o qual tem a forma de um hipocentauro. Paulo ostenta uma longa cabeleira branca, está imundo e tem apenas mais três dias de vida. Morre enquanto Antão vai em busca de uma túnica para enterrá-lo. Este, ao voltar, encontra-o em postura de oração. Não há como cavar o solo duro para abrir uma cova. Mas os animais estão com ele: da mesma forma que um corvo lhe trazia um pão todos os dias, dois leões aparecem do nada e cavam uma fossa para que Antão possa estender o corpo de Paulo. Se Jerônimo não quis prejudicar Antão, digamos que criou um mito, como aconteceu com Jesus, para edificar e convidar os cristãos do Egito a renunciar ao mundo e levar uma vida de anacoreta no deserto.

Assim como Antão inventa o anacoretismo, a ascese individual e solitária, Pacômio (286-348) cria o cenobitismo, a ascese coletiva e comunitária. Durante sete anos, aprende com um mestre e obedece a ele: carrega pedras no deserto à noite para não dormir; dorme em pé o pouco sono que se permite; come pão, sal e ervas fervidas, às quais mistura cinzas para lhes dar um gosto ruim; reza horas a fio com os braços em cruz, sem se mover; às vezes, carrega pedras nos ombros durante a oração; expõe-se ao sol para rezar e veste um pesado manto de pele sob o forte calor; sem se mover, deixa-se devorar por uma legião de pernilongos, deixa pés e mãos inchar, supurar e apodrecer...

Numa versão *post-mortem* hagiográfica e edificante do século V, um anjo lhe entrega as tábuas da lei monástica e o convence a idealizar as primeiras comunidades de monges cristãos. Cria o primeiro mosteiro por volta de 318. Diante da grande demanda, abre mais um. Termina abrindo nove. Aos sessenta anos, quando morre vítima de uma epidemia de peste, depois de mais de trinta anos de ascese, há de 6 mil a 8 mil monges vivendo segundo a ordem da sua regra: jejum e mortificações coletivas são ocasião para excessos; foi necessário pedir que cessassem essas competições de orgulho em benefício de uma humildade autêntica, que pressupunha refeições frugais, trabalho pensado, sono sentado, mas reparador, silêncio às refeições, orações diárias em horários fixos, vestimentas idênticas para todos, obediência à lei ditada por um monge que cumpre a função de chefe, repartição das tarefas, observância da rotina, separação entre monges e monjas, respeito às regras do claustro e à natureza das punições, dever de hospitalidade para com os visitantes, critérios para aceitação de um monge (humilhações, cuspes, rejeição, provas) – eles anunciam ao candidato que sua mãe está moribunda para testar a impassibilidade que prova a necessária morte para o mundo... Depois da morte de Pacômio, o cenobitismo se estende além do Egito, alcança a Síria, a Palestina, a Capadócia, a Grécia, e chega ao Ocidente. São Bento redige a sua regra para o mosteiro de Monte Cassino, na Itália, no final de sua vida, por volta de 547. Os monges estão no que se tornará a Europa no século VI.

Não houve limites para esse ódio ao corpo dos que acreditavam que, morrendo para o mundo, ganhariam a vida eterna: rechaçado três dias e três noites por Santo Antão, que finalmente o recebeu, São Paulo, o Simples, passa o dia trançando esteiras sob um sol de rachar para em seguida destrançá-las, esforça-se para juntar com uma concha o mel derramado no chão de propósito pelo mestre, sem deixar o menor vestígio de poeira; São Simão, outro discípulo de Antão, baixa os braços ao rezar para que quem porventura o veja não o admire ainda mais; Santo

Isidoro vive em andrajos, toma a água suja da louça e simula loucura por humildade; Santo Efrém come apenas ervas e raízes, pastando feito um animal; São João do Egito ingere apenas grãos, como um passarinho; Davi e Adolas moram dentro do tronco de árvores; São Maron vai além e escolhe troncos no interior dos quais haja grossos espinhos; já Davi de Tessalônica vive imóvel no topo de um tronco; São Tiago mora em túmulos, na companhia de mortos ressecados ou se desfazendo em pó; São Talelo mofa numa jaula na qual se trancou; Santo Acépsimas se cobre de correntes e é obrigado a andar de gatinhas; São Macário assa num deserto da Nitria onde o sol resseca seres humanos, barcos, animais, e o solo corta os pés; ele anda nu pelo deserto, torrando de dia e congelando à noite; um dia mata um mosquito que o havia picado e, por penitência, fica inteiramente nu durante seis meses num pântano onde os mosquitos transformam seu corpo numa chaga purulenta; põe seu pão numa garrafa e só come o que consegue apanhar com os dedos; ajuda uns ladrões que flagra lhe roubando e deixa uma moça acusá-lo de a ter engravidado; dorme num túmulo usando o cadáver como travesseiro. Santo Amon passa meio século caminhando e comendo cinco azeitonas por dia; São Paládio se refugia em pequenas tocas de animais onde tem de ficar todo encolhido; São Poemen se nega a responder quando o chamam para evitar o pecado do orgulho; São João Pequeno rega, dois anos a fio, um pedaço de pau seco no deserto com água que vai buscar a três quilômetros de distância; Santo Arsênio Romano, que foi preceptor dos filhos do imperador Teodósio, come de quatro o pão que lhe jogam no chão, bebe água estagnada e mistura a água limpa e fresca que lhe oferecem à sua bebida fétida; come duas ameixas e um figo por dia, desde que estejam podres; São Bessário lamenta ininterruptamente o pecado original; São Shenouda sobe num tijolo e reza até que as lágrimas e o suor o façam derreter; São Simeão Estilita, depois de ter morado no fundo de um poço, passa anos no topo de uma coluna de 25 metros de altura; Santa Maria Egípcia se prostitui com o primeiro que aparece etc.

Do que se vê que esses homens e mulheres foram declarados santos pela Igreja Católica sem que ela encontrasse nenhum motivo para contestar esses comportamentos neuróticos. Do que se constata que São Paulo conseguiu universalizar sua neurose muito além de suas expectativas. Do que se percebe que o corpo cristão expressa de forma masoquista o retorno do anticorpo reprimido de Jesus. Do que se compreende que a encarnação é uma questão problemática no judeu-cristianismo. Do que se conclui que o corpo dos Padres do Deserto foi o protótipo do corpo que o cristianismo oficial nos convidou a tomar como modelo há um milênio e meio – e do qual restam vestígios no corpo pós-cristão da mulher e do homem do século XXI ocidental. Temos a impressão de que o Jesus dos Evangelhos não acharia isso lá muito católico.

A quem não dedicou sua vida a Deus de forma, digamos, profissional, resta o casamento e a família, na qual é legítimo ter relações sexuais para fazer filhos. Aqueles que se apoiavam em trechos das Sagradas Escrituras para justificar a virgindade e o celibato, a ascese e a renúncia são substituídos por pensadores que se baseiam no "crescei e multiplicai-vos" (Gênesis, 1,22) para nos sugerir uma numerosa descendência. Se acreditarmos em Paulo, temos de anular nosso próprio corpo e fazê-lo sofrer para poder desfrutar dele; se dermos ouvidos a Deus, podemos colocar nosso corpo a serviço da criação – reproduzindo-nos.

Acontece que o contexto do casamento é extremamente restritivo. É como uma máquina de fazer anjos, não por apagar a chama do desejo, mas por reduzi-la ao mínimo possível. Não é mais necessário se empoleirar no alto de uma coluna de vinte metros de altura como os estilitas, pastar como os ruminantes, rodar como os giróvagos[14]; é possível viver com uma única esposa, com quem a sexualidade é possível e pensável, mas somente na configuração de uma família com filhos.

Existe um número significativo de reflexões sobre o casamento nos Pais da Igreja. São múltiplas e variadas, às vezes contraditórias e, como sempre, seria necessário um concílio para estabelecer definitivamente o cânone. No século I, Hermas considerou em seus *Preceitos* que, no caso de adultério da mulher, o marido não pode mais coabitar com ela, mas também não se pode divorciar ou voltar a se casar, porque um novo casamento o transformaria em adúltero (IV,I,4-10); a culpada é que se deve arrepender e voltar para o marido. No século seguinte, Tertuliano publi-

---

14 Monges que iam de convento em convento. [N. E.]

ca nada menos do que três textos sobre o tema: em *À minha esposa* (200-6), pede à esposa que não se case novamente, caso algo ruim aconteça com ele; seguindo a mesma linha de Paulo, ele considera que a castidade é superior, mas o casamento é desejável, seus vínculos são indissolúveis e, em caso de adultério, a separação de corpos é a única alternativa; em *Exortação à castidade* (208-11), desaprova as segundas núpcias; em *Sobre a monogamia* (217), reitera a argumentação. São Atenágoras, em *Apologia*, defende a castidade no casamento e condena as segundas núpcias, que define como um "adultério decente". São Basílio declara, em *Moralia*, que, em caso de adultério, nem o culpado, nem a vítima desse pecado podem voltar a se casar; nas *Epístolas canônicas*, ele aprofunda a análise e autoriza o marido a casar uma segunda vez, caso tenha sido enganado. São Gregório de Nazianzo se insurge contra tal tolerância e proíbe ambos os esposos igualitariamente de cogitar um novo matrimônio. Por volta de 381, São João Crisóstomo publica *Sobre a virgindade*, no qual defende as teses de Paulo e, em *Carta a uma jovem viúva*, sugere à sua interlocutora que encontre consolo na vida espiritual. Em *Sobre a perseverança na viuvez*, escrito por volta de 380-381, desaconselha novamente o casamento às viúvas. Não é essa a tese de São Epifânio, que autoriza o casamento das viúvas; nem de São Gregório, que o tolera; nem de São Basílio, que o pune com um ano de penitência! Santo Ambrósio mereceu o título de Doutor da Virgindade porque celebrou tal virtude em cinco escritos!

Durante vários séculos houve de tudo: o anacoreta Santo Antão, que se exauriu de fome e sede depois de renunciar à sexualidade; bispos casados e pais de família como Sinésio de Cirene, na Cirenaica; monges cenobitas que também aboliram toda libido, ou então casos saborosos, como o de Hormisda (514-22), que foi casado, enviuvou, tornou-se padre e papa, e mais tarde seu próprio filho virou papa; Adriano (867-72), que era casado com Estefânia e pai de uma menina; João XVII (1003), que havia sido casado antes de ser eleito, era pai de três filhos antes de subir ao trono pontifical, e todos os seus três filhos se tornaram padres; Clemente IV (1265-8), cujas duas filhas entraram para o convento; sem falar dos vários papas homossexuais...

Em 673, o Concílio de Hertford determina que o cristão que deixar a esposa por motivo de adultério não se pode casar novamente sob pena de cometer adultério, porque o casamento é indissolúvel. Mas foi o Concílio de Trento, no século XVI, que pôs ordem na questão, pressionado pelo protestantismo: quem quer que negue que o matrimônio seja um dos sete sacramentos da Igreja instituída por Jesus Cristo e afirme que é uma invenção dos homens da Igreja será excomungado – pelos homens da Igreja, que decidiram que a decisão deles era um sacramento decretado por Jesus Cristo, que, aliás, nunca tocou nesse assunto. Esse mesmo concílio proíbe a poligamia, declara o matrimônio indissolúvel, anatematiza quem afirme que o matrimônio seja superior à virgindade ou ao celibato, torna obrigatórios os proclamas, proíbe risos e brincadeiras durante a cerimônia de casamento e determina que ela seja realizada em jejum, entre o nascer e o pôr do sol. É nessas reuniões também que a Igreja proíbe aos futuros noivos habitar sob o mesmo teto, o que só é permitido após a celebração do casamento por um padre. Determina igualmente que toda pessoa que se queira casar segundo o rito cristão deva ser batizada antes da cerimônia. Essa batelada de proibições e obrigações nunca foi questionada. A Igreja Católica ainda a aprova nos mesmos termos.

O corpo mutilado inventado pela Igreja não se refere exclusivamente à sexualidade. Também abunda em prescrições relativas a comida, bebida, alimentação: o pecado da gula vai de par com o pecado da luxúria. Como vimos, Jesus, que é um conceito, come somente símbolos, seu alimento predileto. Um Jesus histórico colocaria sobre a mesa o que existia na Palestina: um *bulgur* com lentilhas, pimenta, cominho, cebola e azeite de oliva; sopa de lentilhas com limão, acelga, coentro e alho; folhas de malva refogadas com cebolas fritas; lombo de carneiro acompanhado de arroz com berinjela, pinhões e amêndoas picadas, temperado com noz moscada e canela; um *tagine* de peixe ao molho de gergelim; *falafel* (grão de bico, favas secas, cebola, alho, salsinha, coentro, pimentos...); *kunafa* de semolina e flor de laranjeira; vinho de palma; cerveja local. Em vez disso, os símbolos que a gente conhece...

Da mesma forma que nunca falou de sexualidade, Jesus nunca disse o que se podia comer ou não, como e em que quantidade! Mas os pais da Igreja não podiam perder essa formidável oportunidade de lembrar a todo o mundo, pelo menos três vezes ao dia, a presença e a existência do deus que se encontra no prato e no copo cristão. O judaísmo proíbe uma quantidade incrível de coisas: dos mamíferos terrestres, é permitido comer apenas os ruminantes de casco fendido, não os demais, inclusive porco e coelho; das aves, apenas as domésticas, não as demais; dos animais aquáticos, apenas os que possuem nadadeiras e escamas, não os demais, inclusive crustáceos, mariscos, frutos do mar... Já o cristianismo não proíbe nada em particular. A bebida judaica deve ser *kosher*, nunca produzida por não judeus; a dos cristãos não segue nenhuma lei.

O cristianismo não proíbe nada em si, mas regula o uso e proíbe que a ingestão de alimentos e bebidas seja ocasião de prazer. Porque, *in fine*, o problema é o prazer de estar no mundo. Em face da Paixão de Cristo, todo júbilo é ilegítimo: é impensável alegrar-se num funeral, e o convite para imitar a Paixão, que é a identificação pelo sofrimento, ou mesmo pela morte, coloca o indivíduo num necrotério do tamanho da zona espiritual envolvida.

Devemos a Evágrio Pôntico a condenação dos prazeres da mesa. Evágrio é considerado o mestre da vida ascética. Foi nomeado leitor por Basílio e diácono por Gregório de Nazianzo; foi um pregador de sucesso em Constantinopla, mas largou dessa vida para se tornar Padre do Deserto; foi discípulo de Macário e passou dezessete anos no deserto. Era copista. Escreveu muito, mas nenhuma de suas obras sobreviveu. Devemos a ele um *Sobre os oito vícios capitais*, no qual condena a gula; os outros sete pecados são a luxúria, a avareza, a tristeza, a ira, o tédio, a vaidade e o orgulho. Ele escreveu sobre as condições da vida monástica e teorizou a ascese radical. Elaborou exercícios espirituais visando à purificação pessoal, feita de luta contra as tentações. Afirma conhecer bem os demônios e suas técnicas: por exemplo, o demônio do meio-dia, que insufla a acídia no corpo no monge. Foi considerado o precursor de Pelágio e condenado por quatro concílios ecumênicos. Morreu aos 54 anos, em 399.

Por volta de 420, João Cassiano retoma a lista dos pecados capitais de Evágrio. Devemos a ele o livro *Instituições cenobíticas*, que codifica a regra monástica. Todos os mosteiros do Ocidente adotam a lista, e ela fica gravada no mármore cristão. A *Regra de São Bento*, datada do fim do século VI, dedica dois capítulos à moderação no comer e no beber:

deve-se evitar a saciedade no que se refere aos sólidos e a embriaguez no que se refere aos líquidos, ou seja, ainda sentir fome ao sair da mesa e só beber o necessário. São Bento prefere a água ao vinho, mas tolera o álcool, dada a dificuldade de converter os monges à água pura (40,6).

No século VI, o papa Gregório I descreve as cinco maneiras de se cometer o pecado da gula: *pecar pelo momento*, ou seja, comer antes do horário estipulado para a restauração das forças perdidas; *pecar pela qualidade*, ou seja, buscar para o simples prazer iguarias e comida de melhor qualidade; *pecar por estimulantes*, isto é, buscar molhos e temperos por prazer; *pecar pela quantidade*, que significa comer mais do que o necessário; *pecar pelo desejo*, que é comer com demasiado desejo, mesmo em quantidade razoável. Segundo o papa, esta última é a pior maneira de pecar.

Cada um reconhecerá aqui os ritos e tabus alimentares próprios da civilização judaico-cristã: não comer fora das refeições; não desejar pratos refinados; não comer demais; não gostar demais de comer; não sentir prazer em comer. A mesa é para restaurar as forças perdidas, nem pensar em dar ao corpo mais do que o estrito necessário para ele perseverar no ser. O ditado que diz que devemos "comer para viver, e não viver para comer", vem dessa frugalidade exigida pelo Vaticano. É impensável que o corpo sinta prazer sob qualquer forma que seja.

Os vícios foram decretados pela Igreja ao longo dos séculos, não por Jesus em seu tempo. Os pecados são capitais quando dão origem a outros pecados, outros vícios. Eles foram reduzidos a sete: soberba, avareza, inveja, ira, impureza, gula, preguiça ou acídia. O catecismo contemporâneo ainda os reconhece, e não aboliu nenhum depois de quase um milênio e meio. De modo que hoje, em pleno século XXI, a gula se enquadra no interdito especificado no artigo 1866 do *Catecismo da Igreja Católica*. O esperado, portanto, é vivermos como os contemporâneos de Evágrio Pôntico, João Cassiano, São Bento e Gregório I...

5
UMA SEITA SE TORNA RELIGIÃO QUANDO O CORDEIRO COME A LOBA

Milão, 13 de julho de 313,
Constantino assina o decreto homônimo

Do magistério de Jesus, no início do século I, até a conversão do imperador Constantino, que induz a conversão do Império no início do século IV, o cristianismo é molecular, impressionista, fragmentado. Primeiro é *um*, Jesus, depois *doze*, os apóstolos, e, em seguida, *um punhado* constituído pelas primeiras comunidades fundadas por Paulo na bacia do Mediterrâneo, por Pedro no território romano, por Estêvão na diáspora judaica que fala grego e por Tiago, que os judeus de Jerusalém dizem ser irmão de Jesus. Os apóstolos tentam converter pregando nas sinagogas. Os primeiros cristãos se reúnem discretamente em casas particulares, fiéis à ideia de que a igreja é onde dois ou três fiéis estiverem reunidos em memória de Jesus. No mapa da bacia mediterrânea, o desenvolvimento do paleocristianismo é um arquipélago constituído por uma porção de ilhas num imenso mar pagão. A doutrina, nessa época, ainda não está estabelecida, e o cristianismo tem as feições do cristão que o adota.

Assim, no século I, o desejo dos seguidores de Tiago é permanecer fiel aos ritos do judaísmo; os seguidores de Pedro afirmam que Jesus é o último profeta judeu e cumpre a previsão dos profetas; milenaristas, os joaninos esperam a volta de Jesus à Terra; os paulinos querem abolir a lei de Moisés; os helenistas de Estêvão e Barnabé aspiram a uma espiritualização do culto. Os discípulos dessas várias correntes constituem igrejas em que os problemas de doutrina geram guerras de picuinhas entre as comunidades.

No século II, essa estrela fragmentada que é o primeiro cristianismo ainda se divide em outras seitas: nazoreanos, ebionitas, elcasaitas, marcionistas, gnósticos, montanistas... Nazoreanos, ebionitas e elcasaitas pertencem ao grupo judaico-cristão; os nazoreanos, ou nazareanos, são os primeiros discípulos de Jesus, acreditam em sua divindade e humanidade e também na ressurreição dos mortos – eles são os primeiros cristãos. Ebionitas e elcasaitas derivam dos nazoreanos, mas distinguem-se deles, no caso dos ebionitas, pela crença de que Jesus nasceu do esperma de José e pela negação do caráter divino de seu messianismo. Jesus é um homem que cumpriu à perfeição a lei de Moisés, não é Filho de Deus, e sim Filho do Homem, reencarnação de Adão destinado a pôr fim aos sacrifícios; também acreditam que Jesus é o antídoto contra o diabo na vida diária. Já para os elcasaitas, Jesus é um anjo revelador de gigantesca estatura acrescido de uma versão feminina, o Espírito Santo, o corpo de Jesus transmigrou de corpo em corpo, desde o de Adão até esse que é conhecido.

Marcião efetua uma ruptura com os judeu-cristãos: esse armador novo-rico e mecenas funda sua própria igreja em Roma para poder pregar uma diferença radical entre o Deus do Antigo Testamento, o Deus dos judeus, vingativo e violento, ciumento e vingador, duro e colérico, e o do Novo Testamento, o Deus pai de Jesus, de amor e misericórdia. O primeiro faz um urso devorar criancinhas que caçoavam de um profeta (2 Romanos, 2,24); o segundo deixa vir a ele as criancinhas (Lucas, 18,15-17). O Deus veterotestamentário age segundo o talião; o Deus neotestamentário, segundo o perdão. Jesus não tem nada a ver com o Profeta anunciado pelos judeus. Marcião, na contraigreja que fundou, rejeita o mundo físico e a sociedade concreta; não aceita que se aumente o poder deste mundo material ruim e propõe o vegetarianismo, a abstenção de álcool, a continência sexual; concede o batismo somente aos viúvos, solteiros, eunucos, viúvas, aos casados que deixam seus cônjuges; e, obviamente, recomenda o martírio...

O gnosticismo também foi uma corrente cristã importante: com uma linguagem extravagante que convoca um Pró-Pai, éons, pleromas, ogdóades, sizígias, propõe uma cosmogonia singular, com arcontes e potências, e ritos surpreendentes, que vão desde untar o corpo com óleo até a comunhão com fetos extirpados do ventre das mulheres e transformados em patês aromatizados com ervas, passando por orgias no escuro. Para alguns, era ir a fundo na negatividade do mundo criada por um mau demiurgo, mergulhando no mal para fazer surgir o bem. No lado libertino, os gnósticos Basílides, Carpócrates, Simão, o Mago, Epifânio, Cerinto e Marcos inventam a dialética hegeliana...

Por volta de 156-157, ou 172-173, Montano começa a pregar em êxtase o fim dos tempos. Em duas aldeias da Frígia, anuncia o evento para uma data precisa e pede a seus fiéis que se preparem com jejum, abstinência e mortificação. Montano diz ser o instrumento de uma terceira e última revelação, a do Paráclito, do qual diz ser o porta-voz. Anuncia a vinda iminente de Cristo, que reinaria mil anos sobre o seu povo. Acompanhado de duas profetizas, Priscila e Maximila, Montano afirma que ele é a Igreja, pois o Espírito Santo fala através de sua boca. Proíbe as segundas núpcias e não perdoa os pecados cometidos após o batismo. A Igreja Montanista teve inúmeros sectários que também criaram suas próprias igrejas - Proclo, Ésquines etc.

Do que se vê que o cristianismo é, antes de mais nada, um mosaico ideológico e espiritual, uma colcha de retalhos conceitual e doutrinal, uma complexa marchetaria de nomes e figuras. Não há nenhuma unidade, nenhuma linha clara, nenhuma força dirigida para uma direção, mas um caldo de cultura. Não há nenhum nome apto a federar; ao contrário, cada qual cria uma nova seita que, por seu turno, pode derivar em outra seita. Essa proliferação é sinal do vivo sendo vivido. Falta a essas forças uma forma para se tornarem uma força.

Nesse viveiro fervilhante de diversidade, o século II é também o século em que se constitui o essencial do Novo Testamento, retendo, da vasta literatura de cada uma dessas comunidades, o que permite uma síntese: a Epístola de Tiago para os seus seguidores; o Evangelho segundo Mateus e as Epístolas de Pedro para os seguidores de Pedro; o Evangelho segundo João para os helenistas de Estêvão; as Epístolas aos Hebreus para os helenistas de Barnabé; as Epístolas de Paulo, o Evangelho segundo Lucas e os *Atos dos Apóstolos* para os paulinos. Esse gesto é um esboço de síntese; portanto, uma concentração das forças numa forma que dê força.

A fragmentação cristã vai de par com a fragmentação do Império. Quando Diocleciano se torna imperador, em 284, o Império está em frangalhos: é criado o Império gaulês, ao qual se aliam a Espanha e a Bretanha; a anarquia militar é absoluta; imperadores são proclamados em toda parte e a todo momento, reinam pouco, às vezes somente alguns dias, e são assassinados; o Estado se está desmembrando; as sucessivas crises econômicas são acompanhadas de crises demográficas, crises de produção, crises das trocas, crises financeiras; a moeda perde valor; a inflação atinge níveis altíssimos; a pauperização é galopante, e a delinquência e a pirataria vêm logo atrás; os bárbaros concentram tropas no Reno e no Danúbio, e alamanos, saxões, carpos, sármatas, iáziges, vândalos e godos são uma grande ameaça; as revoltas de blêmios atormentam o Alto Egito; tribos beduínas fazem o mesmo na Síria, e os mouros, no Magrebe; a Pérsia continua uma ameaça: o Império corre o risco de desabar.

Para salvar o que ainda pode ser salvo, Diocleciano instaura a tetrarquia: são nomeados quatro Augustos, aos quais são associados quatro Césares adjuntos. Constâncio Cloro, assim denominado em razão de sua tez cor de azeitona, é um dos quatro césares. E o futuro pai de Constantino. Diocleciano é o primeiro Augusto, concentra todos os poderes, mas cabe aos demais imperadores, os chamados adjuntos, zelar pela instauração da sua política. O Império é dividido em 104 províncias, as quais são repartidas em doze... dioceses! Auxiliado por Galério, Diocleciano se encarrega do Oriente; Maximiano, auxiliado por Constâncio, do Ocidente. Roma perdeu sua preeminência localizável e se tornou uma ideia desterritorializada. A cada vinte anos, o Augusto cede seu lugar ao César, que escolhe um novo adjunto. Diocleciano sacraliza essa instituição, colocando-a sob o signo de Júpiter e Hércules. Reina em majestade, às vezes representado com as feições de Zeus.

Essa sacralização do poder vai de par com a sua teatralização: raras aparições do imperador, intervenções majestosas, o uso da púrpura e de um diadema coberto de pedras preciosas. As pessoas se prosternam em sua presença, beijam a borda de seu manto, confeccionado com tecido raro. Demonstram assim sua fidelidade aos deuses e ao Império. Não consentir nesses sinais de submissão é instantaneamente suspeito. Devotados ao seu Cristo, os cristãos rejeitam essas manifestações de sujeição ao poder temporal imperial. Diocleciano cria a monarquia de direito divino; Constantino só terá de se abaixar para colhê-la. O latim se torna a língua oficial do Império. A burocracia se torna tentacular. O cristianismo se espalha. E é compreensível que se alastre rapidamente. Mas por quê?

Em seu *Discurso verdadeiro contra os cristãos*, Celso ataca essa religião que rejeita as leis e as práticas, os costumes e os ritos do Império. Não admite que a fé desarrazoada seja lei onde a razão deve primar e triunfar. Denuncia suas alegorias insustentáveis, sua cosmogonia pueril, sua impostura monoteísta, seu rito de circuncisão herdado de Moisés e perpetuado por pastores de cabras, sua rusticidade de judeus ignorantes, sua gente simples e grosseira, vulgar e inculta, seus charlatães e impostores.

Para Celso, Jesus é fruto de um adultério de Maria com um soldado romano que atendia pelo nome de Pantera; sua mãe não era virgem e foi abandonada por José. Jesus partiu para o Egito, onde trabalhou e se iniciou na magia, que ele reinventou ao voltar para a Palestina e se proclamar Deus. Ele afirmou no Jordão - baboseiras, no entender de Celso - que um "fantasma alado" (8) descera sobre ele, e uma voz se ergueu. Por que um anjo viria anunciar a ira de Herodes, se Deus, se ele fosse mesmo seu Filho, poderia preservá-lo dessa ameaça fazendo-o reinar? Seus milagres? Truques de mágico ambulante. Seu corpo? Uma ficção que nada tem a ver com um corpo real e concreto. Celso escreve muito claramente: "A verdade é que todos esses pretensos fatos não passam de mitos que vocês e seus mestres inventaram, sem ao menos conferir a essas mentiras um pingo de verossimilhança" (20). E acrescenta que essas histórias foram registradas por escrito e reelaboradas umas três ou quatros vezes para eliminar o que pudesse dar margem às mais fáceis e grosseiras refutações.

Como é possível acreditar em baboseiras desse tipo? São ensinamentos esotéricos consolidados sobre lendas e contos antigos. Um homem que diz ser Deus e não consegue garantir sua própria salvação; "fanfarrão e mestre da goécia"[15] (22), ou seja, um mestre em bruxaria que pretendia converter o mundo inteiro, mas não conseguiu sequer evitar a discórdia entre os seus apóstolos; um indivíduo com poderes fabulosos, mas incapaz de abrir sozinho a pedra que fechava o seu túmulo e precisou de dois anjos para isso; um ressuscitado que só aparece para amigos já convertidos, uma mulher enfeitiçada, testemunhas de mente conturbada, "uma mulher e comparsas" (28), mas não para seus inimigos, como Pôncio Pilatos, o que teria tido um efeito persuasivo considerável; um profeta que podia ter subido aos céus assim que foi crucificado, o que daria uma publicidade inegável; um apóstolo que é incapaz de usar a inteligência para convencer e precisa invocar maldições sobre os que não creem nele nem o crerão.

Celso julga igualmente ridículas as brigas incessantes entre cristãos e judeus; "suas controvérsias lembram oportunamente o provérbio: 'Brigar pela sombra de um burro'" (33). Muito antes de Freud, Celso vê os judeus como egípcios que se afastaram de sua terra de origem; considera que os judeus são para os egípcios o que os cristãos são para os judeus: cismáticos movidos pelo espírito de facção. E escreve:

> Na origem, quando eram poucos, eram todos movidos pelos mesmos sentimentos; depois que viraram uma multidão, dividiram-se em seitas das quais todos pretendem distinguir-se, tal como fizeram nas origens. Estão mais uma vez se isolando da maioria, condenando uns aos outros, em comum só lhes resta o nome, por assim dizer, se é que ainda o mantêm. Essa é a única coisa que tiveram vergonha de abandonar: pois, de resto, uns professam uma coisa, e os outros, outra. (33)

Filósofo, provavelmente neoplatônico, Celso não entende que os cristãos possam orgulhar-se de rejeitar a cultura, as letras, a razão e a inteligência e celebrar a ignorância, a incultura, as virtudes dos simples de espírito. Por que privilegiar as mulheres, crianças, escravos, estivadores, cardadores, sapateiros, pisoeiros, "a gente mais ignorante, desprovida da mínima educação" (37)? Por que apelar para o pecador, isto é, o homem

15 Goécia: magia encantatória praticada na Antiguidade, pela qual se invocavam os demônios. [N. T.]

injusto, o bandido, o assaltante, o envenenador, o sacrílego, o violador de túmulos? Acaso querem melhorar os maus? Se é o caso, quanta ilusão, quanta ingenuidade! Que Deus é esse que prefere o ladrão à vítima do roubo, o bandido ao homem de bem, o mau ao bom? Um Deus injusto...

Celso desmonta a mitologia cristã: Deus desceu à terra? Um evidente suicídio por comprometimento com a matéria. Deus criou o homem e a mulher usando barro e seu próprio sopro? Uma serpente que fala? Isso é fábula para comadres. O Dilúvio e a Arca de Noé? Historinhas para crianças. O homem ser o centro da Criação? Preeminência dos homens sobre os animais? Bobagem, Deus não criou o mundo para os homens nem para os animais, mas para a sua própria perfeição. Encher o céu de anjos e outras criaturas extravagantes? Tolices... Só o que há no céu são astros e estrelas, coisa que não interessa aos cristãos, já que só têm desprezo pela ciência. Criação do mundo em seis dias, se os dias ainda nem tinham sido criados? A danação pelo fogo do inferno? A ressurreição da carne? Invencionices.

O *Discurso verdadeiro contra os cristãos* critica o fato de os cristãos se recusarem a oferecer sacrifícios às divindades do Império e, portanto, de se afastarem da sociedade civil. Eles se negam aos deveres cívicos, à participação nos assuntos públicos, ao porte de armas, ao serviço militar, à participação nos sistemas policiais e militares do Império. Se os cristãos foram perseguidos, não foi por causa de seu deus, mas sobretudo por se negarem a fazer parte da comunidade civil, cívica, por se furtarem àquilo que constitui o que, mais tarde, seria denominado Nação. Diocleciano vai persegui-los. O que fazer com esse exército de objetores de consciência que levaria o Império à morte, caso se neguem a honrá-lo, servi-lo e defendê-lo?

Celso se pergunta como o cristianismo consegue prosperar, ensinando tantas coisas contrárias à razão. Mas a pergunta, formulada no *Discurso verdadeiro contra os cristãos*, encontra resposta em sua própria análise: os oprimidos pelo Império são muitos. Quem se preocupa com os pobres, os pequenos, os soldados rasos, os humilhados, os artesãos, os trabalhadores, os desempregados? Quem pensa e fala pelo escravo, pela mulher, pela criança, pelo idoso? Quem se dirige aos pisoeiros, aos sapateiros, aos cardadores, aos carregadores, aos condenados pela justiça num império cuja corte nada em ouro, brilho, joias e pedras preciosas em palácios fastuosos? O proletariado do Império vê motivo para entusiasmo nesse discurso simples, simplista e alegórico a ponto de ser infantil.

Como não ser seduzido pelo Sermão da Montanha que, para Jesus, é ocasião de bem-aventurança? O que diz Jesus?

> Bem-aventurados os pobres em espírito, porque deles é o Reino dos Céus. Bem-aventurados os mansos, porque herdarão a terra. Bem-aventurados os aflitos, porque serão consolados. Bem-aventurados os que têm fome e sede de justiça, porque serão saciados. Bem-aventurados os misericordiosos, porque alcançarão misericórdia. Bem-aventurados os puros de coração, porque verão a Deus. Bem-aventurados os que promovem a paz, porque serão chamados filhos de Deus. Bem-aventurados os que são perseguidos por causa da justiça, porque deles é o Reino dos Céus. Bem-aventurados sois quando vos injuriarem e vos perseguirem e, mentindo, disserem todo o mal contra vós por causa de mim. Alegrai-vos e regozijai-vos, porque será grande a vossa recompensa nos céus, pois foi assim que perseguiram os profetas, que vieram antes de vós. (Mateus, 5,3-12)

Esse texto é uma bênção dupla: *para os pobres*, porque legitima e justifica a sua pobreza. Quanto mais pobres forem neste mundo, mais ricos serão no além. Como não aderir a essa promessa, que justifica até mesmo querer ser ainda mais pobre sob César para ser ainda mais rico junto de Deus? No Baixo Império são muitos os pobres de espírito privados de saber e cultura, de letras e educação porque são pobres; os aflitos, submetidos ao jugo dos senhores dos quais são empregados ou escravos; os mansos que não podem ser duros porque são sociologicamente fracos; os sedentos de justiça que sofrem a injustiça dos que têm poder sobre eles; os misericordiosos que não têm os recursos do talião; os promotores da paz incapazes de guerrear porque não têm armas; os perseguidos, os insultados, os difamados. E o cristianismo fala a essas vítimas, a quem promete, antes de mais nada, que serão recompensadas depois da morte.

Por isso é também uma bênção *para os poderosos*: os que compreenderam a carga contrarrevolucionária dessa declaração. As bem-aventuranças avalizam a miséria e a dominação neste mundo: por que alguém vai querer sair de uma condição miserável se, quanto mais miserável se é neste mundo, maior será a recompensa no além? Que interesse teriam o humilhado e o ofendido, o simples de espírito e o aflito de sair de sua triste condição, se é essa justamente a chave da sua salvação? Apresentar a pobreza do pobre como a sua única e verdadeira riqueza permite ao rico enriquecer ainda mais à custa dos pobres. O Jesus das bem-aventuranças é um contrarrevolucionário perfeito; e o Jesus de São Paulo, um extraordinário auxiliar do poder com a doutrina de que todo poder vem de Deus. A pobreza do pobre é a vontade de Deus, é uma graça - já que os desígnios do Senhor são impenetráveis.

Enquanto é uma ordem de seitas, o cristianismo é uma fé de escravos que justifica aos oprimidos sua própria condição. Quando essa seita se torna religião por decisão de um único homem, o imperador Constantino, começa a jogar magnificamente com essa ambiguidade: os pobres que permaneçam pobres para chegar mais rápido ao paraíso depois de morrer. E que os poderosos sejam e continuem poderosos, já que seu poder vem desse Deus que quer a pobreza dos pobres. Com uma doutrina dessas, que oprime os pobres e coroa os príncipes com um único gesto, a vitória é inevitável. Para realizar tudo isso na prática, faltava um homem com as virtudes de um gângster. Constantino foi essa bênção para os cristãos.

A mãe de Constantino era servente num boteco da Bitínia - uma espécie de "bar de beira de estrada", escreveu meu velho mestre Lucien Jerphagnon em *Julien, dit l'Apostat* [Juliano, o Apóstata]. Em 395, na oração fúnebre de Teodósio, ou seja, bem depois da morte dos envolvidos, Santo Ambrósio - corajoso, mas não temerário - diz que ela era uma criada de albergue que prestava também serviços sexuais... Como não existe nenhuma biografia de Helena que não seja hagiográfica, essa informação foi omitida na maioria das vezes, até ela se tornar uma simpática dona de hospedaria numa estação termal onde o genitor de Constantino, Constâncio Cloro, o patibular legionário romano, teria ido, com toda a inocência, fazer uma massagem no corpo marcado pelos rigores das campanhas militares. Em suma, Constantino nasceu por obra e graça de uma cura termal.

Em cerca de 326, quando Constantino estava no poder, Santo Eustáquio, ou Eustácio, então bispo de Antioquia, revela publicamente que as origens de Helena não eram lá muito brilhantes: foi imediatamente destituído e mandado para o exílio. Sendo um crítico das teses de Ário, os arianos aproveitam para acrescentar outros motivos à afronta à imperatriz-mãe para justificar a punição. Uma prostituta chega a acusá-lo de manter relações com ela. O poder dispunha dos recursos necessários para a história ser escrita segundo a sua vontade.

Constantino foi um canalha a vida inteira. Se Eusébio, que inventa a figura do intelectual a serviço do poder, não diz nada sobre isso, é justamente porque essas duas informações – filho de prostituta e criminoso em série – vão de encontro a sua perspectiva hagiográfica. Eusébio chega ao ponto de afirmar que Constantino morreu no domingo de Pentecostes, 22 de maio de 337, por volta do meio-dia, hora em que o Sol se encontra no zênite, o que, convenhamos, para um cristão, é um grande senso de oportunidade, sem melindrar os pagãos!

A hagiografia é igualmente escassa em subsídios referentes à educação do pequeno Constantino, que cola na mãe enquanto o pai corre os campos de batalha. E, já que não se sabe de nada, por que se ater ao bom senso e à evidência? A fabulação é o que basta. A futura imperatriz, por ora na sarjeta, torna-se cristã – embora nada, absolutamente nada, comprove esse fato. Ou seja, Constantino recebe educação cristã de uma criada que também prestava serviços sexuais! Aproveitando o embalo, ela também lhe dá para ler *A guerra da Gália*, de Júlio César. Imagine o casal Thénardier sugerindo a Cosette a leitura de *Britannicus*[16]!

Alguns, como o autor anônimo de *A origem de Constantino*, dizem que ele tinha pouca instrução – e compreende-se porque essa fonte não hagiográfica ficaria para sempre desconhecida – e outros, como Eutrópio, que era capaz de recitar o *Discurso à assembleia dos santos*, e havia quem lhe atribuísse a autoria. Posteriormente ficou comprovado que se trata de um texto falso, cheirando fortemente a Eusébio de Cesareia... Se Constantino fosse letrado e cultivado, teria dado provas disso, e essas provas teriam ficado. Seriam conhecidas. Na falta delas, é lícito

16 Em *Os miseráveis* (1862), de Victor Hugo, a pequena Cosette é entregue pela mãe, que não tinha condições de criá-la, ao sórdido casal Thénardier, que a maltratava e escravizava. *Britannicus* é uma tragédia clássica em cinco atos do dramaturgo Jean de Racine (1639-1699), cuja ação se passa na antiga Roma. [N. T.]

supor que, filho da soldadesca imperial, o rapaz foi educado nos campos de batalha – onde lutou ainda muito jovem na Mesopotâmia, e possivelmente ao lado de Galério, na Pérsia, contra os sármatas – e não nas bibliotecas, com retóricos e filósofos.

Quanto a sua aparência física, deixemos a palavra a Lucien Jerphagnon, que, em *Vivre et philosopher sous l'Empire chrétien* [Viver e filosofar sob o Império cristão], escreve que, pelo que se vê em moedas, medalhas e estátuas, esse ilírio massudo, comumente descrito pela hagiografia como bonito por fora porque bonito por dentro, "lembra mais um primeiro-sargento, um *feldwebel*[17] que subiu na hierarquia". De estatura mediana, troncudo, forte, vigoroso, com um pescoço de touro, é capaz de enfrentar um urso, um leão, uma pantera nas arenas. Alguns cronistas tiveram a gentileza de informar que dentes e garras dessas feras eram previamente arrancados... Poder do virtual, já naquela época!

Esse homem que não hesita em matar e mandar matar, dizimar sua família e pessoas próximas, que elimina a própria mulher e o próprio filho a pretexto de que ambos teriam um relacionamento suspeito não é nem um intelectual, nem um filósofo, nem um poeta, nem um pensador: é um senhor de guerra cínico e brutal, uma máquina de matar e destruir o que atravessa seu caminho. E seria ele quem imporia o cristianismo ao Império e transformaria essa seita – escolhida por ele para assegurar seu poder de único monarca do Império – em religião universal.

Diocleciano dá início ao que se convencionou chamar de "a Grande Perseguição". O primeiro édito é promulgado em Nicomédia, em 24 de fevereiro de 303: edifícios e escritos cristãos são destruídos; os crentes são privados de cargos, distinções e direitos; casas particulares são revistadas, bens são confiscados; os crentes são proibidos de se reunir; os nobres são degradados; os que não abjuram são presos. Segundo édito, primavera de 303: o clero é preso. Terceiro édito, outono de 303: os clérigos são obrigados a fazer sacrifícios nos ritos imperiais; os que se recusam, e são muitos, são torturados. Quarto édito, início de 304: reiteração do decreto anterior. A repressão atinge todo o Império.

---

17 *Feldwebel*: patente militar criada na Alemanha e adotada em alguns países, como Suíça e Finlândia. [N. T.]

Em 23 de fevereiro de 303, em Nicomédia, com a participação de Constantino, as portas de uma igreja são arrombadas, as Sagradas Escrituras são queimadas, e o prédio é destruído por uma horda de pretorianos. Um decreto afixado na parede veda aos cristãos todo e qualquer cargo ou distinção oficial. Um cristão arranca o cartaz: é surrado e cozido vivo. Os cristãos são torturados, estrangulados, decapitados, queimados. Não temos conhecimento de que esse que os hagiógrafos afirmam ter sido educado no cristianismo por um pai legionário e uma mãe dona de hospedaria se tenha negado a participar dessa terrível repressão. Mais tarde, já cristão, Constantino condenaria essas operações, lembrando a sua crueldade. Eusébio de Cesareia escreve – cruz de pau, cruz de ferro, se estiver mentindo, que vá para o inferno – que Constantino não tomou parte nesses acontecimentos.

Difícil imaginar por que obscuras razões um soldado, "ainda um jovem e terno adolescente, e bonito como se é nessa idade em que a barba começa a aparecer", escreve Eusébio (na verdade, Constantino tinha 28 anos...), seria privado de exercer seu ofício numa operação como aquela. Mais tarde, num documento redigido com Eusébio, Constantino informaria que, na época – quando já era quase um trintão –, ele não passava de "um menino" (*Vida de Constantino*, II, 51, 1). O fato de manipular as datas para se esquivar da história e alegar que não poderia ter participado da perseguição vale como confissão de que alguma culpa ele tinha. Podemos afirmar, portanto, que, em 303, sob o imperador Galério, Constantino acompanhou sem nenhum prurido a tropa romana que massacrou os cristãos.

Em 1º de maio de 305, o imperador Diocleciano abdica e se retira para Split. Mesma coisa faz Maximiano, que vai para a Lucânia. Galério se torna Augusto do Oriente, e Constâncio, pai de Constantino, Augusto do Ocidente. O César de Galério é Maximino Daia, e o de Constâncio, Severo. Constantino, que estava na corte de Diocleciano desde 293-294, deixa Nicomédia para ir ter com o pai na Bretanha. Este morre em York, e Constantino é proclamado Augusto pelo exército da Bretanha. Sua mãe, Helena, o acompanha. Ele está com 31 anos.

Galério não o reconhece como César, e Severo se torna Augusto do Oriente. Três meses depois, Maxêncio, filho de Maximiano, é proclamado em Roma pelos pretorianos. Seu pai abandona seu retiro e reassume o título de Augusto. As lutas entre esses protagonistas se estendem por vários anos: traições, casamentos de interesse, conspirações, expulsões, capitulações, prisões, suicídios, usurpações, morte desse ou daquele. Shakespeare não inventou nada. Em 309, em Grand, na região do Vosges, Constantino tem uma visão de Apolo num templo gaulês. Dois anos depois, em 311, pagão confesso, faz sacrifícios à religião solar. Em Autun, é visto invocando publicamente o *Sol invictus*, o "Sol invencível".

Em 28 de outubro de 312, Constantino enfrenta Maxêncio: joga uma partida essencial do seu destino político. Vencido, perde tudo; vencedor, tudo ganha. Ele vence. Maxêncio está em Roma, de onde não quer sair; um oráculo previu sua morte, caso transpusesse as portas da cidade, afirma a hagiografia cristã, que também não se furta ao retrato tendencioso: o pagão Constantino tinha necessariamente de ser cristão, e o pagão Maxêncio, uma caricatura de pagão. Eusébio, sempre ele, afirma que Maxêncio mandou matar e estripar mulheres grávidas para examinar as entranhas dos embriões ou recém-nascidos, e mandou degolar leões enquanto invocava os demônios... Com a vitória de Constantino, fica demonstrado que o paganismo estaria perdendo, e que o cristianismo estaria ganhando. Ocorre que, na verdade, Constantino é quem consulta os arúspices para saber se pode atacar!

Maxêncio é superior em número; mandou construir um dispositivo singular, uma engenhosa máquina de guerra: uma ponte dividida em duas partes unidas por cavilhas que se abrem e derrubam quem estiver sobre ela. Mas Constantino tem uma visão, mais uma: ele vê no céu a imagem de uma imensa cruz cercada de um círculo de astros que se ordenam de forma a compor um texto: "Por este sinal vencerás". Segundo alguns historiadores, é meio-dia; segundo outros, final da noite... Constantino se ajoelha e parte tranquilo; manda reproduzir em ouro e pedras preciosas o sinal, chamado tropeóforo, o que traz a vitória, e passa a ser um talismã – de passagem, ele marca com esse objeto de ourivesaria a data de nascimento da arte cristã.

Na noite seguinte, para confirmar o ocorrido, e porque um milagre só não é suficiente, Cristo lhe aparece em sonho e sugere que converta o sinal em insígnia militar, pela qual seria vencedor. O Jesus que dava a outra face quando lhe batiam morreu pela espada de São Paulo, e este ensina que todo poder vem de Deus: São Paulo impediu que o cristianismo fosse a religião de Jesus, ele foi apenas a encarnação da teologia política de Paulo. Difícil imaginar o Cristo das bem-aventuranças, o Cristo que prega o amor ao próximo e o perdão das ofensas, cochichando ao ouvido do futuro imperador que ele alcançaria a vitória com uma bugiganga de parada militar! Jesus teria de ser meio mesquinho, um defeito que, na fábula, ele nunca teve.

Ergueu-se o estandarte sangrento[18]; o cristograma está nos capacetes e, aproveitando o embalo, nos escudos; o exército ataca; a estratégia militar de Constantino faz maravilhas. A ponte que deveria abrir à passagem de Constantino cede – acidentalmente? Maxêncio cai na água e é arrastado com as suas tropas. O Tibre vomita mais tarde o corpo de Maxêncio: o sinal provou sua temível eficácia... A cabeça de Maxêncio é cortada e carregada na ponta de uma lança; o populacho se vinga dele. Foi levada até a África... Isso Eusébio também não contou... Constantino entra em Roma; a multidão delira. A festa durou vários dias.

Não temos conhecimento de que, durante as cerimônias comemorativas da vitória, o pretenso imperador cristão, que teria vencido graças ao cristograma que apareceu no céu, graças ao sonho em que Cristo lhe fala e lhe garante que ele será vencedor, graças às insígnias e aos estandartes, aos capacetes e aos escudos marcados com o sinal, tenha aproveitado esse momento de júbilo para agradecer publicamente a Cristo pelo que supostamente lhe devia! Ele se limitou a discursar para a multidão no rostro do fórum, o que é explicitamente uma forma de registrar a vitória não na gesta cristã, mas na tradição romana de um local que evoca as cerimônias dos augustos e dos césares. Embora Eusébio afirme que Constantino tinha "plena consciência do auxílio vindo de Deus" (IX,9,10), não consta que ele o tenha concretamente demonstrado nas cerimônias públicas.

Essa bonita história de um sinal cristão que assegura a vitória antes do combate produz mais efeito quando é contada depois que a vitória aconteceu – porque assim se tem absoluta certeza de que a história de fato cumpriu a previsão. Ocorre que essa versão romanceada foi criada

18 No original, "L'étendard sanglant est levé", verso da *Marselhesa*, hino da França. [N. T.]

por Lactâncio cerca de dez ou quinze anos depois da famosa batalha! Da mesma forma, é fácil apresentar os pais de Constantino, Constâncio e Helena, como secretamente cristãos, e contar que ele teve uma educação cristã, embora não exista nenhum vestígio que o prove. Emito a hipótese de que a hagiografia reescreveu o passado de Constantino e o de sua família sob o signo do cristianismo, embora não houvesse nada que o provasse e, ao contrário, tudo deponha contra ele: em 303, ele toma parte da perseguição aos cristãos; em 311, poucos meses antes da Ponte Mílvia, ele ainda faz sacrifícios públicos ao culto pagão do Sol invencível; em 312, pouco antes da batalha, consulta auspícios pagãos para ver se lhe são favoráveis; depois da vitória sobre Maxêncio, supostamente em nome do cristianismo, entra triunfalmente em Roma e em nenhum momento manifesta sua gratidão a Cristo, a quem supostamente deve a vitória.

Constantino foi pagão até perceber que era de seu interesse político tornar-se cristão. E mais: se hipoteticamente se tornou cristão, digamos, depois do Édito de Milão, em 13 de junho de 313, ele passou a vida matando e mandando matar. Repudiou sua esposa Minervina, como o pai fez com Helena em favor de Teodora - que Constantino mandou para o exílio com os três filhos -, e, como o pai, casou-se com outra mulher, Fausta. Isso é comportamento de um cristão convicto? De um homem de Deus convertido às palavras de Cristo? Por acertos com o céu dos quais só ele tem o segredo, o verdadeiro cristão até pode viver no luxo, com ouro e prata, púrpura e brocado, joias e pedras preciosas, embora Jesus se revire no caixão... Mas evita deixar atrás de si os cadáveres da parentada.

O Édito de Milão é ocasião para dar uma guinada nos rumos do Império: acabam as perseguições para as quais Constantino contribuíra. O édito permite que os cristãos saiam da clandestinidade. A seita morre. A religião se anuncia. Os cristãos abandonam as catacumbas e podem praticar sua religião à luz do dia. A partir dessa data, o poder imperial restitui à Igreja, não aos indivíduos, os bens confiscados durante as perseguições; a Igreja se torna uma pessoa jurídica, apta a possuir e herdar bens; a herança, nesse caso, escapa do fisco; um imposto cobrado sobre as propriedades fundiárias é revertido para a Igreja, que pode assumir funções como educação, saúde, caridade; os clérigos cristãos são dispensados das obrigações municipais – manutenção do espaço público, conserto de estradas, coleta de impostos; também são dispensados do pagamento de impostos fundiários – uma medida capaz de promover conversões em massa; os escravos só podem ser alforriados se forem membros da antiga seita; o Palácio de Latrão, pertencente a Fausta, esposa de Constantino, é doado ao bispo de Roma e se torna a residência dos papas; inúmeras igrejas abarrotadas de ouro e pedras preciosas, obras de arte feitas de mármore e pórfiro, mosaicos caros e objetos litúrgicos de ouro são construídos em terrenos imperiais doados com as finanças imperiais – trezentos quilos de prata e mais de trinta quilos de ouro para as imagens de Cristo, João Batista e um cordeiro cuspindo água em Latrão; o politeísmo e o paganismo se tornam superstição; a palavra "religião" convém somente ao cristianismo.

Helena, a mãe do imperador, é convertida em imperatriz e põe a mão cristã na massa: no outono de 326, aos oitenta anos de idade, parte em peregrinação para a Terra Santa. Para expiar os pecados do filho, proclama a hagiografia; para consolidar o projeto de cristianização do Império, diria eu. Ela tenta atrair para o filho o apoio de populações que ela vai comprando com farta distribuição de moedas de ouro – a hagiografia fala de caridade, supõe-se que essa liberalidade se tenha endereçado aos discípulos da seita. Manda soltar prisioneiros, diz essa mesma hagiografia – mas ela se esquece de especificar: desde que fossem cristãos.

Na Palestina, a mesma graça que tanto fez por seu filho lhe dá uma mãozinha: buscas arqueológicas foram feitas nos locais da ficção crística. O bispo Macário não chegou a nada; Helena tira a sorte grande: no Gólgota, manda destruir o capitólio construído sobre o antigo Templo bíblico, em cujo topo trona uma estátua de Vênus, e descobre o túmulo de Cristo. Não longe dali, numa cisterna, encontra três cruzes e o *titulus*, o pedaço de madeira em que se gravara a inscrição "J. C. Rei dos Judeus". Quase quatro séculos depois, está tudo intacto. Milagre. Um dilema, porém: das três cruzes, uma é a certa, e duas são as dos ladrões. O que fazer? Mandam buscar uma moribunda: esta permanece indiferente a duas das três cruzes, mas levanta-se e anda ao tocar na terceira. Outros historiadores cristãos relatam essa história não com uma moribunda, mas com uma morta que ressuscita.

Uma sorte: Helena encontra também quatro pregos. Mas, na viagem de volta, para aplacar o mar em fúria que ameaça engolir o navio, ela lança um deles na água: o mar é cristão e se acalma. O surpreendente é que ela já havia enviado os pregos para o filho. Como poderia ter outros com ela? Milagre... Constantino manda misturá-los ao metal que faria seu capacete e um freio para seu cavalo. Com esses amuletos, como não seria vitorioso nos campos de batalha? Sorte de novo: Helena encontra a coroa de espinhos. Mais sorte ainda: encontra os degraus que Cristo pisou em sua subida para o Calvário. Sorte ainda e sempre: ela encontra as túnicas – depois de quatro séculos, até o tecido era milagroso.

Tudo isso vai gerar um assustador culto às relíquias. Em 326, o poder funda e financia, em Roma, uma Casa das Relíquias da Paixão. Em dois anos, se tanto, Constantino e Helena mandam erguer em locais pretensamente sagrados mais de 28 basílicas. Já haviam perdido a conta dos autênticos pedaços da autêntica cruz – são suficientes para construir um arranha-céu de madeira – e dos autênticos espinhos da coroa de Cristo – são suficientes para formar uma floresta. Igrejas são construídas para abrigar imagens que pagão nenhum renegaria. Helena manda trazer terra de Jerusalém para revestir a capela do seu imenso palácio. Esse culto mórbido, somado ao culto aos mártires, abre o veio tanatofílico do cristianismo. Sai de cena o Jesus manso e pacífico. Restam apenas o cadáver repartido de Cristo, e os instrumentos da Paixão, que são um convite para se identificar com Cristo.

Com essa cenografia, com essa teatralização, com essa espetacularização para o grande público, sensível às histórias mágicas e fabulosas, o anticorpo de Cristo é obliterado. Helena e seu filho realizam a encarnação: se foram encontradas as três cruzes, um *titulus*, as túnicas, uma coroa de espinhos, pregos, um túmulo, degraus, Jesus só pode ter existido. Quem poderia duvidar? A verdade do cristianismo se encontra nas provas de que existiu um Cristo. "A invenção da Santa Cruz", como escreve Tiago de Voragine em sua *Legenda áurea*, é quase uma confissão... A etimologia latina, porém, permite-nos relacionar "invenção" e *inventio*, que quer dizer "descoberta"... A invenção se torna a descoberta, ou seja, o contrário da invenção!

Helena morre no verão de 329, não se sabe onde, mas na presença do filho. O funeral é grandioso. Mausoléu de pórfiro, profusão de pedras e metais preciosos. O povo a declara santa. Só resta a Constantino curvar-se aos desejos do povo! Do século XI ao XIII, a mulher que inventou o corpo real de Cristo, imaginando objetos que foram dele, torna-se a "rainha das cruzadas", porque a Cruz se tornara uma questão política fundamental. Ela inventou também a peregrinação à Terra Santa, ou seja, a própria peregrinação, e as cruzadas, o grande momento de fúria cristã.

Cínico, oportunista, estrategista, tático, calculista, Constantino deve ter percebido, depois que se tornou imperador, que havia um meio de acabar com a divisão política do Império, a tetrarquia, aplacar a insatisfação popular e remediar a queda do Baixo Império: o cristianismo. Essa seita, que ensina que os pobres devem permanecer pobres (Deus quis assim, e impenetráveis são os desígnios do Senhor: os pobres serão reis no reino dos céus...) e que o poder só existe porque Deus o confiou àquele que o detém (quaisquer que tenham sido os meios, às vezes pouco cristãos, utilizados para vencer...), é uma bênção: com uma política favorável aos cristãos, ela se assegura uma contrarrevolução eficaz e um poder igualmente eficaz, já que ambos se assentam no temor a Deus. Basta dizer retrospectivamente que Deus quis a vitória já obtida para não errar ao afirmar que Deus manifestou assim a sua Providência.

Por esse o motivo é que, tomando o cuidado de se batizar – sinal cristão da conversão cristã – apenas em seu leito de morte, poucas horas antes do fim, em 22 de maio de 337, Constantino aceita o batismo não como um seguro pessoal e espiritual para o além, mas como uma garantia política do ser, da duração e da perenidade de sua obra histórica. Convertendo-se, ele converte o Império; convertendo o Império, ele mata Roma, e sabe disso, porque fundou Bizâncio; matando Roma como centro do mundo, ele funda a civilização judaico-cristã, que ele quer estender a todo o mundo; agindo dessa forma, ele dá impulso àquilo que viria a ser o Ocidente. O Baixo Império acabou; não existiu uma Antiguidade tardia; o que existiu foi a queda da civilização fundada por Remo e Rômulo em 753 antes da era comum. Da Roma palatina de 753 a.C. à Roma do Édito de Milão em 313, passando pela República de César e pelo Império de Augusto, Roma durou onze séculos. O cordeiro come a loba. Esse foi o banquete inaugural e fundador da nossa civilização judaico-cristã.

2
CRESCIMENTO
A força da fé

1

O MUNDO TERRENO DO REINO DOS CÉUS PARUSIA, CESAROPAPISMO E O FIM DA HISTÓRIA

28 de fevereiro de 380, Édito de Tessalônica,
o Império se torna oficialmente cristão

Os cristãos parecem ter-se esquecido muito cedo e muito rapidamente, mas eles anunciaram o reino dos céus para um futuro muito próximo e num mundo absolutamente concreto. Os primeiros cristãos esperavam a volta de Jesus enquanto ainda estivessem vivos, e não num futuro distante. Um dos textos mais antigos do cristianismo, *A Didaquê, ou Doutrina dos Doze Apóstolos*, escrito no Oriente no final do século I por um autor desconhecido, anuncia claramente a parusia. O sentido da história é inventado pelo cristianismo, que abole a antiga leitura grega, ou oriental, dos ciclos e do eterno retorno após a morte e a transfiguração. Essa visão do mundo desaparece em prol de um novo modelo linear, o de uma flecha de tempo que parte do passado, passa pelo presente e vai para um futuro, que realiza a parusia. Esse será o esquema das parusias ateias do século XX.

O que é parusia? É a crença de que Jesus Cristo, que morreu na cruz, ressuscitou no terceiro dia, subiu aos céus, está sentado à direita do Pai e vai retornar à terra. Convenhamos que todo esse passado, já bem extravagante, propõe um futuro que soa mais extravagante ainda! Essa volta de Cristo não é uma previsão feita no ar, para um tempo distante, muito distante, mas iminente, no âmbito de uma vida terrestre. Isso está claramente expresso nos evangelhos de Mateus, Marcos e Lucas. Quem escuta o anúncio da parusia pode legitimamente acreditar que ela ocorrerá ainda em sua vida.

Por exemplo, Mateus repete as palavras de Jesus quando anuncia aos discípulos, após a destruição do Templo, "a abominação da desolação" (24,15):

> O sol escurecerá, a lua não dará a sua claridade, as estrelas cairão do céu e os poderes do céu serão abalados. Então aparecerá no céu o sinal do Filho do Homem e todas as tribos da terra baterão no peito e verão o Filho do Homem vindo sobre as nuvens com poder e grande glória. Ele enviará os seus anjos que, ao som da grande trombeta, reunirão os seus eleitos dos quatro ventos. (24,29-31)

Jesus anuncia uma formidável revolução, e indica a data: "Em verdade vos digo que essa geração não passará sem que tudo isso aconteça" (24,34). Ele não pode indicar o dia e a hora, isso só Deus sabe, mas dá uma ordem de grandeza: uma geração, ou seja, naquela época, cerca de cinquenta anos. Dada a incerteza, cada qual deve estar preparado. É uma oportunidade para Jesus contar algumas de suas parábolas – a das virgens prudentes e das virgens insensatas, a dos talentos.

Quando voltasse à terra, menos de meio século após a crucificação, o Filho de Deus se assentaria num trono de glória e separaria o joio do trigo: à direita, do lado das ovelhas, serão salvos os que deram de comer e beber a quem tinha fome e sede, acolheram os forasteiros, vestiram os esfarrapados, visitaram os doentes e os presos, pois tudo o que fizeram pelos mais humildes e necessitados, pelos mais pobres e sofridos, foi para Jesus que o fizeram; em compensação, à esquerda, do lado dos cabritos, estarão os reprovados, os que negaram pão e água ao sedento e ao faminto, deixaram maltrapilhos os pobres andrajosos, os que não visitaram o doente em seu leito de dor nem o prisioneiro em sua cela, pois, negando-se a dar aos condenados da terra, foi a Deus que fizeram afronta. Para as ovelhas, "a vida eterna"; para os cabritos, "o castigo eterno" (25,46). O fim do mundo, assim, é anunciado para breve por Jesus, e o Juízo Final, no mesmo prazo. Durante o seu tempo de vida, portanto, todo indivíduo assistiria ao retorno de Cristo à terra, que ele próprio anunciou.

Essa é uma previsão fácil de verificar: se o próprio Jesus disse que voltaria à terra na medida de uma vida humana, basta tomar uma vida humana como medida para constatar se o que ele previu se realizou - ou não. Se tomamos meio século e o somamos à data que se considera a da crucificação de Jesus, ou seja, 33, temos o total de 83 depois de si próprio. Em outras palavras - se calcularmos com folga, e considerarmos um século só para arredondar -, Jesus tinha até o ano 100 para voltar, e não voltou.

São Paulo também anunciou "a Vinda do Senhor" (Tessalonicenses, 4,15) e cometeu a imprudência de dizer, visto que estava pregando num momento em que a profecia de Cristo *já deveria ter se realizado*, que ela *vai-se realizar*:

> Que os vivos, os que ainda estivermos aqui [*sic*] para a Vinda do Senhor, não passaremos à frente dos que morreram. Quando o Senhor, ao sinal dado, à voz do arcanjo e ao som da trombeta divina, descer do céu, então os mortos em Cristo ressuscitarão primeiro; em seguida nós, os vivos que estivermos lá [sic], seremos arrebatados com eles nas nuvens para o encontro com o Senhor, nos ares. (Tessalonicenses, 4,15-17)

É, portanto, pela medida de uma vida humana, a de seus interlocutores, que ele ensina que alguns que estão ali serão contemporâneos a esse acontecimento.

Por simples questão de lógica, qualquer um dotado de um mínimo de razão deveria ter concluído que Jesus não fosse confiável, ou, mais provavelmente, que contara uma lorota. Mas a razão não era a lei. Ninguém notou a falha fundamental das previsões de Jesus e foi tratar da vida. E os Pais da Igreja, sempre tão dispostos a chicanear sobre o mínimo versículo, não concluíram que havia um malogro profético! No século II, Hermas, discípulo de Paulo, insiste no caráter próximo dessa volta na segunda de suas *Visões* e nas *Similitudes*, e o mesmo faz Inácio em sua Epístola aos Efésios; no século III, Tertuliano mantém a mesma crença, declarada em seu *Apologeticum*; na mesma época, São Hipólito de Roma e São Cipriano de Cartago defendem essa tese; Lactâncio faz igual no século IV, em suas *Instituições divinas*; e, no século V, Santo Agostinho professa a mesma crença em suas *Confissões* - e assim por diante, até o atual *Catecismo da Igreja Católica*, que enuncia, em seu artigo 1001:

"A ressurreição dos mortos está intimamente associada à parusia de Cristo". Segue-se a citação da Primeira Epístola aos Tessalonicenses do inevitável São Paulo: "Quando o Senhor, ao sinal dado, à voz do arcanjo e ao som da trombeta divina, descer do céu, então os mortos em Cristo ressuscitarão primeiro" (4,16).

Indiferentes ao texto evangélico, que diz claramente o que diz e leva obrigatoriamente à conclusão do malogro da profecia, alguns Pais da Igreja não só não chegam à conclusão de que ela está errada depois de fazer os cálculos, como ainda anunciam a futura data da parusia: no século II, segundo cálculos numerológicos feitos a partir de cifras e números da Bíblia e do tempo que Deus levou para criar o mundo, Teófilo de Antioquia a prevê para o fim do século VII; Clemente de Alexandria, para meados do mesmo século; Santo Hipólito, no século III, para o início do século VIII; Santo Agostinho, mais cauteloso, para o fim do século X. Esse *porvir* anunciado como próximo no passado continua *por vir* à medida que se passam os séculos. Em pleno século XXI, ao perguntar "Quando?" será essa parusia (artigo 1001), o Vaticano não cita Mateus, que estabelece como prazo "a geração" daqueles a quem ele se dirige (24,34). E, uma vez que Marcos (13,30) e Lucas (21,32) repetem a formulação, devemos concluir que os três evangelistas aceitam o mesmo prazo – *uma geração*. Esse silêncio constrangido do Vaticano, refém de seus próprios textos, é compreensível: o que foi anunciado por Jesus, e não é coisa pouca, visto que se trata do Juízo Final, não ocorreu no prazo indicado.

Em *A cidade de Deus*, Agostinho discorre extensamente sobre a questão da parusia. Dedica-lhe o longo capítulo XX. Afirma a evidência e a verdade do Juízo Final: uma vez que está anunciado nos textos sagrados, e uma vez que os textos sagrados dizem a verdade, então é verdade – CQD[19]. Quando começará o Juízo? Já começou: no Paraíso, depois da Queda, Deus julgou Eva, que fez mau uso do seu livre-arbítrio. Como ele julgou? Por quais critérios? Não se sabe... Impenetráveis são os desígnios do Senhor: Deus tem seus motivos para querer que o justo seja pobre,

19 Iniciais de "como queríamos demonstrar" (ou "como se queria demonstrar"), equivalente em português da expressão latina *quod erat demonstrandum* – usada notadamente ao final de uma demonstração matemática, significando que, efetuadas todas as análises e provas, a proposição é indiscutivelmente verdadeira. [N. T.]

e o mau seja rico; que o bom seja infeliz, e o malvado prospere; que o devasso viva em alegria, e o virtuoso em tristeza; que o inocente seja punido, e o culpado fique impune; que o bom caia doente, e o malvado esteja em plena forma; que exista prosperidade para o vício, e desgraça para a virtude. Deus julga por sua própria ordem, que é incompreensível para nós; concede ou não a graça segundo critérios inacessíveis ao entendimento humano. E Agostinho apresenta citações e mais citações da Bíblia, Antigo e Novo Testamento, para provar suas palavras. Essa doutrina, à qual se opõe Pelágio, está no cerne do problema jansenista e do protestantismo, sobre os quais voltarei a falar mais adiante.

Agostinho fala em seguida de duas ressurreições: a primeira, a das almas, concerne aos que foram salvos por aderir ao cristianismo – que é a redenção do pecado original de Adão por Jesus – e ocorre através do batismo; a segunda concerne aos corpos e ainda está por vir, é "a ressurreição final" (20,6) – a redenção dos pecados voluntários dos homens por Jesus – e ocorre no Juízo Final. A primeira já veio, a segunda está por vir. E quando virá esse Juízo? "Além do tempo, no final do século" (20,6), escreve Agostinho. Mas que século?

Para evitar o ridículo de remeter o leitor ao texto que falava em uma geração – o que corresponde ao fim do século I, ou por volta do ano 100 –, basta explicar, por um truque de prestidigitação retórica e sofística, que não se trata do *século histórico* de cem anos, mas do *século alegórico*, que dura um ciclo. Assim, basta determinar a duração desse ciclo para não cair no ridículo – que acaba com a credibilidade de Jesus – de um Juízo que foi anunciado para até o fim de uma geração e não veio na data marcada – e continuou válido ao longo dos séculos! Portanto, amparado em simbolismos e alegorias, um século pode durar mil anos... Ou até dois! Quem sabe três?

No Apocalipse, São João fala de um reino de Jesus na terra que dura "mil anos" (20,1-6). Então Agostinho se lança num espetáculo numerológico de alto nível para nos explicar, com base em matemáticas teocráticas, que simbolicamente 1 = 1.000 e 6 = 6.000! Não está escrito na Segunda Epístola de São Pedro: "Para o Senhor um dia é como mil anos e *mil anos como um dia*" (3,8)? Se é assim... E Agostinho executa uma manobra extravagante para garantir que a ficha teológica caiu:

> Pois o número milenar é o quadrado sólido de dez. Dez replicado dez vezes é igual a cem, e é uma figura quadrada, porém plana. Ora, para elevá-la e torná-la sólida, ainda é preciso multiplicar cem por dez; o que dá mil. Se, por outro lado, tomarmos o número cem como sendo a infinidade dos números [...] quão mais ainda deve a infinidade dos números ser representada pelo número mil, que é o sólido da própria quadratura de dez? (*A cidade de Deus*, 20,7)

Sim, de fato, sem dúvida, naturalmente, com certeza...

"E tenho dito", diria provavelmente o Pai da Igreja depois de demonstrar, com um passe de prestidigitação, que não se deve entender 1 quando se lê 1, nem 100 quando se lê 100, nem 1.000 quando se lê 1.000. Ora, esse exercício de patrística numerológica esconde o fato de que os evangelistas dão o prazo de uma geração – será o caso de considerar que *geração* também não signifique geração, que seja uma geração histórica, de longa duração, em tempos estendidos, ou seja, um longo ciclo que pode durar mil anos? Sendo assim, e de acordo com essa matemática mágica, 100 = 1.000, que não significa 1.000... porque também pode ser 1!

O que acontece enquanto não vem o Juízo Final? Grandes tragédias! Entre elas, o reinado do anticristo... O diabo reinará; a mentira será a lei; Satã conduzirá a dança; os inimigos da Igreja fervilharão; serão tão numerosos quanto os grãos de areia numa praia; o demônio reinará "três anos e seis meses" (20,8), o que obviamente não deve ser entendido como *três anos e seis meses*, seria simples demais; "o partido do anticristo" (*idem*) se imporá. E quem é o anticristo? É aquele que nega a existência do Pai e do Filho, que diz que Jesus não é Deus. Através dele é que se saberá que é chegada a hora derradeira.

O que é o Juízo Final? É o momento em que Deus examina a vida de cada um e, dependendo de como ela foi, determina ou a "vida eterna", ou o "suplício eterno" (*A cidade de Deus*, 20,16), que tem a ver com o fogo, mas não se sabe onde e como isso se consumará. Em outras palavras, o paraíso ou o inferno. No Apocalipse de João, está escrito: "Vi também descer do céu, de junto de Deus, a cidade santa" (21,2). A morte morrerá, mas a terra também, porque se incendiará – "a terra, juntamente com as suas obras, será consumida" (2 Pedro, 3,10). Haverá, então, "*um céu novo e uma nova terra*" (Apocalipse, 21,1). Assim como o dilúvio destruiu a terra, o Juízo Final também a destruirá.

E os vivos? Será que terão de morrer para poder reviver eternamente, se for o caso? Sim, eles terão de morrer, mesmo que apenas por um instante, para poder ressuscitar. Assim como só se pode acordar depois de dormir, e não se volta ao estado de vigília sem ter passado pelo sono, no Dia do Juízo os mortos de longa data serão chamados para serem julgados, e os que estiverem vivos nesse dia morrerão apenas o tempo suficiente para poder reviver em Cristo. Essa operação se efetuará durante "seu arrebatamento nos ares" (*A cidade de Deus*, 20,20). Eles não precisarão passar pela terra dos túmulos. Mas a razão é muito fraca para entender uma coisa assim (é, de fato...), é preciso vivenciá-la para saber o que é.

Mas e até então? O que fazemos? Como devemos viver? De que forma devemo-nos comportar? Na espera da parusia, para evitar viver em pecado, o que nos conduziria imediatamente ao fogo eterno e a um suplício sem fim, devemos viver uma vida muito cristã. O correlato da parusia, que pressupõe o temor, é a obrigatoriedade da vida cristã. E a vida cristã, como sabemos, é nada menos que a imitação da vida de Jesus, que foi portador e praticante dos valores evangélicos que conhecemos e que, por causa desses valores, morreu na cruz, sofrendo uma paixão que também nos cabe imitar. Para não ter de morrer para a eternidade, precisamos morrer aqui e agora, recusando dar ao corpo e à carne aquilo que eles pedem, e dando à alma o júbilo das renúncias exigidas. Se morreres aqui e agora, então terás a vida eterna após a morte, diz Agostinho – e, junto com ele, todos os cristãos.

Essa vida cristã que precisamos viver pressupõe dois tempos: o do íntimo e do privado, do pessoal e do particular, mas também o do público e do comum, do coletivo e da comunidade. O cristianismo primitivo é o cristianismo do indivíduo e da pessoa, do foro íntimo vivido na esfera particular; o cristianismo oficial, tal como foi politicamente legitimado por Constantino no Édito de Milão, em junho de 313, transforma o cristianismo num assunto de Estado. O cristão deve querer a vida cristã, mas o poder de Estado deve querê-la para os seus súditos. Enquanto esperam a parusia, convém que todos se preparem para o Juízo Final, tendo o máximo possível de chances ontológicas do seu lado. Quando se trata do indivíduo consigo mesmo, o problema é simplesmente de consciência, mas a Igreja sabe imiscuir-se para investigar se a vida que ele está vivendo é mesmo uma vida cristã. O poder imperial cristão usa a parusia como pretexto para querer para os que por ventura não queiram o modo de vida que lhes garantirá redenção e vida eterna.

Em 28 de fevereiro de 380, sem consultar os bispos, o imperador Teodósio decide o seguinte:

> Queremos que todos os povos regidos pela moderação de Nossa Clemência adotem a religião dada aos romanos pelo divino Pedro Apóstolo – segundo afirma a tradição que se perpetuou desde aquela época até hoje – e manifestamente seguida pelo pontífice Damásio I e por Pedro, bispo de Alexandria, homem de santidade apostólica: isso significa que, em concordância com a disciplina apostólica e a doutrina evangélica, acreditamos na divindade única do Pai e do Filho e do Espírito Santo, em igual Majestade e piedosa Trindade. Ordenamos que aqueles que seguem essa lei se denominem "cristãos católicos", e os demais, que julgamos loucos e insensatos, assumam a infâmia da heresia. Suas assembleias não poderão receber o nome de igreja e serão eles, primeiro, objeto da vingança divina, e, depois, castigados por nossa própria iniciativa, que adotamos em conformidade com a vontade celeste.

Do que se vê que o amor ao próximo tem limites e que mesmo os cristãos, e principalmente os cristãos, lidam mal com quem não pense como eles, ainda que seja cristão...

O que diz o texto? Que o imperador é clemente e moderado – o que não se comprova na continuação do édito; que o cristianismo é uno, e tal como decretado por ele; que os demais são acusados de heréticos; que esse cristianismo uno afirma a união do Pai, do Filho e do Espírito Santo, o que é uma clara declaração de guerra aos arianistas – o texto é político; que o cristianismo, fora da ortodoxia assim decidida, é considerado louco e insensato – chamar de louco todo cristão que saia dos trilhos imperiais estabelece uma nova modalidade de amor ao próximo; que os heréticos serão julgados como tais por Deus, mas também pelos homens – no caso, por ele, Teodósio.

De fato, a partir dessa data, o Império se torna clara e inequivocamente, oficial e politicamente cristão. Teodósio foi o primeiro imperador a se batizar no início de seu reinado – verdade que em razão de uma doença; porque, em se tratando do além, cautela nunca é demais, mas foi... Sabemos que Constantino pediu o sacramento o mais tarde que pôde – a dois dedos da morte – para evitar que, aos olhos dos conservadores, um pecado que tivesse cometido por contingências do ofício não fosse lavado pela água benta... Político, o imperador acerta as contas com os cristianismos que não entram no figurino: arianistas, donatistas, maniqueístas, apolinaristas, eunomeanos, anomeus, que passam a ser hereges. Expulsos da capital, são proibidos de realizar cultos, reuniões, mesmo em local privado, ordenar padres... Aos maniqueístas é vedado deixar ou receber herança por testamento; é declarada sua incapacidade cívica e, a seguir, de residência em Roma. Em 395, os filhos de Teodósio estendem essas interdições aos demais hereges. O Estado agora decide quem é cristão e de que modo deve sê-lo. Teodósio decreta a ilegalidade do paganismo. Os imperadores seguintes vão cimentar essa linha.

Esses sacrifícios impostos pelo Estado com a ajuda da religião – ou pela religião com a ajuda do Estado – dão à luz uma forma política que, por intermédio da monarquia, vai funcionar mais de mil anos como se fosse evidente: o cesaropapismo. Da mesma maneira que, na cidade de Deus, existe uma ordem hierárquica, no topo da qual trona Deus, na cidade dos homens deve existir a mesma hierarquia com um único imperador, ou rei, pouco importa. O monarca deste mundo é o equivalente de Deus no além; tocar num único fio de cabelo do rei é atentar contra a majestade do próprio Cristo. O poder passa a ser sagrado não porque seja poder, como no caso dos romanos, mas porque se diz a emanação da vontade divina. O que o rei quer, Deus o quer.

Essa forma política foi pensada na época de Constantino pelo inenarrável Eusébio de Cesareia. A ele devemos *Louvor a Constantino*, um texto recitado na presença do imperador em 25 de julho de 336 para celebrar seus trinta anos de poder, um texto que, pelo teor, serve de modelo a todos os intelectuais que, ao longo das eras, colocaram-se como turiferários dos poderosos de plantão – e isso até o recente conluio de vários filósofos do século XX com o regime nacional-socialista e seu gêmeo marxista-leninista: pensemos em Heidegger ou Sartre, dignos clones do bispo Eusébio.

"Tudo que tange ao rei é belo", escreve ele... E por aí vai. Eusébio tece louvores ao "Grande Rei", que é Deus, também denominado *Logos* – não se pode descontentar os membros da plateia que ainda não sucumbiram à tentação cristã e que são ainda pagãos, principalmente porque há na corte filósofos neoplatônicos que se sentem em casa com o *Logos*, embora estejam na corte do rei cristão... Esse *Logos* é cercado de exércitos celestes; é reconhecido pelos habitantes do mundo inteiro, desde os poderosos, como Constantino, até os mais humildes, o povo simples do interior. O cosmos inteiro lhe presta homenagem. E Eusébio convoca nada menos que o cosmos: a forte correnteza dos rios, as águas brotando nas fontes, o curso dos rios transbordantes, as profundezas abissais do oceano, as gigantescas ondas dos maremotos, as chuvas torrenciais, o barulho terrível do trovão, a luz violenta dos raios, as rajadas dos ventos, o percurso do Sol no céu, as fases da Lua, a regulação do movimento dos planetas, a perfeita cadência da sucessão dos dias, das noites, das estações, tudo isso glorifica Deus, escreve Eusébio. Mas dizer que o cosmos celebra esse Grande Rei que é Deus e também se chama *Logos* funciona como um discurso ecumênico. O leitor de Plotino, tanto quanto o dos Evangelhos, pode aderir a essa leitura das coisas.

Então, ele acrescenta:

> Um, o *Logos* monogênico de Deus, que reina com o pai desde séculos sem início, subsiste por séculos sem fim e sem término; o outro, amado por ele, que tira suas prerrogativas das régias emanações do alto, e sua potência, da atribuição de um título divino, tem poder sobre os habitantes da terra por longos anos. (199,1)

Numa linguagem mesclada de neoplatonismo e paulinismo, o bispo de Cesareia desenvolve a expressão de São Paulo de que *todo poder vem de Deus*. Se são necessárias provas de que o poder de Constantino se deve à vontade de Deus, e não a suas intrigas humanas, muito humanas, seus muitos homicídios, suas manigâncias para afastar os adversários, sua violência e brutalidade, suas ordens de mandar matar mulher, filho, sobrinho etc., então essas provas devem ser buscadas – e encontradas –

em seu êxito nos campos de batalha: se Constantino é vitorioso, não é graças à argúcia de seus planos de ataque, nem ao valor de seus guerreiros, tampouco à sorte (uma ponte que desaba e engole Maxêncio), mas ao fato de que Deus quis essas vitórias.

Há resquícios de paganismo nesses cristãos que veem a batalha como um ordálio (uma crença oriental, egípcia para ser mais preciso) por meio do qual Deus revela sua preferência. Esse modo de pensar será um problema para os cristãos que assistirão mais tarde às fulgurantes vitórias de Maomé e de seus seguidores – Deus escolheu outro campo que não o dos cristãos? Mas, por ora, o Deus dos cristãos deu sua absolvição a Constantino, uma vez que lhe propiciou as vitórias que o tornaram imperador e, em seguida, concedeu-lhe a longevidade – prova disso é Eusébio estar celebrando os trinta anos de poder desse homem em majestade. "Revestido da imagem da realeza celeste, olhando para o alto, ele governa e dirige os deste mundo à maneira do seu modelo, confirmado que é pela imitação de uma autoridade monárquica" (201,4).

Eusébio formula o princípio monárquico enquanto única evidência possível em matéria de política. Na cidade celeste, Deus governa sozinho; na cidade terrestre, o rei governa sozinho. Querer outra coisa diferente de um rei significa atentar contra o poder do *Logos*, que é uno e único. A monarquia e o cristianismo selam assim suas núpcias – que durariam até os ditadores e tiranos do século XX, para os quais o poder de um só é o penhor da verdade do *Logos*, ao qual basta dar as definições adequadas... Escreve Eusébio:

> A monarquia é superior a todo gênero de constituição e governo, pois tende mais à anarquia ou dissensão o governo de muitos, no qual a igualdade de honra[20] é fonte de conflitos. Eis, na verdade, o motivo por que existe um único Deus, e não dois, ou três, ou mais (pois, na realidade, o politeísmo é ateísmo), um único rei e, deste rei, um único *Logos* e uma única lei régia. (201,6)

Monoteísmo e monarquia constituem o verso e o anverso de uma mesma medalha política. No Ocidente judaico-cristão, tudo o que tentou

20 No original, "Égalité d'honneur". É uma expressão usada na patrística. [N. E.]

questionar o princípio do governo por um só em prol de um governo coletivo foi atropelado pelo princípio monárquico – basta lembrar Robespierre, Lênin, Mao...

Segue-se um panegírico que pressupõe que Eusébio minta descaradamente. Ele conhece a vida de Constantino, feita de crimes e assassinatos, violências e brutalidades, torturas e ordens para matar, e tece, mesmo assim, um elogio desmedido. O imperador recebeu suas virtudes do alto – o que dá uma ideia da natureza das virtudes na cidade celeste: "Ele se tornou razoável através da razão universal, sábio por participar da sabedoria, bom pela comunhão da bondade, justo por tomar parte na justiça, temperante graças à ideia da temperança, corajoso por ter parte com a força do alto" (203,1). O leitor de Platão reconhece aqui a teoria da participação do real sensível no real inteligível, o fato de que o mundo terrestre procede do além do mundo das ideias. Para os platônicos, neoplatônicos e cristãos, nisso semelhantes, existe um mundo de ideias puras onde se encontram razão, sabedoria, bondade, justiça, temperança, coragem; e onde também se encontra, evidentemente, o *Logos* – que é o nome de cena filosófico do Deus cristão. Constantino, abençoado por esse Deus que lhe dá o ser do poder e a longevidade da potência, compartilha essas ideias; é bom, sábio etc.

Quem não possui essa relação íntima com o *Logos* será um tirano.

> Inversamente, aquele que conservou em sua alma feiura e deformidade, e pôs, em lugar da mansidão real, o humor de um animal selvagem, em lugar do livre-arbítrio, o mortal veneno do vício, em lugar da reflexão, a loucura, em lugar da sabedoria e da razão, a falta de razão, o mais terrível de tudo, da qual procedem, como de um cálice amargo, frutos perniciosos – uma vida dissoluta, apetites insaciáveis, assassinatos, guerras contra Deus, sacrilégios –, aquele que se entrega a essas coisas todas, ainda que às vezes se considere que ele reina com um poder tirânico, jamais será chamado de rei, e com razão.

Ora, no dizer de Eusébio, Constantino é chamado de rei com razão; logo Constantino não tinha o humor de um animal selvagem, não conhecia o mortal veneno do vício, não sabia o que era um assassinato?

Inacreditável... Eusébio de Cesareia cria o intelectual a serviço do poder; inaugura uma longa tradição de vilania de filósofos que comem na mão dos poderosos, encarna todos os vícios e recorre a tudo que possa contribuir para essa pérfida atrelagem: mentiras, mistificações, falsidades, denegações, bajulação, lisonja, distorções, fingimentos, camuflagens, dissimulações. Pois ele sabe, mais do que ninguém, o que foi realmente a vida de Constantino, de quem era íntimo. Esse rei mui cristão, inspirado, vale lembrar, pelo *Logos*, acumula um passivo impressionante de crimes! Em 310, força seu sogro, Maximiano, a se enforcar depois de tramar um complô contra ele, um complô que, de passagem, envolve o sacrifício de um eunuco; em 312, mata o filho mais novo de Maxêncio, junto com seus amigos e partidários; em 324, manda assassinar o próprio cunhado, o imperador Licínio, e seu mestre de ofícios; nesse mesmo ano, manda escaldar sua mulher, Fausta, e apresenta o caso como um acidente; em 325, faz o mesmo com Martiniano, também imperador; em 326, mata seu filho Crispo, pretextando um suposto relacionamento com sua madrasta; em 335, tira a vida de Calocaero por motivo de usurpação; sem contar os muitos suplícios infligidos a bárbaros cativos. É impressionante o número de cadáveres deixados nos campos de batalha - no Egito (295-6), na Pérsia (297-8), na Itália (312), entre o Reno e o Danúbio (322-4), em Crisópolis (324), nos Balcãs (332-4), na Pérsia novamente (334-7)... Ainda bem que Constantino era um homem razoável, sábio, bom, justo, temperante...

Eusébio não recua diante de nada, cede a todas as ousadias, aliás é nisso que se reconhecem os servos do príncipe, os cortesãos: Constantino é... um filósofo! Haja ousadia. Eusébio escreve, então: "Na verdade, somente este rei é filósofo". Além de um insulto aos autênticos filósofos - porque existem alguns nessa época, e resistem ao cristianismo (Metrodoro, que viajou para a Índia, os neoplatônicos Jâmblico, Máximo de Éfeso, Mário Vitorino, o pagão Temístio) -, a afirmação também é descabida pelo uso do termo em si, que perde seu sentido quando empregado fora de propósito.

Constantino é filósofo. Por quê? Porque reza, invoca os céus, recorre a Deus para pedir que o guie em sua ação, não tem mais do que desprezo pelos bens deste mundo (e, no entanto, não renuncia a eles); sabe que o poder em geral, e o seu em particular, é efêmero (mas ainda assim se apega ao trono durante três décadas); sabe que a vida é mortal, e contra isso nada pode (mas será que sabe mesmo?); não se ilude com o cerimonial e o aparato que acompanham o cargo (mas não o bastante para abrir mão deles); sabe que as pessoas são volúveis e não faz nenhum caso das glorificações (mas não as proíbe); não dá nenhuma importância à púrpura que veste nem para o diadema que ostenta (mas não tem nada contra os trajes preciosos bordados a ouro e à coroa com três fileiras de pérolas e uma imensa pedra preciosa no meio; Pseudo-Macário, outro filósofo cortesão, explica nessa mesma época que a grande pérola central simboliza a eterna luz de Cristo); senta-se num trono de ouro, mas é provavelmente para mostrar alegoricamente que está se lixando para os metais preciosos...

Eusébio abole a antiga concepção cíclica do tempo. Obviamente, menciona ritmos e ciclos cósmicos, o eterno retorno dos dias, das noites e das estações – que, aliás, ele converte em sinal da perfeição da criação desejada pelo *Logos*, Deus –, mas não concorda com os ciclos no tempo histórico. Discorre demoradamente sobre o tempo, e podemos imaginar o efeito que o bispo de Cesareia causou na plateia e em Constantino no dia em que dá uma aula sobre o modo como o tempo recebe sua forma... Diz, sobre o tempo, que é impossível de ser pensado: o passado, não mais existindo, não existe; o futuro, ainda não existindo, não existe; só existe, então, o presente, sobre o qual nada se pode dizer...

Diz claramente, porém, que o tempo "se estende em linha reta", o que constitui uma revolução filosófica. Não há mais um eterno retorno das coisas, repetição do mesmo, extinção e renascimento do mundo de forma cíclica, e sim uma linearidade sobre a qual se pode escrever a história: o nascimento do tempo pressupõe o criador que o tira do nada, basta querê-lo para que ele seja, sua origem é relatada no Gênesis. O final dos tempos é marcado pelo retorno de Cristo, a parusia, o advento do reino dos céus, isso tudo é relatado no Apocalipse de João.

Nessa linha, é possível escrever a *história passada*: criação do mundo por Deus, queda do primeiro homem, nascimento de Cristo para redimir o pecado original, anúncio da boa nova – etimologicamente: o evangelho. Paixão na cruz para resgatar todos os pecados do mundo; ressurreição de Cristo para ensinar aos homens que, vivendo como ele viveu, podem alcançar a vida eterna. Também é possível escrever a *história futura*: apocalipse, reinado do anticristo, milenarismo, realização do reino de Deus. Existe, portanto, um *fim da história*, que é a "realização da cidade de Deus" - para empregar o vocabulário de Santo Agostinho.

Eusébio também fala - uma revolução nada desprezível em termos de filosofia da história - em "progresso para melhor". Essa expressão, além de constituir um pleonasmo, pressupõe que existe uma marcha em direção a um fim, descrito como melhor do que aquilo de onde viemos. Da criação do tempo por Deus a partir do nada ao "tempo sem tempo, perpétuo e sem fim, estendendo-se até um termo infinito, [que] não é medido por intervalos de dias e meses nem por ciclos de anos e retornos periódicos de datas e estações", é possível estabelecer uma linha. Ocorre, porém, que essa linha é ascendente: dirige-se para o melhor, que é o reino de Deus. O progresso, portanto, não é uma invenção tardia, moderna, com Francis Bacon como criador no século XVIII e Condorcet como turiferário no século seguinte, como não raro se afirma, mas sim uma proposição cristã pautada na parusia e no anúncio do reino. Esse esquema de flecha que aponta para o absoluto e realiza a história teve implicações recentes, com o nacional-socialismo e o marxismo-leninismo, duas ideologias que defendem a parusia e a realização da história pela instauração de um reino supostamente depurado: dos judeus, num caso, e dos burgueses, no outro; duas representações do anticristo...

Eusébio e Constantino são os inventores de uma dupla maléfica: a cabeça pensante e o braço armado, o intelectual com seus livros e discursos, o chefe de guerra com seus exércitos e soldados, o filósofo com suas argúcias e o príncipe com sua espada, um falando e pregando, o outro derramando sangue em nome do discurso do primeiro. Essa maléfica parelha também inaugura a ideia sangrenta de que a história tem o sentido desejado pela Providência, mas à qual é preciso dar um empurrãozinho para ir mais depressa, mais longe e melhor. Se o plano da história já está escrito, por que não nos podemos contentar com o seu desenrolar?

Eusébio enaltece Constantino, que tem razão de destruir e mandar derreter as estátuas dos deuses pagãos para transformar o metal em moedas ou objetos vis; elogia-o por ter arrasado os locais de culto pagão e dispersar as ruínas para que não reste nenhum vestígio:

> Graças a ele, as turbas do exército adverso recuaram, graças a ele foram derrubadas as pretensões dos que combatiam contra Deus, graças a ele foram reduzidas ao silêncio as línguas dos blasfemadores e ímpios, graças a ele as tribos bárbaras foram domadas, graças a ele foram expulsas as forças dos demônios invisíveis, graças a ele as tolices do erro supersticioso se convenceram do desacerto, graças a ele, ponto culminante de todos esses bens, o rei, como se saldasse uma dívida, erigiu por toda parte estelas vitoriosas, ordenando a todos, de maneira régia e generosa, que fundassem templos, locais sagrados, oratórios.

Se Constantino conseguiu o que conseguiu, é porque Deus estava com ele, prova disso é que Deus lhe concedeu o sinal graças ao qual ele venceu – o sinal da cruz.

Em nome desse sinal, em nome dessa concepção da história, em nome do progresso, em nome da legitimidade de tipo ordálica, em nome dessa escatologia progressista, em nome da parusia, durante séculos o imperador cristão vai impor sua fé, a única, a verdadeira, a exclusiva, ao mundo inteiro, uma vez que o território almejado pelo cristianismo é nada menos que o planeta. O cesaropapismo torna possível o imperialismo cristão conquistador que se espalha pelo mundo: da Palestina para a Europa, da Europa para o Novo Mundo, e do Novo Mundo para todas as terras e todos os continentes em que possa aportar um navio de missionários. A parusia não foi uma boa nova para todos.

2

TORTURAR CORPOS, TORTURAR ALMAS
O ESTADO TOTALITÁRIO CRISTÃO

Quaresma de 415,
massacre da filósofa Hipátia pelos cristãos

Estamos entre os séculos IV e V. Hipátia tem tudo para desagradar aos cristãos que esqueceram o Jesus de paz e tolerância, de amor ao próximo e perdão dos pecados, o Jesus do cristianismo primitivo, e comungam da formulação paulina do cristianismo oficial, a do gládio e do desprezo por este mundo. Ela é bonita, jovem, instruída, inteligente, filósofa, matemática, astrônoma, vive sadiamente entre o afeto pelo pai, o matemático Téon de Alexandria, e o gosto pelo saber. Além disso, faz sucesso com os homens, mas apenas no plano intelectual: suas aulas públicas são disputadas pela fina flor de Alexandria. E é solteira, uma insolência libertária naqueles tempos e naquelas paragens. Não se conhece nenhuma aventura amorosa, ou aventura sexual, que tenha tido, de modo que não podia ser mãe, cortesã, esposa ou hetaira. Dizem que desencorajava com ardor os pretendentes, reconduzindo-os ao reto caminho do pensamento e da vida filosófica, portanto não se pode acusá-la de ser uma mulher de vida fácil.

O que resta ao cristão paulino que enaltece o exato contrário? Em todas as suas epístolas, São Paulo prega o ódio ao corpo e louva a mortificação; o ódio à cultura e o desprezo pelos livros que não sejam os das bibliotecas cristãs; o ódio à inteligência e o enaltecimento da fé, da submissão; o ódio ao livre pensar e a obediência às convicções paulinas, universalizadas por ele; o ódio à vida e a paixão pela morte; o ódio às mulheres e os plenos poderes dados a sua patologia funesta, que ele chamava de seu "espinho na carne". O que resta ao discípulo de São Paulo senão, mais uma vez, o ódio que triunfa simbolicamente sobre essa mulher que encarna tudo aquilo que ele combate? Para São Paulo, o ressentimento é a lei, ao passo que, para Hipátia, a serenidade filosófica se impõe na mansidão da vida que a sustenta.

A vida de Hipátia, de 355 (370 ou 390, a data de seu nascimento é hipotética) à quaresma de 415, data em que foi assassinada, transcorre num clima de perseguição aos pagãos. O cristianismo oficial exagerou um bocado o martirológio e inchou os números. A célebre frase de Tertuliano "O sangue dos mártires é semente de novos cristãos" (*Apologeticum*, 50,13) abriu caminho para todas as extrapolações. Ocorre que os historiadores, entre os quais alguns cristãos, reviram para baixo os cálculos extravagantes dos militantes da Igreja que estupram a história para lhe dar lindos filhos cristãos. O próprio Eusébio de Cesareia, normalmente dado à exageração por exigência de sua tarefa hagiográfica, refere quarenta mártires na Palestina, incluindo a Grande Perseguição de Diocleciano... O martirológio de Roma oferece... cerca de vinte nomes! Na África: sete em Tébessa; treze em Huppena; catorze perseguidos, presos e torturados em Abitina, mas somente um morto; no total, para essa região, foram pouco mais de duzentos nomes. No Egito, foram 144. É muito, sem dúvida, e sempre o é, mas estamos longe dos milhões mencionados pela propaganda cristã. O próprio papa Francisco declarou, em 2014: "Há mais cristãos perseguidos hoje do que nos primeiros séculos" (*La Croix*, 6 de julho de 2014).

A história, que é escrita pelos vencedores, nesse caso os cristãos, calou-se sobre as perseguições aos pagãos. Entre 379 e 395, o imperador Teodósio lança uma campanha contra o paganismo que resulta na destruição de inúmeros templos e bibliotecas; em 380, com a promulgação do Édito de Tessalônica, o que já existia de fato desde Constantino passa a existir de direito: o cristianismo se torna religião oficial; em 391, o templo de Serápis é destruído; em 392, um decreto do mesmo Teodósio proíbe os cultos pagãos; em 414, os judeus são expulsos em massa de Alexandria. E, após a morte de Hipátia: a Academia Platônica de Atenas é interditada em 525, depois que os pagãos foram proibidos de lecionar; em 550, o imperador Justiniano fecha o último local de culto pagão do Império: o templo de Ísis, em Filas (Alto Egito).

Constantino abriu o baile mandando destruir os templos pagãos; transferindo algumas peças arquitetônicas (colunas, mármores) para os edifícios cristãos; fundindo metais preciosos para uso cristão (ele presidiu o Concílio de Niceia sentado numa suntuosa poltrona de ouro maciço); destruindo estátuas que em seguida eram quebradas e usadas para calçar as estradas; ordenando a destruição dos escritos do neoplatônico Porfírio de Tiro, discípulo de Plotino, a quem devemos a edição das *Enéadas*; cortando o salário dos professores de filosofia de Atenas; "proibindo a todos sacrificar aos ídolos, erigir estátuas e praticar ritos secretos", segundo um édito citado por Eusébio...

O Código Teodosiano compilou as constituições imperiais que se propunham a eliminar o paganismo e a heresia. Nele se lê como foram definidos os privilégios da Igreja, assim como as isenções e jurisdições especiais do clero católico. A análise semântica revela que os tais cristãos tolerantes se referem aos pagãos como gente demente, sujeitos insanos, supersticiosos perversos, indivíduos depravados, pessoas impuras e contagiosas, espíritos facciosos, criaturas imundas, indivíduos pérfidos etc.

Vejamos um excerto de um texto escrito em 346, sob Constante I, filho de Constâncio:

> É de nossa vontade que, em todos os lugares e todas as cidades, os templos sejam imediatamente fechados e, sendo o acesso proibido a todos, os degenerados não tenham permissão mais de cometer delito. Queremos também que todos se abstenham de oferecer sacrifícios. Caso alguém perpetre algo desse gênero, será abatido pelo gládio vingador. Decretamos que os bens do supliciado serão adjudicados ao fisco, e da mesma forma serão penalizados os governos das províncias que deixarem de punir esses crimes.

E este, do ano 353:

> Ordenamos que sejam submetidos à pena capital aqueles que tiverem comprovadamente realizado sacrifícios ou reverenciado estátuas. [Quem for flagrado queimando incenso – os cristãos ainda não se tinham apropriado desse rito pagão] será destituído da casa ou da

> propriedade em que se constatar que foi praticada a superstição gentílica. Pois decidimos que todos os locais onde for constatado que ardeu incenso, se estiver provado que pertencem a quem queimou o incenso, serão adjudicados ao nosso fisco. (XIV, 392)

Vale lembrar que, no início do século IV, apenas 10% da população é cristã. É compreensível que, ao qualificar essa época no livro *L'Église de l'Antiquité tardive (303-604)* [A Igreja da Antiguidade tardia (303-604)], o historiador Henri-Irénée Marrou fale de um "Estado totalitário", no sentido contemporâneo do termo. Essas disposições legais, que permitem a uma minoria impor sua lei a uma maioria, despertam a sanha assassina do populacho. Libânio denuncia "os bandos negros" de monges que se especializaram nessas operações de milícias que incluem vandalismo de coisas e espancamento de homens. Houve uma trégua para os pagãos sob Juliano, que tentou restaurar o paganismo nos vinte meses em que foi imperador (361-3). Mas, em 26 de junho de 363, na batalha de Ctesifonte, contra os persas, uma lança da cavalaria romana, cravada em suas costas por um soldado cristão que fazia parte da tropa, pôs fim a esse projeto de restauração do paganismo romano num império que, a partir dessa data, permaneceria cristão. Do que se vê que os cristãos tinham uma maneira singular e seletiva de amar o próximo...

Sob Valêncio, no poder de 364 a 375, os filósofos são perseguidos e alguns perdem a vida. Pasífilo, por exemplo; Simônides é queimado vivo; Máximo, um antigo conselheiro de Juliano, morre também. Sob Teodósio, o Jovem, Damáscio cita Hiérocles, filósofo neoplatônico. Sob Constâncio, os judeus são perseguidos. Em 388, casamentos mistos são considerados adultério e punidos com morte. Teodósio regulamenta essas uniões. É longa a lista dos acontecimentos desse período que demonstram que, por trás da lenda de uma perseguição encarniçada dos pagãos contra os cristãos, existe uma história omitida, senão negada, de perseguições dos cristãos contra os pagãos. Essa multiplicidade se encontra com frequência condensada num único nome, Hipátia. Voltemos então a ela.

Quando Hipátia vem ao mundo, em 391, os fiéis do patriarca Teófilo arrasam o templo de Serápis, o deus da cidade, e destroem os livros da biblioteca-filha, assim conhecida porque reunia originais e cópias de obras que se encontravam na grande biblioteca de Alexandria. Foi um grande auto de fé: muitos conhecimentos adquiridos pela Antiguidade viraram fumaça. A soldadesca romana ocupa o templo. Um soldado cristão quebra a estátua criselefantina (ouro e marfim sobre madeira) de Serápis. O patriarca Teófilo transforma o templo pagão em igreja cristã e a consagra a São João. No mesmo período, na ilha de Faros, o templo dedicado a Ísis Fária, encarnação da deusa que guarda o porto de Alexandria e protege os marinheiros, sofre o mesmo ultraje e também é convertido em igreja.

Por essa época, a biblioteca de Alexandria, cidade natal de Hipátia, já havia sofrido um bocado: o incêndio do porto, provocado por Júlio César, em 48 a. C., durante a guerra que travou contra o irmão de Cleópatra, propagou-se até o depósito de livros; os confrontos entre judeus e pagãos, e depois entre cristãos e pagãos, aumentaram os prejuízos; em 269, as batalhas entre a rainha síria Zenóbia de Palmira e Aureliano afetaram a biblioteca; em 267, Diocleciano destruiu a cidade. Na época de Hipátia, nela só se encontravam livros cristãos – Pais da Igreja, atos dos concílios, *corpus* das Sagradas Escrituras. Em 391, os cristãos já haviam destruído tudo o que ainda restava de pagão. Em 640, com a conquista de Alexandria pelos muçulmanos, o califa Omar, companheiro de Maomé, destruiu todos os livros, transformando-os em combustível para os banhos da cidade. Dizem que a fogueira ardeu seis meses sem parar. O argumento dado pelo segundo califa do Islã? Se os livros são muçulmanos, podemos destruí-los, porque o Corão é suficiente; se não o são, então não merecem existir. Mas estou-me adiantando...

Hipátia ensina filosofia e ciências, astronomia e matemática. Funda sua escola e ensina Platão, Aristóteles, os filósofos neoplatônicos Plotino e Porfírio. O Estado financia as aulas de filosofia, por isso elas são gratuitas. Na época imperial, nos tempos de Marco Aurélio, ensinavam platonismo, aristotelismo, epicurismo, estoicismo; nesses tempos cristãos, só é permitido ensinar Platão: as ideias apresentadas em *A República*, o mundo dos infernos e do paraíso, a oposição entre a alma imaterial e incorruptível e o corpo material corruptível e a primazia da morte sobre a vida expostos em *Fédon* parecem compatíveis com a doutrina cristã – mais compatíveis, pelo menos, do que a teoria epicurista dos átomos, com a qual é difícil explicar que a hóstia contenha mais do que moléculas panifícias.

Hipátia exercita a filosofia em sua casa, com um grupo de discípulos para os quais lê e comenta os grandes textos filosóficos neoplatônicos, como é de praxe na época. Não escreveu nada a esse respeito; foi mais professora de filosofia do que filósofa; vestia o *tríbon*, o manto sóbrio e rústico dos cínicos. Sinésio de Cirene (373-414) foi um de seus alunos: com formação neoplatônica, aceita ser bispo de Ptolemais, na Líbia, em 410, mas quer continuar casado e não quer ensinar a ressurreição da carne nem renunciar aos ensinamentos dos discípulos de Platão – a preeminência da alma sobre as encarnações e a eternidade do mundo. Manteve uma extensa correspondência com Hipátia, pela qual soubemos muito do pouco que sabemos sobre ela. Esse discípulo de Plotino também escreveu um *Elogio à calvície*... Orestes, um prefeito augustal cristão, foi aluno de Hipátia em 414-415. Ela leciona para as classes altas da sociedade de Alexandria. Podemos supor que, naqueles tempos de caça aos pagãos, o fato de ela receber a aristocracia alexandrina sugere que ela não fosse abertamente pagã: o neoplatonismo não é nem paganismo, nem cristianismo, mas permite a quem sabe manejar a sofística ser os dois ao mesmo tempo.

O Um-Bem a que deve aspirar o filósofo neoplatônico, desfazendo-se pela ascese corporal e intelectual, espiritual e filosófica das escórias materiais de uma carne que se deve desprezar e de paixões que se devem exaurir, de um corpo que se deve maltratar e de uma alma que se deve afagar; o progresso paulatino à contemplação desse famoso Um-Bem, por *via* de uma dialética ascendente, da arte de escalar as hipóstases; o êxtase singular e raro – três ou quatro vezes na vida, diz Plotino, referindo-se a si mesmo – obtido pelo despojamento radical da própria carne para unir a alma ao Um-Bem, tudo isso permite, com o apoio do vocabulário e a ajuda da prática, ter sol na eira pagã e chuva no nabal cristão. Não que o Um-Bem seja o Deus dos cristãos, mas um filósofo habituado às técnicas retóricas e sofísticas, dialéticas e silogísticas da época consegue vender sem grandes dificuldades mercadoria neoplatônica por produto cristão. Era nessas águas que Hipátia navegava filosoficamente. Não escreveu nenhum texto de filosofia que a comprometesse.

Ela é conhecida sobretudo por seus trabalhos científicos. O historiador Sócrates Escolástico escreve, em sua *História eclesiástica*: "Ela era herdeira legítima da escola chefiada por Plotino" (7,15). Sabemos que

Platão tinha um ensinamento exotérico, que se destinava a todos e sobrevive até hoje nos *Diálogos*, e um ensinamento esotérico, exclusivamente oral, que era ministrado a indivíduos selecionados e, portanto, não deixou vestígios. Sabemos que a matemática tinha um papel ético e político essencial nesse ensinamento: seu domínio propiciava uma sabedoria autêntica, apta a possibilitar o exercício do poder. Podemos supor que um ou outro alto funcionário do Estado tenha sido seu discípulo nessa óptica.

Para Hipátia, como para os outros filósofos da época, a filosofia não é mera teoria, verborreia e jogos de palavras, disputa sofística e palco retórico, como se acabou tornando a patrística de contemporâneos seus, como Jerônimo, Cirilo de Alexandria, Epifânio de Salamina, Teodoreto de Ciro, e sim um convite a levar uma vida filosófica. O curso ministrado não visa ao teorético, mas à prática, ou melhor, à prática existencial: mudar a própria vida, vivê-la segundo ideais elevados que estruturam e dão sentido à existência.

Hipátia parece unir o gesto filosófico à palavra quando um de seus alunos, segundo contam, declara os ardentes sentimentos que nutre por ela. Responde com um gesto estranho, que poderia perfeitamente ser o de uma cristã familiarizada com as argúcias de Paulo: exibe uma toalhinha higiênica, sugerindo que jogasse seu desejo na centrífuga da psicagogia filosófica. A técnica já havia sido explicada por Marco Aurélio:

> Da mesma forma que podemos criar uma representação mental do que são as iguarias e outros alimentos do gênero, dizendo: isso é o cadáver de um peixe; aquilo é o cadáver de uma ave ou de um porco; ou, ainda, do vinho de Falerno, que é suco de um cacho de uva; da toga pretexta, que é pelo de ovelha mergulhado em sangue de marisco; do acasalamento, que é esfregação de uma tripa e a ejaculação, com certo espasmo, de um pouco de muco. Da mesma forma como essas representações atingem seus objetos, penetram-nos e revelam o que são, assim deve ser feito durante toda a tua vida; e, toda vez que as coisas te parecerem demasiado dignas de confiança, desnuda-as, percebe seu pouco valor e despoja-as dessa ficção que as torna veneráveis. (*Meditações*[21], VI,13)

21 Trad. José R. Seabra Filho, Belo Horizonte, Nova Acrópole, 2016.

Em virtude dessa técnica lastimosa, um excelente exercício espiritual, a mulher não passa de uma criatura débil, que sangra com um pano no meio das pernas: qual a graça de amar uma figura dessas?

Hipátia seria capaz de um gesto tão grosseiro, deselegante, rude, tosco? Na Antiguidade, o problema não é que ela tenha realmente dito ou feito: já é suficiente que o pudesse dizer ou fazer. O verossímil é o que basta para compor a verdade. Com essa história, dizia-se de maneira brutal e concisa, eficaz e pedagógica, que ela rejeitava as investidas dos homens para manter a alma pura para filosofar; o homem comum, e não o filósofo, tinha de entender que ela nutria apenas um desprezo platônico por seu invólucro terrestre, assim como pelos desejos, pelo corpo, pela carne, pelas paixões e pelas pulsões, porque estava inteiramente focada em seu projeto de purificação neoplatônica. Pela perspectiva da edificação filosófica, mais vale um bom tampão higiênico ensanguentado do que um longo discurso citando Plotino. Eficácia concisa, ganho de tempo, persuasão imediata, impressão vívida e duradoura: um benefício retórico real. Hipátia não é do tipo que vai para a cama, e estamos conversados.

Embora o que ela ensine, lendo e comentando os textos neoplatônicos ou mostrando ao discípulo enamorado o tecido hormonal que conhecemos, não pudesse incomodar um cristão – Paulo teria apreciado o improviso filosófico –, mas só confirmasse a impressão de que não havia muito que fazer para convertê-la e que uma camaradagem espiritual era algo possível – o que Sinésio demonstrou –, Hipátia provoca ciúmes, inveja. Faz sucesso, é bonita, seus cursos são procurados por todos, até pelo prefeito do Egito, suas aulas perturbam o trânsito... Ela incomoda.

Incomoda mais particularmente o responsável cristão de Alexandria e seu círculo: Cirilo. Orestes, prefeito de Alexandria, e Cirilo, patriarca da mesma cidade, detestam-se: Cirilo exige que todos levem uma vida cristã, inclusive as autoridades, Orestes entre elas. Hierax, um cristão fiel a Cirilo, é atacado por judeus que o acusam de sedição; Orestes toma o partido dos judeus, esperando apoio em sua luta contra o patriarca, sob o pretexto de que este se opõe às autoridades imperiais; Orestes leva Hierax para um teatro e manda açoitá-lo publicamente, para grande satisfação dos judeus; Cirilo se sente pessoalmente ofendido e ameaça os judeus, que resolvem atacar a igreja de Santo Alexandre e incendiá-

-la; alguns cristãos correm para apagar o fogo, mas era uma armadilha para atraí-los: eles são massacrados pelos judeus. Cirilo contra-ataca: invade o bairro judeu, expulsa os judeus da cidade e divide seus bens entre os cristãos; Orestes nada pode fazer.

Cirilo propõe uma reconciliação a Orestes e lhe oferece um exemplar dos Evangelhos; o prefeito não o aceita, temendo que seu gesto seja interpretado como submissão ao patriarca. Nesse ponto é que entra Hipátia. Cirilo acusa Orestes de ser muito próximo de Hipátia, que é transformada em pagã. Ao saber disso, monges da Nítria deixam o deserto e vão para Alexandria. Censuram Orestes por seu paganismo, ele explica que é cristão, que foi batizado em Constantinopla. O monge Amônios fere Orestes com uma pedrada na cabeça; ele sangra. A polícia intervém, salvando-o do aperto. Orestes manda prender o monge e torturá-lo até a morte. Cirilo o declara mártir. A morte de Hipátia seria a contradádiva desse *potlach* sangrento.

Estamos em março de 415. O cristão Sócrates Escolástico relata a morte de Hipátia: ela é arrastada por Pedro, um leitor eclesiástico, seguido pela multidão, até a igreja cesariana, local onde era celebrado o culto ao imperador. Suas roupas são arrancadas; sua pele é lacerada por cacos de cerâmica afiados como navalhas; ela é despedaçada, desmembrada; o que sobra de seu corpo é queimado. Algumas comissões de inquérito depois, algumas transferências de cargo, alguns investigadores subornados, o caso é abafado: o patriarca cristão Cirilo de Alexandria fez com que uma filósofa neoplatônica fosse massacrada sem que ela tivesse feito nada contra a sua religião. Os monges negros não foram investigados. Orestes sumiu. O poder imperial ocultou o caso. Cirilo morre em seu leito, em 444, depois de 33 anos de bispado. O papa Leão XIII o declara Doutor da Igreja em 1882. Em uma audiência em 3 de outubro de 2007, Bento XVI afirma toda a sua consideração por esse santo reconhecido pelos católicos e ortodoxos. Saúda o homem "que governou 32 anos com muita energia". *Muita energia*, de fato...

A tortura dos corpos, na qual primou a Igreja Católica, faz par com a tortura das almas. A soldadesca, a espada, os linchamentos, os incêndios, as pilhagens, o vandalismo e os massacres são o verso de uma medalha cujo anverso leva o nome de persuasão, norma, ortodoxia, regra, convicção, certeza. A ideologia judaico-cristã deixou muito para trás o Jesus conceitual que, compreensivelmente, calou-se sobre uma série de temas abordados pela Igreja: os padres podem-se casar? As mulheres têm direito de recorrer à contracepção? É permitido ir ao teatro? É permitido assistir aos jogos do circo? Pode-se comer de tudo? Se não, do que se é preciso abster? Em que dias se deve trabalhar, e em quais descansar? Quando se deve comemorar o nascimento de Jesus? Como uma moça se deve vestir? Um viúvo pode tornar a se casar? Qual é a diferença entre luxúria, estupro e fornicação?

Em 675, o XI Concílio de Toledo legisla sobre... a autoridade e a forma dos concílios. O Espírito Santo é a lei na assembleia, que se reúne antes do nascer do sol numa igreja fechada e esvaziada dos que não foram convidados. As portas ficam trancadas. Entram os bispos, depois os padres, os diáconos, os leigos considerados dignos de estar ali e, por último, os secretários; os primeiros se sentam em círculo; os segundos, atrás; os terceiros, em pé na frente dos bispos. Eles começam com longas orações silenciosas, prostrados no chão. O silêncio é eventualmente quebrado por choros e gemidos... Um diácono lê os textos dos livros de direito canônico referentes aos concílios. O bispo metropolitano define a pauta. Existem concílios gerais e concílios provinciais. A cada dez anos, os concílios gerais se reúnem para decidir a ortodoxia católica – pureza da fé, extirpação das heresias, reforma da Igreja, integridade dos costumes, e consta que seu poder vem diretamente de Jesus Cristo, ao qual o próprio papa se submete. Os concílios provinciais se reúnem de início duas vezes por ano; a partir de 1215, uma vez por ano, e a cada três anos, depois de 1542; eles resolvem problemas de organização interna das igrejas provinciais e assim evitam cismas, heresias, excessos e abusos. O concílio é o escritório político do partido cristão.

Os concílios decidiram, portanto, coisas fúteis e coisas menos fúteis. Fúteis: os concílios deliberam sobre a cor, a forma, o comprimento, a natureza das vestes sacerdotais, o cabelo e a barba dos padres, a tonsura; proíbem usar perfume, caminhar olhando para os lados, caçar, comprar nas feiras, ter "mulheres sub-repticiamente" em suas casas, com exceção de mãe, irmã, tia ou uma velha abandonada pela libido, estabelecer testamento em favor de uma concubina ou filho bastardo (sinal de que esses casos eram frequentes...), possuir gaviões e falcões, participar de banquetes ou jogar dados em locais públicos, deixar um espetáculo antes da entrada dos dançarinos, quando os houver; ser sóbrio no que diz respeito ao álcool e frugal no que diz respeito à comida.

Menos fúteis: as condições de nomeação dos padres, diáconos e bispos, a natureza dos sacramentos (batismo, eucaristia, crisma, penitência, ordenação, matrimônio, extrema-unção). Por exemplo, em 1215, o IV Concílio Geral de Latrão decide que o corpo de Cristo está *realmente* presente na hóstia, e o sangue de Cristo, *realmente* presente no vinho, e não *alegórica* ou *metaforicamente*. A transubstanciação torna possível esse milagre segundo a ordem das razões, ou pelo menos assim acreditam os que mobilizam os atributos e substâncias da metafísica de Aristóteles e, por intermédio de Tomás de Aquino e suas qualidades primeiras, as substâncias, e suas qualidades segundas, as sensações, para chegar a seus fins doutrinais. O Concílio de Trento confirmaria tudo em 1545-1563; Lutero, como sabemos, transformou-a em um *casus belli*.

Nada fúteis: os concílios que inventam o corpo mutilado dos que fazem parte da civilização judaico-cristã há um milênio e meio, inclusive nós: elogio da castidade, da continência, da virgindade, crítica do pecado da carne, o "pecado animal", e, portanto, da fornicação e da luxúria, delimitação do casamento, estrita vinculação da sexualidade à reprodução, anátema do aborto (Concílio de Ancira, em 314), imprecações contra a homossexualidade (Concílio de Elvira, em 305; Concílio de Ancira, em 314; XVI Concílio de Toledo, em 693), proibição de sepultura para os suicidados (Concílio de Braga, em 563), para os duelistas (III Concílio de Valença, em 855) e para os atores (Concílio de Arles, em 314), condenação do divórcio (Concílio de Elvira, em 305). Quanto ao adultério, a mulher *não tem o direito* de abandonar o marido que a trai, mas o marido tem *o dever* de abandonar a mulher se ela o trair (Concílio de Avranches, em 1172).

Os concílios também trataram de assuntos que não eram fúteis nem não fúteis, mas simplesmente extravagantes. Retrospectivamente, é surpreendente que temas tão técnicos do ponto de vista teológico, como os que motivaram a controvérsia do arianismo no início do século IV, ou do nestorianismo no século V, tenham durado tanto tempo, causado tantas polêmicas, feito correr tanta saliva episcopal e tanta tinta patrística e, em certo momento, quase custado a vida à Igreja nascente! A heresia teológica é uma ameaça constante de fraturas políticas no Império. Por isso é denunciada e ferozmente combatida.

Ariano dá sua interpretação da relação entre Deus Pai e Jesus, seu Filho. Em tempos normais, o pai precede o filho, já que é preciso que um seja para que o outro venha a ser. Mas e no caso de Cristo? Para Ariano, Deus é divino, e seu filho é principalmente humano, mas um humano que possui uma parcela divina. Parece lógico, mas acontece que a lógica e o cristianismo brigaram: o Pai *é* o Filho; logo, nenhum precede o outro. Os povos germânicos se convertem ao arianismo. Constantino, que quer um império coeso, evita o esfacelamento convocando o Concílio de Niceia, em 325, para decidir a questão contra Ariano e a favor dos nicenos, também chamados de trinitários, para os quais Pai, Filho e Espírito Santo são uma mesma e única substância. Ainda assim, a polêmica entre *homeusianos*, *homeanos* e *anomeus*, para os quais Pai e Filho são, respectivamente, de mesma substância, semelhantes e dessemelhantes, duraria meio século!

Custa acreditar que tais picuinhas teológicas tenham ocupado tanta gente para nada, mobilizado tanta inteligência para tratar de ninharias intermináveis! Constantino era contrário ao arianismo por motivos políticos. Seu fiel escudeiro, Eusébio de Cesareia, pérfido além da conta, preso por ser cristão, mas provavelmente solto por ter abjurado na prisão (foi assim que escapou das perseguições de Tiro...), apoia Ariano quando este se encontra na Palestina. Bispo escolhido pelo imperador, sentado à direita de Constantino no concílio que trata do assunto, Eusébio se alinha às teses antiarianistas do príncipe. Vota com a maioria... Após o concílio, lado a lado com os arianos, Eusébio persegue os bispos trinitários. Quando Constantino pede para ser batizado na hora da morte, e sempre por razões políticas, ele escolhe Eusébio de Nicomédia, um padre... ariano!

Um troca-troca similar de opiniões agita o império em relação a Nestor e ao nestorianismo. Segundo Nestor (c. 381-451), patriarca de Constantinopla, coexistem em Jesus Cristo duas pessoas: uma humana e outra divina. A controvérsia contra Nestor é protagonizada por Cirilo de Alexandria, a quem devemos o massacre de Hipátia em 415! O concílio é realizado em Éfeso, em 431, sob o imperador Teodoro. Derrotado, Nestor perde o patriarcado e morre no exílio. Na ocasião, a Igreja afirma o dogma que segue ainda hoje de um Cristo que é simultaneamente homem e Deus.

Para concluir, alguns concílios são realmente importantes. Por exemplo, o Concílio de Trento, último concílio geral, define em 1545-1553 a existência da liberdade – uma opção filosófica crucial, pois torna cada um responsável por aquilo que é, faz ou deixa de fazer. Sem circunstância atenuante, sem razão adventícia, sem determinismos sociológicos como origem social ou familiar, sem contexto histórico, sem imersão numa história individual específica (pais, vizinhos, pessoas próximas...) ou história geral (guerra, ditadura, revolução...), o indivíduo flutua ontologicamente só num éter ético: o que ele é é o que ele quis ser. Ele é responsável, portanto pode ser culpado, portanto pode ser punido. O livre-arbítrio é a condição de possibilidade da punição, da sanção, da pena. Quem não vive em conformidade com os ensinamentos da Igreja não é porque não o pode, mas porque não o quer.

Assim, por exemplo, o homem que obedece às pulsões que o tornam homossexual não está sujeito a um determinismo complexo que o faça ser o que é, digamos, à sua revelia; não. Ele quer essa sexualidade, que está em seu poder não querer. Se ele não o quer, não é porque não o pode, mas porque está exercendo seu livre-arbítrio de querer ser isso em vez daquilo. Consequentemente, o tribunal pode acusá-lo de ter optado por cometer esse "pecado contra a natureza", segundo a expressão cristã. Assim, um ser humano pode ser preso, torturado, queimado na fogueira, decepado, sob pretexto de que ele quis ser o que é.

Vejamos, para concluir, uma proibição decretada pelo Concílio Geral de Niceia em 325 – o mesmo concílio que deliberou sobre a questão do arianismo. Essa douta assembleia decidiu que um eunuco – a não ser que tenha sido mutilado por razões cirúrgicas ou por um bárbaro como punição de guerra, ou seja, um eunuco involuntário – não tem o direito de fazer parte do clero. Por quê? Por razões de época. Orígenes leu atentamente os evangelhos e atentou, notadamente, para um versículo de Marcos que diz: "E se tua mão te escandalizar, corta-a; melhor é entrares mutilado para a Vida do que, tendo as duas mãos, ires para a geena, para o fogo inextinguível" (9,43). Também leu Mateus: "Com efeito, há eunucos que nasceram assim, desde o ventre materno. E há eunucos que foram feitos eunucos pelos homens. E há eunucos que se fizeram eunucos por causa do Reino dos Céus. Quem tiver capacidade para compreender, compreenda!" (19,12).

Não está provado que Orígenes tenha compreendido certo. Pois, confundindo o espírito com a letra, sem muito talento para significados alegóricos ou sentidos metafóricos – nem um pouco talhado, portanto, para o cristianismo –, esse Pai da Igreja concluiu, como vimos, que devia secionar os próprios genitais. Não sabemos se isso de entrar mutilado na vida lhe valeu a entrada no reino dos céus, onde a tal ferramenta não teria grande utilidade de qualquer forma, mas um concílio do início do século IV achou por bem evitar que Orígenes desse cria, sinal de que ele deve provavelmente ter inspirado uns e outros. E foi assim que, durante mais de mil anos, os concílios formataram nossos corpos mutilados e nossas almas materiais.

3

UM PARAÍSO À SOMBRA DAS ESPADAS PRIMEIRO INTERMÉDIO ISLÂMICO

Morte de Maomé,
Medina, 8 de junho de 632

A partir de Constantino, e no espaço de apenas três séculos, a cristianização de boa parte do mundo se dá a todo vapor. No Oriente: Egito, Palestina, Síria, Mesopotâmia, Chipre, Ásia Menor, Trácia, Dácia, Macedônia, os godos que fazem parte do Império se convertem ao cristianismo antes do século VI; no Oriente, mas fora do Império: Pérsia, Armênia, Geórgia, Albânia, Etiópia, Iêmen e Núbia. No Ocidente, é preciso contar também os territórios que correspondem à Croácia e Bósnia atuais, à Hungria, Áustria e Eslovênia; depois foi a vez da Itália, do reino ostrogodo, da Lombardia. A África do Norte vândala, depois bizantina, oferece o seu tributo. Em seguida, a Espanha romana. E a Gália. E, em breve, diversos reinos: os burgúndios, os visigodos, os francos. E a Bretanha, isto é, parte da atual Grã-Bretanha, a Irlanda e os países germânicos.

A vitalidade do cristianismo é prodigiosa. Uma cartografia animada mostraria a expansão do cristianismo como um frasco de tinta se derramando sobre uma quantidade enorme de países. Do norte da Irlanda ao sul do Egito, do oeste hispânico ao oeste mesopotâmico, o mapa cristão formaria um vasto império que nada parece capaz de deter. De Iona, no norte, uma pequena ilha a nordeste da atual Escócia, a Tagasta, no sul, cidade natal de Agostinho na Argélia, e de Braga, no oeste, em Portugal, a Sanaa, no sudoeste, no Iêmen, as comunidades cristãs balizam as fronteiras de um império que nada parece ameaçar.

Nada, até que outra força, que também avança a todo vapor, venha pôr em risco o edifício cristão que até então crescia sem problemas. Maomé nasce em Meca, na Arábia Saudita, por volta de 570. Diz o Islã que ele é visitado pelo anjo Gabriel, o qual lhe dita o Corão. Esse livro contém uma palavra que dá origem a uma nova religião: o islã. A história o mostra como um chefe de guerra hábil e vitorioso em inúmeras batalhas. Após sua morte, as conquistas prosseguem em seu nome. O Império cristão perde a Síria, o Egito, o Norte da África. Os árabes chegam pela Espanha à região que ainda não tem o nome de Europa em 712. Em 732, Carlos Martel os detém em Poitiers. O islã faz balançar o cristianismo.

Quem é Maomé, esse chefe de guerra vitorioso que afirma: "Saibam que o paraíso está à sombra das espadas" (Sahih al-Bukhari 1,35)? O que devemos entender por isso? O que nos diz essa frase, primeiro sobre Maomé, e depois sobre o islã? Para responder a essa pergunta, deixemos de lado os livros sobre, os livros a respeito de, os livros a partir de, os livros compilados e, além do Corão, leiamos apenas e exclusivamente um livro, aquele que os muçulmanos reconhecem como um dos seus, para não turvar a fonte, como se diz em relação à água, para saber o que realmente aconteceu: a Sira redigida no século IX por Ibn Hicham.

Maomé concentra em sua pessoa as três figuras constitutivas do cristianismo enquanto religião encarnada: Jesus, São Paulo e Constantino. Em outras palavras: o Profeta, o Apóstolo e o Imperador. Ou também: o inspirado, o combatente e o político. Uma vez aceita, mesmo que só como hipótese de trabalho, a existência histórica de Jesus no ano que chamaremos de ano 0 de sua era, foi somente no fim do século I que Paulo passou da perseguição aos cristãos e do primeiro assassinato de um cristão, o de Santo Estêvão, para a apologética dessa seita perdida no meio de tantas outras. Hoje sabemos que, em 312, Constantino transformou essa seita em religião de Estado através de sua própria conversão, a qual acarreta a do Império inteiro. Entre um hipotético Jesus histórico e o triunfo político de sua alegoria crucificada, passaram-se três séculos. Maomé concentra essas três forças, o sonho, o gládio, a púrpura, em sua única pessoa. Ele não é ninguém antes de sua primeira visão, em 611, quando tinha cerca de quarenta anos; em 631, um ano antes de sua morte, é senhor de todas as cidades importantes da Arábia. Levou vinte anos para realizar seu império. Três séculos para o cristianismo, vinte anos para o islã.

Antes de se tornar apóstolo, como Paulo, e soberano, como Constantino, Maomé foi primeiro profeta, como Jesus. Amina, a mãe do Profeta, também teve a experiência da Anunciação: durante um sonho, um homem lhe informa que ela dará à luz um filho que ela colocará sob a proteção de Deus e a quem dará o nome de Maomé (I,155-160). O pai de Maomé, Abdalá, morre quando a esposa está grávida da criança, que nasce "na segunda-feira, 12 de *rabi al-awwal*[22] do ano do elefante" (I,155-160). O nascimento de Jesus foi acompanhado de um milagre astronômico: a estrela dos pastores. O de Maomé, de outra alegoria luminosa: a mãe da criança confessa ter visto sair de dentro dela uma luz tão incandescente que iluminava até a Síria. Outros prodígios acompanham esse nascimento: na Pérsia, a sala do trono real estremece, catorze sacadas desabam, a chama sagrada se apaga pela primeira vez em mil anos, o grão-sacerdote vê em sonhos uma cavalgada de camelos e cavalos, prenúncio de algo terrível vindo das Arábias. A chegada de Maomé vem acompanhada de sinais positivos: abundância de leite, repentina generosidade da terra, animais bem nutridos e, portanto, bem nutritivos.

Maomé relata essa estranha aventura (I,160-167): enquanto brincava com outras crianças de sua idade, o futuro Profeta vê chegar três homens carregando uma bacia dourada cheia de gelo. Deixemos-lhe a palavra:

> Um dos homens me deitou suavemente no chão. Cortou o meu peito e o meu ventre. Eu o observava sem nada sentir. Ele tirou fora as minhas entranhas, lavou-as delicadamente no gelo e recolocou-as no lugar. Um segundo homem se aproximou e disse ao primeiro: "Afasta-te". Enfiou a mão no meu corpo e, enquanto eu olhava para ele, tirou o meu coração. Cortou-o e dele tirou um coágulo preto, que jogou fora. Depois estendeu o braço, como que para alcançar alguma coisa, e vi em sua mão um anel tão brilhante que ofuscava a vista. Ele o apertou sobre o meu coração, que se encheu de luz. A luz da profecia e da sabedoria. Ele então repôs o meu coração no lugar. Durante muito tempo ainda pude sentir o frescor que esse anel deixou no meu

22 *Rabi al-awwal*: terceiro mês do calendário islâmico. [N. T.]

> coração. O terceiro homem disse ao segundo: "Afasta-te". Ele passou a mão no meu peito e no meu ventre e, por vontade de Deus, a ferida cicatrizou. Ele segurou a minha mão e me fez levantar suavemente. Então disse: "Colocai-o na balança com dez pessoas de seu povo". Assim fizeram, e eu pesava mais do que os dez. Ele disse: "Colocai-o na balança com cem". Assim fizeram, e eu pesava mais do que os cem. Ele disse: "Colocai-o na balança com mil". Assim fizeram, e eu pesava mais do que os mil. Ele então disse: "Basta. Se o pusésseis na balança com seu povo inteiro, ele ainda pesaria mais do que todos". Eles então me apertaram contra o peito, deram um beijo na minha cabeça e entre os meus olhos, e disseram: "Ó, bem-amado, não temas. Se soubesses a felicidade a que estás destinado, não terias qualquer preocupação".

Chegam sua mãe e sua ama de leite, e os três homens confirmam a profecia: o menino é o enviado de Deus. Maomé esclarece, no entanto, que somente ele enxergava os três homens: ninguém mais notava a presença deles. Um homem julga detectar nesse comportamento uma doença, à qual não dá nome, mas evoca o poder de um *djinn*, um espírito; outros afirmam que não seria nada disso: o primeiro, o *racionalista*, inaugura a tese da natureza epilética das visões do Profeta; o segundo, o *crente*, a do enviado de Deus que compreende sua palavra e se torna seu intérprete na terra. Levam-no a um adivinho que entra em pânico e anuncia que aquele menino vai revolucionar o mundo ensinando uma nova religião. Um nobre iemenita, e depois um eremita cristão, preveem para ele a glória universal. Aos seis anos, Maomé perde a mãe e é criado pelo tio paterno, que morre dois anos depois.

Mais tarde, já adulto, Maomé é vítima de outra visita. Eis o que diz o texto: "O Enviado de Deus não se movia. Mas, de súbito, foi tomado pelos sintomas habituais da revelação. Deitaram-no, jogaram sobre ele seu manto, e puseram sob sua cabeça um travesseiro de couro" (II,301-307). A revelação lhe diz que sua esposa é inocente das calúnias proferidas a seu respeito. "O Profeta despertou, enfim, e sentou-se. Sua testa estava molhada como num dia de chuva" (*idem*). Catalepsia, catatonia, inconsciência, coma, suor – os mesmos sintomas de Paulo no caminho de Damasco.

É compreensível, portanto, que em seus arrebatamentos o Profeta sentisse "espasmos" como durante o sono e que, no terceiro, como não tivesse visto nada durante os dois primeiros, convocasse o anjo Gabriel para lhe os explicar. O anjo o leva até uma quimera, misto de burro e jumento, dotada de asas possantes situadas na base das coxas - é a montaria dos profetas. A quimera empina de início, mas acalma-se quando o anjo lhe anuncia que carregará Maomé em seu lombo - o que desencadeia uma sudação no animal por causa da humilhação.

Durante essa viagem em uma noite entre Meca e Jerusalém, onde vai fazer uma oração para depois retornar aos seus, Maomé cruza com Deus, mas também com Abraão, Moisés e Jesus, cercados por uma multidão de profetas. Mostram-lhe três potes: um de água, outro de leite e o terceiro de vinho. Se tivesse bebido a água, Maomé teria jogado seu povo num maremoto; se tivesse escolhido o vinho, teria desencaminhado seu povo, e a ele também; ao optar pelo leite, confirma que se encontra no caminho certo. O vinho, a partir de então, passa a ser proibido.

Maomé relata a viagem; achou-se incrivelmente parecido com Abraão, viu em Moisés um homem de alta estatura e fina silhueta e disse de Jesus: "Era de altura mediana; tinha a tez clara, cabelo liso e muitos sinais no rosto. Parecia estar saindo de um banho de vapor: parecia haver gotículas de suor em sua testa, mas na verdade não transpirava" (I,396-403). O sinal na pele é uma marca de eleição: o Profeta tem um nas costas, entre as espáduas.

Os amigos duvidam dessa viagem realizada numa só noite? Ele oferece duas provas: ele desceu do céu para beber um pouco, ingeriu o conteúdo de um recipiente e recolocou-o no lugar; o ruído das asas de sua montaria assustou os camelos, um deles se perdeu, mas foi encontrado graças às instruções de uma voz. Alguns homens vão conferir o que diz o Profeta. Ao voltar, confirmam a história do camelo perdido e do jarro vazio. A outro amigo, ele descreve Jerusalém, onde nunca tinha estado antes dessa noite mágica: o amigo confirma a veracidade do relato.

Anunciação, infância mágica, profecia de terceiros, a comparação entre as vidas dos profetas prossegue no terreno dos milagres. Adulto, Maomé realiza um certo número de prodígios. Ele quer converter Rukana, o homem mais forte da tribo dos coraixitas. Primeiro eles lutam, tendo o Profeta optado por essa primeira forma de convencer o adversário: duas vezes ele o derruba de ombros no chão. Vencido por Maomé, o homem forte se espanta, mas nem por isso se converte. O Profeta então tem uma ideia melhor. Para alcançar seu objetivo, ele diz: "Está vendo aquela árvore? Vou trazê-la para perto de mim. 'Pois traga.' O Profeta chama a árvore, que vem colocar-se aos seus pés. 'Volte para o seu lugar', ordena o enviado de Deus. E a árvore retornou ao seu lugar" (I,390-391).

De outra feita, Maomé cospe na ferida de um companheiro de combate, e o homem é curado pelo cuspe (II,51-58). Ou, também durante um combate, o Profeta incita seus homens ao ataque quando um deles leva uma flechada no olho: "O olho foi arrancado da órbita e caiu sobre a sua face. O Profeta o repôs no lugar com a mão. O olho atingido ganhou mais beleza e acuidade que o outro" (II,81-82). Mas há ainda o seguinte: enquanto seus guerreiros escavam um fosso, Maomé resolve o problema de uma camada de rocha que resiste aos cavadores cuspindo num cântaro de água e derramando o líquido na superfície resistente, que se transforma em areia.

E isto – que lembra naturalmente a multiplicação dos pães contada nos Evangelhos: passa uma menina, levando nas mãos um punhado de tâmaras. Maomé a detém, pede que ponha os frutos no tecido estendido na areia e então os oferece aos homens que estão cavando o fosso: "Quanto mais eles comiam, mais as tâmaras se multiplicavam. Quando os homens, fartos, retornaram ao trabalho, o pano ainda transbordava de tâmaras" (II,217-219). O prodígio se repetiu com um cordeiro, que foi suficiente para satisfazer a equipe inteira de cavadores.

Esse Profeta, próximo do Jesus que perdeu o pai, prometido desde a infância a um futuro planetário, capaz de fazer milagres, em estreita relação com os céus, pode ensinar um *corpus* que leva a crer que o islã é uma religião de paz, tolerância e amor.

Vejamos essa confidência de um primo do Profeta ao negus, rei da Abissínia:

> Éramos um povo que vivia na ignorância; adorávamos os ídolos, comíamos carne de animais sufocados, cometíamos coisas abomináveis, não respeitávamos os laços de sangue nem o direito de asilo. O mais forte de nós devorava o mais fraco. Nessa situação, Deus nos enviou um Mensageiro oriundo do nosso povo, do qual conhecíamos o nascimento, a sinceridade, a lealdade e a honestidade. Ele nos fez

> reconhecer e adorar o Deus único, e abandonar as pedras e ídolos que nossos pais e nós mesmos adorávamos. Ordenou sinceridade em nossas palavras, fidelidade à palavra dada e proteção ao nosso vizinho. Proibiu relacionamentos ilícitos, guerras sangrentas, a luxúria, a calúnia, apropriar-se dos bens dos órfãos. Devemos adorar apenas a Deus, sem associá-lo a coisa alguma; devemos cumprir a oração, a esmola, o jejum e muitas outras obrigações. (I,321-341).

Estamos em 615, Maomé teve sua primeira visão três anos antes. Podemos dizer, portanto, que se trata de um texto de juventude: ele ainda não tem uma carreira de soldado, guerreiro, militar que contradiz totalmente a proibição das guerras sangrentas - pois o restante da vida do Profeta seria dedicado a assegurar, de armas na mão, a dominação do islã sobre o maior território possível. O primeiro tempo existencial de Maomé, o do Profeta tão próximo de Jesus, inclusive pela condenação do sangue derramado nos combates, dá lugar a um segundo momento existencial - esse que se assemelha ao ministério de Paulo. Tivesse havido somente esse tempo na vida do Profeta, não há dúvida de que teríamos de falar numa religião de paz, tolerância e amor. Na época da fuga para a Abissínia, um claro momento de retirada e, por conseguinte, de obrigatória modéstia, Maomé prega a superação do paganismo, a verdade de um monoteísmo estrito, uma ética rigorosa, uma série de proibições constitutivas e indicadoras da aliança que ele propõe. O convite a rejeitar as guerras sangrentas é o discurso de um homem que ainda não possui recursos para empreendê-las - e vencê-las. Senão, como entender o Maomé que afirma: "a arte da guerra é a arte da astúcia" (II,229-233)?

Depois do sonho e antes da púrpura, o gládio - depois do Profeta e antes do Imperador, o Apóstolo; ou depois do inspirado e antes do político, o combatente. O primeiro período vai do nascimento (570) à Hégira (622) - ou seja, 52 anos; o segundo, da Hégira à rendição da cidade de At-Ta'if (631), vitória que consagra o Profeta senhor de todas as cidades que havia na Arábia - nove anos; o último, e mais breve, vai desse império até a morte de Maomé, em 632 - um ano apenas. Vem em seguida o tempo dos califados, um tempo que projeta sua veemência até a modernidade.

O segundo momento é, incontestavelmente, o das *guerras sangrentas* proibidas pelo primeiro Maomé. Durante essa carreira de guerreiro impiedoso, eis o que encontramos: uma série de expedições contra as caravanas mequenses, a batalha e a vitória de Nakhla, em 623, e Badr, em 624, ataques ao lado de beduínos aliados. Em 625, os muçulmanos sofrem sérias derrotas em Uhud, Maomé é ferido às portas de Medina. Um fosso enorme, construído às pressas, permite que escapem do pior. Uma terceira tribo é massacrada em 624. Os convertidos que não demonstram zelo suficiente são reprimidos.

O acúmulo de incursões, razias, combates, execuções, guerras tribais em nome do islã e para o islã impede a crença na fábula do islã como uma religião de paz, tolerância e amor. Maomé é um excelente chefe de guerra, estrategista e tático, general de exército, soldado que combate lado a lado com os seus companheiros. Não é ofender o Profeta ensinar o que mostra a história e a própria Sira: ele foi um guerreiro notável, ou seja, o oposto de um homem cujas virtudes prediletas fossem a tolerância, o amor e a paz! Se não tivesse empregado essas armas, Maomé não teria conseguido realizar o que realizou, porque uma religião sem gládio é apenas uma seita...

Já aos quinze anos, a pedido dos tios, Maomé vai para o campo de batalha para juntar as flechas lançadas pelo inimigo (I,179-187). Mais tarde, dirigindo-se aos membros da tribo dos coraixitas, o Profeta diz: "Escutai, homens de Quraysh, eu trago o sabre pelo qual morrereis degolados, isso eu juro por aquele que tem a minha vida em suas mãos" (I,289-291). A partir de então, não se trata mais de converter utilizando palavras, persuasão, retórica, diálogo, verbo, troca: todo aquele que resistir ao projeto de islamização será considerado inimigo, combatido impiedosamente, castigado, destruído – a degola é um ato recorrente na vida do Profeta, que chega a cortar cabeças pessoalmente.

Maomé não suporta que caçoem dele. A Sira relata como ele tratou os que, um dia, caçoaram dele:

> Al-Aswad ibn al-Muttalib passou por eles, e Maomé lhe jogou uma folha verde na cara: Al-Aswad ficou cego. Depois passou por eles Al-Aswad ibn Yaghuth. Maomé fez um gesto apontando o seu ventre: Ibn Yaghuth foi acometido de hidropisia e morreu, de ventre inchado. Passou então Walid ibn al-Mughira. Maomé apontou o dedo para a cicatriz de um ferimento que ele tivera alguns anos antes: o

> ferimento infeccionou, e ele morreu. Passou então Al'As ibn Wa'il. Maomé apontou o seu pé: um dia, ibn Wa'il foi para Ta'if, montado num burro. Um espinho entrou na planta do seu pé, e ele morreu. Passou, finalmente, Al-Harith ibn Tulatila. Maomé apontou a sua cabeça. Seu cérebro se encheu de pus, e ele morreu. (I,410)

Nessa série de mortes desejadas pelo Profeta, observa-se vingança, ressentimento, rancor, ódio, represálias, vendeta – mas amor?

Em agosto de 623 aconteceu a primeira expedição de Abwa. Não houve combate de fato, embora um arqueiro tenha chegado a lançar um projétil. Diz a Sira: "Foi a primeira flecha atirada no Islã" (I,590-601). Houve outras expedições, sempre contra a mesma tribo – a dos coraixitas. Mesma coisa em relação às razias. Maomé as empreende regularmente contra caravanas carregadas de riquezas – e efetuando pessoalmente a partilha do butim (I,641-643). "O Profeta mandou que os muçulmanos atacassem a caravana, com a ideia de que ela lhes seria dada por Deus como butim" (I,606). Porque os muçulmanos se pautam pela lógica ancestral do ordálio: eles travam um combate, mas é Deus quem os guia, uma vez que concede a vitória não aos homens mais valorosos, mas aos escolhidos por Ele. Por isso encontramos no Corão esta sura terrível que justifica a morte de um homem pelo fato de que essa é a vontade de Deus: "Não foram vós que os matastes; Deus os matou" (8,17). Os homens fazem sua parte, eles são a mão de Deus, mas o que acontece é sempre parte do plano de Deus.

A antiquíssima lógica do ordálio faz par com a associação entre a morte pela causa islâmica e a ascensão ao paraíso e à vida eterna. Depois de pedir a vitória a Deus, Maomé se dirige aos seus soldados: "Juro que cada um dentre vós que hoje lutar contra os coraixitas e, diante deles, morrer com coragem entrará no Paraíso" (I,626-628). De sorte que o combatente muçulmano vencerá porque tem Deus com ele e, porque vencerá, terá Deus com ele. Tautologicamente, o soldado muçulmano combate por Deus; mas é Deus quem combate pelo soldado muçulmano. Quando um coraixita é degolado pela mão de um guerreiro do islã, isso deve ser visto mais como o querer divino do que como a ação de um combatente.

Ao final da Batalha de Badr, os cadáveres dos pagãos, sem sepultura e sem obséquias, são jogados numa fossa comum por ordem de Maomé

(II,51-58). E, diante dos inimigos mortos, já com as carnes putrefatas exalando mau cheiro, Maomé se dirige a eles:

> Não respeitastes o vínculo tribal que vos unia ao profeta vindo de vossa própria tribo. Tratastes-me mentiroso, enquanto os outros acreditaram em mim; exilastes-me, enquanto os outros me apoiaram [...]. O que achais agora das promessas feitas por vossas divindades? São verdadeiras? (I,638-641)

Não falta ocasião na Sira para ver Maomé derramando sangue, pessoalmente ou por procuração. Por exemplo: manda que seus discípulos queimem Habbar, acusado de ter ameaçado com a ponta de sua lança Zayab, a filha do Profeta, a qual, de medo, sofreu um aborto. Mas pensa melhor: "Eu havia ordenado que queimásseis Habbar. Ocorreu-me, porém, que o suplício do fogo só Deus pode ordenar. Se conseguirdes apanhá-lo, simplesmente cortai-lhe a cabeça" (I,651-657). De outra feita, para lavar a afronta de um joalheiro judeu a uma mulher árabe, que ele humilhou, desvelou e desnudou na praça do mercado, Maomé trava um combate contra os judeus e sitia sua cidade durante quinze dias, até a rendição (II,47-50).

Vejamos esta longa citação da Sira:

> O Profeta recomendou aos seus companheiros: "Matai todo judeu que vos apareça pela frente". Assim, quando o Profeta venceu os judeus de Banu Qurayza, tomou perto de quatrocentos prisioneiros e deu ordem para que lhes cortassem o pescoço. Os *khazraj* se entregaram à tarefa com prazer. Via-se alegria em seu rosto, ao passo que o dos *aus* se fechou. É que os judeus tinham-se aliado com os *aus* contra os *khazraj*. O Profeta, lembrando-se do pacto, entregou os últimos judeus aos *aus*. Mas só restavam doze. Então deu um judeu para cada dois *aus* matar, e disse: "Um vai golpear, e o outro, concluir". Entre os judeus, restava Ka'b ibn Yahudra. Era um dos chefes de Banu Qurayza. O Profeta o entregou a Muhayyiça ibn Mas'ud e Abu Burda: "Que Muhayyiça golpeie, e Abu Burda conclua", ordenou. Muhayyiça deu-lhe um golpe de sabre que não teve muito efeito, e Abu Burda terminou de matá-lo. (II,58-60)

De outra feita, depois que Maomé foi vitorioso em Badr e executou muitas vítimas, que foram jogadas na fossa comum, o poeta judeu Ka'b ibn al-Achraf escreveu versos que deploravam a hecatombe. Os companheiros do Profeta empreendem uma expedição punitiva com sua bênção, batem todos juntos na cabeça do poeta, os sabres esbarram uns nos outros, o ancião sai da cama gritando, enfiam-lhe um punhal na barriga para terminar de matá-lo (II,51-58).

Em 625, "a contrassenha da Batalha de Uhud era: *mata, mata*" (II,65-66). Nessa mesma batalha, enquanto um companheiro usa o corpo como escudo e recebe os projéteis, o Profeta dá as flechas ao seu amigo e diz: "Atira, continua atirando" (II,81-82). Maomé recebe um emissário da tribo inimiga de Banu Qurayza, perguntando se devem submeter-se e converter: "Sim, responde ele, e passa a mão no pescoço para indicar que seriam degolados" (II,236-239). Assim, "o Profeta deu ordem para matar todos os homens de Banu Qurayza, inclusive os jovens, a partir da idade em que apresentavam os pelos da puberdade" (II,239-240). Maomé exigiu que os homens da tribo fossem presos em pequenos grupos e cortou-lhes o pescoço à beira das fossas" (II,240-241) – a Sira esclarece que eram de seiscentos a setecentos, ou de oitocentos a novecentos, e acrescenta: "O Profeta os degolou sem interrupção até a sua exterminação total" (*idem*)...

Não há dúvida de que Maomé manda matar um bocado, mas também mata: assassina Ubayy ibn Khalaf cravando-lhe uma lança no pescoço (II,84-85); corta ele próprio o pescoço de Huyayy ibn Akhtab (II,241). Aicha, a esposa do Profeta, Mãe dos Crentes, contava: "Foi morta uma única mulher judia de Banu Qurayza. Estava na minha casa e estávamos conversando. Ela brincava e ria alegremente enquanto, na praça do mercado, o Profeta degolava seus homens" (II,242). E isso sem contar os anônimos massacrados nos combates...

Esse chefe de guerra que manda matar e mata pessoalmente também se destaca na rotina diária de um soldado: além dos assassinatos em massa indissociáveis da arte militar, o leitor atento da Sira encontra embuste, vandalismo, tortura, insulto... *Embuste*: basta lembrar o já citado aforismo do Profeta: "A arte da guerra é a astúcia" (II,229-233). Um homem de uma tribo pagã adversária de Maomé se converte e vai ter com ele para lhe oferecer seus serviços. O Profeta lhe pede que retorne para junto dos seus e semeie confusão entre eles. Nu'aym, o convertido que manteve em segredo sua nova fé, vai-se encontrar com três chefes de tribo e conta mentiras a cada um deles visando a precipitar a derrota. As três tribos se desunem, a coalisão se desfaz, o combate não acontece, e Maomé pode empreender o seu. A mentira é lícita para Maomé quando contribui para a vitória do seu lado.

Vandalismo: em agosto de 625, Maomé ataca a tribo Banu Nadir e a sitia durante seis noites, depois manda que todo o seu palmeiral seja destruído pelo fogo (II,190-203); age da mesma forma no vinhedo de Ta'if (II,482-483); entre Tabuk e Medina, o Profeta faz uma parada em Dhu-Awan e descobre que existe ali uma mesquita onde os doentes, os necessitados e as pessoas pegas de surpresa pela chuva podem ir rezar à noite, mas, julgando que a mesquita não ensina exatamente aquilo que ele prega, manda incendiar o edifício (II,527-537); em Meca, destrói ídolos pagãos, estraçalha com as próprias mãos uma pomba de vime, manda encobrir afrescos que representam Abraão (II,407-411); a tribo pagã de Thaqif pede a Maomé que poupe seu templo e seus ídolos, mas é em vão, porque o Profeta envia seus homens "com a missão de destruir o templo de Al-Lat. Eles partiram com a delegação e, tão logo chegaram a Ta'if, puseram-se a trabalhar a golpes de enxada e machado. As mulheres de Thaqif saíram com a cabeça descoberta para prantear a perda de sua deusa. Terminada a tarefa, os dois emissários do Profeta levaram os bens de Al-Lat, suas joias e pérolas do Iêmen" (II,539-543).

Tortura: diante do guardião do tesouro da tribo inimiga de Banu Nadir, Maomé exige saber onde está o ouro, Kinana ibn al-Rabi se nega a responder, o Profeta o ameaça de morte, o prisioneiro resiste, Maomé manda escavar o chão de uma casa em ruínas porque viu a vítima andando por ali, uma parte do tesouro é descoberta, o Profeta exige saber onde se encontra o restante; silêncio por parte do cativo, "o Profeta ordena que Zubayr ibn al-Awwam o torture até ele confessar. Zubayr queimou seu peito com a mecha de um pedernal, mas em vão. Percebendo que Kinana estava nas últimas, o Profeta o entregou a Muhammad ibn Maslama, que lhe cortou a cabeça" (II,336-337).

Insulto: o anjo Gabriel anuncia a Maomé que ele deve combater a tribo judaica de Banu Qurayza. Ao chegar ao pé de seus fortins, o Profeta dirige-se a eles nestes termos: "Irmãos de macacos, vejo que ainda não conhecestes a humilhação e a vingança de Deus. Pois ides conhecê-las!" (II,233-236). De fato, foram quase mil homens degolados até o último (II,240-241). Abu Bakr, o companheiro do Profeta que estava ao seu lado, diz a Urwa, um dos coraixitas, referindo-se à divindade feminina de seu culto: "Vai chupar o clitóris de Alat" (II,308-322). Vimos que Maomé respondia às menores ofensas com sangue derramado...

Esse segundo tempo da vida de Maomé transcorre, portanto, sob o signo da guerra. A Sira o mostra em combate: ele usa couraça (II,47-50 e II,63-64) e capacete de malha (II,77-81). Nos combates, ele e os soldados usam arco e flecha, mas também a catapulta - "era a primeira vez que essa máquina era utilizada nas guerras do islã" (II,482-483), "aríetes e outras máquinas de assalto" (*idem*). Maomé um dia pergunta aos soldados qual deles quer comprar o seu sabre. Um deles indaga o preço. Resposta: "O preço é abateres quantos inimigos forem necessários para entortar o sabre" (II,66-69).

Ele próprio não mede esforços: não é daqueles generais que mandam os homens para o combate e ficam na retaguarda, abrigados em suas tendas, administrando de longe o sangue derramado dos outros. Ao sair de Medina, vai à frente de mil homens em armas (II,65-66). É ferido, às vezes gravemente, a ponto de não se conseguir levantar para fazer a oração (II,86-93). De outra feita, seu capacete arrebenta, ele perde dois dentes, o metal partido lacera seu rosto. Em 630, quando marcha sobre Meca, a Sira diz que ele ia à frente de dez mil homens (II,398-399). Ele conquista Meca. Uma grande e nova página da história é escrita então.

"O islã e a Hégira apagam todo o passado" (II,277-279), ensina o Profeta. Quando o guerreiro alcança a vitória, resta-lhe encher a taça da conquista com frutos dignos de uma cornucópia. O sonho dá lugar ao gládio, o gládio deve ceder lugar à púrpura. Os sonhos do Profeta armam os braços e se transformam em conquistas. O inspirado, apoiando-se no guerreiro, torna-se o príncipe de um reino que precisa ser governado. Mas a vida do Profeta entre as conquistas que formaram um mundo e a gestão desse mundo é breve: um ano apenas (631-632). Com a morte de Maomé tem início o reino universal do Corão. Ora, esse livro *evidentemente* corrobora a totalidade das teses defendidas por Maomé em vida...

O califado pressupõe, portanto, a teocracia, isto é, o poder de Deus exercido na terra por um califa que se vale Dele. É sabido que a sucessão de Maomé foi problemática: a família queria um dos seus, no caso, o genro Ali, mas os companheiros impuseram Abu Bakr, que, portanto, sucede ao pai fundador e dá continuidade à conquista da península. Quando Abu Bakr morre, em 634, um conselheiro próximo, Omar, sucede-lhe. E conquista a Palestina, a Mesopotâmia, o Egito, a Pérsia. O expansionismo islâmico está, portanto, no cerne ideológico da religião muçulmana, que visa claramente ao imperialismo.

O projeto de império é legitimado pelo espírito e pela letra do Corão. O texto sagrado propõe um fim, a *Umma política*, e meios, a *guerra santa*, o *jihad*. Estratégia imperialista e tática guerreira se impõem. Diz um verso do Corão: "Fizemos descer um Corão árabe, durante o qual formulamos ameaças" (x,113). Contra a via da paz, o Corão propõe *a opção pela guerra*: "Ó, Profeta, incentiva os crentes ao combate" (VIII,65). Contra a palavra de justiça, verbo reparador dentro da lei, o Corão *legitima o talião*: "vida por vida, olho por olho, nariz por nariz, orelha por orelha, dente por dente" (V,45; mas também II,178; II,179; II,194), em virtude de uma lei muito simples: "Deus é poderoso, é o senhor da vingança" (III,4), e também: "Decepai as mãos do ladrão e da ladra" (V,38). Contra a persuasão e a retórica, o Corão *conclama os crentes a matar os adversários do Islã*: "Matai-os, onde quer que os encontreis" (II,191), ou ainda: "Matai-os onde quer que os acheis. Nós vos damos todo poder sobre eles" (IV,91), pois Deus convida a "exterminar até o último dos incrédulos" (VIII,7). Donde a incitação: "Golpeai-os no pescoço; golpeai-os, todos, nas juntas [...]. Não fostes vós que os matastes; foi Deus quem os matou" (VIII,7,17); "Matai os politeístas, onde quer que os encontreis, capturai-os, sitiai-os, armai-lhes emboscadas" (IX,5). Os judeus e os cristãos? "Que Deus os aniquile" (IX,30). Após um combate, o livro santo diz: "Afogamos os outros (XXXVII,82), ou, a propósito de um poeta que teria espalhado mentiras sobre os muçulmanos, "cortamos sua aorta" (LXIX,46). Contra a coexistência pacífica com os que não pensam como eles, o Corão enaltece *todos os terrores*: "Lançaremos o pavor no coração dos incrédulos" (III,151), e também: "Em breve, lançaremos ao fogo os que não creem em nossos sinais" (IV,56); sobre os incrédulos: "esses em cujos pescoços poremos o jugo" (XIII,5; a mesma ideia se encontra em XXXIV,33; XXXVI,8; XL,71; LXIX,30; e LXXVI,4). Contra o respeito pela dignidade dos adversários ou prisioneiros, o Corão *legitima os tratamentos desumanos e degradantes*: "Vestes de fogo serão talhadas para os incrédulos. Verteremos em suas cabeças água fervente que queimará suas entranhas e sua pele. Chibatas de ferro estão reservadas a eles" (XXII,19). Ou ainda: "Poremos jugos em seus pescoços, até o queixo; suas cabeças serão mantidas retas e imóveis. Colocaremos uma barreira à sua frente, e outra atrás. Vamos envolvê-los por todos os lados para que não possam enxergar nada (XXXVI,8). Contra a tolerância em relação ao outro, o Corão convida ao *desprezo pelo não muçulmano*: "Criai laços de amizade somente entre vós, os outros quererão apenas prejudicar-vos" (III,118), e isto: "Não sejais amigos de judeus e cristãos, eles são amigos entre si" (V,51). Contra a igualdade universal entre os homens, o Corão *proclama a superioridade do muçulmano* sobre toda e qualquer comunidade: "Formais a melhor comunidade criada para os homens" (III,110).

Essa religião viril, guerreira, conquistadora, potente, conta com a força de seus soldados, dispostos a morrer por ela, e se inclui no concerto das civilizações que se propõem a reinar de maneira imperial, universal, planetária. Nem o budismo, nem o hinduísmo, nem o confucionismo, nem o judaísmo, contrariamente ao cristianismo e ao islã, propõem-se a converter a humanidade. Essas duas forças, que são duas espiritualidades, duas civilizações, duas culturas, existem em oposição uma à outra. O Império cristão se estendera rapidamente a partir da conversão de Constantino. Dali em diante, e por mais de mil anos, teria de levar em conta esse irmão muçulmano. Cristo e Maomé, Cristo ou Maomé, Maomé ou Cristo?

O Ocidente toma forma com essa nova distribuição de forças. A estrela de Davi, a cruz de Cristo, o crescente do Islã representam forças em busca de uma forma, cada forma pressupondo que uma força acabe com a outra. Nessa época, cristianismo e islã ambicionam as mesmas terras, uma vez que aspiram ambos ao mesmo império universal: sob a bandeira de Paulo, os partidários da Cruz querem cristianizar o planeta, em detrimento do Islã; sob o estandarte de Maomé, os fiéis do Crescente almejam islamizar a terra inteira, em prejuízo da cristandade. Choque de civilizações garantido...

4
UMA ESTÉTICA DA PROPAGANDA POLÍTICA DA ARTE CRISTÃ

Constantinopla,
Santa Sofia, março de 843,
a imperatriz Teodora põe fim à
querela dos iconoclastas

Uma civilização só existe se responder adequadamente àquilo que coloca sua vida em perigo. Enquanto souber ripostar e destruir aquilo que quer sua morte, ela vive; quando não tem mais condições de replicar, morre. Quanto maior sua força, mais tempo vive, a menos que uma força maior a sobrepuje. As heresias dos primeiros séculos foram uma infindável sucessão de testes da verdade. A vida precária do cristianismo é menos ameaçada por um adversário externo, como é o caso do islã nascente, do que por querelas internas que dividem e fracionam algo que ainda sequer está unido! A concentração dos poderes espirituais cristãos e dos poderes temporais imperiais nas mãos de um único homem, Constantino, altera a distribuição de forças. Mas o cesaropapismo não põe fim às argúcias teológicas que seguem fracionando o corpo cristão.

A querela das imagens se estende do século VIII ao IX, mais precisamente entre janeiro de 726 e março de 843. Põe em risco a unidade das Igrejas do Oriente e do Ocidente. Sua conclusão iconófila tornou possível o nosso Ocidente. Como se apresenta essa oposição entre os iconófilos, defensores das figurações religiosas e dos ícones, e os iconoclastas, que não os suportam e querem destruí-los? Como um combate entre o poder temporal, o Império, e o poder espiritual, o papado, que desgastou doze soberanos da dinastia isáurica e quinze papas, até que duas mulheres, Irene e Teodora, pusessem fim, respectivamente, à primeira e à segunda querela iconoclasta.

Início da aventura: em Constantinopla, em 19 de janeiro de 726, o imperador cristão Leão III manda destruir um mosaico que representava Cristo. Uma escada é içada na fachada do palácio imperial, um funcionário da corte sobe nela e mutila o mosaico de Cristo que encima o frontão da porta monumental. Um tumulto acontece. Uma multidão chega ao local e massacra o iconoclasta. Leão III manda reprimir a rebelião; depõe o patriarca São Germano, que reprova o ato, e nomeia Anastásio, um clérigo de sua confiança. O papa se rebela, o imperador reprova a insurreição do papa. O poder temporal rejeita os ícones, o poder espiritual os defende.

Leão III, o Isauro, é incontestavelmente um imperador cristão. Luta ardorosamente contra a conquista muçulmana. Em fins de setembro de 717, o califa Solimão planeja atacar a cristandade e se apossar de Constantinopla, Leão se prepara para o combate, a frota do chefe de guerra muçulmano é dispersada por uma tempestade, ele ataca, Solimão é derrotado e substituído pelo califa Omar II, que planeja investir novamente contra a capital do Império cristão, as tropas imperiais o impedem de se reabastecer, as condições meteorológicas continuam favoráveis a Leão III, uma tempestade destrói a frota de Omar à saída do Bósforo. Seria a última tentativa dos califas árabes de se apoderar de Constantinopla. É acordada uma trégua de sete anos.

O islã, como se sabe, proíbe a representação do Profeta, embora não exista no Corão nenhuma sura que fundamente essa proibição. Somente nos *hadiths* pode-se ver Maomé conclamando à destruição das imagens que se encontram na Kaaba: esses *hadiths* originaram a proibição estendida à toda a arte muçulmana de se representar uma figura viva. A arte islâmica é, portanto, uma arte da caligrafia, do arabesco, do mosaico, da cerâmica, da madeira esculpida, dos marfins, do vidro esmaltado, dos tecidos, dos tapetes, das arquiteturas, dos metais, mas é uma arte em que a figuração é proibida. É uma arte sem imagens.

Embora isso raramente se diga, o islã deve muito ao judaísmo. E sabe-se que há no Antigo Testamento muitas proibições em torno desse tema. Por exemplo: "Não farás para ti imagem esculpida, de nada que se assemelhe ao que existe lá em cima, no céu, ou cá embaixo na terra, ou nas águas que estão embaixo da terra" (Deuteronômio 5,8); "Não vos pervertais, fazendo para vós uma imagem esculpida em forma de ídolo; uma figura de homem ou de mulher, figura de algum animal terrestre, de algum pássaro que voa no céu, de algum réptil que rasteja sobre o solo, ou figura de algum peixe que há nas águas que estão sob a terra" (Deuteronômio, 4,16-18); "Não farás para ti imagem esculpida de nada que se assemelhe ao que existe lá em cima, nos céus, ou embaixo da terra, ou nas águas que estão debaixo da terra" (Êxodo, 20,4).

No Novo Testamento, também encontramos subsídios passíveis de alimentar o pensamento iconoclasta. Por exemplo, nos *Atos dos Apóstolos*, Paulo diz ao Areópago de Atenas: "Se nós somos de raça divina, não podemos pensar que a divindade seja semelhante ao ouro, à prata, ou à pedra, a uma escultura da arte e engenho humanos" (17,29). O Evangelho segundo João dá instruções sobre a maneira de se amar a Deus: "Deus é espírito e aqueles que o adoram devem adorá-lo em espírito e verdade" (4,24), ou seja, não por imagens, ícones ou obras de arte. Alguns Pais da Igreja também fornecem elementos de linguagem iconoclasta.

Não sabemos quais são as outras fontes do pensamento iconoclasta: fidelidade desses cristãos ao judaísmo? Concessão ao islã? Uma seleção de citações do Novo Testamento que corroboram essas teses? Nenhuma das anteriores? Uma mescla de todas? O iconoclasta não aceita que a imagem, que a princípio deveria ajudar a rezar, tenha virado aquilo para o que se reza. Na origem, nos tempos em que o cristianismo era perseguido pelo poder imperial, as imagens serviam para congregar e significar o pertencimento à seita perseguida; com Constantino, quando o cristianismo se torna perseguidor dos pagãos, elas servem para converter, ensinar, edificar o povo sem cultura e sem letras. São Gregório afirma que a pintura mostra aos iletrados o que eles não podem ler nos livros. Com o tempo, o que era um meio passa a ser um fim: o que era para ajudar a acreditar passa a ser objeto da crença.

Para os iconoclastas, o cristianismo estava-se tornando idolátrico. Os monges e os papas defendem o ícone, útil para a propaganda; o imperador o combate por julgá-lo nocivo ao seu poder. No Oriente, há vários modos de prestar culto: a *latria*, que é adoração e se reserva a Deus; a *dulia*, que é honra e serviço; a *veneração*, que é adoração; todos os três envolvem santos e imagens. Deus tem para si o *culto absoluto*, porque é venerado por si mesmo e por sua perfeição, que vem dele mesmo; os santos têm o *culto parcialmente relativo*, porque sua perfeição vem de Deus; os objetos necessitam do *culto plenamente relativo*, porque sua perfeição provém de outro, e só a possuem materialmente.

O iconoclasmo exige, portanto, que aquilo que é do domínio da *dulia* não seja objeto de *latria*. As imagens são associadas de alguma forma aos santos; exigem, portanto, um *culto relativo secundário*. Essas definições, como se pode imaginar, exigiram longas discussões, inúmeros debates, intermináveis justas retóricas entre os teólogos. O crente que reza diante de um ícone pratica a latria, a dulia ou a veneração? Entre os iconoclastas, alguns julgam que se possa rezar para os ícones, se se acharem a certa distância, em posição elevada, e não obrigarem o crente a baixar a cabeça – jesuítas antes da hora...

Da mesma forma como certos cristãos se engalfinharam para definir se Pai, Filho e Espírito Santo eram feitos de uma mesma e única substância ou de substâncias distintas, e outros discorreram sobre a maior ou menor parcela de humanidade e divindade em Deus, então se digladiam sobre a latria e a dulia diante das imagens – e isso durante mais de um século. No Ocidente, as coisas parecem mais descomplicadas. A imagem é um simples intermediário. Seu culto é relativo. Os latinos do Ocidente e os gregos do Oriente por pouco não provocaram um cisma em função desse tema.

Em 726, o imperador Leão III publica um decreto proibindo o culto das imagens. A destruição do Cristo no frontão do palácio, em 726, foi seguida de uma feroz repressão aos iconófilos. Leão desorganiza as escolas, destrói bibliotecas, passa professores pelo fio da espada. Escreve ao papa Gregório II ameaçando-o com represálias, caso não o acompanhasse em sua campanha iconoclasta. O papa se opõe. Leão III transforma a vida dele num inferno, ameaça usar seu exército para destituí-lo. O imperador exige tortura, decapitação, mutilação de todos os que se oponham a sua decisão. Os ícones são destruídos. O povo leva os seus para a praça pública, onde são queimados. Temendo perseguições, os habitantes de Constantinopla se exilam em massa.

Em Marselha, no fim do século VI, o bispo Serenus manda destruir as imagens pias de sua igreja. O papa Gregório, o Grande, escreve: "Louvamos vosso zelo em defender a ideia de que nada do que é feito pelas mãos do homem seja admirado; mas somos da opinião de que não devíeis ter quebrado essas imagens. Uma coisa é adorar um quadro; outra coisa é aprender, por meio desse quadro, o que deve ser adorado" (*Carta* 105, PL 77,1027). E o papa acrescenta:

> Dizem que, quebrando essas imagens, escandalizastes de tal maneira vosso povo que a maioria se afastou da comunidade. Deveis chamá-los de volta e mostrar-lhes que, segundo as Sagradas Escrituras, não é permitido adorar o que é feito pela mão do homem. E acrescentar que, vendo o uso legítimo das imagens transformar-se em adoração, indignastes-vos e mandastes quebrá-las. E acrescentar, além disso: caso queiram imagens na igreja para se instruir, motivo pelo qual foram criadas, eu o permito de bom grado. Assim fazendo, vós os abrandareis e os trareis de volta à união. Se algum deles quiser confeccionar imagens, não o impeçais: apenas proibi que as adore. A visão das histórias deve estimular sua compunção: mas só poderão se prosternar para adorar a Santíssima Trindade. Digo tudo isso tão somente pelo amor que tenho pela Igreja, não o faço para enfraquecer vosso fervor, mas para vos encorajar em vosso dever.

Foi essa, invariavelmente, a posição oficial da Igreja Católica.

João Damasceno, ou João de Damasco, foi o pensador da questão das imagens. Padre na Palestina, foi autor de três *Tratados apologéticos contra a condenação das imagens sagradas* - o primeiro em 726, os outros dois em 729 e 730. Por volta de 730, os bispos do Oriente atacam claramente o imperador iconoclasta. Para João, não há como representar Deus, que é puro espírito, sem cometer uma impiedade; em compensação, pode-se figurar Cristo, a Virgem, os santos, os anjos, pois eles tomaram forma humana e, portanto, não se trata dos ídolos refutados pelas Sagradas Escrituras; é legítimo render culto a essas imagens, já que tal culto visa ao modelo e remete a Deus - não é adoração, e sim veneração prestada a quem não é Deus; o culto é tão maior quanto mais próximo o objeto for de Deus. João Damasceno elogia imagens que instruem, rememoram os benfeitos divinos, estimulam a devoção. Essas imagens são também o canal da graça, que age como intermediário entre o modelo e o fiel.

João Damasceno escreve em seu *Primeiro discurso em defesa das imagens*:

> No passado, Deus, que não tem corpo nem rosto, não era representado por nenhuma imagem. Mas, depois que Deus foi visto na carne, represento em imagem o que ele tornou visível. O que adoro não é a matéria, e sim o autor da matéria que se fez matéria. Essa matéria eu a reverencio enquanto instrumento de sua graça. Podeis pintar meu Salvador, seu nascimento da Virgem, seu batismo no Jordão, sua transfiguração no monte Tabor, seus tormentos, sua cruz, sua ressurreição, sua ascensão. Expressai isso tudo tanto em cores quanto em palavras. Não tenhais receio, conheço a diferença das adorações e das imagens. (PL 77,1027)

A linha de força iconófila de Damasceno competia com a linha de força iconoclasta de Leão III. A possibilidade de dar corpo e carne a uma ficção sem corpo e sem carne abria no Ocidente uma perspectiva oposta à que se teria aberto com a recusa das imagens. A religião que se diz de encarnação e não oferece nada além de alegorias e símbolos, metáforas e parábolas, enigmas e mitos, aposta seu futuro nessa aventura. Um destino iconoclasta teria gerado uma civilização de tipo judaico ou islâmico: a primeira é a da lei e da exegese, do texto e da hermenêutica; e a segunda, a da oração e do rito, da regra e do *jihad* – qualquer que seja a sua tradução.

Morre o papa Gregório II. Seu sucessor, Gregório III, menos diplomático e mais político, convoca um concílio em Roma em 1º de novembro de 731. Excomunga os iconoclastas. Leão III despacha seus navios para Roma para destituir o novo papa. As condições meteorológicas, que ficaram do seu lado contra Solimão, dessa vez atuam em seu desfavor: uma tempestade destrói seus navios. O clima favorece o papa. Leão III se vinga aumentando em um terço os impostos da Sicília e da Calábria. Mas a morte o leva em junho de 740. É substituído por seu primogênito, Constantino V, dito Coprônimo. Por que Coprônimo, que significa "nome de fezes"? Porque, no dia de seu batizado, sua alteza teria defecado na pia batismal, e o fedor, acabrunhado os presentes. O patriarca Germano I, que o batizava, teria declarado que a cena era profética: "Essa criança há de encher a Igreja com o seu fedor" - Germano foi um iconófilo ferrenho...

Constantino V, o Coprônimo, teve um longo reinado: de 740 a 775. Esse período foi, obviamente, iconoclasta. Ele lutou contra os árabes e os rechaçou: expulsou-os da Síria, de Chipre, da Armênia e empurrou o califado árabe mais para leste. Foi um imperador particularmente repressivo, que fez muitos mortos ao seu redor: o monge estilita Pedro de Blaquerna é mandado para o circo, flagelado e morto em 16 de maio de 761; Estêvão, o Jovem, tem o crânio partido com uma paulada, seu cadáver é arrastado pelas ruas da cidade em 28 de novembro de 764. André de Creta é torturado, flagelado, tem os maxilares quebrados a pedradas e é morto em 20 de novembro de 766. Nessa mesma época: João de Monagria, Paulo de Creta, Paulo, o Jovem, e outros ainda, dos quais alguns são colocados em sacos e jogados na água. Amontoam-se nas prisões pessoas mutiladas: orelhas, narizes ou mãos decepados, olhos furados. Em dado momento, essa prisão chega a contar com 342 monges.

Constantino V, dito Coprônimo, foi o autor de um livro que se perdeu contra as imagens. É de se supor que uma personagem desse tipo tenha contado com a ajuda de filósofos a seu soldo para dar um verniz filosofante aos seus excessos. Eis uma amostra de sua prosa, mesclando neoplatonismo e cristianismo, extraída do prólogo de seu *Peusis*:

> A Santa Igreja Católica de Deus, a Igreja de todos os cristãos, transmitiu-nos esta tradição da fé: o Filho e o Verbo de Deus, que é de natureza simples, encarnou-se de nossa mui santa e imaculada senhora, a Mãe de Deus, Maria sempre virgem, sem que a divindade tenha sido rechaçada na carne nem a carne na divindade, as duas naturezas tendo logrado uma união indissolúvel da divindade e da humanidade, de sorte que ele é único pelo canal de uma só hipóstase, isto é, duas pessoas numa só, ao passo que toda imagem deriva reconhecidamente de um modelo. A partir do momento que ele possui uma natureza imaterial unida à carne, e é único com essas duas naturezas, e sua pessoa, ou, melhor dizendo, sua hipóstase, é indissociável dessas duas naturezas, não compreendemos como seria possível circunscrevê-lo, posto que o designado é uma natureza única, e que quem circunscreve essa pessoa pretende evidentemente circunscrever a natureza divina, a qual é impossível de circunscrever.

Comprido, mas vale a pena! Isso tudo só para isso. Em outras palavras: de um lado, é impossível representar Deus; de outro, uma coisa justificando a outra, decepam-se narizes, mãos, orelhas e cega-se quem se atreva a acreditar em outra coisa, ou de outro modo. E isso tudo, vale lembrar, numa religião que prega o amor ao próximo e o perdão dos pecados.

Neoplatônico de um lado e Nero de outro, o imperador Constantino V convoca um concílio iconoclasta de 10 de fevereiro a 8 de agosto de 754 em Hieria, próximo a Constantinopla. Para facilitar as coisas e acelerar o movimento, o papa não é convidado, nem os patriarcas orientais; os 338 bispos presentes são simpatizantes da causa, assim como o presidente do concílio. Sem nenhuma surpresa e, mesmo assim, depois de sete meses de discussão – é de se perguntar por que foi tão demorado, se já estavam todos de acordo –, o VII Concílio Ecumênico declara heréticos os iconófilos.

Constantino, o Coprônimo, morre em 780. Seu filho, Constantino VI, é uma criança. Sua mãe, Irene, torna-se imperatriz regente. Iconófila, restaura o culto das imagens. No II Concílio de Niceia, em 787, são revogados os decretos de Leão III e Constantino V:

> Decidimos restabelecer, junto com a Cruz preciosa e vivificante, as imagens santas e veneráveis, a saber, a imagem de Jesus Cristo Nosso Senhor, Deus e Salvador, e a de nossa Imaculada Soberana, a Santa Mãe de Deus, dos anjos honoráveis e todos os pios e santos personagens, pois quanto mais os contemplamos através das representações da imagem, mais somos estimulados a rememorar e a desejar os protótipos; a lhes prestar a reverência e a adoração de honra que se concede à Preciosa Cruz, aos Santos Evangelhos e outros objetos sagrados; a lhes trazer luzes e incensos, como era o pio costume dos antigos. Pois a honra prestada à imagem se transmite ao protótipo, e quem venera a imagem também venera a pessoa que ela representa.

Quando seu filho reivindica o poder, ela o afasta, mandando furar seus olhos... Ele, ainda assim, consegue destronar a mãe em 802. Começa então o segundo período do iconoclasmo, com um novo papa iconófilo, Leão V, o Armênio, e um novo imperador iconoclasta, Teófilo. Em 815, um novo concílio anula o anterior, o concílio iconófilo de Niceia! Nas igrejas, todas as pinturas são destruídas com cal. Recomeçam as perseguições e, com elas, o quinhão de mortes e exílios, torturas e vandalismos.

Morre o imperador. Sua esposa, a imperatriz Teodora, torna-se regente em 21 de janeiro de 842, em nome do filho Miguel III, então com três anos de idade - mais tarde ele se chamaria Miguel, o Ébrio... Ela convoca um concílio para resolver a questão do iconoclasmo. Esse concílio é realizado em Constantinopla, na basílica de Santa Sofia, em fevereiro de 843: confirma o Concílio de Niceia de 787, que fora anulado pelo concílio de 815 - vê-se que o Espírito Santo, que anima essas reuniões, segundo o dogma, está sujeito a atrapalhações ontológicas. Teodora restabelece o culto dos ícones. Em março de 843, ocorre uma grande festa na cidade para celebrar o retorno definitivo das imagens no mundo cristão. A procissão passa em frente ao palácio imperial onde tudo começou, com o vandalismo da imagem de Cristo em 17 de janeiro de 729. A imagem de Cristo é devolvida ao seu lugar. A imagem religiosa estava salva. O Ocidente cristão vai poder construir sua mitologia por meio de imagens.

Por um triz, portanto, a arte podia não ter sido o que foi no Ocidente. A querela das imagens, com seus iconoclastas e iconodúlios, levou o judeu-cristianismo à beira do precipício. Em 312, Constantino inventa à sua maneira a arte cristã, encomendando a um ourives uma joia de ouro engastada de pedras preciosas com o sinal cristão, o sinal da vitória que lhe apareceu no céu. Eusébio a descreve em *Vida de Constantino*:

> Ela foi confeccionada da seguinte maneira. Uma comprida haste de ouro comportava uma barra transversal, de modo a compor uma cruz. Em cima, no topo do conjunto, havia uma coroa de ouro e pedras preciosas, sobre a qual figurava o símbolo do vocábulo salutar, duas letras gregas indicando o nome de Cristo, representado pelos dois primeiros caracteres, o *rho* (P) divido no meio pelo *chi* (X)... Na barra oblíqua que atravessava a lança estava suspenso um tecido, uma tapeçaria imperial revestida de pedras preciosas, que cintilava com fulgores de luz, revestida e tecida com muito ouro, oferecendo assim, a quem a visse, uma impressão de beleza indescritível. Esse estandarte, preso à barra, possuía largura e comprimento idênticos. A parte superior da lança, que se estendia longamente a partir da barra, trazia, acima do troféu da cruz e próximo à borda da tapeçaria que

descrevi, a imagem dourada do busto do imperador amigo de Deus e a dos seus filhos. O imperador sempre usava esse sinal salvador como proteção contra toda força contrária e inimiga, e ordenava que reproduções estivessem à frente de todos os exércitos. (1,31)

A cruz, o ouro, as pedras preciosas, o nome de Cristo, uma tapeçaria de fios de ouro, a imagem do imperador, estava tudo lá: a raridade dos metais e das pedrarias, ou seja, o altíssimo valor; o sinal pelo qual Deus se manifesta e o rosto daquele a quem foi dado o sinal, ou seja, a ideologia; a reprodutibilidade, ou seja, o efeito midiático (de acordo com a etimologia); a multiplicação do objeto para obter a multiplicação de seu poder, ou seja, a natureza mágica da obra... Esse objeto marca a data de nascimento da arte cristã.

Antes de Constantino, não existe arte cristã. É surpreendente que a prestigiosa coleção dirigida por André Malraux, "L'univers des formes" [O universo das formas], que se propõe a abranger a totalidade da arte mundial em todos os tempos e em todas as latitudes, intitule *Le premier art chrétien* [A primeira arte cristã] uma obra cujo subtítulo é *(200-395)*. Devemos compreender que não exista arte cristã entre a morte de Cristo (33) até o ano 200, que abre o século III? Foram dois séculos de cristianismo sem arte cristã? O que devemos concluir?

O mais simples seria dizer que o cristianismo não existe antes dessa data. O que há são apenas focos dispersos, que seguem Cristo de maneiras diferentes, alguns convidando à mais absoluta ascese, como os encráticos, e outros, à devassidão e à orgia, como os gnósticos licenciosos; há os que afirmam que a alma é corpórea, como Tertuliano em *A alma*, e outros que é imaterial, como São Clemente de Roma; aqui Marcião se zanga com o Deus do Antigo Testamento, aceitando somente o Deus bom e manso do Novo, e ali Justino busca inspiração nos profetas; de um lado, Irineu de Lyon combate as heresias, e, de outro, Montano cria uma... Não há um *corpus* claro, uma linha definida, uma ideologia oficial, um federador: o cristianismo funciona como uma série de ilhas que compõem um arquipélago.

De modo que a arte dessa época são estelas funerárias, túmulos esculpidos, afrescos em catacumbas, rostos anônimos em sarcófagos, casas cristãs com desenhos nas paredes, mosaicos numa necrópole, pinturas em basílicas subterrâneas - podemos dizer que são obras da sombra, obras à sombra, obras para a sombra. O proselitismo não está em pauta, a clandestinidade é a lei. A arte é sinal de reconhecimento entre pares que se reúnem pelo princípio da irmandade e das afinidades eletivas. Tudo o que foi feito em madeira, vidro, argila ou papel desapareceu - corroído, rompido, partido, apodrecido.

Nessa época, não existem a cruz e a crucificação, os apóstolos ou os fragmentos da vida de Jesus, mas Orfeu, um menino nu tocando a flauta de Pã, um pastor carregando um cordeiro nos ombros, Caim e Abel fazendo oferendas, Jacó chegando ao Egito com os filhos, um magistério no púlpito, um banquete eucarístico, o Sermão da Montanha, um homem nu ceifando, pássaros alimentando os filhotes no ninho, uma jovem escutando um filósofo. Mescla de antigo paganismo com cristianismo nascente, mescla de velha mitologia grega e jovens fábulas cristãs. Assim, no início do século III, um Cristo aureolado, retratado com os trajes de Apolo-Hélio, conduz sua quadriga entre folhas de videira, e isso na necrópole encontrada sob a basílica constantiniana de São Pedro, no Vaticano! Essa sobreposição de Antiguidade e cristianismo não é rara na época.

No reinado de Constantino é que se dá o nascimento da arte cristã. Ele e sua mãe mandam construir um número impressionante de basílicas: a arquitetura, a escultura, o mosaico, os objetos litúrgicos, os afrescos, a ourivesaria. Surge o primeiro vitral: desde o século IV, os artesãos utilizam folhas de alabastro engastadas em molduras de madeira que deixam passar a luz. Tudo isso irrompe e rutila. Ouro, pedras preciosas, nada é belo o bastante para celebrar a verdade, a beleza, a grandeza de Deus e, consequentemente, do imperador cristão, que é seu representante na terra. Com Constantino, a arte se torna política: o Belo representa o Bem dentro do Estado.

A arte cristã expressou sensibilidade intelectual, espiritualidade, certa visão de mundo, mas foi também um elegante e formidável instrumento de dominação de massa. Dos faustos do Império cristão - basta pensar em Bizâncio - à igrejinha de interior numa aldeia com um punhado de habitantes, a arte cristã contou o que narravam os Evangelhos, mas também deu corpo a esse Jesus que nunca existiu fisicamente, deu carne à Virgem Maria, que também nunca existiu, narrou uma Natividade e uma Crucificação que não ocorreram, assim como todos os episódios conhecidos da mitologia cristã.

São incalculáveis as cenas que mostram o que nunca houve e dão existência ao que não existiu antes desse ato estético. A cristalização de uma cena numa forma visível torna a cena verdadeira, uma vez que foi mostrada. Por exemplo, *A infância da Virgem, A Anunciação, A Visitação, A Natividade, A adoração dos pastores, A adoração dos Reis Magos, O massacre dos inocentes, A circuncisão, A apresentação no Templo, A fuga para o Egito, A Virgem com o Menino, A Sagrada Família, Jesus e os doutores, A tentação no deserto, O Sermão na Montanha, As bodas de Caná* [pintura de Veronese], *Jesus e a samaritana, A pesca milagrosa, Jesus andando sobre as águas, Maria Madalena aos pés de Cristo, A ressurreição de Lázaro, A cura do paralítico, A mulher adúltera, A multiplicação dos pães*, as diferentes parábolas (*O bom samaritano, O servo mau, A volta do filho pródigo, O mau rico, Os cegos, As virgens prudentes e as virgens insensatas, O joio e o trigo, Os operários da undécima hora...*), *A entrada em Jerusalém, Os Mercadores do Templo, O denário de César, A lavação dos pés, A última ceia, O jardim das oliveiras, O beijo de Judas, A negação de Pedro, Jesus diante de Pilatos, A coroação de espinhos, A flagelação, Cristo carregando a cruz* [pintura de Hieronymus Bosch], *A crucificação, O calvário, A deposição da cruz* [pintura de Roger van der Wyden], *A lamentação de Cristo* [tema comum no Barroco e título de várias pinturas], *A ressurreição, Maria Madalena no túmulo, A aparição aos discípulos, Os peregrinos e a ceia de Emaús, A incredulidade de São Tomé* [pintura de Caravaggio], *A ascensão, O Pentecostes, A dormição da Virgem, A Assunção, O coroamento de Maria, O martírio de Santo Estêvão, Paulo na estrada de Damasco, Paulo em Atenas, Paulo em Éfeso, O Juízo Final...*

Como esse real não seria verdadeiro, se a ficção o mostra tal como ficará para sempre na eternidade? Quem duvidaria da existência de Jesus, depois de ser saturado com imagens, esculturas e objetos preciosos representando-o? Que personalidade forte resistiria a essa propaganda que vem de todos os lados? Música, pintura, ícones, arquitetura, ourivesaria, escultura, marcenaria, tapeçaria, joalheria, gravura, poesia, tudo é válido para dar fisionomia ao Cristo sem rosto, para encarnar um Jesus sem carne. O verdadeiro corpo de Cristo é esse corpo estético presente em todo lugar. A arte lhe confere ubiquidade, ele não está em lugar nenhum porque está em toda parte, tanto em ouro e mármore na basílica de São Pedro, epicentro nuclear do cristianismo, quanto em madeira na pequena igreja românica da minha aldeia natal, em Chamois, no departamento do Orne. Quem teria liberdade intelectual suficiente para não sucumbir ao peso dessa multiplicação de objetos de propaganda religiosa?

Com a arte, a ficção se torna realidade, e a realidade se torna ficção. Vejamos, por exemplo, a crucificação: existem milhares de crucifixões na história da arte ocidental. Desde a placa de marfim exposta no Museu Britânico, datada de cerca de 420-430, que é aparentemente a primeira crucificação conhecida, até essas pintadas por nossos contemporâneos, como a magistral *A crucificação segundo Combas*, de 1991, todas dizem a mesma coisa: um homem com os braços em cruz, pregado numa cruz latina. Todos os grandes artistas se sacrificaram a esse exercício de estilo que assegura a autêntica encarnação de Cristo: Fra Angelico, Tiepolo, Perugino, Velázquez, Grünewald, Goya, Gauguin, Ensor, Bruegel, Blake, Dalí, Altdorfer, Maurice Denis, Otto Dix, Rouault, Rubens, Mantegna, Masaccio, El Greco, Tintoretto, Ticiano, Zurbarán, Veronese, Bacon, Delacroix, Van Eyck etc., etc., etc.

Ora, o que diz a história? Vamos admitir a existência histórica de Jesus, mesmo que minimamente - ele é um dos muitos iluminados que, naquela época, anunciava o reino dos céus, o que é verossímil do ponto de vista histórico. Vamos convencionar que esse judeu heterodoxo incomodou um bocado a velha guarda judaica, que ficou irritada com o fato de ele ousar se dizer o Messias que eles esperavam e que ele dizia ser ele mesmo. Vamos combinar que o poder imperial julgou que esse homem representava um perigo para o Império - embora seja difícil imaginar que um homem sozinho pudesse abalar o sistema romano e não se encontrar nenhum registro dele nos historiadores da época! Vamos reconhecer que Pôncio Pilatos lavou as mãos ao dar aos judeus o que eles estavam pedindo: a morte daquele que se dizia o rei dos judeus. O que podemos concluir?

Que as coisas não poderiam jamais ter acontecido da forma como a pintura mostra. Sobrepondo hipoteticamente todas essas pinturas, obtemos um corpo de Jesus bastante asséptico: uma encarnação bem aquém de uma autêntica encarnação. Tomemos como certas as informações fornecidas pelos evangelistas: antes da crucificação, Jesus é vítima de ultraje. É flagelado. Essa flagelação é feita com um chicote de tiras de couro (João, 19,1). A violência dos golpes lacera e tumefaz a carne; o corpo real e concreto reage a esse tratamento com feridas e inchaços. Depois o esbofeteiam, espancam, cospem no seu rosto (Mateus, 20,67; Marcos, 14,65; Lucas, 22,64), batem na sua cabeça (Mateus, 27,30). Depois lhe enfiam uma coroa de espinhos (João, 19,2). Na cruz, perfuram-lhe o tórax, do qual jorra sangue e água (João, 19,34). Registrado e anotado...

Como esse corpo poderia aparecer como o mostram as pinturas: branco, liso, sem pelos no peito ou nas axilas, sem pelos pubianos, sem um vestígio de hemoglobina, sendo que, com o espancamento a que foi submetido, a carne deveria sumir sob um manto de sangue? O filme *A última tentação de Cristo*, de Martin Scorcese (1988), é o único que mostra, com insustentável realismo, o aspecto que teria um corpo tumefeito, devastado, destruído pela tortura e tão exausto após a subida do Gólgota que o texto diz que ele, ofegante e agonizante, teve de ser carregado: ele nunca se pareceria com o corpo assexuado de um ariano tal como a tradição artística o representa. Pois, vale lembrar, Jesus era judeu, com o corpo que devia ter um semita daquela região – ou seja, moreno, pele bronzeada, cabelos cacheados –, mais para Yasser Arafat do que para Klaus Kinski.

Afora uma ou duas gotas ao redor dos pregos, no mais das vezes o único sangue mostrado nas pinturas é um sangue simbólico, não um sangue real: é o que jorra do ferimento causado pela lança do centurião romano, depois que o supliciado já estava morto. Esse líquido, porém, é simbólico: a água e o sangue que jorram (João, 19,34) não são nem linfa nem sangue, como poderia supor Monsieur Homais[23] com o exame

23 Monsieur Homais: personagem do romance de Gustave Flaubert, *Madame Bovary* (1857). Farmacêutico, ele encarna a empáfia do pequeno burguês vaidoso e oportunista, com pedantes pretensões científicas. [N. T.]

de laboratório em mãos, mas a água do batismo e o sangue da eucaristia que, reunidos, significam a fonte de vida eterna jorrando da ferida do Cordeiro sacrificado.

Jesus foi crucificado? Muito bem... Em que tipo de cruz? A tradição estética decidiu que era uma cruz de quatro braços, dita *crux immissa* - essa que todos conhecem, o clássico crucifixo. Mas não há nada que sustente essa tese. Pode ter sido uma cruz em *tau*, dita *crux commissa* ou cruz de Santo Antônio, muito do agrado dos Pais da Igreja, sempre em busca de símbolos, porque sua forma lembrava a da primeira letra de Deus em grego - o "T" de *Theos*. Também pode ter sido uma cruz de quatro braços, o que levou Gregório de Nissa a afirmar que ela reunia em si tudo o que é. Também pode ter sido uma cruz em "Y". Ou mesmo um tronco de árvore, ou um simples pedaço de madeira, tudo é possível. Foi provavelmente uma cruz pequena, de altura não muito maior que a de um homem, ou seja, menos de dois metros - bem distante, portanto, das imensas cruzes que alcançam o céu...

Na dúvida histórica, o cristão não foge. O célebre Concílio de Constantinopla, também conhecido como Concílio de Trullo ou Quinissexto, decide, em 692, como será representada dali em diante a crucificação:

> Ordenamos que, a partir de agora, no lugar do antigo cordeiro, componham-se nas imagens as feições humanas do cordeiro que fez desaparecer os pecados do mundo, Cristo nosso deus: assim teremos sempre em mente a grandeza do Verbo de Deus em sua humilhação e a memória de seu comportamento carnal, seremos edificados por seus sofrimentos e por sua morte salutar, assim como pela redenção que dela adveio para o mundo. (*Cânon*, LXXXII, *Mansi*, XI, col. 977-980)

Em outros termos: "O pintor deve-nos conduzir, como que pela mão, à lembrança de Jesus vivo encarnado, sofrendo, morrendo por nossa salvação e conquistando assim a redenção do mundo".

De fato, no cristianismo primitivo, ou seja, no tempo dos cristãos perseguidos, os crentes representavam Cristo na forma de um cordeiro, de uma âncora ou de um peixe - o bom pastor que salva seus animaizinhos, a âncora que significa a chegada ao porto sereno, longe das tempestades, o acrônimo que joga com as letras gregas das palavras "peixe" e "Cristo". Com essa decisão conciliar – a Cruz, símbolo de sofrimento, suplício, corpo mutilado que se deve imitar para ser salvo –, o cristianismo opta por uma estética tanatofílica quando os primeiros cristãos tinham escolhido a vida.

No mais das vezes, no topo da cruz latina há um *titulus*, o famoso painel de madeira em que está pintado o texto que informa os motivos da condenação de Jesus, e sobre o qual os evangelistas não concordam! "O Rei dos judeus", segundo Marcos (15,26); "Este é Jesus, o Rei dos judeus", diz Mateus (27,37); "Este é o Rei dos judeus", esclarece Lucas (23,38); "Jesus Nazareno, o rei dos judeus", diz João (19,19). A verdade é que nenhum dos evangelistas estava lá; nenhum cristão assistiu à crucificação, a não ser de longe; os apóstolos estavam alhures; Maria não estava lá; nenhum historiador da época relatou a crucificação – o que é natural, já que, segundo a minha hipótese, Jesus etc., etc.

Vamos supor, uma vez mais, que o *titulus* existiu, vamos admitir que Helena, mãe de Constantino, realmente o encontrou, comprovando assim a sua veracidade e realidade: ele não poderia ter sido pregado no topo de uma cruz sem topo – já que a hipótese da cruz em *tau* é a mais verossímil. Teria sido pendurado no pescoço de Cristo, como uma tabuleta, um cartaz humilhante. Salvo prova em contrário, parece que não existe nenhuma figuração estética dessa configuração que seja mais provável do ponto de vista histórico.

Lembremos que essa crucificação parece ter sido inventada por um escriba que tem o Salmo XXII sob os olhos e inventa a hipótese da vinda de um Messias anunciado, o famoso Messias encontrado na seguinte configuração veterotestamentária: "Cercam-me cães numerosos, um bando de malfeitores me envolve, como para retalhar minhas mãos e meus pés" (22,17). Vale acrescentar, para arrematar o retrato da maldição, o que se lê no Deuteronômio: "o [homem] que for suspenso é um maldito de Deus" (21,23). A colagem de fragmentos do Antigo Testamento permite construir o Novo.

Para tanto, basta inventar os pregos, uma especificidade neotestamentária! O problema é que as representações pictóricas se revelam anatomicamente incorretas. Pregos nas mãos e nos pés não são uma opção: o peso da carne rasgaria a mão e faria o corpo cair; pregos cravados entre o rádio e o cúbito permitiriam que alguém que se debatesse ferozmente se acabasse despregando, um risco que os carrascos jamais correriam. Da mesma forma, os pés apoiados numa espécie de tabuleta inviabilizariam o suplício: a crucificação é morte por asfixia, a caixa torácica é imobilizada pela suspensão. As tíbias teriam de ser quebradas para que, sem ponto de apoio, o corpo se vergasse: os dois ladrões passaram por essa tortura, não Cristo, que já estava morto, após seis horas na cruz, quando ocorre aos soldados romanos acabar dessa forma. Ora, seis horas é muito tempo para quem já estava tão mal, tão ofegante, que foi preciso içá-lo na cruz! Resistência excepcional para um Deus feito homem...

Se houve crucificação, a arqueologia nos diz como foi: os pregos eram cravados lateralmente no osso do tornozelo, e os dois pés eram presos de um lado e de outro da madeira da cruz. Usava-se uma plaqueta de madeira para pregar os pés e transpassar perpendicularmente o calcanhar. Quando aparece depois de sua morte, para convencer o incrédulo Tomé de que é mesmo ele, Jesus lhe mostra as chagas nas mãos e nos pés (Lucas 24,40) e a que foi feita em seu tórax pelo centurião Longino.

Enfim, se Jesus tivesse sido submetido a tal suplício, não poderia ter *gritado* no momento de sua morte, como afirmam os evangelistas! Marcos diz que "Jesus deu um grande grito, dizendo: *Deus meu, Deus meu, por que me abandonaste*?" (15,34). Durante todo o dia, ele sofreu espancamentos, flagelações, violências da parte da multidão ao longo do trajeto para o Gólgota; teve de suportar a coroa de espinhos que lhe dilacerava a testa; perdeu sangue; foi surrado com juncos; carregou por um longo trecho a madeira de sua cruz; foi içado a duras penas em seu instrumento de tortura; sobreviveu seis horas nele, apesar de tantos ultrajes. E ainda grita? Especialistas nessa tortura revelam que a falência respiratória inviabiliza qualquer coisa que se pareça com uma palavra - que dirá um grito.

Jesus morre na nona hora. Os historiadores não precisam procurar um sentido histórico para essa informação. Trata-se tão somente, aqui como em outras vezes, de alegorias, símbolos, metáforas. Os Evangelhos são como um imenso quebra-cabeça recheado de enigmas, um labirinto sem fio de Ariadne, uma grande colagem de textos de judeus buscando matéria no Antigo Testamento para construir seu Novo Testamento. Se o

Cristo expira nessa hora, é porque, segundo o costume judeu, o Cordeiro Pascoal é imolado e morre no crepúsculo. Ver Êxodo (12,6)...

Jesus aparece totalmente nu, mas sem sexo, em Jean de Beaumetz, sem pelos em Bellini, branco como um espectro em Prud'hon, loiro de olhos claros como um escandinavo em Blake, ruivo em Rubens, diáfano em Goya, pregado numa cruz latina em Velázquez, que pendura o *titulus* no topo da peça de madeira, sem pelos pubianos em Guido Reni, que inventa o *perizonium* (o pedaço de pano) de cintura baixa, crucificado a vários metros do solo em Andrea Solario, muito discretamente sujo de sangue em El Greco, infantil como Peter Pan em Altdorfer, adolescente em Perugino, atlético e em plena forma em Rafael, ou claramente bretão, não muito longe de Pont-Aven, em Gauguin. Do que se vê que a encarnação é projeção, projeção individual do artista, projeção cultural e mitológica do artista. A estética cristã é o passe de mágica que torna possível aquilo que, de outro modo, seria uma encarnação impossível. Obrigado, Teodora...

5

O CORPO DE CRISTO NO ESTÔMAGO DE UM RATO
ESCOLÁSTICA E DIALÉTICA SE ENGALFINHAM POR NINHARIAS

Setembro de 1054, Concílio de Verceil,
auto de fé do livro de João Escoto Erígena sobre
a eucaristia

Não consta que houve uma polêmica sobre o *sexo dos anjos*, parece que isso é só uma maneira de falar. Não que a Igreja não fosse capaz desse debate, que foi objeto do II Concílio de Niceia em 787, mas porque a questão não tinha razão de ser, o caso fora resolvido nos textos: anjos são seres incorpóreos que vivem no céu e desconhecem os imponderáveis corpóreos, compreendem por impulsão imediata e não precisam de linguagem ou razão, alimentam-se de maná, não são feitos de matéria; portanto, não possuem corpo; mas podem assumir forma corpórea para se manifestar aos seres humanos; portanto, não têm sexo; mas – mistério cristão – podem-se unir aos seres humanos, como bem atestam as Sagradas Escrituras (Gênesis, 6,1-4; Livro de Enoque, VI,VII).

Existe, portanto, uma ciência dos anjos, a *angiologia*, que permite a Dionísio, o Areopagita, dito Pseudo-Dionísio, acumular longos comentários em *A hierarquia celeste* sobre o número e os nomes dos anjos, a natureza dessas essências celestes, o que os distingue dos serafins, querubins, tronos, dominações, potestades, virtudes, principados e arcanjos, ou as modalidades de suas aparições – segue-se o inventário (as maiúsculas são do filósofo): Fogo, Força humana, Olhos, Nariz, Ouvidos, Boca, Tato, Pálpebras, Sobrancelhas, Flor da idade, Dentes, Ombros, Braços, Mãos, Coração, Peito, Costas, Pés, Asas, Nudezes, Vestimentas, Véu brilhante,

Túnica sacerdotal, Cintos, Varas, Lanças, Machados, correntes de agrimensor, Ventos, Nuvens, Bronze, Âmbar, Coros, Aplausos, Nuanças das pedras coloridas, Forma do Leão, do Boi, da Águia, Cavalos, diferentes pelagens equinas, Rios, Carros, Rodas, Alegria...

O Pseudo-Dionísio medita sobre esses temas por volta do ano 500. O fato de existir uma ciência dedicada exclusivamente à questão dos anjos mostra o grau de abstração pura em que se encontra o cristianismo na época. O pensamento antigo, tão preocupado com receitas existenciais para ser, viver, envelhecer, morrer, é abolido: o filósofo que propunha exercícios espirituais aos seus discípulos para ensiná-los a bem viver é substituído pelo teólogo preocupado em perseguir a metáfora das Sagradas Escrituras. Existem anjos no Antigo e no Novo Testamento, em especial o que anuncia a Maria que ela dará à luz; então, filósofos se debruçam sobre essa ficção e elaboram uma construção intelectual impressionante para dar conta dessas fantasias teológicas.

Santo Agostinho, por exemplo, cita sessenta mil vezes a Bíblia, não raro de memória. Ele a comenta o tempo todo; apoia-se nela; remete a esse ou àquele versículo; julga demonstrar quando na verdade se limita a citar: se as Sagradas Escrituras dizem *isso*, então *isso* é verdade, não há por que duvidar. Se existem contradições entre um texto e outro – por exemplo, Jesus conclamando a mansidão (como em Mateus 5,44, no qual se lê "Amai os vossos inimigos e orai pelos que vos perseguem"), ou Jesus pedindo que sejam trucidados os que se recusam a acreditar nele ("Quanto a esses meus inimigos, que não queriam que eu reinasse sobre eles, trazei-os aqui e trucidai-os em minha presença", como está escrito em Lucas, 19,27) –, o filósofo deve demonstrar que uma coisa pode ser dita junto com o seu contrário, sem que haja contradição: a escolástica é a arte de fazer caber ideias contraditórias num mesmo discurso, demonstrando que não há contradição. A universidade medieval foi o lugar dessa sofisticaria judaico-cristã. Fez da dialética o instrumento de predileção de seu trabalho. A filosofia antiga que a autorizava a agir assim foi celebrada; a que a impedia foi descartada, ou simplesmente destruída.

Esse é o motivo por que dispomos de uma vasta obra completa de Platão e Aristóteles, grandes provedores de ferramentas escolásticas, mas desapareceram as trezentas obras de Epicuro e apenas três cartas dele foram poupadas da carnificina... Na verdade, o atomismo é absolutamente incompatível com o judeu-cristianismo, que se revela uma grande ficção quando passa pelo crivo materialista. De modo que o materialismo de tipo epicurista (ao qual devem ser associados os de Leucipo e Demócrito, que já o preparavam no século v antes da era comum) funcionou como uma máquina de guerra anticristã contra essa civilização.

Basta pensar na eucaristia, que se justifica enquanto se faz malabarismo com as categorias aristotélicas de forma e matéria, substância e acidente, espécie e gênero, essência e atributos, potência e ato, mas é reduzida a uma operação panifícia quando é analisada com as categorias atômicas dos simulacros epicuristas. Sem a escolástica, a transubstanciação é simplesmente impossível; com ela, torna-se uma obra-prima teológica, e, portanto, filosófica, considerando-se que por mais de dez séculos a filosofia foi apenas um outro nome para designar a teologia judaico-cristã. Tempos sombrios para a razão razoável e raciocinante.

O que é a escolástica? É o ensinamento oferecido na zona temporal medieval e no espaço geográfico judaico-cristão, nas escolas dos mosteiros, das paróquias, dos capítulos, dos episcopados e depois nas universidades, mas sempre sob a férula eclesiástica. O professor chama-se escolasta ou escolástico. Esses locais de ensino faziam parte de uma rede europeia: professores e estudantes circulavam de um lugar para outro. A *intelligentsia* medieval veicula a voz escolástica.

A pergunta é: como conciliar fé e razão? A resposta é: colocando a razão a serviço da fé. A razão ainda não é autônoma. Por ora, ela é não o instrumento reflexivo e lógico que permite se opor ao mito, mas o instrumento que possibilita o discurso que explica, constitui, defende e legitima o mito. Deus existe, dizem as Sagradas Escrituras, e as Sagradas Escrituras dizem a verdade; não se trata, portanto, de perguntar se ele existe ou não, e sim de que modo ele existe. A própria ideia de que Deus possa não existir nem passa pela cabeça dos homens. A ordem filosófica do dia é: Deus sendo, como ele é? Para que a formulação *Deus sendo* deixe de ser uma evidência e possa se tornar um objeto de reflexão em si, seria preciso esperar o momento em que se começa a sair da Idade Média. Porque a Idade Média é o momento no Ocidente em que

Deus faz irrestritamente a lei em todos os terrenos – políticos e ideológicos, nos campos de batalha e nas universidades, na ponta da espada ou no silêncio do *scriptorium*. A querela dos universais dá início a essa saída. Chegarei lá.

Por ora, a razão é serva da fé. As pessoas acreditam em Deus (que outra escolha elas teriam, num espaço mental radicalmente cristalizado em torno desse postulado?) e pedem ajuda à razão para dar uma forma sensata a isso que, *a priori*, triunfa na insensatez: um anjo que fala, um nascimento milagroso, uma virgem que dá à luz, um homem que ressuscita dos mortos, um filho que é pai de seu pai, um morto que ressuscita e depois sobe aos céus para sentar-se à direita do pai... São necessárias muitas argúcias para tentar fazer crer que se trate de argumentos!

Para que essa razão que quer provar que *a fé tem razão* possa funcionar, ela precisa ser natural! A *razão natural* é uma invenção cristã que estipula que, sendo o homem feito à imagem de Deus, existe nele um poder de chegar às verdades da religião graças a esse estranho instrumento: a razão natural, que obviamente não é nada natural, e sim totalmente cultural, já que supõe estabelecido de uma vez por todas o que ainda é apenas postulado e resta estabelecer. A pretensa razão natural é um discurso de fé sustentado na aparente ordem das razões. A filosofia da Idade Média prima nessa arte de fazer passar por razão filosófica algo que não é mais do que discurso derivado de crenças religiosas: a fé vem em primeiro lugar, o discurso vem em seguida para justificá-la. A escolástica é o nome da arte desse truque filosofante. A universidade é o lugar dessa prestidigitação.

Na época carolíngia, nos séculos VIII e IX, a escola ensina as sete artes liberais preconizadas pelos Pais da Igreja, Santo Agostinho à frente: o *trivium* (gramática, retórica, dialética) e o *quadrivium* (aritmética, geometria, astronomia, música e, mais tarde, a medicina). Tudo a serviço da religião. A gramática serve para compreender os textos sagrados, a letra do texto bíblico; a retórica dá o domínio das regras da eloquência sagrada para converter os ouvintes à mensagem evangélica; com a dialética, os ouvintes são persuadidos ou fortalecidos em sua crença; aritmética, geometria e astronomia servem para compreender os movimentos do cosmos e deduzir a existência do criador pelo conhecimento dessa ordem na criação; a música, que é cósmica, vocal ou instrumental, permite a celebração de Deus. A teologia vem coroar o todo. A razão, enquanto instrumento autônomo, está morta. A filosofia também. Ela é serva da teologia.

No fim do século X, a dialética está à frente de todas as demais disciplinas. Distingue-se o que mais tarde se convencionou chamar de *teologia positiva*, que é a exposição da doutrina cristã a partir das Sagradas Escrituras, dos comentários patrísticos e das decisões conciliares, e a *teologia escolástica*, que trata da elaboração filosófica do dogma. Uma cuida do passado do cristianismo para assegurar seu presente e seu futuro, do qual se ocupa a outra.

Um exemplo de teologia escolástica: a eucaristia. Como justificar filosoficamente que o corpo real e verdadeiro de Cristo se encontra dentro da hóstia, e que o sangue real e verdadeiro de Cristo se encontra no vinho (branco) do cálice? O cristianismo oficial ensina que não se trata de uma maneira alegórica ou metafórica de falar, que a carne e o sangue de Cristo não são representados de forma simbólica, e que se trata realmente, cada vez que a eucaristia é celebrada no mundo, do verdadeiro corpo do verdadeiro Cristo. Mas o que é o verdadeiro corpo de um Cristo que é um corpo que não foi, como se diz hoje, *muito católico*...?

Recordemos os fatos. Durante a ceia, sua última refeição, Cristo disse:

> Enquanto comiam, Jesus tomou o pão e, tendo-o abençoado, partiu-o e, distribuindo-o aos discípulos, disse: "Tomai e comei, isto é o meu corpo". Depois tomou um cálice e, dando graças, deu-lho dizendo: "Bebei dele todos, pois isto é o meu sangue, o sangue da Aliança, que derramado por muitos para remissão dos pecados. Eu vos digo: desde agora não beberei deste fruto da videira até aquele dia em que convosco beberei o vinho novo do Reino do meu Pai". (Mateus, 26,26-29)

Resumindo: Jesus come o pão, mas é o seu corpo; bebe o vinho, mas é o seu sangue. No entanto: seu corpo não é cortado, e suas veias não são abertas para ele poder verter seu sangue. Por uma simples questão de lógica, Jesus está falando, como sempre, de forma alegórica, metafórica, simbólica. Esse pão não tem outro DNA além do da farinha de trigo;

esse sangue não pertence a um grupo sanguíneo, mas a uma cepa local ou a uma combinação de *merlot*, *cabernet-sauvignon* e *syrah*... O padeiro e o vinhateiro forneceram o material conceitual que, mais uma vez, dá matéria a uma parábola crística.

Mas isso é não contar com o cristianismo, que, apesar da simplicidade intelectual que a leitura simbólica autoriza, teima em explicar que a farinha e o vinho não têm nada a ver com isso, que o corpo e o sangue *reais* de Cristo se encontram na hóstia e no cálice, e não se trata em absoluto de uma presença *simbólica*. Note-se o tipo de osso ontológico que a escolástica tem para roer, e que prodígios não tem de realizar para dizer que *aquilo que é não é*, e *aquilo que não é é*. O anticorpo de Cristo prossegue suas aventuras na civilização que se constrói em cima dele.

Dois filósofos carolíngios ilustram esse debate: à minha direita, Pascásio Radberto, defensor da presença real; à minha esquerda, Ratramo de Corbie, partidário da presença simbólica. Duas palavrinhas sobre cada um deles. Pascásio Radberto nasce por volta de 790 em Soissons. Morre por volta de 860 em Saint-Riquier. Abandonado pelos pais no adro da abadia de Soissons, é criado pelas freiras; foge e leva uma vida dissoluta; depois retorna e vira monge beneditino na abadia de Corbie, perto de Amiens. Galga os degraus da hierarquia eclesiástica e se torna prior e, em 843, abade, até o fim da vida. Além de vários textos sobre vidas de santos ou de exegese cristã, publica *Do corpo e do sangue do Senhor*, o primeiro texto verdadeiramente dedicado à eucaristia.

Pascásio Radberto é *também* um dos falsificadores das decretais que aparecem em meados do século IX e são um escândalo considerável sobre o qual se constrói a Igreja Católica Apostólica Romana. Trata-se de nada menos do que documentos falsos sobre os quais se apoia o direito canônico. Foram criados falsos atos do verdadeiro Concílio da Calcedônia, que realmente ocorreu em 451; falsos textos dos verdadeiros papas dos três primeiros séculos da era cristã; falsos relatórios de verdadeiros concílios gregos, africanos, gauleses e visigodos... Cerca de trinta epístolas papais são redigidas nesse mesmo espírito...

Esses textos visam à absoluta imunidade aos bispos, que desse modo ninguém pode atacar sem se expor à condenação eterna. Justificam o entrave de todo e qualquer processo para que um bispo nunca seja levado aos tribunais, e, se mesmo assim isso vier a ocorrer, que ele disponha de todos os meios legais para se esquivar à lei. Os falsários querem também resolver a questão da relação entre Pai e Filho na Santíssima Trindade, a da inviolabilidade das propriedades do bispo, além de aspectos da liturgia e dos sacramentos, entre os quais o batismo e a eucaristia.

Em seguida, Ratramo de Corbie. Nasce por volta de 800. Tal como Pascásio Radberto, é professor da escola de Corbie, onde foi aluno dele desde os vinte anos de idade. A pedido de Carlos II, o Calvo, neto de Carlos Magno, rei da Frância e futuro imperador do Ocidente, fundador do feudalismo, ele redige um tratado teológico que suscita acaloradas discussões na cristandade até o século IX – e mesmo depois, já que serviria oportunamente de inspiração para Lutero. Em 843, publica o *Tratado sobre o corpo e o sangue do Senhor*, que propõe uma leitura metafórica da transubstanciação. Escreveu igualmente um *Tratado sobre a alma*, em 853, um *Tratado sobre a divina predestinação*, um *Livro da alma* dedicado a Odo de Beauvais, em 863, e *Contra as objeções dos gregos que difamam a Igreja Romana*, por volta de 868. Morre em 870.

Qual a posição oficial da Igreja sobre o tema da transubstanciação? Ela mudou... De início, ou seja, no século IX, ela aceita as teses de Ratramo: o corpo e o sangue de Cristo se encontram *metaforicamente* na hóstia; mais tarde, isto é, no Sínodo de Latrão, em 1509, ela muda de opinião e se alinha a Pascásio: o corpo e o sangue de Cristo se encontram *realmente* na hóstia. Uma mudança significativa, já que torna doutrinalmente possível a Reforma, cerca de cinco séculos depois.

O que é a transubstanciação? É a ideia de que, quando o padre celebra a eucaristia, ele obtém, mediante um enunciado performativo cristão, que o pão da hóstia e o vinho dentro do cálice sejam realmente, verdadeiramente, o corpo de Cristo. O pão é pão, mas é também o corpo de Cristo; o vinho é vinho, mas é também o sangue de Cristo. Isso é o que se chama, em filosofia racional, de contradição: um átomo de carne humana não tem como ser, ao mesmo tempo, um átomo de pão ou de vinho; mas isso é possível na filosofia cristã, quer dizer, na teologia, porque ela nega a existência do átomo.

Para demonstrar a validade da transubstanciação, a teologia cristã convoca a metafísica de Aristóteles. A *substância* é uma das dez categorias de Aristóteles – junto com a quantidade, a qualidade, a relação, o lugar, o tempo, o estado, o hábito, a ação, a paixão. Porque também é essência, a substância é inacessível aos cinco sentidos. Não há como vê-la, prová-la, tocá-la, cheirá-la, ouvi-la sob qualquer forma que seja. Essa é, de certa forma, a Ideia de Platão. Ela existe por si mesma. A substância de um livro é o livro despojado de todos os atributos que compõem o livro: as páginas, os cadernos, os fios da encadernação, a borda, a lombada, o título, o nome do autor, o texto impresso, o canal, a charneira, as nervuras, a capa, o papel – o preço. Para imitar Lichtenberger, ela é parente da faca sem lâmina da qual se tirou o cabo. A substância daquilo que é é aquilo que é menos aquilo que faz com que ele seja. A substância é o grande objeto invisível da filosofia platônica que domina o Ocidente até hoje: é o grande inimigo da filosofia epicurista, que resiste, e para quem a substância só pode ser material e constituída de átomos, portanto acessível aos sentidos. Os *acidentes* são o livro reinvestido de suas qualidades concretas: as páginas, os cadernos, os fios da encadernação, a borda, a lombada, o título, o nome do autor, o texto impresso, o canal, a charneira, as nervuras, a capa, o papel – o preço. É uma faca com lâmina e cabo.

Assim, a matéria é composta pelas qualidades primeiras, a substância, e as qualidades segundas, os acidentes. A transubstanciação refere-se tão somente às qualidades primeiras e não afeta em absoluto as qualidades segundas. Em outras palavras, a hóstia, *enquanto substância*, é independente dos acidentes panifícios que a constituem; mas a hóstia, *enquanto acidente*, é, e permanece, um composto de farinha, sal e água. Durante o mistério da eucaristia, somente a substância é modificada, ao passo que os acidentes permanecem. De modo que a hóstia é verdadeiramente o corpo de Cristo, porque a substância foi transubstanciada, e, ao mesmo tempo, é verdadeiramente o produto de panificação, porque os acidentes foram poupados. E tenho dito.

Do que se vê que a filosofia escolástica faz milagres! A universidade é o lugar dessa transmutação das coisas que permite que aquilo que não é seja, e que o que é não seja. Para o cristianismo, o real não ocorre(u); só advém aquilo que se dá no mundo das Ideias, das Essências, dos Conceitos, das Substâncias, dos Númenos. A universidade medieval se ajoelha perante a Ideia e desconjura a realidade. Suas sucessoras na história, por intermédio do idealismo alemão - a psicanálise freudiana, a fenomenologia heideggeriana, o objeto pequeno "a" lacaniano, a estrutura dos estruturalistas, o corpo sem órgãos deleuziano, a hipótese comunista de Badiou -, continuam tocando pela partitura escolástica.

A Igreja poderia ter escolhido a tese de Ratramo de Corbie, que não ofende o cristianismo e ainda tem a vantagem de não ofender a razão razoável e raciocinante. Mas, fiel a suas origens fundadas no anticorpo de Cristo, ela alimenta a lenda do corpo ausente, só presente na forma de Verbo e Conceito, em vez de descartá-la em prol de uma leitura simbólica das coisas. Esse momento filosófico constitui um erro civilizatório considerável: se tivesse apostado no símbolo e na metáfora, na alegoria e na parábola, o cristianismo teria inviabilizado boa parte do ataque reformado que viria a causar um cisma considerável na história judaico-cristã.

De fato, em seu *Tratado sobre o corpo e o sangue do Senhor*, Ratramo diz que o corpo e o sangue de Cristo o são "figuradamente" (37): o pão é figura do corpo, e o vinho é figura do sangue. Para sustentar sua demonstração, cita Paulo, que fala em "carne espiritual" e em "bebida espiritual", remetendo em seguida a Santo Ambrósio, que fala em "pão dos anjos"; assim, a eucaristia é também uma operação espiritual. Não é preciso imaginar que o corpo de Cristo se encontre realmente em cada hóstia, em qualquer lugar do mundo em que, desde sempre e para sempre, um padre realize a consagração no exato momento em que efetue o gesto. Basta saber que essa celebração vale como memória do que fez Jesus em sua última ceia. Pedir à Igreja que adotasse essa leitura filosófica seria pedir demais; ela precisava garantir a dominação da teologia e rejeitar o trabalho da razão a fim de nos obrigar à fé, à crença.

Em 1215, o Concílio de Latrão declara:

> Se alguém negar que o Corpo e o Sangue de Nosso Senhor Jesus Cristo, juntamente com sua Alma, e a Divindade, e, por conseguinte, Jesus Cristo inteiro, estão contidos verdadeiramente, realmente e substancialmente no Sacramento da Santíssima Eucaristia; e afirmar que estão presentes apenas como símbolo, ou como figura, ou como virtude: que seja anátema.

O que significa ser "excomungado", excluído da comunidade cristã – o que, na lógica deles, equivale a ser condenado à danação eterna do Inferno. A Igreja reitera no Concílio de Trento (1545-63):

> Pela consagração do pão e do vinho opera-se a transformação de toda a substância do pão na substância do Corpo de Cristo Nosso Senhor, e de toda a substância do vinho na substância do seu Sangue; a essa transformação a Igreja Católica denominou justa e precisamente *transubstanciação*.
>
> *Ite, missa est.*

Menos cioso de argumentos teológicos, e mais divertido, Berengário de Tours combate ao lado de Ratramo de Corbie contra Pascásio Radberto. Acredita que a hóstia contém o corpo de Cristo simbolicamente e se opõe ao que mais tarde se convencionou chamar na Igreja de *presença real*. Berengário nasceu em Tours, por volta do ano 1000; foi aluno de Fulberto de Chartres, que fundou a escola de Chartres e que foi, por sua vez, aluno de Gerberto de Aurillac. Seu nome ficou associado à questão da eucaristia e da transubstanciação.

Ele recorreu à análise filosófica da época, lançando mão do material conceitual que existia: a substância e os atributos, a forma e os acidentes, a matéria e o composto etc. Mas recorreu também a uma casuística que não é isenta de humor. Foi proposital? Não se sabe. Mas é pouco provável, considerando-se a seriedade do tema e as pesadas consequências que teria de arcar quem não fosse rigoroso com o dogma. Berengário de Tours fez perguntas que deixam muito para trás as argúcias escolásticas. Por exemplo: é possível imaginar que o verdadeiro corpo de Cristo é tocado, partido, fracionado, quebrado pelo padre? Que o verdadeiro corpo se encontra na boca do comungante? Que o verdadeiro corpo é comido, mastigado, amassado por seus dentes? Que o verdadeiro corpo é maculado pela saliva, digerido pelos sucos gástricos? Que o verdadeiro corpo passa pelos intestinos? Que o verdadeiro corpo é forçado a "passar pelo retrete", como ele diz para evitar a palavra "defecar"? Que o verdadeiro corpo cai na latrina, onde segue sua vida entre excrementos? E se um rato devorar a hóstia armazenada na sacristia, como fica o verdadeiro corpo de Cristo? Acaso é possível imaginar esse verdadeiro corpo de Cristo sendo ingerido, digerido e transformado em titica pelo roedor? E o que pensar desses excrementos? Qual seria seu *status*? O de relíquias que devem ser veneradas ou de estrume que será jogado no lixo? E se a hóstia for comida pelos vermes? Mesmas perguntas... E se a hóstia estragar com a umidade? O verdadeiro corpo de Cristo se cobriria de mofo antes de apodrecer? É possível imaginar o verdadeiro corpo de Cristo, incriado, eterno, imortal, incorruptível, mas ainda assim sensível à corrupção?

Para Berengário e seus seguidores, a pergunta se coloca menos teologicamente do que casuisticamente: dizia-se que monges do deserto, seguidos por outros dispostos a imitá-los, teriam vivido anos comendo apenas hóstias e, mesmo assim, *passavam pelo retrete*. O que dizer dessa matéria fecal? Teólogos sérios respondiam que a hóstia jamais poderia originar matéria desse tipo, e que o diabo substituíra sorrateiramente a hóstia por pão - como se, para além do sagrado que lhe querem atribuir, a hóstia em si já não fosse pão...

Para além desses exemplos, que devem ter abalado qualquer pessoa com um mínimo de bom senso, Berengário era capaz obviamente de assentar sua tese nas formas exigidas pela época. Apoia-se no livro publicado por João Escoto Erígena contra Pascásio Radberto. Explica que a transubstanciação é impossível, porque exige duas coisas irrealizáveis: que a hóstia suba aos céus, ou então que Cristo desça à terra para se encarnar, e isso com um dom extraordinário de ubiquidade, já que precisaria estar em cada uma das inumeráveis consagrações que ocorrem diariamente no mundo todo.

Berengário possui muitos inimigos - entre os quais Lanfranco de Pavia, que oficia com Guilherme, o Conquistador, antes de se tornar arcebispo de Cantuária. Em 1047, Guilherme, o Conquistador, recebe Berengário no castelo de Brionne, que ele cerca para ouvir suas teses. Decide proibir que sejam ensinadas no ducado. Por volta de 1048, Berengário começa a enfrentar problemas que se estenderão até sua morte, em 1088, aos 88 anos. Em 1050, o rei Henrique I manda prendê-lo por um breve período; em 1051, é condenado por um sínodo reunido na Lombardia; em 1054, o concílio não ecumênico de Latrão o condena sem ouvi-lo; o

Concílio de Verceil faz o mesmo em setembro de 1054 e determina, na mesma sessão, que o livro do filósofo irlandês João Escoto Erígena seja queimado – o Concílio de Paris condena novamente João Escoto após sua morte, em 1210, e o papa Honório III proíbe a leitura de suas obras e manda que sejam destruídas na fogueira. Berengário de Tours é convocado a Roma em duas ocasiões. Em 1059, comparece perante o papa Leão IX, que o obriga a submeter-se; em 1079, é forçado a aceitar a definição doutrinal de Gregório VII; em 1087, novos ataques no Concílio de Bordeaux. Lanfranco manda condená-lo por heresia. Cansado, esgotado, Berengário se submete e se retira para terminar sua vida longe desse delírio, na ilha de Saint-Cosme, perto de Tours.

Essa querela em torno da transubstanciação é ilustrativa daquela dos universais. É emblemática do que tem movimentado a história das ideias desde que Platão inventou a Ideia pura em oposição aos átomos de Demócrito. Diógenes Laércio relata em *Vidas, opiniões e sentenças dos filósofos mais ilustres* que, por inveja, o autor de *A república* quis acender uma fogueira para queimar a obra inteira de Demócrito, cujo erro era fazer sucesso. O que Platão de fato desejava, ou seja, erradicar o materialismo, o cristianismo realizou simbolicamente!

Com efeito, a querela dos universais opõe os que pensam que as ideias possuem existência em si, os *realistas*, e os que afirmam que as palavras só existem para expressar coisas concretas, os *nominalistas*. O termo *realista* é um falso amigo, pois os realistas acreditam que só é real aquilo que não possua realidade. Por exemplo, existem cavalos em grande número, com diferentes pelagens, diferentes aparências, diferentes raças, diferentes particularidades, diferentes genealogias, diferentes traços de caráter: o nominalista só acredita no cavalo percherão de doze anos, de pelo cinza malhado e que atende pelo nome de Coquette. O realista, por sua vez, só acredita na *cavaleidade*, que é mais do que um nome, já que, segundo ele, é uma realidade que reúne a totalidade dos cavalos passados, presentes e futuros num conceito que engloba todos eles, em que pese suas diferenças e multiplicidades no tempo e no espaço. Todos os cavalos que foram, são e serão reduzem-se à única coisa que existe: a cavaleidade. Para o realista, a cavaleidade é verdadeira, não é uma palavra; para o nominalista, ela não existe senão como *flatus voci*, isto é, um som de boca produzido pelo significante quando pronunciado.

Essa querela entre realistas defensores do conceito puro e nominalistas partidários do real múltiplo ocupa os filósofos medievais entre os séculos XII e XIV – se bem que é farinha do mesmo saco ontológico o que opõe o realista Sartre e seu *em-si* ao nominalista Deleuze e suas *multiplicidades*... Do que se entende que o que opõe a substância e os acidentes abarca precisamente o que opõe a realidade dos realistas e a particularidade dos nominalistas. Essa querela com ares de briga de igrejinhas, ou melhor, de debate bizantino, possui ramificações ideológicas evidentes e, portanto, políticas inequívocas. Não se governa da mesma forma tendo como referência Ideias puras ou particularidades concretas. O poder tinha um apreço especial pelos realistas; e claramente perseguiu os nominalistas. O nominalista Guilherme de Ockham não foi perseguido pela Igreja e pela universidade por acaso; como também não foi sem motivo que escreveu um *Brevilóquio sobre o principado tirânico*, por volta de 1335-1340, em que coloca o papa em seu devido lugar e dá primazia política ao príncipe. Voltarei a isso mais adiante.

A contenda segue acirrada durante séculos com o vocabulário da escolástica: propriedades, quantidade, qualidade, relações, modalidade, substâncias, atributos, matéria, forma, acidentes, categorias, predicáveis, gênero, espécies, universal, singular, incorpóreo, corpóreo, ideia, espírito, inteligível, coisa, hecceidade, quididade, possível, contingente, necessário, diferença, próprio etc. É compreensível que essas batalhas tenham parido monstros filosóficos: o realismo moderado de Boécio, o realismo radical de João Escoto Erígena, o realismo dos universais de Guilherme de Champeaux, Anselmo de Laon, Alberico de Reims, entre outros, o realismo conceitualista de Abelardo, o realismo moderado dos universais de Tomás de Aquino, o realismo sutil de João Duns Escoto.

Esses jogos verbais que sucedem àqueles da patrística esterilizam a inteligência e conduzem os filósofos à via exclusiva do formal e da abstração pura. Com a sofística, a retórica e a dialética, os filósofos estão menos preocupados com a verdade do que com a habilidade. Anseiam menos dizer o verdadeiro e o correto do que formular bem uma tese brilhante. Além da *lectio*, que é leitura e comentário oral de um autor canônico (o mestre lê, e os estudantes tomam nota), a universidade funciona muito pelo princípio das *questio* e *disputatio*. Um aluno é escolhido pelo mestre para examinar a questão proposta; ele a expõe ao público, e este pode interrogá-lo; o mestre pode ajudá-lo, corrigi-lo e também questioná-lo; há eventualmente no público estudantes de outras universidades ou países. No dia seguinte, o mestre faz uma síntese da discussão e expõe sua própria opinião sobre o tema. Tomás de Aquino passou dois períodos em Paris; promoveu pelo menos 518 sessões desse tipo, ou seja, uma média de duas por semana. Havia também o *quodlibet*, debate que permitia ao mestre, uma ou duas vezes por ano, examinar uma temática perante todos os estudantes e todos os professores, que podiam interrogar o orador. No dia seguinte, mais uma vez, o mestre fazia uma síntese do que fora dito.

No recinto universitário, a filosofia enquanto prática existencial está morta. Nessas assembleias de doutos competindo em argúcias retóricas, sutilezas gramaticais, sofísticas viperinas e destrezas dialéticas, não se trata mais de viver uma vida filosófica, ainda que seja a de Jesus. A universidade não está preocupada com a vida filosófica: corta a cabeça do corpo para apostar exclusivamente no cérebro, na inteligência, no verbo, na palavra, na língua; dispensa a carne e a existência em prol dos discursos; sobrevaloriza as palavras e ensina o ódio às coisas; discorre sobre o discurso e não olha para o mundo; glosa as glosas patrísticas; comenta os comentários dos comentários de Platão, Proclo, Aristóteles, Agostinho; fala a linguagem daquilo que ela chama de ciência, mas não ensina a viver a sabedoria.

A filosofia, enquanto modo de existência, morre nas salas dessas universidades medievais em que se fala, discute-se, conferencia-se, debate-se, disputa-se, expõe-se, conversa-se, proseia-se, disserta-se, discorre-se, e isso em meio a um turbilhão de palavras restritas a especialistas, numa linguagem à parte que só à gente da elite é dada praticar. Foi-se o tempo em que Sócrates falava na ágora para tecelões, pisoeiros, oleiros, carpinteiros, peixeiros; os filósofos da Idade Média falam incestuosamente apenas, para os seus semelhantes: bacharéis, professores, mestres, estudantes. A filosofia existencial era aberta para os outros e para o mundo; o pensamento escolástico é fechado para o outro, concentrado em si mesmo e cego para o mundo, focado exclusivamente em seu mundinho de ficções conceituais que julga ser mais real do que o mundo real.

Epicuro explicava como se podia viver segundo a ordem de certa dietética dos desejos corporais para se conhecer o prazer, identificável pela ausência de perturbação; Santo Anselmo de Cantuária afirma que o exercício da razão pressupõe a fé. Sêneca se perguntava como se podia continuar a viver depois da perda de um filho. Abelardo se interroga para saber se o mesmo universal deve ser inteiro em si mesmo e, ao mesmo tempo, inteiro em cada um dos indivíduos dos quais ele é gênero ou espécie. Marco Aurélio, que tinha câncer de estômago, explicava como se comportar diante da dor. E Gilberto de la Porrée mostra que as formas em si não são substância, e sim subsistências em virtude das quais existem substâncias. Sócrates morreu, a universidade cristã o matou. A patrística e a escolástica brindaram a razão com mil anos de trevas. A universidade que dura ainda meio milênio é, não raro, filha dessa máquina de produzir fumaça conceitual.

3
POTÊNCIA
A violência da religião

1
GUERRA JUSTA: SIMPLESMENTE GUERRA
A "ADMIRÁVEL INVENÇÃO" DAS CRUZADAS

Abadia de Claraval (1130-6),
São Bernardo sobre os pagãos: "A melhor solução é matá-los"

(*Elogio à nova milícia*)

Uma guerra justa é simplesmente uma guerra. É difícil acreditar que o Jesus que nos convida a perdoar os pecados do outro, que celebra a mansidão e o amor ao próximo, que pede compaixão e bondade, que prega humildade e paciência, que condena quem quer apedrejar a mulher adúltera, que preconiza o amor aos inimigos, a oração pelos perseguidores possa ter produzido gerações de homens que, *em seu nome*, mataram, pilharam, saquearam, destroçaram, devastaram, destruíram, estupraram, torturaram, dizimaram, exterminaram, assassinaram, aniquilaram, genocidaram, etnocidaram.

Já sabemos, porque mencionei antes, que há de tudo no Novo Testamento, tudo e o contrário de tudo – para não falar na Bíblia como um todo, que ainda é pior... Há até mesmo um versículo que justifica o assassinato. Torno a citá-lo, está na conclusão da Parábola das Minas, e é Jesus quem fala: "Quanto a esses meus inimigos, que não queriam que eu reinasse sobre eles, trazei-os aqui e trucidai-os em minha presença" (Lucas 19,27). Já mencionei também que Adolf Hitler, em *Minha luta*, exalta o Jesus que expulsa os Mercadores do Templo. Sem falar de outras citações tiradas dos Evangelhos que autorizam tanto os assassinos que reivindicam Cristo como fonte de inspiração quanto Francisco de Assis, que também em nome de Cristo se recusava a matar um mosquito. Hitler tem razão, o trecho selecionado por ele se encontra mesmo nos textos, infelizmente; Francisco de Assis também tem razão, pois o que o inspira a praticar exatamente o contrário também se encontra nos textos! Fazendo uma hábil seleção, é possível pôr de tudo na boca de Cristo. Tudo e o contrário de tudo. Não raro, porém, a Igreja põe em sua boca uma mesma e única coisa. Ainda hoje, ela defende a guerra.

Houve cristãos, homens e mulheres, que foram exemplos vivos de santidade, fundando sua vida no amor ao próximo, no perdão das ofensas e em tudo que diz respeito ao Jesus de paz e de amor. Outros, porém, foram chefes de guerra que passaram pelo fio da espada milhões de pessoas, homens, mulheres, crianças, velhos. De um lado, Bernardo de Claraval (séculos XI-XII) defende a cruzada, justifica-a, ou a promove ele próprio, conclama o massacre em nome de Deus e confere à ordem cisterciense toda a sua potência; de outro, Francisco de Assis (séculos XII-XIII) conversa com os passarinhos, encontra-se com o sultão do Egito, Malik al-Kamil, em setembro de 1219, com a intenção de convertê-lo, funda a ordem dos frades menores, dos franciscanos, não gosta da Igreja e do seu poder, e ela retribui à altura.

Francisco de Assis, cristão, prega a compaixão por todos os animais, argumentando que são criaturas de Deus. Na Úmbria, entre Cannara e Bevagna, faz um sermão às aves:

> Minhas irmãs aves, incumbe-vos para com Deus uma imensa gratidão, e sempre, em todo lugar, tendes o dever de louvá-lo: pois que ele vos deu a liberdade de voar por toda parte, deu-vos uma dupla e tripla vestimenta, e uma plumagem de cores delicadas, e um alimento que não precisais ganhar com vosso trabalho; o Criador ensinou-vos a cantar; a bênção divina vos multiplicou; Deus, na arca, preservou a vossa raça, e a vós entregou o elemento ar. Não semeais nem colheis, e Deus vos alimenta; ele vos deu os rios e as fontes para vos saciar, as montanhas e colinas, as rochas para vos refugiardes, as árvores altas para fazerdes vossos ninhos. E, embora não sabeis fiar nem tecer, Ele forneceu a vós, e a vossos filhotes, a vestimenta necessária. Grande é o amor que tem por vós o Criador, se vos concedeu tantos benefícios. Cuidai então, irmãs aves, para não vos mostrardes ingratas, e procurai sempre louvar a Deus.

Por parte do franciscano, elogio do pardal...

O outro, Bernardo de Claraval, também cristão, escreve em *Elogio à nova milícia* (1130-6):

> Assim, o cavalheiro de Cristo dá a morte com toda segurança e a recebe com mais segurança ainda. Não é à toa que carrega a espada: é um ministro de Deus, e ele a recebeu para executar suas vinganças, punindo aqueles que praticam más ações e recompensando aqueles que praticam boas ações. Quando mata um malfeitor, portanto, não é um homicida, e sim um malicida, se é que me posso expressar assim; executa ao pé da letra as vinganças de Cristo sobre aqueles que fazem o mal, e conquista o título de defensor dos cristãos. Caso venha a sucumbir, não se pode dizer que tenha perecido, mas, pelo contrário, que se salvou. A morte que ele dá, dá-a em benefício de Jesus Cristo, e a que recebe, em seu próprio benefício. O cristão se vangloria da morte de um pagão, porque o próprio Cristo disso se vangloriou. (III,4)

Por parte do cisterciense, elogio do guerreiro brutal...

Matar, vingar, punir, dar a morte e ensinar que essa orgia de ódio abre as portas do paraíso e alegra Cristo, foi nisso que se tornou o cristianismo proveniente de Paulo, o apóstolo da espada, e de Constantino, o imperador dos lictores. Justificar a guerra, exaltar as virtudes do conquistador, celebrar o soldado, fazer a apologia do crime, defender o assassinato, conclamar o manejo das armas, desde que todas essas sevícias se deem em nome de Deus, é uma maneira não muito católica de ser cristão! Bernardo escreve, a propósito das cruzadas: "[Deus] condescende em chamar a servi-lo, como se fossem cheios de justiça, homicidas e ladrões, perjuros e adúlteros, homens acusados de toda sorte de crime. Não é essa uma invenção admirável de sua parte, que só a Ele seria capaz de ocorrer?" (*Carta* 363). O crime, uma *invenção admirável*? Como foi que se chegou a esse ponto?

Tudo começa com o Deus único que não suporta a existência de outros deuses e resolve o problema exterminando tudo que não seja ele: não podendo matar os outros, ou as outras maneiras de conceber o mesmo Deus, matam-se os que acreditam nesses outros deuses ou acreditam de outro jeito que não o que se decidiu que seja o certo. O Antigo Testamento está cheio de incitações ao massacre: abundam as citações que fazem de Deus o Senhor da guerra que concede a vitória aos que combatem em seu nome. Quando os judeus atacaram Jericó, "consagraram como anátema tudo que havia na cidade: homens e mulheres, crianças e velhos, assim como os bois, ovelhas e jumentos, passando-os ao fio da espada", lê-se em Josué (6,21). Contra Babilônia: "fará de sua terra uma desolação; e não haverá mais habitante nela", diz Jeremias (50,3). Contra os habitantes de Facud: "Massacra-os, extermina-os até o último! – oráculo de Iahweh" (Jeremias 50,21). Contra os cananeus: "Homens, mulheres e crianças, sem deixar nenhum sobrevivente" (Deuteronômio, 2,34). Etc., etc., etc.

Enquanto o cristianismo era uma seita, ou melhor, antes de Constantino transformá-la em religião, os cristãos, minoritários e perseguidos, eram pacifistas, ou até mesmo antimilitaristas. No século III, Tertuliano explica em *A coroa do soldado* e *A idolatria* que o soldado comete atos que são ilícitos para um cristão e, por isso, este deve recusar-se ao ofício das armas; que não se pode confundir o que é de Deus com o que é de César, e deixar a questão da guerra para este último; que quem deve construir a paz não se pode dedicar à guerra; que são absolutamente proibidos os atos relativos aos conflitos armados – matar, assassinar, massacrar, torturar; que o cristão não pode exercer o ofício das armas, que pressupõe cremação nos campos de batalha, e o cristão deve ser enterrado; que o soldado do Exército romano que venha a se converter deve abandonar o ofício das armas, ou praticá-lo respeitando os preceitos da religião – mas Tertuliano não esclarece como um legionário recém-batizado pode ir para o combate recusando-se a matar seu próximo... Nesse mesmo século, a argumentação de Orígenes vai no mesmo sentido. Ele faz uma leitura alegórica de textos do Novo Testamento em que se encontram metáforas de guerra e combate: é uma luta contra o mal e pelo bem, nada a ver com a guerra concreta. Em *Contra Celso*, expressa o desejo de que os cristãos não tivessem de se sujeitar ao serviço militar. Mas não exclui que seja necessário travar guerras justas (IV,82), embora deixe para os pagãos a tarefa de travá-las... Em *A Donato*, São Cipriano de Cartago segue a mesma linha, apontando a incoerência de respeitar o mandamento "não matarás" e, ao mesmo tempo, defender a guerra. No século IV, por fim, Lactâncio escreve, em *Das instituições divinas*: "Não há nenhuma exceção no preceito divino: matar um homem é sempre um ato criminoso". Ou ainda: "A guerra é execrável" (VI,20). Nessa época, a força armada está do lado das legiões imperiais, e os cristãos, fracos, vivem escondidos, reúnem-se em segredo, comungam nas catacumbas.

Segundo a lógica da raposa e das uvas verdes, é fácil para o fraco criticar a força. Mais difícil parece ser o forte elogiar a fraqueza, principalmente quando só há pouco deixou de ser fraco e pode agora desfrutar de sua força. A crítica da força só é segura quando é feita por quem tem condições de ser forte. Depois que Constantino inverteu os valores e deu força aos fracos, diminuiu o número de cristãos alinhados às lógicas de Tertuliano e Cipriano, Orígenes e Lactâncio. O cordeiro que tem a oportunidade de virar lobo raramente abre mão dela. Disso somente os santos são capazes. E os santos são tão raros no cristianismo quanto em qualquer outro lugar.

Ao afirmar que deveria suas vitórias a Cristo, o imperador Constantino recruta Jesus para o seu exército. A cristianização do exército se realiza a passos largos: inscrição do monograma de Cristo em insígnias e estandartes, reativação do ordálio que torna vencedor quem foi designado por Deus, excomunhão dos desertores a partir do Concílio de Arles, devolução de patente aos antigos militares que foram destituídos porque se converteram ao cristianismo, inclusão de Deus no juramento militar, proibição de combate para os padres. Em 416, o imperador Teodósio II impõe o cristianismo a todos os soldados do Império.

Vêm então Santo Ambrósio de Milão e Santo Agostinho de Hipona, seu aluno, que invertem definitivamente os valores e instalam duradouramente o cristianismo no terreno da guerra. Ambrósio, em seu *Tratado dos deveres*, considera que a guerra é justa, dependendo dos fins a que serve: não é boa nem ruim em si, mas em relação aos fins a que se propõe. Se empreendida em nome de Cristo, é boa; travada contra ele, é ruim. Desde então, o célebre quinto mandamento (Mateus, 5,21) se escreve assim: *Não matarás, exceto quando for preciso* – e a Igreja dirá o dia e a hora...

Agostinho mata o Jesus de amor e paz, crucifica o Jesus de caridade e misericórdia, transpassa com sua lança o flanco do Jesus do perdão das ofensas e da compaixão e exalta o Cristo guerreiro e combativo, celebra o Cristo soldado de Deus e monge com a espada, glorifica o Cristo guerreiro brutal e matador. Havia nos Evangelhos matéria para todos esses Jesus e todos esses Cristos: o Cristo que não condena a mulher adúltera não é o mesmo que diz que veio trazer a discórdia, muito pelo contrário; o Cristo que pede que deixem vir a ele as criancinhas não é o mesmo que promete a degola aos que não creem nele, e sim o oposto; o Cristo que pede que deixem vir a ele as criancinhas não é o mesmo que expulsa os Mercadores do Templo a chicotadas, e sim o contrário. Agostinho mata um e faz nascer o outro. A Igreja se alinha sob a bandeira do autor de *A cidade de Deus*.

Por volta de 398, Agostinho combate os maniqueus: para eles, o Novo Testamento, que ensina a paz, desbancou o Antigo, que justifica a guerra. Teodósio acaba de proibir o paganismo, a parusia deixa a todos na expectativa da vinda do Cristo ressuscitado para um reinado de mil anos, e os pagãos que resistem a essa lógica precisam ser salvos à sua revelia, mesmo que o preço seja a violência cristã. Numa carta ao conde Bonifácio, datada de 417, ele escreve coisas terríveis: "Existe uma perseguição injusta, a que empreendem os ímpios contra a Igreja de Cristo; e existe uma perseguição justa, a que as Igrejas de Cristo empreendem contra os ímpios". E também: "A Igreja persegue por amor, e os ímpios, por crueldade". E, por fim: "Quem se nega a obedecer às leis dos imperadores, ditadas para a verdade de Deus, expõe-se a um grande suplício" (*Carta* 185).

Longe vai o preceito crístico que nos convidava a oferecer a outra face quando nos batem! Longe vai o tempo em que, estando na oposição, para usar uma expressão contemporânea, os cristãos apresentavam o martírio como única resposta à ofensa do poder imperial! Longe vai o tempo em que Jesus nos convidava a dar a César o que fosse de César e a Deus o que fosse de Deus! Agora, o que pertence a um pertence também ao outro, o que um ordena é o que o outro quer. Triunfa a teoria de São Paulo: a partir do momento que os cristãos chegam ao poder, todo poder vem de Deus, e quem se opõe a ele pode legitimamente passar pelo fio da espada.

Agostinho chega a teorizar que crime e assassinato não são pecados quando cometidos pelo bem de Deus. A passagem do "não matarás" para o "não matarás, exceto quando o poder o ordenar" é acrescida de um novo desvio: "Matarás, e quando o fizeres em nome de Deus, ganharás tua salvação por toda a eternidade"! No papel, o assassinato é proibido; no espírito, ele é o que torna possível o reino de Deus; na prática, a porta está aberta para as guerras, os massacres, as cruzadas, a inquisição, os etnocídios, os genocídios. Deus agora quer o que um certo Jesus não queria – o Pai extrapola o Filho...

Como a guerra santa se tornou uma guerra justa, basta transformar toda guerra em guerra santa para que instantaneamente ela se torne uma guerra justa. O procedimento é extremamente simples: basta proclamar que é empreendida para Deus, em nome de Deus, a chamado de Deus, e está abençoado o assassinato, ungido o crime, sacramentado o massacre, consagrada a evisceração, sacralizada a carnificina. A guerra justa é sempre aquela que é travada contra um inimigo decretado como tal: justa, segundo os pagãos, é a guerra de um pagão contra um cristão; justa também é a guerra de um cristão contra um pagão, segundo o cristão. Se Deus é quem justifica a guerra boa, basta invocá-lo para justificar, legitimar e, o que é pior, moralizar o crime. De Constantino a George Bush, temos derramado sangue em nome de Deus. A inteligência de Agostinho é propriamente... diabólica!

Agostinho também justifica a guerra afirmando que ela sempre visa à paz, e que esse objetivo santifica os meios! Paralogismo, mais uma vez. Pois o que é paz sobre ruínas fumegantes? Após holocaustos de mulheres e crianças, velhos e inocentes? Após a destruição de cidades e vidas, da inteligência e da razão, da cultura e do espírito? Após o reinado irrestrito da morte? O que é paz para uma viúva, um órfão, um mutilado? O que é a paz para um morto? Querem o reino de Deus, mas libertam Satã no mundo; aspiram à lei do amor, mas soltam os cachorros do ódio; afirmam querer o reinado de Deus e o reino dos céus, mas instauram neste mundo o reinado do diabo e o reino infernal; afirmam querer o bem, mas concretamente fazem o mal. Que estranha religião é essa que realiza a redenção da humanidade através do assassinato dos homens, e isso em nome do amor ao próximo, da misericórdia e do perdão das ofensas?

Agostinho acrescenta que a guerra é o ordálio. Pois Deus é quem decide seu resultado, sua duração, sua natureza. É Ele, portanto, quem quer que as guerras existam, durem, arrastem-se ou não, sejam mais ou menos mortíferas. Como será esse Deus que, segundo dizem os cristãos, é um Deus de amor ao próximo? Deus quer a punição dos pecadores e a recompensa dos crentes: a história mostra que Deus não tem nada a ver com isso e que o resultado de uma guerra depende apenas da polemologia, não da teocracia. A vitória é concedida segundo a ordem da guerra, que é a arte do gênio ruim dos homens. O homem criou a guerra a sua imagem e semelhança.

As cruzadas representam as primeiras aplicações práticas dessa doutrina. Constituem o modelo das guerras cristãs até os dias de hoje. De Constantino, que ostenta o cristograma em seus estandartes ao combater o pagão Maxêncio, no início do século IV, aos guerreiros do Estado Islâmico do início do século XXI, que ostentam a bandeira preta de Maomé com a *Chahada*, a profissão de fé muçulmana, escrita em letras cúficas, passando pela cruz nos pendões dos cruzados nos séculos XI a XIII, é o eterno retorno do mesmo que faz de Deus o companheiro de criminosos e assassinos. Os três livros monoteístas partilham a mesma opinião sobre o mesmo tema, só que o Deus de Abraão, o de Cristo e o de Maomé vêm guerreando entre si há mais de mil anos. De Washington a Jerusalém, passando por Tikrit, batemos sempre na mesma tecla.

O pensador das cruzadas foi Bernardo de Claraval, o homem que transforma o crime, desde que seja cristão, numa invenção admirável: seu inspirador é Pedro, o Eremita (1053-115); seu braço armado é o papa Urbano II. Textos medievais relatam que Pedro foi impedido de realizar uma peregrinação a Jerusalém em 1094-1095. Outra versão diz que conseguiu realizá-la e se encheu de fúria diante do que viu: infiéis habitando os lugares santos, igrejas usadas como estrebarias, peregrinos sendo atacados, espancados, extorquidos e despojados de seus bens. A dimitude, uma regra do islã que obriga o não muçulmano que se encontre no Islã a pagar um imposto em troca de sua segurança, é sentida como uma humilhação nesses lugares simbólicos. À noite, Pedro retorna ao Santo Sepulcro para rezar; cansado, pega no sono; Jesus lhe aparece em majestade e o convida a "purificar os lugares santos de Jerusalém e restabelecer o Santo Ofício"; ele acorda, põe o pé na estrada e vai contar ao papa o que viu, o que ouviu e o que precisa ser feito.

Sabemos que Helena, mãe do imperador Constantino, inventou, no século IV, os lugares onde se faz turismo religioso: a Natividade, o Gólgota, o Sepulcro. Os sarracenos ocupam esses lugares santos desde 638, data da vitória de Omar, o segundo sucessor de Maomé. Entre 1004 e 1014, o sultão Aláqueme manda destruir o túmulo de Cristo (1009) e milhares de igrejas cristãs, persegue os judeus e os cristãos. Seu sucessor, porém, autoriza a reconstrução desses lugares, com financiamento do tesouro bizantino, entre 1038 e 1048. Em 1071, os turcos seljúcidas tomam a cidade dos árabes abássidas - muçulmanos sunitas. Sete anos mais tarde, em 1078, os turcos tomam Jerusalém pela segunda vez, proíbem as peregrinações dos cristãos, embora estas fossem autorizadas pelos fatímidas do Egito - muçulmanos xiitas. Os seljúcidas massacram a população. Não causa surpresa que os muçulmanos, cujo Corão condena os cristãos, tenham posto os lugares santos de pernas para o ar.

Deixo de lado o conteúdo epistemológico da visão noturna, embora esse episódio seja apresentado, conforme o historiador, ora como uma simples lenda, ora como uma verdade enfeitada, ora como um quebra-cabeça que mescla verdade e mentira; já o apelo feito pelo papa Urbano II em Clermont-Ferrand, em 27 de novembro de 1095, este sim, foi comprovado. O que o papa disse só é conhecido pelo registro posterior dos cronistas. Com base nos relatos que recebeu, entre os quais o de Pedro, o Eremita, Urbano não admite que os cristãos sejam impedidos pelos muçulmanos de realizar suas viagens à Terra Santa. Os sarracenos são, portanto, uns infiéis, uns incrédulos, uns bárbaros que devem ser dominados - exatamente o que pensam os sarracenos a respeito dos cristãos...

A crônica de Roberto, o Monge, reporta as palavras do papa em discurso para a multidão:

> Ide para o Santo Sepulcro, arrancai esse país das mãos desse povo abominável e submetei-o ao vosso poder. Deus deu prioritariamente a Israel essa terra na qual, dizem as Sagradas Escrituras, corre leite e mel; Jerusalém é seu centro e, mais do que qualquer outro, seu território fértil oferece, por assim dizer, as delícias de um outro paraíso: o Redentor do gênero humano celebrizou-o com sua vinda, honrou-o

com sua residência, consagrou-o com sua Paixão, redimiu-o com sua morte, distinguiu-o com sua sepultura.

Urbano II determina que todo aquele que morrer em combate contra os muçulmanos terá seus pecados perdoados – o que equivale a prometer o paraíso aos combatentes mortos de armas na mão. Magnânimo, acrescenta que os infortunados que venham a morrer durante o trajeto de volta terão direito aos mesmos benefícios... O papa, portanto, prega a guerra santa, conclama o martírio e promete as delícias do paraíso aos mártires da religião. Um esquema tão velho quanto o mundo...

Acrescentemos a isso que uma promessa de vida eterna pode ser menos atraente para o cavalheiro que duvide do que uma licença envolvendo a sua vida temporal, mais apta a conquistar adesões: ao longo de sua viagem pela França para congregar as multidões e conclamá-las a partir em cruzada, o papa exorta, prega, incita, preside concílios, consagra basílicas, catedrais, igrejas, inicia obras de construção, faz justiça, concede privilégios e, assim, restaura o poder da Igreja no reino da França. No curso desse longo périplo, repisa seus argumentos, especialmente um que pode convencer mais seguramente os ouvintes mais céticos.

O guardião das coisas espirituais promete perspectivas temporais interessantes e diz, segundo o relato de Baldrico de Bourgueil: "As riquezas de vossos inimigos vos pertencerão igualmente. Assim, vitoriosos, podereis pilhar seus tesouros e voltar para vossas casas; ou então, tingidos por vosso próprio sangue, alcançareis o prêmio eterno da carreira" (I,IV,15). O morto tem o paraíso garantido, após o perdão automático dos pecados; o vivo tem a fortuna. Quem poderia resistir a essa retórica? Nesse momento, portanto, o cristianismo elogia o assassinato do próximo e a pilhagem de seus bens; consequentemente, transforma o crime em via de acesso ao paraíso celeste e a razia numa via régia que abre as portas para uma espécie de paraíso terrestre. Jesus, mais uma vez, tinha motivos para se revirar no túmulo.

Ao anúncio do projeto, a multidão gritou: "Deus o quer! Deus o quer!". Roberto, o Monge, relata que o papa, orador matreiro, ficou em silêncio e então se levantou diante da encantação (talvez preparada por uma claque devidamente paga ou apenas habilmente atraída com a isca de um ganho): ele a transformou de repente num grito de unanimidade que só podia ter sido inspirado pelo Espírito Santo! Urbano II responde à plateia: "Que esse seja o vosso grito de guerra durante os combates, pois essas palavras foram proferidas por Deus!" (I,2). Não se sabe se foi por um efeito teocrático similar ao do Pentecostes transcendente, ou por um efeito etológico afirmando a unanimidade diante da perspectiva do butim imanente, o fato é que o *slogan* se transformou em lema.

Causador de conflitos, belicista, Urbano II, formado pelos beneditinos, grão-prior de Cluny, beato da Igreja Católica, instituiu a oração do Angelus para a conversão dos muçulmanos: parte do papa, portanto, a iniciativa do que hoje se convencionou chamar guerra de civilizações. Ele codifica a cruzada: pede que a cruz seja exibida no capacete e nas vestimentas dos cruzados para atrair o maior número possível de pessoas; que os velhos não tomem parte dela nem as mulheres, a não ser que estejam acompanhadas de maridos, irmãos ou tutores legítimos; que os ricos levem pobres com eles e assegurem sua subsistência; que padres e clérigos só participem se forem autorizados por seus bispos.

Graças aos jograis que acompanham os cruzados, às vezes com o auxílio de pensadores cristãos, como João Damasceno, e graças também aos autores de canções de gesta e cronistas, a ideologia cristã apresenta uma imagem falsa da religião muçulmana: embora chamados de politeístas e pagãos, os crentes do islã veneravam um ídolo num templo; esse ídolo estava coberto de ouro; eles se entregavam à bebida, à luxúria, à homossexualidade; Maomé era epilético; pregava a libertinagem; depois de morto, seu cadáver foi devorado pelos porcos; o islã era um cristianismo herético, criado por um monge; o Corão foi inventado e apresentado entre os cornos de uma vaca; etc. A arte de transformar o adversário em inimigo repulsivo é um clássico da polemologia. Para matar o inimigo, os matadores precisam de um que seja verdadeiramente inimigo. Ora, o islã tem defeitos, mas não esses.

A época obedece às leis do pensamento mágico: o real é menos verdadeiro do que os símbolos, o concreto trivial cede lugar ao mistério. A cruzada é legitimada por uma série de sinais, prodígios celestes ou climáticos: eclipses da Lua ou do Sol, estrelas caindo feito granizo, passagem de cometas, alguns com formato de espada, bolas de fogo que se juntam no céu, estrelas dando saltos em direção ao Oriente, tremores de terra, manchas de fogo na superfície da Lua, Sol incandescente e fome, auroras boreais, nuvens de sangue amontoadas no meio do céu, ou então - fenômeno observado várias vezes pelo cronista Raul de Caen, inclusive em sua cidade natal - um sinal que aparece no norte de um céu vermelho e desloca-se para leste, indicando, evidentemente, a direção que deve ser seguida... Nessa época, um evento no céu físico é obviamente uma informação teológica, ou até mesmo teocrática. Deus é meteorologista.

Acrescentemos a isso as visões no céu: cavalheiros que se desafiam num combate terrível, uma cidade para a qual converge uma multidão de cavalos e caminhantes, aparição e desaparição de uma espada imensa, e tudo isso sob um alarido terrível. Ou ainda: sangue num pão assado sob cinzas, chuvas de carne, rios arrastando hemoglobina, uma mulher parindo um bebê falante, o nascimento de um bebê de duas cabeças, animais que nascem com dentes, sinais em forma de cruz aparecendo na pele de pessoas vivas ou nas espáduas de alguns mortos. Deus não economiza recursos para mostrar que a hora é grave e é preciso atender ao chamado de Clermont. Senão como explicar esses fenômenos relatados pelos cronistas, informados pelas fontes mais fidedignas?

Pedro, o Eremita, provavelmente recorre a todos esses truques (nos quais talvez acredite, faz parte do espírito da época, afinal as religiões não são mais do que uma alucinação coletiva...) para cristalizar à sua volta o desejo de partir. Cita, por exemplo, cartas que caem do céu, bastando que ele as leia em público - ele dispõe de um canal direto com Deus Eterno. Cita um versículo do Evangelho de Lucas (21,24) para fundamentar o projeto de livrar Jerusalém da corrupção dos gentios. No fim, segundo o biógrafo Jean Flori, ele se vê à frente de quinze ou vinte mil pessoas - apenas ele, ou seja, sem contar os outros sargentos recrutadores de Deus.

Antes da partida, *pogroms* são empreendidos em toda a França: os judeus não são o povo deicida? Infiéis como os muçulmanos, incrédulos, pagãos, muitos passam pelo fio da espada nas regiões incendiadas por predicadores como Pedro, o Eremita, como, mais tarde, serão também roubados, despojados, torturados, massacrados e mortos em várias cidades da Europa. "Antes de partir, em quase toda a Gália, eles eliminaram os judeus numa grande carnificina, com exceção dos que quiseram ser batizados", escreve Ricardo de Poitiers em sua crônica.

Guiberto de Nogent relata em sua *Autobiografia* declarações de cruzados em Rouen, cidade em que Pedro, o Eremita, pronunciou seu discurso: "Temos a intenção de atacar os inimigos de Deus no Oriente, tendo para isso de atravessar imensos territórios, enquanto aqui mesmo, sob nossos olhos, temos os judeus. Ora, não existe raça mais hostil a Deus do que essa; eis que não tem nenhum sentido!". E acrescenta: "A essas palavras, apanham armas e, tratando de reunir os judeus, amontoam-nos em alguma igreja usando de astúcia ou violência - eu não saberia dizer com precisão - e eis que, mandando-os sair, lançam a espada sobre todos eles, indiscriminadamente, sem poupar sexo nem idade". Reunir os judeus, amontoar os judeus, matar os judeus - isso nos permite datar a passagem do antissemitismo no papel dos Padres da Igreja para o antissemitismo de guerra dos cruzados cristãos. O Novo Testamento não gosta nem da Torá nem do Corão.

Esses *pogroms*, é claro, ocorrem ao longo do trajeto para Jerusalém, junto com as inevitáveis sevícias de uma tropa de guerreiros que, teoricamente movidos por um tropismo espiritual, nem por isso desdenham o vinho que não serve à missa. Requisições, provavelmente pesadas, fornecem aos cruzados teto e comida, estrebaria e forragem; quando os autóctones não obtemperam, são forçados. Pedro, o Eremita, não hesita em sitiar cidades fortificadas, pilhar e incendiar. Em terras cristãs, entre Clermont e a Palestina, sinagogas são queimadas, judeus são espoliados, casas são devastadas. Os chefes cruzados se comportam todos dessa forma. Afinal, se é pelo bem, não há mal nenhum.

Quando chegam a Jerusalém, os cruzados que atacam e os muçulmanos que são atacados lançam mão dos mesmos meios. Seria inútil imaginar que houve bons cruzados contra maus sarracenos, ou que bons muçulmanos foram vítimas indefesas de maus soldados de Cristo: esse *jihad* cristão teve resposta militar *ad hoc*. Do lado cristão, escreve Raul de Caen: "Em Maarate Anumane, os nossos ferviam pagãos adultos em caldeirões, enfiavam crianças em espetos e as devoravam assadas". No cerco de Antioquia, que durou oito meses, cabeças são cortadas e catapultadas para dentro da cidade; do lado turco, no acampamento de Civitot, há pilhagens, massacres de bebês de colo, velhos, monges e religiosos, escravidão de moças, monjas tentadoras e jovens rapazes; as fontes ao redor de Jerusalém são envenenadas; sobre as muralhas da cidade, os muçulmanos imitam os cristãos, suas roupas e cerimônias e lançam flechas. Em 8 de julho de 1099, Pedro, o Eremita, discursa para a multidão no Monte das Oliveiras.

A cidade de Jerusalém é tomada em 15 de julho. Raimundo de Aguilers registrou a carnificina: "No templo e sob o pórtico de Salomão, as pessoas pisavam em sangue até os joelhos, até o freio dos cavalos. Por um justo julgamento foi derramado naquele local o sangue dos que, por muito tempo, ali contra Deus proferiram suas blasfêmias". O Santo Sepulcro volta a ser cristão. Nos dias seguintes, os cruzados perseguem os muçulmanos por toda a parte. O papa Urbano II morre em Roma no dia 29 de julho. Perdemos o rastro de Pedro, o Eremita. A lenda predomina, e chega ao ponto de inventar uma conversão ao islã!

As cruzadas prosseguem durante dois séculos. A Igreja as solicita, apoia, financia. São Bernardo de Claraval, como vimos, coloca sua vida e seu pensamento a serviço dessa guerra dos cristãos contra os muçulmanos. Seu discípulo e amigo, o papa Eugênio III, publica em 1º de dezembro uma bula conclamando uma segunda cruzada. Nesse texto, o soberano pontífice propõe purgar o Oriente da "imundície dos pagãos"! O rei Luís VII apela a Bernardo de Claraval, que aceita lançar a operação. O papa, o rei e o santo compõem a nova santíssima trindade política teocrática. Esse triângulo infernal se revelou uma máquina católica de guerra muito eficaz. A força de Cristo está menos em sua palavra evangélica de paz do que no braço armado que se vale de seu discurso belicoso. O poder espiritual serve ao poder temporal, e vice-versa. A virtude espiritual produz o vício político.

Distante, bem distante do mandamento que proíbe matar, São Bernardo de Claraval inventa um conceito para justificar, de um lado, que se possa matar e, de outro, que isso seja uma boa ação: o "malicídio". Em 1130-1136, ele escreve em *Elogio da nova cavalaria*: "Aquele que mata um infiel não está cometendo um homicídio, mas sim um malicídio". Da mesma forma que o parricida mata o pai; o infanticida, o filho; o homicida, um ser humano; o fratricida, o irmão; o matricida, a mãe; o genocida e o etnocida, um povo; o uxoricida, a esposa; o tiranicida, o tirano; o suicida, a si mesmo; o malicida mata... o mal! Como se opor a uma intenção que é imediatamente garantida pela moral? Quem não iria querer eliminar o mal? Quem iria censurar aquele que, agindo dessa forma, quer fazer o bem?

Para justificar o massacre, o crime, o assassinato, o homicídio, o cristão precisa apenas dizer que os comete em nome do bem para que o ato deixe de ser um mal. A invocação de Deus é o que basta. Não surpreende que durante o massacre da heresia cátara, durante a Cruzada Albigense, em 22 de julho de 1209, Arnaud Amaury tenha incitado seus soldados a derramar sangue sem moderação e declarado: "Matai todos eles. Deus há de reconhecer os seus"...

No extremo oposto desse método que justifica a guerra santa, dita justa, Francisco de Assis propõe não o massacre dos muçulmanos para acertar a relação entre duas civilizações, duas culturas, duas religiões igualmente monoteístas: o diálogo, a troca, a diplomacia, o exercício da razão, a discussão, a negociação. Em setembro de 1219, no contexto da Quinta Cruzada (1217-1221), o homem que fala com os pássaros quer falar também com o sultão. Para isso, vai ao encontro de Malik al-Kamil, sultão do Egito. Francisco conseguiu amansar o lobo de Gubbio, tem 37 anos e se propõe a fazer o mesmo com o sultão, o sobrinho de Saladino.

Os dois homens se encontram numa tenda à beira do Nilo. Descalço, Francisco veio da Itália, viajou durante meses, o que significa que se expôs ao perigo; entrou numa zona de guerra, as tropas cruzadas lançaram um ataque contra o campo muçulmano, o que significa que se expôs a mais perigo; aproximou-se do sultão com o qual queria encontrar-se, o que por si só já bastava para que sua cabeça fosse cortada. O sultão saiu vitorioso do ataque cruzado; fez uma proposta de paz: manda um prisioneiro cruzado levar uma mensagem diplomática; ele propõe devolver Jerusalém aos cruzados, dar-lhes dinheiro para reconstruí-la e erguer castelos ao redor para defender a cidade, e em troca os cruzados deixam o Egito. O sultão vencedor é magnânimo; propõe largueza e liberalidade aos cruzados - que, após discutir, recusam a proposta. Nesse contexto é que Francisco visita o sultão.

Nenhum texto relata o encontro, de modo que não sabemos o que foi conversado. Sabemos que Al-Kamil recebeu Francisco com respeito e gentileza. Supomos que Francisco pregou a paz, mas também é lícito imaginar que catequizou o sultão – isso faz parte da missão franciscana, missão pela qual, seis meses depois, cinco franciscanos foram torturados e convidados a se converter, em troca de vantagens em espécie e de toda espécie, antes de serem decapitados, em Marrakesh, pelo califa almôade em pessoa. É verdade que, movidos pela ideia do martírio, viviam entrando em mesquitas, pregando a apostasia, insultando Maomé, e voltavam a pregar depois de expulsos, banidos, presos. Conseguiram o que queriam – morrer por seu Deus...

São Francisco vai visitar o sultão para convertê-lo. Supomos que quisesse obter pela razão o que só é permitido pela fé – pela fé ou pela graça... Pois no ano seguinte, em 1221, de volta à Itália são e salvo, Francisco promulga a regra franciscana em que é definida a missão dos infiéis: convida os cristãos a viver em terras islâmicas sem criar caso e, se possível, fazendo avançar a causa e obtendo conversões e batismos. Se perdessem a vida nessa aventura, obteriam a vida eterna. Francisco cita Mateus (10,16): "Eis que eu vos envio como ovelhas entre lobos. Por isso, sede prudentes como as serpentes e sem malícia como as pombas". Podemos concluir que ele foi serpente e pomba com o sultão. Bernardo de Claraval desconhecia a prudência e a simplicidade no trato com os sarracenos; Francisco, que amava os animais, foi cobra e cordeiro. Questão de método. O objetivo é impor a sua fé: pelo ferro e pela espada aqui, pela persuasão e pela retórica ali. Foi com mais frequência a persuasão do ferro e a retórica da espada. Uma mescla de Bernardo e Francisco... A cruzada fornece o esquema daquilo que justifica a expansão mundial do cristianismo. O imperialismo é o nome moderno dessa coisa antiga.

2

FORÇA DE LEI PARA A FORÇA
INQUISIÇÃO E GOVERNO PELO TERROR

1376, o dominicano Nicolau Eymerich
redige o *Manual dos inquisidores*

Afirma a Inquisição que os homens devem acreditar como se deve e que, se não acreditam como manda o figurino, ou seja, como mandam os concílios, eles são heréticos. Sendo assim, é preciso buscar o herético, denunciá-lo, persegui-lo, acuá-lo, interrogá-lo, submetê-lo à tortura, supliciá-lo, obter uma confissão para então puni-lo. O *Manual do inquisidor*, de Bernardo Gui (1323), inaugura uma longa tradição no gênero. É seguido pelo de Nicolau Eymerich, em 1376, pelas *Instruções* de Torquemada (1484) e pela obra de Sprenger e Institoris, *O martelo das feiticeiras* (1486), que inclui a bruxaria entre as heresias e dá o troco em Eva fazendo com que todas as mulheres paguem pelo pecado de terem nascido mulheres e, portanto, bruxas. Um volumoso *Dicionário dos inquisidores* é publicado anonimamente em Valência, em 1484. Em 1578, Francisco Peña acrescenta seus comentários ao livro de Eymerich. Inúmeras traduções, edições e reedições desses livros se espalham por toda a Europa.

Séculos XII, XIII, XIV e XV: a Igreja trava um violento combate contra tudo aquilo que ela resolve chamar de *heresia*. Esse dispositivo jurídico cumpre um papel fundamental na construção da Europa judaico-cristã. O tribunal da Inquisição rege os tribunais, que partem do princípio de que o acusado poderia não ter sido o que é porque dispõe de um livre-arbítrio que lhe permite fazer a escolha certa. O objetivo, portanto, é usar todos os meios para demonstrar que ele fez a escolha errada para entregar seu pescoço ao cutelo. O herético *escolhe* errar; é preciso puni-lo por essa má escolha.

O manual de Nicolau Eymerich remete aos textos conciliares; cita as Sagradas Escrituras, o Antigo e o Novo Testamento; fundamenta-se nos decretos imperiais promulgados pelos príncipes cristãos a partir de Constantino; remete aos diferentes escritos dos papas que se sucederam na história de Roma em mil anos; serve-se abundantemente do estoque da literatura patrística; remete aos teólogos cristãos e, entre eles, com frequência a Santo Agostinho e São Tomás de Aquino. É, portanto, uma obra filosófica importante e essencial para a compreensão do dispositivo inquisitorial.

Enquanto Bernardo Gui se limitava a compilar interrogatórios envolvendo cátaros e valdenses, pseudoapóstolos e beguinos, judeus e feiticeiros, sem se preocupar com a teoria, Eymerich propõe um livro doutrinal que se pretende universal: como caçar a heresia em todo o mundo cristão? Ele quer que sua obra seja ensinada aos teólogos e juristas. Em 1503, Roma unifica os processos inquisitoriais com base em seu livro. Torquemada o plagia. Os demais não acrescentam nada de substancial. Com essa farta literatura, a delação, a perseguição, a tortura, a confissão, o castigo, a punição, a dor, a prisão, a fogueira e a morte adentram o cristianismo pela porta da frente – a religião do amor ao próximo, ainda é necessário lembrar?

O que é heresia? Quando se é herético? Eymerich se escora na etimologia. Observa que Isidoro de Sevilha associa *herético* a *eleger* e oferece a definição: "O herético, ao decidir entre uma doutrina verdadeira e uma falsa, recusa a verdadeira doutrina e 'escolhe' como verdadeira uma doutrina falsa e perversa. É evidente, portanto, que o herético 'elege'". Essa definição pressupõe uma escolha, uma recusa com pleno conhecimento de causa, e decreta uma adesão voluntária ao erro... O herético opta pela heresia, ele quer ser herético.

Eymerich esclarece que há heresia quando há oposição a um artigo de fé, a uma verdade decretada pela Igreja, ou a um conteúdo ensinado nos livros canônicos. O inquisidor pressupõe, portanto, que todo cristão sabe tudo sobre todas as decisões conciliares, desde o primeiro concílio, conhece todas as bulas papais, desde a primeira bula promulgada, leu o Antigo e o Novo Testamento da primeira à última página e assimilou todo o seu conteúdo. Todo cristão tem obrigação de conhecer a lei cristã.

Ocorre que, naquela época, a incultura era a regra, inclusive no clero, que frequentemente era analfabeto. São Bonifácio relata, em 750, que um padre bávaro batizava *in nomine patria et filia*, em vez de *in nomine patris et filii*, o que significava "em nome da pátria e da filha", e não "em nome do Pai e do Filho"... Que cristão não seria herético se fosse submetido a uma saraivada de perguntas de um inquisidor sobre a relação entre Pai, Filho e Espírito Santo, se a querela do arianismo sobre esse tema se estendeu por vários séculos e produziu uma montanha de textos, cada um mais incompreensível do que o outro? Sobre a Trindade, a Encarnação, a natureza do Espírito Santo, as verdades contidas no Antigo Testamento (em que dia Deus criou as aves?) ou no Novo (o que Simão disse a Jesus?) e mil outros temas (quais foram as últimas sete palavras de Cristo?), o cristão tinha de saber tudo e, se não o soubesse, era culpado de ter escolhido e preferido o mal...

O herético dá nome, portanto, ao excomungado, ao simoníaco (que faz comércio com as coisas sagradas), a todo opositor da Igreja, ao que erra na explicação de um versículo das Sagradas Escrituras, ao criador ou membro de uma nova seita, ao que rejeita a doutrina dos sacramentos e a quem quer que se oponha ao poder de Roma e "duvide da fé"! Veem-se igualmente envolvidos nessa aventura os videntes, os bruxos, os adivinhos, os adeptos da "execrável seita judaica" (I,17), os "sarracenos", os blasfemadores, os cismáticos, os apóstatas, os relapsos e aqueles que hospedam, acolhem, defendem, protegem os heréticos.

Do ponto de vista doutrinal, Eymerich inclui também os infiéis. Em outras palavras, quem não é crente também se encontra sob a jurisdição dos cristãos! "Acreditamos que o papa, vigário de Jesus Cristo, não possui poder apenas sobre os cristãos, mas sobre todos os infiéis". Sendo assim: "O papa estende seu poder sobre todos os homens". Sobre os cristãos, naturalmente, mas também sobre os judeus e os muçulmanos, e sobre todo e qualquer homem, seja de que religião for. O universalismo cristão fundamenta e legitima os plenos poderes do papado sobre todo ser humano do planeta. "Que não nos venham dizer que não nos cabe julgar o que nos é alheio, ou que não podemos forçar os infiéis a crer, quer através de processo, quer pelas excomunhões, pois somente Deus pode chamar através de sua graça". Do que se compreende que, em breve, os habitantes do Novo Mundo sentiriam na pele esse ponto doutrinal.

Eymerich fornece, *en passant*, uma impressionante lista de seitas heréticas – do que se vê que, para existir enquanto *corpus* único, o cristianismo precisa destruir toda forma adventícia oriunda de seu tronco: os carpocracianos, que reduzem Cristo a sua humanidade herdada de um homem e de uma mulher; os nicolaítas, que compartilham suas mulheres; os nazarenos, que são judeus que acreditam em Cristo; os nictagos, que condenam as orações noturnas; os ofitas, que prestam culto à serpente; os valentinianos, que acreditam que Cristo ficou no corpo da Virgem como dentro de um tubo; os adamianos, que são nudistas; os catafrigianos, que só reconheciam o Evangelho segundo João; os setianos, que cultuam o filho de Adão, o único Cristo; os artotiritas, que oferecem pão e queijo ao céu; os aquarianistas, que consagram somente a água; os marcionianos, que acreditam que Jesus não é o Messias esperado pelos judeus; os noecianos, que seguem um homem que diz ser o segundo Moisés; os ebionitas, companheiros de estrada de Maomé; os severianos, que não aceitam o vinho, o Antigo Testamento e a ressurreição de Cristo; os tacianistas, que são vegetarianos; os alogianos, que negam que Cristo seja o Verbo; os cátaros, que não acreditam que o arrependimento absolva do pecado; os maniqueus, que recusam as lições veterotestamentárias; os hermogenianos, que rejeitam a Trindade; os hieracitas, celibatários que excluem as crianças do reino dos céus; os novacianistas, que tornam a batizar os já batizados; os fotinianos, que acreditam que Jesus é filho real de Maria e José; os antidicomarianitas, que afirmam o mesmo; os patricianos, que asseveram que o diabo foi quem criou a substância da carne humana; os colutianos, que eximem Deus da criação do mal; os florianos, que o responsabilizam pela criação do mal; os circunceliões, chamados também escototópicos, que procuram a morte por amor ao martírio; os priscilianistas, que combinam gnosticismo e maniqueísmo; os jovianistas, para os quais não havia diferença entre a mulher casada e a virgem, o pândego e o abstinente; os tessaresdecatitas, que celebravam a Páscoa na décima quarta lua; os pelagianos, como já vimos, que consideravam o livre-arbítrio mais forte do que a graça; os acéfalos, que não tinham chefe, mas combatiam as resoluções do Concílio de Calcedônia contra o monofisismo, para o qual a natureza divina do Filho absorveu sua natureza humana.

Eymerich acrescenta ainda outros heresiarcas: aqueles para quem Deus é triforme, aqueles que acreditam que a natureza divina de Cristo sofreu a paixão, os que afirmam que Cristo foi gerado pelo Pai no começo dos tempos, os que negam que Cristo desceu aos infernos para libertar os justos, os que afirmam que a alma não é à imagem e semelhança de Deus, os que acham que as almas se transformam em diabo ou em animais, os que afirmam que o mundo é imutável, os que acreditam na pluralidade dos mundos, os que acreditam em sua eternidade; os que andam descalços; os que comem sozinhos etc.

Obviamente, os judeus são apresentados como heréticos. Escreve o inquisidor: "A Igreja deve intervir para condenar quando reis e príncipes têm a ousadia de proteger os judeus". Francisco Peña, que comenta o texto de Eymerich no século XIV, acrescenta:

> Foi em 1230 que Gregório IX, tendo sido informado de que o Talmude era repleto de afirmações ímpias e blasfematórias acerca da religião cristã, mandou queimar esse livro. Essa sentença pontifical foi executada pela chancelaria da Universidade de Paris. Inocêncio IV, sucessor de Gregório IX, confirmou-a e estendeu-a a todos os livros com estilo e conteúdo semelhantes aos do Talmude. Além disso, a obra figura no Índex dos Livros Proibidos. (XVI)

Os cristãos que se converteram ao judaísmo e se negam a abjurar? "Serão perseguidos como heréticos impenitentes por bispos e inquisidores, que os entregarão ao braço secular para serem queimados" (I,17).

Herético, portanto, é aquele que a Igreja, por intermédio de quem fala em seu nome, ou seja, é nomeado e protegido por ela, decretou que seja herético. A Inquisição faz as vezes de polícia política do Estado cristão. Eymerich examina a situação em todas as suas configurações: se o poder temporal aceitar o poder temporal do poder espiritual, tudo corre bem. Na melhor das hipóteses, o decoro acompanha esse companheirismo. Em cerimônia, o inquisidor nomeado pelo papa ou pelo núncio apostólico apresenta suas credenciais ao poder político. E solicita sua ajuda: "O inquisidor suplica e exorta ao príncipe que o considere seu servo e lhe preste – se for o caso – conselho, ajuda, auxílio" (II,A,1).

Essa cerimônia é, na verdade, uma palinódia: o inquisidor finge solicitar com humildade, pois sabe que o solicitado não tem escolha e, caso recuse, será perseguido pela Inquisição. Eymerich esclarece: "O inquisidor lembra ao príncipe ou senhor que, em virtude de determinadas disposições canônicas, cabe-lhe agir dessa forma, se deseja ser visto como um fiel e evitar as muitas sanções jurídicas previstas nos textos pontificais". O inquisidor solicita com súplicas, mas não aceita que seu pedido seja negado e, em caso de recusa, faz ameaças. O gládio cristão se associa ao gládio temporal, mas, se for preciso, o primeiro esgrimirá contra o segundo. Essa polícia política pretende policiar a polícia do Estado. E é isso que fará durante vários séculos.

O inquisidor pede salvo-condutos que lhe permitem agir amparado por uma requisição conjunta do Estado e da Igreja. Em seu *Manual dos inquisidores*, Eymerich fornece o que hoje chamaríamos de elementos de linguagem na forma de cartas padrão. Basta aos inquisidores copiá-las e enviá-las aos príncipes. O inquisidor sabe, portanto, que não precisa prestar contas a ninguém, além do papa. Por mera formalidade, faz uma visita ao bispo da localidade onde pretende conduzir uma investigação inquisitorial. Uma carta – também copiada de um formulário padrão – é enviada ao suspeito de heresia, intimando-o a comparecer no convento dominicano mais próximo.

Caso as autoridades, ficticiamente solicitadas, neguem-se a colaborar, elas também são perseguidas. Em caso de aceitação, é tudo muito simples. Uma encenação mostra teatralmente a submissão do poder temporal ao poder temporal do espiritual. As autoridades juram publicamente, numa igreja ou outro lugar, sua submissão à polícia da Inquisição: "Proclamarão seu juramento de joelhos, perante o livro dos Quatro Evangelhos, que tocarão com a mão". Lerão mais uma fórmula padrão redigida especialmente para elas, pela qual se comprometem a acusar, denunciar, perseguir, prender, mandar prender e nunca ter nenhum tipo de trato com os hereges. O rei, o príncipe, o imperador, o soberano e o monarca se põem de joelhos diante do inquisidor.

Os que pedem um prazo para pensar se colocam em maus lençóis. São energicamente instados ("Ordenamos que se apresente"), são ameaçados (de excomunhão e outras penas mais graves) e absolvidos, se aceitam submeter-se. Caso contrário, o inquisidor redobra a insistência e ameaças: proclama as excomunhões nas igrejas; joga ao chão velas acesas em sinal de luto; manda tocar os sinos várias vezes ao dia. Caso ainda recusem: o inquisidor estende a excomunhão a próximos, familiares e amigos. Caso persista a recusa: ele pune coletivamente, oprime a população da cidade ou região, privando-a dos sacramentos – deixando-a sem batizados, sem casamentos, sem enterros. Se, apesar de todo esse arsenal repressivo, as autoridades não se ajoelharem diante dos que detêm o poder temporal, elas próprias são tratadas como hereges. Francisco Peña acrescenta em seu comentário que os recalcitrantes serão proibidos de exercer – eles, seus filhos e seus netos – a medicina e as profissões jurídicas; de usar roupas caras e preciosas; de ostentar joias, ouro, prata e seda, assim como sapatos trabalhados e pintados! Serão expulsos da cidade, mandados para o exílio em outra localidade.

O inquisidor é acompanhado de um "comissário inquisitorial", que precisa ter acima de quarenta anos. "Será um homem previdente, sábio, exemplar em seu saber e em sua moral, imbuído de zelo pela santa fé". A previdência, a sabedoria, a exemplaridade, o saber e a moral são menos importantes do que o zelo, que nunca há de faltar; aliás, essa será a qualidade necessária e suficiente para o exercício dessa nova profissão que assentará a universalidade do amor ao próximo pela fé.

Cria-se assim o padrão que aparecerá regularmente ao longo da história. Esse homem recebe "delações, informações e acusações de quem quer que seja, contra quem quer que seja". Ele intima, convoca as testemunhas e os "delinquentes", prende os acusados, colhe depoimentos e confissões, examina, chama para testemunhar. O inquisidor também descortina um novo campo de possibilidades: "Torturar – junto com o senhor bispo [*sic*] – a fim de obter uma confissão". E encarcera. É de se perguntar o que Jesus teria achado de tamanha exibição de zelo evangélico em seu favor.

O inquisidor convoca o clero e os crentes para um grande sermão, proferido na igreja. O modelo é fornecido mais uma vez por Eymerich... Quarenta dias de indulgência são concedidos aos que vêm escutar o inquisidor. Lembramos que a indulgência acelera a salvação – em tempos normais ela é alcançada por atos de fé e práticas adequadas. O pecador é perdoado através da confissão, mas a falta permanece; exige, portanto, uma remissão: a indulgência anula, parcial ou totalmente, a necessidade dessa remissão. O comércio de indulgências, como bem sabemos, terá um papel fundamental no advento da religião reformada. Comparecer ao sermão do inquisidor equivalia, portanto, a abolir quarenta dias de penitência.

Ao final do seu sermão, o inquisidor propõe a delação de todos por todos e pede ao notário que leia a outra carta padrão com a proposta: "Se alguém souber que tal ou tal pessoa disse ou fez alguma coisa contra a fé, que tal ou tal pessoa cometeu esse ou aquele erro, tem obrigação de informar o inquisidor". E, à guisa de brinde, decreta três anos de indulgência para quem colaborar com o empreendimento denunciando hereges. E esclarece: "Assim é que o notário que acaba de vos ler essas notificações acaba de ganhar também três anos de indulgência. Todos que denunciarem um herege ou um suspeito hão de ganhar o mesmo".

E já que estamos no capítulo dos brindes, o inquisidor concede igualmente um mês de graça especial aos que denunciarem a si mesmos como hereges. Uma maior misericórdia lhes será concedida se, por sua própria iniciativa, vierem confessar seus erros, arrepender-se e pedir perdão. O dispositivo inquisitorial é, portanto, muito simples: denunciar ou se denunciar, confessar, arrepender-se, pedir perdão, ser julgado pelo inquisidor, que decide o encaminhamento que será dado ao caso, mediante uma pena apropriada.

A Inquisição, que quer que a fé triunfe, põe em cena paixões tristes: a denúncia não ocorre sem inveja, maldade, malevolência, ódio... Estamos muito longe do amor ao próximo, do perdão dos pecados, da bondade fraterna, da comunidade dos homens de boa vontade unidos pela fé na palavra dos Evangelhos! O processo precisa de acusações e denúncias. Um papel importante, determinante, às vezes decisivo, é concedido ao boato: "Corre o boato, em tal cidade ou tal região, que tal pessoa disse ou fez algo contrário à fé ou em favor dos hereges" – é o que basta para colocar em marcha a pesada máquina da Inquisição. E esse boato pode levar um homem à fogueira porque ele acha que talvez Pai, Filho e Espírito Santo não sejam três instâncias de uma única pessoa, mesmo que seja um homem bom, gentil, amigável, afetuoso e generoso com seu próximo. Aos olhos do inquisidor, mais vale um homem mau que acredite nos dogmas do que um homem bom que desconheça suas minúcias. O catolicismo deixou de ser uma moral que se opunha à política romana e tornou-se uma política imoral com pretensões imperiais.

O inquisidor diz claramente: "Nos assuntos de fé, o julgamento deve ser sumário, simples, sem complicações, tumultos ou ostentação de advogados e juízes. Não há qualquer obrigação de apresentar autos de acusação ao acusado nem dar margem a debate. Não se admite recurso dilatório nem qualquer coisa do gênero". Em outras palavras: é um direito que não se incomoda muito com o direito e quer despachar rapidamente os casos, sem que os advogados de defesa possam dizer o que quer que seja. Desnecessidade de um motivo de acusação, inutilidade dos advogados, nenhum interesse em promover o debate, vacuidade dos processos... O direito nunca foi tão longe na codificação da supressão do direito aliada à codificação das modalidades dessa supressão. Volte, Jesus.

Nicolau Eymerich fornece detalhes do interrogatório das testemunhas. Esse interrogatório exige a presença de cinco pessoas: o juiz inquisitorial, a testemunha ou o acusado, o notário e duas testemunhas inquisitoriais, que são clérigos. Eymerich lista as perguntas, o inquisidor aprendiz só precisa seguir o manual linha por linha para realizar a tarefa: a testemunha deve prestar juramento e dizer se conhece o acusado, desde quando, em que termos, se é parente, se sim, em que grau, o que sabe sobre o acusado, o que se diz sobre ele, que reputação tem, se viu ou ouviu o acusado dizer ou fazer isso ou aquilo, como ele se comporta, com moderação ou ironia, de modo peremptório ou enviesado. Dirá também que não é movido por ódio, vingança ou ressentimento. E se compromete a guardar segredo sobre tudo o que presenciou. O notário faz o registro – e ganha suas indulgências.

Francisco Peña comenta uma observação de Nicolau Eymerich, o qual se preocupa em saber se o acusado estava brincando ou falando sério quando disse uma frase que soava herética. Esclarece que "palavras levianas sobre Deus, sobre os santos, não podem ficar impunes". Fazer rir, "divertir a plateia" com coisas da religião é uma falta que deve ser punida. O jurista poupa aqueles que teriam professado heresias em sonhos, e não leva em conta heresias eventualmente proferidas por uma criança ou um velho senil. O sonhador, a criança e o velho podem dormir, brincar e delirar em paz.

O acusado presta juramento sobre o livro dos Quatro Evangelhos, no qual põe a mão e declara que dirá toda a verdade. O inquisidor pergunta: local de nascimento, lugar de origem, identidade dos pais, identidade dos educadores, domicílios, viagens, deslocamentos. Ele tenta conduzir o acusado à confissão: "Conforme as respostas, o inquisidor orientará as perguntas de forma a dar a impressão de chegar naturalmente *à* pergunta. Indaga se em tal ou tal lugar ele não ouviu falar de tal questão (da qual, *sem saber*, é acusado)". Os itálicos estão no texto, ou seja, o acusado não *sabe nem sequer* por que foi intimado, só sabe que foi denunciado por um conhecido cujo nome ele ignora.

Encarcerado, o acusado é novamente interrogado sobre aquilo justamente que ele nega: "O inquisidor insistirá até que o acusado acabe por soltar alguma coisa: nesse caso, as informações obtidas são registradas pelo notário e pelas testemunhas inquisitoriais e vão juntar-se, nos autos, às negações ou confissões anteriores". A tortura faz parte do arsenal justificável para a obtenção da confissão. Com uma única condição: que o bispo esteja presente; sem ele, não se pode submeter um homem ao suplício. Mas o bispo pode delegar...

Nicolau Eymerich afirma que: "O ardil é a melhor arma do inquisidor" (164). Surpreende – mas nem tanto – que o ardil seja um argumento em favor da fé católica, se nos Evangelhos ele não ocupa um bom lugar. "Por meio de um ardil" (Mateus, 26,4; Marcos, 14,1) os grão-sacerdotes e os anciãos conseguiram a prisão que conduziria Jesus à morte. O ardil remete à sedução da serpente, outro nome de Satã, do diabo... Vale lembrar, para os mais avoados, que a "serpente era o mais astuto de todos os animais dos campos que Iahweh Deus tinha feito" (Gênesis, 3,1). Ardil, astúcia, sedução, desvio, enganação, logro, falsidade, mentira, hipocrisia, impostura – com a unção católica, os vícios pagãos se tornam virtudes cristãs.

Os heréticos, ou melhor, os suspeitos de heresia, recorrem ao ardil. O inquisidor classifica e analisa "dez truques dos heréticos para responder sem confessar". A abundância de exemplos que ilustram as teses demonstra que o manual é fundamentado na experiência, constitui uma teoria empírica calcada na observação de inúmeros processos. Ambiguidade, resposta oblíqua, resposta por adição de uma condição, espanto simulado, chicana, desvio de sentido, autojustificativa, simulação de mal-estar ("as mulheres alegam estar menstruadas"), loucura ou estupidez, dissimulação sob ares de santidade, tudo é válido para evitar a confissão que a Inquisição quer porque quer.

Francisco Peña comenta o trecho que trata da loucura simulada. Como saber se é simulada ou não? Simples:

> Para ter certeza, tortura-se o louco, seja ele real ou falso. Se não for louco, dificilmente continuará a fingir sob dor. Se houver alguma dúvida, e não se acredite tratar-se mesmo de um louco, que seja torturado mesmo assim, pois não há razão para temer que o acusado morra sob a tortura [*cum nullum hic mortis periculum timeatur*, em bom português: *não se receia nenhum perigo de morte*].

O bom torturador poupa a vida que será tirada pelo carrasco.

O que fazer quando o suposto herege é conduzido à morte e continua a blasfemar? Se blasfema, é porque está em estado de pecado e, ao morrer, irá diretamente para o inferno: deve-se assumir esse risco? Não seria o caso de poupá-lo e tentar trazê-lo de volta à razão? Francisco Peña coloca o problema com toda a simplicidade, sem grande caridade cristã ou compaixão, longe do amor ao próximo e do perdão dos pecados. Escreve:

> É preciso lembrar que a finalidade primeira do processo e da condenação à morte não é salvar a alma do acusado, e sim promover o bem público e aterrorizar [*sic*] o povo. Ora, o bem público deve estar muito acima de qualquer consideração caridosa acerca do bem de um indivíduo.

A razão de Estado católica encontra sua definição aqui. A razão de Estado, mas também a mecânica terrorista a serviço do Estado. O Tribunal Revolucionário e o governo revolucionário de 1793 encontrarão a sua disposição uma forma política afinada desde aquela época.

E se o louco for realmente louco? "Será mantido na prisão até recobrar a razão: não se pode entregar um louco à morte, mas também não se pode deixar o louco impune. Quanto aos bens do louco, serão entregues a um procurador ou aos seus herdeiros". Depois do uso da delação como veneno social, depois da invenção da razão de Estado e do governo pelo terror, a Inquisição concebe o tratamento político da loucura. Achar que o encarceramento basta para curar o louco de sua patologia é – entre tratamentos tão frequentemente extravagantes nessa época e a compaixão de pessoas santas que são movidas por um cristianismo autêntico – querer transformar o louco num herético que nem ao menos sabe que é herético, mas ainda assim é culpado de heresia. Variação sobre o tema da transmissão do pecado original!

Os hereges recorrem ao ardil para não responder, assim como o inquisidor, que quer uma confissão a qualquer custo. Nicolau Eymerich faz outra lista: a das astúcias que o inquisidor deve utilizar para contrapor à dos acusados. Ele precisa: desmontar as ambiguidades das declarações, falar com calma e suavidade, dar a entender que sabe de tudo, prometer que vai permitir que o acusado volte para casa, ler os depoimentos das testemunhas sem citar nomes, folhear o processo e dar a entender que o conhece todo, retrucar que é falsa uma declaração tendo um documento nas mãos "e ler esse documento fazendo as alterações que julgar adequadas", evitar falar demais para não mostrar que sabe pouco ou nada, fingir que está para partir numa longa viagem e que gostaria de encerrar o processo para não deixar o pobre homem um longo período na masmorra, multiplicar interrogatórios diversificando as perguntas, "submetê-lo à tortura e assim lhe arrancar confissões", colocá-lo na presença de delatores dentro da cela, prometer agraciá-lo tendo em mente que "graça é tudo o que se faz pela conversão dos heréticos" e que a tortura se inclui nessa categoria de graça, introduzir na cela um falso convertido que lhe extorquirá confidências enquanto o notário estará à espreita na sombra para anotar a confissão... Eymerich esclarece que todos esses ardis são empregados "sempre se considerando o acusado culpado". Em outras palavras: o arguido é declarado culpado já de saída, sem necessidade de provas. A presunção de inocência não é muito católica. Todas as técnicas de interrogatório são empregadas não para obter a verdade, mas para arrancar uma confissão. O pecado original acaso *já* não transforma em culpado todo homem que não fez nada?

Francisco Peña, em seu comentário, justifica a mentira pela boa causa: "A mentira que é dita judicialmente e em benefício do direito, do bem comum e da razão é absolutamente louvável. Com mais razão ainda a que é dita para detectar heresias, desenraizar vícios e converter os pecadores". Delação, acusação, imputação, suspeita, desconfiança, mentira, ardil, logro, sedução, dissimulação, hipocrisia, velhacaria, fraude, falsidade, duplicidade: o catolicismo transformou os vícios denunciados por Cristo em virtudes praticadas pelo papado e por seu clero armado. Torturar é amar, maltratar é salvar, machucar é curar, prender é libertar, macular é dar brilho, humilhar é elevar, mentir é dizer a verdade - nesse período da história, o direito cristão permite estranhas transubstanciações.

O processo precisa ser rápido: o ideal seria uma denúncia conduzir de imediato a uma punição... Delação de um vizinho pela manhã, fogueira no dia seguinte. É esse o preço do clima de terror explicitamente almejado por Eymerich. Governa-se mais cristãmente semeando o medo, o temor, o pavor, a inquietação, a apreensão. Todos são potenciais inimigos de todos. Todos vivem sob o olhar do outro. Um silêncio aqui pode-se transformar em processo relâmpago ali, conduzido pela mão do diabo que é o inquisidor. O processo visa a que a sentença caia como um raio - veloz.

Não há como proibir a presença de um advogado, o embuste daria muito na vista; mas o inquisidor escolherá um advogado "muito crente" - não *crente*, e sim *muito crente*... Difícil imaginar como esse advogado *muito crente* poderia opor-se às requisições de um inquisidor que age a mando do papa e é auxiliado por um bispo cercado de eclesiásticos! Arriscar-se a defender um herético presumido, cuja intimação já o transforma em herético de fato (ele até pode não saber disso, mas terá de confessá-lo assim mesmo...), é de um heroísmo fora do comum! Francisco Peña acrescenta, em seu comentário, que esse advogado deve "ser de boa linhagem, de uma antiquíssima cepa cristã". Ou seja, juiz e parte...

O mesmo Peña vai além, reconhecendo "a absoluta inutilidade da defesa". Acrescenta que "o papel do advogado é pressionar o acusado a confessar e se arrepender e solicitar uma penitência para o crime cometido". O advogado é um procurador! O jurista acrescenta ainda que o acusado poderá comunicar-se com seu advogado, mas sempre na presença do inquisidor. No caso de um menor levado ao tribunal inquisitorial, será nomeado um curador que falará por ele – o processo, assim, correrá mais rápido...

As testemunhas, é claro, serão de acusação. E não se recusará nenhuma, mesmo que haja o receio de que, sendo muito numerosas, o processo possa estender-se. Qualquer um pode ser testemunha, "até os infames, os criminosos de direito comum e seus cúmplices, os perjuros, os excomungados, qualquer culpado de qualquer delito". Boa moça, a Igreja não é muito exigente quando se trata de mandar desta para melhor quem tenha olhado distraidamente para a hóstia na hora da elevação. Seguindo essa ordem de ideias, obviamente é proibido às testemunhas se recusar a testemunhar.

Nicolau Eymerich teoriza em seguida sobre as perfídias que permitem a obtenção da confissão. Sem pruridos, escreve: "Será produzida para o acusado uma cópia do auto de acusação totalmente manipulada [*sic*], de modo a atribuir ao primeiro delator as delações do sexto, ao penúltimo as do terceiro etc. Desse modo, o acusado não saberá quem depõe assim, quem o acusa daquilo". A acusação será anônima, portanto. "Na cópia apresentada ao acusado, os nomes dos verdadeiros delatores serão misturados a nomes, escolhidos ao acaso, de pessoas que jamais testemunharam contra ele". O ato de acusação será, portanto, falsificado.

As sentenças pronunciadas pelo tribunal são codificadas: vão da absolvição à condenação, passando por sutilezas jurídicas – "apenas difamado", "submetido a interrogatórios e torturas", "levemente suspeito", "fortemente suspeito", "gravemente suspeito" etc. Em caso de absolvição, o inquisidor tomará o cuidado de não deixar o acusado achar que venceu: "O inquisidor terá o cuidado de não declarar, em sua sentença absolutória, que o denunciado é inocente ou isento, frisando tão somente que nada foi legitimamente provado contra ele". Em outras palavras: uma vez denunciado, sempre culpado, a ausência de provas não prova a ausência de culpa. Somente a confissão de culpa configura culpa, mas ausência de confissão não implica ausência de culpa. O pecado original não se revolve no processo.

Absolvido por falta de confissão, o suspeito de heresia se safa porque nada pode ser provado contra ele, mas a falta de provas não o torna inocente - não existe inocência no judeu-cristianismo. Quem escapa das garras da Inquisição recebe uma carta padrão em que está escrito: "Considerando-se que resulta, do processo que movemos contra ti, Fulano de Tal, [...] que nos foi denunciado por heresia, e especialmente [...] que não obtivemos tua confissão e não pudemos comprovar o delito de que és acusado, nem de outros, mas que és de fato manifestamente 'difamado' por heresia pelos bons e pelos maus de tal cidade, de tal diocese" etc.

A expressão "não pudemos comprovar o delito de que és acusado" é uma obra-prima de sofistaria! O inocente deveria ter concordado que era culpado, porque assim afirmou um delator anônimo; o processo foi movido para convencer o inocente de que não havia inocência, e ele era culpado. Faltam provas? Isso não é nenhum atestado de inocência, apenas demonstra a astúcia do culpado, hábil em dissimular - o que constitui, por si só, uma culpa inegável. Cara: culpado por confissão. Coroa: culpado por falta de confissão. Em ambos os casos, vence o tribunal. Dessa forma, o terror pode fazer a lei. O boca a boca é o que basta para impor o pavor.

O cristianismo não inventa a tortura, evidentemente. Mas não a abole. Pelo contrário: faz dela uma técnica de propaganda a serviço do amor ao próximo. Serve em caso de ausência de confissão. Seu uso é codificado: deve ser praticada no corpo de um supliciado nu, em presença do bispo - do contrário, é caso para recusa do inquisidor e apelo ao papa. Nenhum inquisidor correrá o risco de agir sem o bispo - que pode nomear um representante... Não confessar sob tortura é ser inocente; mas confessar não é necessariamente sinal de culpa. Para ser válida, a tortura precisa ser reiterada sem tortura. Caso o acusado confirme, há confissão de heresia; caso se retrate e desminta, retoma-se a tortura.

Com argúcia escolástica, Eymerich faz distinção entre "recomeçar" a tortura e "continuar" a tortura: recomeçar é proibido, mas continuar é autorizado... Recomeçar pressupõe a existência de novos indícios; continuar é apenas dar seguimento ao mesmo processo. E continuar até três vezes, como autoriza o texto, não é o mesmo que recomeçar três vezes a torturar – é torturar só uma vez. O inquisidor trapaceia e distingue entre "torturar moderadamente e sem efusão de sangue", "torturar decentemente" (o que define quinze dias de tortura...), "torturar de maneira tradicional, sem buscar novos suplícios nem inventar outros mais sofisticados: mais fracos ou mais fortes, conforme a gravidade do crime", e "torturar fraca e frouxamente".

Francisco Peña acrescenta sua contribuição, como sempre. Nicolau Eymerich não menciona as crianças, os velhos e as mulheres grávidas: crianças e velhos "podem ser torturados, embora com certa moderação: serão surrados a pauladas ou chicoteados"; quanto à mulher, ela só é torturada depois de dar à luz. As crianças podem ser submetidas ao suplício a partir dos dez anos e meio, se for menino, e um ano mais cedo (!), aos nove anos e meio, se for menina. O inquisidor tomará o cuidado de não machucar demais o acusado e não matá-lo; deve evitar causar enfermidades e danos irreversíveis. Peña escreve com a maior seriedade: "Mas que isso tudo seja feito sem crueldade! Não somos carrascos". A Inquisição inventou a tortura sem crueldade – um formidável oximoro, uma nova transubstanciação jurídica. Poderes mágicos do direito cristão!

O Estado cristão, *totalitário* (para usar o mesmo termo do historiador cristão Henri-Irénée Marrou), é também *terrorista*. Francisco Peña elogia a cena da efígie queimada em praça pública por seu efeito pedagógico: "Prática extremamente louvável, cujo efeito aterrorizante sobre o povo é evidente". Isso é só o que quer a Inquisição: a espetacularização dos processos para incutir terror nos cidadãos, e isso para que o poder cristão possa agir ao seu bel-prazer, sem nenhuma rebelião ou oposição.

O objetivo, portanto, é obter o famoso *efeito aterrorizante* sobre uma população que não sabe nem ler, nem escrever, nem pensar, mas é levada assim mesmo ao tribunal como se, diante das perguntas do doutor em teologia que o inquisidor sempre é, fosse capaz de escolher corretamente entre os *homousianos*, para quem Pai e Filho são de mesma natureza, os *homeusianos*, para quem somente suas substâncias são semelhantes, os *homeanos*, para quem o Filho se parece com o Pai, e os *anomeus*, para quem Pai e Filho são dessemelhantes. Quem sabia, na época, e quem sabe, hoje, que a doutrina oficial da Igreja - após quatro séculos de intermináveis debates - optou pela primeira alternativa?

Para obter o *efeito aterrorizante*, a Inquisição espetaculariza o teatro: as abjurações são feitas no meio da igreja, com o acusado sobre um cadafalso erguido no centro do edifício; os condenados vestem um "saco bento", isto é, uma roupa com uma cruz na frente e outra atrás, e ficam expostos por algum tempo à entrada da igreja; as humilhações são públicas, os coitados são entregues à vindita de um populacho ciente de que seu ódio lhe abre as portas das indulgências; os condenados andam descalços na rua, torso nu, são açoitados com varas, os eclesiásticos não poupam as varadas; alguns são emparedados vivos e passam o resto da vida numa cela privada de luz; outros apodrecem ali mesmo, uma "prisão terrível", segundo Peña, mas carregados de correntes; o inquisidor manda chamar os filhos do condenado, "principalmente se forem pequenos", para atormentar o prisioneiro; o contumaz é queimado em efígie; sofre tortura: bastão para tumefazer, cordas para entravar, cavalete para imobilizar o corpo enquanto é espancado, polé para deslocar os membros, carvão em brasa para queimar em último grau, suplício da água para sufocar e asfixiar, borzeguim para triturar o pé, jaula de ferro, caixões com pontas, máscaras de animais; o herege é conduzido à fogueira, seu suplício é oferecido como espetáculo em praça pública, com ostensivo protocolo cerimonial.

Eymerich e Peña tomam o cuidado de estabelecer uma distinção entre as vítimas. Todos estão sujeitos à justiça inquisitorial, mas os eclesiásticos e os poderosos não tanto quanto os demais. Os inquisidores hesitam no caso de reis e príncipes, cujo processo é encaminhado ao soberano pontífice; torturam frouxamente curas, padres e monges; evitam o papa e os núncios, bispos e cardeais, e, é claro, os próprios inquisidores, que por suas boas ações em favor da fé recebem indulgência plenária. Peña lista aqueles com quem é preciso cautela:

> Príncipes, duques, marqueses etc., mas também os membros do conselho real, os senadores, os ricos barões, os magistrados das cidades,

> os governadores, os cônsules, os *podestà* etc. Que o inquisidor se acautele antes de abrir processos contra personalidades desse tipo, sobretudo se forem poderosas (posto que entravarão o trabalho do Santo Ofício) e o inquisidor for pobre e fraco.

Em compensação, por mero respeito à justiça de classe, eles vão deitar e rolar em cima dos pobres, dos pequenos, dos humildes, dos miseráveis, dos camponeses, dos artesãos, dos operários, dos diaristas, dos pequenos comerciantes, dos operários agrícolas. Francisco Peña, totalmente imbuído de amor ao próximo, escreve: "Serão usados com circunspecção os depoimentos dos servos, posto que, de modo geral, são eles de extrema malevolência para com os seus senhores". Por que será...?

A teatralização alcançará seu efeito máximo nos processos de mortos suspeitos de heresia! A Inquisição ignora a paz dos túmulos, desconhece o fim do ódio na entrada dos cemitérios. Quem tiver enterrado um herético terá de exumar o cadáver; a ossada será queimada, evitando-se que se misturem a ela fragmentos de esqueletos de bons cristãos; "procede-se", como se dizia então, contra o cadáver em decomposição; um anátema é lançado sobre ele; seus herdeiros são destituídos de seus bens; o dinheiro é entregue ao fisco eclesiástico ou civil; os filhos do defunto são punidos; sua casa é derrubada, o solo é aplainado e joga-se sal na terra; fica proibida toda e qualquer reconstrução; as pedras são propriedade do fisco eclesiástico.

Até este momento, a Inquisição não foi abolida, só mudou de nome. Hoje se chama Congregação para a Doutrina da Fé.

3

FULMINANDO MONITÓRIAS CONTRA PORCOS UM TRIBUNAL PARA EXTIRPAR O ANIMAL DE DENTRO DO HOMEM

Natal de 1386, Falaise (Calvados), Julgamento e enforcamento de uma porca por homicídio

No Paraíso, onde tudo é possível, uma serpente fala. Deus fala, naturalmente; se ele inventou a linguagem, tem o direito de usá-la. Adão e Eva falam, naturalmente; Deus os criou, e ele tem o direito de dotar suas criaturas de palavra, sobretudo porque assim fica mais fácil se fazer compreender. A serpente também fala, naturalmente; o que vale para homem e mulher pode valer igualmente para a serpente, sobretudo porque a serpente é o diabo, e o diabo é um anjo decaído. Como anjo, ele não precisa da linguagem, pois é aceito pela jurisprudência patrística que essas criaturas se comunicam por impulso de intuição, mas, como diabo, ele precisa dessa magnífica arma que é a linguagem para seduzir.

Eva conversa com a serpente, o que é natural: quando se é dotado dessa capacidade, não há por que se impedir de usá-la com quem também a possui. Lê-se no Gênesis: "A mulher respondeu à serpente" (3,2), e "A serpente disse então à mulher" (3,4), ou "O homem disse [a Deus]" (3,12), quando não "Iahweh Deus disse à mulher" (3,13), ou até "Yahweh Deus disse à serpente" (3,14). A história é conhecida: Deus proíbe o fruto da árvore do conhecimento, ou seja, proíbe o homem de procurar saber. Adão não vê problema em obedecer, ele é homem, mas para Eva não é bem assim, ela é mulher: avisada pela serpente de que provar o fruto da árvore do conhecimento significa conhecer o bem e o mal, e tornar-se, portanto, semelhante a Deus, ela resolve saber; Deus pune Eva e seu homem, embora ele não tenha feito nada, expulsando os dois do Paraíso. Eis que começam os problemas.

Os julgamentos de animais demonstram que, durante muito tempo, o pensamento mágico entravou a inteligência dos homens. O primeiro julgamento remonta a 1120, e envolve arganazes e lagartas em Laon, na França; o último ocorreu em 1846, em Pleternica, na Eslavônia, contra um porco. Inúmeros animais foram levados aos tribunais, processados, defendidos, julgados e condenados, quer à excomunhão, quer à forca, quer ao degredo, ou então libertados, reabilitados e absolvidos. Alguns porcos foram executados com balestra, enforcados, abatidos, decepados e jogados aos cães; outros foram enterrados vivos, e às vezes até torturados, já que grunhidos tinham valor de confissão. Tudo isso sem objeção do poder religioso, mas, pudera, ele era parte interessada nessa justiça dos homens contra os crimes dos animais.

Esses oito séculos de processos contra animais envolvem diversos países da Europa cristã: enguias em Genebra (Suíça), em 1221; gafanhotos e minhocas no Tirol (Áustria), em 1338; outra vez gafanhotos na Lombardia (Itália), em 1541; um porco em Frankfurt (Alemanha), em 1572; um cachorro na Escócia, em 1500; um cavalo em Portugal, em 1550; ratos na Espanha, por essa mesma época; uma égua em Wünschelburg (Silésia), em 1676; um bode na Sibéria (Rússia), no século XVII; parasitas na Dinamarca, em 1711; um cachorro em Chichester (Inglaterra), em 1771; um porco em Pleternica (Eslavônia), 1846... Fora da Europa, mas ainda em terras cristãs, houve processos contra uma vaca, duas bezerras, três carneiros e duas porcas em 1662, em New Haven (Connecticut); contra rolas no Canadá, no fim do século XVII (relatado em detalhes pelo etnólogo viajante La Hontan); contra cupins no Brasil, em 1713, e no Peru, no fim do século XVIII...

Durante a Revolução Francesa, em abril de 1794, prova de que a episteme judaico-cristã ainda se achava em pleno funcionamento, um papagaio foi condenado pelo tribunal de Arras, cidade de Robespierre, porque gritava: "Viva o rei!". O dono da ave, um aristocrata de 75 anos, que foi inocentado pelo Conselho Municipal de qualquer militantismo monarquista, sua filha e sua criada foram guilhotinados. "Fraternidade ou morte"... O pássaro foi julgado e inocentado, porque foi considerado uma vítima da manipulação dos aristocratas. O tribunal o encaminhou para reeducação política na casa da esposa do comissário da República.

Observa-se que, nessa lista, os animais selvagens aparecem ao lado dos animais domesticados: a sanguessuga dos pântanos e a égua da fazenda, as enguias do lodo dos rios e as vacas que fornecem leite à família, os gorgulhos que devoram os brotos do vinhedo e os cães que guardam a casa. Todos os animais podem ser convocados perante o tribunal. Exceto - exceto: a serpente. É inimaginável que, em mais de cinco séculos, esse animal de veneno mortal nunca tenha picado um católico inocente que estivesse andando por uma trilha - ou um padre que atravessasse os campos para levar a extrema-unção... O emblemático animal do mal escapa à condenação, como um tabu que confirma minha hipótese de que o tribunal para os animais é, de fato, um tribunal para os homens que usa os animais como pretexto.

Porque os julgamentos são públicos e espetacularizados. A teatralização é dirigida aos animais, sem dúvida, pois se atribui a eles a capacidade humana de ouvir e compreender, mas também aos homens, que recebem assim uma lição de teologia teísta: Deus criou o mundo, e tudo o que advém procede de sua vontade. Ele criou o dia e a noite, o bem e o mal, a saúde e a doença, a vida e a morte, a paz e a guerra, a prosperidade e a fome, a abundância e a escassez, a riqueza e a pobreza. Os caminhos do Senhor são insondáveis, mas não podem ser maus, já que tudo que advém é da vontade de Deus.

As provas estão no Antigo Testamento. Por exemplo, Deus diz a Moisés:

> Se vos conduzirdes segundo os meus estatutos, se guardardes meus mandamentos e os praticardes, então vos darei as chuvas no seu devido tempo, e a terra dará os seus produtos, e a árvore do campo os seus frutos, e a debulha se estenderá até à vindima e esta até a semeadura. (Levítico 26,3-5)

E também:

> Mas se não me ouvirdes e não praticardes todos estes mandamentos, e rejeitardes meus estatutos, desprezardes as minhas normas

> e quebrardes a minha aliança, deixando de praticar todos os meus mandamentos, então eu farei o mesmo contra vós. Porei sobre vós o terror, o definhamento e a febre, que consomem os olhos e esgotam a vida. Debalde semeareis a vossa semente, porque os vossos inimigos a comerão. (Levítico 26,14-16)

Mas também:

> Se vos opuserdes a mim e não quiserdes me ouvir, agravarei estas pragas sobre vós sete vezes mais, por causa dos vossos pecados. Soltarei contra vós as feras do campo, que matarão os vossos filhos, reduzirão o vosso gado e vos dizimarão, a ponto de se tornarem desertos os vossos caminhos. (Levítico 26,21-22).

Da mesma forma, lê-se no Deuteronômio: "Todavia, se não obedeceres à voz de Iahweh teu Deus, cuidando de pôr em prática todos os seus mandamentos e estatutos que hoje te ordeno, todas estas maldições virão sobre ti e te atingirão" (28,15) – segue-se uma inacreditável lista de maldições, entre as quais colheitas devastadas pelos gafanhotos (28,38), vinhedos destruídos pelo verme (28,39), árvores e frutos comidos pelos insetos (28,42).

Sendo assim, todos esses animais que devastam as culturas são parte integrante do projeto de Deus: o Criador quer a proliferação dos animais que destroem as colheitas para infligir aos homens a fome que mereceram por não ser suficientemente piedosos. Se os homens forem mais cristãos, Deus não precisará enviar calamidades para trazê-los de volta ao caminho certo. É preciso, portanto, encenar o julgamento do Mal para que possa advir o Bem. Procissões, rezas, jejuns, cerimônias expiatórias, missas, doações, esmolas, exercício da fé e da caridade – isso aplacará a ira de Deus provocada pela pouca fé dos homens. O tribunal é um sermão expandido.

O primeiro processo é anterior ao dispositivo da Inquisição. É bem possível, aliás, que constitua a sua matriz. Em 1221, o dominicano Raimundo de Penaforte redige uma *Suma dos casos de penitência*; em 1234, compila as *Decretais* de Gregório IX e funda o direito canônico que vai vigorar até a reforma de Pio x... em 1917. É implantado assim o que possibilita a Inquisição decretada em 1231 pelo papa Gregório IX. O primeiro processo envolvendo animais, contudo, ocorreu exatamente um século antes, em Laon, onde as enguias do lago Léman são julgadas pelo tribunal episcopal. O advogado tendo feito um bom trabalho, as enguias obtêm uma parte do lago para seu uso exclusivo.

A Igreja persegue o mal. Ocorre que o mal é o diabo, Satã. A arte sempre o mostra como uma figura monstruosa, uma colagem de tudo aquilo que, no animal, representa uma ameaça aos homens: os cornos do bode, capazes de estripar; a língua bipartida da serpente, saindo de uma boca cheia de veneno mortal; as escamas do réptil, parente da serpente; a cauda bifurcada de um animal primitivo, que destrói tudo a sua passagem; as asas peludas do morcego, animal noturno que, segundo dizem, suga o sangue dos seres humanos tal como os vampiros; os cascos bifurcados iguais ao do porco, animal impuro; as garras do leão, que laceram e matam; as patas do lobo, que destroçam as presas; as orelhas pontudas do cão, que também é um animal impuro; os longos pelos negros de mamíferos como o macaco; patas filiformes como as do sapo; a cor escura da queratina dos insetos...

De certa forma, o mal é o animal que subsiste no homem, proclama a Igreja. E o pecado é a selvageria do animal que se recusa a obedecer, que resiste a se submeter à interdição decretada por Deus. Pequena é a distância que vai da mulher insubmissa ao animal sedutor, de Eva à serpente. Nos processos movidos contra os animais estão as primícias dos processos que, em breve, seriam movidos contra as bruxas e os heréticos. Tudo aquilo que deseja a vida no homem inscreve-se no registro da animalidade. De ora em diante, será preciso não querer a vida, preferindo-lhe a obediência a Deus - ou àqueles que dele se valem.

Natal de 1385: esse século que vê um terço da população europeia morrer da Grande Peste é o mesmo dos afrescos de Giotto, do Palácio dos Papas em Avignon, da Guerra dos Cem Anos, das obras de Guillaume de Machaut, da canonização de Tomás de Aquino, do Palácio dos Doges em Veneza, da Tapeçaria do Apocalipse de Angers, de *A divina comédia* de Dante, da arte gótica, do *Decameron* de Boccaccio e do *Canzionere* de Petrarca, dos poemas de Cristina de Pisano e Carlos de Orléans, da filosofia de Guilherme de Ockham e Jean Buridan – famoso por causa do seu asno...

Mas esse século é também o do pensamento mágico: acredita-se, como Santo Agostinho, que o diabo existe e pode assumir forma corpórea; acredita-se também, como São Tomás de Aquino, na existência de íncubos que abusam das mulheres durante o seu sono, e súcubos, demônios fêmeas que se vêm unir aos homens durante a noite; acredita-se igualmente, como o teólogo Alain de Lille, que os cátaros procedem etimologicamente do gato, um animal diabólico, e, portanto, devem ser exterminados; acredita-se, como o bispo Cesário de Arles, que os demônios não possuem traseiro, embora a iconografia mostre nádegas velhas e flácidas em forma de rosto e a boca em forma de ânus; acredita-se, como Nicolau Oresme, bispo de Lisieux, que o inferno se situa no centro da terra; acredita-se, como o dominicano Jean Gobi, que no inferno os pecadores são retalhados, mergulhados em chumbo derretido, submetidos às piores torturas, ou ainda que, ao se abrir o caixão de um devasso, "foram encontrados dois sapos de tamanho extraordinário que lhe devoravam o rosto e um pulular de vermes e serpentes horrorosos que lhe devoravam avidamente os olhos, a boca e o cadáver inteiro"; afirma-se, como o monge cisterciense nascido em La Hague, Guillaume de Digulleville, que os diabos do inferno são auxiliados por lobos, sapos, parasitas, serpentes que devoram e estraçalham, cobrem de baba e imundícies, mordem e inoculam seu veneno.

O filósofo não é mais racional que o poeta, que não é mais racional que o teólogo. Um morto não morre completamente, porque vive seu suplício tal como um vivente: ele sofre, é martirizado, padece as mais terríveis torturas; está morto, mas faz caretas, grita, choraminga, geme, berra, suplica. Os animais podem viver na fornalha e seguir cumprindo suas tarefas: o lobo devora, o sapo baba, a serpente pica, e esse zoológico infernal atua incessantemente, infinitamente e por toda a eternidade. Se os filósofos acreditam em baboseiras desse tipo e evocam o *Parmênides* de Platão, as *Enéadas* de Plotino e a *Metafísica* de Aristóteles para validar as divagações do pensamento mágico, o que dizer de homens e mulheres que vivem nas mais remotas províncias, onde o judeu-cristianismo se impõe a golpes de espada e cadafalso, terror e julgamento, tribunal e masmorra?

Mas voltemos ao Natal de 1385, em Falaise, vilarejo do interior normando, nas cercanias do castelo medieval em que Roberto, o Magnífico, duque da Normandia, e Arlette de Falaise, filha de um embalsamador, conceberam o futuro Guilherme, o Conquistador. É dura a vida do camponês. O inverno é rigoroso. Pouco depois do solstício de inverno, no dia de Natal à tarde, um pedreiro sem trabalho por causa do frio (primeira dispensa por motivo de mau tempo de que se tem notícia...) se deita na palha com sua esposa legítima. Três meses antes, tiveram um filho, Jonnet le Maux. O menino foi envolvido em panos e acomodado no curral adjacente à casa para aproveitar o calor dos animais. Duas ovelhas prenhas emanam uma energia que beneficia o bebê, enquanto os pais optam por outro tipo de calefação.

Passa por ali uma porca de três anos. O porco doméstico, nessa época, ainda não se distingue muito do porco selvagem, está mais para o javali de pelo preto e duro do que para o porco rosado de hoje. É um animal que anda solto, circula livremente. Tem dono, mas vagueia aqui e ali e apanha seu alimento onde o encontra: o lixo é jogado nas ruas das cidades e das aldeias, e, no campo, em redor das casas. Os porcos comem os detritos que, na época, são todos biodegradáveis. Essa porca de Falaise depara com a criança no curral. Daquele pacotinho de panos, só o rosto sobressai. Avistando esse pedaço de carne, ela o devora. Come também parte da coxa do bebê. Os gritos alertam os pais, que acabam assistindo à morte do filho. O enterro é realizado no dia seguinte ao Natal.

Os poderes públicos capturam a porca errante e a colocam na prisão, onde ela permanece por duas semanas, enquanto é instruído o processo e o procurador investiga. O dono, que não é pessoalmente implicado, arca com os custos da detenção do animal: alimentação e hospedagem. É necessário dar de comer ao animal, limpar a palha suja, recompor a cama e pagar o porqueiro que executa essas tarefas. No início de 1386, o procurador desce até a cela para visitar a detenta. Interroga-a... O que hoje chamaríamos de defensor público esboça uma defesa do animal. Imaginamos quão empenhado se sente em sua tarefa...

O que passa pela mente do procurador que se dirige à porca, que a interroga, sabendo que não existe a menor chance de ela responder? E pela do advogado que a defendia, ciente de que ela não interromperá sua peroração? Os homens da lei sabem muito bem que esse animal não fala, não entende e, portanto, não vai responder nem dizer nada em sua defesa. Mas eles agem *como se* ele falasse, *como se* entendesse, *como se* fosse responder. Como qualificar um tribunal em que se sabe que o acusado não tem a menor condição de fazer valer seu ponto de vista, senão como dispositivo disciplinar de uma paródia de justiça?

Os juízes também vão até a cela. Imbuídos da função, leem a sentença para o animal, que não aguenta mais. Homens armados acompanham os homens de toga. A porca está refestelada no próprio estrume. Um guarda lhe dá aguilhoadas para que se levante sobre as quatro patas. Precisa estar de pé para ouvir a íntegra das minutas do processo. Devemo-nos surpreender? A porca permanece em silêncio. Temos de fingir espanto? É condenada à morte por enforcamento. Nunca o anúncio de uma pena capital causou tão pouco impacto num condenado!

Os homens da lei decidem então humanizar o animal, o que torna o animal humano e justifica a encenação pelo fato de que, aos olhos de Deus, é abolida a distância que separa o porco do camponês. O carrasco, para tanto, corta o focinho do porco e coloca-lhe uma máscara com feições humanas. Mas isso não basta. O animal é vestido com calça e jaqueta, calções nas pernas traseiras e luvas brancas nas dianteiras. Um cavalo o arrasta desde a praça do castelo até o subúrbio de Guibray, local de seu suplício, onde a justiça convocou os camponeses das redondezas com seus animais: cavalos e éguas, touros e vacas, porcos e porcas, bodes e cabras, homens, mulheres e crianças. O objetivo é dar uma lição de teologia aos animais humanos, tomando como reféns os animais não humanos – como se diz hoje em dia.

O carrasco, Nicolas Morier, veste luvas para evitar o contato com o bicho impuro. Depois de cumprida a tarefa, vai queimá-las e mandar a conta para a justiça. Ele prende a porca pelas patas traseiras e a iça sobre as forquilhas que fazem as vezes de patíbulo, pendurando-a de cabeça para baixo. Faz um corte na coxa do animal, da mesma forma como o animal machucou a do bebê. A porca morre. Ele simula um estrangulamento no corpo morto, atrela seu cadáver a uma grade de ripas, que é puxada novamente por um cavalo de volta para a cidade. O objetivo é edificar o transeunte e mostrar o que o espera, caso transgrida a justiça cristã do país. O corpo é então decepado, desmembrado e jogado numa fogueira. As cinzas são dispersadas.

A porca está morta, e o camponês foi punido: ele não vai poder salgar a carne da porca para alimentar a família, nem vendê-la na feira para se pagar um pouco, nem deixá-la procriar e garantir o sustento da família com os filhotes. Se havia leitões, eles acabarão morrendo por falta do leite materno. O casal, que já perdeu um filho, vê a miséria se abater sobre o lar. O objetivo também é punir o pobre homem e a mulher por não terem cuidado do seu rebento e responsabilizá-los - para usar o termo do momento.

Para prolongar a repercussão do julgamento muito tempo depois de ter ocorrido, o visconde Regnaud Rigault ("visconde", na Normandia, era um título de justiça, não de nobreza: trata-se de um juiz do rei) encomendou a um pintor um afresco para a igreja da Santíssima Trindade. Os tormentos do tempo maltrataram essa obra *naïf*, que desapareceu junto com parte do edifício em 1417. Foi refeita. E outra vez destruída durante uma reforma em 1820. Pierre-Gilles Langevin, um padre que viu o afresco, conta o que ele mostrava:

> O bebê devorado e seu irmão são representados nessa parede, junto da escada do campanário, deitados lado a lado num berço. Mais ou menos no centro da parede estão pintados o cadafalso, a porca vestida à maneira humana, sendo pendurada pelo carrasco na presença do visconde, que vemos montado num cavalo, um penacho no chapéu, mão no quadril, observando a execução.

Do que se vê que o visconde de penacho, o carrasco enluvado e o padre tonsurado contribuem, cada qual a seu modo, para o edificante dispositivo destinado a aterrorizar o povo simples.

Os arquivos desse julgamento da porca de Falaise não guardam vestígio dos arrazoados. Outros processos de animais, porém, mostram que os arrazoados constituem autênticas aulas de teologia, rivalizando com os cursos da Sorbonne em matéria de sofística cristã. Assim, em 1451, nos arredores de Berna, a água dos charcos, lagos e rios se encontra infestada por pequenas sanguessugas. Estas são ingeridas por crianças que brincam na água, pelas vacas que a bebem, pelos peixes que as tragam. A calamidade desses animaizinhos que contaminam tudo é associada às dez pragas do Egito: as águas tingidas de sangue, as rãs caindo do céu, o pó se transformando em mosquitos, as moscas invadindo os ares, os rebanhos morrendo, as pessoas cobertas de pústulas, chuvas de granizo abundantes, uma quantidade tamanha de gafanhotos que o céu escurece em pleno dia, recém-nascidos morrendo...

Para quem acredita na veracidade dos textos da Bíblia, parece estar-se repetindo aquilo que é relatado no Êxodo. Assim sendo, a aluvião de sanguessugas é necessariamente uma mensagem de Deus – e não um fenômeno natural gerado por condições propícias de temperatura e umidade que podem ser percebidas e compreendidas pela razão razoável e raciocinante. Assim sendo, basta que os homens se tornem agradáveis a Deus e parem de zangá-lo, realizando ações que demonstrem sua fé: orações, rogações, invocações, bênçãos, comunhões, contrições, fumigações de incenso, oferendas em moeda sonante ao clero – que não se acanha em aceitá-las. A sanguessuga se revela rentável.

Fevereiro de 1452. Os insetos que se alimentam de sangue causam a morte do gado por hemorragia interna. Aos olhos dos crentes, esse óbito indica a mão de Deus. Os burgueses apreensivos por seu comércio, os conselheiros cantonais preocupados com a ordem pública, o grão-vigário que não perde nenhuma oportunidade de reassumir o controle de suas ovelhas reúnem-se com o preboste, o antepassado do atual policial. O vigário dá sua versão, já esperada, que é a do pensamento mágico: as sanguessugas estão sendo enviadas por Deus, que precisa ser acalmado. A população se mobilizou, mas não com fervor suficiente. Apela-se então para a autoridade eclesiástica, na pessoa do bispo de Lausanne. O que o padre não consegue, o bispo há de conseguir. Deus não será insensível à mobilização de uma de suas autoridades de um nível acima. Os padres, na cátedra, repassam a informação às ovelhas.

No dia marcado, o bispo preside o tribunal e exerce o poder judiciário acompanhado de um séquito de juízes, copistas, meirinhos, exorcistas. O procedimento é pago: a caridade dos homens de Igreja tem limite. O bispo de Lausanne recebe em sua cidade o pároco de Berna. Considera o pedido. E decide enviar dois investigadores, dois moços de cidade que olham os camponeses de cima para baixo durante os quatro dias que passam inspecionando os locais infestados. Conduzem a investigação em latim e concluem: há, de fato, uma proliferação anormal de sanguessugas. Como esperado, o tribunal afirma que se trata de uma maldição divina e decide... excomungar as sanguessugas! É preciso, para tanto, convocar um tribunal.

A multidão não é convidada, o tribunal delibera a portas fechadas. O procurador estabelece o rol dos danos. Determina que sejam ouvidas as rés. Uma audiência contraditória é marcada para cinco dias depois. Três meirinhos, acompanhados de assistentes, vão até a beira das águas infestadas e leem, em latim, uma intimação para comparecimento. Para o caso de fazerem ouvidos moucos, alguns homens batem na superfície da água para obrigar as sanguessugas a subir e ouvir as queixas contra elas.

No dia marcado, não se sabe por que motivo, as sanguessugas não comparecem. O tribunal espera em vão. O presidente decide enviar uma intimação de comparecimento com condução coercitiva: caso os anelídeos se recusem a vir ao tribunal, o tribunal irá até eles. O policial é incumbido de trazer algumas sanguessugas para o banco dos réus. Colocadas em potes, impassíveis, como não poderia deixar de ser, enfrentam os escrivães, os juízes, o procurador, o advogado, o preboste, o bispo. O juiz *fulmina sua monitória* - em outras palavras, ele as exorta.

A monitória é uma advertência solene que o direito canônico exige antes de toda e qualquer excomunhão. É redigida e lida nas homilias três domingos consecutivos; o texto é afixado nas portas das igrejas e em praça pública - muito embora a quase totalidade dos habitantes seja iletrada. Em seguida, a excomunhão é confirmada por uma cerimônia espetacular: os doze padres que auxiliam o bispo espezinham doze círios, enquanto são recitadas as abjurações. O papa Alexandre III (1159-81) foi o primeiro papa a introduzir o uso de monitórias. Monitórias se fulminam...

O texto da monitória referente às sanguessugas merece ser citado:

> Ordeno aos animais presentes e aos ausentes como se estivessem presentes que, no prazo de três dias, se retirem das águas de Berna, deixem em paz os animais que vêm atacando e se transfiram para

> um local onde não causem prejuízo a ninguém. Digo que, se não fizerem isso, serão novamente intimadas a apresentar os motivos de sua desobediência. Caso contrário, maldições serão proferidas contra elas por contumácia.

As rés são devolvidas à água; os homens observam para ver o que acontece; nada acontece.

Esse breve texto dá uma ideia do que é a inteligência da época, como funciona o pensamento mágico, os considerandos ontológicos, os pressupostos teológicos contidos na fulminação da monitória, a lógica dos eclesiásticos, dos homens da lei, dos juízes e magistrados. O bispo fala com as sanguessugas e acha que elas o compreendem; ele e seus pares pressupõem que elas entendem latim sem se perguntar onde, quando e como elas o teriam aprendido; acham que elas podem obedecer ou desobedecer e são, portanto, dotadas de livre-arbítrio; acreditam que elas podem querer fazer o bem e, se não o fazem, é porque optaram por fazer o mal; supõem que a ameaça de maldição pode influenciar o comportamento delas. O que passa pela cabeça dessa gente prestigiosa, que fala latim e estudou em universidades ou seminários, para que um simulacro desses seja levado a sério?

Como as sanguessugas não obedecem às ordens, o tribunal procede a uma nova condução coercitiva. Os potes são colocados mais uma vez no centro do dispositivo teológico-jurídico. O procurador escolhido pelo povo para representá-lo, um letrado que domina a língua de Virgílio, reitera o arrazoado: descreve os danos, relata o desenrolar dos fatos, enfatiza o prazo concedido às acusadas, e prossegue:

> E porque Deus é mais inclinado a perdoar que a punir, há de convir em encerrar a causa em favor do povo. Em nome de Deus todo-poderoso, e da Santa Igreja, malditas sejam as sanguessugas de Berna, e que a justiça pronuncie imprecações contra elas, desejando-lhes todos os males possíveis.

O tribunal segue o procurador e decide a favor da maldição.

O pároco, acompanhado por seus fiéis, vai anunciar a sentença às sanguessugas, com ampla procissão nos locais infestados. Declama para as águas a seguinte fórmula:

> Eu vos exorcizo, sanguessugas pestilentas, por Deus Pai todo-poderoso, por Cristo, seu filho, e pelo Espírito Santo que procede deles dois, a fim de que neste exato instante vos retireis dessas águas e vos transporteis para onde não possam prejudicar mais ninguém, em nome de Deus todo-poderoso, da cúria celeste, e da Igreja de Deus que vos amaldiçoa; e que sejais malditas, que enfraqueçais e definhais dia após dia até que de vós já não se encontre vestígio em lugar algum. Por Cristo, senhor nosso. Amém.

Não sabemos como o caso terminou. Nos anos seguintes, porém, os habitantes de Berna repetiram a dose contra os ratos, contra os besouros e, por fim, contra as larvas.

Os arrazoados em defesa dos animais encontram fundamento nas Sagradas Escrituras. Vermes ou sanguessugas, ratos ou gorgulhos, moscas ou gafanhotos são criaturas de Deus, que as desejou tal como são para fazer e perfazer sua Criação. Combatê-las significa combatê-Lo. Além disso, e como demonstra o Gênesis, os animais foram criados antes do homem, portanto ocupam o solo há mais tempo do que ele. O direito do primeiro ocupante justifica que a sanguessuga possa desfrutar do local em que se encontra. Se os animálculos antecedem os homens, é por vontade divina; querer que seja de outro modo significa, pura e simplesmente, opor-se à Deus. O mesmo texto justifica que os animais encontrem livremente seu alimento na natureza.

O advogado dos queixosos responde também invocando as Sagradas Escrituras. O Gênesis também diz que Deus deu poder aos homens sobre os animais, e destruí-los quando são nocivos não é contraditório com o ensinamento de Deus. Além disso, se Deus tivesse criado Adão e Eva primeiro, num mundo sem nada, e só depois tivesse criado o restante, inclusive os animais, os seres humanos não teriam sobrevivido, essa é a única explicação para o fato de os animais terem precedido o homem: para servi-lo, eles tinham de existir antes dele. O direito do primeiro ocupante, portanto, inexiste nesse caso.

Na melhor das hipóteses, o tribunal convidava os animais a ocupar um território em que não incomodassem os homens. A mesma natureza que os fazia aparecer em massa também os fazia desaparecer, segundo as suas razões - climatológicas, hidrológicas, geológicas. Onde a natureza produzia epidemia, os homens da Igreja viam um gesto de Deus; quando a natureza regulava as coisas e punha fim à epidemia, viam nisso, ainda e sempre, um gesto de Deus; quando, entre uma coisa e outra, não acontecia nada de melhor ou pior e as coisas estagnavam, viam nisso, igualmente, um gesto de Deus.

A leitura da Bíblia justificava esses processos, esses julgamentos, essas situações ubuescas em que juiz e tribunal resolvem vestir uma porca assassina com trajes humanos antes de mandar enforcá-la, ou interrogar uma sanguessuga em latim esperando que ela responda. Mas acaso não está escrito no Antigo Testamento: "Se algum boi chifrar homem ou mulher e causar sua morte, o boi será apedrejado e não comerão a sua carne; mas o dono do boi será absolvido" (Êxodo 21,28)?

No julgamento da porca de Falaise, a prescrição bíblica é estritamente respeitada: o animal matou um ser humano, foi morto, seu corpo foi queimado e suas cinzas foram dispersadas; o dono não foi implicado. O estrito respeito ao texto constitui a lei católica, mesmo que à custa da razão. Vestida com calça e jaqueta, calções, luvas nas patas e uma máscara de feições humanas, a porca assim travestida mostrava aos camponeses reunidos à volta do patíbulo que era preciso matar o animal que subsistia no homem. Algo que o cristianismo estava ali para ensinar. E que o afresco da igreja da Santíssima Trindade, em Falaise, vinha lembrar a quem não sabia ler e escrever e não era contemporâneo do fato. Contam que na aldeia de Pierre Tourneuse, não longe de Falaise, treze fantasmas da porca e dos seus doze leitões assombravam quem se aventurasse por ali. São Tomás de Aquino, com a *Suma teológica* debaixo do braço, não faria objeção a essa forma de manifestação do Mal para a gente simples.

4

FENOMENOLOGIA DA VASSOURA DA BRUXA
CRÍTICA DA RAZÃO MISÓGINA

Paris, 19 de agosto de 1391, Jeanne de Brigue:
a Igreja queima sua primeira bruxa

Os processos contra os animais são os processos que os cristãos movem contra a serpente do Gênesis; os tribunais que condenam as bruxas à fogueira, por sua vez, descendem diretamente do processo que querem mover contra Eva, a qual cometeu o maior dos pecados ao se submeter à vontade da serpente. O animal e a bruxa são o verso e o anverso da mesma moeda ontológica: a que representa a cena primitiva do pecado original. A civilização judaico-cristã se impõe com violência: processos e julgamentos, tribunais e encarceramentos, tortura e fogueiras da Inquisição; depois, o mesmo dispositivo, com tortura inclusive, aplicado a todos os animais da Criação, das sanguessugas aos porcos, dos gorgulhos aos cavalos; e, por fim, e sempre com o apoio de uma mesma jurisdição disciplinar, as cremações de bruxas em fogueiras que iluminam todas as regiões da Europa cristã.

A primeira mulher condenada e queimada viva como bruxa chamava-se Jeanne de Brigue, cognominada Franciscana. Em 29 de outubro de 1390, um julgamento é realizado em Paris, no Châtelet. A ré é uma camponesa pobre, residente em Brie, acusada de possuir dons especiais – encontrar objetos perdidos, apontar os ladrões às vítimas de roubo, curar doentes, magia branca, ou provocar doenças, magia negra. Certa vez, apontou uma camareira como ladra ao dono de um albergue, que achava que sua mulher roubara uma xícara de prata para dar de presente a um de seus amantes – e indicou o local onde estava escondido o objeto; de outra, orientou um pároco a procurar o tabelião que vinha acobertando o autor dos furtos para recuperar o dinheiro que lhe fora roubado e o crucifixo que fora surrupiado de sua igreja – a cruz, como que por milagre, reapareceu em seu local de origem.

A Igreja vê com maus olhos os feitos da mulher. O bispo de Meaux manda prendê-la e a deixa um ano na prisão. O dignitário episcopal a convoca para ouvi-la e a libera, depois de proibi-la de persistir em suas práticas divinatórias.

Macette, por sua parte, casa-se com Hennequin de Rully na igreja de Saint-Pierre-aux-Bœufs, em Paris. A mulher é infiel; o marido bate nela. Estão casados há cerca de quatro, cinco anos quando ele adoece. A mãe do marido espancador procura Jeanne de Brigue e lhe pede que devolva a saúde ao seu filho (magia branca). Macette conta suas mazelas a Jeanne, as duas se tornam amigas. A esposa espancada pede que Jeanne diga que a doença se deve ao feitiço de uma mulher, Gilette La Verrière, com a qual Hennequin tinha dois filhos.

Macette revela a Jeanne como provocou a doença do marido (magia negra): cozinhando cera virgem com alcatrão numa frigideira redonda, invocando a ajuda do diabo e tomando o cuidado de recitar três vezes excertos do Evangelho de João, três Padre-Nossos e três Ave-Marias para trazer Deus para o seu lado. Para causar dor no marido, basta misturar esses ingredientes no fogo – o corpo sente infalivelmente uma dor semelhante ao ataque de mil agulhas. Em seguida, sempre recitando as orações, molda com essa massa um rosto humano e, com uma faca, traça três cruzes nele – a dor passa para a cabeça.

Dizem que a receita não funcionou, e que, apesar das manobras de Macette, Hennequin lhe deu uma surra daquelas. Então ela recorre a outro dispositivo ontológico. Coloca nos pés da cama um pote de cerâmica no qual estão presos dois sapos que ela apanhou no quintal com uma luva. Um tijolo impede os sapos de escapulir. Ela os alimenta com leite de mulher, leite de vaca e miolo de pão. Infligir dor aos bichinhos equivale, *de facto*, a infligi-la ao marido, que a sente imediatamente.

Impressionada com o saber de sua nova amiga, Jeanne pede sua ajuda para que o homem que já lhe fez vários filhos se disponha finalmente a casar-se com ela. Macette prescreve a famosa cera, e sugere, para obter o casamento, que unte as costas do solteiro inveterado durante o sono. A operação deve ser repetida diariamente por nove dias. Caso a prescrição se revele ineficaz, e o malandro persista em rejeitar o casório, Macette recomenda acrescentar veneno de sapo ao já mencionado preparado. Dois dias após o início do tratamento, Hennequin, o marido de Macette, sente-se melhor.

A melhora é atribuída aos sortilégios de Jeanne, que é presa. Ela é submetida a um primeiro interrogatório em 29 de outubro de 1390. Confessa agir em conluio com um diabo que ela chama de Haussibut e que, segundo ela, está a seu serviço. É torturada. Sob a dor, entrega o nome de Macette, que é detida, interrogada, encarcerada. Esta nega de início, mas também sucumbe à tortura - e confessa tudo. Jeanne é condenada à morte em 9 de fevereiro de 1391, e Macette, em 5 de agosto. Em 19 de agosto de 1391, ambas são conduzidas à praça pública. Usam uma mitra na cabeça, são expostas no pelourinho da praça onde costuma ocorrer a feira dos leitões. Então são queimadas na fogueira.

Esse primeiro julgamento inaugura centenas de milhares de outros. Repare-se que põe em cena mulheres, aborda questões de sexo e envolve manifestações de saber popular, e que nada disso se opõe ao cristianismo. Tende-se a falar mais em bruxas do que em bruxos; ora, a magia, a bruxaria, a superstição interessa aos homens desde que eles existem. Era conhecida pelos gregos, romanos, celtas, germanos, francos, escandinavos, eslavos, e eles conviviam muito bem com ela. O Antigo e o Novo Testamento, assim como a Torá e o Corão, sem esquecer os Pais da Igreja, reconhecem a existência de pessoas capazes de invocar as forças do cosmos e pedir seu auxílio em ações boas ou más. E o que faz o padre quando reza pela cura de um doente (magia branca) ou invoca Deus para que, num combate, sua divindade massacre os que ele aponta como inimigos (magia negra)?

As mulheres estão na linha de mira nesse combate do judeu-cristianismo, que se apoia neste versículo do Êxodo: "Não deixarás viver a feiticeira" (22,18), para justificar, durante vários séculos, que centenas de milhares de bruxas sejam condenadas a morrer nas chamas da fogueira. Por quê? Porque, repetimos, a primeira mulher desejou saber, quando

Deus lhe pediu que obedecesse. O que o cristianismo persegue na bruxa é *a mulher que sabe*, a mulher que descende de Eva, a que quis saber e, com isso, provocou a expulsão do paraíso original.

Não fosse essa mulher, diz o Gênesis, os homens não conheceriam a morte, o sofrimento, o trabalho, o pudor. Pois, então, as mulheres conhecerão a guerra dos sexos, o parto com dor, a dominação dos homens. Deus expulsou Adão e Eva do jardim das delícias para evitar que, tendo provado o fruto da árvore do conhecimento, que os tornava iguais a Deus no que se refere ao saber, quisessem provar também o fruto da vida, que os tornaria semelhantes a Deus no que se refere à vida eterna. Eva recebeu seu nome de Adão: etimologicamente, Eva vem do hebraico e significa *viver*. O que a Igreja condena ao perseguir uma bruxa é a vida, a vida e aquilo que, na vida, quer a vida.

Que a Bíblia seja misógina e falocrata, para empregar termos contemporâneos, não resta a menor dúvida. Do Antigo Testamento – que aponta Eva como a causa da negatividade porque fez uma escolha que gerou o mal – ao Novo Testamento – que celebra uma mulher (Maria), mas desde que ela seja virgem e mãe (uma proeza anatômica e ontológica...) –, sem esquecer os textos paulinos que oprimem as mulheres e só as salvam se forem casadas e mães de família, sexualmente abstinentes e submissas aos seus maridos, citações não faltam.

Jesus nunca disse nada contra as mulheres, e, quando falou delas, foi em seu favor, desde a mulher adúltera até a que unge seus pés com perfume, passando pelo fato de que pediu de beber a uma samaritana de vida fácil. Mas o judeu-cristianismo paulino se construiu com ódio e desprezo pelas mulheres. A bruxa perseguida pela Igreja é mulher porque ela é mulher, e, enquanto mulher, ela é o pecado. A patrística, como um só homem, oprime as mulheres durante séculos – de Agostinho de Hipona a Tomás de Aquino, a mulher é reduzida ao seu sexo, que é o *sexo frágil*, porque é pecador.

O sexo feminino é também *o* sexo. Em outras palavras, a encarnação de uma libido inextinguível. A fisiologia dos homens é constituída de tal forma que seu prazer é simples e fácil, por isso mesmo é mais tosco e rudimentar, sumário e primitivo, brutal e grosseiro. A contracepção é reservada às mulheres, que dispõem de toda uma farmacopeia; as camponesas pobres do interior estão sujeitas a partos sucessivos, não raro fatais, e às investidas dos homens, para os quais o ato sexual está mais para o estupro que para a arte erótica dos orientais. A inexistência de uma erótica cristã, somada ao desprezo pelas mulheres, transforma a sexualidade feminina num mistério.

Elas, de fato, precisam mais de alma e menos de corpo e carne do que os homens. Por isso precisam de um tempo que o macho, focado em seu próprio prazer egotista, não lhes dá. O prazer simples e simplista dos homens se defronta com o prazer complexo e elaborado das mulheres. O gozo não é mecanicamente fácil para elas, porque é mais espiritual, mais cerebral. O ato sexual satisfaz sem grande esforço todo mamífero masculino, mas exige dos homens mais do que a maioria sabe ou consegue dar. Por isso elas parecem um poço sem fundo, um tonel das Danaides, um monstro sedento de energia masculina, que nunca as satisfaz. A bruxa possui essa libido.

Jeanne de Brigue e Macette se tornam amigas e cúmplices de bruxaria porque, como a maioria das mulheres, são vítimas da testosterona de seus parceiros. Emprenhadas, surradas, maltratadas, negligenciadas, usadas como objetos sexuais, as duas aliadas recorrem a remédios de comadre – cera virgem e alcatrão misturados e aquecidos, veneno de sapos alimentados com leite de mulher, unguentos administrados durante a noite... Elas querem sair de sua condição, não querem o mal gratuitamente, querem o mal dos que lhes fazem mal.

Essas mulheres manifestam um saber. Podemos rir dessas medicinas populares, mas é interessante compará-las com o que era na época a medicina científica! Os médicos, que parecem ser mais bem preparados, fazem sangrias para curar pessoas que já apresentam feridas sangrentas, prescrevem para dores de garganta a ingestão de mel misturado aos excrementos de um rapaz saudável, diluem a urina de um homem ruivo para cicatrizar feridas e úlceras, receitam piolhos torrados com clara de ovo para acalmar a tosse, cozinham minhocas em água para aplicar em lesões etc. Não deixa de ser engraçado que o roto que lê Hipócrates e Galeno, com seus piolhos e minhocas, urina de ruivos e fezes de garotos, zombe da esfarrapada que transmite de geração em geração receitas à base de cera, sapos e alcatrão. A Igreja, no entanto, pretende-se alinhada aos modernos (cristãos) da cidade contra os antigos (pagãos) do campo.

Ocorre que a oposição entre citadinos que sabem e camponeses que ignoram não é tão clara. Jeanne de Brigue e Macette, como vimos, citam versículos do Evangelho de João, rezam suas orações, repetem várias vezes o Pai-Nosso e a Ave-Maria. Está certo que invocam o diabo, mas a Igreja também acredita nele. Tertuliano, Taciano, Jerônimo, Irineu de Lyon, Cipriano, João Crisóstomo, Gregório de Nissa, Ambrósio de Milão, Basílio de Cesareia, Justino, Orígenes, Agostinho, Tomás de Aquino e tantos outros dissertam com a maior seriedade sobre sua natureza, funções, poder, ser, as modalidades de sua ação. O Haussibut de Jeanne de Brigue não é menos insano que o Belzebu, o Satã ou o Lúcifer dos teólogos.

Camponesas do interior de Brie, rebeldes à dominação masculina, usuárias da farmacopeia popular, poética e mítica, mas também eventualmente, por razões empíricas, eficaz ou, pelo menos, tão eficaz quanto a farmacopeia dita universitária, Jeanne de Brigue e sua amiga Macette podem citar São João e invocar o Pai que está no céu, ou Maria cheia de graça, isso não basta para que a Igreja tolere o que chamaríamos hoje de irmandade feminista. Para a fogueira, já disse.

A filosofia medieval institui a bruxaria. Não é uma arma de guerra contra a desrazão, é uma arma de destruição em massa de bruxas: *O martelo das feiticeiras*, de Heinrich Institoris e James Sprenger, data de 1486. É publicado com a aprovação da Universidade de Colônia. É uma obra volumosa, fortemente inspirada na filosofia escolástica: sobretudo em Tomás de Aquino, mas também nos Pais da Igreja, Santo Agostinho, Isidoro de Sevilha, Gregório, o Grande, São Jerônimo, Dionísio, o Aeropagita, ou ainda nos filósofos do momento: Duns Escoto, Nicolau de Lira, Paulo de Burgos, Antonino de Florença. A filosofia e a razão colaboram com a fogueira; uma e outra levam ao tribunal, à prisão, ao fogo purificador.

Por que *O martelo das feiticeiras*? O título em latim é *Malleus maleficarum*, que pode ser indiferentemente traduzido por *Malho das maléficas, Malho das bruxas* ou *Martelo das maléficas, Martelo das bruxas*. O martelo é o instrumento predileto de Nietzsche para filosofar – com ele se quebra e se tritura, pulveriza-se e se aplaina, espalha-se e se dissemina. Nesse caso, é a ferramenta com que se quebra a ortodoxia católica. Quem empunha o martelo (de ferro) ou o malho (de madeira) e o usa é um herético.

James Sprenger é dominicano formado pela faculdade de teologia de Colônia; faz doutorado e se torna professor titular da faculdade de teologia; é eleito decano por seus pares e nomeado prior pelos seus; discípulo de Alain de la Roche, dominicano bretão que fundou as Confrarias do Rosário e instituiu a devoção do terço, é devoto da piedade mariana – dizem que a Virgem lhe deu a honra de uma aparição no claustro do seu convento, para onde levou um dedo de Santa Ana. Em fevereiro de 1479, esse intelectual formado numa teologia de primeira linha é iniciado na prática inquisitorial. Morre aos sessenta anos, durante uma visita às irmãs dominicanas de Estrasburgo.

Seu companheiro de escrita, o dominicano Heinrich Institoris, foi leitor, depois doutor em teologia e, por fim, prior. Autoritário, desconfiado, colérico, ele coleta fundos para a cruzada contra os turcos, manda queimar livros, assiste a vários julgamentos seguidos de mortes na fogueira, escreve contra as heresias, promove discussões contra os heréticos e defende com unhas e dentes o direito do papa de dirigir os assuntos temporais. Lembramos que no ano de publicação de *Martelo*, 1486, o papa Inocêncio VIII agradece Lourenço, o Magnífico, casando seu filho (filho legítimo do papa...) com a filha do mecenas; e ainda presenteia um dos filhos do Magnífico, que também se chama Lourenço, com a dignidade de cardeal – o menino, então com treze anos, seria papa com o nome de Leão X... O mesmo Inocêncio VIII é autor da bula *Summis Desiderantes Affectibus* [Desejar com ardor supremo], que, em 5 de dezembro de 1484, autoriza a Inquisição a atuar em assuntos de bruxaria. Institoris morre aos 75 anos, em 1505.

Sprenger e Institoris são para a teologia da Inquisição o que Deleuze e Guattari foram para a filosofia dos *Seventies* – um *must*. O livro é escrito por Institoris, em colaboração com Sprenger, seu companheiro de Inquisição na Europa, mas é dele a autoria de praticamente toda a obra. Contudo, por razões editoriais, Sprenger exala – em vida e depois de morto – um odor de santidade muito eficaz para transformar o livro num *best-seller*. O que de fato ele foi, já que de 1486 a 1669 teve 34 edições em toda a Europa – Itália, França, Suíça, Império Germânico, Países Baixos, Espanha... Cerca de trinta mil exemplares desse livro que serviu de manual dos inquisidores contra as bruxas circularam em todos esses países.

O que opõe o inquisidor à bruxa é muito simples: o primeiro está do lado da instituição, tem o respaldo da universidade, vale-se de leituras autorizadas e atores canônicos, é apoiado pela Igreja Católica e pelo poder do Vaticano; julga possuir o fio de Ariadne que lhe permite mover-se pelos labirintos contraditórios da Bíblia, maneja à perfeição as circunlocuções da *Suma teológica* de Tomás de Aquino, faz malabarismos com a razão patrística e manipula a retórica escolástica. É uma figura de autoridade e ordem que é a lei, que faz a lei, que diz a lei. O inquisidor tem o Livro do seu lado, mas não sabe ler a natureza. É um homem, como São Paulo.

A bruxa, em compensação, está do lado da liberdade e da natureza: conhece campos e florestas, mares e córregos, lagoas e rios; tem o domínio das ervas e das plantas com as quais prepara poções e unguentos que tratam e curam, ou envenenam e intoxicam; não desconhece nenhum movimento da Lua ascendente e descendente, crescente e decrescente, sabe do seu efeito sobre tudo que é vivo; convive com os sapos dos pântanos e os morcegos das grutas, com as cobras dos matagais e as enguias dos rios; possui um saber empírico, transmitido oralmente desde a noite dos tempos. A bruxa não sabe ler, mas tem a natureza do seu lado. É uma mulher, como Eva.

E isso os dois dominicanos reconhecem. A propósito da anulação de malefícios, eles dizem: "Esse tipo de superstição não se aprende nos livros e não é praticado por pessoas instruídas. É obra de pessoas absolutamente *não entendidas*. Assim, a quem só possui essa base sem experiência e demonstração prática, é impossível dedicar-se aos malefícios como um bruxo". Nenhum saber livresco, portanto, mas conhecimento empírico, dito e contado, dado e transmitido boca a boca. Requer *experiência* e *demonstração prática*, em outras palavras, é uma sapiência popular vinda... de Eva!

O martelo das feiticeiras inicia seu requisitório contra as mulheres convocando toda a literatura misógina que se pode mobilizar num caso assim. Não é difícil citar os textos da Bíblia, os filósofos pagãos, os pensadores cristãos, os Pais da Igreja, os grandes nomes da escolástica. Basta abaixar-se e recolher os lugares-comuns mais gastos: incapazes de pensar, governadas pelo ventre, inaptas para a filosofia, desprovidas de inteligência, ciumentas, coléricas, invejosas, ressentidas, más, desmemoriadas, infiéis, adúlteras, libidinosas, mentirosas e sedutoras, amam o luxo, são ambiciosas, fornicadoras etc.

As citações se acumulam, e também as demonstrações. Como a que se apoia na etimologia, tirada das *Origens* de Isidoro de Sevilha:

> *Femina* deriva de *Fe* e de *Minus*, porque sempre ela tem e guarda menos fé. Isso por natureza, no que tange à fidelidade; mas, por natureza e graça na bem-aventurada Virgem Maria, a fé nunca fraqueja, enquanto nos homens ela esmoreceu no tempo da Paixão de Cristo. Portanto, uma mulher má, que por natureza duvida mais rapidamente na fé, também mais rapidamente abjura a fé, o que é fundamental nas bruxas. (XI,2)

A título de informação: o dicionário Littré esclarece que a palavra deriva do "radical *fœ*, encontrado em *fœtus*, *fecundus*, e do sufixo participial *mina*, de modo que *fœmina*, particípio de meio, significa aquela que alimenta, amamenta"... Note-se que, de um lado, há os homens, cuja fé esmorece; de outro, as mulheres, cuja fé esmorece mais, com mais força e mais rapidamente; e, acima de todos, a Virgem Maria, cuja fé não fraqueja nem falha jamais. Portanto, a única salvação possível para a mulher é se tornar semelhante à Virgem.

Ou então a prova da inferioridade das mulheres, tirada da anatomia:

> Poderíamos assinalar, aliás, que existe como que um defeito na formação da primeira mulher, uma vez que ela foi feita de uma costela curva, isto é, uma costela do peito, tortuosa, e como em oposição ao homem. Também decorre [*sic*] desse defeito que, como um vivente imperfeito, ela sempre decepciona.

Do que se vê que o texto sagrado do Gênesis é interpretado com toda a simbologia necessária. A proveniência da mulher de uma costela de Adão é uma verdade revelada num versículo da Bíblia; ocorre que a costela é anatomicamente curva, como qualquer um pode perceber; portanto, a mulher criada a partir de uma costela só poderá ser tortuosa. Silogisticamente irretrucável, portanto teologicamente correto.

Ou ainda a prova tirada da zoologia, associada à teologia católica: Sprenger e Institoris citam dois santos mártires africanos do século III. Em *Carta de um certo Valério a um certo Rufino "para que ele não tome mulher"*, Valério escreve a Rufino:

> Não sabes que a mulher é uma quimera, mas precisas saber. Esse monstro assume uma tríplice forma: reveste a nobre face de um leão radiante; avilta-se com um ventre de cabra; arma-se da cauda venenosa de um escorpião. Isso significa: sua aparência é bela; seu contato, fétido; sua companhia, mortal.

O enunciado performativo católico é de uma eficácia temível: não é necessário demonstrar o que basta afirmar. E, se foi dito pelos santos, a quem ocorreria duvidar?

Desse acúmulo de citações misóginas emerge uma mesma e única razão: o ódio à mulher solteira que tem toda a liberdade para ser e fazer o que bem entender. "É nelas um defeito natural o de não querer ser governadas, e seguir seus impulsos sem qualquer moderação". A mulher sem marido, a mulher sem homem, a mulher sem esposo, a mulher sem companheiro, a mulher que não recebe ordens de um macho: essa é a inimiga! Porque é movida por uma libido sem objeto definido e encarna, portanto, no sentido etimológico do termo, a mais perigosa das calamidades para o homem. O desejo sem fim da mulher põe o homem diante de sua incapacidade de satisfazer esse apetite voraz como uma boca diabólica.

Eis por que, libidinosas a mais não poder, elas têm "sete métodos para infectar magicamente o ato venéreo e o feto concebido": atrair os homens para um amor desordenado, bloquear sua potência genésica, fazer sumir o pênis, transformar os homens em animais, arruinar a fecundidade das mulheres, provocar abortos espontâneos, oferecer crianças aos demônios. Em vocabulário contemporâneo: paixão, impotência, castração, metamorfose, esterilidade, aborto, infanticídio. Através de citações de Tomás e Agostinho, do Antigo e do Novo Testamento, de decretais e do Código Justiniano, Sprenger e Institoris explicam, com muita dialética escolástica, que essas coisas todas de fato aconteceram. A verdadeira causa dessa fúria que há na mulher? "Porque ela é mais carnal do que o homem". O que o inquisidor persegue na bruxa, portanto, é a feminilidade da mulher.

Imbuídos de teologia e patrística, retórica e sofística, filosofia e direito canônico, nossos dois dominicanos esclarecem, na metade de um alentado volume de mais de quinhentas páginas:

> Uma vez que estamos tratando de moral, não há por que desfiar argumentos e múltiplas explicações: o que virá nos capítulos seguintes já foi suficientemente discutido nas questões anteriores. Por isso rogamos ao leitor, diante de Deus, que não queira encontrar provas para tudo, quando basta uma justa probabilidade, e deduza a verdade daquilo que transparece, quer da experiência pessoal pela visão e pela audição, quer dos relatos de testemunhas dignas de fé.

Em outras palavras, em que pese a quantidade de argumentos e demonstrações, citações e glosas, raciocínios e deduções, dos quais não nos poupam os dois compadres, eles concluem que, às favas com a teoria, podemo-nos contentar com o que vimos ou ouvimos, ou com o que alguém nos disse. Percebe-se aí a mesma lógica do *Manual dos inquisidores*, de Nicolau Eymerich: não há necessidade de debates e discursos, provas e conclusões, uma "justa probabilidade", isto é, *uma simples probabilidade* é o que basta!

Os teólogos demonstram, mas as demonstrações não são necessárias; dissertam, mas as dissertações não são necessárias; argumentam, mas as argumentações não são necessárias: um vizinho denuncia um comportamento suspeito, uma palavra atravessada pinçada de uma conversa, é o que basta para concluir a existência de uma bruxa. Nem todo o mundo tem a sorte de contar com uma confissão franca. Como a da bruxa que, ao ouvir o padre saudar os fiéis com o costumeiro: "O Senhor esteja convosco", respondeu baixinho: "Vira a língua no meu cu" – nesse caso é permitido acreditar no que se ouviu, sem precisar recorrer à *Suma teológica* de São Tomás de Aquino...

O que as bruxas fazem? O que causam? Tudo que seja variação do tema do mal: epidemias, tempestades, trovão, relâmpago, raio, granizo, enchentes, loucura, impotência sexual, esterilidade, morte de recém-

-nascidos, de animais grandes e pequenos, doenças nos animais, apodrecimento de grãos, frutos e legumes, estragos em pomares e pastagens, tormentos internos e externos, ou seja, a corrupção dos corpos e das almas, a metamorfose dos humanos em bichos, a invisibilidade do que elas querem tornar invisível, a começar pelo pênis, as incapacidades, as deformidades causadas pela consanguinidade, as enfermidades, todas as enfermidades, o sumiço de crianças (roubos de crianças eram frequentes na Idade Média) – e tudo aquilo que nos esquecemos de mencionar. O Mal é a Bruxa, a Bruxa é a Mulher, a Mulher é o Mal. Deus disse, São Paulo disse, os Pais da Igreja disseram, os filósofos e os teólogos também. Assim seja.

Como elas agem? Por meio de unguentos preparados por elas depois de firmar um pacto com o diabo: escolher crianças, de preferência não batizadas; sufocá-las durante o sono delas e dos pais – que enterram seus rebentos acreditando numa morte natural; ir ao cemitério e cavar a sepultura para roubar o pequeno cadáver. E depois... Damos a palavra a uma bruxa que teria dito ao inquisidor:

> Nós os fervemos num caldeirão até que toda a carne se solte dos ossos e fique bem macia. Com o elemento mais sólido fazemos um unguento que serve para os nossos artifícios, nossos prazeres e nossa locomoção. Com o elemento mais líquido, enchemos um recipiente, um odre: quem bebe dele cumprindo determinados rituais adquire imediatamente todo conhecimento e se torna mestre da nossa seita.

Dominar o pensamento tomista não torna inteligente; a prova está aí. Sprenger e Institoris aceitam essas palavras delirantes, que nem sequer temos certeza se foram mesmo pronunciadas – a não ser que os dispositivos inquisitoriais utilizados no processo, entre os quais a tortura, expliquem um auto desse tipo.

O unguento preparado com guisado infantil serve para a locomoção das bruxas... Os dois dominicanos dedicam um inteiro capítulo à questão: "Como as bruxas se locomovem de um lugar para outro". Acredita-se que elas cavalguem animais noite adentro, com uma deusa pagã; isso é um absurdo, dizem os dois compadres. Em compensação, não acham tolice ou estupidez acreditar que:

> As bruxas, instruídas pelo diabo, preparam um unguento com o corpo das crianças, principalmente as mortas por elas mesmas antes do batismo; untam com esse unguento uma cadeira ou um pedaço de pau. Imediatamente elas se elevam no ar, quer de dia, quer de noite; quer de forma visível (a bel-prazer), quer invisível.

A iconografia não conservou registro de bruxas escarranchadas em cadeiras; em compensação, eternizou a imagem da bruxa montada numa vassoura – o *pedaço de pau* do *martelo*...

Desde a Idade Média, no céu das noites de Lua cheia, as bruxas cavalgam vassouras para encontrar o sabá, quando se reúnem para fomentar seus malefícios. Por que uma vassoura? O freudismo, que fez pouco pela ciência, mas fez muito pelo humor, vê nisso, obviamente, um símbolo fálico. Levando ao extremo o ridículo da análise, os psicanalistas esclarecem que o pau da vassoura corresponde ao pênis, e a palha, ao tufo pubiano... Não avançamos muito em termos de inteligência desde Artemidoro de Éfeso, que no século II da era comum relatou em *A chave dos sonhos* que um atleta, às vésperas de participar de uma corrida, sonhou que varria um duto cheio de lixo e lama, "submeteu-se a uma lavagem intestinal e, lépido e ligeiro depois de evacuar os excrementos de seu ventre, venceu a corrida"... Há quem faça fortuna, em Paris e outros lugares, com esse tipo de pensamento mágico.

Mas por que diabos recorrer a um símbolo, se a antiga tradição mundial não vê nenhum problema em representar os seres humanos escanchados em grandes e graúdos falos alados? Se era para a bruxa cavalgar um falo, por que ela se contentaria com uma vassoura de *performance* incerta nesse quesito? Para Freud, o real nunca existiu, porque ele sempre o substitui pelo simbólico; ocorre que o simbólico de Freud é sistematicamente sexual, e sempre falocêntrico.

Não há como negar o papel do pensamento simbólico antes do advento do pensamento racional – ou, segundo outros, do pensamento simbólico simultâneo ao pensamento racional... Sendo assim, as tradições históricas têm mais a nos dizer sobre esse assunto do que o pansexualismo freudiano. A vassoura pode, sem dúvida, significar mais que uma vassoura, mas não está fadada a ser fálica só porque Freud associava todo objeto pontudo ao falo e todo objeto côncavo à vagina! Uma chave numa fechadura não tem a obrigação de simbolizar sempre uma relação sexual fantasmática...

A vassoura é um utensílio usado nos ritos religiosos desde a mais alta Antiguidade. Serve para limpar o espaço sagrado dos templos e santuários, evitando que o culto se realize num local sujo, conspurcado, poluído, maculado. Varre-se o chão da mesma forma como, em algumas religiões, lavam-se as mãos e os pés. Platão, que dissertou extensamente no *Teeteto* sobre o *status* ontológico das unhas, dos cabelos e da sujeira, sabe que há nessas substâncias uma degradação da matéria que é ela própria uma degradação da ideia. A vassoura, portanto, serve para eliminar a degradação do que está degradado e permitir a pureza do culto. É um instrumento de ablução seca.

De modo que, se a bruxa cavalga uma vassoura quando sai da chaminé – na qual se suja – para ir ao encontro do sabá – onde planeja sujar –, é porque ela age no sentido contrário de quem varre pelo bem: pelo mal, ela inverte os valores e monta no objeto para mostrar que o domina, possui, dirige, conduz, sujeita à sua vontade, à sua lei. O oficiante afasta a impureza; a bruxa reivindica essa mesma impureza como sendo seu motor, seu combustível, sua lei, aquilo que a move. Ela domina o que a vassoura domina: sendo mulher, ela é a criatura úmida que abole a ablução seca, passando a vassoura por sua entreperna. Não há falo nenhum nessa história; apenas uma imagem de transvaloração dos valores. Vaginal, se fosse preciso recorrer aos termos da tribo freudiana.

O martelo das feiticeiras é também um manual do inquisidor para as bruxas. Não diz nada que não digam outros manuais que perpassam a história da Inquisição. Reproduz páginas inteiras de Nicolau Eymerich tais e quais. Capítulos intermináveis esclarecem a validade da denúncia, como proceder à prisão e ao encarceramento, as modalidades do processo, a quantidade e a qualidade das testemunhas, a ação do juiz, o desenrolar do interrogatório, a natureza do flagrante delito, o limite das informações dadas ao acusado, os critérios para a recusa do juiz. Há capítulos sobre o emprego da tortura, do ferro em brasa. Ou sobre a confissão, o arrependimento, a abjuração, a abjuração da abjuração, isto é, a relapsia, a condenação por contumácia, o eventual recurso a Roma. Ora, ocorre que esse dispositivo também é demoníaco.

Sprenger e Institoris mostram que, na Idade Média, quem acredita em Deus também acredita no diabo. A confusão entre o real e o imaginário possibilitada pela narrativa mitológica judaico-cristã, prolífera em alegorias, fábulas, lendas, parábolas, ficções e mitos, torna o pensamento racional tão mágico quanto racional o pensamento mágico. O Antigo e o Novo Testamento, Santo Agostinho e São Tomás de Aquino, os pais da patrística e os teólogos da escolástica acreditam nos demônios, em Satã, em Lúcifer, no diabo – tanto quanto as bruxas... Para eles e para elas, para o bispo e para a bruxa, o real está repleto de espíritos, os vivos podem estar mortos, e os mortos, vivos; esqueletos se entontecem em danças macabras; cadáveres em decomposição saem dos túmulos para carregar com eles uma pessoa viva que esteja vivendo no mal; um homem surra três gatos até fazê-los sangrar e no dia seguinte descobre que na verdade espancou três mulheres; outro mostra a um terceiro que uma bruxa roubou seu sexo, e assim são dois que não acreditam no que veem, mas veem aquilo em que acreditam; uma mulher ciumenta, porque foi trocada por outra, torna o ex-amante impotente jogando um caldeirão cheio de amuletos no fundo de um poço – a bruxa acredita no seu malefício, mas o padre também, já que a condena por isso...

Em *O martelo das feiticeiras*, os dominicanos tomistas reconhecem que partilham do mesmo pensamento mágico de suas inimigas declaradas. Assim, durante o processo de uma bruxa, aconselham o juiz e seus assessores a se acautelar e tomar certas precauções:

> nunca deixar que as bruxas os toquem diretamente, principalmente na junção da mão com o braço; e sempre ter com eles sal exorcizado no dia de Ramos e ervas bentas. Essas coisas, quando envolvidas em cera benta e penduradas no pescoço [...] possuem uma maravilhosa eficácia. E disso sabemos não só pelos depoimentos das bruxas, mas pelo uso e costume da Igreja, que os exorciza e benze para esse fim.

As bruxas acreditam na baba de sapo, os párocos no sal bento; elas, as pagãs, acreditam nas figuras de cera, eles, os cristãos, nos rolos de cera.

A filosofia medieval não é o remédio para o pensamento mágico, mas um auxiliar, ou mesmo um amplificador. Não é o momento em que a Razão dá boas razões para Deus ser e existir, mas o período em que ela fornece ao mito cristão toda a água benta necessária para regar a árvore escolástica. Não é o instante dialético que prepara a razão renascente ou a razão moderna, e sim o motor retórico que amplifica o caráter fabuloso do mundo judaico-cristão. Não é o antídoto racional para a desrazão feiticeira, e sim a versão masculina de uma desrazão pura e livresca, que pede ao latim que prove, mais uma vez, que as mulheres são demoníacas. O inquisidor espezinha as mulheres, achando que sua carnificina lhe abrirá as portas do céu – e não faz mais do que realizar o inferno cristão na terra.

5
VENTURAS E DESVENTURAS SARRACENAS
SEGUNDO INTERMÉDIO MUÇULMANO

Inverno de 1391, Ancara (Turquia),
o imperador Manuel II Paleólogo dialoga
com um muçulmano

E os muçulmanos, nessa longa Idade Média? Os muçulmanos contribuem, em mais de um aspecto, para criar a identidade da Europa judaico-cristã. Não tanto em virtude da injunção do politicamente correto, porque o Ocidente lhes deve tudo, graças às traduções que fizeram dos textos gregos de filosofia e medicina, teologia e metafísica, ciência e direito, poesia e música, mas porque são uma entidade que, desde as cruzadas, estrutura o judeu-cristianismo como um irmão inimigo monoteísta. A Bíblia só aparece como tal em contraposição ao Corão, e vice-versa. O adversário sempre cumpre um papel arquitetônico na construção de uma identidade.

Ora, a Europa judaico-cristã não se constrói em relação – mesmo que conflituosa – ao xintoísmo japonês, ao hinduísmo indiano ou ao budismo nepalês, nem ao animismo africano ou ao xamanismo siberiano, e sim em relação ao Islã oriental. Da conquista da Espanha em 11 de julho de 711 ao malogro do cerco de Viena pelos turcos em 1683, passando pelas aventuras de Carlos Martel em Poitiers em 25 de outubro de 732 e pela Batalha de Lepanto em 7 de outubro de 1571, são quase mil anos – 972, para sermos mais exatos – de batalhas entre sarracenos e cristãos que definem o judeu-cristianismo e o islã como civilizações abraâmicas autônomas, embora em eterna relação.

Carlos Martel derrotou os árabes em Poitiers virou refrão histórico nos livros escolares de antigamente, mas ninguém sabe quem foi Carlos Martel, qual era o nome do chefe guerreiro que o enfrentou, o que foi a batalha de Poitiers, quantos guerreiros estavam envolvidos, o que estava em jogo, em que dia exatamente, ou até em que século, ocorreu esse feito célebre, alçado a grande momento não só da história francesa, mas também da história europeia e da relação entre o Ocidente cristão e o Oriente árabe muçulmano.

Nos tempos de Maomé, o islã é conquistador e, no sentido primeiro do termo, *imperialista*: ele deseja construir um império islâmico. De fato: no século VII, além da Arábia de Meca e Medina, são islamizados a África do Norte (Magrebe), o Egito, a Pérsia (Irã), o Afeganistão e a Ásia do Sul; no século VIII, Uzbequistão e Quirguistão, e, em seguida, o Sul da Espanha, com Córdoba como nome emblemático; no século IX, Sicília e Malta viviam sob regime corânico; e, no século X, as ilhas Baleares. Nos séculos XI e XII, os almorávidas descem até o rio Senegal e chegam a Tombuctu; os fatímidas, ao Sudão e à Eritreia, a leste; os turcos seljúcidas chegam a Cabul, ao norte, e sobem até o mar de Aral. Nos séculos XIII e XIV, eles expandem as fronteiras a leste e chegam aos contrafortes do Himalaia.

Manco e aleijado de um braço, Tamerlão (1336-1405), um turco-mongol muçulmano, deixa a lembrança de um ditador inigualável! Funda a dinastia dos timúridas e, segundo dizem, mata mais de um milhão de pessoas – quatro vezes a população de Paris naquela época... Deixa a lembrança eterna de seus "minaretes de crânios" – expressão de seu biógrafo Jean-Paul Roux. Suas tropas erguem pirâmides imensas de cabeças de guerreiros, mas também de civis, inclusive mulheres. Tamerlão erige "minaretes de crânios" humanos nas proximidades de metrópoles, como Isfahan, Tus, Délhi, Alepo, Bagdá etc., mas também na entrada das aldeias, nas cercanias dos castelos e nos campos percorridos por tribos nômades. Alguns eram pequenos, mas outros tinham dimensões monumentais: vários metros de diâmetro e uma altura "superior à das mais altas arquiteturas". Em Isfahan, segundo estimativa de Hafiz-i Abru, testemunha ocular, havia 45 minaretes, com mil a duas mil cabeças cada um. Em Bagdá, havia 120 minaretes, mas eles eram menores, com "apenas" 750 cabeças cada um, o que representa, no fim das contas, um assombroso total de noventa mil crânios.

Tamerlão invoca o *jihad*, apoiado em várias suras do Corão ("Enviamos contra eles um vento de desolação que não deixou nada que não estivesse reduzido a cinzas"); invoca a guerra santa, mesmo contra os chagatais; invoca também os muçulmanos, é claro, embora os acuse de mornidão no exercício da fé; devasta a Ásia Central; destrói três quartos de Samarcanda; deixa 1,3 milhões de mortos em Merv e um milhão em Nixapur e Herat, ou seja, noventa por cento da população da região do Coração. Os imames profetizam seus sucessos. O reino timúrida se declara islâmico.

No ano 1000, a conquista do Afeganistão pelos muçulmanos foi terrível. Assim como a da Índia. A população da região do Indocuche foi varrida do mapa. O sultão Bahmani, que governava a Índia Central, estabeleceu uma cota de hindus que deveria ser eliminada: cem mil por ano. Em 1339, quando ocupa Délhi, Tamerlão elimina cem mil num único dia. Entre os anos 1000 e 1525, o número de hindus, homens, mulheres, crianças e velhos, que foram massacrados porque se recusaram a se converter ao islã eleva-se a *oitenta milhões de pessoas*.

Ninguém discordará que ser concretamente conquistador está na natureza teórica e prática, teológica e política do islã. No *Sahih Al-Bukhari* [As tradições islâmicas], o imã Al-Bukhari (810-70) dedica longos capítulos a esse tema, entre os quais "Da guerra santa" (II,LVI) e "Das expedições militares" (III,LXIV). Essa obra monumental, com 7.563 *hadith* validados pelos sunitas, contém inúmeras frases do Profeta que mostram que a guerra santa constitui a via régia que conduz ao paraíso: "Aquele que combate para que a palavra de Deus esteja acima de tudo está no caminho de Deus" (LVI,XV), diz Maomé. E o Corão acrescenta: "Não julguem que os que sucumbiram no caminho de Deus estejam mortos; estão vivos junto de seu Deus, recebendo alimento" (III,169). Matar em nome de Deus significa ganhar a vida eterna ao seu lado.

A parte referente às expedições militares prova, se ainda fosse preciso, que o *jihad* pode ser uma guerra entre o indivíduo e ele mesmo para a sua edificação espiritual, mas é também uma guerra concreta contra um outro muito concreto, um outro do qual se corta a cabeça, trincham-se os membros e se verte o sangue. E, nesse quesito, Maomé não é o último dos combatentes. *Jihad* contra si mesmo, sem dúvida, mas *jihad* também contra o outro...

Depois de conquistar o Oriente Médio e o Magrebe, assim como parte das ilhas mediterrâneas, os guerreiros muçulmanos miram a Espanha judaico-cristã – o sul da Europa. O objetivo é estender as conquistas, aumentando o *dar al-islam*, o domínio islâmico. Só que isso depende da ampliação do *dar al-Harb*, o território da guerra. As vitórias se sucedem: partindo de Gibraltar (no ano 711) e seguindo para o norte, Guadalate (711), Córdoba, Sevilha e Toledo (714), depois transpondo os Pirineus, Narbona (719), Nîmes e Carcassonne (725). Ler um mapa não requer grandes competências geoestratégicas: o objetivo é seguir sempre mais para o norte. Partindo da província narbonense, e durante quarenta anos, os muçulmanos avançam para o norte da Gália e sobem o vale do Ródano. Alcançam a Aquitânia e a Borgonha. Na Batalha de Bordeaux (732), o califado omíada se apodera da cidade do ducado de Aquitânia. De modo que, seja lá o que se pense de Carlos Martel, o fato é que ele contribuiu para deter esse movimento.

Em 732, a Batalha de Poitiers põe em cena milhares de homens do lado sarraceno, comandado por Abdal Ramane ibne Abdalá Algafequi. Igrejas incendiadas, populações exterminadas, aldeias pilhadas no caminho de Bordeaux até os arredores de Poitiers, onde ocorre a batalha – provavelmente entre Poitiers e Tours, mais perto desta do que daquela. A data é incerta: os historiadores dizem 25 de outubro de 732. O combate se estende por sete dias: começa com escaramuças, os sarracenos lançam saraivadas de flechas contra francos e possivelmente uma carga de cavalaria – em vão; o emir andaluz é morto na peleja, seus soldados batem em retirada; cai a noite, Carlos Martel dá ordem de parar. Vai esperar o dia seguinte para atacar. Ao amanhecer, invade o acampamento – vazio. Os sarracenos fugiram sem deixar rastro: evaporaram no ar.

A única fonte historiográfica dessa batalha é um autor moçárabe anônimo, ou seja, um cristão arabizado de Al-Andalus. Sua *Crônica moçárabe* diz que se confrontaram "europeus" e "árabes". Carlos Martel comunica ao papa a morte do governador de Al-Andalus. A crônica, que data de 754, emprega a palavra *europeu* em oposição aos árabes muçulmanos, os *ismaelitas*. Os muçulmanos não avançariam para o norte. Na Provença, ocupam Avignon e Arles em 734. Carlos Martel sitia Avignon, incendeia a cidade, captura e massacra os sarracenos, restaura o poder cristão. Seus exércitos descem mais ao sul e restabelecem o catolicismo na Provença. O papa nomeia Carlos Martel vice-rei em 739. Hoje, há quem ache que essa batalha não teve nada a ver com religião – não se deve misturar as coisas...

Entre os séculos VII e XII, cristãos siríacos fogem das conquistas muçulmanas. Assim como persas e levantinos. Sírios, armênios e eslavos expulsos pelos muçulmanos iconoclastas engrossam o movimento migratório. Os magrebinos se transferem para a Espanha; perseguidos, os espanhóis rumam para a Gália. Em todos esses casos, trata-se de elites: clero, monges e bispos, é claro, mas letrados, médicos, filósofos e matemáticos também chegam em levas. Trazem tratados de suas disciplinas. Os filósofos trazem comentários filosóficos da Escola de Alexandria; os médicos, livros de Hipócrates e Galeno; os matemáticos, os de Euclides e Arquimedes.

Já no início do século IV, os cristãos siríacos traduzem para o árabe os autores antigos – Al-Farabi, Avicena e Averróis desconhecem o grego. Hunayn ibn Ishaq (803-873), um *árabe cristão*, nestoriano para sermos mais precisos, é médico, tradutor, filósofo e teólogo, e fala grego, siríaco e árabe. A ele devemos a transposição da maioria dos textos de medicina grega para os árabes – traduziu 104 obras de Galeno. Sua escola de tradutores, formada por *cristãos nestorianos*, traduziu tanto o *Juramento* de Hipócrates quanto os *Elementos* de Euclides. Em filosofia, devemos-lhe a tradução de quase toda a obra de Aristóteles e dos principais diálogos de Platão – *As leis*, *Timeu* e *A república*. Filósofo e matemático, o sabeu – portanto, *judeu-cristão* – Teodoro Abucara (836-901) traduz Arquimedes e vários outros matemáticos. João Mesué (776/780-855?), *cristão nestoriano*, médico, filósofo e lógico, produz uma abundante literatura médica.

No Monte Saint-Michel, em pleno século XII, Tiago de Veneza é o homem que faz a transposição da filosofia de Aristóteles do grego para o latim. Ninguém mais fala grego, e todos falam latim, no momento em que ele torna possível a leitura do filósofo Tomás de Aquino e, portanto, da filosofia escolástica medieval. Nessa época, ainda não haviam começado em Toledo as traduções dos filósofos a partir do árabe. De modo que, quarenta anos antes das datas comumente apontadas, após

1165, e do nome consensualmente fornecido, Gerardo de Cremona, foi Tiago de Veneza, um clérigo veneziano de Constantinopla estabelecido na Normandia, quem traduziu Aristóteles, desde antes de 1127 até a sua morte, por volta de 1145-1150, no Monte Saint-Michel.

Tiago de Veneza realizou, portanto, as primeiras traduções do grego para o latim, dispensando versões árabes, dos *Segundos analíticos* (1128), dos breves tratados *Da alma* e *Da memória*, de boa parte dos *Breves tratados de história natural*, da *Refutação dos sofistas*, da *Física* (por volta de 1140, enquanto Gerardo de Cremona foi produzir a sua em 1187...), dos *Tópicos*, uma parte da *Lógica*, a totalidade da *Metafísica*, *Da longevidade e brevidade da vida*, *Da geração e da corrupção* e dois livros da *Ética a Nicômaco*. Essas traduções, profusamente copiadas e difundidas, influenciaram a Europa Ocidental. Trabalharam com base nelas João de Salisbury, Tomás de Aquino, Robert Grossetête, Alberto Magno. Portanto, muitos cristãos siríacos estiveram em atividade por um período de vários séculos, do fim do século VIII até o XII, revelando uma ponte cristã entre o saber grego e o mundo europeu muito antes da construção da ponte árabe-muçulmana e independentemente dela. Por essa via, o judeu-cristianismo pôde alimentar-se das humanidades da Antiguidade que o antigo regime cristão havia massacrado em seu tempo.

Al-Andalus funcionou, e ainda funciona muitas vezes, como um mito capaz de mostrar que houve um grande momento na história em que o território espanhol administrado por muçulmanos era um lugar de tolerância para os judeus e os cristãos. Inúmeras razões explicam essa paisagem de cartão-postal – uma leitura árabe-muçulmana nacionalista, que deseja defender sua religião contra o judeu-cristianismo; uma leitura marxista, que apresenta o islã como a religião de paz e amor dos povos que são oprimidos pelo capitalismo internacional e deseja pôr fim ao reinado do Capital; uma leitura antissionista, que anseia em mostrar que as comunidades judaicas e muçulmanas se davam muito bem até a criação do Estado de Israel. Uma versão não exclui a outra.

Mas essa ficção omite a *dimitude*, que governava o regime dos não muçulmanos em terras islâmicas. Eles, para viver, eram obrigados a pagar um imposto, a *gizya*, cuja legitimação está no Corão:

> Combatei aqueles que não creem em Deus e no Juízo Final; aqueles que não declaram ilícito o que Deus e seu Profeta declararam ilícito; aqueles, dentre os povos do Livro, que não praticam a verdadeira religião. Combatei-os até que, depois de humilhados, paguem diretamente o tributo. (IX,29)

O objetivo, portanto, é submeter judeus e cristãos ao imposto, quando vivem num território em que o islã faz a lei. Tolerância não é fruto de um contrato em que o pagamento de um tributo permita que um indivíduo seja tolerado.

Esse imposto é pensado pelos jurisconsultos um século após a morte de Maomé. Pressupõe que, sendo os únicos a seguir a verdadeira fé, só os muçulmanos podem usufruir legitimamente dos bens criados e oferecidos por Deus. O pacto, depois de assinado, não pode ser rompido. O talião, que é a lei no Corão, não se aplica entre judeus, cristãos e muçulmanos: um muçulmano que mate um judeu ou um cristão não é morto; mas um judeu ou um cristão que mate um muçulmano, sim. Os *dimis* não têm direito de possuir livros religiosos muçulmanos, conversar com muçulmanos; ter servos muçulmanos, manter uma relação na qual o muçulmano esteja em situação de inferioridade social, ter relações sexuais com muçulmanos – o que é punido com morte – e muito menos se casar com muçulmanos, converter-se ao islã, usar roupas de sua escolha – são obrigados a se vestir com panos grosseiros, usar cintos especiais e toucas na cabeça –, andar a cavalo – que é uma montaria nobre – e se locomover em lombo de burro, morar em casas muito altas, comportar-se sem manifestar claramente humildade, submissão, modéstia...

Os fatos mostram que as relações sob os omíadas da Espanha não foram tão idílicas como se diz em Al-Andalus: em 796 e 817, massacre de cristãos em Córdoba; em 828, assassinatos em massa de cristãos em Toledo; em 850, decapitação do padre Perfectus, que apontou erros no Corão; em 851, prisão de todos os chefes cristãos de Córdoba; em 852, expulsão dos cristãos da administração e destruição de suas igrejas; no mesmo ano, quando veem um cristão nu, sentado de costas num burro, sendo açoitado na rua e insultado por um pregoeiro público, o casal de cristãos Aurélio e Natália, que fingiam ter-se convertido ao islã para salvar a pele, afirmam publicamente sua fé cristã – são decapitados com outros três companheiros; em 976, expurgo da biblioteca califal, que continha seiscentos mil manuscritos e autos de fé públicos; ataques contra os infiéis e pilhagens em Barcelona (985), Zamora (987) e Santiago de Compostela (997); em 1010, massacre dos judeus de Córdoba e, em 1016, em Granada; em cerca de 1090, os almorávidas exterminam os cristãos de Valença; em 1124, deportam os sobreviventes para o Marrocos, onde são escravizados; em 1125, passam os cristãos de Granada pelo fio da espada e, em seguida, expulsam os cristãos de Sevilha; o filósofo Averróis é exilado em Lucena, cerca de cem quilômetros a sudoeste de Córdoba; fazem o mesmo com outros filósofos (muçulmanos!) – como Al-Mahri, que confessa ler filósofos pré-islâmicos, Abu'l Rabi al-Kafif, Abu'l Abbas al-Quarrabi e Abu Ja'far al-Dhahabi; Maimônides é forçado a se exilar aos treze anos, quando os almôades entram em Córdoba, parte para Almería com a família, e, como as perseguições não cessam, deixa a Espanha e segue para Fez (Marrocos), onde, para não ser morto, é obrigado a se converter ao islã – o que ele finge fazer. No século XIII, a Reconquista muda as regras do jogo; no século XV, após oito séculos de existência (de 711 a 1492), e depois de várias cidades, Granada é reconquistada. Fim de Al-Andalus.

Isabel e Fernando encerram a Reconquista. O papa Sisto IV lhes envia uma cruz de prata em 1482 para apoiar e abençoar o acontecimento. Uma forma de mostrar que esse momento da história da Europa é comparável a uma cruzada – vencida. Em 2 de janeiro de 1492, Alhambra passa para as mãos dos católicos. Roma festeja o acontecimento com uma orgia de ações de graças com todo o cerimonial oficial, procissões intermináveis e fogos de artifício que geram despesas astronômicas. Al-Andalus não existe mais. A investida muçulmana na Europa terminou.

As relações do cristianismo com o islã prescindem da leitura do Corão até o século XII – ao menos para aqueles que não leem árabe. Só por essa época o texto é traduzido para o latim, na Espanha, por Roberto de Ketton, Hermano da Caríntia, Pedro de Toledo e Pedro de Poitiers. Pedro, o Venerável, escreve:

> Fui então procurar especialistas dessa língua árabe que permitiu que esse veneno mortal infestasse mais da metade do globo. Convenci-os, com súplicas e dinheiro, a traduzir do árabe para o latim a história e a doutrina desse infeliz e sua própria lei, que chamam Corão. E, para que a fidelidade da tradução fosse total e nenhum erro viesse falsear a plenitude de nossa compreensão, indiquei um sarraceno para assessorar os tradutores cristãos. Eis os nomes dos cristãos: Roberto de Chester, Hermano, o Dálmata, e Pedro de Toledo; o sarraceno chamava-se Maomé. Essa equipe, depois de vasculhar a fundo as bibliotecas desse povo bárbaro, produziu um volumoso livro, que eles publicaram para os leitores latinos. Esse trabalho foi realizado no ano em que estive na Espanha, durante o qual me encontrei com o senhor Afonso, imperador vitorioso das Espanhas, isto é, no ano do Senhor de 1141.

Do que se vê que a falta de empatia pode coexistir com o desejo de publicar uma tradução fiel.

O diálogo foi entabulado por Francisco de Assis, que, em 1219, em plena Quinta Cruzada, visita o sultão Malik Al-Kamil (em português, o *rei perfeito*...). Em 1213, o papa Inocêncio III publica a bula em que condena o islã: "Ergueu-se o pseudo-Profeta Maomé, um filho de perdição. Com incitações terrestres e prazeres carnais, desviou muita gente da verdade. Sua perfídia prospera até hoje". Donde a necessidade de uma nova cruzada contra os sarracenos. Depois da morte de Inocêncio, o novo papa, Honório III, dá continuidade ao projeto.

Francisco chega a Damieta no verão de 1219. Lá permanece vários meses, de julho-agosto a novembro, em frente à cidade sitiada há mais de um ano. O *poverello* de Assis desafia todas as proibições e, em setembro de 1219, acompanhado do Frade Iluminado (*sic*), atravessa as linhas inimigas em direção ao sultão. É interpelado por soldados muçulmanos, que o conduzem ao seu chefe. Giotto pintará a cena em 1300, na basílica de Assis. Tiago de Vitry, que se encontra presente, escreve ao papa uma carta na qual relata: "Ardendo de zelo pela fé cristã, ele não temeu cruzar o exército dos inimigos e, depois de alguns dias pregando a palavra de Deus aos sarracenos, alcançou parcos resultados" (*Carta* 6). Cercado de doutores da lei muçulmana, o sultão o ouviu com calma e respeito; depois, mandou que reconduzissem o imprudente ao acampamento dos cruzados, não sem antes sugerir que ele rezasse ao seu Deus pedindo que Ele o convertesse... ao islã! O sultão não se converteu ao cristianismo, tampouco o franciscano se converteu ao islã. Em 5 de novembro de 1219, os cruzados empreendem um novo ataque e tomam Damieta, depois de vários massacres e muita violência. Francisco retoma o caminho da Síria e volta então para a Itália. Diálogo de surdos...

Um século mais tarde, em Ancara (Turquia), num período que vai de 1390-1391 a 1391-1392, o imperador bizantino Manuel II Paleólogo (1350-1425), letrado e sábio, teólogo e protetor das letras, dá as costas ao aristotelismo tomista em prol do platonismo grego, encontra-se com um muçulmano e debate com ele. Existiam pseudoencontros entre partidários de Cristo e seguidores de Maomé, mas eram exercícios retóricos realizados no papel, dirigidos aos filósofos e elaborados exclusivamente a partir de textos. O imperador acreditava que a retórica e a argumentação podiam converter um muçulmano ao cristianismo.

Enquanto o imperador Marco Aurélio escreve suas *Meditações* na tenda de um acampamento militar na fronteira do Império romano com países bárbaros, o imperador católico bizantino Manuel II Paleólogo se encontra num acampamento militar da Anatólia, durante o inverno, num país onde reina um sultão. Está hospedado na casa de um muçulmano letrado, interessado em trocar ideias sobre a religião cristã. Ao lado do muçulmano estão seus dois filhos, um dos quais é possivelmente um juiz, moradores da aldeia e estrangeiros que se encontram de passagem. Manuel fala grego; os demais, turco ou persa. Um intérprete traduz até o amanhecer, tamanho é o interesse de uma parte e de outra. Nos últimos anos do século XIV, essas 26 conversas resultaram num livro intitulado *Diálogos com um muçulmano*.

Os 26 diálogos envolvem: o Paraíso, a alma dos animais, o ordálio, os respectivos caráteres de Moisés e Maomé, o paracleto, a dúvida e a fé, a cristologia, a Trindade, a Encarnação, a Eucaristia, a virgindade de Maria, a origem humana de Jesus, a vida de João Batista, a justificação das imagens, a redenção, a missão dos apóstolos, os anjos. O muçulmano destaca, como prova de sua boa-fé, o fato de estar transgredindo a proibição corânica de debater com cristãos a pretexto de que seriam mais bem equipados para a controvérsia teológica.

Na sétima controvérsia, Manuel II Paleólogo afirma que aquilo que constitui a verdade do islã já se encontra no judaísmo: reconhecer que a lei de Moisés vem de Deus, recusar o culto aos ídolos, abolir o politeísmo, crer num único Deus criador da terra e fazer da circuncisão um sinal de pertencimento à comunidade. Nota-se aqui a ideia de que o islã não seria mais do que uma heresia judaica, ou mesmo, para alguns, uma heresia cristã. Em relação ao islã, Manuel II Paleólogo pede ao seu interlocutor: "Mostra-me que Maomé institui algo novo: não vais encontrar nada que não seja mau e desumano, como o que estatui quando declara que faz avançar pela espada a crença que prega" (2.c). Inúmeros suras do Corão, com efeito, dão razão ao imperador bizantino.

Prossegue o bizantino: "De três coisas, uma devia necessariamente acontecer aos homens na terra: ou se submeter à lei, ou pagar tributos e, além disso, ser reduzido à escravidão, ou, não sendo uma ou outra, ser talhado pela espada sem dó nem piedade" (3.a). Isso é verdade? Mentira? É verdade. Não segundo o Corão, nem segundo os *hadith*, nos quais não se encontram essas distinções, mas segundo os teólogos muçulmanos. Com efeito, como já vimos, o *fiqh*, o direito islâmico, distingue o "domínio do islã" (*dar al-islam*) e o "domínio da infidelidade" (*dar al-kufr*), e tudo deve ser feito para aumentar o primeiro e reduzir o segundo.

Manuel II Paleólogo critica essas três exigências do islã em relação a tudo que não seja ele próprio. Um: submeter-se pela conversão. Dois: pagar imposto para ter uma vida de escravo. Três: morrer. O imperador demonstra ao muçulmano:

> Isso é totalmente absurdo. Por quê? Porque o sangue jamais seria do agrado de Deus, e não agir razoavelmente é algo estranho a Deus. O que dizes ultrapassa, ou quase, as raias da desrazão. Em primeiro lugar, como pode não ser absurdo dar dinheiro para comprar o direito de ter uma vida ímpia e contrária à Lei? Em segundo lugar, a fé é um fruto da alma, não do corpo. Quem pretende trazer alguém para a fé precisa de uma língua hábil e de um pensamento justo, e não de violência, ameaça, ou qualquer instrumento que fira ou assuste. Pois, da mesma forma que não cabe recorrer à persuasão

> quando é necessário forçar uma índole não razoável, assim também não cabe recorrer à força do braço, nem ao chicote, nem a qualquer outra ameaça de morte para persuadir uma alma razoável. Nunca ninguém poderia afirmar que, se usa violência, é contra a sua vontade e por ordem de Deus. Pois se fosse bom atacar com a espada os que são totalmente descrentes, e se fosse essa uma lei de Deus vinda dos céus – como sustenta Maomé –, seria preciso matar todos os que não abraçassem essa fé e essa prédica. É muito ímpio, de fato, comprar a piedade a preço de dinheiro. És de outra opinião? Não creio. Como o poderias? Ora, se isso não é bom, matar é ainda pior.

Longo silêncio dos presentes após o discurso do cristão. O tradutor, também cristão, alegra-se intimamente. Evita demonstrar seu júbilo ao ouvir tão eficaz argumentação. Dirigindo-se à plateia, provoca: precisam responder para evitar a humilhação de tamanha bofetada...

O muçulmano se levanta, muito digno, e responde. Admite a excelência da Lei dos judeus e dos cristãos, mas afirma a superioridade da sua. Considera que a lei cristã é elevada, muito elevada, mas, por isso mesmo, demasiado dura, excessiva, impraticável, e, portanto, imperfeita. Maomé propõe coisas menos exigentes, sem dúvida, mas praticáveis, humanas. A perspectiva espiritual, quando é impossível de realizar, é ruim; mas é boa a via média e moderada que propõe uma teoria que possa ser colocada em prática. Parodiando Péguy, poderíamos dizer do cristianismo que ele tem mãos puras e limpas, mas não tem mãos[24]...

A virtude está no justo meio-termo; o que não é o justo meio-termo é vício. E o pensador persa enumera as proposições cristãs impossíveis de praticar: amar seus inimigos e orar por eles, alimentá-los quando têm fome, odiar seus pais e seus próprios irmãos, deixar que um ladrão fique com o que roubou e, mais do que isso, dar-lhe o que deixou de levar, dar a todos os que pedem, seja quem for, oferecer a outra face a quem nos bate, jamais resistir nem responder à violência, renunciar aos bens deste mundo, inclusive os mais elementares (um cajado, um alforje, uma túnica, umas poucas moedas), não ter nenhuma preocupação com o amanhã. Que homem digno desse nome é capaz de praticar essas exor-

24 Referência à célebre frase do escritor Charles Péguy (1873-1914), que observava, a propósito da ética kantiana: "Kant tem as mãos limpas, mas não tem mãos". [N. T.]

tações? Não amar seus amigos e amar seus inimigos? Deixar-se roubar pelos ladrões? Não revidar a quem nos bate, insulta-nos, humilha-nos? Não ter nenhuma preocupação com o mundo terreno, com o dia de hoje e com o amanhã? Isso está além das forças de qualquer ser humano normalmente constituído.

E o persa prossegue. O cristianismo conclama à virgindade, mas como isso é possível? "Viver num corpo e querer imitar a natureza dos incorpóreos e, como se fôssemos puro espírito, não frequentar mulher é contrário à razão: é um fardo pesado e uma grande violência". Assim como as consequências da virgindade: não fazer filhos é desprezar o mundo e contribuir para a sua destruição. "Ora, seria totalmente absurdo e indigno da parte de Deus criar o ser humano enquanto macho e fêmea, ordenar que se multiplique, e depois, tendo a ordem alcançado seu fim e estando a terra repleta de homens, impor aos homens uma lei que leve ao desaparecimento dos homens". A Lei é um homem encontrar uma mulher e casar-se com aquela que depois será a mãe de seus filhos. Se todo o mundo obedecesse à Lei que impõe a virgindade, o mundo desapareceria. É isso que quer o cristianismo? Cheio de bom senso, diz o persa:

> Assim, portanto, esses preceitos, a saber, multiplicar-se e manter a virgindade, não são compatíveis. E, como é absolutamente necessário que, por serem opostos, um seja bom, e o outro, mau, é mau, a meu ver, o que induz os homens a ter de Deus uma opinião indecente. Ora, tal é o caso do que, como eu disse, levaria ao desaparecimento do gênero humano: a virgindade.

Pela ordem, a lei muçulmana vem antes da lei cristã, e esta vem antes da lei judaica. Assim, o muçulmano recusaria a conversão do judeu, a menos que este, nesse meio tempo, tenha adotado a lei cristã. A salvação do judeu, que pressupõe que ele se torne muçulmano, só pode ser cogitada após a passagem pela câmara de descontaminação cristã. Porque Maomé é "portador da lei perfeita". Ao recusar a conversão ao islã, os judeus, "em seu desatino, promovem sua própria ruína". O ancião ergue as sobrancelhas, cala-se e senta-se. Seus filhos o aplaudem.

O imperador retoma a palavra. A lógica continua sendo lei. O debate também. O bizantino aponta uma contradição do persa: como pode ele afirmar, de um lado, que a lei de Moisés é boa e, de outro, que é má quando é a de Cristo, que também é lei mosaica? Como ele pode atacar a lei sobre a virgindade, que também é lei de Moisés? Onde o persa vê uma contradição, o cristão vê "coisas extraordinárias e sobrenaturais" que podem ser claramente percebidas por aqueles que quiserem – para desfazermos as névoas sofísticas: quando algo parece incompatível com a razão, basta acreditar... Basta pensar que aquilo que não compreendemos vem da fraqueza de Adão, e aquilo que logramos compreender deve-se à sabedoria de Deus. Querer acreditar abre o Reino de Deus; ora, quem poderia não querer o Reino de Deus? Sendo assim, e já que se deve querer o Reino de Deus, é preciso acreditar – até no que parece irrazoável. CQD!

Cristo nos forneceu princípios que, se seguidos, anulam o efeito do pecado original. Algumas exortações, alguns conselhos são dirigidos aos mais perfeitos; outros visam aos servidores menos zelosos. Num caso, os que escolheram consagrar sua vida a Deus; no outro, os que também assim o desejam, mas com menos rigor. De um lado, os ministros de Deus; do outro, seus fiéis. Deus concedeu aos homens o livre-arbítrio. Cada qual pode, ou não, fazer bom uso dele: aspirar à maior perfeição, ou aspirar a uma perfeição que não seja a maior, define os "homens superiores" e os "homens inferiores", mas também os que não são nem uma coisa nem outra, a saber, "o rebanho dos leitões que nada têm de bom". Cada um será recompensado em função de seu esforço.

Deus não se dirige a todos os homens da mesma maneira; fala com eles na medida da possibilidade, da vontade de cada um, que não é igual para todos. Mas ele sabe que cada qual só dará o que quiser dar. E será julgado, portanto, de acordo com aquilo que der. Deus procederá "por ordem de merecimento" (20.a). Em outras palavras, os homens têm escolha, porque são dotados de livre-arbítrio; farão dele o uso que desejarem e optarão por mais ou menos rigor na obediência aos mandamentos de Cristo; com isso, Deus concederá sua graça em conformidade ao que os homens tiverem ou não tiverem feito. Doutrina cristã oficial...

Manuel II Paleólogo distingue três grupos entre os que rendem culto a Deus: primeiro, os que creem por medo dos castigos – e que não se incluiriam entre os mais bem aquinhoados, pois não é bem o bem que praticamos por medo de represálias caso fizermos o mal; depois, os que esperam algum benefício - mas, em virtude dos mesmos princípios, porque não o fazem pelo motivo de ser o bem, não seriam melhor considerados por Deus; por fim, o grupo dos melhores, dos que não fazem o bem por medo de punições nem por esperança de algum benefício, mas porque é o bem. Nesses, "as paixões estão mortas", eles não têm preocupação com o que constitui o cotidiano dos outros - dinheiro, honrarias, poder, riqueza, posses. Amam apenas a Deus e só se preocupam com ele. Querem imitar a vida de Cristo, serão recompensados com o eterno gozo de indizíveis beatitudes.

Manuel procura demonstrar, com profusão de silogismos, que Maomé não faz mais do que retomar a lei de Moisés, o que é uma regressão em relação à lei de Cristo, a qual representava um avanço em relação à antiga lei mosaica. Assim: circuncidar as crianças, abster-se de comer porco, casar-se com várias mulheres, casar-se com a mulher do irmão caso este morra sem deixar filhos, repudiar uma esposa e praticar o talião são prescrições comuns a judeus e muçulmanos. Resulta que "a lei mais recente é, por assim dizer, idêntica à mais antiga", e caberia a Maomé reconhecer a excelência da lei que o antecede e diz o mesmo que ele.

Cristo veio para revogar a lei de Moisés, realizando-a; ora, Maomé pretende revogar a lei de Cristo; mas, ao mesmo tempo, restaura a lei de Moisés: dessa forma, a melhor lei não é a que veio por último, e sim a que veio primeiro, porque a última se limita a retomá-la. Além disso, e não obstante essa estranha relação, Maomé passa a vida ofendendo Moisés, achando-se preferível a ele. E Manuel II Paleólogo conclui, severissimamente, acerca de Maomé: "Será preciso fornecer-te ainda mais provas para ensinar-te o que é um impostor?".

O persa responde dialeticamente: a lei islâmica conservou a facilidade da lei mosaica e a dificuldade da lei crística. Mas, como Platão, que em seus diálogos é tanto juiz quanto parte interessada, e cria, assim, um adversário que possa ser mais facilmente derrotado, Manuel II Paleólogo não o deixa desenvolver seu raciocínio. Os muçulmanos tinham pedido um intervalo, a fim de responder no dia seguinte, ponto por ponto, os argumentos do cristão; o bizantino exigiu uma resposta imediata; ele a obtém, mas interrompe-a com mais um discurso. Quando devolve a palavra ao seu interlocutor, é para pedir esclarecimentos que o bizantino fornece de imediato, só retomando brevemente uma palavra à qual já renunciara para dar uma resposta quase teatral.

Os muçulmanos presentes conversam entre si em persa; Manuel II Paleólogo não entende. Já é tarde. O encontro termina. O persa não recorreu à mesma violência verbal de seu interlocutor, que usa palavras fortes – *impostor*, por exemplo, referindo-se a Maomé. Prefere a ironia – mas não nos esqueçamos de que o cristão é que o faz falar. O ancião adepto do Corão observa que já é tarde, é preciso repousar. O imperador é um caçador, vai caçar no dia seguinte, não deveria cansar-se e apanhar frio, continuando a conversar na noite gelada daquele recanto perdido da Anatólia. "Caçar com moderação é bom; de outro modo, é o oposto. Tudo que é em excesso é ruim". Lição simples e clara: o muçulmano considera que está no caminho certo, o do justo meio-termo. Supomos que tivesse conhecimento do pensamento ético de Aristóteles. Ironicamente, coloca seu interlocutor no registro do excessivo. É uma maneira de dizer que, entre um homem que escolhe a moderação e um que opta pelo excesso, parece não haver entendimento possível.

O imperador responde: "Ele recomendou que cessássemos a conversa e nos reuníssemos, como de costume, ao nascer do sol. Eu, para não ser descortês e escancarar a escapatória, afirmei que a moderação é a melhor das coisas, e levantei-me. Despedimo-nos todos e nos fomos deitar". As *Conversações com um muçulmano* ilustram que, entre os seguidores de Jesus Cristo e os partidários de Maomé, embora um e outro procedam da mesma lei mosaica, os primeiros para superá-la, os segundos para retomá-la, foi um diálogo de surdos.

Parte II

OS TEMPOS DO ESGOTAMENTO

1
DEGENERESCÊNCIA
A desconstrução racional

1

PAPAS, ANTIPAPAS E CONTRAPAPAS
O PEIXE CRISTÃO APODRECE PELA CABEÇA

6 de julho de 1415, Constância,
Jan Hus vai para a fogueira

O poder corrompe quem quer que o possua; ninguém escapa a essa lei. Parece natural, portanto, que mil anos de poder cristão tenham gerado essa corrupção no topo do dispositivo político: o Vaticano. A corrupção existe já desde o começo. Vários bispos dos primeiros tempos do cristianismo vivem em meio ao luxo, à opulência e à libertinagem. Levam uma vida farta, contam com uma vasta criadagem, ocupam imensos palácios em que circulam escravos e secretários. Vestem tecidos requintados, joias finamente lavradas e pedras preciosas. Recebem um salário maior do que um governador de província; também embolsam dinheiro pelas ordenações ou para rezar missas. Nos concílios, chegam a partir para as vias de fato, trocando murros inclusive – o amor ao próximo ainda não deu o ar de sua graça. Elevadas quantias de dinheiro circulam entre a Igreja e o imperador a fim de que o poder espiritual obtenha favores imanentes ao poder temporal.

Desde as origens, a galeria dos papas é rica em atentados aos bons costumes! O II Concílio de Latrão (1139) determina o celibato dos padres, e, portanto, de bispos e papas, mas, antes dessa decisão, havia legiões de papas casados, que tiveram vida sexual tanto antes da ordenação como depois de receber as chaves de São Pedro. O primeiro papa, São Pedro, sobre o qual Cristo decidiu erguer sua Igreja, tinha mulher. No século VI, Hormisda se tornou padre depois de perder a esposa; seu filho, Silvério, também entrou para a ordem; e o filho do papa também foi papa – por um ano. Entre 862 e 872, Adriano II mora na Santa Sé com a mulher e a filha. Para qualificar o período de 904 a 963, o cardeal Baronius fala de "pornocracia pontifical" – papas incompetentes, de pouca fé, ou sem fé nenhuma, incapazes de ler latim, e entregando-se ao luxo, à devassidão, assassinatos e sacrilégios. Por essa época, o papa João X (914-28) dorme com uma mulher, mas também com sua filha; o papa João XII (955-63) transforma o Vaticano num bordel, com orgias todo dia em todas as salas! João XVII (1003) era casado, e seus três filhos se tornaram padres. Bento IX, papa entre 1032 e 1048, pede demissão e se casa com sua amante, mas volta a ocupar o trono da Santa Sé. Somem-se a isso o concubinato entre um papa e um cardeal, a pedofilia de um outro com seu jovem sobrinho, a nomeação de jovens mantidos por homossexuais para o cargo de cardeal, às vezes oferecido a meninos de treze anos...

Poggio, embora conhecido principalmente por ter descoberto antigos manuscritos, foi também o autor de *As ruínas de Roma: da inconstância da fortuna*, além de um texto que relata a degradação da cúria e teve um sucesso fenomenal: *Facécias*. Ele, que conheceu a cúria de perto, sob diversos cardeais e diversos papas, conhece bem a pouca fé e a falta de catolicidade dos bispos, dos cardeais, dos papas. O dogma cristão vem-se impondo há vários séculos à custa de fogueiras e autos de fé, torturas e prisões, ameaças de inferno e cruzadas sangrentas. A espada de São Paulo, teoricamente, está a serviço das virtudes cristãs: a caridade, a pobreza, a humildade, a abstinência, a temperança, a magnanimidade, o perdão, o altruísmo, o desprendimento, o amor ao próximo.

O Vaticano, enquanto isso, abriga uma suposta gente de Deus que pratica exatamente o contrário: o luxo, a riqueza, as despesas, a esbórnia, a luxúria, a destemperança, a vingança, o egoísmo, o interesse, o desprezo pelo próximo. O povo morre de fome, trabalha até a exaustão, é vítima de arbitrariedade política, vive sob a férula cristã, ao passo que o papado come em louça de ouro, empanturra-se de finas iguarias e vinhos preciosos, refestela-se na ociosidade, impõe sua lei aos políticos – que são cristãos que vivem segundo os mesmos princípios...

As *Facécias* relatam detalhes das conversas sobre sexo entre os secretários da corte papal, contam as torpezas reveladas em confissão, descrevem como os homens de Deus se servem da religião para dar às mulheres mais do que os sacramentos, abundam em anedotas escabrosas – há ânus e bocetas, dedos e vaginas, bundas e caralhos, maridos chifrudos e monges devassos, mulheres sexualmente vorazes e cardeais bem aparelhados, freiras subindo ao sétimo céu e papas sodomizando menininhos. A vida, em suma!

Poggio é secretário apostólico do napolitano Baldassare Cossa, papa sob o nome de João XXIII. Esse soberano pontífice pertence a uma família que tem a pirataria como principal atividade. Jurista em direito civil e direito canônico, uma bagagem muito útil, considerando-se as atividades familiares, fazia a barba todas as manhãs pensando no dia em que seria papa. O que foi, depois de abrir caminho – simonia, venda de indulgências, comissão sobre as atribuições dos cargos eclesiásticos, todos os meios eram válidos, enquanto foi um simples camareiro do papa Bonifácio IX, para ocupar o trono... Ao qual subiu em 4 de maio de 1410, após a morte de Alexandre V, que teve a má ideia de defuntar logo após compartilhar uma refeição com ele. Disso a pensar que...

Recém-chegado ao Vaticano, reduz os prazos dos jubileus: antes, havia um por século; no seu novo reinado, dez anos bastavam. O número considerável de peregrinos que vêm a Roma rechear o caixa da Igreja, pagando para alcançar o perdão de seus pecados, é uma bênção imanente. Para não mofar no purgatório, o católico pode realizar peregrinações a Roma; os que acham a cidade muito distante podem ir a igrejas próximas de seu domicílio – desde que paguem o equivalente do que teria custado a viagem. O tesouro pontifical engorda significativamente.

Quando ascende ao poder, um cisma opõe dois papas há trinta anos: o espanhol Bento XIII e o veneziano Gregório XII. No espírito da ostra e dos briguentos[25], João XXIII julga que pode fazer os dois caírem em si e tornar-se o único e exclusivo titular do cargo. A Igreja Católica universal implode, cada país da Europa toma partido de um dos três papas e não recua diante de nada para fazer triunfar o seu lado. Alguns defendem a demissão de todos e a eleição de um novo papa; outros, uma con-

25 Referência à fábula de La Fontaine, "Dois briguentos e uma ostra só". [N. T.]

frontação seguida de debate para ver qual deles conseguiria impor-se; e há os que querem convocar um concílio para decidir a questão. João XXIII conclui que é urgente esperar.

O rei de Nápoles invade Roma para se apossar dos Estados Pontifícios. João XXIII foge para Florença. A relação de forças o obriga a aceitar o concílio, que é realizado em Constância, cidade situada entre a Suíça e a Alemanha. O papa viaja acompanhado de uma escolta de seiscentos homens, Poggio entre eles, e mais uma penca de humanistas. Chega às margens do lago em outubro de 1414, após uma viagem épica – a carruagem capotou na neve dos Alpes. Toda a cristandade se encontra ali reunida: cardeais, patriarcas, bispos, uma centena de párocos, cinquenta prebostes, trezentos doutores em teologia, cinco mil monges, dezoito mil padres; e também a nata da política, cercada de seus mais eminentes aristocratas.

No centro de um importante negócio, essa gente toda terá de se sustentar durante algum tempo. Constância se enche de mercadores, artesãos, cozinheiros, açougueiros, médicos, merceeiros, cantores, vendedores de roupas, ferreiros, lavadeiras, cavalariços, batedores de carteira e carrascos para decapitá-los, escribas e, como a carne tem suas demandas, prostitutas – setecentas prostitutas oficiais, diz um cronista, mas também mulheres fáceis, mulheres levianas, mulheres de um dia só e mulheres em necessidade. Cerca de cem mil pessoas, além da população regular. O concílio ocorre de novembro de 1414 a abril de 1418. Jan Hus verá seu início, mas não o seu fim.

Inteiramente vestido de branco, João XXIII entra em Constância em 28 de novembro de 1414, montado num imaculado cavalo branco. Avança sob um dossel dourado carregado pelos burgueses da cidade. O imenso cortejo é um desfile fastuoso, com um excesso de figurantes trajados como se fosse para uma representação teatral. Um relicário contém o Santo Sacramento, o corpo e o sangue de Cristo. O objetivo é impressionar e mostrar que a Igreja de Jesus, nascido numa estrebaria, é ouro e poder, púrpura e grandeza, força e magnificência, autoridade e ordem, determinação e decisão. O problema do cisma precisa ser resolvido? Pois o problema do cisma será resolvido. Quem ousaria duvidar, diante de tamanha ostentação de poder?

O cisma, mas também a heresia. E da pauta ainda constava a reforma da Igreja. Com efeito, é preciso contar com um certo Jan Hus (1370-1415), que há vinte anos é um problema para a Igreja Católica, Apostólica e Romana: esse homem decidiu limpar as estrebarias de Aúgias cristãs retornando à mensagem evangélica. Conhece bem o povo humilde da Boêmia, sua terra, e sabe muito bem no que se transformaram os prelados, os vigários de Cristo, os papas, mas também os monges do interior e os párocos dos povoados: um imenso bordel anticristão, um cabaré em que se refestela a hierarquia eclesiástica, uma vasa de porcos que Jesus teria expulsado do Templo. Mais de um século antes das *Teses* de Martinho Lutero e dos *Colóquios* de Erasmo, em nome de Jesus e dos Evangelhos, Jan Hus defende o povo simples contra aqueles homens de Igreja que traíram Cristo.

O povo simples europeu, nessa época, foi sangrado até a última gota: a peste sepultou um terço da população; os campos foram devastados, as epidemias mataram em massa; mendigos e vagabundos, mercenários e bandidos degolam por um naco de pão; judeus eram massacrados porque eram judeus; flagelantes percorriam terras ainda selvagens em bandos andrajosos, esperando a parusia que certamente viria. Enquanto isso, em Roma, o vinho corre a rodo no Vaticano, as cozinhas assam sem cessar, os cardeais dormem com garotos, e os papas, com tudo que veem pela frente, o ouro e a púrpura decoram as salas do palácio papal, a cúria veste seda e brocado, os cardeais oferecem ao beija-mão anéis engastados de esmeralda ou rubi. Metade das terras da Boêmia pertence ao clero.

Quem é Jan Hus? Um homem que, se a Igreja lhe tivesse dado ouvidos, em vez de queimá-lo, teria desacelerado a degradação do cristianismo, em vez de precipitá-la. A Igreja, para ele, não é o papa, a cúria, os bispos, os padres etc., e sim o povo cristão, o povo da gente modesta que acompanhou Jesus em seu tempo, tecelões e pisoeiros, oleiros e carpinteiros, gente simples e de poucas posses. Jan Hus foi um estudante pobre que se tornou padre, depois doutor em teologia e, por fim, decano da faculdade. Em filosofia, é um realista - ou seja, acredita na realidade das Ideias. Contudo, importam-lhe menos a doutrina e a teologia do que levar uma vida cristã.

Jan Hus prega com veemência; lota as igrejas e alcança milhares de pessoas; fala na língua das pessoas, o tcheco, e não em latim; estimula a participação de seus ouvintes; cria pequenos grupos de reflexão. Seu discurso é claro: crítica da moda e das vestes luxuosas do alto clero, crítica das relíquias e do seu comércio, crítica dos milagres, crítica da simonia, crítica da luxúria entre os padres, crítica dos nobres e burgueses, crítica dos bordéis, crítica da sexualidade. Afirma que o chefe da Igreja é Jesus, e não o papa – "Satã reencarnado no Vaticano"... Jan Hus cita nomes. Acumula inimigos: o clero, a nobreza, os burgueses, os universitários. É proibido de pregar em sua própria igreja; não dá a mínima, e continua pregando. Hus conta com o povo, o povo o apoia.

Ele é acusado de apoiar as teses do inglês John Wycliffe (1331-1384); a verdade é que, num ou noutro ponto, as ideias do inglês coincidem com as do boêmio, mas este está longe de concordar com todas elas. Para Wycliffe, a Igreja deturpou o ideal evangélico de Jesus, um ideal ao qual se deveria retornar; ele se opõe ao culto das imagens, à dulia, ao culto das relíquias, ao tráfico de indulgências; afirma que Deus salva os homens pela graça, e não pelas obras; não acredita na transubstanciação, não acredita na presença real de Cristo na hóstia durante a eucaristia; condena a vida monástica; sugere que o papa seja escolhido por sorteio; nega a validade dos sacramentos ministrados por um padre em estado de pecado mortal; faz da pobreza voluntária o ideal cristão, por isso quer que os bens da Igreja sejam redistribuídos; define a Igreja como a comunidade dos católicos unidos pela graça; nega à Igreja todo poder temporal; acredita somente na autoridade das Sagradas Escrituras e rejeita qualquer outro tipo de referência; condena a escravidão e a guerra. Morre em 1384. Mais de trinta anos depois, em 4 de maio de 1415, o Concílio de Constância declara a doutrina de Wycliffe herética. Essa mesma assembleia de cristãos, com o papa João XXIII à frente, determina que seu corpo seja exumado e queimado. O que foi feito em 1428.

A Igreja acusa Jan Hus de heresia. O papa Gregório XII o excomunga em 21 de fevereiro de 1411. A excomunhão é uma cerimônia extremamente violenta: os sinos dobram desabaladamente, velas são acesas e jogadas no chão para simbolizar a extinção simbólica do acusado, sua casa é apedrejada. Ninguém pode ter contato com o excomungado, e ele se vê condenado à morte social: é proibido vender-lhe do que comer e beber, alugar-lhe moradia ou hospedá-lo gratuitamente, não se pode nem sequer lhe dirigir a palavra. Quando põe os pés numa localidade, o serviço religioso é imediatamente suspenso: os habitantes da aldeia ficam privados dos sacramentos. Essa maldição, que se estende também aos aldeões, dura até três dias depois de sua partida. Quando morre, não recebe sepultura; e, se lhe dessem uma, o corpo seria desenterrado para apodrecer ao ar livre e ser comido pelas feras.

Jan Hus aceita ser condenado, mas somente por Deus; sabe que só Ele pode condená-lo; não sendo esse o caso, não reconhece a excomunhão. Continua com suas prédicas. Uma bula do papa João XXIII, eleito em 1411, ordena que ele seja detido e que sua igreja seja derrubada. O rei Venceslau, protetor de Hus, teme o enfraquecimento da cidade e pede que ele saia de Praga. Hus obedece. Estamos no fim de 1412, ele tem 45 anos e perdeu tudo. Morreria três anos mais tarde, porque desejou, por fidelidade a Cristo, que o espírito dos Evangelhos soprasse com força sobre a Igreja para limpá-la de seus pecados.

No exílio, ele estuda e escreve. Retorna discretamente a Praga várias vezes para pregar, partindo tão sigilosamente como veio. Redige páginas e mais páginas contra o tráfico de indulgências, contra a simonia que permite ao papa comprar sua eleição, aos bispos obter um bispado, e aos párocos, monges e abades, ser nomeados para uma paróquia, mosteiro ou abadia. O papa se arruína para conseguir o cargo, e se ressarce cobrando a conta dos que foram nomeados por ele, e estes se reequilibram multiplicando as missas pagas e roubando dos crentes, que no fim são os que pagam por tudo.

Jan Hus pede para ser ouvido no concílio. Antes de partir para Constância, e para garantir que nada lhe aconteceria, seus amigos consultam João XXIII para saber se a segurança de seu colega seria assegurada. Responde o papa: "Mesmo que ele tivesse matado meu próprio irmão, ninguém encostaria nem num fio sequer do seu cabelo enquanto ele permanecesse na cidade". Ora, Hus fez muito menos do que matar o próprio irmão do papa, se tudo o que queria era que Jesus voltasse a ser o centro do cristianismo, mas acabou na fogueira depois de meses de maus-tratos em prisões infames. Hus tinha razão: o papa era exatamente o que ele dizia que era – um menos que nada.

João XXIII despacha seus homens à casa da viúva onde Jan Hus está hospedado. Um doutor em teologia, apresentando-se como mendigo, finge-se de ingênuo: faz perguntas de ordem teológica tão precisas (sobre as modalidades da união da divindade e da humanidade na pessoa de Cristo, por exemplo...) que Jan Hus logo percebe estar lidando com um homem que tenta confundi-lo. A despeito da promessa feita pelo papa, o pregador tcheco é detido por ordem sua e encarcerado num convento de dominicanos.

A comissão papal lhe submete os 45 artigos de Wycliffe para verificar se ele concorda com eles. A resposta de Hus, para quase todos, é que não concorda. Os universitários, teólogos, papistas, burgueses, bispos, cardeais, padres, que não gostam de Jan Hus, ou até o desprezam, rejeitam a evidência como se fossem um homem só: eles já decidiram que ele concorda com as teses de Wycliffe, e, embora ele diga sempre a verdade e afirme em alto e bom som que não concorda com Wycliffe, ele tem de concordar, porque, na cabeça deles, o veredito já foi dado: Hus tem de ser culpado, então só pode defender Wycliffe, mesmo que não o defenda. Se Jan Hus concordasse com as teses de Wycliffe, ele não o negaria, mentiria ou se retrataria para recobrar a liberdade ou salvar sua pele. O que o motiva não tem nada a ver com a lógica mundana do mundo terreno, Deus é o único juiz que ele reconhece. Que interesse ele teria em mentir perante o Deus no qual acreditava?

Jan Hus é menos radical que John Wycliffe: ele afirma, e acredita, que o inglês está errado no que diz respeito à eucaristia, à penitência, aos ministros, aos sacramentos e à vida monástica; diz que nunca negou as indulgências nem condenou a prática do juramento; não concorda com a ideia de que Deus deva obedecer ao diabo. Por exemplo, sobre a questão da eucaristia, que gerou tantas controvérsias teológicas, além de um cisma no Concílio da Calcedônia, em 451, Hus concorda com a linha católica romana.

Jan Hus foi excomungado anos antes, não atendeu à convocação, aos recursos apresentados, não compareceu ao pronunciamento da sentença, considerou o veredito nulo e improcedente, e continuou a pregar nas igrejas, contrariando as autoridades do Vaticano, e desobedeceu ao arcebispo; mostrou-se herético e reincidente, segundo os códigos do tribunal da Inquisição. Era o que bastava para obter uma condenação à morte.

Mas o ataque também precisava ser no terreno do dogma, para evitar o contágio das ideias heterodoxas. Como não podiam questionar suas críticas à flagrante corrupção da Igreja, desde o pároco até o papa sentado no trono de São Pedro, optaram por apanhá-lo no terreno teológico, doutrinal. Os teólogos o submetem ao fogo de suas perguntas mal-intencionadas. Jogam com puerilidades escolásticas: os universais, a substância, os acidentes, o realismo, o nominalismo, a consagração, a empanação, a remanência, a transubstanciação, a consubstanciação, para ver o que ele pensa sobre a natureza da relação entre a hóstia e o corpo de Cristo. As respostas tem de ser erradas para que a súcia cristã possa decidir *a posteriori* o que já estava decidido *a priori*: a morte.

Enquanto isso, a questão dos três papas não se resolve. João XXIII não quer demitir-se, quer acabar com os outros dois, que considera usurpadores. O papa napolitano, baixinho e rechonchudo, tremendo devasso e notório simoníaco, é tão contestado quanto os outros dois. Os partidários da opção conciliar vencem a batalha: os três deixam de ser papa! João XXIII, ciente de que a vitória dos conciliares resultaria em sua destituição, disfarçou-se de cavalariço e fugiu; foi apanhado e preso – na cela vizinha à de Jan Hus... O papa se tornou antipapa. O nome João XXIII estava disponível para um futuro papa – foi preciso o século XX para que Angelo Giuseppe Roncalli o adotasse, em 1958... O nome do antipapa voltou a ser nome de papa, e, em 2000, de beato, sob João Paulo II, e, em 2014, de santo, sob Francisco. A Igreja não tem falsos pudores.

Em janeiro de 1415, o pregador tcheco adoece em sua cela miserável. Sofre de litíase. Tem crises violentas, acompanhadas de fortes febres e vômitos. Os interrogatórios são interrompidos por várias semanas. Ele muda de cela; é transferido para o castelo do bispado de Constância, onde fica preso a uma parede durante seis meses. Em 15 de junho do mesmo ano, tem lugar o julgamento, mas sem sua presença. Não há defesa. Ele é convocado para a leitura da sentença: a morte.

A execução ocorre na tarde de 6 de julho de 1415. O papa está na prisão, não pode presidir a cerimônia funesta; o rei Sigismundo o substitui, com todos os atributos do poder – manto púrpura e dourado, coroa, cetro, espada, globo. Cardeais, bispos, teólogos, doutores, prelados, nobres, universitários, professores e leigos assistem ao espetáculo que, é claro, começa com uma missa. Jan Hus aguarda no adro sob vigilância: ele não é mais digno de assistir ao culto... Só entra para o sermão, para ouvir a aula que os corrompidos dão aos puros sem nenhuma vergonha. O bispo lê um trecho da Epístola aos Romanos: "Para que fosse destruído este corpo do pecado" (6,6). Pouco importa que, nesse contexto, Paulo se refira à passagem da morte para uma nova vida – a manipulação do excerto descontextualizado para lhe dar outro significado já era o método preferido dos provedores de fogueiras.

As autoridades instalaram um estrado no meio da igreja sobre o qual estão as vestes sacerdotais de Jan Hus, que está vestido de preto. Ele se ajoelha e reza. Os termos da acusação são lidos. Embora tenha especificado em que se diferenciava de Wycliffe e afirmado que não concordava com muitas de suas teses, ele é condenado por suposta adesão a essas teses condenadas por heréticas. Hus quer falar, não lhe permitem. Retoma a palavra, mas esta lhe é tirada. Reafirma sua fé e reza novamente. Dizem que ele se autoproclamou a quarta pessoa divina! Hus pergunta: quem disse? Não há resposta, obviamente. Reiteram a condenação de Wycliffe; repetem que Hus é wycliffista, declaram que é culpado. Hus diz que não o é.

Sofística a mais não poder, a Igreja conduz todos os processos por heresia, mas não quer ser considerada responsável ou culpada: entrega os que condenou por heresia nas mãos do poder temporal, para o qual é um prazer atender aos desejos do poder espiritual, já que há mil anos existe um toma lá dá cá entre eles. Hus diz não entender como pessoas que não leem tcheco podem condenar seus livros. Em vão. É levado com violência de volta para a sua cadeira. Ele reza por seus inimigos, a multidão o vaia. Pedem que ele se retrate. Retratar-se equivaleria a dizer que o que dissera antes era mentira; ora, ele sabe que disse a verdade e não se pode retratar por palavras que lhe atribuem, mas não são suas. Só se poderia retratar sobre suas próprias e verdadeiras palavras, e então sim estaria sendo herético. De modo que se nega a retratar-se. Veem nisso a prova de que ele é herético. CQD!

Entregam-lhe os atributos de seu ministério para retirá-los em seguida. Tiram-lhe brutalmente o cálice das mãos, dizendo: "Judas maldito, por que abandonaste o partido da paz e tramaste planos com os judeus? Nós te tiramos o cálice da redenção". Do que se vê que o partido da paz é o partido dos que mentem, prendem, encarceram, agrilhoam, infligem maus-tratos, rivalizam em má-fé – diga-se bem a propósito –, manipulam a acusação, proíbem a defesa, condenam sem ouvir, conduzem à fogueira e amaldiçoam até o cadáver. Do que também se constata que quem não está do lado da Igreja, das mentiras e da simonia, da corrupção e da depravação, está do lado dos judeus.

Já que a autoridade cristã decidiu tirar dele tudo que simbolize seu magistério, é preciso eliminar também sua tonsura. Mas como? Discussão entre os bispos... Tesoura ou navalha? Dirigindo-se ao rei, diz Jan Hus: "Veja, os bispos não conseguem sequer chegar a um consenso sobre sua profanação". Certamente inspirados pelo Espírito Santo também nesse caso, optam pela tesoura. A tonsura é retalhada em seus quatro pontos cardeais. Colocam-lhe na cabeça uma mitra de papel, na qual se veem imagens de diabos e a inscrição: "Este é um heresiarca". Herdeira de Pôncio Pilatos, a Igreja entrega sua vítima nas mãos do poder temporal. Ela armou a fogueira, ele acenderá o fogo.

Os membros do clero, alto e baixo, não assistem à execução: isso eles deixam para a arraia-miúda. Mostram dessa forma que cumpriram sua função de doutores e teólogos, juristas e casuístas, gente de Deus e homens de fé, mas que o que advém não depende mais deles. Eles lavam as mãos; e percebe-se nesse gesto quem é o Cristo do momento e quem são os carrascos de sempre. A Igreja montou todo o espetáculo, mas elegantemente não fica para assistir.

Havia uma multidão nessa encenação miserável. Empurra-empurra no local do crime. O cronista a quem devemos o relato desse episódio conta que as próprias pontes ameaçaram desabar, tamanha era a multidão que acorria em massa. Mil homens realizaram o serviço de segurança; o que dá ideia do afluxo da corja animada por paixões tristes. No meio dessa imensa concentração de pessoas, achava-se um certo bispo Cauchon, Pierre Cauchon, que mais tarde se destacaria em Rouen, em 1431, no julgamento de Joana d'Arc. Jan Hus foi acolhido por um primeiro braseiro, no qual se consumiam seus livros e outros considerados heréticos. Os de Wycliffe já haviam sido consumidos pelo fogo em Augsburgo, e certamente em autos de fé. Desde São Paulo, que deixa acontecer a primeira fogueira de livros, se é que não a acendeu ele próprio, o judeu-cristianismo sempre considerou que existia apenas um livro, um só, o único, o certo: a Bíblia, cuja etimologia deixa claro que ela é *o* livro. Qualquer outro livro que não seja esse, e que não fale bem dele pleonasticamente, é um perigo. O auto de fé dos livros sempre antecede o dos homens que os escreveram, dos que os imprimiram, dos que os difundiram, dos que os leram e dos que ouviram falar deles, antes de envolver também os que poderiam tê-los lido, impresso, difundido etc.

Jan Hus avança serenamente, canta hinos em latim; no caminho, fala em alemão com a população; aproveita para clamar sua inocência e pregar, ainda e sempre. Chega ao terreno baldio onde foi cravado o poste ao qual é amarrado com cordas molhadas; prendem correntes em seu pescoço; ele se vira na direção do nascente, obrigam-no a olhar para o poente. Empilham palha e lenha ao seu redor até não se ver mais o seu corpo; só a cabeça sobressai. As roupas, normalmente, são tiradas e distribuídas, mas, nesse caso, para evitar o aparecimento de relíquias, ficam com ele. Um soldado chega a galope e pede, uma última vez, a retratação de Jan Hus. Ele se nega. Retratar-se, quando se diz a verdade, é optar pelo erro.

O fogo é ateado. Ele reza: "Cristo, Filho do Deus vivo, tem piedade de mim". Começa a dizer outra frase, que não consegue concluir: o vento soprou em seu rosto uma chama enorme, que leva seu último suspiro. Seu corpo é consumido. Quando já não é mais do que um monte de cinzas e ossos, o carrasco esmaga os fragmentos para reduzi-los a pó. Joga mais uma braçada de palha e lenha para queimar o que já está queimado. As cinzas são carregadas numa carroça e jogadas pelo carrasco nas águas do Reno.

Disseram mais tarde – a vilania cristã não tinha limites – que o corpo exalou um forte mau cheiro ao queimar. As mesmas pessoas espalharam que, pouco tempo antes, o cardeal Pancrácio queimara uma mula que morrera repentinamente enquanto a montava. Os assessores de comunicação são uma invenção antiga: como as cinzas de Jan Hus haviam desaparecido no rio, o boato inviabilizava que as pessoas recolhessem terra do local do suplício ou o transformassem em local de peregrinação. Quem correria o risco ontológico de venerar uma terra que continha partículas de mula ou se ajoelhar num solo maculado por esse esquartejamento pelo fogo? Não restaram vestígios daquilo que se transformou numa força.

Jerônimo de Praga, discípulo de Jan Hus, também se encontrava preso; também foi condenado pelo concílio; e, como Jan Hus, também foi jogado na fogueira, em 23 de maio de 1416, por João Gerson, mau filósofo, teólogo medíocre (tentava inutilmente conciliar nominalismo, terminismo e escotismo, uma sopa escolástica), professor universitário e chanceler da Sorbonne durante vinte anos, ou seja, um incitador de crimes que combinava a cátedra, a cruz e a espada e dava plenos poderes ao concílio - o que, entre outras consequências, tornou possível levar à fogueira Hus e Jerônimo.

A notícia da morte de Hus inflama as populações da Boêmia. Seus discípulos pilham e destroem a casa do arcebispo, fazem o mesmo com as dos homens da Igreja, massacram pessoas em seu caminho. Além dos discípulos, mais de quinhentos nobres boêmios e morávios escrevem ao concílio queixando-se de que mataram um homem cuja culpa não foi demonstrada. Na época, o inquisidor da Boêmia havia certificado que Jan Hus era um bom católico; ora, ninguém chega ao cargo de inquisidor sendo fraco e sensível. A Igreja e o concílio não levaram em consideração esse depoimento, prova de que se exige menos de um inquisidor que diga a verdade do que mande para a prisão quem desagrade ao poder eclesiástico.

O concílio convoca os nobres da Boêmia e da Morávia para prestar contas da acusação de heresia. Ninguém comparece. A universidade de Praga aclama o martírio de Hus e Jerônimo. O concílio ordena o fechamento da universidade: os professores continuam dando aulas, e os estudantes, a frequentá-las. O povo da Boêmia se agrega em torno desses heróis de sua nação incipiente. Surgem estátuas nas praças; igrejas lhes são dedicadas.

A Igreja Hussita propõe a comunhão sob as duas espécies: o pão da hóstia para o corpo de Cristo, e o vinho para o seu sangue, enquanto a Igreja Católica tradicional as separa: a hóstia para o povo, e o vinho para o clero. São chamados de utraquistas, representam a ala moderada. O cálice passa a ser o símbolo dessa nova Igreja. Os filósofos escolásticos alinhados ao poder papal rivalizam em retórica e sofística para provar que, estando o corpo de Cristo na hóstia, seu sangue também está... O concílio proíbe o uso do cálice para o povo. A universidade de Praga o preconiza com ainda mais veemência.

Um monge hussita que fugiu de um convento premonstratense, Jan Zelivsky, prega nas igrejas frequentadas pelos fiéis de Jan Hus. Diz: "Abaixo a autoridade sob todas as formas! Abaixo o compromisso com a corte e os magistrados! Basta de escrúpulos e ressalvas de professores que se perdem em astúcias escolásticas sem nunca dar claramente sua opinião". Os hussitas expulsam os patrícios hostis a seu mártir. Uma ala radical se inspira no monte Tabor, onde Jesus anunciou sua volta antes de partir – são os taboritas. A Boêmia é ferro e fogo.

Os taboritas dão a cada um a liberdade de interpretar as Sagradas Escrituras como bem lhe aprouver – estamos longe da leitura oficial, tantas vezes delirante... Consideram uma bobagem o recém-criado Purgatório – o termo data de 1113; não acreditam na eficácia das orações para os mortos, rejeitam o culto aos santos, não aceitam a confissão auricular, consideram nula e sem valor a cerimônia da crisma, rejeitam igualmente o culto às relíquias, negam-se a prestar juramento e, algo raro, declaram-se abertamente contrários à pena de morte e à prostituição. Pregam a pobreza voluntária do clero e, para tanto, propõem o confisco e a partilha de seus bens; também querem abolir o traje religioso; acreditam no advento milenarista de uma sociedade igualitária. Politicamente, criticam a monarquia e o feudalismo. Para eles, o rei e o camponês são iguais. Alguns chegam a pregar um comunismo integral e o praticam em suas comunidades.

Esse hussismo de esquerda dura trinta anos. Até os hussitas que diremos de direita e moderados, aliados dos católicos romanos, perderem a Batalha da Lipânia, em 30 de maio de 1434, para os utraquistas. Quinze mil homens morrem no confronto. Os utraquistas são aristocratas e nobres tchecos e têm o apoio da elite urbana; os taboritas congregam hussitas radicais, camponeses e protocomunistas. O Vaticano sempre escolhe seu lado: cristão contra os pagãos, cristão contra os muçulmanos, cristão contra os infiéis, mas também cristão com os ricos contra os pobres, cristão com os poderosos contra os miseráveis, cristão com a elite contra o povo. Os ventos taboritas sopram da Boêmia e circulam por quase toda a Europa. Lutero, que evidentemente conhecia o pensamento de Jan Hus, só precisaria abaixar-se e colher o que viria a ser a Reforma. A Igreja Católica, que se estava fissurando, perderia um bom pedaço de parede.

2
A ARQUITETURA DAS RUÍNAS ANTIGAS
OS LIVROS CONTRA O LIVRO

Janeiro de 1417,
num mosteiro de Fulda,
Poggio redescobre Lucrécio

Epicuro, em sua *Carta a Heródoto*, apresenta um certo número de teses radicalmente antinômicas ao cristianismo: o conjunto daquilo que existe resume-se a um composto de átomos que caem no vazio - sai de cena o corpo glorioso da ressurreição; tudo o que nasce possui uma causa material, não provém do nada - sai o caos anterior à criação do mundo por Deus; os mundos são infinitos em número - sai o mundo único; a alma é material - sai a versão imaterial da alma; a serenidade é alcançada pelo conhecimento da física atomista - sai o governo dos homens pelo temor a Deus. Em sua *Carta a Pítocles*, ele descreve material e racionalmente os fenômenos da natureza - saem as fábulas. E, em sua *Carta a Meneceu*, diz que não há por que temer os deuses, eles são múltiplos e compostos de matéria sutil, vivem entre os mundos - sai o Deus único; ímpio é quem acha que os deuses se preocupam com os homens, apesar de eles não lhes darem a mínima - sai o Deus juiz e punidor; não há por que temer a morte: se ela existe, eu já não existo, e se eu existo, ela não existe - sai a crença baseada no medo e na angústia dos homens; o prazer é o bem soberano e reside na satisfação dos desejos naturais e necessários - saem a ascese e a mortificação, o pecado original e a transmissão da culpa.

Durante séculos o cristianismo tomou o cuidado de silenciar essa filosofia materialista e hedonista, sensualista e utilitarista. Os trezentos livros de Epicuro foram destruídos – inclusive *A natureza*, que compreendia cerca de dez volumes –, primeiro por estoicos e neoplatônicos, depois pelos monges copistas. Restaram apenas três cartas endereçadas aos seus discípulos. Mas foi o suficiente para que se conservasse a quintessência desse pensamento. A destruição das obras não bastou. Ainda foi preciso macular a memória do homem, apresentá-lo como bêbado, destemperado, boa vida, glutão, grosseiro, ganancioso, obsceno, que teria prostituído um de seus irmãos, dormido com prostitutas, vomitado para poder comer mais, adulado os poderosos etc. São Jerônimo fez o mesmo com Lucrécio – cuja vida é completamente desconhecida –, criando a lenda de um Lucrécio louco e suicida – de fato, quem se interessaria por um perturbado mental que se mata porque é incapaz de viver segundo seus próprios princípios? Seria preciso esperar 1647 e a *Vida de Epicuro*, de Gassendi, prepósito de Digne, para fazer justiça a Epicuro, cuja ascese supera a dos monges do deserto.

As três cartas de Epicuro escaparam à sagacidade dos censores porque estavam inseridas em *Vidas, doutrinas e sentenças dos filósofos ilustres*, do historiador da filosofia Diógenes Laércio, do século III, que atravessou as épocas sem percalços. A exposição mais elaborada do epicurismo se encontra em *Da natureza das coisas*, de Lucrécio. Esse imenso poema de 7.415 versos deve sua preservação a Cícero, um filósofo estoico, ou seja, de uma escola inimiga, mas não pelo conteúdo de suas ideias, e sim por sua excepcional forma poética. Lucrécio, que achava que era mais fácil beber a bebida amarga do epicurismo numa taça com bordas untadas de mel, deve sua existência ao mel poético, e não ao remédio cavalar da filosofia materialista. Em matéria de epicurismo, o que se perdeu com a destruição da obra do grego Epicuro foi salvo, em grande parte, pelo romano Lucrécio, graças a uma versão menos radicalmente ascética que a do pensador de Samos. Epicuro, que não gostava de poesia, foi salvo por um imenso poema em sua homenagem.

Da natureza das coisas foi descoberto por Poggio em janeiro de 1417, no mosteiro alemão de São Galo. Esse manuscrito, que era contemporâneo de Carlos Magno e serviu para a produção de cópias, também desapareceu. Até o século V, era usado não para o pensamento, mas para aulas de gramática. Nessa época de plenos poderes do cristianismo, cai no esquecimento. Entre os séculos VI e VIII, nenhum texto pagão antigo é copiado nos *scriptorium* do Ocidente. O suporte é apagado, raspado, limpo, a fim de ser utilizado para copiar textos cristãos - Cícero, Sêneca e Lucrécio desaparecem sob os Testamentos, ou sob os comentários de Santo Agostinho aos textos sagrados. Houve uma hecatombe de tragédias de Ésquilo, Eurípides e Sófocles, cujas obras foram destruídas às dezenas. Destruição semelhante atingiu Ovídio, Horácio e Virgílio. Eles voltariam a despertar interesse no início do século IX, mas sempre por sua forma literária. No começo do século XI, novo período de esquecimento, um esquecimento absoluto que se estenderia até a descoberta de Poggio. Ou seja, Lucrécio foi salvo do esquecimento absoluto pela descoberta de um único manuscrito. Poggio envia uma cópia desse tesouro a um correspondente italiano. A primeira edição é publicada em Bréscia, em 1473.

Seria o início de uma longa carreira de leitores e leituras célebres: no século XVI, Erasmo, Montaigne, Maquiavel, Thomas More, Giordano Bruno; no XVII, Descartes, Gassendi, Saint-Évremond, Leibniz, Spinoza, Pascal, mas também Galileu, Newton e até mesmo Molière; no XVIII, os autores materialistas, é claro, o abade Meslier - o primeiro ateu -, Diderot, La Mettrie, Helvétius, D'Holbach, Condillac. Começa a revolução intelectual, e nada vai detê-la. Durante séculos, o cristianismo vai recuar sistematicamente ante os violentos ataques desse pensamento combativo, dessa filosofia de guerra.

Em *A ira de Deus*, Lactâncio, que foi preceptor do filho do imperador Constantino, escreve: "Epicuro derruba completamente a religião com essa doutrina, e, derrubando-a, enche o mundo de confusão e desordem". O orador cristão do século III não podia imaginar, naquele tempo, como estava certo. Estava a léguas de suspeitar que a curva da história da emancipação do judeu-cristianismo, sua religião, vai-se amoldar à da difusão do epicurismo na Europa.

Petrarca inaugurou a busca pelos manuscritos antigos nos anos 1330. Devemos a ele a primeira e a quarta décadas da *História de Roma*, de Tito Lívio, assim como o estabelecimento de alguns textos de Virgílio. Em suas viagens pela Europa, ele procura, pesquisa e encontra obras, tirando--as do esquecimento: em Liège, exuma *Discurso em defesa de Árquias*, de

Cícero; em Verona, desenterra do mesmo autor as *Cartas a Ático*, missivas endereçadas a seu irmão Quinto e outras a Bruto; em Paris, descobre poemas elegíacos de Propércio. Ele solicitou a todos os seus correspondentes na Europa, e mesmo além (por exemplo, no Oriente), que fizessem o mesmo, vasculhassem as bibliotecas das cidades e das abadias em busca de antigos textos gregos e latinos, e que lhe trouxessem esses textos, para que se fizesse um *renascimento* da Antiguidade. Petrarca formou uma biblioteca extraordinária em Veneza. Mas, quando morreu, em 1374, alguns volumes foram dispersados, vendidos, perdidos. O que escapou foi armazenado num palácio onde a umidade deu cabo desse formidável trabalho de recoleção. Tudo tinha de ser refeito. O impulso inicial, porém, fora dado. Tudo foi refeito.

Por exemplo, por Poggio Bracciolini, ou Poggio (1380-1459), cuja vida é uma prova de que a Europa já existe nessa época, e que o humanismo a constitui tanto quanto o cristianismo, ou talvez mais solidamente. Jurista por formação, tabelião por profissão, secretário de eminências cristãs, bispos e papas, era próximo do poder vaticanesco e dele traça um terrível retrato em *Facécias* – libertinagem e devassidão, extorsão e tráfico de indulgências, irreligião e ateísmo, cinismo e maquiavelismo, simonia e corrupção... Ele próprio faz doze filhos na amante, casa-se com uma moça bonita e ricamente dotada, a quem dá seis filhos. Não desprovido de humor, escreve em 1436 um texto irônico intitulado: *Deve um velho se casar?*... Ele tem 56 anos, e ela, idade para ser sua neta...

Em 1438, compra uma *villa*, La Valdarnia, na qual instala sua coleção de obras de arte antiga e seus manuscritos. Como Petrarca, viajou por toda a Europa e solicitou a inúmeros correspondentes que reunissem obras da Antiguidade grega e romana. Em 1415, em Cluny, na França, descobre os discursos de Cícero: *Em defesa de Róscio*, *Em defesa de Murena*, e material suficiente para estabelecer novas edições mais conformes de *Em defesa de Cluêncio*, *Em defesa de Milo* e *Em defesa de Célio*; no ano seguinte, na Alemanha, no mosteiro de São Galo, desencava uma edição completa das *Instituições oratórias*, de Quintiliano – e vai copiá-la de próprio punho com uma caligrafia inventada por ele, a *lettera antica*, um aprimoramento da minúscula carolíngia, trabalhando sem trégua durante 54 dias; no mesmo local, desenterra os *Comentários* de Ascônio sobre cinco discursos de Cícero e, em seguida, os quatro livros do poema *Os argonautas*, de Valério Flaco, um cônsul romano; alguns meses mais tarde, em 1417, retornando a São Galo, encontra longos fragmentos das *Histórias* de Amiano Marcelino; na mesma data, no mesmo local, exuma Lucrécio e *Os astrológicos, ou a ciência sagrada do céu*, de Marco Manílio, o poema *Guerra púnica*, de Sílio Itálico, discursos de Cícero (*Em defesa de Róscio, o comediante, Em defesa de Cecina, Sobre as leis agrárias, Contra Pisão, Em defesa de Rabírio Póstumo*), os *Improvisos* de Estácio; na Inglaterra, descobre textos do agrônomo Columela, do historiador Tácito, ressuscita doze comédias de Plauto; em 1423, novamente na Alemanha, em Colônia, encontra um Petrônio; na Itália, em Monte Cassino, tira do esquecimento *Os aquedutos*, de Frontino...

França, Alemanha, Inglaterra, Itália - como fez antes dele Petrarca, que circulou entre Carpentras, Bolonha, Roma, Veneza, Avignon, Nápoles, Verona, Pádua, Vaucluse, Praga, Paris, Liège, Aix-la-Chapelle, e como fez na mesma época e depois Niccolò Niccoli -, Poggio constrói a Europa intelectual que toma forma com o humanismo, em outras palavras, com a visão de mundo que põe *o homem* em seu centro, exatamente onde o cristianismo pôs *Cristo* mil anos antes. A retórica, a história, a poesia, a filosofia, as letras, a agronomia, a arquitetura, todas essas disciplinas que brilharam antes de Cristo e alimentaram os autos de fé cristãos - e em primeiro lugar o de Paulo - emergem das trevas em que foram confinadas pelo cristianismo paulino.

Entre os humanistas que criam a Europa sem o cristianismo, devemos incluir Niccolò Niccoli (1364-1437), rico comerciante e amigo de Poggio. Esse homem coloca sua fortuna inteira a serviço desse projeto. Colecionador de antiguidades, um dos primeiros, solteiro, assessorado por criados, dedica-se de corpo e alma ao trabalho de erudição. Compra e copia cuidadosamente textos antigos com uma caligrafia semelhante à dos futuros caracteres tipográficos. Quando morre, em 1437, aos 73 anos, possui oitocentos manuscritos, a maior coleção de Florença, e uma das maiores da Itália.

Para evitar as desventuras de Petrarca, Niccoli define em testamento o futuro de sua biblioteca. Quer que seja preservada a unidade da coleção, como se fosse uma obra em si; proíbe sua dispersão por venda; reserva uma quantia para a construção de um prédio destinado a abrigar os livros; nomeia um comitê para coordenar o empreendimento; é seu desejo que os livros sejam emprestados aos religiosos, sem dúvida, mas também aos laicos. Niccolò Niccoli inventa a biblioteca pública moderna. Ao mesmo tempo, abre as portas para o mundo antigo, que vai efetuar a trajetória inversa daquela que lhe foi imposta pelo cristianismo: Constantino e seus sucessores fizeram o pensamento antigo sair pela porta, Petrarca, Niccoli e Poggio o fazem entrar pelas janelas.

Esse humanismo iniciado por Petrarca e continuado por Niccoli e Poggio possibilita a morte do homem cristão e o nascimento do homem profano – um homem novo. Rabelais lhe daria em breve sua carne gorda e suas vísceras quentes, seus peidos sonoros e seus arrotos barulhentos, seus banquetes copiosos e seus divertimentos populares, suas canções indecentes e seu humor colossal, seu hedonismo maciço e sua liberdade sem limites, seu riso que fende catedrais e seus jatos de mijo que criam um rio. Em pouco tempo, o próprio Montaigne lhe daria companheiros brasileiros que viriam do Novo Mundo para Rouen com suas penas de arara coloridas.

Quem é esse homem novo, ontologicamente prestes a se livrar dos molambos cristãos? Após um milênio de uma civilização que se apresenta como a única, a exclusiva, a maior, a mais forte, a mais bonita, os homens descobrem que existiu outra civilização, que também teve sua grandeza, suas grandes figuras, seus grandes pensadores, suas grandes literaturas, seus grandes dramaturgos, seus grandes arquitetos, seus grandes agrônomos, seus grandes historiadores etc.

A época greco-romana produziu grandes pensamentos, e não apenas os que o cristianismo conseguiu reciclar, destacando sua compatibilidade com as fábulas cristãs: Platão e seu idealismo, seu céu de ideias, seu desprezo pelo corpo e pela carne, pelos desejos e pelas paixões, pelas emoções e pela vida, sua preferência pela morte, sua alma imaterial que sobrevive à morte, a topologia de seu mundo infernal; Aristóteles e sua metafísica estrambótica, sua linguagem absconsa, sua ontologia obscura; Plotino e os neoplatônicos com seu Um-Bem, suas hipóstases, seu ódio ao mundo sensível e seu ascetismo voltado para a contemplação do mundo inteligível; os estoicos e sua celebração da dor e do sofrimento enquanto oportunidades de alcançar a verdade de si mesmo.

De súbito, com as *Instituições oratórias*, de Quintiliano, os homens dessa época descobrem uma retórica que não é a sofística, da qual a escolástica faz um uso tão excessivo: o objetivo dessa retórica não é enrolar, embaralhar, esquadrinhar, perder-se em minúcias para demonstrar o indemonstrável, provar o impossível de definir, argumentar para dar às ficções da fé um *status* de verdade, mas expor claramente um discurso, apresentar argumentos, proceder com ordem, dar ocasião à razão e à inteligência de manifestar todo o seu potencial.

De súbito, com os historiadores Tácito, Tito Lívio ou Amiano Marcelino, esses homens se dão conta - mesmo que já soubessem vagamente, dessa vez podem avaliar de fato - que existiu um tempo antes do cristianismo, e que esse tempo não foi de barbárie e obscurantismo, de trevas e desrazão. A história da Grécia, ou de Roma, revelam grandezas passadas com virtudes diferentes das do judeu-cristianismo: o ideal heroico, o senso de honra, a propensão para a grandeza, o sopro épico, entre outros valores.

De súbito, com Columela e Frontino, os homens da primeira renascença percebem que existiu um talento prático e pragmático de agrônomos e arquitetos, que os romanos primaram na agricultura e na arte dos jardins, na silvicultura e na arboricultura, na criação de animais e na viticultura, na arte veterinária e na apicultura, assim como na arte hidrológica. Vale lembrar que Roma foi fundada sobre um pântano e, em que pese a versão mitológica do sacrifício de Cúrcio, que se joga nele para tornar Roma possível, a drenagem das águas, com esgotos e distribuição por adução, permitiu seu saneamento, limpeza, salubridade e hidrologia, a cidade que foi a capital de tudo que se sabe.

De súbito, com as comédias de Plauto ou os textos de Petrônio, a vida real e concreta surgiu diante dos olhos desses homens criados pela religião cristã. Não se trata mais da vida de santos ou monges, da apologética cristã ou da lenga-lenga do catecismo, e sim de peripécias cômicas que põem em cena figuras arquetípicas da humanidade - o parasita, o malvado, o bonzinho, o gentil, o cruel, o corno, o espertalhão sob as feições de uma ama de leite ou de um viajante, de um cozinheiro ou de um camponês, de um garoto ou de uma velha, de uma esposa ou de uma cortesã. Já com Petrônio, o corpo, a carne, os desejos e os prazeres ocupam a frente do palco. A vida, a vida de verdade, a única vida que a religião descarta com um gesto de desprezo.

De súbito, com Lucrécio, o véu cristão se rasga. Ali está toda a filosofia epicurista, como se séculos de sanha cristã contra o pensamento de Epicuro não tivessem servido de nada. E, qual fênix renascendo das cinzas, o *corpus* doutrinal epicurista aparece à luz do dia, na claridade de um pensamento novo. Pois o epicurismo grego de Epicuro era um epicurismo bastante próximo da sensibilidade dos primeiros cristãos, apesar do que pensassem dele: a vida simples e frugal, a prática da comunidade, em que a amizade tem um papel fundamental, a rejeição dos bens deste mundo, a polarização existencial baseada em uma espiritualidade exigente, o objetivo de uma vida serena, o desprezo por aquilo que suscita a admiração da maioria (honrarias, poder, dinheiro, riquezas, força), isso tudo se alinha à regra de São Bento. A comunidade monástica epicurista se parece em mais de um aspecto com a comunidade epicurista antiga.

O mal-entendido nasceu do *prazer*. Epicuro faz dele o bem soberano, aquilo para o qual temos absolutamente de pender. Ora, para nos limitarmos a uma definição trivial e vulgar da palavra, prazer é gozo sem consciência, entrega sem freios a todas as volúpias sensuais do mundo – e o cristianismo não podia concordar com isso. Se nos contentarmos em ficar na superfície das coisas, Epicuro parece incompatível com o cristianismo. Até porque o filósofo grego faz do *ventre* o próprio lugar da sabedoria, o que parece corroborar a ideia de que o epicurismo é uma filosofia de porcos.

Ocorre que o *prazer* em Epicuro possui uma definição filosófica bastante oposta à concepção corrente. Diametralmente oposta, aliás. O prazer se define negativamente como ausência de perturbação – a ataraxia. E, afinal, perturbação envolve pouquíssimas coisas: sede e fome, mais nada. O prazer é, portanto, a supressão desses sofrimentos, dessas perturbações, que são a fome e a sede. Como? Com o que há de mais frugal: um pouco de pão para comer, um pouco de água para beber. É o que basta para eliminar a perturbação. Não há necessidade de comidas e bebidas como as que se veem no banquete de Petrônio: tetas e vulvas de porca recheadas, vinho de Falerno, girafas recheadas de javalis, que, por sua vez, eram recheados de lebres recheadas de passarinhos. Pão e água. Sabemos que Epicuro um dia se banqueteou com um potinho de queijo que lhe fora dado por um amigo e dava um toque de supérfluo ao pão, o único necessário.

O prazer surge depois que se eliminam os dois únicos sofrimentos dignos desse nome. Epicuro elabora uma dietética dos desejos e dos prazeres que poderia convir aos primeiros cristãos. Segundo ele, existem desejos naturais e necessários, desejos naturais e não necessários e desejos não naturais e não necessários. Naturais e necessários? Beber quando se tem sede, comer quando se tem fome. Naturais e não necessários? A sexualidade: é comum aos animais e aos homens, mas podemos viver perfeitamente sem... Não naturais e não necessários: todos os demais desejos, a saber, as honrarias, o dinheiro, o poder, as condecorações, a fama etc. O prazer consiste, portanto, em satisfazer os desejos naturais e necessários, e nenhum outro. Que objeção teria tido São Bento a essa filosofia, digamos... pré-cristã?

Epicuro tinha uma saúde delicada; sofria de litíase. De compleição frágil, tinha - Nietzsche teorizou o que é uma regra geral - a filosofia de sua própria pessoa. A idiossincrasia do filósofo de Samos o levava a fazer pouco daquilo que devia contar muito pouco para o seu corpo. Além da configuração masoquista, à qual o cristianismo deu suma importância, parece lógico renunciar à sexualidade quando se tem falta de libido. Mesma coisa, naturalmente, quando não existe interesse pelas bagatelas sociais.

Mas o que Poggio descobre muda o jogo: o epicurismo romano de Lucrécio se opõe em mais de um aspecto ao epicurismo grego de Epicuro. O autor da *Carta a Meneceu*, como vimos, é altamente compatível com o cristianismo no que diz respeito aos usos do corpo: um mesmo ideal ascético, uma igual vontade de abolir os desejos, uma condenação similar da natureza desejante do homem, uma sabedoria idêntica da anulação do corpo, senão de sua mortificação.

Da natureza das coisas não altera em nada aquilo que constitui a física e a cosmogonia epicuriana. Já de saída, Lucrécio situa sua obra sob o signo de Vênus... Além do fato de que Epicuro jamais escreveria em versos, pois considerava a poesia enganosa, ele também não invocaria Vênus, a deusa do amor, do desejo, da vontade de gozo, da pulsão de vida, diante da qual tudo se inclina! Já nos primeiros versos fica claro que a obra não é um elogio ao ideal ascético! Do que se percebe que a idiossincrasia do romano não é a mesma do grego: o primeiro confessa uma saúde excelente do tipo nietzschiana – o segundo, não...

Além disso, Lucrécio manifesta menos amenidade em relação à religião: Epicuro critica a impiedade, que é um equívoco acerca da definição e do poder dos deuses, do mau uso que se faz deles, mas Lucrécio vai além, bate mais forte e critica "a vida miserável, oprimida pelo peso da religião" (I,63). Segue-se um elogio a Epicuro, que foi o primeiro, segundo Lucrécio, a ter-se insurgido contra a leitura religiosa das coisas, embora isso não o tenha impedido, diz Filodemo, de se iniciar num culto, acreditar na existência dos deuses, modelos materiais de ataraxia, praticar e observar piamente as festas religiosas. Não sabemos nada sobre a vida de Lucrécio, senão que foi provavelmente um cavaleiro romano, mas ele tinha menos apreço pela religião do que seu mestre grego.

Lucrécio também afirma: "a religião gerou ações criminosas" (I,83). Prova disso é o sacrifício de Ifigênia, que ele descreve em detalhes para mostrar que se trata verdadeiramente de uma cerimônia bárbara e cruel, em que um pai, Agamemnon, sacrifica sua filha, a qual está de olhos vendados, pois acha que a estão casando, quando, suprema mentira, seu genitor a está conduzindo para a morte. Por essas e tantas outras, a religião impede a felicidade. Ela impede ao homem qualquer possibilidade de construir sua serenidade neste mundo com as humanas armas do saber racional.

Somente uma leitura científica da natureza afasta o recurso à mitologia e às narrativas fabulosas. Quando se compreende que tudo é material, percebe-se que nem o mistério nem o irrazoável possuem direito de cidadania num homem digno desse nome. A chave do mundo não está no livro que supostamente explique o mundo, mas no próprio mundo: o sábio examina a natureza e observa como ela funciona para deduzir leis que lhe permitam construir para si uma serenidade no cosmos. A ciência, e não a teologia, é a disciplina que faz diminuir a religião, sobretudo porque faz aumentar a filosofia.

"Nada nunca é criado do nada pela ação de uma força divina" (I,149), escreve Lucrécio um século antes de Cristo. A crença procede do desconhecimento das causas naturais. Ele propõe uma genealogia da religião: ela sempre nasce da ignorância. Quanto menos se sabe, mais se acredita. Os deuses existem, mas jamais intervêm na vida dos homens. Tudo é composição, decomposição e recomposição dos átomos. A matéria é eterna, ao contrário dos seres humanos. Somos imortais em nossos átomos, mas mortais na composição e combinação desses átomos. Os deuses não têm nada a ver com isso. Nada nunca vai para o nada: tudo se transforma, tudo muda de forma, mas o que constitui a essência do real não morre.

Imaginamos o impacto que uma leitura desse tipo não teria causado nos tempos de Poggio! Colocar o pensamento sob o signo de Vênus; afirmar que a vida se torna miserável quando é governada pela religião; dizer que a religião gera crimes e barbáries, causa derramamento de sangue; explicar sua origem pelo desconhecimento do que é a verdadeira natureza do mundo, uma natureza atômica e material; descartar qualquer responsabilidade divina no surgimento do mundo e remetê-lo a uma causalidade puramente mecânica, baseada numa leitura científica; propor a reflexão racional e filosófica para eliminar as crenças irracionais e teológicas - tudo isso equivale, no Quatrocentos, a bastões de dinamite calmamente e cuidadosamente depositados ao pé das colunas do edifício judaico-cristão.

Outras cargas explosivas são colocadas em lugares estratégicos da catedral espiritual cristã. Vimos que Lucrécio invoca Vênus já na abertura de seu imenso poema. Ele celebra nela a energia, o desejo, a libido, a potência genésica, o sopro vital, a força sem nome que ele denomina "a alma da alma" (III,280) (material, obviamente), "o elã vital" (III,396) (assim traduzido por Charles Guittard, leitor de Bergson...) que governa o curso das coisas. Esse vigor atômico também se encontra no amor físico, evidentemente, e explica a atração de um homem por uma mulher. Lucrécio vê nele algo diferente de Epicuro, que o negava.

O poeta romano quer esse desejo que o quer. Não pretende reprimi-lo. Anseia dominá-lo. Ensina a não ser querido pelo desejo, e sim dirigi-lo para onde se pretende levá-lo: ao prazer que o liberta, aniquilando-o. Ainda hoje, e principalmente hoje, *Da natureza das coisas* contém páginas revolucionárias sobre o desejo e as paixões, o prazer e a sexualidade, a carne e o acasalamento. Para Lucrécio, o sêmen, ou seja, os átomos espermáticos, efervescem no corpo do rapaz à ideia ou à visão de uma moça; essa efervescência às vezes transborda à noite, quando o desejo atua na carne durante o sono; esse desejo furioso gera a turgescência, a qual, por sua vez, clama por um receptáculo que acolha esse transbordamento iminente.

Começa então a dor do amor: ou o amante encontra a amada e pode transformar o desejo em prazer, embora o desejo retorne muito rapidamente; ou suas investidas são rejeitadas, e seu desejo imperioso acaba sem objeto, do que a dolorosa tirania dos sentidos. Contudo, mesmo que a pessoa cobiçada seja consenciente, as aflições do amante não terminam: ele sofre na presença do amado, pois sabe que terão de se separar; sofre em sua ausência, porque sente cruelmente sua falta; sofre no reencontro, porque o prelúdio é uma tortura.

Lucrécio propõe, para esses tormentos, um remédio radical: "Mais vale jogar o licor assim acumulado em qualquer corpo do que guardá-lo consigo, mais vale deixar-se atrair de vez por uma paixão exclusiva do que reservar para si uma dor e uma aflição garantidas" (IV,1065 ss.). Em outras palavras, Lucrécio sugere que se vá a um bordel purgar esses átomos que causam intranquilidade a fim de recobrar a serenidade. A paz de espírito resgatada permite escapar aos tormentos. Estamos longe da solução de Epicuro, que consistia em rejeitar o desejo natural e não necessário para extingui-lo; Lucrécio aceita o desejo, natural e necessário, para que seus simulacros se esgotem quando são desfeitos.

Afirma Lucrécio, entre lúcido e irônico: "Ao fugir do amor, não nos privamos das alegrias de Vênus; antes, pelo contrário, colhemos as vantagens sem pagar seu preço. Pois os sábios, seguramente, experimentam um prazer mais puro que os pobres infelizes perdidos de amor" (IV,1071). Quanto mais damos ao amor, menos ele enfraquece e mais cresce; quanto menos damos, mais ele se atenua. No ato sexual, Lucrécio vê aumentar o abismo já existente entre dois seres: eles acreditam estar o mais próximo possível um do outro, na mais absoluta comunhão, julgam fundir-se, sentem que são um só? Eles são um só, de fato, mas só, em si. Nunca são dois em um. O ato sexual expõe a falha que sempre separa dois corpos. Do que a importância de deixar de acreditar que um dia vamos conseguir preencher esse tonel das Danaides.

O amor, além disso, é exaustivo. Com ele perdemos tempo, dinheiro, energia. Descuidamos de nossos deveres; sacrificamos nossa reputação; ele dissolve nosso patrimônio em roupas e berloques, banquetes suntuosos e decorações caríssimas. Caímos no ridículo, atribuindo virtudes a nossa companheira que ela não tem, belezas que lhe faltam, qualidades de que carece, pois, como bem sabemos, o amor cega. Molière faria um excelente proveito dos versos que o poeta dedica a essa patologia... Vem, em seguida, o remorso pelo tanto que sacrificamos, por termos deixado de trabalhar, por termos caído na esbórnia... A menor palavra atravessada da amada ao se despedir arrasa-nos o coração e a alma, o mínimo olhar para um rival provoca um tremendo ciúme. E isso se for um amor correspondido... Imagine se não o for!

Lucrécio não se limita a propor as alegrias da "Vênus vulgívaga" (IV,1072) para resolver o problema do desejo imperioso derramando os átomos espermáticos num receptáculo mercenário, também sugere ao leitor um outro remédio: escolher uma companheira ou esposa "sem auxílio dos deuses, sem flechas de Vênus":

> às vezes acontece de o amor ser despertado por uma beleza medíocre. Com efeito, por sua conduta, seu temperamento afável, pelo cuidado com sua pessoa, às vezes a mulher logra inspirar num homem a vontade de partilhar sua existência. No mais, o hábito faz nascer o amor, pois tudo que é submetido a um choque reiterado, por ligeiro que seja, acaba por ceder e ser vencido com o tempo. (IV,1278-1287)

Dito de outra forma: se o bordel resolve o problema do desejo de forma simples e direta, a convivência também - ou seja, concubinato ou casamento... A cortesã ou a esposa, a puta ou a mãe. Uma mulher não muito bonita, gentil, asseada, arrumadinha, presta os mesmos serviços que a mais experiente das hetairas. Supomos que Lucrécio fala por experiência própria e que conheceu os dois tipos de farmacopeia; também deve ter conhecido os estragos do amor apaixonado e os prazeres simples com a doce companheira.

Quando Poggio tira do esquecimento o grande poema de Lucrécio, ele faz sair do caldeirão estupendas criaturas filosóficas! Depois de mil anos de judeu-cristianismo triunfante, os quais, na esteira de São Paulo, celebraram o ódio ao corpo, o desprezo pelo desejo, a repulsa dos prazeres, a condenação da carne, o castigo das paixões, a repressão das pulsões, um discurso desses é uma revolução! A Igreja, depois de sexualizar o pecado original, codificou a carne, reduziu o sexo à procriação, puniu os contraventores, prometeu o inferno ao pecado da carne. Além disso, conclamou os homens a imitar o corpo angélico de Jesus e a carne supliciada de Cristo, também exigiu das mulheres que imitassem Maria virgem e mãe e assim neurotizou as relações sexuais.

E eis que, de uma biblioteca monacal alemã, sai uma obra diabólica que propõe coisas bem elementares: um desejo simples e sóbrio, puramente material, que se resume a jogos de átomos e movimentos de partículas; um prazer igualmente simples, que consiste em liberar o desejo que ameaça transbordar por meio de uma relação, simples também, na qual não existe lugar para a culpa; uma aspiração legítima a não deixar que a carne nos perturbe além do razoável, mas sem ter de resolver o problema com a mutilação ontológica dos corpos - Jesus, Maria, José não reconheceriam suas crias. Aliás, não vão mais reconhecê-las. O verme epicurista entrara na fruta judaico-cristã. Poggio Bracciolini certamente não sabia que, ao trazer à tona esse grande poema filosófico, estava solapando as fundações do judeu-cristianismo. Nesse frio janeiro de 1417, no mosteiro de São Galo, fendia-se o velho tempo.

3

COMER O PRÓXIMO COMO A SI MESMO
FAZENDO BOM PROVEITO DOS CANIBAIS

Bordeaux, 9 de abril de 1565,
Montaigne conversa com índios canibais

Cristóvão Colombo não descobriu a América em 1492. Primeiro porque os primeiros a pisar no continente americano foram islandeses estabelecidos na Groenlândia. Estamos por volta do ano 1000. Isso é relatado na *Saga de Vinland*, que reúne a *Saga de Erik, o Vermelho* e a *Saga dos groenlandeses*. Mas o gênero literário épico exige cautela. Descobertas arqueológicas e o estudo de outros documentos comprovam a descoberta e a presença dos *vikings* nas terras da América aproximadamente no ano 1000.

Bjarni Herjólfsson deixa a Groenlândia rumo ao oeste e descobre bancos de areia. Em 986, organiza a expedição de Leifr Eiríksson, filho de Erik, o Vermelho, pouco antes do início do novo milênio. Algum tempo depois, Thorvaldr, outro filho de Erik, o Vermelho, e seu cunhado Thorfinnr Karlsefni empreendem uma segunda expedição. Descobrem terras denominadas: Helluland, terra de pedras planas, Markland, terra da floresta, e Vinland, terra das vinhas ou pradarias – ou na terminologia contemporânea: a Terra de Baffin, o Labrador e uma pequena parte do Vale de São Lourenço, no Canadá. Nelas encontram populações autóctones: inuítes, algonquinos ou membros da etnia *beothuk*. Os barcos *vikings* descem o rio São Lourenço. Há vestígios deles em Chegoygan (Michigan). Descem bem para o sul, já que um *knarr*, um navio de guerra de dezesseis metros de comprimento, foi descoberto em Memphis (Missouri). A datação por carbono 14 indica um período entre 990 e 1050. A América foi descoberta pelos *vikings* no fim do século X e início do XI, em outras palavras, cinco séculos antes de Cristóvão Colombo.

Segundo, o referido Cristóvão Colombo não descobriu a América porque apenas roubou uma descoberta feita dez anos antes pelos portugueses, em cerca de 1481. Os cronistas do século XVI relatam que Colombo não descobriu a América. O genovês ouviu confidências de um marinheiro português, único sobrevivente da expedição; este lhe revelou segredos de navegação e, em seguida, fez-lhe o favor de partir desta para melhor, deixando Colombo como único depositário de um segredo que valia ouro. Um cronista peruano registrou o nome desse homem: Alonso Sanchez de Huelva. Mais tarde, investigando essas informações, Cristóvão Colombo se limitou a obter os documentos jurídicos que permitiram que ele se declarasse o descobridor. Os marinheiros portugueses provavelmente seguiram as correntes marítimas que os levaram para o Brasil e descobriram outra que retornava em direção à África. Na época, desembarcaram na ponta do Brasil e, ao que tudo indica, nas Antilhas.

De modo que Colombo, quando partiu, sabia exatamente para onde estava indo e desembarca no Haiti; quando voltou, sabia que direção devia seguir para pegar a corrente do Golfo – uma viagem problemática, para quem não está informado, em virtude da complexidade dos ventos. Ele conhecia o mapa, a rota, os ventos, porque outros obtiveram essas informações antes dele. Mais tarde, por mais que tenha escrito a história e deixado para o filho a tarefa de burilar a lenda, ele maquia, engana, esconde, dissimula: cita autores que não leu, manipula as distâncias para enganar o leitor e faz o mesmo ao falar de um pretenso atalho para as Índias.

A rainha Isabel da Espanha, denominada Isabel, a Católica, encanta-se por Colombo. Financia o projeto. Menos de um mês depois de expulsar os judeus da Espanha, duas semanas para sermos mais precisos, a rainha antissemita confia ao judeu Cristóvão Colombo as chaves da expedição. O contrato, assinado em 17 de abril de 1492, menciona uma descoberta já realizada – ato falho... Ele provavelmente contou o segredo à rainha. Colombo recebe um título de nobreza, é nomeado almirante dos mares oceânicos, governador-geral de todas as terras firmes e todas as ilhas que forem descobertas, e vice-rei, um título que antes dele não existia.

Obtém que seus cargos sejam herdados por sua descendência. Da mesma forma, em caso de litígio comercial, reconhece o rei como único juiz. Consegue, além disso, a propriedade de tudo o que descobrir - comprometendo-se a repassar 90% dos lucros aos reis católicos.

Em 3 de agosto de 1492, parte com três navios. Trinta e seis dias mais tarde, desembarca nas Bahamas, depois em Cuba e, por fim, no Haiti. Pede ao tabelião que registre suas conquistas e recolhe alguns autóctones para comprovar a descoberta. Retorna em 16 de janeiro de 1493 com dois navios, o terceiro se choca contra maciços de corais. Deixa 39 homens no local, protegidos por um fortim de madeira. Todos seriam massacrados pelos taínos, a população autóctone. Chega à corte com seus índios nus. A rainha o recebe em 20 de abril de 1493, ao som de um *Te Deum*. Isabel, a Católica, instala Cristóvão Colombo, o Judeu, ao seu lado. Ele parece de fato o vice-rei. Em 3 de maio de 1493, o papa Alexandre VI, um Bórgia, assina a bula que entrega a América a Isabel e Fernando, reis de Castela e Aragão. Em troca, pede a cristianização dos povos autóctones.

A cristianização aconteceu: o preço seria o genocídio de populações autóctones e grandes etnocídios. Os taínos de Hispaniola desaparecem, os aruaques das Grandes Antilhas desaparecem, os caraíbas das Pequenas Antilhas desaparecem, os nauatles desaparecem, os pipiles da Guatemala e Honduras desaparecem, os tarascos do México desaparecem, e outras etnias. Em sua *Brevíssima relação da destruição das Índias*, o bispo Bartolomeu de las Casas escreve ao rei da Espanha: "Cresce a cada dia o desejo temerário e irracional dos que julgam insignificante derramar sangue humano injustamente, despovoar essas vastas terras de seus habitantes e proprietários naturais, matando um bilhão de pessoas, e roubar tesouros incomparáveis". Estamos em 1552.

A controvérsia de Valladolid mostra bem a fratura aberta no cristianismo entre os discípulos de Jesus, que pregam o amor ao próximo, a paz, a bondade, a mansidão, o perdão das ofensas e a caridade, e os discípulos da Igreja, que só invocam Jesus para melhor trair sua mensagem e fomentar autos de fé e perseguições, cruzadas e guerras santas, a Inquisição e as fogueiras. De um lado, Jesus e Francisco de Assis, Jan Hus e Jerônimo de Praga e, mais tarde, Erasmo e Montaigne; de outro,

Paulo de Tarso e Constantino, Bernardo de Claraval e Pedro, o Eremita, Bernardo Gui e Nicolau Eymerich, Savonarola e Torquemada. De uma parte, o dominicano Las Casas, defensor dos índios; de outra, o teólogo Sepúlveda, teórico da guerra que qualifico de colonial e imperialista.

Em 7 de julho de 1550, Carlos V solicita a presença de juristas e letrados, teólogos e funcionários de seu império no Colégio São Gregório, em Valladolid. O debate opõe as teses evangélicas de Bartolomeu de las Casas, um dominicano sem formação universitária, provavelmente judeu de origem modesta, às teses cristãs do teólogo Juan Ginés de Sepúlveda, um nobre espanhol, universitário ligado ao poder temporal que trabalha para a Inquisição. Seu pai participou da segunda viagem de Cristóvão Colombo. Serão necessárias duas seções de um mês cada: 1550 e 1551.

A pauta é simples: como pregar a fé no Novo Mundo recém-descoberto? Questão teológica. E questão política: como submeter os habitantes dessas terras longínquas ao poder de Carlos V? Sepúlveda defende uma tese simples: sujeitar os infiéis pela força, recorrer à guerra e em seguida empregar todos os meios para convertê-los. Las Casas propõe o contrário: abordar pacificamente homens e mulheres, que, em seguida, poderão converter-se ao catolicismo com toda a confiança. Sepúlveda quer dominar pela espada de São Paulo, Las Casas quer evangelizar com as palavras de Jesus.

Na prática, a população branca, católica, europeia, governa os indígenas com mão de ferro. Las Casas relata os detalhes em sua *Brevíssima relação da destruição das Índias*, um livro escrito no México a partir de 1539 e publicado em 1552. Em 1578, o texto ganha tradução francesa na Antuérpia. Las Casas descreve índios simples e mansos, bons e generosos, pacíficos e obedientes, humildes e pacientes, submissos aos que os comandam e ignorantes do que qualifica os ocidentais: a duplicidade e a maldade, a querela e o rancor, o ódio e a violência, a vingança, o orgulho e a ambição, a cupidez e o desejo de possuir. São fisicamente delicados, franzinos e frágeis, de modo que sucumbem facilmente ao trabalho e às epidemias. Praticam a sobriedade e a frugalidade. Andam nus, ou apenas cobertos com uma tanga. Dormem em esteiras ou redes. E acrescenta: "Possuem um entendimento claro, reto e ágil". Demonstram curiosidade pela fé cristã e para ela se voltam naturalmente com fervor.

Os cristãos espanhóis se comportam com eles como lobos, tigres e leões com os cordeiros: "Há quarenta anos, e ainda hoje, não fazem outra coisa senão estraçalhá-los, matá-los, maltratá-los, afligi-los, atormentá-los e destruí-los com crueldades estranhas, novas, variadas, nunca vistas, lidas ou ouvidas". Dos três milhões de indivíduos da comunidade, restam apenas duzentos, escreve o dominicano. Cuba? Devastada. As ilhas San Juan e a Jamaica? Devastadas. As sessenta ilhas Lucaias? Devastadas - quinhentas mil pessoas varridas do mapa. Os números apresentados por Las Casas são terríveis:

> Ao longo desses quarenta anos, mais de doze milhões de almas, homens, mulheres e crianças, foram injustamente mortas por causa da tirania e das ações infernais dos cristãos. Esse é um número certo e verídico, e, na realidade, acredito, e não penso estar enganado, que foram mais de quinze milhões.

Que motivos tinham os cristãos para exterminar esse povo que nunca os ofendeu, nunca os criticou, nunca os atacou? O ouro, a prata e as riquezas, o poder, as honrarias e a ambição, os títulos e o domínio.

Um bilhão de mortos, doze milhões, quinze milhões. Las Casas não receia os exageros. No século XVI, a população mundial é estimada em quinhentos milhões - custa acreditar que, mesmo sendo cruéis e enfurecidos, sedentos de sangue, os colonos espanhóis tenham exterminado um bilhão de indivíduos, como diz Las Casas, corrigindo-se algumas páginas depois: talvez doze milhões, mas, pensando bem, quinze milhões, mas ele não esclarece o que lhe permite avançar esses números.

Da mesma forma, a descrição idílica desses índios que desconheciam as paixões tristes dos ocidentais não resiste à observação dos fatos: não há na humanidade homens que escapem à condição humana, mesmo sendo índios, e que sejam naturalmente bons antes de ser corrompidos pela sociedade: os índios não desconhecem as armas, as zagaias, as sarabatanas e os arcos e flechas, e não as utilizam apenas para a caça de animais. Veremos que os tupinambás e tabajaras, duas etnias brasileiras, guerrearam ininterruptamente uma contra a outra. Além disso, não podemos esquecer que, quando regressa à Espanha, Colombo deixa uma guarnição protegida por um forte: primeiro, não haveria motivo para ele mandar construir um forte se não existisse uma ameaça; segundo, os homens são massacrados pela população local.

De modo que, quando o dominicano escreve: "Suas guerras são pouco mais que nossos jogos de pau, ou mesmo nossas brincadeiras de criança", se não podemos sorrir da ingenuidade da observação, podemos ao menos supor que o *bom selvagem*, cujo mito nasce sob sua pena, é menos merecedor de paixão militante do que de razão analítica. Se os índios contassem com as mesmas armas dos espanhóis, não há dúvida de que as teriam usado contra as etnias inimigas... Estigmatizar um povo por supostos defeitos (a venalidade dos judeus) equivale a idolatrá-lo por qualidades hipotéticas (o senso de ritmo dos negros): os índios foram homens, iguais em qualidades e defeitos aos seus semelhantes de outra cor de pele.

Las Casas carrega nas tintas, mas usa as tintas certas. Ele é o advogado dos índios e, como todo defensor, usa e abusa dos efeitos de retórica. No entanto, mesmo que o *bilhão* seja uma cláusula nociva do estilo, porque faz o jogo dos partidários do imperialismo colonial, houve realmente um etnocídio em que a guerra e a tortura, a deportação e o trabalho forçado realizaram voluntariamente um trabalho que seria subsidiariamente concluído pelas epidemias que os autóctones contraíram dos brancos. Seja como for, Las Casas estava do lado dos homens em nome de Deus, enquanto outros, em nome do mesmo Deus, despachavam esses mesmos homens para o nada a fim de alimentar a religião do ouro e do poder.

Sua *Brevíssima relação da destruição das Índias* relata, infelizmente, os crimes de toda soldadesca desde que o mundo é mundo: devastar povoados, roubar mantimentos dos habitantes, destruir reservas, incendiar plantações, estuprar mulheres, torturar, espancar quem estiver ao alcance, abrir o ventre de suas vítimas para estripá-las, decepar cadáveres ainda frescos, desventrar mulheres grávidas, transpassar mãe e filho com a espada, apostar que é capaz de partir ao meio o corpo de um homem com um golpe só, abrir uma cabeça com uma lança de cima de um cavalo caparazonado, jogar crianças de cabeça nos rochedos, afogar bebês de colo, cortar mãos, cobrir a vítima com palha e atear fogo, cozinhar pessoas em fogo lento, treinar cães para matar e devorar, enforcar rainhas e reis, encenar condenações à morte – treze enforcados, como Cristo e seus apóstolos, e queimados vivos em oferenda ao Deus cristão;

destruir aldeias e incendiar o templo onde aldeões se refugiaram, usar de represálias - para cada cristão morto, cem índios eliminados etc. Nada de novo sob o sol negro das guerras travadas desde o princípio daquilo que chamamos, ainda assim, de humanidade.

Para os que escapam dos massacres, mulheres, moças, alguns rapazes, o destino também é a morte, mas uma morte mais lenta: os homens válidos são mandados para as minas para extrair ouro, as mulheres trabalham nas lavouras para produzir o alimento dos invasores e tanto estas como aqueles perecem de esgotamento e desnutrição. Os cristãos percorrem longas distâncias em lombo de índio, carregados em redes ou liteiras. Quem dá sinais de fraqueza é morto e abandonado no local, o cadáver é deixado para os animais da floresta.

Em Cholula, no México, os espanhóis fazem um massacre. A cidade, a segunda do Império asteca, conta mais de cem mil habitantes. Entre cinco e seis mil índios são trancafiados num pátio pelos cristãos e mortos no espaço de dois ou três dias. Mais de cem nobres astecas são queimados em estacas fincadas no solo, cerca de trinta pessoas se refugiam num templo, e o edifício religioso é incendiado. Todas perecem. Em Tierra Firme, na atual Colômbia, Las Casas relata o extermínio de quarenta mil pessoas: tortura dos habitantes para saber onde está o ouro, aldeias queimadas e devastadas, pilhagem das ruínas, massacres em massa - de dezenas de milhares, segundo o frade Bartolomeu. A *Brevíssima relação da destruição das Índias* resulta num documento esmagador para os colonos cristãos vindos da Espanha. Mas paremos por aqui...

Da controvérsia de Valladolid - que, ao contrário do que diz a versão difundida por um filme exibido em 1992 por uma emissora estatal francesa, nunca pretendeu discutir se os índios possuíam uma alma (o fato de os conquistadores cristãos quererem converter os índios pressupunha *de facto* que eles possuíam uma alma, e esta precisava ser salva, por bem ou por mal...) - destaco a questão do canibalismo. Sepúlveda justificava a guerra colonial como uma guerra justa, porque visava ao triunfo do cristianismo. Essa mesma lógica movia os pensadores da cruzada e os teóricos da Inquisição. O "não matarás" possuía um número infinito de exceções cristãs.

O costumeiro rosário de referências legitimadoras permitia afirmar que, em nome da paz, era preciso travar a guerra, em nome da rejeição ao crime era preciso matar, em nome do amor ao próximo era preciso matar, estuprar, pilhar e massacrar, em nome de Deus era preciso agradar ao diabo, em nome do perdão das ofensas era preciso ofender, em nome da pobreza voluntária preconizada pelos Evangelhos era preciso viver no luxo e na opulência venerada pela Igreja.

Em latim impecável, o que não é de surpreender, o teólogo Sepúlveda cita São Paulo com sua espada e o primeiro imperador cristão, Constantino, o antissemita brutal São João Crisóstomo e Santo Agostinho, o enérgico bispo de Hipona, aliado ao universitário escolástico Tomás de Aquino, ambos defensores da guerra "justa", e, naturalmente, a autoridade dos concílios e dos papas. Las Casas fala no direito de natureza e no direito das pessoas. Escreve: "Ninguém pode ser chamado de rebelde sem antes ser um súdito", e o que os legitimaria como súditos para que possam ser punidos como rebeldes? Sepúlveda se esteia na autoridade da Igreja; Las Casas, na do direito. O primeiro ainda expressa o velho mundo, o segundo anuncia o novo.

Contrariamente ao que afirma Las Casas, os índios não são bons selvagens que viviam em paz antes da chegada dos colonos malvados: há, de ambos os lados, pessoas boas e más. Quando Cortés chega ao México, ou Pizarro, ao Peru, eles só conseguem avançar graças à ajuda de índios submetidos por outros índios que veem uma oportunidade de vingança. Entre os autóctones, etnias dominantes submetem e escravizam outras etnias. Desse povo sujeitado são escolhidos os indivíduos que construiriam as imensas pirâmides e em seguida seriam sacrificados. Finda a construção do grande templo de México-Tenochtitlán, um imenso holocausto é oferecido aos deuses: dizem que 80.400 vítimas foram imoladas em quatro dias. Mesmo que o número seja exagerado e possa corresponder ao total de vítimas durante todo o período de obra, é inequívoco que houve dezenas de milhares de mortes rituais.

O rito dos sacrifícios humanos era terrível: uma barulhada de tambores e timbales, búzios e apitos era ouvida a quilômetros de distância, condenados acorrentados e usando cocares de penas multicoloridas, subida dos sessenta metros de degraus da pirâmide, danças em homenagem aos deuses no alto da construção, condenados deitando na pedra do sacrifício, abertura do tórax com uma grande faca de sílex, extração do coração ainda batendo apresentado ao céu em oferenda, chutes dos sacrificadores para fazer rolar os corpos até a base do edifício, no solo decepagem em regra para separar membros e cabeça do tronco, retirada da pele do rosto junto com a barba para ser curtida e utilizada em cerimônias posteriores, refeição canibal de carne humana ao molho de pimenta, distribuição do que não foi comido, pés e entranhas, a jaguares e pumas enjaulados.

Esses canibais são monstros, bárbaros, criaturas desumanas? Sim, responde Sepúlveda, que evoca as Sagradas Escrituras em geral e, sem nenhum acanhamento, o "não matarás" do Deuteronômio em particular! Inacreditável... Não, retruca Las Casas, que diz, segundo Domingo de Soto:

> Em que pese certos costumes de gente nem tão policiada, eles não são bárbaros a esse ponto. Pelo contrário, é uma gente que vive em grupos e de maneira civil, que tem grandes cidades, casas, leis, artes, senhores e um governo, e pune os pecados, não só os contra a natureza, mas também os naturais, com pena de morte. São suficientemente policiados para não podermos guerrear com eles por motivo de barbárie.

Imagino que os *costumes de gente nem tão policiada* seja uma lítotes para qualificar os sacrifícios humanos seguidos de refeições canibais. Quanto aos pecados contra a natureza, trata-se de sodomia, mas também de antropofagia. Las Casas não os julga nem condena, compreende. Para Sepúlveda, um bárbaro é *in fine* alguém que não é cristão; de certa forma, para Las Casas, o bárbaro talvez seja aquele que mate em nome de Deus...

Será mero acaso o fato de Montaigne ter iniciado a redação do capítulo dos *Ensaios* intitulado "Sobre os canibais" em 1579, mesmo ano em que era lançada em Anvers a edição francesa de *Histoire admirable des horribles insolences, cruautés et tyrannies exercées par les Espagnols dans les Indes occidentales* [História admirável das horríveis insolências, crueldades e tiranias cometidas pelos espanhóis nas Índias Ocidentais][26], de Las Casas, traduzido por Jacques de Miggrode? Nada prova que Montaigne tenha lido Las Casas: ele nunca o cita, nunca remete a ele, nunca falou sobre ele em conversas relatadas por terceiros. Mas muitas das teses do dominicano se encontram no texto do bordelês.

Em compensação, no capítulo intitulado "Sobre os coches", ele recorre aos mesmos argumentos para condenar o que ainda não é chamado de colonialismo. Afirma que os homens dessa soldadesca sem fé nem lei chegaram com armas e capacetes, montados em cavalos caparazonados, protegidos por armaduras das simples flechas indígenas, e assim venceram facilmente um povo inteiro, mulheres e crianças inclusive.

> Tantas cidades devastadas, tantas nações exterminadas, tantos milhões de povos passados no fio da espada, e a mais rica e bela parte do mundo perturbada pela negociação de pérolas e pimenta! Vis vitórias. Nunca a ambição, nunca as inimizades públicas jogaram os homens uns contra outros com tão terríveis hostilidades e tão miseráveis calamidades. (III,6)

O exemplo da paz, da civilização tolerante e industriosa e da cooperação teria convencido mais seguramente os povos autóctones da excelência dos espanhóis do que o fio da espada e as torturas em praça pública, as furiosas expedições punitivas, os braseiros em que foram jogados os soberanos indígenas, os massacres em massa e a "carnificina como se fossem feras selvagens".

Montaigne, se não leu Las Casas, pôde basear-se nos relatos de um criado seu do qual pouco sabemos: um normando que viajou para o Brasil e lá permaneceu cerca de dez anos. Tempo suficiente para aprender a língua e servir de tradutor entre os índios vindos do Brasil e os franceses em Rouen, uma vez no começo de outubro de 1550 e outra em 1562 – Montaigne afirma que estava presente, o que é duvidoso, mas seu criado poderia ter estado lá – e outra vez em Bordeaux, em 1565, onde Montaigne com certeza estava presente e talvez seu misterioso normando.

---

26 Títulos alternativos de *Brevíssima relação da destruição das Índias*, de Bartolomeu de Las Casas, foram usados na Europa para chamar a atenção para os horrores cometidos pelos espanhóis no Novo Mundo. [N. E.]

Porque a documentação sobre Montaigne e os canibais é simplesmente enigmática! Pesquisadores fizeram um verdadeiro trabalho de detetive para demonstrar que o que Montaigne escreve é falso. Ele mentiu sobre essa questão. Os brasileiros estiveram em Rouen pela primeira vez em 1550, a convite de ricos armadores da cidade. Montaigne não estava lá. Estavam lá, em compensação, Henrique II e Catarina de Médici, que visitaram o que hoje chamaríamos de estande indígena numa exposição universal: cinquenta selvagens e duzentos marinheiros caracterizados de selvagens, sem que se consiga distinguir quem é quem, participam de uma grande encenação. Uma aldeia foi construída às margens do Sena, cercada de uma natureza que parece selvagem e luxuriante, graças a arbustos, árvores e moitas plantados pelos jardineiros. As cabanas são de junco e folhas, pássaros exóticos cantam e voam livremente, animais importados, como macacos, circulam pela paisagem. Nus, rosto e corpo pintados, os falsos índios misturados aos verdadeiros simulam cenas de caça com sarabatanas ou arcos e flechas, mas também combates entre tribos: uma parece pacífica e é agredida por outra. Os bons, os tupinambás, triunfam sobre os tabajaras, que são os maus. Alguns descansam, deitados numas redes.

Anos depois, no fim de outubro de 1562, de novo em Rouen, Montaigne diz que esteve com três indígenas e conversou com eles com a ajuda de um intérprete medíocre, o que não permitiu um diálogo de qualidade. Ocorre que ele não estava lá, mas muito provavelmente em Paris. Montaigne diz que o jovem rei Carlos IX e sua mãe estavam presentes. Conta que a língua lhe pareceu musicalmente próxima do grego; relata certos detalhes das conversas que teria tido. Ora, nenhum outro depoimento, além do de Montaigne, corrobora essa versão. O cerco à cidade torna bastante improvável a presença do rei. É difícil imaginar que, após os católicos tomarem Rouen dos protestantes, houvesse espaço na cidade saqueada para uma recepção aos brasileiros. Se Montaigne estivesse lá, os cronistas não deixariam de registrar o fato e fornecer detalhes da cerimônia. Ocorre que, nessas datas, Montaigne estava em Bordeaux...

Montaigne de fato se encontrou com canibais, mas em Bordeaux, em 9 de abril de 1565, na presença de Carlos IX, que estava em viagem pela França para afirmar seu poder. Os índios tupinambás e tabajaras desfilaram diante do rei, mas em sinal de submissão, e manifestam sua fidelidade. Montaigne participa das festividades, mas o protocolo não o autorizaria a conversar com eles em particular. O filósofo, que é também magistrado, pronuncia um discurso favorável ao rei de quinze anos e desfavorável ao Parlamento, acusado de reivindicar a tutela do monarca e não lhe manifestar lealdade absoluta. A cerimônia durou quatro horas, e o jovem rei saiu descontente com a falta de apoio do Parlamento.

Eis a chave dessa história rocambolesca. Se Montaigne diz ter estado com os brasileiros em Rouen, na Normandia, em 1562, onde não os viu, e não em Bordeaux, na Aquitânia, em 1565, onde os viu, é porque não quer que o rei leve a mal a referência nos *Ensaios* a um episódio em que se aborrecera por culpa do Parlamento. Então ele apaga Bordeaux e inventa Rouen, no momento em que os católicos reconquistam a cidade dos protestantes, para assegurar sua catolicidade ao rei da França. É possível que o essencial das informações de Montaigne sobre os canibais se deva mais ao criado normando do que a encontros ou leituras de viajantes que muitas vezes nunca estiveram no Brasil, estiveram por pouco tempo, ou inventaram e enfeitaram seus relatos. O intermediário entre o filósofo e os canibais foi seu criado normando.

O essencial reside no que o filósofo aprendeu com esses canibais e foi expresso nesta frase dos *Ensaios*: "Nosso mundo acaba de descobrir outro" ("Sobre os coches", III, 6,908). *Com efeito*. E esse Novo Mundo ameríndio recém-descoberto contribui fortemente para fraturar o edifício do Velho Mundo judaico-cristão. O homem nu, de pele acobreada, enfeitado com penas vermelhas, azuis e amarelas, rosto e corpo pintados, que vive com simplicidade numa natureza que ignora os homens, esse homem que come seu semelhante e não transforma seu corpo em inimigo envelhece de repente o crucificado em nome do qual transcorreram mil anos de história. O homem que ainda não é chamado de *o bom selvagem* traz a história do judeu-cristianismo para o começo de seu fim.

"Sobre os canibais" é, sem dúvida, um capítulo essencial dos *Ensaios*, mas é também um punhado de páginas que altera os rumos do Ocidente. Na biblioteca de filosofia europeia, que vai de Pitágoras a Derrida, poucos textos causaram tamanho impacto no rumo das coisas. O pensador bordelês faz caducar um mundo que se acreditava único: o judeu-

-cristianismo deve negociar com um outro universo, um universo que questiona o seu e o obriga a justificar sua suposta preeminência. O que se deve fazer, quando se reivindica o universal paulino, com um mundo que escapa a esse universal e, *de facto*, mostra que ele não tem nada de universal? Para ser verdadeiramente universal, esse Velho Mundo precisa negociar com essa outra parte da humanidade. Mas e esse outro mundo?

Montaigne questiona a noção de barbárie. Quem é bárbaro? Ele não se apoia em livros ou documentos, mas no depoimento de seu criado, que esteve com os brasileiros durante a expedição de Villegagnon, e no de marinheiros que viajaram com ele e que lhe foram apresentados. Ele não está interessado em glosar os glosadores e dissertar sobre relatos de viagem que, hoje se sabe, eram aproximados e muitas vezes inventados, às vezes copiados de pessoas que também os copiaram: Montaigne pensa o mundo ao vivo, e não por livros que dizem descrevê-lo.

Dito no vocabulário de hoje, o filósofo coleciona objetos das artes primitivas: há em seu castelo redes, cordões de algodão, espadas-clavas cuja ponta parece um remo, braceletes de madeira usados em combates, paus de chuva feitos de bambu. Objetos obtidos por intermédio de seu criado? Objetos do próprio criado? Objetos adquiridos, comprados, presenteados no encontro com os indígenas em Bordeaux? Não sabemos. Ele bebe da fonte dos que estiveram pessoalmente *in loco* e prefere muito mais o testemunho de seu criado, um "homem simples e rústico", ao da "gente fina" - dos *intelectuais*, diríamos hoje em dia...

Após os saltos e as cambalhotas de escrita aos quais sabemos que é afeito, Montaigne escreve esta frase definitiva:

> Não há nada de bárbaro ou selvagem nessa nação, pelo que me relataram, tirando o fato de que cada qual chama de barbárie aquilo que não é do seu costume; quer parecer, realmente, que não temos outro parâmetro para a verdade e a razão senão o exemplo e a ideia dos usos e opiniões do país em que vivemos. Nele sempre se encontra a perfeita religião, o perfeito governo, o uso pleno e perfeito de todas as coisas.

Estava lançada a sorte pós-cristã! E podemos imaginar a cara do papa ao tomar conhecimento dessa tese, que os assessores de comunicação da época provavelmente lhe transmitiram.

Nas terras dos pretensos *bárbaros* e dos supostos selvagens persiste a natureza não alterada pela maldade dos homens e por seu gosto corrompido, ou pelo que mais tarde ganharia o nome de técnica e indústria; lá as leis naturais agem, porque as leis civis não as destruíram; lá não existem algarismos e letras, magistrados e políticos, ricos e pobres, tabeliões e homens da lei, agricultores e ferreiros, camponeses e viticultores, mas gente ocupada em produzir o suficiente para se alimentar, e nada mais; lá não existe mentira nem roubo, traição nem avareza, dissimulação nem inveja, maledicência nem perdão, doente nem aleijado, mas pessoas simples, sentadas à beira do mar, comendo os peixes grelhados para a sua única refeição do dia, feita ao amanhecer, depois dançando o dia inteiro, enquanto os jovens vão caçar; lá não se acha moralista ou teólogo, e sim o velho que ensina simplesmente a valentia do soldado e a amizade pelas mulheres, ou homens que preveem o que vai acontecer, mas viram picadinho quando erram; lá não se esmiúça Deus nem se discorre infinitamente sobre o sexo dos anjos, mas acredita-se nas almas imortais, que vão para o céu onde nasce o Sol, ou para o ocidente no caso dos malditos; lá não se aperfeiçoam suplícios e torturas em guerras, guerras que eles também conhecem, mas travam até a morte, pois seu senso de honra não permite a possibilidade de derrota.

Eles matam e decapitam seus inimigos, penduram as cabeças na entrada de suas casas, mas, quando fazem prisioneiros, o método é o seguinte: amarram-nos diante de todos e, em seguida, "matam-nos a golpes de espada. Feito isso, assam-nos e comem-nos coletivamente, e ainda mandam pedaços para os amigos ausentes". Barbárie? Então o que dizer dos portugueses, que enterram seus prisioneiros até a cintura, antes de torturá-los e enforcá-los? Se é barbárie comer o seu próximo depois de matá-lo, mais barbárie é enforcá-lo depois de supliciá-lo! Aos que comparam os canibais a bárbaros, Montaigne afirma que mais bárbaros são os colonos que os martirizam: "Podemos chamá-los de bárbaros em relação às regras da razão, mas não em relação a nós, que os superamos em todo tipo de barbárie".

Os índios desconhecem as guerras de conquista. Quando combatem os inimigos, visam apenas à glória da vitória, nada mais. Certamente não visam aos benefícios da servidão e às vantagens da escravidão, aos perversos prazeres da pilhagem dos recursos naturais e da espoliação de bens. Vencendo, deixam os adversários fugir e voltar para suas tribos; conquistando, os ocidentais não cansam de aviltar e achincalhar, sujeitar e martirizar, torturar e humilhar. Mais vale comer um inimigo vencido segundo as regras da arte virtuosa do que matá-lo depois de o esquartejar, como fazem os cães treinados para matar.

Por outro lado, passando de Tânatos a Eros, esses supostos bárbaros têm com as mulheres um trato superior ao dos ocidentais: os brasileiros aceitam que um homem tenha várias mulheres, e estas fazem questão de conseguir para seu esposo o maior número possível de esposas, ao passo que, no regime cristão monogâmico, e Montaigne sabe do que está falando, a esposa não tolera nem sequer a amizade, o que dirá o amor, que seu marido por ventura nutra por outras mulheres. Quem é o bárbaro? O polígamo amado por suas esposas, ou o cristão monogâmico exposto à execração pública pelo ciúme de uma esposa má?

Para confirmar que há outra civilização, igual ou superior à do judeu-cristianismo, Montaigne relaciona a antropofagia, a guerra cavalheiresca e os amores polígamos aos grandes homens da Antiguidade que justificam uma ou outra dessas práticas - Pirro, Felipe, Virgílio, Sêneca, Crisipo, Zenão, Íscolas. Acha até mesmo que seus cantos lembram a poesia anacreôntica - mais alvará de civilização do que isso, impossível... Irônico, chega a convocar, além das fontes greco-romanas, a autoridade da Bíblia, citando Lea, Raquel, Sara e as esposas de Jacó, que forneciam mulheres a seus esposos!

Por fim, Montaigne relata a conversa do jovem rei Carlos IX, em Rouen, com esses supostos selvagens, dos quais três observações são registradas nos *Ensaios*. A primeira: como se explicava aqueles adultos todos, armados até os dentes, prestarem lealdade a um menino, mesmo que fosse seu rei? A segunda: como é que aqueles homens ricos, luxuosamente vestidos, que acompanhavam o rei, podiam viver com tanto fausto, enquanto pobres famintos andavam à míngua pelas ruas, conformados, sem atacar os ricos para roubar seus bens ou incendiar suas casas? A terceira? Montaigne diz não se lembrar... Podemos acreditar nele, sem deduzir disso algo que ele não disse, pois em diversas ocasiões ele comentou que tinha memória ruim.

Essas duas perguntas seguem na mesma linha de seu amigo La Boétie, para quem o poder só existe porque é consentido por aqueles sobre os quais se exerce. Bastaria que não mais o quisessem para o poder ruir por si só. La Boétie escreve no *Discurso da servidão voluntária*: "Estejam decididos a não mais servir e estarão livres". O que dizem os brasileiros, ou, ao menos, o que dizem pela boca de Montaigne, senão o que pensava La Boétie? Montaigne era visto como um católico fideísta e um monarquista legitimista. Pode ser. Mas é também um filósofo que, tanto em relação à fé quanto à política, e em qualquer outro assunto, gosta da liberdade acima de tudo. Montaigne sabe que mil anos de catolicidade, e meio século apenas de protestantismo, geraram muita *barbárie*, e que o Novo Mundo tem muito a ensinar sobre o que poderia ser um mundo menos bárbaro.

A Noite de São Bartolomeu ocorreu em 24 de agosto de 1572, ou seja, sete anos antes de ele iniciar a redação de seu texto "Dos canibais". Essa guerra civil, um esporte nacional francês, produziu trinta mil mortos. De que lado estavam os bárbaros? Do católico ou do protestante? Ou dos dois? Montaigne anotava em suas *Efemérides* todos os acontecimentos que lhe pareciam importantes; a página desse funesto 24 de agosto foi arrancada. Por quem? O que ela dizia? Nunca saberemos. Comer o próximo segundo uma lógica de honra, à antiga, quase à romana, parece menos bárbaro a Montaigne do que sangrá-lo, degolá-lo, massacrá-lo em nome, por exemplo, da real presença de Cristo em uma hóstia.

4
A ASTÚCIA DA RAZÃO HUGUENOTE
A DESSACRALIZAÇÃO DO SOBERANO

1600, a palavra "monarcômaco" aparece
num texto do inglês William Barclay

Quais os efeitos políticos da redescoberta do grande poema epicurista de Lucrécio? Pois, embora pouco se fale disso, existe uma política epicuriana e não lhe damos atenção suficiente. A lista das obras perdidas de Epicuro fornecida por Diógenes Laércio revela, além das reflexões sobre a justiça, um texto intitulado *A realeza*, no qual o filósofo grego expõe sua política. Não conhecemos seu conteúdo, evidentemente, mas sabemos que Epicuro definia a ausência de sofrimento como o bem soberano e que, de acordo com esse ideal, sugeria que não se metesse com política quem não quisesse problemas. Conselho de sábia prudência.

É melhor, sem dúvida, não se envolver com política, mas, se for para se envolver, melhor que ela seja epicuriana, ou seja, que se proponha a garantir ao maior número as condições de possibilidade de uma vida filosófica. Aquele que dirige os assuntos da cidade pode fazer isso como epicurista, evitando os vícios segundo Epicuro e governando segundo suas virtudes. De sorte que, por essa lógica, o soberano governa visando ao interesse geral e ao bem-estar dos cidadãos, administra sem fausto e sem despesas extravagantes, não distribui honrarias a torto e a direito, evita impostos que gerem a pobreza de seus súditos, só empreende guerras em caso de absoluta necessidade, exclui qualquer conflito com o objetivo de conquistar, pratica a frugalidade no palácio, busca a sabedoria para si mesmo e para os outros. O que quer Epicuro, em termos absolutos? Eliminar o medo e obter a paz. O soberano deve encarnar esse ideal em termos relativos em seu mandato.

Sabemos hoje que pouco restou da profusa obra de Epicuro. Subsiste, contudo, um punhado de pensamentos políticos, dispersos nas quarenta *Máximas capitais*. Aprendemos com elas que o filósofo conta com a realeza para assegurar o programa epicurista – com efeito, é mais fácil para um só ser filósofo do que para muitos; que a justiça, do ponto de vista natural, consiste em não prejudicar a si mesmo e a outrem; que esse horizonte ético define a *utilidade* e é da alçada do *direito natural* (XXXI); que o justo e o injusto não têm como existir sem a existência de um *contrato* previamente firmado entre as partes (XXXII); que essa ideia, pertinente entre os indivíduos, vale igualmente para os povos – o que assenta as bases de um *direito natural internacional*; que uma lei que não visasse, ou deixasse de visar, à utilidade comum não seria justa. A política epicuriana revela-se, portanto, um jusnaturalismo utilitarista e contratualista. Visa à vida em comum em que ninguém nada tem a temer do outro.

As *Máximas capitais* atravessaram os séculos: Demétrio de Lacônia, Filodemo de Gadara, Cícero, Sêneca, Plutarco, Diógenes de Enoanda as conheciam, porque falam a respeito delas. Lucrécio, é claro, não as desconhece. Há uma política em *Da natureza das coisas*: ela procede dessas cinco ou seis máximas. De modo que os autores renascentistas dispõem de uma política epicuriana alternativa à política cristã exercida, desde Constantino, sob a forma de cesaropapismo. Lucrécio retoma as linhas gerais de seu mestre: o bem comum só é possível entre os homens a partir de um contrato previamente firmado entre eles, assentando as bases de leis que os protejam uns dos outros (V,958); o contrato se propõe a evitar os danos que possam ser causados por uns e sofridos por outros (V,1014); os pactos, uma vez firmados, devem ser respeitados (V,1025); a obediência à lei gera segurança, uma vez que impede a violência (V,1155); e a segurança cria a liberdade que permite a civilização.

É claro que a Atenas de Epicuro e a Roma de Lucrécio são civilizações que desconhecem o monoteísmo. No entanto, mesmo em regimes politeístas, a política epicuriana dispensa totalmente os deuses, o divino, a divindade, o sagrado, o religioso, os padres e a religião. A política é uma questão de imanência, jamais de transcendência – posto que os epicuristas desconhecem tanto a palavra quanto a coisa em si. Esse contrato, que já podemos chamar de social, concerne aos humanos que vivem entre si, e em nada diz respeito aos deuses que, por sinal, nunca se importam com o que fazem os homens. Cada um na sua, e a sociedade estará bem protegida.

Mil anos de judeu-cristianismo transformaram Epicuro, o epicurismo e os epicuristas em sinônimo de anticristo, ateísmo e heresiarcas. Lutero e Calvino não fogem à regra, tanto um como outro criticaram aqueles a quem chamam de *libertinos*. Mas a política de Lutero e Calvino acaba por convergir – muito a contragosto, como se pode imaginar – para o ideal epicurista, o qual coloca a política, por mais cristã que seja, no terreno da imanência. Da mesma forma como, em matéria de religião, o fideísmo abre caminho para o ateísmo por intermédio do deísmo, no terreno da política o epicurismo político desbrava a senda que leva à democracia e à república por intermédio dos monarcômacos protestantes.

Lutero ataca o papa e seu poder, como sabemos. A autoridade do soberano pontífice não vem de nenhuma instituição divina: um cristão que afirme tal coisa estaria abolindo a dimensão política católica. O ogro de Augsburgo sabe disso. O cesaropapismo, fundado na ideia paulina de que todo poder vem de Deus, voa pelos ares! Não que Lutero lance mão da razão para fundamentar a política. Ele diz em *Contra os profetas celestiais*: "A razão é a maior prostituta do diabo [...] que deveríamos pisotear e destruir, ela e sua sabedoria. Jogar-lhe lixo no rosto para torná-la feia. Ela é e deve ser afogada no batismo. Mereceria, essa abominável, ser relegada ao lugar mais asqueroso da casa, a latrina" – o lugar onde, dizem, o homem da Reforma teve sua revelação!

Não há política racional para Martinho Lutero, e sim uma política civil totalmente independente do Vaticano e do clero, dos mosteiros e das igrejas. Essa forma de descartar o papa e a hierarquia eclesiástica, de acabar com os monges – depois de ter sido monge – e os padres – depois de também ter sido padre –, de jogar bispos e cardeais na lixeira pertence à esfera cristã, mas percebe-se que prepara a saída do catolicismo do jogo político, e este poderá assumir sua autonomia. Astúcia da razão, Lutero quer acabar com a teologia pontifical, obtém a morte do pontifical, mas em breve teria de negociar com a morte da teologia. O protestantismo é um auxiliar da saída da teocracia e da entrada no reino da política imanente.

A mecânica política a que aspira Lutero é o "Estado autoritário" em que os súditos são menos parceiros que submetidos ao poder. Lutero é ainda um discípulo de Paulo, para quem "todo poder vem de Deus". Ocorre que Deus não se manifesta através do papa e dos seus, e sim dos poderosos que compõem o governo. A Providência se encarna nos ministros da ordem temporal. Os súditos cristãos devem-se curvar diante deles como quem se submete a Deus. Lutero pulveriza o cesaropapismo, mas em nome de um cesarismo cristão – um cesarocristianismo, digamos assim, um termo que era muito do agradado de um certo Adolf Hitler. Ainda não chegou a vez do povo, que continua secundário, mas da democracia ou da república, que ainda não estão em pauta. Deus quer a autoridade, que em troca deve servi-Lo.

O tirano, para Lutero, é legítimo: ele existe porque os homens são pecadores, e é Deus que o envia; a guerra também se justifica, pois é divina, desejada por Deus, que assim se vinga coletivamente das ofensas coletivas que lhe são feitas; o príncipe deve governar refreando a maldade dos homens corrompidos pelo pecado original; pode, portanto, ser impiedoso e feroz com os libertinos, com os judeus, as bruxas, os magos, os turcos, os boêmios, os heréticos, os criminosos, mas também com os refratários, os rebeldes... Lutero sabe que o homem é corrompido, não ignora que o príncipe é um homem e conclui, portanto, que o príncipe também seria corrompido. Mas os súditos devem obedecer a ele. O mestre da Reforma limpa a estrebaria de Aúgias em que se transformou o Vaticano para nela instalar uma máquina estatal imanente. De Lutero a Hitler, através de Hegel, sabemos quanto o Estado tomou o lugar de Deus na Alemanha. Mas Lutero, sem saber, precipita a queda de toda teocracia estatal ao dispensar a teocracia papista.

Seu discípulo, João Calvino define melhor suas posições políticas em *A instituição cristã* (1536): ele apresenta a versão francesa da religião reformada. Calvino também segue a ideia paulina de que a autoridade emana de Deus, e é lhe preciso obedecer porque ela é a vontade da Providência. Mas - e tudo reside nesse *mas* que altera tudo - essa autoridade só é verdadeiramente legítima se, e somente se, conduzir a Deus, e não se afastar dele. O pessimismo radical de Lutero é abolido por essa cláusula calvinista, que abre um formidável campo de possíveis. Não que, com isso, Calvino autorize o uso da iniquidade como mote para a rebeldia. Mas que uma política possa ser iníqua, mesmo por vontade da Providência, já abre uma brecha que possa ser aproveitada pelos monarcômacos.

Para Calvino, a autoridade dos magistrados vem da vontade divina; o gládio faz parte de suas atribuições para punir o mal ou lutar contra ele, inclusive pela guerra. As leis expressam a vontade de Deus formulada por Moisés; a lei calvinista coincide com a lei mosaica. O discípulo de Calvino é lealista com os magistrados, e lealista também com as leis de seu país. O povo, ao contrário de Lutero, não tem obrigação de submeter-se ao príncipe, mas é chamado a contribuir para a excelência da vida da comunidade sem se rebelar, mesmo em se tratando de um tirano. Rebelar-se contra ele significa rebelar-se contra Deus. A Providência é quem manda. E fará cessar a tirania quando bem lhe aprouver.

Lutero e Calvino não diferem dos católicos em relação à política: ambos permanecem paulinos e aceitam a ideia de que todo poder emana de Deus e, portanto, opor-se a ele é opor-se a Deus. Mas diferem na medida em que laicizam o poder. Deus existe, isso é pacífico, mas a política é assunto para leigos, não para clérigos. A teocracia já não pressupõe gente da Igreja, e sim magistrados, reis, príncipes, imperadores, que não têm de prestar contas ao papa, ao Vaticano, à Igreja. O trabalho reformado abole a transcendência em proveito da pura imanência. Ao livrar a política do papado, o protestantismo deixa o caminho livre: ela se torna uma questão autônoma, que diz respeito aos homens e a suas regras terrestres.

Os monarcômacos se apoiam em Lutero e Calvino para ir mais longe do que eles, reivindicando a ação política contra a monarquia, que é poder de um só. Como atesta a etimologia, o *monarcômaco,* para o inglês William Barclay (1546-1608) - a quem devemos o termo, que aparece em 1600 em *De regno et regali potestate, adversus Buchananum, Brutum, Boucherium et reliquos Monarchomachos, libri sex* [Seis livros sobre o reino e o poder real, contra Buchanan, Bruto e Boucher e os demais monarcômacos] –, é aquele que *combate o rei*, ou mesmo aquele que *mata o rei*. Ocorre que os monarcômacos não atacaram o princípio monárquico, e sim o abuso desse princípio, deturpado pela tirania, a qual dá nome aos excessos na monarquia absoluta.

O conceito aparece após a Noite de São Bartolomeu. O rei Carlos IX e Catarina de Médici ordenaram o massacre dos protestantes na noite de 23 para 24 de agosto de 1572. Rios de sangue correram em Paris. Esse massacre supera qualquer entendimento. Estimam-se em trinta mil as vítimas huguenotes. Alguns dias mais tarde, e até o fim do ano, outras matanças devastaram cidades do interior – Orléans, Angers, Saumur, Lyon, Bourges, Bordeaux, Troyes, Rouen, Toulouse etc. Essa carnificina ordenada pela monarquia absoluta pôs em dúvida não a monarquia, mas seu caráter absoluto. Querer uma monarquia menor significava, dialeticamente, enveredar pelo caminho que levaria algum dia à abolição da monarquia.

A noção de monarcômaco é desenvolvida por pensadores protestantes – mesmo que autores católicos tenham concordado com ela mais tarde, como é o caso de Jean Boucher, que justifica o assassinato do rei Henrique III em *La vie et faits notables de Henry de Valois* [A vida e os feitos notáveis de Henrique de Valois], mas também, em certa medida, de Étienne de La Boétie. Entre os pensadores protestantes: na França, Philippe Duplessis-Mornay, conhecido por seu *Vindiciæ contra tyrannos* [Reivindicações contra os tiranos], François Hotman, autor de *La Gaule française* [A Gália francesa], e Teodoro de Beza; na Inglaterra, George Buchanan, John Knox, Christopher Goodman e John Ponet. Essa galáxia filosófica contribui para a fissura da monarquia, atacando primeiramente seu modelo absoluto.

Teodoro de Beza (1519-1605) publica *Do direito dos magistrados sobre seus sujeitos* em 1574, dois anos após a Noite de São Bartolomeu. Nesse breve texto, o pensador calvinista justifica a rebelião do povo contra o soberano, pelas armas inclusive, a partir do momento em que este não honra o contrato: situação essa que define despotismo ou tirania. Estamos longe da doutrina protestante, luterana ou calvinista, que vê a tirania, senão como uma punição de Deus, para Lutero, ao menos como um mal enviado pela Providência que deve ser suportado, segundo Calvino.

Teodoro de Beza escreve nesse texto: "Os povos não foram criados para os magistrados; pelo contrário, os magistrados foram criados para o povo: como o tutor é para o pupilo, e não o pupilo para o tutor; e o pastor para o rebanho, não o rebanho para o pastor" (10). Em *Conversas à mesa* (1566), Lutero recorre ao argumento do tutor e do pupilo: "A autoridade está a serviço dos pais, e a vontade dos pais é a vontade de Deus. Deus diz e ordena que se matem os filhos que não obedecem, e esta é uma ordem explícita de Deus, matar o filho desobediente, mesmo que a ela se oponha o pai" (XXXIV).

Lutero, seguindo sua lógica, teria visto a Noite de São Bartolomeu como uma punição de Deus, um efeito de sua Providência, um produto do mal dos homens provocado pelo pecado original, teria relacionado o massacre a um Deus vingador e punidor. Pela ordem das razões do monarcômaco calvinista, e após a tragédia de 24 de agosto de 1572, não é mais viável pensar como um luterano ortodoxo: Teodoro de Beza considera que é possível ser cristão e, justamente por ser cristão, querer a morte de Carlos IX e Catarina de Médici, que iniciaram essa carnificina política anticristã.

O teólogo se refere à "inútil e irreligiosa sujeição pela qual os reis e os povos se comprometeram, por juramento, ao anticristo romano". Lembremos que o papa Gregório XIII conclamou os parisienses a dar graças a Deus por essa vitória do rei Carlos IX sobre os heréticos... Por que extravagantes razões teológicas o povo protestante deveria aceitar ser massacrado pelos católicos? Agrippa d'Aubigné descreveu de forma magnífica, em *Les tragiques* [As trágicas], a miséria que os católicos infligiram aos protestantes: a imitação da Paixão de Cristo sempre seria a lei, como propõe Calvino? Seria preciso suportar o sofrimento até o fim dos tempos porque Cristo o suportou na cruz?

Para Teodoro de Beza, sucessor de Calvino à frente da Igreja de Genebra, "o arrependimento e as orações" não bastam. É preciso obedecer aos magistrados, sem dúvida, mas só na medida em que aquilo que eles determinam não contradiz o ensinamento da religião reformada. Obedecer ao príncipe, sim, mas desde que ele não desobedeça a Deus; quando o príncipe desobedece a Deus, passa a ser legítimo que os súditos não lhe obedeçam. Quando o príncipe deixa de ser cristão, deixa de ser príncipe. Um protestante não tem por que se submeter a um príncipe, rei ou imperador que exija de seus súditos um comportamento contraditório aos princípios cristãos.

Não podemos esquecer, porém, que Teodoro de Beza não é um democrata. Lembremos que em seu *De hæreticis a civili magistratu puniendis* [Da punição dos hereges pelo magistrado civil] (1554) ele justifica o processo e a condenação à morte de Michel Servet, um teólogo católico espanhol que participava de círculos de trabalho protestantes, mas também foi um médico brilhante que descobriu a circulação pulmonar. Acusado de rejeitar o dogma da Trindade, foi duplamente condenado à morte: pela Inquisição católica e pelo Conselho dos Duzentos, seu equivalente calvinista. Servet foi queimado vivo em Genebra em 27 de outubro de 1553. Agonizou na fogueira durante quase uma hora. Calvino pedira que ele fosse decapitado.

Teodoro de Beza não legitima a resistência individual, que pode gerar desordem social, o que é para ele inaceitável. Mas convida à resistência os magistrados e os estados-gerais, em outras palavras, as assembleias eleitas. Trata-se de obedecer à sugestão divina de socorrer os irmãos perseguidos. De Beza levanta a questão da natureza da resistência. E quanto a sua versão armada? É legítima. Aos magistrados "cabe (mesmo pelas armas, se possível for) (*sic*) recorrer contra uma tirania manifesta, em respeito àqueles por quem são responsáveis, até que, por comum deliberação dos Estados, ou daqueles que representam as leis do reino ou império em questão, possa prover-se mais além, e tal como se deve. E a isso não se chama ser sedicioso ou desleal ao seu soberano, mas antes ser fiel e manter o juramento aos que se recebeu em seu governo, contra o infrator de seu juramento e o opressor do reino do qual ele deveria ser o protetor". O teólogo calvinista vale-se dos textos da Antiguidade pagã (Bruto contra Tarquínio) e das Sagradas Escrituras (Davi contra Saulo) para justificar a oposição ao tirano, mesmo armada, desde que fique demonstrado que de fato se trata de um tirano. Ora, fica demonstrado que um tirano é um tirano quando ele rompe o que podemos chamar de contrato social: "a obrigação contraída por consentimento comum e público".

Os protestantes divergem menos dos católicos na questão da eucaristia, uma vez que tanto uns quanto outros acreditam na real presença de Cristo na hóstia - embora se engalfinhem e se digladiem sobre as modalidades dessa presença, ou sobre a Trindade e outros pontos de doutrina dogmática -, do que na questão dos intermediários entre Deus e os homens: para os católicos, todo poder emana de Deus, e opor-se ao poder significa opor-se a Deus, cuja palavra é transmitida por seus ministros, desde o pároco do interior até o papa; para os protestantes também todo poder emana de Deus, mas, caso esse poder se mostre em contradição com Ele, é possível opor-se a ele sem desagradá-Lo e, ao contrário, honrá-Lo mais e melhor.

Essa forma de pensar dinamita o cesaropapismo e laiciza o poder. Paradoxalmente, a Reforma faz a laicidade dar um passo gigantesco! Desde Lutero e Calvino, com a justificação do Mal pela imitação da Paixão e a proposta de se resignar ao mal político com arrependimento e orações, até os monarcômacos que querem ir além e consideram legítimo que os magistrados se oponham às decisões de um tirano cujo governo seja o contrário da doutrina cristã, existe um movimento similar àquele que, no terreno da fé, leva do fideísmo ao ateísmo através do deísmo.

Outro monarcômaco acrescenta sua pedra ao edifício. Trata-se de François Hotman. Quem é ele? Um jurista e teólogo francês nascido em Paris em 1524, teórico do poder laico e filósofo da política imanente, mas também diplomata europeu e intrigante político, professor em Genebra e furioso polemista que passou a escrever sob pseudônimos após sua conversão à religião de Calvino, em 1547. Seu pai era católico. Publica primeiro em latim, em 1573, e, no ano seguinte, é traduzido por ele em francês, *Franco-Gallia*, isto é, *La Gaule française* [A Gália francesa], que, quase dois séculos antes de Rousseau, estabelece as bases do contrato social e dessacraliza a soberania. O texto reage conceitualmente ao massacre de São Bartolomeu e faz sucesso. Esteando-se na antiga autoridade dos gauleses, romanos, germanos e francos, ou seja, dos não cristãos, dos pagãos, François Hotman busca no passado elementos que permitam superar o presente belicoso em prol de um futuro pacificado.

François Hotman afirma que a soberania não reside no rei, segundo o princípio teocrático, e sim no povo, que elege o rei e, apesar desse ato, não renuncia a sua soberania: é ele o soberano, o rei é apenas o depositário. O povo tem o direito de depor o rei que ele próprio criou: a soberania, portanto, não é transcendente, não emana de Deus, não depende da teologia – é imanente, emana dos homens, depende da filosofia política. O rei é investido pelo povo, que pode desinvesti-lo. Cabe ao rei consultar regularmente seus estados-gerais para saber sua opinião e indagar que atitudes deve tomar. Se não proceder dessa forma, não estará governando segundo o interesse geral, não estará preocupado com o bem comum, estará rompendo o contrato social que tem com o povo. Sendo assim, a revolta popular é legítima. Impecável raciocínio democrático.

Em 1575, Odet de La Noue publica *La résolution claire et facile sur la question tant de fois faite de la prise des armes par les inférieurs* [Resolução clara e fácil sobre a pergunta tantas vezes feita sobre a tomada de armas pelos inferiores]. Quatro anos depois, Philippe Duplessis-Mornay, um calvinista que, aos doze anos de idade, no colégio, recusa-se a ajoelhar diante do Santo Sacramento, e Hubert Languet, também protestante, assinam *Vindiciæ contra tyrannos*. As duas obras justificam a insurreição contra o monarca, não por negação da monarquia, mas por oposição a um governo que não seja cristão e não dê espaço para a liberdade reivindicada pelos huguenotes. É preciso salvar a monarquia, até do próprio rei, caso ele não a honre como deveria.

Os monarcômacos não se opõem à monarquia ou ao princípio da realeza em si, pois lutam em nome da liberdade contra a tirania e o despotismo, que são menos consubstanciais à monarquia do que derivados da imperfeição do homem responsável por ela. De certa forma, e se atentarmos para a etimologia do termo "república" – *res publica*, coisa pública –, eles querem que a monarquia seja republicana, em outras palavras, que o monarca assegure a "coisa pública" mediante um contrato social firmado entre ele e o povo portador da soberania.

Duas figuras do século XVI laicizam radicalmente a política: o florentino Nicolau Maquiavel e o sarlatense Étienne de La Boétie. Ambos, o primeiro com o seu famoso *O príncipe* (1532), o segundo com o seu não menos famoso *Discurso da servidão voluntária* (1549), partem de uma antropologia inteiramente laica e constroem o político com o homem tal como ele é, e não como sonha o judeu-cristianismo. Essas duas figuras não são protestantes, são católicas, mesmo que a religião fique de lado, como Deus entre os deístas. Não há em nenhum dos dois uma profissão de fé claramente ateia, ou uma declaração fideísta: Deus, a religião, o catolicismo, o judeu-cristianismo são claramente dispensados em suas visões de mundo.

Ambos levantam a questão do poder: Maquiavel pergunta o que se deve fazer para tomá-lo e, uma vez tomado, o que fazer para mantê-lo; La Boétie interroga sua natureza e pergunta por que alguns homens têm poder sobre seus semelhantes. Ambos oferecem respostas imanentes àquilo que, durante mil anos, só teve respostas transcendentes. Essa maneira de proceder pressupõe que, com *O príncipe*, o acesso e a manutenção do poder não sejam mais explicados pela Providência, mas *pela força e pela astúcia dos homens*; também pressupõe que, com o *Discurso*, não se acredite mais que o poder venha de Deus, portanto dos céus, porque ele procede *do consentimento e do apoio dos homens* sobre os quais ele se exerce em relação àquele que o exerce. Deus se tornou inútil na política. Em breve, algumas pessoas se livrariam dele de forma espetacular.

Il Principe de Maquiavel costuma ser traduzido por *O príncipe*. Claude Lefort propõe *Do princípio*. O título em latim é *De Principatibus*. Minha orientadora, a professora Goyard-Fabre, o traduzia por *Dos principados*. Do que se vê que o original latino não diz exatamente o que o título usual significa, mesmo porque foi afetado pela história do livro, e o *maquiavelismo* não corresponde exatamente ao que foi o pensamento de Maquiavel. O maquiavelismo contém apenas uma parte do discurso do pensador florentino: a que privilegia o convite ao uso da astúcia da raposa e da força do leão, a que convida a matar e mentir, subornar e cercear, e essa seleção sempre se dá em detrimento do objetivo do autor: para quê?

O maquiavelismo é a falsa doutrina que, inspirando-se em Maquiavel, esquece o fim que ele propunha a esses meios para se concentrar no método. Maquiavel levanta duas questões cruciais: *como ascender ao poder* e *como permanecer nele depois de alcançá-lo*, e responde de igual maneira para as duas perguntas: *todos os meios são válidos*. Mas há um *mas*, e de bom tamanho: para quê? Não para desfrutar do poder pelo poder, viver como déspota ou sibarita, embriagar-se com as delícias de Cápua, e sim para realizar um projeto: a República – no caso, a República na Itália. Maquiavel enaltece o uso da força, sem dúvida, mas para obter o bem público e o interesse geral. Mostra simplesmente que é um discípulo dos romanos, que vinculavam a ditadura ao projeto republicano: ela é o meio indissociável de seu fim. A ditadura contemporânea se esqueceu do fim e se contentou com os meios: lê *O príncipe* como um tratado de cinismo para vencer e permanecer na política, mas nunca lê o *Discurso sobre a primeira década de Tito Lívio*, em que o florentino submete sua mecânica ao edifício republicano.

Maquiavel conhece os homens. Diz "que são ingratos, mutáveis, dissimulados, inimigos do perigo, ávidos por ganhar". E o que é terrível, mas tão verdadeiro: "Os homens se esquecem mais facilmente da morte de seu pai que da perda de seu patrimônio". Ele também conhece o movimento do mundo, que obedece a uma fatalidade cósmica, a certo determinismo do universo. Existe uma imutabilidade do mundo em sua força, e a história é apenas a história das formas assumidas por essas forças.

Esse pensamento, portanto, é menos pessimista, como se diz tão comumente, do que trágico. Maquiavel olha para o real como ele é; olha para as coisas com atrevimento, sem qualquer *moralina*, segundo o termo de Nietzsche. Não se deve esperar nada dos homens nem do mundo, a não ser que combatam uns aos outros - daí *A arte da guerra*, publicado em 1521. Não há nisso nem cinismo, nem imoralidade, nem *maquiavelismo*, apenas um realismo que aborda a questão política sem Deus, apenas com as ferramentas filosóficas da antropologia trágica e da cosmologia fatalista. A política é uma questão de forma que se dá a forças. República é o nome da forma ideal. O príncipe nomeia aquele que, entre *Virtù* e *Fortuna*, é o homem dessa conformação pela força e pela astúcia. Ele é "obrigado muitas vezes a agir contra a palavra, contra a caridade, contra a humanidade, contra a religião" - o leitor não leu errado: será preciso agir *contra a religião*. Com Maquiavel, o cristianismo morre sob o gládio do príncipe. A política se torna pura potência, pura imanência.

Em *Sobre a primeira década de Tito Lívio*, Maquiavel compara a religião pagã e a religião cristã: os antigos apreciavam e prezavam a glória no mundo terreno, à diferença dos cristãos, que desprezam este mundo e veneram apenas o além; os romanos sacrificavam animais e faziam correr sangue em seus circos e cerimônias religiosas, os cristãos se comprazem em cerimônias sem grandeza; os pagãos celebravam capitães do exército, chefes de repúblicas, colossos rutilantes de glória terrestre, "nossa religião glorifica antes os humildes dedicados à vida contemplativa que os homens de ação".

> Nossa religião situa a felicidade suprema na humildade, na abjeção, no desprezo pelas coisas humanas; e a outra, pelo contrário, colocava-a na grandeza de alma, na força do corpo e em todas as qualidades que tornam os homens temíveis. Quer parecer-me, portanto, que esses príncipes, ao tornarem os povos mais débeis, predispuseram-nos a ser presa mais fácil dos maus.

Quem acreditaria, depois de ler isso, que Maquiavel escolheu a religião do Crucificado? Obviamente, Maquiavel não diz nem escreve nada que sugira que ele seja um homem que negue a existência de Deus, mas é exatamente isso que ele parece ser!

Enquanto Maquiavel escreve um manual em favor do forte poder concedido ao príncipe para estabelecer firmemente a república em que o povo é bem conduzido, La Boétie presenteia o povo com um livrinho que contém uma carga política terrível para aniquilar o poder do príncipe. O florentino apresenta os meios para construir o homem forte; o francês, para desconstruí-lo. O autor de *O príncipe* fornece o vade-mécum do poder autoritário, supostamente para o bem (romano) do povo; o do *Discurso*, o manual do poder contra o poder autoritário, ou do contrapoder. Com um, criam-se reis e homens fortes; com o outro, descriam-se. Com esses dois textos, a ciência política moderna dispõe de suas duas lógicas. Em ambos os casos, Deus desapareceu, a religião não conta para nada, restam somente homens entre homens.

O *Discurso da servidão voluntária* se inscreve na linhagem monarcômaca. Nos tempos de estudante em Orléans, La Boétie frequentou os monarcômacos protestantes, que o familiarizam com suas teses. Não sabemos quase nada sobre esse amigo de Montaigne, além do que diz o autor dos *Ensaios*, o que nem sempre favorece a memória do falecido amigo. Com efeito, fantasia-se muito sobre La Boétie a partir do monumento de mármore que o prefeito de Bordeaux mandou construir – ele dizia que só começou a escrever sua obra maior para substituir a conversação perdida do amigo, morto prematuramente aos 33 anos, em 1563, embora só se tenha lançado à tarefa sete anos depois... É sabido que houve uma afinidade à primeira vista entre eles, quando se conheceram numa festa ruidosa. Montaigne afirma que o *Discurso*, cujo conteúdo cabe "numa única sílaba, que é Não" (I,26), não teve nada a ver com isso (I,28)!

Montaigne diz que queria fazer dos *Ensaios* o escrínio no qual acomodaria, como uma joia, o *Discurso da servidão voluntária*. Em vez disso, encontramos os *Vinte e nove sonetos de Étienne de La Boétie* (I,XXIX). Por que motivo? A bomba política que é o breve texto de La Boétie foi substituída por versos sem toxicidade política, porque, entre a morte do amigo e a escrita dos *Ensaios*, o *Discurso da servidão voluntária* se transformou em arma de guerra dos protestantes contra o poder real católico, a tal ponto que o título da obra mudou para *O contra um*, isto é, contra o poder do monarca. Ora, embora fideísta, ou talvez por isso mesmo, o católico Montaigne não mediu esforços para defender seu lado. De modo que oferecer garantias ao partido reformado é absolutamente impensável: publicar esse texto político seria aceitar que fosse usado pelos huguenotes.

Étienne de La Boétie redige seu *Discurso da servidão voluntária* em Orléans, em 1549. Esse nativo de Sarlat se formou na cidade que, dez anos mais tarde, na primeira guerra de religião, tornou-se a capital da insurreição protestante sob o comando do Príncipe de Condé. Calvino estudou direito no mesmo lugar, em 1525 ou 1526. Teodoro de Beza se licenciou ali, em 1539. Nessa que foi a segunda universidade da França, depois da de Paris, La Boétie tem como condiscípulos François Hotman, católico convertido ao calvinismo, Hugues Doneau e François Pithou, ambos calvinistas. Com Michel de L'Hospital, La Boétie milita pela aproximação de pastores protestantes e bispos católicos.

A historiografia não destrinçou a controvérsia entre os que acreditam que *Sobre o édito de janeiro de 1562* seja da autoria de La Boétie e os que julgam que não. O que diz o texto? O édito em questão foi promulgado pela regente Catarina de Médici para que os huguenotes pudessem escapar à repressão católica. Em *Sobre o édito*, La Boétie acusa menos os protestantes de se ter fortalecido com a corrupção da Igreja Católica do que a Igreja Católica de ter dado motivos para que eles se fortalecessem. O povo, que não dispõe de meios para julgar, entendeu que, como os protestantes tinham toda a razão de estigmatizar os vícios da Igreja dissoluta, tinham razão em tudo, inclusive em sua nova doutrina. La Boétie admite que as indulgências eram inaceitáveis e que a Igreja errou ao perseguir Lutero, bastava abrir mão da possibilidade de comprar penitências. Em vez de se emendar, ela atacou os partidários de Lutero e jogou mais lenha na fogueira. O que fazer? Não renunciar ao catolicismo nem ao protestantismo, mas manter o equilíbrio para permitir a existência do protestantismo numa França que deve permanecer católica.

La Boétie sonha com uma solução impossível: uma reforma católica da Igreja Católica que passe a perna na reforma protestante da Igreja Católica e traga luteranos e calvinistas de volta para o seio católico. Essa opção pragmática segue uma corrente do humanismo renascentista denominada *erasmismo*, que influenciou tanto Montaigne quanto Rabelais, Cervantes, Guillaume Budé e Thomas More. Para o católico Erasmo, a purificação da escória cristã parecia necessária e suficiente para a reconciliação entre católicos e protestantes, entre o papado e a Reforma. Após a Noite de São Bartolomeu, essa bonita ideia se torna utopia para todo o sempre.

Os que julgam que *Sobre o édito* não seja da autoria de La Boétie destacam o que nele contradiz o *Discurso da servidão voluntária*: no texto que escreveu aos dezessete anos de idade, o amigo de Montaigne é libertário, mas, em *Sobre o édito*, ele só está preocupado com a segurança pública. Ora, não há nada nesse texto além de um desejo de julgar, castigar e punir aqueles que, de um lado e de outro, cometeram "os maiores excessos". Um magistrado poderia pensar de outra forma?

La Boétie quer que católicos e protestantes se encontrem, conversem, dialoguem e debatam; mas rejeita as vias de fato, os atos delituosos, as perdas humanas. Aparentemente, tal como Montaigne, é um fideísta que acredita em Deus, que compreende que, tal como os protestantes, e tal como Jan Hus, é possível apelar para um cristianismo autêntico contra a corrupção da Igreja e em favor de uma religião purificada e que deseja que a religião de seu país continue majoritária, numa configuração em que os protestantes também possam praticar a sua.

Essa compatibilidade com o protestantismo provavelmente impediu Montaigne de dar toda a publicidade que poderia ter dado tanto ao *Discurso* quanto a *Sobre o édito*. O filósofo era provavelmente mais contrário aos protestantes do que seu amigo. É preciso dizer, em sua defesa, porém, que a situação só se agravou depois da morte de La Boétie. Trata-se de dois textos que, *sem entrar em contradição*, partem de pontos de vista diferentes: com a idade do jovem Rimbaud, o estudante La Boétie produz um texto primordial da filosofia política teórica; com a idade do Cristo crucificado, ou quase, o magistrado do Parlamento de Bordeaux assina um texto de filosofia política prática. O mesmo homem detesta a tirania em ambos os casos, e aspira à paz para os homens e para o país. Tal como os protestantes.

Eis o motivo por que uma primeira edição anônima de um longo excerto do *Discurso* se encontra em latim em *Dialogi ab Eusebio Philadelpho cosmopoliti* [Diálogos de Eusébio Filadelfo Cosmopolita], um livro publicado em 1574. Nesse mesmo ano sai uma tradução francesa sob o título: *Réveille-Matin des Français et de leurs voisins, composé par Eusèbe Philadelphe cosmopolite, en forme de dialogues* [Despertador dos franceses e de seus vizinhos, redigido por Eusébio Filadelfo cosmopolita na forma de diálogos]. O autor é... François Hotman, o calvinista que foi condiscípulo de La Boétie na universidade de Orléans. Hotman é a figura de proa dos monarcômacos. Em 1576, publicado em Genebra como apêndice de *Mémoires de l'État de France sous Charles Neuvième* [Memórias do Estado de França sob Carlos IX], do calvinista Simon Goulart, o *Discurso* se converte em *O contra um*. Trata-se da primeira edição integral do texto de La Boétie, cujo título era então *Vive description de la tyrannie et des tyrans avec les moyens de se garantir de leur joug* [Vívida descrição da tirania e dos tiranos com os meios para se precaver de seu jugo], e cujo autor se dissimula sob o pseudônimo de Odet de La Noue. Várias reedições se sucedem. O Parlamento de Bordeaux condena esses textos à fogueira. Montaigne deve ter praguejado...

O que diz esse texto? Segundo Montaigne, é um livro "em homenagem à liberdade contra os tiranos". A questão é simples: La Boétie se pergunta por que e como se obtêm o poder em geral e a tirania em particular. A resposta também é simples: o poder, de um rei ou de um tirano, só existe porque é consentido por aqueles sobre os quais ele se exerce. Basta deixar de apoiá-lo para ele desabar e desaparecer. Portanto, o rei é menos responsável pela tirania do que o povo, que deixa que o rei a exerça sobre ele.

Pela primeira vez, portanto, o povo se vê investido de um poder político concreto. Não precisa atacar ou combater positivamente o poder, basta, negativamente, não mais querê-lo, não mais sustentá-lo – e ele cairá por si mesmo. Referindo-se aos povos, La Boétie escreve: "ao deixar de servir, estariam livres dele". Não se trata, portanto, de apagar o fogo com água, mas de alimentá-lo com lenha. Do que o sentido da célebre frase: "Estejam decididos a não mais servir, e estarão livres".

Mas por que os povos querem a servidão? Por hábito, por respeito aos costumes: o poder os submeteu e os mantém na servidão. Como? Como ontem e hoje, e como também amanhã, os métodos são os mesmos: o poder sufoca qualquer cultura que liberte e promove as que escravizem; seciona na raiz toda veleidade de liberdade; embrutece os súditos com jogos, espetáculos, teatro, banquetes, festejos, festas, o que hoje chamaríamos de sociedade do entretenimento; estimula os baixos instintos do povo e alimenta seu hedonismo vulgar – uma espécie de sociedade de consumo; distribui recompensas e medalhas; sacraliza a soberania e associa o poder temporal ao poder espiritual, transformando quem quer que se oponha ao príncipe em acusado de se rebelar contra Deus (La Boétie escarnece da "flor de lis, a âmbula e a auriflama"); sacraliza o cargo, portanto, mas também a pessoa, a quem são atribuídos poderes sobrenaturais – basta lembrar da cura das escrófulas[27].

Analisando o mecanismo do poder, La Boétie não condena a força armada, mas desnuda as engrenagens. A ordem é racionalmente organizada em pirâmide: no topo, o rei e seis conselheiros; abaixo dele, seiscentos delegados que governam as províncias; um nível mais abaixo, seis mil submissos e oprimidos na base dessa hierarquia. O tirano alimenta a corte com prazeres consubstanciais ao exercício do poder: luxo e fartura, impunidade e libertinagem, riquezas e privilégios, imoralidade e cinismo, honrarias e prebendas.

27 Referência a uma antiga crença medieval, que perdurou até o século XIX, de que os reis franceses e ingleses tinham o poder de, por meio de um simples toque, curar as escrófulas (ou adenopatia tuberculosa – inflamação dos gânglios linfáticos causada pela tuberculose). [N. T.]

O mal é desnudado pela primeira vez, e definitivamente exposto; o povo, recentemente promovido a força política ativa e concreta, tem agora os meios de aboli-lo; basta não mais querer ser explorado e submisso. O conservador Montaigne não podia admitir que as venturas e desventuras do texto de seu amigo o convertessem em porta-voz dos revolucionários. Mas, "a bom querer, fortuna nunca falha", escreve La Boétie: o que claramente autoriza os povos a derrubar os poderosos. Em 1789, as palavras de La Boétie ressoariam com força nas províncias francesas, em Paris e, em breve, nas capitais europeias. O mundo inteiro ouviria o seu clamor. Sem querer, astúcia da razão, os monarcômacos huguenotes abriram o caminho.

5
SISMOLOGIA LISBOETA DE DEUS
FILOSOFIA DO TERREMOTO

Lisboa, 1º de novembro de 1755,
um terremoto engole a cidade

Em 1º de novembro de 1755, em Lisboa, às 9h40 da manhã, o neto do dramaturgo trágico Jean Racine morre com mais cinquenta mil pessoas, vítimas de um terremoto que gerou um *tsunami* com ondas de aproximadamente dez metros. O refluxo foi seguido por um incêndio gigantesco. Nesse dia de Todos os Santos, Deus, para os que nele acreditam, deflagra um sismo estimado em nove pontos na futura escala Richter. Três tremores de dez minutos – isso é muito tempo – produzem rachaduras de cinco metros que tragam inocentes. O mar recua violentamente e expõe os fundos submarinos: barcos se estraçalham com cargas e tripulações. Dez minutos depois, uma onda imensa retorna e arrasta os infelizes que se refugiaram no porto, julgando que ali estivessem em segurança. O porto e a cidade baixa ficam debaixo d'água. Seguem-se duas outras vagas.

Casas desabam. O fogo das lareiras e dos braseiros domésticos se dispersa e causa um incêndio gigantesco no que restou da cidade. Durante cinco dias e cinco noites, a cidade crepita e arde. Trinta e cinco igrejas paroquiais, das quarenta que havia na cidade, desaparecem; a biblioteca real é destruída, e, com ela, seus setenta mil livros; pinturas se perdem, entre as quais de Ticiano, Rubens e Correggio; e também arquivos, como os da viagem de Vasco da Gama. Os principais portos do país são varridos do mapa.

Ondas de cerca de vinte metros de altura cruzam o Mediterrâneo e alcançam as costas da África do Norte: matam dez mil pessoas; o tremor é sentido em toda a Europa, até a Finlândia; Kant conta que a Suécia o sentiu; o *tsunami* atravessa o Atlântico e chega à Martinica e Barbados com ondas de dois metros; na Cornualha, ultrapassam três metros; em Veneza, Casanova torce para o terremoto derrubar o palácio dos Doges, onde está preso – o que não acontece.

Deus não fez o serviço pela metade. Pelo menos para os que ainda acreditavam nele. A velha teoria teísta impõe sua lei há mais de mil anos: para o judeu-cristianismo, tudo o que acontece é por vontade de Deus. O terremoto, portanto, não foge à regra: o sismo é um sinal de Deus. E no dia de Todos os Santos, ainda por cima! Como se deve entender esse terrível evento na capital de um país tão religioso como Portugal? Punição? Castigo? Mas para expiar que falta? Que pecado? Entre tantas vítimas, deve haver muitos inocentes... Qual o intuito de Deus ao decidir uma coisa dessas?

A filosofia das Luzes se apodera desse acontecimento para abolir o teísmo judaico-cristão e investir no deísmo, que dá um passo em direção ao ateísmo. A Providência católica pressupõe uma fé de aço: Deus existe, e isso é certo e seguro; ele quer tudo o que advém, e não há nenhuma dúvida quanto a isso. Mas, se Deus quer tudo, quer também as guerras que o cristianismo perde contra o islã, as cruzadas malsucedidas, as extravagâncias dos heréticos, os sabás das bruxas, as pragas que devastam as plantações. A menos que seja o diabo! Mas vai que Deus quis o diabo também? Para quê? Por que obscuras lógicas? E, se Deus não quis o diabo, então existe um poder além de Deus, portanto Deus não pode tudo, e um Deus que não pode tudo deixa de ser Deus.

O deísmo resolveu o problema: Deus criou os homens livres, e o que advém é resultado de sua liberdade, não da vontade de Deus. A responsabilidade deixa de ser de Deus, e os homens a assumem em seu lugar. Mas, se Deus não é mais responsável, também não é mais tão poderoso. O terremoto de Lisboa não poupou o pedestal sobre o qual Deus repousa. Foi provavelmente a primeira vítima da tectônica das placas. O sismo geológico foi também um sismo ontológico, metafísico e, portanto, teológico. O fissuramento de Deus anuncia seu desabamento. Deus, em Lisboa, contrai a doença que em breve vai levá-lo.

Para Epicuro e Lucrécio, os terremotos não passam de consequência material de causas materiais. Assim, em sua *Carta a Pítocles*, escreve Epicuro:

> Os terremotos podem ser causados pelo aprisionamento do vento na terra, e esse contato faz com que ela se desloque em pequenas massas, às quais ele imprime um movimento contínuo, causando o abalo da terra; e esse vento provém quer de fora, quer, nas cavernas subterrâneas, do desabamento das bases do solo, que expulsa o ar comprimido sob a forma de vento. Os terremotos também podem ser produzidos pela propagação do movimento decorrente da queda de vários solos e do seu ressalto, que se chocam com partes mais compactas e mais sólidas da terra. Aliás, esses movimentos da terra podem ser produzidos de muitas outras formas. Pode acontecer de se formarem ventos quando, com o tempo, algo estranho se introduz pouco a pouco e continuamente no ar; e também em decorrência do acúmulo de uma grande massa de água. O resto dos ventos se forma com a queda de um pequeno número de massa nas inúmeras cavidades e a propagação desse movimento.

Lucrécio não acrescenta nada à teoria mecânica de Epicuro, exceto a descrição lírica e poética.

Vento dentro da terra, desabamentos geológicos, movimentos de bolsões de água, o terrível deslocamento de rios subterrâneos – essas explicações são cientificamente erradas, mas epistemologicamente corretas. Vinte e quatro séculos depois, não podemos criticar Epicuro por não ter descoberto o mecanismo da tectônica das placas, o que só aconteceria em meados do século XX! Mas a explicação causalista e dialética, racional e racionalista, científica e positivista, já triunfa nessas poucas linhas explicativas. Consequentemente, trata-se não de temor de Deus ou dos deuses, não de castigo divino, mas simplesmente de geologia, e seguramente não de teologia.

Supomos que a redescoberta do grande poema de Lucrécio abre imensas perspectivas materialistas para os cientistas, que agora podem dispensar o Deus dos cristãos em suas pesquisas sem negá-lo. No que tange à idade da Terra, à posição do nosso planeta e do Sol no cosmos, à criação do primeiro homem e sua evolução, à etiologia das doenças e ao funcionamento do corpo concreto, a teologia cede o lugar à geologia, à astronomia, à história, à medicina – Buffon e Carlos Lineu, Copérnico e Galileu, Halley e Newton, Vico e Herder, Harvey e Jussieu podem pensar e trabalhar fora das ficções e fábulas da Bíblia. Darwin já se delineia.

A razão teve de recuar muito ao longo de dois mil anos para que, no século XVIII, a etiologia do terremoto deixe de ser geológica e se torne teológica! Em face da catástrofe natural, os teólogos monoteístas falam a uma só voz: o terremoto é um sinal enviado por Deus. Para o jansenista Laurent-Étienne Rondet, autor de *Réflexions sur le désastre de Lisbonne* [Reflexões sobre o desastre de Lisboa] (1756): "É Deus quem faz tremer a terra. [...] Esses abalos são sinais de sua ira". Para os protestantes, calvinistas e puritanos, Deus escolheu Lisboa porque o catolicismo lisboeta é particularmente chamativo: as cerimônias religiosas e as missas estão mais para teatro do que para oração; a dulia, o culto das imagens, é grande; e também o das relíquias; a Inquisição foi devastadora, e essa instituição não pode ser agradável aos olhos de Deus. Um pastor alemão, Johann Samuel Preu, escreve um *Ensaio de sismoteologia* (*sic*) em 1772 para dar corpo a essas ficções religiosas. Para os judeus, o mesmo se aplica: Deus castiga os cristãos por adorar o Deus errado. E, para os católicos: Deus se vinga da falta de fé de seus fiéis e de sua incapacidade de remir o pecado original por uma vida pia. Em todos os casos, Deus derrama sua ira por descontentamento com as ações dos homens. Nos templos, sinagogas e igrejas da Europa a leitura teológica é lei. Pastores, rabinos e padres veem matéria no acontecimento para mobilizar os crentes: a falta de fé se conserta pelo susto e pelo fervor. Redobra o apelo às orações, às ações de graça, aos jejuns, às procissões, aos donativos, às penitências.

Mas os filósofos não podem contentar-se com a argumentação dos teólogos. Cada qual com seu ofício. A questão do mal é velha como o mundo, porque a realidade do mal é consubstancial ao mundo. O problema se coloca da seguinte forma: se Deus cria o mundo, e o mal está no mundo, como Deus pode querer o mal e desejar o mal no mundo? Qual seu desígnio, se Ele, com sua onipotência, pode querer e criar um mundo no qual não exista o mal? O que devemos pensar de um Deus que risca Lisboa do mapa e varre do planeta dezenas de milhares de pessoas, algumas das quais decerto não estavam em estado de pecado? Leibniz já havia resolvido a questão, ou pelo menos assim julgava ele, em seu *Ensaios de teodiceia sobre a bondade de Deus, a liberdade do homem e a origem do mal* (1710). O filósofo alemão recorre a argúcias filosofantes não muito distantes das sofistarias escolásticas! Vejamos: Deus podia escolher entre uma infinidade de mundos possíveis; escolheu este que conhecemos, e não outro; portanto, ele quis que sucedesse o que sucedeu. Sua perfeição não poderia satisfazer-se com um mundo onde faltasse alguma coisa, porque é de sua natureza querer somente o melhor; assim, um mundo sem o mal não seria o melhor dos mundos possíveis; portanto, para sua perfeição, era preciso que ele comportasse também o mal. O mal é a prova de que Deus agiu bem: Ele fez o bem que não podia deixar de fazer sem deixar de ser o que Ele é. De modo que Deus não quer o mal, mas ele o permite! Nosso mundo, portanto, é o melhor dos mundos possíveis. O mal cumpre um papel fundamental na epifania do bem. Hegel tem isso em mente quando desenvolve sua teoria da dialética, com a negatividade como momento necessário para o advento da positividade.

Leibniz é desses filósofos que são capazes de dissertar brilhantemente sobre a impossibilidade do movimento enquanto caminha; Voltaire, como Diógenes, é desses pensadores que comprova o movimento caminhando. Os *Ensaios de teodiceia* podem até demonstrar que o mal é um bem no projeto de Deus que não compreendemos em razão da finitude de nossa mente, mas o *Poema sobre o desastre de Lisboa* desmonta, em versos alexandrinos, a ficção teológica do filósofo alemão. É inconcebível para Voltaire que se diga, sem crueldade, que o terremoto é bom porque os herdeiros dos mortos vão fazer fortuna mais rápido; porque enriquece os pedreiros e os mestres de obras contratados para reconstruir a cidade; ou porque os animais vão encontrar mais fácil o que comer, devorando os cadáveres! Em carta a Élie Bertrand, Voltaire comenta o sismo e afirma: "Eis um terrível argumento contra o otimismo". Na controvérsia que os opõe, Leibniz se revela o último filósofo do velho mundo, enquanto Voltaire parece ser o primeiro do novo. A casuística católica tem pouco peso diante da ironia filosófica.

Esse mundo novo possui uma filosofia: a das Luzes. E essa filosofia tem uma figura emblemática: Immanuel Kant. A ele devemos *O que é Esclarecimento?* (1784), que funciona como o manifesto dessa nova maneira de pensar e filosofar. Antes dessa data, porém, o filósofo alemão fez uma análise do terremoto de Lisboa num texto publicado no ano seguinte ao evento, em 1756: *Sobre as causas de terremotos por ocasião da calamidade que atingiu os países ocidentais da Europa no fim do último ano*. Muito antes de propor a teoria das Luzes, ele apresenta a prática com essa análise racional totalmente independente da religião e da teologia.

Kant diz que poderia ter descrito o fenômeno e mostrado sua violência, comovido as pessoas com o relato detalhado da catástrofe, descrito o pavor e a estupefação dos homens, optado pelo patético, mas preferiu "descrever a ação da natureza". Sugere de modo bem pouco transcendental e totalmente empírico - antikantiano, de certa forma - que o leitor faça uma mistura de limalha de ferro, enxofre e água, enterre essa pasta debaixo de vinte centímetros de terra, soque bem e espere algumas horas: ele verá escapar um vapor denso do solo, e a terra sacudir a ponto de soltar chamas. Isso é pura causalidade mecânica e material. Deus não tem participação nesse fenômeno, que é do exclusivo domínio da geologia e de nenhum outro.

Ele publica esse ensaio e lhe acrescenta outro: *Das vantagens dos terremotos*. Mostra nesse ensaio que houve outros terremotos antes e depois do de Lisboa, em muitas cidades da Europa, e também na África. Por ocasião de um desses tremores, no fim do século VIII, começou a jorrar a fonte termal de Teplice, trazendo os benefícios medicinais de suas águas. Goethe e Beethoven foram tratar-se nessa cidade, hoje situada na República Tcheca, onde, no passado, ocorreram as revoltas hussitas. Do que se vê que Kant não é contra Leibniz: o sismo não é nem bom nem mau em si, pode ser bom para os habitantes de Teplice, e mau para os de Lisboa!

Kant, que foi tão antikantiano nos anos 1750, renegou esses textos alguns anos depois. Pede que não sejam levados em consideração e até que se faça de conta que nunca foram escritos. Deus, que ficou em má situação depois do terremoto, precisava ser salvo! A *Crítica da razão pura* o salva, em 1781, com o artifício dos "postulados da razão pura prática": o que a razão havia firmemente desconstruído, Kant trata de remendar com o postulado. Mas postular Deus significa admitir que não há mais como prová-lo e só resta pressupô-lo. Ora, pressupor também dá margem a conjecturar o contrário: postular a inexistência de Deus é tão epistemologicamente válido quanto postular sua existência, por que postular significa apresentar *a priori* sem demonstrar. O mal estava feito. Deus desaparecia mansamente; postulá-lo mostrava que lhe restavam poucos anos de vida pela frente.

O deísmo seria o bicho da fruta. Mas houve antes o fideísmo de Montaigne, que também foi uma espécie de larva da maçã. O pensador bordelense foi incontestavelmente católico, sua vida é prova disso: ele realizou uma peregrinação à Nossa Senhora do Loreto[28], onde deixou uma placa votiva e acendeu uma quantidade absurda de círios; apoiou os católicos contra os protestantes durante as guerras de religião; fez profissão de fé católica no Parlamento de Paris, sem que nada o obrigasse; persignava-se e rezava regularmente o Pai-Nosso (I,LVI); acreditava que o incenso desperta os sentidos e nos torna mais propícios à contemplação (I,LV); ia à missa onde quer que estivesse, mesmo durante a viagem de dezessete meses que fez pela Itália; assistiu às celebrações da Semana Santa em Roma; mandou construir uma capela privada em sua torre, embaixo da biblioteca; era tão zeloso que morreu deitado em sua cama no momento da elevação da hóstia, segundo dizem; e, por fim, legou em testamento, ao catolicíssimo cônego Pierre Charron, o direito de usar seu brasão.

Nos *Ensaios*, fala da "Igreja Católica, Apostólica e Romana, na qual morro e na qual nasci" (I,LVI); diz, a respeito das orações, que não devem servir a interesses triviais ou como amuletos; discorda da ideia protestante de que traduzir a Bíblia para o francês permitiria que o povo se aproximasse do cristianismo – na verdade, isso o afasta; esclarece que sua obra filosófica, embora laica, não clerical, é sempre muito religiosa; considera que somente profissionais deveriam escrever sobre religião; é contra usar o nome de Deus acompanhado de interjeições.

A vida e a obra de Montaigne se inscrevem, portanto, no espírito da catolicidade. Não que os *Ensaios* não deem motivo de desagrado ao Vati-

28 Trata-se do santuário situado em Loreto, na Itália. [N. E.]

cano: Montaigne não acredita em milagres e sabe que esse é o nome que se dá ao que ainda escapa à razão; rejeita a antropomorfização de Deus; sendo um epicurista que ama o vinho e a vida, as mulheres e a comida, rejeita o ideal ascético cristão; sabe que, de tanto exigir o anjo, o cristianismo acaba obtendo a besta[29] – Pascal se lembraria disso; não quer que as mulheres sejam obrigadas a preservar a virgindade e quer facilitar-lhes o divórcio; leitor dos estoicos, justifica o suicídio, porque acha normal sair de uma sala enfumaçada; não concorda absolutamente com o dolorismo cristão e não acha que a Paixão é um modelo a ser seguido; denuncia o teísmo e acredita que Deus não quer tudo o que advém – um terremoto, por exemplo; não fala, em nenhum momento, de uma alma imaterial afastada do corpo e defende a unidade atômica da carne; escarnece do Paraíso dos muçulmanos e percebe-se que ele se refere a todas as religiões que defendem esse tipo de ficção; faz um retrato elogioso do imperador Juliano, que tentou restaurar o paganismo em pleno Império cristão; critica Constantino, o imperador que converteu o Império ao cristianismo, e acusa-o de autos de fé, crimes, assassinatos, exações e destruição do saber antigo; elogia Copérnico, cujo heliocentrismo contradiz o geocentrismo cristão; afirma, enfim, que ser cristão é ser "justo, caridoso e bom" (II,12,442). No mínimo, Montaigne rompe delicadamente com a escolástica medieval; como quem não quer nada, vira uma página de mil anos de pensamento subjugado à religião judaico-cristã; avança aos poucos, mas dinamita o conjunto do edifício cujas fundações datam de Constantino. Pede uma audiência ao papa Gregório XIII a fim de submeter os *Ensaios* a sua apreciação – prova de submissão; o papa ergue a chinela para que o filósofo não tenha de se inclinar demais para beijá-la – sinal de consideração; os censores devolvem o exemplar corrigido: seria bom um pouco menos de *Fortuna*. *Deus* ficaria melhor; é criticado por citar autores protestantes e elogiar Juliano – mensagens profiláticas; Montaigne não leva as críticas em consideração – confissão de independência. Mostra que é possível ser cristão e epicurista. Em breve, em seu nome, as pessoas serão um pouco mais epicuristas e um pouco menos cristãs, até que um dia não serão nada cristãs e completamente epicuristas.

---

29 Referência ao conhecido aforismo de Blaise Pascal (1623-1662): "O homem não é nem anjo nem besta, e quer a desgraça que quem quer ser anjo acabe sendo a besta". [N. T.]

Por outro lado, o filósofo escreve: "Somos cristãos da mesma forma que somos perigordinos ou alemães" (II,12,445). Mesmo que o termo só viesse a aparecer no século XIX, podemos dizer de Montaigne que ele é fideísta, ou seja, conclui que a razão não tem como demonstrar a existência de Deus, nem que ele se manifestou através das Sagradas Escrituras, embora exista, mas sob uma forma assumida em dado momento e em dado lugar: Montaigne é católico porque vive num país católico. Se vivesse em terras islâmicas, seria muçulmano, e, em território budista, seria um dos discípulos de Buda. Ele acredita em Deus num país católico, portanto acredita no Deus dos católicos.

Com autoridade firme, usando uma luva de pelica filosófica, Montaigne contribui para a demissão de Deus: não negando, mas situando Deus numa extraterritorialidade ontológica; Deus existe, isso é ponto pacífico, mas vamos deixá-lo onde está. Esse impulso fideísta deságua rapidamente no deísmo, que é mais tóxico para a divindade. A dispensa epistemológica de Deus acaba produzindo sua dispensa pura e simples. Se não precisamos de Deus para pensar, por que precisaríamos Dele para outra coisa?

O termo *deísmo* data de 1564, é encontrado sob a pena do reformador valdense Pierre Viret numa obra intitulada *Instruction chrétienne* [Instrução cristã]. O pastor julga que se trata de um pensamento de *ateísta*, como ele diz, e ele está ao mesmo tempo certo e errado. Certo porque, diferentemente do judeu-cristianismo, que é teísta e para o qual Deus quer tudo o que advém, terremoto inclusive, o deísta acredita que Deus existe, mas não é responsável por nada do que existe, e nega, portanto, qualquer tipo de Providência; errado porque "ateu", como se diz atualmente, define não aquele que não acredita no deus ortodoxo, mas aquele que não acredita em Deus, ou melhor, que afirma que Deus existe, mas da mesma forma como existe uma ficção. Os filósofos libertinos do século XVII são, em sua maioria, deístas, assim como os pensadores das Luzes no século seguinte. Excetuando-se o abade Meslier e seu *Testamento* póstumo, publicado em 1729, seria preciso esperar o século XIX para encontrar pensamentos ateus dignos desse nome - em Feuerbach, Nietzsche e Marx, por exemplo.

Quando Frans Hals pinta o célebre retrato de Descartes em 1649, faz bem mais do que retratar um rosto: expõe, numa telinha, as grandes consequências da nova metafísica. A Idade Média mostra o filósofo cercado de livros, conversando com discípulos ou professando na cátedra, vestido com o hábito da ordem (no caso do dominicano Tomás de Aquino) ou usando a mitra episcopal (no caso de Agostinho de Hipona), escrevendo majestosamente com sua veste pastoral (como Ambrósio) ou descansando a cabeça na palma da mão, meditando na frente de uma estante (como Boécio de Dácia). O filósofo é um leitor, de Aristóteles ou da Bíblia, de Platão ou das Sagradas Escrituras, de Porfírio ou dos Evangelhos, mas é um leitor que se inscreve na tradição livresca. Pensar é, naquela época, o que Montaigne denomina *entreglosar*, ou seja, comentar os comentários.

O pintor flamengo rompe com esses usos, da mesma forma que Descartes derrubou as pontes com a escolástica. O que diz essa obra? O mestre de Haarlem pinta um filósofo quase totalmente em preto e branco: o fundo do quadro é de um preto uniforme, o longo cabelo que cai sobre os ombros dele é preto, o bigode e o tufo de pelos sob seu lábio inferior são pretos, as sobrancelhas são pretas, a capa que se funde com o pano de fundo é preta, o chapéu que ele tem na mão é preto; apenas a gola de cabeção que sobressai na escuridão e sustenta o rosto do pensador como faria uma bandeja é branca. Esse rosto cor de carne, assim como a mão, destacam-se no negrume do resto todo. Não há nada ali além do filósofo, porque esse homem – e nisso reside toda a revolução – busca sua filosofia em si mesmo, e em nada além de si mesmo. Não há lugar para Deus nesse dispositivo pictórico. Descartes olha para quem o olha; há quem julgue detectar uma pitada de ironia no desenho da boca, mas não há nada nesse semblante além do olhar firme e seguro de quem sabe que virou a página de um mundo e iniciou um novo capítulo da história do pensamento, ou seja, da história, ou seja, da humanidade.

Descartes inventou o sujeito moderno que não deve mais nada a Deus e deve tudo a si mesmo: quando saiu em busca de sua primeira verdade, a pedra sobre a qual ergueria sua igreja deísta, Descartes reivindicou o uso de uma dúvida metódica. Útil precaução, uma vez que Giordano Bruno, 37 anos mais cedo, acabou na fogueira da Igreja Católica em Roma, e, três anos antes, Galileu teve problemas com seus *Diálogos sobre os dois grandes sistemas do mundo*. O objetivo não era reivindicar uma dúvida sistemática que varresse a monarquia e o catolicismo, mas poupar a política e a religião duvidando de tudo, menos disso. Muito prudente o velho Descartes! Diz: "Pretendo conservar a religião do meu rei e da minha ama de leite", o que lhe permite evitar o calabouço dos políticos e a masmorra dos católicos. Quando duvida, propõe uma "moral provisória" para evitar a divagação. Essa moral se sustenta em algumas máximas. Ele escreve no *Discurso do método*: "A primeira era obedecer às leis e aos costumes do meu país, preservando a religião na qual Deus me deu a graça de ser instruído desde o nascimento". O fideísmo de Montaigne não está muito longe, o deísmo procede dele.

Descartes, afastando com um gesto de desprezo as autoridades passadas, os textos santos, a patrística, os doutores da escolástica, a dialética tomista, cria a sua volta uma escuridão ontológica. Então começa o trabalho de introspeção: a verdade não está nos livros que falam do mundo, mas no eu, onde deve ser buscada. Duvidar significa duvidar de tudo, exceto daquilo que se sabe agora, mas duvida-se de si mesmo quando se duvida? Duvidar de quem duvida é impensável para quem duvida, porque temos ao menos a certeza de pensar. Esse evidente trabalho do pensamento conduz a uma primeira verdade: "Penso, logo existo".

"Sou aquele que sou", poderia dizer Descartes, parodiando as palavras de Deus a Moisés. O filósofo interroga aquele que sabe que é e nele encontra a ideia de Deus. De onde vem essa ideia? Descartes poderia concluir que terceiros a colocaram em sua cabeça: seus pais, seus tutores, os professores do Collège de la Flèche, e que ele jamais a teria tido se não fosse por essa educação – mas isso seria admitir a natureza cultural da ideia de Deus. Ainda não era a hora dessa verdade primordial. Pois ele, que crê, não dispensa sua crença e quer provar Deus como quem prova a validade de um teorema. Afirma que, se a ideia de Deus está dentro dele, é porque Deus a colocou lá, porque a ideia do infinito, que é indissociável de Deus, não poderia surgir do finito que é o homem que pensa, mesmo esse homem sendo Descartes. O que, *de facto*, prova a existência de Deus.

Frans Hals, portanto, representou exatamente Descartes e seu método. Pintou a epistemologia cartesiana: não mostra o filósofo com um livro santo ou uma obra de filósofo, não o coloca à frente de um palco com uma biblioteca como pano de fundo ou uma escrivaninha como cenário, não o coloca na presença de um objeto que concentre seu pensamento – o filósofo se destaca, com sua carne radiosa, somente pelo rosto de uma cabeça que pensa e pela mão que escreve livros novos, sobre o fundo preto que engolfou, de repente, com esse gesto, o velho mundo agora obscuro.

A filosofia das Luzes se nutre dessa luz precisa: a de um rosto cujo olhar é a instância pela qual se realiza o vínculo entre a substância estendida do corpo de Descartes e a substância pensante desse mesmo homem. O pensador isola a glândula pineal – a epífise de hoje – como ponto de ligação entre corpo e alma, e o pintor dá sua versão: na ausência de um encéfalo aberto e autopsiado, o olhar é a interface entre o cérebro do filósofo e seu corpo real. Frans Hals pinta o nascimento do deísmo e do sujeito moderno, dois temas que têm como objeto o busto de Descartes, cujo rosto claro se destaca sobre o preto de um mundo morto.

No pensamento deísta de Descartes, não há espaço para a Providência ou para a interpretação do terremoto como um castigo divino. Esse contemporâneo de Bossuet publica *Princípios da filosofia* (1644), em que trata dos princípios do conhecimento – muitas vezes a única parte lembrada desse grande livro –, mas também do princípio das coisas materiais, do mundo visível e, na quarta e última parte, da terra. Faz uma reflexão sobre o tema: "Qual é a causa dos terremotos", e em nenhum momento situa o problema na esfera da teologia e da religião.

Descartes pensa como deísta: Deus existe, mas não tem a menor serventia para se pensar o terremoto, que é explicado por razões racionais que remetem à geologia. O filósofo traz para o registro da filosofia, portanto, a questão da genealogia do terremoto. Interroga a natureza do calor do centro da terra, a origem dos metais no interior das minas ou ainda o surgimento das pedras, evocando não substâncias e atributos, essências e acidentes, como fazia antes dele a filosofia escolástica, mas nitro e enxofre, nafta e betume, argila e fogo, matérias oleosas e exalações: estamos no registro materialista dos atomistas e dos epicuristas da filosofia antiga. Sai de cena a explicação teológica.

Para Descartes, o terremoto e suas réplicas se explicam por cavidades repletas de matérias aquecidas que sacodem a terra durante um tempo.

A postura epistemológica está correta: é a da ciência, cujos métodos, rigor e objetividade são solicitados por Descartes para explicar o mundo. Deus não é convocado nem criticado; é simplesmente afastado de um campo que reivindica sua autonomia: o pensamento se tornou autônomo, independente, soberano, livre, desimpedido. A filosofia não está mais a serviço da teologia e, em breve, voltar-se-á contra a teologia para matá-la, ela e seu objeto: Deus.

A morte de Deus tem autoria, foi anunciada num livro e possui data de nascimento. O autor? Padre Meslier. O livro? Seu *Testamento*. A data? 1729, ano da morte do padre ateu e da publicação de três exemplares de um volumoso manuscrito que inocula o veneno filosófico no corpo teológico-político do judeu-cristianismo. O fideísmo de Montaigne se transforma no deísmo de Descartes, que gera o ateísmo de Meslier. Não há dúvida de que, com esses três nomes, a França cumpre um papel fundamental na destruição da religião cristã na Europa.

O católico Montaigne provavelmente ficaria horrorizado com a filiação, e o cristão Descartes também – visto que ambos lutaram contra os ateus. A Renascença, porém, deixou entrar o lobo filosófico na estrebaria cristã. O manuscrito de Lucrécio circula, e o epicurismo é uma formidável máquina de guerra contra as ficções do judeu-cristianismo. Padre Meslier, pároco de Étrépigny, uma minúscula aldeia da região das Ardenas, não é um padre mundano que frequenta os salões parisienses, mas um homem da Igreja que vive em contato com suas ovelhas, simples e modestas, e possui uma biblioteca em que se encontram os livros de Montaigne, o autor mais citado em sua obra.

Meslier é um filósofo esquecido. A tradição filosofante prefere Luzes bem menos cruas, ou então filtradas: Voltaire, que não questiona a monarquia, assim como Montesquieu, Diderot ou Rousseau, que não dispensa Deus, e Kant, que lhe dá um verniz laico. Esses filósofos deístas são compatíveis com o poder judaico-cristão e com a monarquia, em versão constitucional para alguns e republicana para outros, como o autor de *Do contrato social*.

Já o materialismo integral de La Mettrie, o ateísmo radical de D'Holbach, o comunismo absoluto de Dom Deschamps, o racionalismo intrínseco de Sébastien Maréchal – esses não fazem média com a realeza e o Vaticano. Devemos ao monge ateu Dom Deschamps o interessante conceito de "semiluzes" para caracterizar os filósofos que não levam suas análises às últimas consequências. A ironia voltairiana, o humor das *Cartas persas*, o hedonismo de Diderot, a refutação rousseauniana da civilização, o uso da razão crítica kantiana não bastam, porque poupam a religião do rei e da ama de leite de Descartes.

A filosofia radical bebe da fonte do *Testamento* de Meslier, cujo título já revela todo o programa: *Memória dos pensamentos e opiniões de Jean Meslier, padre-pároco de Étrépigny e Balaives. Sobre parte dos erros e abusos da conduta e do governo dos homens em que se vê demonstrações claras e evidentes da vaidade e da falsidade de todas as divindades e todas as religiões do mundo, a ser endereçado a seus paroquianos depois de sua morte e para que sirva de testemunho da verdade para eles e todos os seus semelhantes.* Sob Luís XIV, Jean Meslier, padre, cura de Étrépigny e Balaises, lança um grito de guerra ateu, revolucionário e comunista.

Meslier, cuja biblioteca inclui La Boétie, critica o senhor da aldeia, celebra casamentos de graça, distribuiu aos pobres a renda de um terreno de família, em duas ocasiões recebe advertência do bispado porque mora com falsas sobrinhas, moças de verdade. Meslier ataca Deus, Cristo, os padres, os monges, os bispos, a Igreja, as Sagradas Escrituras, os príncipes, os reis, os imperadores, os tiranos, os nobres, os homens de toga, os tabeliões, os "homens da injustiça", os procuradores, os advogados, os escrivães, os fiscais, os juízes, os intendentes de polícia, os cobradores de impostos, os "malsins ratos de adega"[30], os arrecadadores de tributos, os ricos proprietários. A quem poupa? Pobres, camponeses, trabalhadores, explorados, miseráveis, mulheres, crianças, animais. Contra a religião católica, promove a filosofia e o ateísmo; contra os homens do poder, elogia um comunismo libertário, um comunismo rural; contra os parasitas de todo tipo, anuncia a justiça e a equidade, a liberdade e a igualdade, a solidariedade e a fraternidade.

30 No original: "*maltôtiers rats de cave*": fiscais do Estado encarregados de combater o contrabando, costumavam revistar casas e fazendas do interior suspeitas de abrigar ilegalmente produtos como, notadamente, vinho e bebidas alcoólicas. Por isso suas visitas começarem em geral pela adega. [N. T.]

O *Testamento* desmascara em mil páginas e oito provas a vaidade e a falsidade das religiões, que se contradizem; a fé, que é "crença cega" e contradiz "as luzes naturais da razão"; as visões dos profetas, que são coisa de malucos; as profecias, que nunca se realizam; a moral cristã, que contradiz os ensinamentos da natureza. A religião cristã é cúmplice das tiranias políticas; o ateísmo é uma ideia velha como o mundo; a alma é mortal. Entre 1719 e 1729, dos 54 aos 65 anos, Meslier escreve com todas as letras, e a meu ver esta é a data da morte de Deus e do ateísmo no Ocidente: "Não existe Deus" (II,150).

As qualidades de Deus são contraditórias: ele é bom, mas manda para o inferno por um pecadilho qualquer; pode tudo, mas permite que se faça o mal; ama os homens, mas destina uns à miséria e à pobreza, à infelicidade e à doença, e outros à riqueza e à abundância, à saúde e à vitalidade; tem poder sobre tudo, mas não impediu o pecado original; quer o bem da humanidade, mas tolera a cumplicidade da Igreja com os poderes que exploram os homens; é mansidão e magnanimidade, mas manda para o purgatório as crianças mortas antes do batismo, condenando-as a vagar no limbo; é o senhor do bem, mas permite a prosperidade do vício e os infortúnios da virtude; é inacessível, mas é possível chegar até Ele através de oração; quer ser amado, mas não diz claramente o que quer; poderia revelar-se para convencer os homens, mas prefere ser temido.

Meslier inaugura uma revolução epistemológica: lê tanto os textos sagrados como os escritos pagãos, aborda tanto a Bíblia como os *Anais* de Tácito. Essa maneira de proceder ateia fogo na carga explosiva plantada por outros no edifício judaico-cristão. Se o Antigo e Novo Testamento são inspirados pelo Espírito Santo, como se explica que tenham tantos erros, aproximações, contradições, contrassensos, inépcias, fabulações? Esses textos revelam, isso sim, as imperfeições humanas. São, na verdade, criações literárias, como os "contos de fadas e nossos antigos romances".

O filósofo desmonta a vida de Jesus e a reduz a sua condição humana: um "arquifanático, louco, insano, patife, homem de nada, vil e desprezível", mais extravagante que Dom Quixote; esmiúça todos os seus atos e gestos. Celebra o claro entendimento e as luzes da razão para abordar o assunto do cristianismo. Demonstra que as fontes não são confiáveis, foram falseadas e manipuladas por motivos políticos. Afirma que o *corpus* cristão, que distingue evangelhos sinóticos e apócrifos, decorre não de um procedimento científico, mas de mera arbitrariedade. Questiona o funcionamento da Igreja: quem decide? De acordo com que critérios e modalidades? Mostra o papel dos concílios, dos imperadores, dos filósofos da patrística e dos teólogos na construção dessa fábula. Faz uma crítica que hoje chamaríamos de textual, e declara guerra à "trapaça anagógica e tropológica", que se funda mais na alegoria do que na razão. Aponta as invencionices de São Paulo para esconder suas aproximações. Examina cada um dos milagres e assegura que são contraditórios às leis da natureza, que são as únicas verdadeiras. Desconstrói a eucaristia e vê a hóstia como um "ídolo de massa e farinha". Garante que Jesus nunca pediu esse tipo de adoração. Ataca a moral cristã: por que estranha razão Deus daria o desejo aos homens para depois impedir sua realização? Assinala que a observância da castidade levaria à morte da humanidade. Rejeita o dolorismo cristão e sua celebração do ideal ascético. Celebra o hedonismo e aquilo que ele pressupõe: o contrato amoroso, a união livre, a volúpia simples, o cuidado com as mulheres, o direito ao divórcio, a permissão da sexualidade dos homens da Igreja. Considera desumano querer que se ame o próximo quando este fez o mal, porque isso justifica todas as injustiças. Defende os humildes: as mulheres mal casadas, as crianças que sofrem maus-tratos e se tornam adultos antissociais, os animais submetidos a crueldades - dos quais gaba a inteligência e a sensibilidade. De modo radicalmente imanente, pensa o mundo como um ordenamento de matéria combinado com um fluxo vitalista.

Jean Meslier também propõe uma política. O mal não decorre do pecado original, e sim de uma circunstância que hoje chamaríamos de etológica: homens demais atuam num território pequeno demais; a escassez de meios de subsistência gera violências em nome da vida e da sobrevivência. É necessário mudar a repartição das riquezas para erradicar o mal no mundo. Quando todos tiverem o suficiente para viver, ninguém atacará seu próximo. Meslier enumera os sofrimentos dos camponeses sob o regime feudal. Traça uma caricatura de Luís XIV: ladrão, criminoso, assassino, explorador, responsável por devastações, carnificinas, guerras, usurpações, roubalheiras, injustiças, fome, e tudo isso durante os 62 longos anos de seu reinado.

O pároco ateu desenvolve precocemente uma teoria da luta de classes. Opõe os destituídos de tudo, que não têm nada e merecem tudo, àqueles que têm tudo e não merecem nada e, por isso, merecem ser desapossados. Uns passam fome e morrem sobre esteiras de palha estendidas direto no chão, sem nunca parar de trabalhar; outros vivem de rendas e taxas, têm tudo, mulheres, prazeres, dinheiro e herança, e ainda querem mais. Essa desigualdade instituída contradiz a igualdade natural. Pois, de acordo com o direito natural dos jusnaturalistas, os homens possuem naturalmente um certo número de direitos: viver, trabalhar, comer, vestir-se, morar, educar os filhos, desfrutar de liberdade.

Meslier apela para a "utilidade pública" e o "bem comum", quer que a lei e o direito tornem o homem bom, deseja que o estado de civilização realize a justiça, propõe à cidade objetivos hedonistas e eudemonistas: "o bem público" e o "viver feliz" (II,75). Para tanto, quer acabar com o princípio paulino da teocracia: o poder não vem de Deus, e sim dos homens. Denuncia o conluio entre a cruz e a espada, entre o catolicismo e a monarquia, que "se entendem como dois batedores de carteiras": os políticos não são enviados por Deus, seu poder vem de uma violência imposta pelo clero e pela Igreja, cúmplices dos poderosos e de seus exércitos.

O pároco comunista apresenta seu método, derivado do *Discurso da servidão voluntária*, de La Boétie: é preciso resistir, não dar nada aos ricos, excluí-los de toda sociedade, praticar a desobediência civil, não pagar impostos, não aceitar a talha e a gabela, dizer não às corveias. E é preciso unir-se para derrubar o trono. Meslier queria "que todos os nobres e poderosos da terra fossem enforcados e estrangulados com as tripas dos padres" – Maio de 68 se recordaria dessa frase. Ele defendia o tiranicídio: é preciso "nocautear ou apunhalar esses monstros detestáveis e inimigos do gênero humano [...] incitando todos os povos a sacudir o insuportável jugo dos tiranos" (III,133).

Qual é o ideal de Meslier? Abolir a propriedade privada; praticar a comunhão dos bens, dos frutos da prosperidade e do talento; instaurar o "desfrutar em comum"; fazer da família e da aldeia a comunidade de base e confederá-las; firmar contratos para estabelecer a paz; estender esse programa por capilaridade – "de bom grado falarei com todos os povos da terra" (III,154). Meslier aspira a mudanças concretas: um trabalho mais humano, alimentos saudáveis para todos, uma casa aquecida que abrigue das intempéries, condições de higiene, roupas que protejam da chuva e dos rigores do frio, escola gratuita para as crianças, serviço médico para todos também gratuito. Quem não concordaria com um programa desses?

Jean Meslier morre sozinho e desconhecido no interior das Ardenas, no fim de junho de 1729. Deixa em lugares diferentes quatro cópias de seu volumoso manuscrito, de modo que, ao menos um exemplar, resultado do trabalho de uma vida inteira, não seja queimado por mãos cristãs. É enterrado às escondidas no jardim do presbitério. Sem túmulo e sem vestígios. Esse homem não tem rosto nem sepultura. Cinco anos após sua morte, mais de 150 cópias circulam clandestinamente: são vendidas a preço de ouro.

Voltaire quer um exemplar a todo custo e o consegue. Em fevereiro de 1762, publica *Extrait des sentiments de Jean Meslier* [Excertos das opiniões de Jean Meslier], em que desfigura o pensamento ateu e comunista do pároco. Deísta e amigo dos reis, adulados por ele para que lhe concedam pensões, Voltaire não é tão anticlerical como diz a lenda. Envia uma petição ao papa para conseguir umas relíquias que gostaria de expor em sua capela particular, em Ferney, que foi construída a pedido seu e na qual planeja ser sepultado. Pede um capelão para a sua capela em Cirey, onde assiste aos ofícios e celebra a Páscoa. Defende Deus e a religião, um instrumento útil para refrear e dirigir "o povo, que será sempre bárbaro e estúpido, são bois que precisam de jugo, aguilhão e feno" (carta a Tabareau, 3 de fevereiro de 1769).

A partir do *Testamento*, o autor de *Cândido* cria uma contrafação: elimina o ateísmo e o materialismo, acrescenta algumas páginas de sua lavra e transforma o livro de Meslier num livro deísta! E, no terreno político, Voltaire o considera "um rígido partidário da justiça, que às vezes vai longe demais". Com total desprezo pela verdade, a semiluz de Voltaire converte Meslier num "adepto da religião natural", uma heresia para quem o leu e – suprema obscenidade intelectual – transforma o

Testamento em "depoimento de um padre moribundo que pede perdão a Deus"! Voltaire, que escreveu que, "se Deus não existisse, teria de ser inventado", acreditava que "é preciso haver uma religião para a ralé". O ateísmo e o comunismo de Meslier só podiam irritá-lo.

As Luzes radicais que o leram, e bem lido, fazem plágio sem citá-lo, o que é regra na corporação filosofante. Mas o texto segue circulando por toda parte. Os manuscritos clandestinos escapam da censura, inspiram debates, penetram nas consciências, até nos mais remotos lugarejos do interior. Assim, em 1835, Pierre Rivière, um jovem normando natural de Courvaudon, no Calvados, massacra a golpes de foice a mãe, grávida de sete meses, a irmã e o irmão, para vingar o pai, diz ele, humilhado pelas vítimas. Na prisão de Vire, redige um texto em que explica seu gesto; é operário agrícola, mas aprendeu a ler e escrever, e a pensar também. Cita os livros que foram importantes para ele. Entre os quais, *Le bon sens du curé Meslier* [O bom senso do padre Meslier], um texto escrito por D'Holbach e falsamente atribuído ao pároco, mas decorrente de sua leitura.

O terremoto de Lisboa sacudiu toda a Europa judaico-cristã. As réplicas foram muitas. Um século e meio antes do célebre anúncio de Nietzsche em *A gaia ciência*, Deus está morto, discretamente dispensado pelos filósofos fideístas e deístas, e depois claramente expulso pelos pensadores ateus. No verbete "Filosofia dos sarracenos ou árabes" da *Enciclopédia*, Diderot escreve que, em certa comuna católica, consumiam-se cinquenta mil hóstias em 1700. E acrescenta que, em 1759, nesse mesmo povoado, os fiéis não consumiram mais do que dez mil. "Ou seja, num intervalo de 59 anos, a fé se reduziu a um quinto, como em tudo que diz respeito ao enfraquecimento da fé", diz ele.

Quando a imensa vaga provocada pelo terremoto de Lisboa retrocedeu, deixou para trás uma paisagem desolada, na qual as igrejas lisboetas haviam desaparecido. Com essa epifania geológica, a fé que possibilitou a edificação daquelas dezenas de igrejas estava arruinada. A razão ocidental europeia continuou a obra do *tsunami*. A morte de Deus, anunciada pela primeira vez na França por um pároco das Ardenas, no início do século XVIII, acarretou a morte da religião e de tudo aquilo que a acompanha: em termos de moral, o ideal ascético judaico-cristão, e, de política, o cesaropapismo teocrático.

No período em que o consumo de hóstias diminuiu consideravelmente, Montesquieu publicou suas *Considerações sobre as causas da grandeza dos romanos e de sua decadência* (1734), um texto escrito com a mesma tinta sutil das *Cartas persas*. Para quem sabe ler nas entrelinhas do barão De la Brède, contudo, a decadência por trás do cenário romano é a da Europa judaico-cristã. O dolorismo judaico-cristão e a teocracia católica que vigoraram mil anos dariam lugar em breve a uma dupla reivindicação eudemonista: por um lado, no plano moral, a felicidade, "uma ideia nova na Europa", como diria Saint-Just em 3 de março de 1794; e, na política, a democracia, uma ideia tão nova quanto a primeira. Deus não é mais necessário, os homens querem ocupar todo o espaço.

2
SENESCÊNCIA
O princípio do ressentimento

1

A MÁQUINA RESSENTIDA
A REVOLUÇÃO DEVORA SEUS FILHOS

Paris, 21 de janeiro de 1793,
decapitação de Luís XVI

Não raro neomarxista, a historiografia dominante da Revolução Francesa dá pouco ou nenhum espaço aos fatores psicológicos da produção dos acontecimentos, como se a história fosse feita não por homens, mas por ideias ou conceitos, como se os fatos fossem produzidos por ectoplasmas de contornos livrescos ou mecânicas intelectuais puras, sem carne e sem paixão, sem contas para acertar e sem ambições, sem espírito de vingança e sem desejo de ocupar um lugar cobiçado. Essa omissão da carne na história tem a ver com a remanescência cristã do corpo sem órgãos...

Com exceção de Hippolyte Taine, que usa o buril de Goya para talhar seu *Les origines de la France contemporaine* [As origens da França contemporânea], a maioria propõe uma história mecanicista, factual, ideológica, doutrinal. Taine mostra que as paixões tristes tiveram um papel central na Revolução Francesa – o ódio e a inveja, o ciúme e o ressentimento, a cobiça e o rancor, a malevolência e a inimizade, a malquerença e a antipatia, numa palavra: a maldade. Nos livros de história, a escuridão do coração humano é encoberta muitas vezes pela tinta das belas palavras: o azul da Liberdade, o branco da Igualdade, o vermelho da Fraternidade. O mito envolve o núcleo sombrio para produzir uma literatura que sufoca a verdadeira história. Durante a revolução, a verdadeira bandeira foi copiosamente manchada de sangue e lágrimas, e, não raro, foi um trapo sujo.

Ora, a psicologia é importante, é ela quem faz a lei – nem poderia ser diferente. No caso de Luís XVI: ele lia os filósofos, tinha temperamento calmo, índole fleumática, amava mais a caça do que as intrigas políticas, zelava por sua tranquilidade para poder ler Hume, Montesquieu ou Rousseau sem ser perturbado, era apaixonado por cartografia e geografia e encantava-se com os marinheiros que descobriram os novos continentes, exigia dos capitães de fragata que não fizessem correr sangue nas novas terras, tinha fimose, o que explica a libido a meio mastro, era vigiado e caçoado pelo pífio desempenho na cama, era traído por Maria Antonieta, mas foi fiel à esposa, que o descrevia como gordo e barrigudo, foi insultado por jornalistas e arrastado na lama por publicistas, mas Luís XVI, que repugnava a violência, nunca mandou atirar contra a multidão durante a Revolução Francesa, embora fosse uma de suas prerrogativas. Se tivesse feito isso, o curso da história francesa e, consequentemente, europeia teria sido outro. Luís XIV, em seu lugar, teria enviado as tropas e derramado rios de sangue, e tudo teria sido bem mais difícil para as belas palavras e as grandes ideias. A ucronia, porém, nunca é a melhor maneira de fazer história.

Boa parte dos revolucionários associava Luís XVI à monarquia, a realeza ao feudalismo, a feudalidade à escravidão, a servidão ao inferno, o inferno ao mal radical em política, portanto, para acabar com o mal, Luís XVI tinha de ser encurtado. Para encurtar o rei, a culpa de todos os erros tinha de ser jogada sobre ele. A imprensa e o poder do jornalismo surgem nessa época: sob jurisdição de exceção, o jornal permite a difusão de mentiras, calúnias, ódio, insultos, acusações, difamação, desonra, infâmia. A imprensa demoniza aquele que, na sequência, seria fácil decapitar, já que era o demônio e tinha de ser eliminado. O tribunal da Inquisição funcionava com esse mesmo princípio de demonização daquele que se quer destruir.

Essa época é também a do nascimento da caricatura, que posteriormente passamos a chamar de charge: Luís XVI era um alvo privilegiado.

Um clichê muito comum na época retrata Luís XVI como um porco cheio de chifres: para muitos jornalistas, o rei é um porco balofo e, ainda por cima, chifrudo. A imprensa "patriótica", cheia de ódio contra ele, não se cansa de repetir *ad nauseam* essa comparação do monarca com um leitão: *Les Révolutions de France et de Brabant* [As Revoluções da França e Brabant], *Le Courrier Français* [O Correio Francês], *Le Père Duchesne* [O Pai Duchesne], *Le Babillard* [O Palrador], entre outros tantos jornais, deitam e rolam. *Le Courrier Français* de 4 de agosto de 1792 relata com clara satisfação que vinha circulando no Palais-Royal um panfleto intitulado *O veto real*, e que ele estava arrancando gargalhadas. Diz o libelo a respeito de Luís XVI:

> Esse animal mede cerca de cinco pés e cinco polegadas de comprimento. Anda sobre as patas traseiras como os humanos. A cor de sua pelagem é ruiva. Tem olhos estúpidos, um focinho bem aberto, uma tromba vermelha, orelhas grandes, pelos escassos, emite um som bastante parecido com o grunhido de um porco. Não tem RABO[31]. É voraz por natureza. Come, ou melhor, devora asquerosamente tudo que lhe jogam. Pinguço, bebe sem parar desde a hora que acorda até a hora de dormir [...]. Tem entre 34 e 36 anos, nasceu em Versalhes e deram-lhe a alcunha de Luís XVI.

Animalizar um homem, como se sabe desde a abertura dos campos nazistas e dos escritos de Robert Antelme, Primo Levi e David Rousset, é uma técnica eficaz para tornar a degola tão simples e fácil quanto a do próprio bicho pelo açougueiro. Se Luís XVI é um animal, finge-se andar ereto sobre as patas traseiras para parecer humano; se, em vez de pele, tem uma pelagem escura; se seus olhos são olhos de bicho; se, em vez de boca, tem um focinho; se, em vez de nariz, tem uma tromba; se, em vez de orelhas humanas, tem grandes apêndices; se, em vez de voz, emite sons, ou pior, grunhidos; se, em vez de comer, devora vorazmente tudo que lhe jogam; se passa o dia inteiro embriagado; se possui pelos e em pouca quantidade, sinal de déficit de testosterona; se não tem rabo - e, a palavra *"queue"* aparece em maiúsculas no texto para indicar que ele não tem virilidade sexual; a conclusão que se impõe é que Luís XVI não é um homem, mesmo porque não tem nome, somente alcunha - e, como tantos outros mais tarde, tinha um número. Um animal sem nome, e isso dá permissão para se cogitar sangrá-lo, depois de içado numa escada, ou cadafalso. Esse tipo de texto faz de Samson não o carrasco que mata o rei, mas o salsicheiro que degola o porco.

---

31 No original: *queue*. Significa "cauda", "rabo", mas também "pênis". [N. T.]

Quando o rei é decapitado, o cidadão Romeau propõe uma nova data comemorativa, supostamente republicana:

> O 21 de janeiro se caracterizaria sobretudo pela cabeça ou orelha do porco, que nenhum pai de família deixaria de servir à mesa em memória do venturoso dia em que rolou a cabeça do traidor Luís XVI, livrando-nos de sua triste presença [...]. Que cada um de nós providencie a parte que sua fortuna lhe permita comer e faça como os patriotas ingleses que, no dia da degolação do rei Carlos II [*sic*], nunca deixarão de comer uma cabeça de terneiro. (Romeau, *A cabeça ou orelha do porco*, gráfica Pellier, sem data)

Se o rei é um porco, um suíno, a rainha é uma hiena ou uma "fêmea de avestruz". "*Hyène*" [hiena] pela suposta lubricidade e pela homofonia com "*haine*" [ódio], pelo caráter mesquinho e pela atividade noturna (com seu amante Fersen, que ocupava um quarto secreto, situado acima de seus aposentos), pelo riso sarcástico e pela cruel brutalidade. "*Autruche*" [avestruz] pela homofonia com seu país de origem, *Autriche* [Áustria]. Maria Antonieta também é comparada aos porcos, notadamente numa gravura de 1791, anônima, é claro, que associa a família real aos suínos: *A família de porcos reconduzida ao chiqueiro*.

A rainha é, portanto, uma porca lúbrica. São muitos os panfletos em circulação que a pintam como uma depravada sexual, comparada aos porcos. Mas, além de fêmea de avestruz, ela é também harpia, tigresa, pantera[32]. Vejamos alguns títulos de panfletos nos quais ela é enxovalhada: *O dildo real*, *Os amores de Carlito e Tonieta*, *A orgia real*, ou ainda *Régio bordel*. Tudo que se possa imaginar em termos de perversão sexual era usado. Louis-Sébastien Mercier relata que o MACL [*Maison Assurée Contre l'Incendie*] que se escrevia nas fachadas das casas para indicar que haviam sido vistoriadas contra incêndio passou a ser lido como "Maria Antonieta corneia Luís". Canções aviltantes eram cantadas nas ruas.

Apesar da profusão de suportes para um ódio que se difundiu por toda a Europa, Luís XVI não exige pena de morte contra os autores ou responsáveis. Meios para isso, ele obviamente tinha, mas negava-se a

32 No original: *tigresse* e *panthère*, que, em francês, denotam uma mulher agressiva, ciumenta, colérica. [N. T.]

utilizá-los. Não se tem notícia de nenhum panfletário, nenhum autor de libelo, nenhum cancioneiro, nenhum livreiro, nenhum impressor, nenhum mascate cuja cabeça tenha sido cortada por ter contribuído para essa enxurrada de imundícies. Luís XVI encarregou a polícia de procurar os pacotes de libelos impressos no estrangeiro, em geral na Inglaterra, comprá-los e destruí-los. *Comprar*, não confiscar e jogar o impressor nas mãos do carrasco... Isso é comportamento de um tirano sanguinário? De um ditador sem fé nem lei? De um déspota absolutista?

Maria Antonieta é de fato leviana e fútil, perdulária e jogadora, intrigueira e mundana, frívola e caprichosa, volúvel e superficial, infantil e esbanjadora - o caso do colar que custou o mesmo que as sagrações de Luís XV e Luís XVI é o símbolo terrível, mas verdadeiro, dessa realeza podre. Ela era uma "cabeça de vento", como dizia seu irmão José II, e essa cabeça rolaria em breve. Casou-se aos quinze anos com um rei que não se interessava pelas coisas do sexo, se acreditarmos no mesmo José II, que, após uma visita a Versalhes na primavera de 1777, escreve a respeito do rei:

> No leito conjugal, ele tem ereções absolutamente consistentes, introduz o membro, fica ali talvez dois minutos sem se mexer, retira-o sem ejacular, ainda intumescido, e então dá boa noite. O que é incompreensível, pois acontece de ele ter poluções noturnas, mas nunca durante o ato, e está satisfeito assim, diz simplesmente que só faz isso por dever e não sente nenhum prazer. Ah! Quem dera [*sic*] estar lá apenas uma vez, eu daria um jeito nele. Ele precisava ser surrado, para fazê-lo descarregar a porra como os burros. Além disso, minha irmã tem pouca propensão, e os dois juntos são dois completos desajeitados.

Maria Antonieta, com um parceiro desses, foi tão livre quanto se pode ser na vida - e na cama. Luís XVI tinha o defeito da virtude: não gostava de causar derramamentos de sangue, reais e simbólicos. Não fez isso nem com o povo nem com a mulher. O rei que alguns panfletos descrevem como o organizador das orgias da esposa está muito distante da verdade histórica, como se vê.

Jornalistas e panfletários preparam a subida ao cadafalso do casal real. Em 1789, em *A vida de Luís Filipe José, duque de Orléans*, publicado em Londres por um autor anônimo, lemos o seguinte a respeito da rainha: "Mereces expiar na tortura as tuas crueldades, teus artifícios. A morte não será o bastante para te punir e nos vingar". Punir e vingar, já naquela época... Ou, ainda, em *Descrição da coleção real de animais vivos*: "Cuidado com Louise! Pequeno instrumento que corta tão bem as cabeças". Por fim, em 1792, em *A tentação de Antonieta e de seu porco na Torre do Templo*: "Ela está na Torre do Templo[33], melhor seria se passasse três minutos na praça do Carrossel" – onde ficava a guilhotina... E para onde ela iria em breve, como se sabe.

O golpe de misericórdia jornalístico foi dado por Hébert e seu célebre *Père Duchesne*, o ancestral da imprensa satírica. Já existiam jornais antes de 1789, mas eram muito poucos. Após a convocação dos estados-gerais, a Constituinte decreta liberdade total de imprensa. A partir de então, os jornais proliferam: de 5 de maio de 1789 ao final do mesmo ano, são criados 250 jornais; no ano seguinte, surgem mais 350. Qualquer um podia ser jornalista. Para citar apenas os atores mais conhecidos da Revolução Francesa: Mirabeau escreve no *Courrier de Provence* [Correio da Provença], Marat no *L'Ami du Peuple* [O Amigo do Povo], Brissot no *Le Patriote Français* [O Patriota Francês], Desmoulins no *Le Vieux Cordelier* [O Velho Franciscano], Momoro no *Journal du Club des Cordeliers* [Jornal do Clube dos Franciscanos], Robespierre no *Le Défenseur de la Constitution* [O Defensor da Constituição], Condorcet no *Chronique du Mois* [Crônica do Mês], Fabre d'Églantine no *Révolutions de Paris* [Revoluções de Paris]. Entre 10 de agosto e 9 Termidor, os montanheses[34] incitam o povo a atacar os jornais hostis a eles; brutalizam os periodistas e destroçam as gráficas. A liberdade de imprensa retornaria após a morte de Robespierre, guru dos montanheses. Entre 1789 e 1800, vieram à luz mais de 1.350 jornais.

---

33 A Tour du Temple era uma antiga fortaleza medieval, construída em 1240 e posteriormente convertida em prisão. Após a Revolução, virou local de peregrinação para os monarquistas, para os quais passara a simbolizar o martírio da monarquia – motivo pelo qual foi destruída em 1808 por ordem de Napoleão Bonaparte. [N. T.]

34 Referência aos deputados da Convenção que ocupavam os assentos da parte superior da Assembleia Legislativa, batizada de Montagne (Montanha). Eram deputados de esquerda, liderados por Danton e Robespierre. [N. T.]

Quem era Jacques-René Hébert? Como muitos dos grandes nomes ligados à história da Revolução Francesa, a vida desse natural de Alençon, capital do departamento do Orne, foi uma extensa sucessão de fracassos, insucessos, malogros, desilusões, malversações, intrigas, revezes e desventuras que alimentaram o ressentimento com que se fabrica eventualmente um cortador de cabeças. Quem foram essas figuras centrais da revolução antes de 1789, quando tiveram oportunidade de fazer uma catarse política desse ressentimento?

Marat mente, rouba, suborna; assalta um museu em Oxford e vai para a prisão, da qual escapa; faz sexo por interesse e consegue de sua amante um cargo com direito a empregados e librés; tenta obter um título de nobreza, que lhe é negado por motivo de moral duvidosa, mas ostenta ainda assim um brasão em suas cartas; escreve um livro, mas não encontra editor; mais tarde, encontra um editor, mas não tem leitores; candidata-se à Academia de Ciências de Paris e à da Espanha, em vão; pede para colaborar na *Enciclopédia* de Diderot e é rejeitado; seu *Traité sur les principes de l'homme* [Tratado sobre os princípios do homem] é espinafrado por Voltaire e Diderot; tenta ascender socialmente através da maçonaria; termina aceitando o dinheiro de Filipe de Orléans. Tinha 46 anos em 1789.

Saint-Just plagiava um autor que nunca citou, suprimia apenas a primeira e última frase do livro copiado; roubou a própria família e fugiu para Paris, levando toda a prataria; fazia conchavos nos teatros, porque aspirava a uma carreira de homem de letras; falsificou assinaturas em várias ocasiões; teve passagens pelo cárcere porque tentou extorquir por carta a própria mãe, e ela o denunciou; forjou um diploma de direito e se apresentava como advogado; fez-se passar por médico, coisa que não era; escreveu poemas e peças de teatro sem nenhum interesse, no dizer de seus próprios hagiógrafos; publicou *Organt*, um longo poema pornográfico de 7.800 versos que não faz o menor sucesso. Tinha 21 anos em 1789.

O emblemático girondino Jacques-Pierre Brissot de Warville era polígrafo e só publicava por conta do autor, sem sucesso; solicitou o apoio de Voltaire e D'Alembert, também sem sucesso; arrecadou dinheiro entre amigos para fundar um "centro mundial de filósofos, compreendendo uma revista, um sistema de correspondência e um clube" que não se concretizaria; passava a perna em editores e impressores; não pagava seus impostos nem o aluguel de seu apartamento; foi preso por dívidas; tornou-se alcaguete remunerado da polícia e fornecia informações sobre libelos que o rei quer encontrar e destruir; viajou aos Estados Unidos para articular uma fraude financeira, mas retornou a Paris quando estourou a revolução. Tinha 35 anos em 1789.

Abandonado pelo pai, órfão de mãe, Robespierre pôde estudar graças à proteção dos padres; soberbo, comparava-se a Ulisses e Eneias em seus poemas; via a si mesmo como o Rousseau de seu tempo, mas não alcançou nem sucesso local com os péssimos versos com que celebra, por exemplo, *L'art de cracher et de se moucher* [A arte de cuspir e assoar o nariz]; publicava por conta do autor e esperava um sucesso – em escala europeia, naturalmente – que não viria; amava a si mesmo acima de tudo; participou de concursos, mas nunca ficou em primeiro lugar; em 1785, publicou elogios à monarquia, a Luís XVI, aos jesuítas; chegou a juiz do tribunal do bispado graças ao apoio dos cônegos; foi diretor da Academia Real de Arras, onde se revelou brutal, impiedoso e severo com as obras alheias; queria ser um Cícero e vegetava como pequeno advogado de causas medíocres – litígios na contabilidade de uma paróquia, contestação do preço de uma vaca, aluguel exorbitante, contrato assinado em estado de embriaguez; morava com a irmã e uma criada; era solteiro e provavelmente virgem; ajusta sua peruca empoada à moda feudal todo santo dia proporcionado pelo Ser Supremo; de uma presunção insuportável, foi expulso da assembleia local por seus colegas rabiscadores de versos. Tinha 30 anos em 1789.

Desmoulins também tinha uma grande imagem de si próprio; desprezava a arraia-miúda; era advogado e... gago; seu escritório fracassou, e ele virou assistente de um colega; baixinho, mirrado, doentio, disforme, cogitava ascender socialmente através do casamento; tratou de seduzir uma moça feia, baixinha, manca, porém rica, que rejeitou suas investidas; cortejou uma mulher madura, foi recebido pela família e aproveitou para cortejar a jovem filha da casa; mentiu sobre sua fortuna e sobre seu dote; vivia à custa do dinheiro da família; escrevia para terceiros; frequentava bordéis, festas mundanas, cafés e salões; colecionava mulheres; de tão arrogante e pretencioso, acabou expulso de todos os lugares que frequentava e voltou para o interior; terminou por conseguir a mão da filha de uma mulher que tentara seduzir no Jardim do Luxemburgo - a moça se chamava Lucile. Tinha 29 anos em 1789.

Mirabeau bem que queria fazer carreira nas letras também; jogava muito, e perdia o mesmo tanto; desertou seu regimento e foi-se esconder em Paris; sofria de priapismo, pegava e largava parceiras e as surrava sem dó nem piedade; dormia com a própria irmã; fazia sexo por interesse; insultava copiosamente sua família em textos publicados na imprensa; escrevia sobre todo e qualquer assunto que se possa imaginar, desde que pagassem bem; redigia textos pornográficos; compilava, plagiava, recorria a *ghost-writers*; frequentemente batia em quem atravessasse seu caminho; foi condenado à morte à revelia por rapto e adultério; chicaneiro, arrastou esposa, pai e criado aos tribunais; exigiu pensão alimentícia de seu genitor, a quem insultava publicamente; não pagava seu secretário, a quem acusou de ter roubado um manuscrito jamais escrito; furtou o relógio de seu peruqueiro e depois o espancou por ter a petulância de o pedir de volta; roubava em toda parte e de todo mundo; fraudou um editor, um livreiro, um mascate e alguns autores, ficando com todo o dinheiro da coautoria de um livro; seduziu a mulher do cantineiro da prisão de If, transmitiu-lhe sífilis e pagou uns marinheiros para afogar seu marido e ficar com ela; depois do início da revolução, manteve correspondência com Luís XVI - a monarquia pagou suas dívidas e lhe permitiu viver como um lorde. Tinha quarenta anos em 1789.

Hébert era estagiário de um tabelião de província no departamento do Orne; era amante de uma viúva de boticário que colecionava homens; quando descobriu que não era o único, denunciou a ex-amante em cartazes anônimos afixados nas ruas de Alençon; a viúva alegre reconheceu a letra dele; ele foi condenado e deixou a cidade para evitar a prisão; em Paris, foi expulso da mansarda que alugava por falta de pagamento do aluguel; seduziu duas salsicheiras, que o abasteciam com chouriço e presunto; fazia empréstimos, vivia de crédito e não pagava ninguém; fazia-se de doente para que sentissem pena dele; como Robespierre, Marat, Saint-Just e Mirabeau, escrevia e queria ser famoso, o Voltaire do seu tempo; achava-se poeta, depois dramaturgo, e escrevia peças que ninguém encenava; tentou conseguir um teatro, mas foi rejeitado por todos, até que virou lanterninha de um deles; Desmoulins, que o conheceu muito bem, escreveu no seu *Le Vieux Cordelier* "que ele abria os camarotes para os aristocratas fazendo reverências até o chão"; dois anos depois, em novembro de 1788, roubou o caixa e fugiu; vagou por Paris e se tornou redator de um médico, que lhe dá hospedagem – semanas mais tarde, Hébert rouba de seu anfitrião e foge; fundou um jornal e foi à falência. Tinha 32 anos em 1789.

No ano seguinte, em 1790, a revolução lhe dá oportunidade de encontrar uma atividade a sua altura: torna-se jornalista. Sem nunca ter trabalhado de fato, lança o *Père Duchesne*: segue a linha da escatologia, da grosseria, do insulto, da vulgaridade, da trivialidade, da obscenidade, do desprezo, alegando que fala a língua do povo e simulando praticar seus vícios. Hébert, que até então acumulara muito ódio, agora o despeja em seu jornal. Libelos, panfletos e canções desancam e destratam o rei e a rainha: esse é seu alimento.

O homem que acha que escrever *foder* a cada linha e gritar *caramba* a cada minuto, tratar Luís XVI de *gordo chifrudo* e Madame Roland de *vagabunda desdentada*, Monsieur Roland de *velho babaca* e os padres de *tartufos*, os ministros de *cafetões* e os teólogos de *escrevinhadores de ergo*[35], os cardeais de *asnos vermelhos* e os girondinos de *enguias de Melun*[36], que conclama o povo a *cagar* no trono dos reis e *enrabar* os desertores, esse homem acredita que, ao escrever abaixo de seu nível, está contribuindo para a causa do povo em nome do qual afirma falar.

No *Père Duchesne*, Hébert se diverte destratando Maria Antonieta: mulher abominável, piranha austríaca, infame Antonieta, loba austríaca ou macaca do Templo, tigresa austríaca ou arquitigresa da Áustria. Luís XVI, antes de sua morte, era o *Gros Colas*[37], o bêbado do Templo, o último tirano, o ogro real; após sua decapitação, torna-se Luís, o Encurtado. Quanto a Luís XVII, que na época tinha 8 anos e foi morto lentamente em sua cela, era o abortinho do Templo, o lobinho do Templo.

---

35 *Ergo*: logo, portanto, consequentemente, conjunção latina usada na argumentação. [N. T.]

36 No original: *anguille de Melun*, em referência à expressão derivada de uma anedota popular: *"C'est une anguille de Melun, il crie devant qu'on l'écorche"* ("É uma enguia de Melun, grita antes de ser esfolada", ou seja, pessoa que se assusta à toa, sem motivo). [N. T.]

37 O nome Colas (diminutivo de Nicolas) era comumente usado na época para designar um homem meio bobo, lerdo. O apelido pode ser traduzido por "Mané Balofo". [N. T.]

Lobo e macaca, tigresa e arquitigresa, bêbado e lobinho, infame e abominável, ogro e tirano: quem ia querer salvar essa corja? Os jornalistas matam ao preparar o trabalho dos carrascos.

Luís XVII, filho de Luís XVI e Maria Antonieta, foi separado de seus pais, que estavam presos na Torre do Templo. Foi alojado no andar acima do de sua mãe, aos cuidados de Antoine Simon, um sapateiro analfabeto: a ideia, no mais puro estilo rousseauniano, era lavar o cérebro do herdeiro do trono, que se suspeitava estar repleto de monstruosidades monarquistas, substituindo-as pela saudável rudeza cidadã e pelo suposto bom senso popular prodigalizado pelo cidadão fazedor de sapatos. O menino permanece recluso numa peça insalubre e sem claridade, sem qualquer cuidado médico, e contrai uma tuberculose que o leva em 8 de junho de 1795, aos 10 anos de idade. Por ora, estamos em 30 de setembro de 1793; o rei foi decapitado em 21 de janeiro; seu filho, Luís XVII, tornou-se rei no momento em que sua mãe foi informada de que a lâmina da guilhotina cortara o pescoço de Luís Capeto e se ajoelhou diante dele, reconhecendo-o como sucessor de seu falecido pai.

Simon entra em contato com Hébert, o jornalista. O sapateiro lhe passa informações inacreditáveis: Maria Antonieta teria tido relações sexuais com o filho! Em meio a tanto ódio e insultos difundidos pela imprensa durante anos, isso poderia passar por exagero, efeito retórico, mas torna-se certeza efetiva pela graça performativa do jornalista Hébert. O que era panfletário e polêmico torna-se verdade e história. Maria Antonieta é mesmo uma porca, uma hiena, uma macaca, uma tigresa, uma loba, um animal selvagem, é preciso degolá-la.

Quais são os fatos? O menino machucara o testículo ao brincar, espetando um pedaço de pau nessa parte do corpo; um cirurgião chamado ao local prescreve uma bandagem hernial. Começa aqui a fantasia? Nesse momento, a mãe talvez tenha aplicado um bálsamo, uma pomada, um unguento para aliviar a dor do filho e ajudar na cicatrização. O menino de 8 anos foi flagrado masturbando-se, diz o sapateiro. Não é possível, dizem os monarquistas e os puritanos de sempre; é possível, para quem sabe um pouco da natureza humana e da complexão sexuada de todo ser vivo.

Não se sabe o que levou ao depoimento assinado pelo menino, no qual confessa ter sido iniciado por sua mãe na masturbação e ter uma sexualidade compartilhada com sua tia. Mas qual o valor da assinatura de um menino de 8 anos num documento que parece ter sido tirado de um dos tantos panfletos escritos para enxovalhar sua mãe? Essa mulher vem sendo retratada há anos como uma glutona sexual, uma lésbica ensandecida, uma mulher que se deixa agarrar no mato pelos cavalariços, uma devassa insaciável, uma histérica que nunca se satisfaz, uma obcecada por sexo que se deita dia e noite com quem lhe apareça pela frente, uma mulher que só mandou construir o Trianon para esgotar sexualmente criados e aristocratas, arcebispos e mulheres da sociedade.

Hébert comenta o fato com Fouquier-Tinville, o acusador público[38] do Tribunal Revolucionário, o qual apressa três interrogatórios: o menino, sua irmã, sua tia. O menino conta "que, uma vez, a mãe o puxou para junto dela, do que resultou uma copulação e do que resultou um inchaço num dos testículos, no qual está usando uma bandagem", e diz também que o fato se repetiu. Temos então uma mãe incestuosa e de sexualidade tão furiosa que chega a ferir o testículo do filho de 8 anos! Essa informação consta do depoimento assinado pelo menino e pelas testemunhas, Hébert entre elas, só que se encontra *na margem, acrescentada posteriormente*... Para o segundo interrogatório, é convocada sua irmã, de 15 anos; ela nega que tais fatos tenham ocorrido; é confrontada com o pequeno rei, que persiste em sua versão. Madame Élisabeth[39], a tia, é a terceira a ser interrogada; fica indignada à leitura dos autos, recusa-se a dizer o que quer que seja; é confrontada com o menino, o qual só repete o que vem dizendo incessantemente desde o começo. Para Hébert, tudo isso vale como prova: a rainha dormiu com o filho. Que outra pena pode haver para esse crime, senão a morte?

Quando Luís XVII tinha quatro anos, sua mãe escrevera à governanta: "Ele é muito indiscreto; repete facilmente o que escuta à sua volta; e, muitas vezes, sem intenção de mentir, acrescenta o que a sua imagina-

38 No original: *accusateur public*. O termo designa um promotor do Ministério Público durante o período da Revolução Francesa. [N. T.]

39 Como era chamada Élisabeth de France (1764-1794), irmã caçula de Luís XVI. [N. T.]

ção lhe faz ver. Esse é o seu maior defeito, e precisa ser bem corrigido". Convenhamos que esse defeito não foi suficientemente corrigido, e que o menino continua a repetir o que escuta da conversa de seus carcereiros! Acrescente-se a isso que Madame Élisabeth, em seu depoimento, declara que o menino tinha de fato o hábito de se masturbar, e que tanto ela como a mãe o repreendiam por isso.

Como é que um menino de 8 anos, separado do pai, que foi decapitado, e sem a mãe há vários meses, *reeducado* numa cela pelo sapateiro Antoine Simon, funcionário analfabeto da Comuna de Paris, um menino que comprovadamente se masturbava e já fora admoestado pela mãe e pela tia, como é que, dada a sua pouca idade, dadas as circunstâncias carcerárias, dada a culpa associada a um gesto proibido, repreendido, e, portanto, repreensível, como poderia esse menino ter discernimento digno desse nome? Luís XVII diz o que o exime da responsabilidade individual disso que ele sabe ser um erro no ver de seus pais, e assim se livra da punição. E despacha sua mãe para a guilhotina.

Maria Antonieta morre em 16 de outubro de 1793. Tinha 37 anos. Fouquier-Tinville exulta, Hébert também. Em breve, seria a vez deles. Na segunda-feira, dia 24 de março de 1794, o titereiro do *Père Duchesne*, que contribuiu para que tantas pessoas passassem pelo fio da navalha nacional, e que tanto se alegrou com isso, passa sua última noite vociferando na prisão, chorando a mais não poder, pedindo misericórdia. Entrega-se ao medo sem nenhuma reserva. Grita, berra, geme, é ouvido na prisão inteira.

Na rua, há mais gente para assistir a sua execução do que às do rei e da rainha. No *Journal d'un bourgeois de Paris sous la Révolution* [Diário de um burguês de Paris sob a Revolução], Raymon Aubert fala em trezentas mil pessoas. A multidão se espalha por toda a parte: na cumeeira das casas, nas arquibancadas construídas especialmente para a ocasião e alugadas a preço de ouro, nos tetos dos veículos hipomóveis. Alguns fazem fila desde a véspera. A cabeça cai, o carrasco a exibe para o povo, um imenso clamor toma conta da praça. Ele tinha 35 anos. A revolução mata, depois mata os matadores, e mais tarde mata os matadores dos matadores. A revolução devora seus filhos.

A decapitação de Luís XVI, em 21 de janeiro de 1793, aos trinta e nove anos de idade, não foi apenas a decapitação de um pobre homem que já não aguentava mais. Foi também a morte da teocracia. Se o protestantismo contribui para o advento da laicidade, já pensada por filósofos católicos - lembro aqui Marsílio de Pádua, em *Defensor da paz* (1324), ou de Guilherme de Ockham, em *Brevilóquio sobre o principado tirânico* (1335-1340) -, o catolicismo continua cesaropapista. Para os defensores do papado, o adágio de São Paulo, "todo poder vem de Deus", não tolera nenhuma exceção. Deus quis tudo o que advém, o bem que ele quer, o mal que os homens querem porque ele criou os homens livres para isso; a história, afinal, não é mais do que um desenvolvimento de sua Providência. Bossuet conclui seu *Discurso sobre a história universal* (1681), endereçado ao delfim, filho de Luís XIV, dizendo:

> Lembrai-vos, Alteza, de que esse longo encadeamento das causas particulares, que fazem e desfazem impérios, depende das ordens secretas da divina Providência. Deus, no mais alto dos céus, detém as rédeas de todos os reinos, tem todos os corações em suas mãos, ora contém as paixões, ora solta a brida, e com isso movimenta todo o gênero humano.

Deus, portanto, quer tudo o que advém.

Luís XVI era um grande leitor. O período que passa na Torre do Templo é a oportunidade de ler mais de 250 livros, segundo Thiers. O rei conhecia, obviamente, as teses de Bossuet. Somadas a seu temperamento plácido e caráter indolente, as ideias do bispo de Meaux fortalecem sua confiança na história: o que advém, desde os estados-gerais até sua condenação à morte, passando por todas as peripécias da Revolução Francesa, tudo isso, para ele, obedece às leis da Providência católica. O que advém, Deus o quer. *Tudo que advém, Deus o quer*. A devoção do rei é imensa, ele acredita que Deus quer tudo o que acontece, e é preciso submeter-se à Sua vontade. Luís XVI morreu porque acreditou que obedecia à Vontade de Deus ao submeter-se às fúrias da História.

Os teóricos católicos da política transformaram a monarquia no poder por excelência, porque, na terra, o rei é o único detentor do poder, tal como Deus no céu. Se existe um único Deus, o comando deve ser de um só. Deus Pai fornece o modelo do rei-pai de seus súditos: este é para o povo como é aquele, isto é, benfeitor e protetor. Luís XVI é, para a comunidade, o equivalente ao pai de família. A república, na configuração católica, não tem existência ontológica possível. Uma monarquia constitucional, ainda vá lá, mas uma democracia, no sentido etimológico, não. O poder do povo só pode existir se mediado pelo corpo do rei que o encarna.

Deus é, para o mundo, o que a alma é para o corpo, e assim também o rei, que é o espírito da nação, sua alma. Segundo a lógica neoplatônica, Deus é o Um-Bem do qual tudo procede; sendo assim, o rei, na terra, também é o Um-Bem do qual tudo procede. Em *Do reino*, Tomás de Aquino teoriza a ideia de que o Um é preferível ao Múltiplo, logo: o poder do Um, Deus ou rei, é superior ao poder do Múltiplo, massa, multidão, povo, homens. O rei, portanto, é homem e Deus, ou seja, é como Jesus. Participa dos dois mundos, o sensível e o inteligível, o cá embaixo e o além, o temporal e o espiritual.

Em *Da monarquia*, Dante teoriza a genealogia do direito: este vem de Deus e, antes de tudo, já se encontra em sua inteligência: "A vontade divina é o direito", ou "O direito é o que é conforme à vontade divina". Sendo assim, a palavra do rei é a palavra de Deus. O rei, no sentido etimológico, situa-se fora da lei, uma vez que é ele quem a faz. Com efeito, não há como estar dentro daquilo que se cria, é necessária uma relação de exterioridade: a mesma relação que há entre Deus e o mundo, entre o criador e sua criatura. Quando Luís XIV diz, ou dizem que ele diz, "O Estado sou eu", ele está teologicamente certo do ponto de vista católico, está ontologicamente certo do ponto de vista monárquico.

Bossuet explica que, uma vez que Deus é Pai, e seus súditos são seus filhos, é inaceitável qualquer rebelião, qualquer rejeição da sujeição. Somente a submissão é certa e legítima. O autor de *De la monarchie héréditaire* [Da monarquia hereditária] acredita no pacto social, mas não relaciona o povo a seu soberano laico, mas o povo ao rei enquanto representante de Deus na terra. Ao contrário do que dizem Epicuro, Hobbes ou Rousseau, o pacto é católico e pressupõe Deus. Ao que cabe acrescentar: uma vez que Deus tem um Filho, Jesus, é legítimo que, replicando o esquema teológico, o poder monárquico seja hereditário e se transmita somente ao filho primogênito do rei. As mulheres são excluídas do processo de transmissão do poder, porque... Deus não teve filhas – ao "sexo que nasceu para obedecer", escreve Bossuet, só resta sentar e chorar.

Finalmente, os homens são maus, o pecado original explica o porquê. Sendo assim, a política não é uma questão de ideal, e sim de *menos pior*. Em seu *Examen de conscience sur les devoirs de la royauté* [Exame de consciência sobre os deveres da realeza], destinado ao neto de Luís XIV, Fénelon esclarece tudo isso. A monarquia não é perfeita, mas é porque envolve os homens e o mundo terreno. No entanto, é o menos pior dos regimes possíveis, segundo os teólogos católicos. De modo que de nada adianta opor-se ao rei, como sugerem, não Lutero e Calvino, mas seus sucessores luteranos e calvinistas. Aos súditos cabe obedecer.

Com a decapitação de Luís XVI, os homens cortam o pescoço de um certo número de ideias: a história não é mais obra de Deus ou desenvolvimento de sua Providência; o rei não é mais o representante de Deus na terra; o rei não é mais cá embaixo, na terra, o que Deus é no além, no céu; o rei não é mais com seus súditos como um pai com seus filhos; o povo não deve mais obedecer ao rei como é dever de todo filho obedecer ao pai de família; o rei não é mais o Um preferível ao Múltiplo; o rei não representa mais o direito, porque Deus o traz em si e ele é Sua manifestação; o rei não está mais fora da lei, mas está dentro da lei, a lei lhe diz respeito e ele deve se submeter a ela; o rei não é mais legítimo em si, e seus súditos não são mais obrigados a se submeter a sua vontade; já não cabe ao rei transmitir o poder apenas ao seu primogênito.

O rei não é mais nada. E, depois desse 21 de janeiro de 1793, ao anúncio de "O rei morreu!", não se acrescenta mais "Viva o rei!", e sim "Viva a nação!". Luís XVI, rei da França, não é mais do que Luís Capeto, o pobre homem julgado não por seus crimes, mas por ter sido o que era. E nada mais. Luís XVI era culpado de ser Luís XVI. Esse crime foi cometido contra um homem inocente porque foram imputados ao cargo régio os erros de seus predecessores, desde os reis merovíngios. Em 3 de dezembro de 1792, Robespierre disse na tribuna da Assembleia: "A punição de Luís só terá sentido na medida em que tiver em si o caráter solene de uma vingança pública". Com a guilhotina, a vingança se torna justiça. Quando Saint-Just afirma que "ninguém governa impunemente", é evidente que não fala em favor dos revolucionários, como tão frequente e erroneamente se supõe, mas contra o rei: afirma que o erro está no cargo, não no homem, e que é preciso matar o homem para abolir o cargo. Raciocínio curto...

A abolição revolucionária do cargo poderia ter prescindido da morte de um homem - e que homem! Se tivesse evitado a pena de morte para o rei da França - como era o desejo da maioria dos girondinos, partidários da morte com *sursis* -, a revolução teria ilustrado a verdadeira Liberdade, que é o direito de não pensar igual a ela, a verdadeira Igualdade do rei, que seria não matar um homem sob o pretexto de que ele era um símbolo e, portanto, estava acima dos outros, e a verdadeira Fraternidade, que se teria praticado para um homem que chorou no dia em que o obrigaram a ser rei. Samson cortou a cabeça do rei que representava Deus na terra. E o que disse Deus? Nada. Absolutamente nada. Assim, diante desse silêncio, a descristianização podia lançar-se.

2
O PRINCÍPIO DA EXTERMINAÇÃO A INVENÇÃO DO TOTALITARISMO

Clisson (Vendeia), 5 de abril de 1794,
os soldados do general Crouzat produzem
gordura de 150 vendeianas

A decapitação de Luís XVI, a morte do cesaropapismo, a diluição da antiga transcendência na moderna imanência do contrato social, o silêncio da divindade perante o calvário do rei, tudo isso abre caminho para uma política que prescinde do princípio de Deus e, portanto, para uma política sem Deus. O judeu-cristianismo recua sob os violentos ataques de um certo Jean-Jacques Rousseau, que dominou o século XVIII, e cujo braço armado foi a Revolução Francesa. O atrabilioso Rousseau foi, de fato, e, infelizmente, mais do que o malicioso Voltaire, o grande homem entre os que transformaram a Revolução na grande obra negra do ressentimento.

A neurose do cidadão de Genebra contamina um século inteiro e faz ruir mais de mil anos de civilização judaico-cristã. Que neurose é essa? É a neurose típica de um homem ressentido. Rousseau gosta de si mesmo e não gosta do mundo, aprecia a si mesmo e detesta os outros, coloca-se acima de tudo e de todos, e põe abaixo de si tudo que não seja ele próprio. Tem inimigos, é claro, mas esforça-se fervorosamente para fazer inimigos entre os amigos – Diderot, Voltaire, Hume, Grimm, Saint-Lambert, Madame d'Épinay e Walpole sabem que ele morde a mão que o afaga. Não vivia moralmente acima de qualquer suspeita, mas ataca todo mundo em relação à moral. Abandona cinco filhos à assistência pública, mas redige as seiscentas páginas de *Emílio* para ensinar aos outros como se deve educar os filhos. Critica a ópera, mas cria um novo sistema de notação musical e compõe obras líricas. Desaprova o teatro, mas escreve peças em versos. Denuncia os malefícios da imprensa tipográfica, mas dela se serve gulosamente. Ataca os poderosos, mas está sempre atrás de seus favores e vive à custa de sua hospitalidade, sua mesa, sua generosidade. Pede a Madame de Warens - a quem chama de mamãe, porque é doze anos mais velha que ele e o sustenta em troca de serviços sexuais - cartas de recomendação para a Paris aristocrática, mundana e comerciante, que ele procura a fim de ficar famoso, como ele próprio admite em suas *Confissões*. Elogia o campo, mas vive na capital, lugar por excelência de todas as rastignaquices[40]. Louva as virtudes simples do camponês, mas frequenta os salões dos bairros chiques, pois sabe que, sem eles, não tem como ficar famoso. Exalta o lavrador e o marceneiro, mas divide o pão de duques e marqueses, toma o vinho servido à mesa de reis e príncipes, dorme nos castelos dos marqueses e fidalgos. Gaba os méritos do trabalho manual, mas nunca pregou um único prego em toda a sua vida. Enaltece a ignorância, mas publica livro em cima de livro. Não gosta da filosofia, mas é filósofo. Não gosta dos filósofos, mas aconselha os reis a se cercarem deles. Luta contra a desigualdade, mas considera que a salvação vem por intermédio dos gênios. Escreve em seu *Discurso sobre as ciências e as artes*: "Nunca há nada a ganhar em falar sobre si mesmo", mas publica mais de mil páginas de autobiografia. Anuncia um livro como nunca houve outro igual em matéria de sinceridade, mas cria uma personagem eternamente digna de pena e sem muito a ver com a verdade, a realidade e a história. Etc.

Sua vida inteira é uma grande contradição: esse homem pensa uma coisa, vive outra, e não raro o contrário. Esse Jano bifronte consegue extasiar com sua esquizofrenia tanto Robespierre, que, em 1778, viaja até Ermenonville para vê-lo - e o velho rabugento e doente nem sequer se digna a lhe dirigir a palavra -, quanto Maria Antonieta, que se recolhe sobre seu túmulo na ilha dos Álamos em 1780. Uma apreciava o lacrimejante autor de *Os devaneios do caminhante solitário*, e o outro,

40 No original: *rastignaqueries*. Referência a Eugène de Rastignac, personagem de vários volumes de *A comédia humana*, de Honoré de Balzac. Vindo do interior para estudar direito em Paris, é um jovem arrivista ambicioso que está disposto a tudo para ascender socialmente. [N. T.]

o pensador de *Do contrato social*, que dilui a subjetividade no coletivo. Pois ocorre que o Jean-Jacques que choraminga e herboriza é também o Rousseau que legitima a pena de morte e quer obrigar a ser livre quem resista a sua lógica.

Deixemos para lá Jean-Jacques Rousseau, que parece ser menos problemático do que o rousseaunismo, um regime intelectual que pauta ainda muita gente nos dias de hoje e, nos dois últimos séculos, produziu milhões de mortes. No momento em que o cristianismo se retira, constitui-se uma ideologia que vai fomentar novas catástrofes: julgamentos e fogueiras, guerras e inquisições, massacres e cadafalsos, tudo isso para criar um homem novo e extremamente pós-cristão. O objetivo é *regenerar o gênero humano*. Rousseau fornece os mais tóxicos ingredientes para esse ensaio de nova civilização. Quais são?

Repare o leitor, antes de mais nada, na formulação desse método espantoso: "Comecemos, portanto, por descartar todos os fatos"; ela está nas primeiras linhas do *Discurso sobre a origem e os fundamentos da desigualdade entre os homens*. Eis uma proposta que marca a entrada da filosofia moderna no terreno da pura especulação e da ideologia: se os fatos devem ser descartados, sobre o que vamos trabalhar, então? Apenas sobre hipóteses, suposições, axiomas, postulados... Essas pressuposições se transformam rapidamente em verdades pela graça performativa do filósofo. Pouco importa aquilo que é, o que conta é aquilo que deve ser segundo Rousseau. O que é é aquilo que Rousseau quer que seja aos seus olhos.

Um exemplo: o famoso *bom selvagem*, do *Discurso sobre a origem e os fundamentos da desigualdade entre os homens*. Depois de ter *descartado os fatos*, primeira inépcia do filósofo, Rousseau engata uma segunda tolice e se propõe a privilegiar "raciocínios hipotéticos e condicionais" (III,133). O pensamento rousseauniano não está nem um pouco interessado no real, ergue-se sobre a areia das hipóteses, mas Rousseau, ainda assim, pretende falar para toda a humanidade.

Qual é essa hipótese, que se tornou universal? *No estado natural, o homem é bom*. Ele bebe água dos córregos, dorme ao pé de uma árvore - no caso, um carvalho - e vive de seus frutos. Mas, se os homens nascem naturalmente bons, como se tornam maus? Provavelmente não são tão bons... Suputando os problemas, Rousseau esclarece que os homens nunca "estiveram em estado puramente natural"! Já se esquecendo de que está discorrendo sobre uma ficção, o filósofo emenda outra invenção... Ele encontra um subterfúgio retórico: o homem é naturalmente bom, mas a cultura o torna mau – como se a cultura não fosse uma das modalidades dialéticas da natureza!

Nesse suposto estado natural, não existe desigualdade, afirma Rousseau peremptoriamente: os homens nascem livres e iguais *de fato* (III,123). Nesse mesmo estado natural que nunca existiu, mas existe assim mesmo, não há fortes e fracos, robustos e doentios, altos e baixos, espertos e estúpidos, astutos e estúpidos, inteligentes e cretinos. A desigualdade vem depois, mais tarde, com a propriedade: "O primeiro que, tendo cercado um terreno, atinou em dizer *isso é meu*, e achou gente ingênua o bastante para acreditar nele, foi o verdadeiro fundador da sociedade civil" (III,165). Uma bela imagem para uma ideia falsa.

O próprio Rousseau escreve na frase: há aquele que decide que algo lhe pertence e há gente que é "ingênua o bastante para acreditar nele". Ou seja, um forte e outros tolos! Já é o que basta para provar a existência da desigualdade antes mesmo da propriedade, e, para mostrar que essa desigualdade natural está no cerne do projeto etológico de se tornar o dono, portanto, de gerar escravos. Se a propriedade, isto é, o fato de cercar um terreno, é o ponto de partida da negatividade, ela foi pensada antes da ação, prova de que a desigualdade se manifesta antes da pseudogenealogia rousseauniana, porque ela opõe o um que cogita a propriedade para si mesmo aos que vão pagar a conta.

Rousseau não se acanha em explicar que, *ainda em estado natural*, "os mais fortes [*sic*] foram muito provavelmente os primeiros a construir moradias que se sentiam capazes de defender", ao passo que "os fracos [*sic*] acharam mais simples e seguro imitá-los do que tentar desalojá-los". Como o filósofo pode dizer que os homens são iguais em estado natural, ou seja, antes da propriedade que marca a passagem da natureza para a cultura, se existem fortes que constroem suas casas, e fracos que os imitam sem ousar desafiá-los?

Como pode afirmar, além disso, que, em estado natural, existem casas associadas aos seus construtores sem que já constituam propriedades desde a sua fundação? Não há por que contar a partir do terreno cercado, porque a construção de uma casa já é uma propriedade antes mesmo daquilo que Rousseau diz ser sua origem e fundamento, e o desejo de construção já é em si uma desigualdade entre os homens. Paremos por aqui. Rousseau delira e se move em pleno desvario: a hipótese que ele apresenta como realidade depois de descartar os fatos não resiste a cinco minutos de leitura de seu próprio texto.

Rousseau ficcionaliza a história ao dizer que *os fracos* deveriam ter-se contraposto ao *forte* que cravou as estacas e dito aos *mais fracos ainda*, que olhavam enquanto a coisa acontecia: "Se esquecerdes que os frutos são de todos, e que a terra não é de ninguém, então estareis perdidos" (III,164). Ao querer provar a igualdade natural, Rousseau não cessa de mostrar a desigualdade onipresente na natureza antes da cultura: no topo, o forte que cria, decide, quer e faz a lei – *o guerreiro;* na base, os fracos que se conformam e não reagem – *o povo;* entre os dois, junto dos fracos e contra os fortes, o que deveria incitar os primeiros contra os segundos – *o filósofo*. Portanto, segundo a hipótese de Rousseau, o filósofo é o que conclama os fracos e os desapossados, que são muitos, a guerrear contra os fortes e os proprietários, que são poucos. Há melhor maneira de dizer que o ressentimento deve funcionar como motor da história?

Primeiro, e depois de descartar os fatos, Rousseau constata nos dois *Discursos* o que, segundo ele, aconteceu: um estado natural em que os homens eram bons, livres, iguais e felizes; *depois*, descreve o advento de um estado cultural em que eles se tornaram maus, servis, desiguais e infelizes por causa da propriedade; *por fim*, propõe resgatar, através da cultura, o que a própria cultura destruiu: a felicidade e a igualdade. O artifício dessa restauração da idade dourada através da política se chama *contrato social*.

Rousseau, com *Do contrato social*, produz a matriz daquilo que viria a ser o totalitarismo. O contrato social permite, através da lei, recobrar a liberdade que havia no estado natural. A vontade geral não é a simples soma das vontades particulares, o que seria a vontade de todos, e sim a expressão dessas vontades, desde que visem e queiram o interesse geral, cuja expressão é a lei, que, por sua vez, define o soberano. A liberdade não é o poder de fazer o que se quer, quando se quer, como se quer, o que seria licenciosidade, mas a obrigação de fazer aquilo que determinam as leis decididas pela maioria, uma vez que "a voz do maior número obriga sempre todos os demais" (III,440).

Quem quer diferente da maioria coloca-se imediatamente numa zona de exclusão da comunidade. Escreve Rousseau: "Todos precisam igualmente de guias [*sic*]: uns devem ser obrigados [*sic*] a adequar sua vontade a sua razão, o outro deve ser ensinado a saber o que quer" (III,380). Porque querer livremente significa não saber o que se quer. O educador, ou mesmo o reeducador, vai ensinar ao que quis errado como querer certo. O cidadão de Genebra, francófono, emprega a palavra *guide* [guia]; no século XX, o alemão diria *Führer*; o italiano, *Duce*; o espanhol, *Caudillo*; e o romeno, *Conducator*. Mas *precisar de guia, ser educado*, ou *reeducado, aprender com o outro o que se deve querer* porque não se quis como se deveria, tudo isso mostra que, com o contrato social, a liberdade entra como perdas e ganhos.

O contrato pressupõe "a total alienação de cada associado, com todos os seus direitos, a toda a comunidade" (III,360), e assim realiza a república, no sentido etimológico: a coisa pública. Rousseau acrescenta que, "quem se recusar a obedecer à vontade geral, a isso será obrigado [*sic*] por todo o corpo: o que não significa outra coisa senão que será forçado [*sic*] a ser livre" (III,364). *Obrigar* a ser livre, *forçar* a ser livre? Rousseau esclarece: quem resiste a essas obrigações representa um perigo para o Estado; nesse caso, um dos dois deve desaparecer: quer o rebelde, quer o Estado. Uma vez que o Estado não pode desaparecer sem causar um terrível prejuízo, o rebelde é que deve morrer. Quem recusa a liberdade, que é "obediência à lei que foi prescrita" (III), está condenando a si mesmo à morte. A menos que deixem o país, única forma possível de escapar do contrato, será infligida a pena de morte aos infiéis da religião civil. Os jacobinos se lembrariam disso.

O rousseaunismo é uma ideologia estranha: descarta os fatos para lhes preferir as hipóteses; afirma que os homens são iguais em estado natural, embora haja nesse estado os fortes que submetem os fracos; considera que os homens são naturalmente bons, mesmo que uns dominem os outros; assevera que a sociedade torna o homem mau e basta mudá-la para torná-lo bom; faz do contrato social o dispositivo criador de soberania; diz que, para ser livre, é preciso deixar de querer livremente; afirma que, para ser si mesmo, é preciso querer o que quer a comunidade; não distingue vontade geral e expressão da maioria; obriga a minoria a se submeter ao maior número; destina à morte quem não concorde com a lei que nomeia a vontade do maior número.

Ora, a realidade diz exatamente o contrário: só existem fatos, hipóteses servem apenas para fazer ficção; os homens não são iguais e bons num estado natural que não se distingue do estado cultural pela instauração da propriedade; a maldade não é, fora do homem, uma questão de sociedade, e sim, dentro do homem, um tropismo antropológico, etológico; o contrato social é uma ficção de filosofia política, porque os homens são incapazes de querer o que é bom para a sociedade, se esse bom for ruim para eles; liberdade não é obedecer à maioria, mas dispor de sua própria autonomia; a coação ou a morte das minorias não pode constituir um programa de liberdade.

O terrível paralogismo de Rousseau está em acreditar que o homem pode querer contra seus próprios interesses, o que é a negação do que a antropologia - e a tradição dos moralistas franceses - nos vem ensinando desde sempre. A incapacidade dos homens para a vontade geral desmonta o dispositivo rousseauniano: os homens só são capazes de uma vontade de todos, ou seja, de uma soma de interesses particulares, o que não é a definição de uma vontade geral. Em seus momentos de lucidez, escreve Rousseau no *Discurso sobre as ciências e as artes*: "Os homens são perversos" (III,15) - o que, convenhamos, é o exato contrário de: o homem é naturalmente bom, a sociedade o tornou mau, o contrato social o tornará bom novamente. Se parasse de jogar com as palavras e com as ideias, Rousseau explicitaria essa frase que invalida o funesto projeto político desenvolvido em *Do contrato social*: "Nunca houve verdadeira democracia, nem nunca haverá" (III,404). O que haverá então, senão a tirania dos mais numerosos?

A ideologia do homem que se poderia tornar bom novamente pressupõe a criação de um *homem novo*, que procede de uma figura da Antiguidade: o espartano. No *Discurso sobre as ciências e as artes*, que nada mais é que um breviário dos totalitarismos, mais ainda do que *Do contrato social*, o filósofo faz o seu retrato. Positivamente: ele preza a disciplina militar, vive pobremente, é desinteressado, tem espírito de conquista, dá provas de verdadeira coragem, vive inteiramente para a cidade, sacrifica-se pela pátria, é simples e rústico, trabalha com as próprias mãos, é inocente, age com bom senso. Negativamente: detesta o dinheiro e o comércio, zomba de tudo que lhe soe afeminado, rejeita o luxo, escarnece da cultura e do trabalho intelectual, sai em guerra contra a corrupção dos costumes, descarta com desprezo a metafísica e a filosofia, menospreza o escritor ocioso e o letrado obscuro.

Esse homem novo detesta Atenas, a depravada, e o hedonista Epicuro; ama a rudeza de Esparta e a austeridade de Catão. Escreve Rousseau:

> Como esquecer que foi no próprio seio da Grécia que se ergueu essa cidade famosa, tanto por sua alegre ignorância quanto pela sabedoria de suas Leis, essa República de semideuses mais do que de homens, de tal modo suas virtudes pareciam superiores à humanidade? Ó, Esparta! Eterno opróbrio de uma vã doutrina! Enquanto todos os vícios conduzidos pelas belas-artes se introduziam em Atenas, enquanto um Tirano reunia com todo o cuidado as obras do Príncipe dos Poetas, tu expulsavas de teus muros as Artes e os Artistas, as Ciências e os Sábios. (III,12)

Sabendo o que foram os dois últimos séculos, quem não vê delinear-se aqui a matriz dos totalitarismos europeus?

Esse homem seria fabricado pela sociedade graças ao educador, que diz: "Eu ponho verdades em sua cabeça" (III,435). *Emílio* diz como deve ser esse homem novo: será educado com rigor até a idade de 25 anos; o preceptor não sairá de junto dele, conduzindo-o em tudo e para tudo. O discípulo obedecerá somente ao seu mestre, e este lhe ensinará: a sofrer e suportar as coisas repulsivas; a obedecer sem discutir; a se resignar; a querer o que se quer que ele queira; a dormir pouco; a reprimir a atividade de seus sentidos; a considerar a sexualidade vergonhosa; a não ver que usam de força e astúcia com ele, fingimento e mentira; a ser dócil; a não ler; a não aprender línguas estrangeiras; a nunca se interessar por história; a nunca ficar sozinho, nem mesmo em seu quarto, onde também dorme seu mestre; a odiar o ócio; a desprezar o sedentarismo; a não querer ser escritor; a exercer um ofício manual; a esgotar toda a sua energia em atividades físicas, inclusive a sexual; a aceitar a mulher que seu preceptor decidir para ele; a ter um tutor quando chegar à idade em que o professor se retirar, e isso até o fim de sua vida. Pois as crianças são feitas para o Estado, que se vai desinteressar dos malformados, das "vidas inúteis" (IV,268) - tal como em Esparta.

E o mesmo sucederá com Sofia, sua mulher: ela não é bonita, mas tem charme; é simples e sabe costurar, cuidar da casa e cozinhar; é asseada e meticulosa; é alegre, modesta e reservada; possui religiosidade e virtude; é casta e honesta; é agradável e tem talento. Rousseau considera a mulher inferior aos homens: é uma criança grande e fútil; o homem é ativo, e a mulher, passiva; quando ele é infiel, sua infidelidade não é tão grave quanto a dela; ela não tem opção senão ter filhos ou ser cortesã; não precisa aprender muito mais do que o exigido para ser mãe e esposa; deve ser educada para agradar aos homens e lhes ser simpática; é dependente e tem medo da liberdade; deve aprender a suportar a injustiça; é incapaz de criar, pensar ou filosofar; adotará a religião de seu marido. Essa mulher, que Rousseau quer que não tenha instrução para que possa produzir filhos saudáveis, cuidar com alegria da casa do esposo e garantir, por dever, o repouso do guerreiro, essa mulher encarna o ideal feminino dos regimes totalitários dos séculos por vir. Os famosos três K do regime nazista: *Kinder, Küche, Kirche* - filhos, cozinha, igreja.

A educação também segue o espírito de Esparta. *Emílio* remete constantemente à cidade viriloide, e sempre de forma positiva: por patriotismo, uma mãe de família se alegra ao saber da morte em combate de seus cinco filhos (IV,249); em vez de ensiná-los a ler, os educadores espartanos fazem os pequenos lacedemônios roubar seu jantar (IV,362); um menino de Esparta prefere que uma raposa escondida sob sua toga devore seu fígado a confessar que a roubou na cozinha (IV,410); as meninas de Esparta praticam esportes para cultivar a saúde, útil à comunidade (IV,704); na cidade espartana, as mulheres são honradas como mães e esposas (IV,742); etc. Esparta foi sempre um modelo para as ditaduras do século XX. Em *Zweites Buch* [Segundo livro], obra inédita escrita em 1928, Hitler enaltece o Estado espartano. O Terceiro Reich veria nele o seu protótipo.

Uma parte da Revolução Francesa, *a que obrigou os cidadãos a ser livres*, quis realizar esse programa espartano. Fouché com seus tiros de canhão, Robespierre com seu Comitê de Salvação Pública, Saint-Just com a guilhotina, Fouquier-Tinville com seu Tribunal Revolucionário, Carrier com seus afogamentos em Nantes, Turreau com suas colunas infernais na Vendeia, todos associam seu nome a essa primeira tentativa de criar um homem novo. Todos querem um cidadão obediente, submisso, assustado, medroso, cruel, batizado com o sangue do rei e da rainha, abluído pelo assassinato do príncipe de dez anos, fortalecido por dezenas de milhares de decapitações de padres e aristocratas, refratários e vendeianos.

É a hora do homem *regenerado* – o que pressupõe a existência de homens *degenerados*. O abade Grégoire, um ano antes de 1789, foi o primeiro a teorizar esse assunto num texto intitulado *Essai sur la régénération physique, morale et politique des juifs* [Ensaio sobre a regeneração física, moral e política dos judeus]. A lenda que converteu o bispo constitucional em emancipador dos judeus se esquece do antissemitismo desse texto: ele descreve os judeus como *degenerados*, e diz que sua *regeneração* depende de sua conversão ao catolicismo. Os judeus possuem ridículas crenças talmúdicas; seu físico é degenerado em razão da consanguinidade, que abastarda a raça, e de seus tabus alimentares, que os privam de sangue; têm nariz adunco, rosto descorado, queixo proeminente; são agiotas, um perigo para o Estado; causaram a ruína de muita gente; "infestam o país"; é "perigoso tolerar os judeus"; devem ser obrigados a ouvir leituras cristãs e se converter ao cristianismo regenerado pela revolução.

Comissário da Convenção, o abade Grégoire também quer regenerar os camponeses, que falam patoá e se deveriam humanizar, frequentando e imitando as pessoas da cidade, mas também abrindo mão de seus costumes e tradições; também quer regenerar as pessoas de cor – mas não seus escravos –, desde que se convertam ao catolicismo e à república; quer, por fim, regenerar a nação e eliminar os que a rejeitam – ele emprega o vocabulário *ad hoc*: "aniquilar" e "purgar", "suprimir" e "depurar". Há, porém, uma categoria de pessoas que é impossível regenerar, porque é demasiado degenerada: os aristocratas. Em *Adresse aux habitants du Valais* [Declaração aos habitantes do cantão de Valais] (1793), o abade escreve: "A aristocracia é uma doença incurável".

Na prática, a regeneração começa com Fouché. E não é de surpreender que o projeto do homem novo parta de um bandido que se tornou para todo o sempre o modelo da polícia. Fouché seria o homem de todas as traições: o tonsurado oratoriano de antes de 1789 se torna o saqueador de igrejas de 1792, o comunista que odeia os ricos de 1793 se converte no milionário de 1798, o execrador de aristocratas durante a Revolução Francesa se torna o duque de Otrante sob o Império. Ele serve à República, depois serve ao Diretório, depois ao Consulado, depois ao Império, depois à Monarquia, mas serve a si mesmo antes de mais nada e trai todos esses regimes em nome de uma única fidelidade: ele próprio. Fouché é a personagem emblemática que está sempre do lado do poder, onde este se mostra mais sujo, mais abjeto, mais corrupto, mais corrompido. É o homem das latrinas políticas.

Esse homem que se diz de "compleição delicada", em outras palavras, possui uma debilidade física que o impede de ser marinheiro como seus antepassados, vinga-se por não poder ser mais do que uma criatura de escritório, de onde resolve punir o outro por existir sem suas taras. Esse padre se torna revolucionário, esse revolucionário se torna exterminador, esse exterminador se torna ministro, esse ministro enriquece, esse rico se torna nobre, esse nobre se bonapartisa, esse bonapartista se monarquisa, esse monarquista se fez à custa de alcaguetes e prostitutas, delatores e malfeitores, sicofantas e vigaristas. Esse homem mirrado e doentio, franzino e anêmico, pálido e feio, tanto inventa a polícia moderna, robusta e forte, quanto o comunismo, brutal e bárbaro. Polícia e comunismo são, desde o seu nascimento moderno, o verso e o anverso de uma mesma moeda.

Esse modelo de homem ressentido inventa o comunismo menos por desejo de tirar os pobres da pobreza do que por desejo de tirar a riqueza dos ricos. O homem a quem Rousseau atribui todos os pecados do mundo, o proprietário, é apontado por Fouché como culpado: "os ricos". Robespierre, Marat, Hébert e os *sans-culottes*[41] concordam. Em Nevers, em 1793, pede à soldadesca republicana que confisque joias, prataria,

41 *Sans-culottes* (sem-calções) era como eram denominados os revolucionários de 1789, pelo fato de usarem calças compridas, e não os *culottes* (calções colantes até abaixo do joelho), preferencialmente usados pelos aristocratas. [N. T.]

ouro, louça, lingotes, roupas, lençóis, calçados, toalhas, camisas; que requisite terras; exiba os resistentes sobre o cadafalso, em praça pública; humilhe os suspeitos pendurando em seu pescoço um cartaz com seu crime; que encarcere os recalcitrantes e sequestre os bens dos suspeitos; que crie uma guarda revolucionária para ativar o projeto revolucionário; que militarize a sociedade, obrigando os cidadãos a participar das manobras de guerra e mobilize a administração pública para obrigar os empresários a construir oficinas que produzam o necessário para os cidadãos-soldados; que diligencie comitês de vigilância que efetuem *blitzes* nessas oficinas para conferir se as ordens estão sendo cumpridas; que arrecade dos ricos para pagar os soldos; e que muna os pobres de bilhetes que os autorizem a ir à casa dos ricos e exigir destes que lhes deem pouso, roupa e comida.

Joseph Fouché conclui seu discurso na reunião do Conselho Geral de 2 de outubro de 1793 propondo "o aniquilamento [*sic*] de nossos inimigos"; escreve no memorando de Lyon: "A República quer em seu seio apenas homens livres: está determinada a exterminar [*sic*] todos os demais e a só reconhecer como filhos os que souberem viver, lutar e morrer por ela"; ou a famosa frase "a liberdade ou a morte [*sic*]"; e, na tribuna da Sociedade Popular de Nantes, "Vigiai com o mais severo rigor os ricos, os padres, os negociantes, os açambarcadores, os egoístas, os aristocratas, [...] que a arma dos republicanos, a baioneta, transpasse seus corpos". Aniquilar, exterminar, matar, transpassar com arma branca – são variações sobre o tema rousseauniano do *serão forçados a ser livres*... Em Nantes, as execuções são sumárias, e os cadáveres são crucificados nas portas. Para o bem do povo, é claro. Mas, por acaso, isso o torna menos pobre? É claro que não...

Fouché resolve o problema da oposição com uma repressão sem dó nem piedade. Em Lyon, ordena execuções maciças: os condenados são amarrados diante da fossa e executados a tiros de canhão; eles caem no buraco e são cobertos de terra; o pelotão passa para a próxima; os condenados que apenas se feriram são obrigados a se levantar e informados de que foram agraciados pela República; em seguida, são transpassados por baioneta ou espada; outros são enterrados vivos; os nobres têm direito à guilhotina; os cadáveres são jogados às pencas dentro do rio.

Artesãos, comerciantes, homens e mulheres, criados e empregados de escritório perdem a vida: 1.604 pessoas são mortas em Lyon.

Quando não está cuidando dos ricos e dos opositores, Fouché se dedica aos cristãos: o tonsurado que cursou dois anos de seminário e lecionou no colégio oratoriano se descristianiza: em 22 de setembro, declara que os ministros do culto religioso deverão casar-se ou adotar um filho; que os símbolos religiosos em espaço público serão destruídos; que os padres não podem mais usar batina fora da igreja; que, dali em diante, "a morte é um sono eterno". Em Lyon, promove uma cerimônia na qual um *sans-culotte*, usando mitra e bastão episcopal, desfila à frente de um burro vestido de bispo, com um cálice pendurado no pescoço e uma Bíblia e um missal amarrados na cauda. Os dois livros são queimados, enquanto, com o cálice, dá-se de beber ao burro. Outro *sans-culotte* arrasta na lama uma bandeira com a flor de lis.

A descristianização é, antes de mais nada, destruição, ou vandalismo, como diria o abade Grégoire, que criou a palavra em janeiro de 1794, depois de ter incitado a coisa em si: confiscar e vender os bens do clero e dos emigrados aos que tinham condições de comprá-los, não os pobres, não o povo; degradar os monumentos, destruir as obras de arte, ou então roubá-las para fazer comércio lucrativo; derreter objetos de culto e profanar túmulos; destruir os jazigos reais; mutilar catedrais; praticar autos de fé; trocar nomes de comunas, cidades, aldeias e regiões que remetam ao cristianismo e, seguindo o mesmo espírito, alterar nomes e sobrenomes, mudar os nomes dos dias da semana e dos meses, substituir o domingo pelo *décadi*, arrasar castelos, arruinar os parques, devastar os jardins, queimar os laranjais, mutilar as esculturas, esvaziar os mosteiros e transformá-los em estrebarias etc.

A descristianização é também obra do arquiteto Louis-François Petit-Radel, que desenvolve um sistema de destruição de igrejas pelo fogo em dez minutos. É também o mesmo homem que, com mandato do Comitê de Salvação Pública, depreda as urnas onde descansam os corações embalsamados dos reis da França para jogá-los no mato, mas, afinal, troca-os por quadros ou material de pintura.

É, por fim, o mesmo Petit-Radel que vende o líquido obtido pela mistura dos restos mortais com matéria orgânica e ervas aromáticas para usá-lo em suas pinturas e obter uma transparência considerada inigualável. Mas, depois que a região da Beauce passa a se chamar Montagne, a cidade de Marly-le-Roi, Marly-la-Machine, e Bourg-le-Roi, Bourg-la-Loi, depois que Jacquot passa a ser chamado de Bruto ou Roseau, e Marie, Loutre ou Céleri, depois que a rua Plâtrière, onde viveu Rousseau, torna-se rua Jean-Jacques Rousseau, depois que a semana – que remetia a "septena" – passa a se chamar "decêndio", e, com isso, o domingo se torna *décadi* e se repete a cada dez dias, reduzindo o tempo de descanso dos trabalhadores, depois que a filha de Fouché, nascida em Nevers (e, felizmente para ela, não em Montcuq[42]...), é batizada com o nome de... Nevers, depois que segunda-feira passa a ser chamada de *primidi*, e o 25 de dezembro, dia de Natal, de *15 Nivoso*, dia do cão (!), depois que a celebração da Páscoa é trocada pela celebração da eletricidade, depois que os sinos foram derretidos para fazer canhões, depois que os valetes dos baralhos de cartas foram substituídos pelos Sábios, entre os quais Rousseau – sempre ele –, e depois que Petit-Radel usou o coração de Luís XIV para pintar *A professora*, o que mudou para os camponeses, os operários, os pequenos artesãos, os desempregados, os miseráveis, para esse famoso povo em nome do qual supostamente se fazia a revolução? *Nada*. Absolutamente nada. O que pertencia ao clero e à nobreza passa para as mãos de burgueses e comerciantes com capital suficiente para gastar. O patrimônio foi destruído sem trazer qualquer ganho para a edificação ou felicidade dos pobres. O único beneficiário, além do ressentimento, foi a burguesia, que assumiu o poder. Os museus nascem nessa época. Comprovam que o que antes era vivo agora está morto, e suas relíquias já podem ser exibidas.

O Terror (1793) foi um grande momento na história do ressentimento. Ele também se insere na lógica rousseauniana do *obrigar a ser livre* – ou *matar*. A historiografia dominante, neomarxista, legitima o Terror com o pretexto de que era necessário responder à ameaça externa, a dos reis aliados, e à interna, a do federalismo girondino das províncias. É difícil compreender como cortar ininterruptamente cabeças revolucionárias,

---

42 Montcuq, comuna francesa cujo nome pode ser erroneamente pronunciado "mon cul" ("meu cu"). [N. T.]

alegando que são contrarrevolucionárias (Brissot e os girondinos, Danton e os dantonistas, Hébert e os hébertistas...), poderia dissuadir os reis da Europa de atacar e os federados de se mobilizar! Essa fraqueza interna era, na verdade, a força dos inimigos da revolução.

Em novembro de 1792, Marat quer fazer rolar 270 mil cabeças. O Tribunal Revolucionário é criado em 9 de março de 1793. Fouquier-Tinville é o acusador público. Durante dezesseis meses, de abril de 1793 a julho de 1794, ele alimenta diariamente a guilhotina com carne humana. Além de uma multidão de anônimos, criados e cabeleireiros, comerciantes e artesãos, gente simples e modesta, devemos a ele a morte de Maria Antonieta, dos girondinos, de Charlotte Corday, de Barnave, dos hebertistas, de Danton e seus seguidores e, depois de Termidor, de Robespierre, Saint-Just e Couthon.

Em maio de 1794, julgando que o tribunal não era suficientemente ágil, Robespierre modifica o mecanismo: passa a funcionar com menos jurados, mas todos defensores de sua causa, sem processo por escrito, sem interrogatório, sem advogado, sem defensor, sem oitiva de testemunhas, sem possibilidade de recurso. O tribunal concentra os três poderes: legislativo, judiciário e executivo. Mas o tirano, o déspota, é obviamente Luís XVI, o ogro sedento de sangue, aquele que aboliu a tortura...

O Terror pressupõe a Lei dos Suspeitos de 17 de setembro de 1793. Quem é suspeito? Os nobres e seus parentes, os eclesiásticos e suas famílias, os emigrados e sua parentela, os criados dos nobres, dos eclesiásticos e dos emigrados, os criados de seus parentes, aqueles que um cidadão timbrado decidiu que fossem suspeitos, aqueles que alguém disse que eram partidários do rei, da contrarrevolução, do federalismo, aqueles que foram decretados inimigos da liberdade pelos sedentos de vingança que agora vivem sob o império absoluto das paixões tristes: suspeitar, desconfiar, incriminar, denunciar, acusar, trair, enganar.

O que pressupõe: vingar-se, desfrutar do poder de prejudicar, exultar por poder expressar impunemente seu sadismo sob a proteção das grandes ideias e das belas palavras. Ninguém degola o outro reconhecendo que esteja acertando contas com alguém que lhe desagrade: os revolucionários salvam a República livrando-a de um inimigo que tramava contra ela! Ninguém prende, tortura, manda para o cadafalso um vizinho que lhe desagrade porque é muito rico, muito próspero, muito feliz, muito bonito, muito talentoso: os revolucionários realizam a liberdade cidadã, constroem a República da Liberdade, da Igualdade e, é claro, da Fraternidade! O balanço geral desse exercício de fraternidade? Entre duzentos e trezentos mil mortos, ou seja, um por cento da população do país.

Entre os que *obrigaram os cidadãos a ser livres* estão também Jean-Baptiste Carrier e seus afogamentos em Nantes. Lá, o Terror durou cem dias. Carrier estudou com os jesuítas e estava destinado ao sacerdócio antes de se tornar um dos mais ferrenhos terroristas da Revolução Francesa. Não aceita ordens por escrito, não quer deixar vestígios; não precisa de provas de culpa, a suspeita lhe basta; requisita as fragatas do rio Loire para afogar em massa aqueles que considere inimigos da revolução; desnuda e humilha as vítimas; realiza, segundo ele, "casamentos republicanos": amarra de costas uma para a outra vítimas nuas e as despacha em massa para o fundo do rio a partir de barcos que ele mandou adaptar para que os porões se abram – Carrier emprega o termo "banheira nacional"; nas pedreiras, manda fuzilar mulheres, algumas grávidas, e crianças, "víboras que devem ser sufocadas", segundo ele – Michelet calcula que ele tenha mandado matar trezentas crianças; entre maio de 1793 e final de janeiro de 1794, Carrier massacrou cinquenta mil pessoas. Robespierre, que naturalmente estava a par, disse: "Carrier é um patriota, Nantes precisava disso" (*Journal des Débats et des Décrets* [Jornal dos Debates e Decretos], n. 801, Frimário, ano III).

Todos que fossem condenados ao extermínio Carrier chamava de "bandidos". É exatamente esse o termo utilizado pelos jacobinos para justificar as guerras da Vendeia, e são elas que fornecem mais explicitamente a matriz dos totalitarismos do século XX. A historiografia dominante transforma a Vendeia em região reacionária, monarquista, católica e contrarrevolucionária. Essa é a versão jacobina dos fatos, e a versão que ensinam os livros escolares e as escolas da República. Aqui também os hagiógrafos do jacobinismo põem em prática o axioma rousseauniano de *descartar os fatos*: eles agem segundo seu método.

No início, a Vendeia encarna a emblemática resistência ao poder jacobino centralizado de Paris, ao poder dos burgueses e dos robespierristas que não sabem nada dos camponeses e do campesinato, dos problemas da província e dos provincianos. Os vendeianos tomaram a Revolução Francesa ao pé da letra no princípio: ela enche a boca com belas palavras, como Liberdade, mas nega a liberdade de culto, a liberdade de ir à missa, a liberdade de consciência, a liberdade espiritual, a liberdade de preferir um padre não juramentado[43]. Em Paris, a revolução declara muitas guerras e quer transformar maciçamente os camponeses em soldados. Para tanto, decreta o alistamento e obriga os homens a trocar as ferramentas de trabalho por fuzil e cartuchos.

A Convenção determina o recrutamento de trezentos mil homens, mas os vendeianos não querem servir de bucha de canhão para defender um regime que não é deles. Não reagiram à execução do rei, prova de que não eram visceralmente monarquistas, mas sabem que a revolução faz o jogo dos burgueses com dinheiro suficiente para comprar os bens confiscados do clero. A rebelião vendeiana é autenticamente popular e antiburguesa: não quer ser *regenerada* segundo os princípios do abade Grégoire. Na sequência, o clero e os monarquistas se apropriariam do combate vendeiano.

Por ora, a Convenção decidiu destruir a Vendeia. Turreau comanda doze colunas infernais para "exterminar [*sic*] sem restrição todo indivíduo de qualquer idade e sexo que tenha comprovadamente participado da guerra". Em *História da Revolução Francesa, 1789-1799*, Jean Tulard e seus coautores, que dificilmente podem ser suspeitos de colusão com a extrema direita ou com os católicos tradicionalistas, falam de "genocídio da população vendeiana".

Com efeito, em 1º de agosto de 1793, uma lei determina a destruição da Vendeia, a deportação de mulheres, crianças e idosos; prevê o envio de material combustível para incendiar matas, bosques e giestas; determina a derrubada das florestas, a destruição dos habitats, o confisco das colheitas, a apreensão do gado, o agrupamento de mulheres, crianças e idosos e a apreensão dos bens dos inimigos da República. Em 1º de outubro de 1793, o Comitê de Salvação Pública decide exterminar as mulheres, as crianças e os idosos: "Os bandidos da Vendeia precisam ser exterminados [*sic*]". Diz Carrier, em 23 de fevereiro de 1794: "Que não nos

43 No original: *insermenté*, designando os padres que, à diferença dos *assermentés* (juramentados), se recusaram a prestar juramento à Constituição Civil do Clero de 1790. [N. T.]

venham falar em humanidade para com esses vendeianos ferozes: serão todos exterminados [*sic*]".

A Convenção determina os meios – técnicas testadas e comprovadas: guilhotina e massacres com espada, coronha, baioneta, lança, afogamento; mas também novas armas desenvolvidas por pesquisadores contratados: minas, envenenamento em larga escala, gás de extermínio. O general-chefe Turreau é encarregado da missão. Ele recebe as ordens, pede confirmação por correio, vem uma carta do Comitê de Salvação Pública, em 8 de fevereiro, confirmando: "Exterminar [*sic*] até o último desses bandidos, esse é o teu dever", escreve Lazare Hoche. Exterminar uma população não é a própria definição de "genocídio"?

As modalidades desse genocídio demonstram que a guerra dos jacobinos contra a Vendeia rebelde foi a matriz dos totalitarismos do século XX. Senão, o que pensar do fato de: a Convenção contratar cientistas para pesquisar meios de exterminação em massa; um farmacêutico de Angers, chamado Proust, inventar um gás que se revelou ineficaz; Carrier cogitar envenenar os poços com arsênico; Westermann cogitar jogar arsênico numa carga de aguardente abandonada para os vendeianos; Santerre exige minas e gases envenenados; o general Rossignol também opta pelo gás; o oficial de polícia Ganner escreve que "Amey manda aquecer os fornos e, quando estão bem quentes, joga dentro mulheres e crianças" (Reynald Secher, *Le génocide franco-français* [O genocídio franco-francês]); aldeias inteiras são destruídas e arrasadas; os habitantes passam pelo fio da espada ou são fuzilados; mulheres são estupradas; em janeiro de 1794, o capitão Dupuy escreve à sua irmã que viu mulheres sendo mortas logo depois de serem violentadas: "Outras foram vistas com crianças no peito, na ponta da baioneta ou da lança que transpassara num só golpe mãe e filho" (*idem*); a Vendeia virou um grande ossário: dezenas aqui, centenas ali, num total de 118 massacres repertoriados; mulheres foram desnudadas, estupradas, mortas, penduradas em galhos de árvores; mulheres grávidas foram esmagadas nas prensas dos lagares; corpos foram desmembrados, cortados ao meio de alto a baixo e pendurados em diversos lugares; 32 peles humanas em Angers e doze em Nantes são curtidas para confeccionar calças de montaria para os oficiais (*idem*); Saint-Just já mencionava essas práticas num relatório de 14 de agosto de 1793: "Estão curtindo pele humana em Meudon. A dos homens é de consistência e qualidade superior à da camurça. A dos sujeitos femininos é mais flexível, mas apresenta menos solidez" (*idem*) - curiosamente esse texto não foi incluído em suas *Obras completas* (*sic*), publicadas pela Gallimard; em 5 de abril de 1794, em Clisson, soldados do general Crouzat matam e cozinham 150 mulheres para extrair dez barris de gordura e enviá-los para Nantes: "Era igual a gordura de múmia: servia para os hospitais" (*idem*). Melhor parar por aqui...

Gás, arsênico, químicos, minas, *blitzes*, deportações, execuções, massacres, torturas, estupros, mulheres assassinadas, crianças mortas a espadadas, matança de idosos, aldeias arrasadas, incêndios, rios de sangue nas aldeias, fuzilamentos incontáveis, ossários, afogamentos, pilhagens, peles humanas curtidas, barris de gordura de mulheres, extermínios programados, corpos esquartejados e exibidos por todo lado, fornos onde se jogam crianças e mulheres: isso aconteceu na Vendeia nos anos 1790, em nome da Liberdade, da Igualdade e da Fraternidade, e com o pretexto de realizar a República e a felicidade dos cidadãos - pelo menos duzentos mil vendeianos foram mortos. "Serão forçados a ser livres", escreveu o filósofo...

3
O SOCIALISMO TRANSCENDENTAL A PARUSIA MARXISTA-LENINISTA

Ilhas Solóvki (Rússia), primavera de 1918, criação do primeiro campo de concentração soviético

Rousseau, quando convida a pensar sem os fatos, abre caminho para a maioria dos pensadores da filosofia contemporânea. O marxismo foi uma magnífica máquina de preterir os fatos em prol da ideologia. O sonho platônico que faz da Ideia uma realidade mais real do que o real, uma verdade mais verdadeira do que a verdade, uma certeza mais certa do que a certeza, encontra seu braço armado na universidade alemã, que, no fim do século XVIII e início do XIX, foi um imenso laboratório de dispensar e esconjurar a realidade em prol das Ideias, dos Conceitos, das Noções – das palavras.

Com o idealismo alemão, a Revolução Francesa se converte numa ideia para dissertar: Kant, em *A doutrina do direito* e *O conflito das faculdades*; Hegel, em *Fenomenologia do espírito* e *Princípios da filosofia do direito*; Fichte, em *Considerações sobre a Revolução Francesa* e no *Discurso à nação alemã*. Mas, nesses textos, trata-se mais do que nada de belas palavras e belas ideias – Liberdade e Democracia, Igualdade e Progresso, Sentido da História e Humanidade, Direito e Lei, Estado e Cidadão, Povo e Nação. A Revolução Francesa aparece como um grande laboratório ideológico.

Nenhum filósofo faz um balanço da Revolução Francesa *para o povo* em nome do qual ela foi feita: o povo está melhor? Está mais feliz? Mudaram suas condições de vida? O regime de capitalismo burguês instaurado pela revolução é mais amigável para ele do que o regime feudal abolido na noite de 4 de agosto? Não há dúvida de que a Declaração dos Direitos Humanos foi uma declaração formidável, um grande estouro de fogos de artifício verbais, uma incrível *performance* retórica. Mas será que foi respeitada, mesmo durante a Revolução Francesa? Houve realmente, para todo mundo, igualdade e liberdade perante a lei? Ou alguns cidadãos foram mais livres ou mais iguais do que outros? Será que um nobre e um padre foram iguais em direitos a um *sans-culotte* ou a um bispo juramentado? As distinções se fundamentaram realmente na utilidade comum? Ou será que a ideologia foi lei com mais frequência do que deveria? A liberdade, a propriedade, a segurança, a resistência à opressão foram realmente direitos naturais e imprescritíveis? Será que houve liberdade para o indivíduo não ser jacobino em 1793? Um nobre pôde ser dono de suas terras? Teve garantias de que não seria morto na mesma noite em que desagradasse a um cidadão que fizesse passar ressentimento por virtude republicana? Os vendeianos acaso fizeram outra coisa senão resistir à opressão? Lembremos, a esse respeito, que o próprio Artigo 34 da Declaração de 1793 afirma: "Há opressão contra o corpo social quando um só [*sic*] de seus membros é oprimido". A liberdade acaso era o poder de fazer tudo que não prejudicasse o outro? Querer uma missa celebrada por um padre não juramentado prejudicava o outro em quê? A lei proibiu somente o que era nocivo à sociedade? Era nocivo à sociedade que um acusado tivesse um advogado de defesa diante do Tribunal Revolucionário? Será que as prisões e as condenações sempre obedeceram à lei? Nunca foram ditadas pelo capricho ou pela arbitrariedade? As distinções, as colocações, os cargos públicos foram sempre atribuídos em função de competência, virtude e talento? Ou por pertencimento ao círculo político certo? Ninguém nunca foi atormentado em razão de suas opiniões, inclusive religiosas, mesmo que não perturbassem a ordem pública? O aristocrata perturbava a ordem pública quando queria comungar com um padre refratário na capela de seu castelo? Todos podiam expressar livremente pensamentos e opiniões, falar, escrever e imprimir o que bem quisessem? E o que dizer da Comuna, que prendeu jornalistas, confiscou prensas de jornais de direita e as enviou a jornais de esquerda em 1792? Ou da Lei dos Suspeitos de setembro de 1793, que autorizava a prisão daqueles que, "por seus escritos, mostraram-se partidários da tirania, do federalismo, e inimigos da liberdade", crimes passíveis de pena de morte? Será que a força pública só foi empregada para defender a ordem pública? Ou foi usada para defender a ordem que apenas alguns queriam? Os cidadãos podiam opinar sobre as despesas públicas? Tiveram o direito de pedir prestação de contas? A propriedade sempre foi respeitada? É melhor parar por aqui. Qualquer um pode ver que, para o povo, a revolução foi maior no terreno da retórica e das ideias do que na realidade concreta.

A Declaração dos Direitos Humanos não foi mais do que uma declaração de princípios, um belo arroubo romântico, uma figura da moda política. A vida dos pequenos, dos humildes, dos desvalidos, não mudou nada. O povo apenas trocou de senhores. A revolução aboliu a feudalidade aristocrática, mas substituiu-a pela feudalidade burguesa. Para os pobres, dever seu estado à monarquia ou à república não fazia a menor diferença: eles continuaram carentes, miseráveis, indigentes, necessitados e, acima de tudo, explorados por um novo senhor: o capital. Em matéria de salvação do gênero humano, estava tudo por fazer...

É a vez da Alemanha dar as cartas. Hegel pensa a história e realiza o que os idealistas desse lado do Reno fazem com frequência: formular na linguagem conceitual e absconsa da universidade as velhas ideias de Lutero. Assim, em *A religião nos limites da simples razão*, Kant refaz, num afresco austero da moral laica, a fé luterana de sua mãe, que ele havia poupado em *Crítica da razão pura* (1781). A maçonaria, que surge no fim do século XVIII, encontra matéria no kantismo para compor sua visão de mundo: um cristianismo moral com um Deus revitalizado pela universidade. A religião, para Kant, é Lutero traduzido na linguagem dos auditórios universitários.

Hegel segue o mesmo princípio. Em pleno século XIX, dá aulas de filosofia da história que, no fundo, se assemelham às que Bossuet, bispo católico, dava ao delfim no século XVII: o que advém é apenas manifestação da Providência divina – "os indivíduos não podem impedir que aconteça o que deve acontecer", professa ele em *A razão na história*. Mas, como Lutero já passou por ali, e é preciso expressar-se na obscura linguagem universitária, Hegel fala em Razão, Ideia, Conceito, Espírito, *Logos*, Verdade que se encarnam na História – todos com letras maiúsculas, naturalmente.

Ora, depois que entendemos que todos esses ídolos maiúsculos são outro nome de Deus, tudo se esclarece. Onde o filósofo escreve: "A Ideia é, na verdade, o que conduz os povos e o mundo, e é o Espírito, sua vontade razoável e necessária, quem guiou e continua guiando os acontecimentos do mundo", devemos ler o que diria o pastor: "Deus é, na verdade, o que conduz os povos e o mundo, e é Deus, sua vontade razoável e necessária, quem guiou e continua guiando os acontecimentos do mundo". Desnudando o filósofo alemão, quase sempre descobrimos a batina por baixo do avental do professor.

A filosofia hegeliana da história propõe, portanto, e não há razão para se surpreender, uma variação sobre o tema da parusia cristã: existe um sentido da História, a qual caminha em direção a um absoluto que pressupõe um progresso. Sob a forma de Ideia ou Deus ou Razão ou Conceito ou *Logos* ou Verdade, Deus é e continua sendo o motor da História. A história é racional, portanto, e isso permite a Hegel escrever que "o racional é real, e o real, racional". Essa famosa formulação constitui, na verdade, uma tautologia, já que real, racional e conforme ao plano divino significam uma mesma e única coisa. Por fim, ele acaba dizendo claramente: "A história é o desenvolvimento da natureza de Deus num determinado elemento particular".

O mesmo Hegel propõe nada menos que uma teodiceia, uma justificação do mal na existência. Desenvolve, para tanto, uma teoria da negatividade que teria um papel terrível em Marx e em seus seguidores. Não por acaso Lênin escreveria *Cadernos sobre a ciência da lógica de Hegel*. Hegel diz: "A razão não se pode deter nas feridas dos indivíduos, pois os objetivos particulares se perdem no objetivo universal", ou, nos termos concretos da história empírica, Deus não se importa com a morte deste ou daquele na Revolução Francesa, porque essa morte procede do movimento progressista para a realização da Providência. A mecânica hegeliana vale para 1793, valeria para 1917, e valeria muitas outras vezes na história do marxismo-leninismo mundial.

O negativo, ou a negatividade, cumpre um papel dialético positivo, uma vez que torna possível o momento seguinte, que é positivo e positividade. O segundo momento da dialética, o *Aufhebung*, pressupõe ao mesmo tempo *conservação* e *superação*. O que importa na dialética não é o momento, o que seria negar o desenrolar, o desenvolvimento, o desdobramento da história, mas o movimento no qual ela se inscreve. De modo que o Terror, enquanto momento, é justificável dentro do movimento, na medida em que se inclui no processo progressivo da realização da Razão. Nesse sentido, e levando Hegel às últimas consequências, a guilhotina é real e... racional, porque é conforme à Ideia...

Os povos contribuem para a história universal, que, por sua vez, obedece à lei do progresso: o que quer *A razão na história* é a realização da Liberdade que não é - seria simples demais, e pouco filosófico - a liberdade no sentido que todos dão comumente à palavra! Para Hegel, a Liberdade é a "substância do Espírito". Ora, o que é o Espírito? "O Espírito - isso que chamamos de Deus", escreve Hegel. *A razão na história* quer, portanto, a realização do Espírito, que é outro nome de Deus. A marcha da História não seria outra coisa, então, senão progressão em direção à Ideia - que é Deus. A parusia dos primeiros cristãos encontra aqui, em que pese a morte de Deus, sua formulação pós-Revolução Francesa. O retorno do recalcado...

Marx faz parte dos hegelianos de esquerda. Não que ele seja um discípulo de Hegel em tudo e sobre tudo, mas conserva algumas ideias que alimentam sua visão de mundo. Como a parusia e o milenarismo. A ideia de que a história é uma linha ascendente e caminha para a realização de seu projeto sustenta todo o projeto marxista. Existe um sentido da história, e ela não pode regredir; só existe o progresso. Marx reativa, portanto, a teoria hegeliana do fim da história. Para os primeiros cristãos, Jesus voltaria à terra para assegurar seu reino eterno. Em linguagem hegeliana, essa ideia se formula da seguinte forma: a Razão se escreverá na História e assim realizar o projeto da Ideia. No vocabulário de Marx, o proletariado é investido da missão de realizar a história. O que resulta na seguinte formulação: o proletariado vai escrever a História, e esta será realizada por sua ação revolucionária, primeiro sob o signo do socialismo e, em seguida, do comunismo.

O que é o proletário para Marx? É mais uma ideia do que uma realidade, mais um conceito e uma essência do que uma verdade concreta. Marx lê muito, passa um tempão nas bibliotecas e devora a literatura da época. O proletário é aquele que não possui os meios de produção; o burguês, aquele que os possui. Por esse parâmetro maniqueísta, porém, o pequeno camponês proprietário de três hectares que garantam sua sobrevivência é um burguês, assim como o padeiro que comprou uma padaria a prestação, ou o marinheiro que herdou a barcaça de seu pai, enquanto o contramestre que sirva aos interesses de um dono de metalúrgica é um proletário.

De modo geral, Marx só tem olhos para "os trabalhadores modernos, os *proletários*" (*Manifeste communiste*, Pléiade, I,168). Descarta os fatos e exclui desse proletariado idealizado o que ele chama de "lumpemproletariado", também chamado de "ralé proletária" (I,172), a escória formada por ex-presidiários, desempregados, vagabundos, mendigos. Descarta igualmente "a classe média, o pequeno industrial, o pequeno comerciante, o artesão, o agricultor" (I,171), que são conservadores, reacionários, contrarrevolucionários apegados a suas pequenas propriedades. O proletário é, portanto, uma ideia, um sublimado, como se diz em química, do trabalhador fantasiado por Marx.

Marx detesta o camponês, o agricultor, o lavrador, o operário agrícola, o hortelão, o pescador. Seu proletário é um homem das cidades, das manufaturas, das fábricas, das oficinas, não um homem do campo, dos bosques, das planícies, das montanhas. A sociologia do século XIX industrial é majoritariamente rural. Marx desenvolve sua visão de mundo exclusivamente para o operário das cidades, mas só na medida em que ele possua consciência de si mesmo. O que, expresso em linguagem normal, quer dizer o operário marxista. Em outras palavras: uma minoria conceitual dentro do proletariado real.

Enquanto hegeliano convertido ao pensamento finalista do professor universitário luterano, Marx acredita na necessidade do movimento da história: o que deve advir advirá, e o que advirá é a revolução comunista, o triunfo do proletariado. Basta deixar a história acontecer. Do que a célebre ideia do *Manifesto comunista* (1848): "A burguesia cumpriu na história um papel eminentemente revolucionário" (I,163). Uma vez que existe uma parusia comunista, e o proletariado é o Messias desse projeto, basta deixar as coisas acontecerem: a burguesia trabalha inevitavelmente para sua própria ruína.

Ora, Marx provavelmente acha que a História não anda suficientemente rápido. Seu substitutivo de classe proletária reduzido ao exclusivo proletariado convertido à teoria marxista é o que ele chama de proletariado: "a vanguarda esclarecida do proletariado", diriam em breve seus turiferários, ou seja, uma minoria, como a dos jacobinos na Revolução Francesa. Por isso ele pode permitir-se propor uma *ditadura do proletariado*. Mas contra quem será essa ditadura? Contra tudo o que não seja ela própria. Os burgueses, obviamente, mas também a classe média e as categorias citadas pelo próprio Marx: o artesão, o camponês, o agricultor etc.

Ou seja, a história evolui dialética e naturalmente para a vitória do proletariado, mas é preciso ajudá-la cultural, material e concretamente. Com o tempo, o real desmente Marx: a revolução não acontece, fracassa o tempo todo. Em face do insucesso de suas teses, ele tem menos a intenção de mudar suas ideias do que mudar o real. Por conseguinte, tenta abolir pela ação voluntária o que sua doutrina dizia que desapareceria por si só. A dialética funciona a todo vapor no papel, mas nem um pouco na realidade mais imanente.

Do que o elogio da violência enquanto parteira da história. O arsenal conceitual de Hegel não seria inútil: a violência funciona como negatividade no processo dialético de realização da história. Assim como o Terror pode ser formalmente criticado por Hegel em *Fenomenologia do espírito*, mas dialeticamente legitimado em *Lições sobre a filosofia da história*, o projeto marxista anunciado como parusia da Razão na História torna-se um projeto voluntarista sanguinário. O sangue derramado geraria vitalidade, a guerra resultaria na paz, a morte produziria a vida, a desordem daria à luz a ordem.

Em 1848, ano em que foi publicado o *Manifesto do Partido Comunista*, num artigo intitulado "Vitória da contrarrevolução em Viena" na *Neue Rheinische Zeitung* [Nova Gazeta Renana], Marx escreve o seguinte:

> Os massacres sem resultado a partir das jornadas de junho e outubro, a fastidiosa festa expiatória a partir de fevereiro e março, o canibalismo da própria contrarrevolução vão convencer os povos de que, para abreviar, para simplificar, para concentrar a agonia assassina da antiga sociedade e os sofrimentos sangrentos do parto da nova, só existe uma maneira: o terrorismo revolucionário.

Para quem julga que Lênin e Stálin não se encontram *já* em Marx, fica difícil negar a evidência.

Tal como Rousseau, Marx repete o esquema judaico-cristão da falta e da redenção. A falta? É a propriedade para Rousseau, os "ricos" para Robespierre, Marat e Fouché, em outros termos, o capitalismo para Marx e os burgueses para Lênin. A salvação? É a igualdade através da lei no contrato social para Rousseau, através dos canhões para Fouché, da guilhotina para Marat, do Tribunal Revolucionário para Robespierre, e é a redenção através da revolução para Marx, o que na prática se tornaria o marxismo-leninismo de arame farpado dos campos de concentração. O pecado original? Cercar um terreno, possuir alguma coisa, opor-se a quem quer empobrecer os ricos, achando que isso basta para enriquecer os pobres. A redenção? O triunfo do proletário como ficção depurada das escórias do povo num empíreo chamado comunismo, o outro nome do fim da história. Os fins da escatologia? A ressurreição da carne, os corpos gloriosos e o paraíso para os discípulos de Cristo; o triunfo do proletário, a abolição das contradições, o desaparecimento das classes, o fim do Estado, a dissipação da alienação, a realização do homem novo que desconhece a separação entre trabalho intelectual e trabalho manual, a morte da exploração do homem pelo homem, o fim da história.

O proletariado cumpre no marxismo o mesmo papel de Cristo no cristianismo. Ora, nem um nem outro possuem existência real: ambos triunfam em realidades transcendentais, em conceitos, em ideias. Jesus, como vimos, é o nome que aglutina a ficção de um Messias, ainda por vir para os judeus, já vindo para os cristãos; o proletário, como vimos agora, é uma visão do espírito, no sentido primeiro do termo, que prescinde da realidade concreta do trabalho encarnado e dos sacrifícios da mecânica social. O proletário de Marx se irradia, tal como o Messias dos cristãos. Ocorre que ambos são ilusões de óptica filosófica.

Da mesma forma como a ficção chamada Jesus torna possível o judeu-cristianismo no mundo inteiro, a ficção chamada "proletário" gera o marxismo-leninismo em todo o planeta. O esquema dessa atualização do transcendental no empírico é o mesmo: Constantino impõe pela força e pela violência essa religião que passa de seita a crença de Estado e, depois, de Império. O Constantino do comunismo se chama Lênin. Ele funda a igreja marxista-leninista, brilha como o homem que quer encarnar o socialismo transcendental nos fatos, mas só consegue realizar a profecia anunciada em 1848 por Marx num artigo publicado na *Neue Rheinische Zeitung*: "O terrorismo revolucionário". Longe da ditadura do proletariado sobre a burguesia para assegurar a salvação da humanidade, o que houve de fato foi a ditadura do partido sobre todos, burgueses e proletários inclusive, em detrimento da humanidade.

A Revolução Russa não foi consequência natural e dialética do movimento da história, o que teria dado razão ao Marx hegeliano, e sim o resultado de um vulgar golpe de Estado, o que valida as teses do Marx terrorista. Por antífrase e mania transcendental é que os bolcheviques se denominam como tais, pois a etimologia russa qualifica dessa forma *os mais numerosos* – que, na verdade, eram os menos numerosos – e os mencheviques, *os menos numerosos* – que, na realidade, eram os mais numerosos. O dicionário continua corroborando essa ficção do bolchevismo: "Doutrina dos majoritários liderados por Lênin" (*Dictionnaire culturel en langue française* [Dicionário cultural em língua francesa], Alain Rey).

Assim começa a história daquilo que se queria uma civilização alternativa ao judeu-cristianismo: uma primeira mentira a partir de uma primeira ficção. Pois, longe de ser maioria, os bolcheviques eram ultraminoritários. A famosa Revolução de Outubro, supostamente maciça, imensa, gigantesca, popular, repleta de bandeiras e combatentes heroicos, resume-se, na verdade, a um pequeno golpe de Estado ao estilo república de bananas: uma ação violenta empreendida por um punhado de revolucionários profissionais. A decisão desse golpe de Estado bolchevique foi tomada pelo Comitê Central do Partido em 10 de outubro de 1917. Esse comitê era composto por vinte pessoas; no dia da reunião, num apartamento de Petrogrado, apenas doze estavam presentes; na votação, dois se opuseram ao plano de Lênin; foram, portanto, dez pessoas de um partido minoritário que decidiram dar o golpe.

A insurreição ocorre em 24 de outubro, seguindo a técnica testada e comprovada do golpe de Estado: comandos armados avançam para locais estratégicos e se impõem pelas armas – central telegráfica, pontes, centrais elétricas, usina de gás, estações de trem. Veículos blindados percorrem as ruas, metralhadoras são instaladas em apartamentos situados em cruzamentos. Em *Técnica do golpe de Estado*, Malaparte menciona "uma série de atentados" para descrever o que foi, de fato, essa revolução.

No dia seguinte, 25 de outubro, Leon Trotsky, chefe militar, dá ordem de atacar o Palácio de Inverno, onde se acham entrincheirados os membros do governo de Kerenski, chefe do governo provisório encarregado da transição do czarismo para a democracia dos sovietes. Atracado no rio Neva, o cruzador *Aurora* lança tiros de festim contra o palácio, guardado por adolescentes e mulheres. Dois ou três tiros de canhão disparados da Fortaleza de Pedro e Paulo atingem o palácio. Lênin está de peruca, raspou a barba e se vestiu de operário. Robespierre ao menos manteve a peruca de aristocrata...

A revolução, como dissemos, ocorre: a Rússia se torna soviética. O país dispõe de plenos poderes para realizar seu homem novo. Primeiro ato dessa ação "revolucionária": a adega do Palácio de Inverno é saqueada pelos putschistas, que se embebedam ou vendem as garrafas mais caras. O regimento que rebentou os tonéis jaz na adega, caído de bêbado. O episódio é relatado por Boris Krichevski, jornalista correspondente do jornal *L'Humanité* até ser demitido, provavelmente porque não descartava os fatos...

De fato, esse mesmo jornalista relata que, após o golpe de Estado bolchevique, houve perseguição de toda a esquerda dos sovietes. Trotsky e Lênin não veem o menor interesse nessas assembleias que, no entanto, eram realmente democráticas. Quarenta e oito horas após a tomada de poder, Lênin publica um decreto proibindo a imprensa de oposição e fechando as principais editoras não bolcheviques. A censura se estende à fotografia, ao cinema, aos mapas, às ilustrações, às correspondências. Em breve, uma Direção Central de Arte e Literatura viria pôr nos eixos o mundo da cultura.

Em novembro de 1917, as eleições dão 40,4% para os socialistas-revolucionários e 24% para os bolcheviques. Não importa, os bolcheviques proíbem ajuntamentos e põem tropas armadas para circular nas ruas. A multidão quer assistir à Assembleia Constituinte de 5 de janeiro para salvar o poder dos sovietes: é recebida a tiros de metralhadora por bolcheviques atocaiados nos telhados. Lênin considera o soviete um "desvio pequeno-burguês". E acrescenta: "Qualquer operário seria capaz de administrar o Estado? As pessoas práticas sabem que isso é uma fábula". Lênin era um homem prático; os comunistas também. A revolução já nasceu morta. O novo regime é uma ditadura. Não é preciso esperar Stálin para falar em totalitarismo.

Quem é Lênin? Não é, como conta a hagiografia comunista, um menino de origem modesta, mas filho de um professor de matemática que se tornou inspetor de academia, depois conselheiro de Estado e, por fim, agraciado com um título de nobreza pelo czar, e de uma mãe poliglota, pianista, herdeira de rica família judia convertida ao protestantismo, que fez curso superior e cujo pai também recebera um título de nobreza do czar. Em abril de 1891, Lênin cuida para que sua mãe seja incluída nos registros da nobreza de Simbirsk. Vladimir Ílitch Ulianóv, que ainda não é Lênin, escreve sob a sua assinatura: "Vladimir Ulianóv, nobre hereditário". O que ele é de fato, desde os seis anos de idade.

Irmão de um terrorista que planejou um atentado contra o czar e acabou na forca depois que aquele que ele pretendia assassinar lhe negou o indulto, Lênin foi preso por intrigas subversivas quando ainda cursava direito na universidade e se achava numa manifestação por simples curiosidade. Foi expulso da universidade e se preparou para prestar exame como candidato avulso. Sua mãe, viúva, compra uma fazenda e ambos passam a administrá-la. Não dá certo. Desistem de administrá-la pessoalmente e arrendam a propriedade. Já advogado, Lênin exerce pouco, limitando-se a viver dos ganhos do arrendamento. Quando a burocracia pede sua profissão, ele responde, como Hitler: escritor...

Nobre, vivendo da renda das terras da família, preocupado em fazer nome no meio intelectual, Lênin resolve virar revolucionário profissional e viaja pela Europa, onde conhece os teóricos do socialismo: Plekhanóv, em Genebra; Paul Lafargue, o genro de Marx, e Jules Guesde, em Paris; Karl Liebknecht, em Berlim. De volta à Rússia, apoia as manifestações operárias. É detido pela polícia e mandado para a prisão. Lá, pode ler, escrever panfletos contra o poder, mandar publicá-los, redigir instruções conclamando o povo à insurreição. O poder o exila.

Passa três anos na Sibéria, para onde vai espontaneamente, de trem, depois de que sua mãe consegue das autoridades o direito de ele viajar confortavelmente. Trabalha, lê, escreve, publica, circula. Casa-se *no religioso* com Krupskaia, antes de manter uma relação adúltera com Inês Armand. Caça, pesca, faz longas caminhadas. Milita contra o regime. Encontra-se, sem nenhum problema, com revolucionários. Funda um jornal, escrito quase totalmente por ele. Ataca o regime. O modo como os bolcheviques tratarão seus oponentes seria o extremo oposto desse regime.

Sabemos o que vem depois, e o que permite a Lênin tornar-se o inventor do totalitarismo moderno. Aristocrata que se orgulha de sua nobreza, vivendo de suas rendas de proprietário fundiário, incapaz de administrar uma fazenda, casado na Igreja e adúltero como um pequeno-burguês, aspirante a escritor, revolucionário profissional, Lênin só sabe da classe operária aquilo que leu a respeito dela. Seu socialismo é transcendental. Enquanto os populistas russos do século XIX proclamam sua confiança no povo, Lênin não cansa de vilipendiá-lo: julga-o imaturo, incapaz de governar. Para ele, o soviete nunca será a solução. Pois a solução é o Partido. E o Partido é o braço armado da ditadura. O Partido não é o povo, não é sua emanação e muito menos sua quintessência. É sua negação. O Partido se constitui com a vanguarda esclarecida do proletariado, ou seja, é a concreção de revolucionários profissionais que *falam pelo* proletariado e o eliminam de forma sangrenta quando este retruca que ninguém pode falar em seu nome. A ditadura do proletariado é, na prática, a ditadura do Partido sobre o proletariado, e em seu nome. A Revolução de Outubro, que é um golpe de Estado, já dá a direção: o governo revolucionário seria um permanente golpe de Estado. O Partido é a cabeça da ditadura; e o Estado, seu corpo. Ocorre que o Partido é Lênin. A teocracia encontra assim sua versão pós-judaico-cristã – ateia.

A revolução bolchevique, que era para trazer a liberdade, o fim da escravidão e da servidão, a prosperidade, o bem-estar da humanidade, o reino da justiça, o homem novo, uma sociedade livre de contradições, a fraternidade universal, trouxe exatamente o contrário: tirania, servidão generalizada, fome, guerra civil, campos de concentração, *gulags*, deportações, plenos poderes ao capricho e à arbitrariedade revolucionária, o triunfo do que há de mais primitivo no homem, uma sociedade policialesca, o ódio generalizado.

A hagiografia marxista acabou por admitir que Stálin foi um carrasco, um tirano, um ditador, mas em geral contrapondo-o a Lênin e Trotsky, que, esses sim, foram autênticos democratas. Ora, esses três homens são feitos da mesma cepa marxista. Lênin é igual a Trotsky, que é igual a Stálin. O fato de que essas três personagens se tenham detestado não muda nada, o ódio era o combustível de sua visão similar de mundo. O terror vermelho de Lênin, a matança dos marinheiros de Kronstadt por ordem de Trotsky – eles estavam exigindo sovietes, não o restabelecimento do czarismo – e a evolução metastática dos *gulags* sob Stálin são apenas variações sobre um mesmo tema.

Antes mesmo da tomada de poder, em 1905, Lênin elabora o conceito de "terror de massa", introduzido na ordem do dia após outubro de 1917: trata-se de liberar todas as violências, desde que definidas como revolucionárias pelo Partido, para acabar com o amplo conceito de "inimigos do povo" – decreto do Conselho dos Comissários do Povo datado de 28 de novembro de 1917. O inimigo de Lênin é o mesmo de Fouché: o burguês, o rico, o proprietário, o padre. O espírito de 1793 ainda sopra sobre a Revolução Russa, e Trotsky pode referir-se com propriedade a "Maximiliano Lênin"!

Em "Como organizar a emulação?", em dezembro de 1917, Lênin resgata a fraseologia zoomórfica da Revolução Francesa. Os inimigos do povo são "insetos nocivos", "piolhos", "vermes", "micróbios", "percevejos", "parasitas", e é necessário, escreve Lênin, "depurar", "limpar", "purgar" a Rússia desses vermes. A quem já não ocorre a retórica que Adolf Hitler vai utilizar em *Minha luta*?

Em 10 de dezembro de 1917, Lênin cria a Tcheka, sua polícia política. A Tcheka é a Comissão Extraordinária de Luta contra a Contrarrevolução, a Especulação e a Sabotagem e funciona como instrumento da criação do homem novo e da Rússia regenerada. O terror de massa entra na ordem do dia: entre 31 de agosto e 4 de setembro de 1918, em resposta ao atentado contra Lênin perpetrado por Fanny Kaplan em 30 de agosto, 1.300 pessoas são tiradas das prisões e executadas pela Tcheka; em 5 de setembro de 1918, o Conselho dos Comissários do Povo assina o decreto *Sobre o terror vermelho*, que propõe "isolar os inimigos de classe da República Soviética em campos de concentração [*sic*] e fuzilar no ato todo indivíduo envolvido com organizações de guardas brancos, insurreições ou motins"; em setembro-outubro de 1918, de dez mil a quinze mil pessoas são executadas nas grandes cidades da Rússia, entre elas socialistas-revolucionários, anarquistas, militantes operários, grevistas e manifestantes - em um ano, a política bolchevique mata o mesmo que o regime czarista em quase um século; em 12 e 14 de março de 1919, provavelmente em memória do jacobino Carrier, operários grevistas e soldados que se negaram a atirar em operários são afogados no Volga: são jogados de chalupas, depois que os comunistas lhes amarram pedras ao pescoço e lhes prendem os braços - entre duas mil e quatro mil pessoas perecem dessa forma; dias depois, várias centenas de burgueses de Astracã são eliminados pelo mesmo método. Mikhail Kedróv é o Carrier dos bolcheviques. Em 17 e 18 de março de 1919, duzentos operários grevistas, acusados de reivindicar liberdade de eleição para os sovietes, são mortos na Fortaleza de Schlusselburgo; o que se repete no dia seguinte, contra o mesmo tanto de pessoas.

Lênin pretende eliminar os cossacos de Don e Kuban com deportações e massacres. Os próprios dirigentes soviéticos falam de uma "Vendeia soviética"... A descossaquização procede de uma resolução secreta do Comitê Central do Partido Bolchevique, que instaura "um terror maciço contra os ricos cossacos, que deverão ser exterminados [*sic*] e fisicamente liquidados [*sic*] até o último homem": são mortos oito mil cossacos. Em junho de 1920, Karl Lander é nomeado plenipotenciário na região. Como Fouquier-Tinville e seu tribunal revolucionário, ele institui tribunais que dizimam a comunidade cossaca. Famílias inteiras são massacradas ou enviadas para campos de concentração especialmente destinados a esse fim - como o de Maikop. No fim de outubro e início de novembro de 1920, cinco cidades cossacas são esvaziadas de seus dezessete mil habitantes: eles são deportados e condenados a trabalhos forçados nas minas.

Na Ucrânia, os bolcheviques requisitam mulheres de burgueses para encarregá-las de tarefas humilhantes: limpar latrinas públicas ou fazer faxina nos edifícios militares. Os estupros, obviamente, estão incluídos nas punições, sem mencionar as execuções sumárias: mil em Carcóvia, duas mil em Odessa, três mil em Kiev. Ainda na Ucrânia, os *pogroms* dizimam a comunidade judaica: 125 mil na Ucrânia e 25 mil na Bielorrússia.

Os exércitos brancos e os camponeses rebeldes também entram nessa. Mais uma vez, os judeus são os bodes expiatórios de todo mundo. A guerra civil se generaliza. Como resposta, os exércitos vermelhos rivalizam em terror.

Entre meados de novembro e fim de dezembro de 1920, cerca de cinquenta mil pessoas são fuziladas ou enforcadas na Crimeia, sob a acusação, é claro, de serem inimigas do povo. O poder bolchevique ficha maciçamente e divide os interpelados em três categorias: fuzilar, deportar, poupar. Uma insurreição camponesa ocasiona execuções incontáveis de reféns, deportações em massa para os campos de concentração, repressões sangrentas. O Politburo nomeia o general Tukhachevsky *comandante de operações de liquidação (sic) dos bandidos (sic) na província de Tambov.* "Bandido" já era o termo utilizado pelos generais jacobinos contra os vendeianos.

Em 12 de junho de 1921, o general Tukhachevsky dá ordens para o emprego de gases:

> As florestas onde se escondem os bandidos devem ser limpas por meio de gases asfixiantes [*sic*]. Tudo deve ser calculado para que a camada de gás penetre na floresta e extermine [*sic*] tudo o que nela se esconde. O inspetor de artilharia deverá fornecer imediatamente as quantidades solicitadas de gases asfixiantes, assim como especialistas competentes nesse tipo de operação.

Dirigentes bolcheviques julgam que talvez seja ir um pouco longe demais. A ordem é cancelada. O que para a Vendeia foi planejado, mas não se fez por não ter conseguido ajustar o dispositivo, a URSS não fez de novo, mas também planejou.

Nos campos onde são presas essas populações, prisioneiros seminus morrem de tifo, de fome, de maus-tratos. O primeiro campo de concentração data de maio de 1918. Foi construído nas ilhas Solóvki. Na entrada dos campos, ou dentro deles, há o *slogan*: "O trabalho é o caminho para casa", ou, "Viva o trabalho alegre e feliz", ou ainda, "O trabalho fortalece a alma e o corpo". Em breve, em outros campos, dessa vez nazistas, o *slogan* será: "O trabalho liberta". Direção Geral dos Campos é em russo: *Glavnoe Upravlenie Laguerei*, que dá o acrônimo GULAG.

A descristianização acompanha todo o processo bolchevique: o homem novo precisa acabar com o homem judaico-cristão. Assim, quando os comissários do povo chegam ao mosteiro das ilhas Solóvki, a técnica de descristianização inaugurada pela Revolução Francesa volta à ativa: destruição dos objetos litúrgicos, fundição dos metais preciosos, sinos quebrados, cruzes serradas, estrela vermelha exibida no alto do campanário, do qual se arrancou o crucifixo, recintos saqueados, destruição da iconóstase medieval, profanação das relíquias dos santos e exposição subsequente no museu do ateísmo em Leningrado, prisão e eliminação dos monges, transformação das igrejas em prisões, nas quais se amontoam prisioneiros – como não há aquecimento, a temperatura no inverno chega a vinte graus negativos –, destruição do altar – em seu lugar, os bolcheviques constroem latrinas – e demolição dos edifícios religiosos. A União Soviética inteira age em modo Fouché.

O emprego da tortura é generalizado: estupros; exposição de corpos nus às picadas de mosquito sob o sol abrasador do verão, ou exposição de corpos despidos depois de mergulhados em buracos gelados; exposição ao vento no campanário; prostituição forçada; trabalho forçado dez horas por dia; tarefas inúteis – contar em voz alta os passarinhos que atravessam o céu, carregar baldes de água de um buraco para outro, montes de terra de um lugar para outro, pedras de um local para outro – e ser morto por um motivo à toa; encarceramento ao ar livre em gaiolas cobertas de pontas; construção de obras faraônicas impossíveis de serem concluídas. A morte leva a maioria dos prisioneiros logo no primeiro inverno. O frio congelante mutila sete ou oito de cada dez pessoas. Somente em 16 de outubro de 1937 os bolcheviques executam 1.116 pessoas. O escritor Máximo Górki transforma Solóvki num grande feito socialista.

No momento da morte de Lênin, em 21 de janeiro de 1924, existem setecentos *gulags* desse tipo em todo o território soviético. Um mapa desses locais de desgraça criados na Europa Oriental mostra que os campos de concentração aumentam na mesma velocidade dos mosteiros católicos no século XII na Europa Ocidental. A descristianização vai de par com o abandono da moral. O bom é o certo, o mal é o errado; o bom é o que torna possível a revolução tal como Lênin a concebe e quer; o mal é o que a obstrui. Matar, portanto, é bom e certo; a religiosidade é o mal e, portanto, errada. A ditadura, o terrorismo de massa, a tirania, os campos de concentração, os gaseamentos, as torturas, os fuzilamentos, os *pogroms*, os extermínios, as liquidações, a fome organizada, o vandalismo, a pilhagem, os estupros, os massacres - todas essas coisas são boas, já que são determinadas pelo Partido para a felicidade geral do proletariado e a salvação da humanidade. Trotsky teorizou e legitimou tudo isso em 1938, em *A moral deles e a nossa*. A Parusia, quando pega...

Stálin apenas aprofundaria o caminho aberto por Lênin e Trotsky. Lênin foi stalinista muito antes de Stálin... A mesma observação se aplica a Trotsky, em que pese o *piolet* de Ramon Mercader. O *gulag* ocasionou a morte de vinte milhões de pessoas. Não houve um Julgamento de Nurembergue para essa barbárie, ou seja, não houve incriminação nem arrependimento, ou seja, não houve reparação nem pesar. Os carrascos e os guardas dos campos fizeram carreira no regime até o fim. E não ocorre a ninguém abrir um processo contra os muitos sobreviventes. Depois da queda do Muro de Berlim, os filhos desses sobreviventes enriqueceram comprando a preço de banana os bens do Estado soviético. Eles são a máfia que todos conhecemos. Em 2016, a Rússia era governada por um homem oriundo desse regime assassino. No Ocidente, Lênin é editado em livro de bolso, enquanto Stálin faz papel de malvado. No século XX, o comunismo ocasionou a morte de cem milhões de pessoas no mundo inteiro. Em março de 1921, o encouraçado *Petropavlovsk* da Marinha czarista foi rebatizado pelo regime marxista-leninista como *Marat*.

4
A REVOLUÇÃO CONTRARREVOLUCIONÁRIA O FASCISMO ENQUANTO REAÇÃO CRISTÃ

11 de fevereiro de 1929,
criação do Vaticano pelos Acordos de Latrão,
assinados por Mussolini e Pio XI

Embora una, a Revolução Francesa foi também múltipla e contraditória: houve o federalismo dos girondinos e o estatismo centralizador dos jacobinos, o humanismo de Condorcet e o terrorismo de Marat, as ideias abolicionistas de Beccaria e a defesa da pena de morte em Rousseau, os direitos do homem e do cidadão de Jerôme Champion de Cicé e o Tribunal Revolucionário de Fouquier-Tinville, a abolição dos privilégios na noite de 4 de agosto de 1789 e a Lei dos Suspeitos de 17 de setembro de 1793, os estados-gerais e a guilhotina, a religião do Ser Supremo robespierrista e a fúria descristianizadora dos hebertistas, a Declaração dos Direitos da Mulher de Olympe de Gouges e o genocídio vendeiano, as Festas da Federação e a virtude pelo Terror de Robespierre, o 9 Termidor e o Terror Branco – entre outros equilíbrios dialéticos.

O direito de inventário se impõe. Ora, os balanços permitem tudo e o contrário de tudo – uma coisa e seu contrário. Assim, o bolchevismo marxista-leninista se inscreve claramente numa das linhagens da Revolução Francesa: o centralismo estatal jacobino, a generalização do terror, a política do Tribunal Revolucionário, o terrorismo de Estado, a exterminação planejada de categorias sociais claramente identificadas e nomeadas, a descristianização e a religião do ateísmo, o emprego da violência como revelação da história, a politização da vida privada, a parusia visando à construção de um homem novo.

Paradoxalmente, o fascismo, que se declara contra o espírito da Revolução Francesa, segue o mesmo programa dos marxistas-leninistas. Retomando: o centralismo estatal jacobino, a generalização do terror, a política do Tribunal Revolucionário, o terrorismo de Estado, a exterminação planejada de categorias sociais claramente identificadas e nomeadas, o emprego da violência como revelação da história, a politização da vida privada, a parusia visando à construção de um homem novo. Subtrai, porém, uma de suas componentes, e essa subtração faz toda a diferença: a descristianização e a religião do ateísmo. Pois o fascismo, em sua forma pura, é o bolchevismo menos a descristianização e mais a recristianização.

Ninguém discorda que, no fascismo, existe o culto do Estado, o culto da ordem e da autoridade, da polícia política e do exército, que ele gosta da guerra e a apresenta como uma higiene espiritual, que recorre a métodos violentos em relação a tudo que resiste a sua vontade, que retoma o princípio teocrático e acredita que o grande homem concentra a lei em si, que não distingue a vida pessoal da vida pública e reduz as mulheres ao papel de esposa e mãe, que cultua a virilidade, celebra a nação fecunda e promove uma política natalista, que dilui o indivíduo no Estado e não gosta dos judeus, que, segundo ele, impedem a unidade da nação, que quer estender seu domínio vital para além da nação e, para tanto, visa ao império, que constrói sua visão de mundo desigualitária e hierarquizada em torno do homem branco e não está nem aí para a Declaração dos Direitos do Homem e do Cidadão, pois acredita somente no dever de sujeição do indivíduo ao Estado total.

Quem não vê nisso um retrato do que foi a Igreja desde Constantino até a Revolução Francesa? As lógicas que conduzem do Estado ao Império, as que tornam possíveis os autos de fé, as cruzadas, a Inquisição, o Índex dos Livros Proibidos, os julgamentos de animais e as fogueiras para as bruxas, as lógicas que legitimam a destruição dos povos ameríndios e das civilizações fora da Europa, as que glorificam o monge-soldado, cuja espada forjada por São Paulo serve para impor a Boa Nova em todo o planeta, as que só reconhecem as mulheres quando são casadas e criam uma família numerosa, as que afirmam que a ordem celeste com um único Deus oferece um modelo para a ordem terrestre com um único César, as que veem no povo judeu o povo deicida eternamente marcado pelo pecado original - isso não faz do cristianismo um fascismo, mas faz do fascismo uma modalidade reacionária e militar do cristianismo.

Mussolini cria o fascismo com o Partido Nacional Fascista em 1921. Em 28 de outubro de 1922, marcha para Roma com seus camisas negras. Sobe ao poder e constitui o governo em 20 de outubro de 1922. Em setembro de 1923, um relatório conservado nos arquivos do Vaticano estuda um *Programa de colaboração dos católicos com o governo de Mussolini*. Nele se lê:

> Os católicos, graças a várias disposições adaptadas pelo governo em conformidade com seus princípios [...], tiveram de convir que nenhum governo na Itália e, quiçá, no mundo poderia, num único ano, fazer tanto em favor da religião católica. Os católicos não podem pensar senão com horror no que poderia ocorrer na Itália caso o governo Mussolini cedesse diante de uma eventual insurreição das forças subversivas; têm, portanto, o maior interesse em apoiá-lo.

Entre 1925 e 1926, Mussolini promulga as *leis fascistíssimas*, que instituem o regime fascista com um partido único e um chefe absoluto, que atende pelo nome de *Duce*: controle da imprensa, interdição de jornais de oposição, tribunais às ordens, supressão do direito de greve, partido único, interdição do sindicalismo de esquerda, substituído pelo corporativismo fascista, submissão de todas as associações à polícia, supressão dos deputados eleitos, substituídos por indivíduos designados pelo Partido, obrigação de residência ou relegação para os antifascistas, criação de tribunais especiais, pena de morte para delitos cometidos contra o Estado, formação de uma polícia secreta.

Em seu discurso à Câmara dos Deputados em 14 de maio de 1929, a propósito dos Acordos de Latrão, diz Mussolini:

> O Estado fascista reivindica plenamente seu caráter ético: ele é católico, mas é, antes de tudo, fascista, exclusiva e essencialmente fascista. O catolicismo é parte integrante dele e isso nós declaramos abertamente, mas que não ocorra a ninguém embaralhar as cartas com sutilezas filosóficas ou metafísicas.

Em outras palavras: nada de patrística, escolástica, sofística ou retórica, e sim o catolicismo de combate, aquele que reivindica a espada de São Paulo, mesmo que em detrimento das virtudes evangélicas de Jesus. Trata-se de nada menos que o catolicismo elaborado por Constantino, fundamentado no Cristo enfurecido que expulsa os vendilhões do Templo – judeus. O trecho preferido de Hitler nos Evangelhos, como ele próprio revela em *Minha luta*.

Em *A doutrina do fascismo*, Mussolini escreve:

> O Estado fascista não queda indiferente ao fato religioso em geral nem à religião positiva particular que é o catolicismo italiano. O Estado não tem uma teologia, mas tem uma moral. No Estado fascista, a religião é considerada uma das manifestações mais profundas do espírito e, por conseguinte, é não apenas respeitada, mas também defendida [*sic*] e protegida [*sic*]. O Estado fascista não cria para si um "Deus" específico, como Robespierre pretendeu fazer um dia, no extremo delírio da Convenção; tampouco busca, em vão, apagá-lo da alma como o bolchevismo. O fascismo respeita o Deus dos ascetas, dos santos, dos heróis, e, ao mesmo tempo, o Deus que o coração ingênuo e primitivo do povo vê e para o qual ora. (§ 12)

Ao contrário do bolchevismo, o fascismo não é um ateísmo; é talvez um bolchevismo cristão, da mesma forma que o bolchevismo se assemelha a um fascismo ateu. Nada de deísmo ou Ser Supremo robespierrista, ateísmo marxista-leninista e descristianização comunista, o que o *Duce* quer em seu Estado fascista é a religião católica dos que a construíram na história, os monges do deserto, as grandes figuras santificadas pela Igreja, os nomes notáveis dos que a encarnaram historicamente. Esse catolicismo é o das pessoas simples e intelectualmente modestas.

Mussolini, quando defende o fascismo, converte-o claramente num espiritualismo oposto ao materialismo e ao positivismo: "De modo que a vida, tal como a concebe o fascista, é grave, austera, religiosa: é inteiramente vivida num mundo sustentado pelas forças morais e responsáveis do espírito. O fascista despreza a vida cômoda" (§ 4). O *Duce*, portanto, distingue dois mundos: de um lado, o materialismo, o positivismo, o comunismo, o bolchevismo, o ateísmo, o marxismo-leninismo, que ele execra; de outro, o espiritualismo, o idealismo, o misticismo, o catolicismo, o fascismo, que ele celebra. Ainda em *A doutrina do fascismo*:

> O fascismo é uma concepção religiosa, que considera o homem em sua relação sublime com uma lei superior, com uma Vontade objetiva que transcende o indivíduo enquanto tal e o alça à dignidade de membro consciente de uma sociedade espiritual. Aqueles que só enxergaram na política religiosa do regime fascista uma questão de oportunismo não entenderam que o fascismo é não somente um sistema de governo, mas também, e antes de mais nada, um sistema de pensamento. (§ 5)

A relação entre fascismo e catolicismo não é isenta de atritos, pois a intenção de Mussolini é antes fascistizar o cristianismo do que cristianizar o fascismo. Seguindo essa mesma lógica, Hitler também quis nazificar o cristianismo, em vez de cristianizar o nazismo. O fascismo mussoliniano é um espiritualismo cristão, mas não é de modo algum sulpiciano. Essa doutrina é um *patchwork* intelectual que mistura a filosofia do direito e a religião hegeliana, o super-homem nietzschiano, o vitalismo bergsoniano, o pragmatismo jamesiano e o elogio da violência soreliano, ou seja, um certo número de teses que a Igreja Católica oficialmente rejeita.

Mussolini reconhece a força do catolicismo, mas não aceita que essa força seja mais eficiente que a do Estado fascista. O soberano pontífice, por seu lado, cumpre o seu papel de papa ao desejar que a Igreja conserve o monopólio da educação dos jovens, uma atividade que o *Duce* reserva para si, pois sabe que o doutrinamento assegura a existência e a perenidade do fascismo. Mussolini quer dar a César o que é de César, e a César o que é de Deus. Já Pio XI aspira a dar a Deus tudo o que é de César. Seja como for, o fato é que o dono do poder temporal, Mussolini, e o chefe do poder espiritual, Pio XI, logram um acordo em Latrão.

Os Acordos de Latrão são assinados em 11 de fevereiro de 1929 entre o Reino da Itália e a Santa Sé, em outras palavras, entre Mussolini e o cardeal Pietro Gasparri, secretário do papa. Fica decidido que o poder temporal do papa se limita à cidade do Vaticano, que se torna um Estado com todos os seus atributos, e que a religião católica, apostólica e romana é a religião do Estado italiano fascista. O Vaticano se torna um Estado, com polícia, imprensa, mídia, selo e moeda. O papa se torna um chefe de Estado temporal igual a outros chefes de Estado mundo afora, com poderes legislativo, executivo e judiciário. Mussolini paga uma quantia considerável à Igreja para que o reino papal abra mão dos Estados Pontifícios. A Concordata estipula que o catolicismo é a religião oficial do Estado italiano. O ensino religioso se torna obrigatório em todas as escolas.

Essa relação íntima, ou melhor, essa fusão no fascismo de religião e política, transcendência divina e imanência cívica, para realizar uma transcendência cívica e uma divindade da imanência, surgiu na Revolução Francesa. No que diz respeito à religião, ela também foi una e múltipla. Houve obviamente descristianização e vandalismo revolucionário, como, por exemplo, a destruição da Santa Ampola[44], em Reims, e as muitas eliminações de objetos e edifícios cristãos, mas houve também variações sobre o tema do Jesus revolucionário, do Cristo *sans-culotte* ou do Deus igualitário. Houve, além disso, "a celebração idílica do contrato social", como escreve Taine, por ocasião das Festas da Federação que inauguraram as grandes manifestações à glória do regime.

Durante a Revolução Francesa, a religião católica é intimada a se amoldar à religião cívica. Esse é o sentido da Constituição Civil do Clero que, além de autorizar o confisco dos bens das congregações religiosas e do clero, exorta os religiosos a se submeter ao contrato social, à lei, ao Estado e, portanto, ao governo. Os arcebispos, bispos e padres passam a ser eleitos pelos cidadãos. Todo aquele que consagra sua vida a Deus primeiro jura fidelidade à nação, à Constituição e – estamos em julho-agosto de 1790 – ao rei, que deu seu acordo a essas novas disposições. O papa e a maioria do clero não aceitam essa lógica. Mussolini segue o rumo definido pela Revolução Francesa: não podendo submeter Deus a César, obriga seus ministros a se curvar diante dele. O catolicismo romano resmunga, mas, ao fim e ao cabo, não condena em momento algum o fascismo mussoliniano.

---

44 A *Sainte Ampoule* era um pequeno frasco contendo um óleo sagrado que, rezava a lenda, remontava ao batismo de Clóvis I, rei dos francos (466-511), e era tradicionalmente usado para ungir os reis da França na cerimônia de coroação. Um ínfimo fragmento supostamente resgatado da Santa Ampola, destruída publicamente durante a Revolução Francesa, é atualmente conservado no arcebispado de Reims. [N. T.]

O homem novo pretendido pelo fascismo era, de fato, o oposto do homem pretendido pelo cristianismo do ideal ascético, mas cabia perfeitamente na lógica do homem desejado por São Bernardo de Claraval. Ora, o papado tanto é o ideal ascético da renúncia do mundo quanto é o ideal cavalheiresco do combate cristão no mundo. O homem novo não era visceralmente incompatível com o homem cristão armado com o gládio de São Paulo para fazer triunfar o cristianismo pela força, pelas armas, pelas cruzadas, pelas fogueiras etc.

A Igreja, portanto, podia ver o fascismo com bons olhos, na medida em que ambos partilhavam os mesmos inimigos: os comunistas, os bolcheviques, os materialistas, os ateus, os judeus, os filósofos racionalistas, tanto mais que ela já não tem controle nem sequer sobre os cristãos, que se libertam dos dogmas e do sagrado. Foi-se o tempo em que Deus e César eram uma mesma e única figura. No fascismo, César vem antes de Deus, e Deus só existe segundo a definição fascista - uma força encarnada numa história, no caso, o catolicismo romano.

A força ascendente do mundo moderno, ateu e materialista, consumista e pós-cristão, hedonista e imoral, faz o papado encarar suas responsabilidades: no absoluto cristão, o fascismo certamente não é sua opção preferencial, mas é uma segunda opção que, na relatividade histórica, convém perfeitamente, porque o marxismo-leninismo arreganha os dentes, a bolchevização intimida, a internacionalização do comunismo está em pauta, uma segunda guerra mundial está no ar, e o fascismo é a melhor proteção para o cristianismo. O papa pede que se intensifiquem as orações e vigílias em todo o mundo, mas um pouco menos de angelismo não faz mal a ninguém: o fascismo garante concretamente o cristianismo contra a ameaça bolchevique. O cristianismo oficial seria o companheiro de estrada de todos os fascismos, primeiro o de Mussolini, depois o de Franco na Espanha, o de Hitler na Alemanha, o de Pétain na França e, mais tarde, o dos coronéis na Grécia e das ditaduras sul-americanas nos anos 1970.

Depois de Mussolini, mas antes de Pétain, Francisco Franco apostou no catolicismo contra a ascensão do perigo bolchevique na Europa. Católico, filho de um pai que abandonou o lar e de uma mãe devota, taciturno e magricela, apelidado de "Palito de Fósforo" e com voz de falsete, Franco é um aluno neutro. Ingressa na escola militar, onde gosta de história, topografia e equitação. Entra em contato com a guerra no Marrocos, nas batalhas do Rife, e é gravemente ferido. Ganha algumas medalhas e se torna comandante aos 25 anos. É frio, desdenhoso, detestado. Arrogante em combate, mata ou manda matar sem pruridos. É austero até a ascese - nada de álcool, nada de mulheres. Em 1926, aos 34 anos, é o mais jovem general da Europa. Em 1935, é chefe do estado-maior do Exército. Em fevereiro de 1936, a Frente Popular vence as eleições legislativas. Um golpe de Estado se prepara. A guerra civil é declarada em 18 de julho de 1936 e vai durar quase três anos. Franco se torna generalíssimo em 1º de outubro de 1936.

A guerra na Espanha opõe os falangistas da direita católica aos republicanos, que reúnem, bem ou mal, comunistas stalinistas, trotskistas, anarcossindicalistas e anarquistas - os primeiros, que recebem ordens de Moscou, vão causar tanto estrago entre os republicanos quanto os franquistas. George Orwell relatou essa carnificina da esquerda moscovita contra a esquerda não moscovita em *Homenagem à Catalunha*, e Simone Weil registrou como se matam seres humanos pelo bem da humanidade em sua *Carta a Georges Bernanos*.

Franco derramou o sangue da esquerda em nome de Cristo: até esta data foram encontrados oito mil ossários com milhares de cadáveres. Os franquistas querem impedir uma revolução marxista e, para tanto, recorrem a uma repressão sem limites. Altos dirigentes, quadros superiores do Exército, sindicalistas, membros do governo republicano, oficiais, intelectuais, suspeitos, simpatizantes de esquerda, maçons supostos ou comprovados, anarquistas, comunistas, laicos, liberais, independentistas bascos, liberais, católicos de esquerda - o sangue corre a rodo: com baionetas, facas, balas na nuca, amarrados a um poste, torturados, a morte é lei. Os franquistas massacram dez por cento da população de Córdoba. Às vezes, várias centenas de execuções ocorrem num único dia. No Massacre de Badajoz, na noite de 14 para 15 de agosto de 1936, de duas a quatro mil pessoas perderam a vida, ou seja, dez por cento da população.

Perto de duzentos campos de concentração abrigam prisioneiros políticos, mas também homossexuais e presos comuns. São todos condenados a trabalhos forçados – construção de canais, estradas de ferro, barragens, drenagem de pântanos. Quase duzentas mil pessoas morrem assim. Nos campos também podem ocorrer centenas de execuções num único dia. Alguns prisioneiros são enviados para os campos da morte nazistas, depois de passar pelos campos franceses do marechal Pétain.

Dado o projeto de descristianização claramente assumido pelo governo republicano, a Igreja Católica se alinha abertamente a Franco. Em setembro de 1936, o arcebispo de Salamanca se pronuncia "em favor da defesa da civilização cristã e de seus fundamentos". Em 1937, o secretário-geral do Partido Comunista Espanhol, José Diaz, declara: "Nas províncias que controlamos, superamos amplamente o trabalho dos sovietes, porque a Igreja na Espanha foi aniquilada".

É impossível fazer o balanço geral desse terror branco. As estimativas oscilam entre oitenta mil e quatrocentas mil pessoas. Bernanos, que durante algum tempo foi simpatizante de Franco em nome da esperança cristã representada pelo general no momento do golpe de Estado, volta atrás ao ver o rumo dos acontecimentos e relata essa carnificina católica em *Os grandes cemitérios sob a lua* (1938). É terrível o que ele descreve. Relata que um padre de Palma de Mallorca abençoa os assassinos falangistas com os pés no sangue de suas vítimas republicanas. Situa os franquistas no mesmo campo de Fourquier-Tinville e Marat. Franco põe sua cabeça a prêmio. Simone Weil e Albert Camus aplaudem sua liberdade e grandeza. A direita renega o homem de direita; a esquerda, a qual ele não pertence, o aclama.

O terror branco dos franquistas contra os republicanos funciona como contraponto ao terror vermelho contra os franquistas – no qual encontramos as práticas da descristianização de 1793: profanação de lugares santos, vandalismo em mosteiros, saque de igrejas, assassinato de quase dez mil membros do clero, castração e evisceração de padres, execuções de laicos, estupro de freiras, assassinatos de proprietários de terra, industriais, comerciantes e políticos, incêndio de bibliotecas religiosas, destruição das plantas do Templo da Sagrada Família, de Gaudí.

Tribunais revolucionários despacham os acusados para os pelotões de execução após paródias de processos. As comissões de inquérito são chamadas de *Checas* – em homenagem à Tcheka. Centenas de pessoas são mortas após denúncias caluniosas, motivadas por acertos de contas ou simples suspeita. As milícias, que se dizem antifascistas, tiram os presos políticos das prisões para massacrá-los sumariamente. A polícia política do Exército Popular também mata esquerdistas que considere desviantes e, naturalmente, trata de *fascistas*... Os comunistas, apoiados por Stálin, dizimam as fileiras da Confederação Nacional do Trabalho (anarquista) e do POUM (trotskista). Aos dez mil religiosos mortos, devemos somar outras 75 mil vítimas consideradas nacionalistas.

Madri cai em 28 de março de 1939; em 1º de abril de 1939, acaba a guerra civil. Nesse mesmo dia, Pio XII telegrafa para Franco: "Alegramo-nos com Vossa Excelência pela tão ansiada vitória da Espanha católica". Quinze dias depois, dirigindo-se pelo rádio ao povo espanhol, o papa esclarece a situação:

> Caríssimos filhos, os desígnios da Providência manifestaram-se mais uma vez na heroica Espanha. A nação escolhida por Deus como principal instrumento de evangelização do Novo Mundo, e baluarte inexpugnável da fé católica, acaba de dar aos prosélitos do ateísmo materialista de nosso século a mais elevada prova de que, acima de tudo, estão os valores eternos da religião e do espírito.

Em 1941 têm início as negociações visando a um acordo entre a Espanha franquista e a Santa Sé. A Concordata é assinada treze anos mais tarde. A Igreja sai muito bem servida: religiosos não podem ser convocados perante o tribunal civil sem autorização do Vaticano; caso devam ser detidos, seria em local eclesiástico; a Igreja fica isenta de impostos; o ensino da religião católica se torna obrigatório nas escolas; o cristianismo recebe tratamento apropriado na mídia, em todos os seus suportes – jornal, revista, rádio, televisão; os profissionais da saúde, da educação e os penitenciários recebem formação religiosa; os membros do clero são dispensados do serviço militar; em caso de guerra, os capelães não serão expostos à linha de tiro; as festas religiosas se tornam feriados; o Estado provê às despesas das dioceses; igrejas e conventos são invioláveis; o casamento religioso tem a mesma força do casamento civil; o catolicismo se torna religião oficial do Estado espanhol. Em troca dos presentes de Franco, a Igreja o nomeia cônego honorário, e os padres espanhóis rezam diariamente por ele e pelo país. Franco morre em sua cama em 20 de novembro de 1975, ao fim de uma longa agonia. Seu corpo descansa até hoje na Abadia da Santa Cruz do Vale dos Caídos, uma construção patrocinada por ele para homenagear os "heróis e mártires da cruzada" (*sic*), isto é, os falangistas.

Quando a Alemanha nazista invadiu a França em 1940, Pio XII substituíra Pio XI, morto em 10 de fevereiro de 1939 – o cardeal Pacelli se tornara Pio XII em 2 de março de 1939. Seria o soberano pontífice da camaradagem com os fascismos europeus. O novo papa afirma ao embaixador francês que o que está acontecendo com os franceses é simples consequência da descristianização. Com efeito, em sua carta *Quamvis immanis* [Apesar desse enorme], datada de 25 de novembro de 1943, ele escreve: "O gênero humano está sendo duramente punido pelo abandono funesto, por parte de muitos, de Deus e de seus mandamentos".

O marechal Pétain, que assina o armistício, é totalmente favorável a essas posições, pois afirma, em sua convocação de 25 de junho de 1940, no dia em que entra em vigor: "Nossa derrota decorre de nossos desmazelos. O espírito do prazer destrói o que foi edificado pelo espírito de sacrifício. Convido-vos, antes de mais nada, à reedificação moral e intelectual". E acrescenta a frase que se tornou famosa: "Não serei eu a ludibriá-los com palavras enganosas. Detesto as mentiras que vos causaram tanto mal". Quem ludibriou quem? Segundo ele, a esquerda, o socialismo, o comunismo, os radicais socialistas, a Frente Popular, ludibriaram o povo. Que mentiras são essas que causaram tanto mal? Os discursos dessa esquerda: trabalhar menos por dia e ao longo da vida, dispor de períodos de descanso com férias e feriados, chegar mais cedo à aposentadoria, aumentar os salários, conceder auxílio-desemprego, ampliar o direito sindical, nacionalizar parte da indústria francesa, aumentar a escolaridade obrigatória para catorze anos de idade, promover a educação popular, democratizar os museus, abolir a incapacidade civil das mulheres, nomear três mulheres no governo, oferecer às mulheres a possibilidade de servir ao Exército francês.

Nessa mesma convocação de 25 de junho de 1940, Pétain anuncia "a reedificação intelectual e moral". A República abolida cede lugar ao

Estado francês; a antiga divisa *Liberdade, Igualdade, Fraternidade* cede lugar à nova divisa: *Trabalho, Família, Pátria* - exatamente o programa católico. Isso significa trabalhar mais, celebrar o trabalho como um valor, uma virtude - o que, para um cristão, é uma punição pela falta original; as mulheres realizarão seu destino no casamento e na maternidade; e o cidadão francês, quando solicitado pelo Estado, irá para a guerra defender seu país.

A Frente Popular também é Léon Blum à frente do Estado, ou seja, um judeu governando o país. Para um católico antiquado como Pétain, os judeus são, e continuam sendo, o povo deicida; são associados ao dinheiro, ao jornalismo, aos negócios, à imprensa, aos bancos e ao comunismo - o famoso judeu-bolchevismo; também são associados aos maçons, que são numerosos entre os socialistas radicais, e estes são laicos, anticristãos e, segundo o governo de Vichy, fomentadores da Revolução Francesa, de um Estado dentro do Estado que impede o Estado, dos ideais republicanos. Vichy é um fascismo francês católico antissemita, tal como proposto pelo Vaticano.

A revolução nacional tem um programa claro: em primeiro lugar, restaurar a ordem moral. O Saint-Just de *Fragments d'institution républicaine* [Fragmentos sobre a instituição republicana] não teria nada a reclamar. Vichy se propõe até mesmo a lutar contra as "forças do Antigo Regime" (*sic*), que estavam associadas aos maçons, aos republicanos, aos judeus, aos comunistas. Em 1907, Léon Blum escreveu *Du mariage* [Do casamento], em que convida as moças a praticar livremente a sexualidade antes do casamento, mudar de parceiro quantas vezes desejarem, ter aventuras amorosas antes de optar pelo casamento e depois de se iniciar nas coisas da vida.

A revolução nacional transforma a mulher em esposa fiel e mãe de família numerosa. O adultério da mulher é punido com dois anos de prisão; o do homem, com uma multa. O regime considera que, quando o marido é enganado, a sociedade é traída. E, de fato, os maridos presos na Alemanha são muitas vezes traídos por suas esposas. Em 1923, Raymond Radiguet causa escândalo com o livro *Com o diabo no corpo*, em que narra com complacência gidiana o adultério de uma mulher cujo marido está lutando no *front*.

O aborto é criminalizado e pode resultar em pena de morte para quem exerça a atividade: em 30 de julho de 1943, Marie-Louise Giraud, uma fazedora de anjos, dona de uma lavanderia em Cherbourg, é guilhotinada ao alvorecer, depois que Pétain recusa seu pedido de indulto. No mesmo ano, em 22 de outubro, um homem de 46 anos, Désiré P..., é condenado à guilhotina por ter induzido abortos - uma atividade que ele exercia de forma itinerante. Seu pedido de indulto também foi negado pelo marechal Pétain. A pena, quando não era de morte, era em geral de trabalhos forçados perpétuos. Os réus eram acusados de contribuir para a desnatalização do país e a justificação da libertinagem sexual.

Vichy também pune o abandono familiar, tanto de quem se nega a pagar pensão quanto de quem deixa o lar, nega-se a dividir o leito conjugal ou, no caso das mulheres, não se sujeita à lei do marido. Maus-tratos e abandono dos filhos também são punidos. O objetivo é penalizar tudo o que não represente a tradicional família católica: um homem e uma mulher dividindo o mesmo teto e, portanto, a mesma cama e provendo às necessidades materiais e espirituais dos filhos.

Nessa mesma ordem de ideias, a homossexualidade é a abominação da desolação: pressupõe uma sexualidade praticada por si mesma, infecunda e estéril, portanto útil apenas para os beneficiários, mas inútil para a sociedade. As relações homossexuais com menores de 21 anos são processadas judicialmente. A intenção é banir a sexualidade dos *chantiers de la jeunesse*[45] instituídos pelo regime de Vichy, combater a prostituição nos portos e as relações sexuais entre maiores e menores de idade, mesmo consentidas. Com base nessa lei de 6 de agosto de 1942, Simone de Beauvoir é afastada do magistério público em junho de 1943: ela dormiu com uma de suas alunas, Nathalie Sorokine - o que se tornaria um ato de resistência na hagiografia germano-pratina[46].

A prostituição é objeto de perseguições vichystas pelos mesmos motivos: desvinculação de sexo e procriação, separação de libido e cons-

---

45 "Acampamentos da juventude", instituídos pelo governo de Vichy com o objetivo de manter unidos e ativos os jovens da zona não ocupada e, ao mesmo tempo, incutir-lhes os valores da "revolução nacional". Consistiam numa espécie de estágio obrigatório em que, durante seis meses, realizavam-se serviços comunitários num ambiente de forte disciplina militar. [N. T.]

46 Referência ao bairro de Saint-Germain-des-Prés, tido como centro privilegiado da vida intelectual e cultural parisiense. [N. T.]

tituição de família, ruptura de sexualidade e fidelidade monogâmica. No bordel, o prazer do cliente é lei, não há a preocupação de aumentar a família, ou o risco de ter mais uma boca para alimentar. Não tendo como proibir pura e simplesmente as casas de tolerância, o regime pune a prostituição de rua e o proxenetismo.

A Frente Popular propiciara algum tempo livre aos operários, que aproveitavam para se encontrar em cafés, bares e botecos onde o álcool corria solto. Vichy combate o alcoolismo. O objetivo, seguindo a lógica profilática, higienista e racial, é produzir uma raça forte, saudável, vigorosa, que prefira o esporte e os exercícios físicos ao ar livre às alegrias e às conversas de botequim. Em 13 de agosto de 1940, Pétain afirma que o alcoolismo "está destruindo a nossa raça". Como o segundo governo Blum aprovou um decreto que autorizava a fabricação e o comércio de *pastis*[47], em violação das leis referente ao absinto, Vichy responsabilizava Blum pela alcoolização da raça francesa.

Seguindo essa mesma lógica racial, o apelo à restauração de certa ordem moral traz embutido o antissemitismo. Se a França foi tão facilmente invadida pelos nazistas, é porque era hedonista e festeira, preguiçosa e alcoolizada, fraca e devassa, pervertida e depravada, leviana e esquerdizada. Em virtude do antigo pensamento mágico, Vichy aponta os culpados que merecem execração pública: a bolchevização, é claro, o poder oculto da maçonaria, naturalmente, e as forças ocultas da judaria internacional, evidentemente. O complô judeu-bolchevique e maçônico constitui uma excelente síntese para expressar a genealogia do mal francês. A Igreja Católica Apostólica Romana, que não gostava dos judeus, culpados pela morte de Cristo, dos bolcheviques, responsáveis pela descristianização maciça e pela instauração de um ateísmo militante e hedonista, dos maçons, acusados de terem gerado a ideologia republicana, podia não aprovar esse programa político?

O antissemitismo é um presente dos céus para a Igreja, que só desistiu de apontar os judeus como povo deicida vinte anos após a libertação dos campos nazistas, em 1965, com o Vaticano II – e, mesmo assim, com inúmeras cautelas estilísticas...Vichy é um regime antissemita. Isso é

47 *Pastis*: bebida alcoólica cuja composição inclui essência de anis. [N. T.]

sabido. As leis contra os judeus são estarrecedoras: desnaturalização de milhares de judeus; autorização de propaganda antissemita na imprensa; anulação do Decreto Crémieux, que concedia nacionalidade francesa aos judeus argelinos; dissolução de todas as organizações judaicas, com exceção dos consistórios; recenseamento dos judeus e implantação de um cadastro; criação de campos de concentração franceses para os judeus; proibição de judeus serem médicos, militares, professores de ensino fundamental, médio e superior, funcionários públicos, jornalistas, diretores de determinadas empresas, artistas; limitação do número de estudantes judeus em escolas e universidades; expulsão das crianças judias argelinas das escolas - Jacques Derrida foi afetado por essa medida, e Albert Camus lecionava clandestinamente aos jovens privados de educação; promulgação de uma lei que definia a raça judia; recenseamento das empresas judias; obrigação de as empresas informarem sua judeidade; convocação dos judeus às delegacias para retirar documentos de identidade que indicavam sua condição; criação de um Comissariado Geral para os Assuntos Judaicos que arianizava a economia, ou seja, confiscava e administrava os bens dos judeus; cassação do mandato de deputados e senadores judeus; obrigação de usar a estrela amarela; internamento dos estrangeiros e apátridas em campos. As *blitzes* têm início em abril de 1941. Deportações em massa levam da França milhares de judeus. Vichy enviou para os campos de concentração nazistas crianças judias, mulheres judias, idosos judeus, ex-combatentes judeus, homens judeus. Os seis milhões de judeus mortos nos campos contaram com o concurso ativo do regime de Vichy e, explicitamente, do marechal Pétain. A eliminação dos judeus franceses era de ordem moral - e essa ordem era católica.

O que disse a Igreja Católica? Nada, porque está de acordo. Sabe que desde a Revolução Francesa a descristianização está em marcha, em ritmo mais ou menos veloz: a imensa carnificina da Primeira Guerra Mundial, com quase dez milhões de mortos e oito milhões de inválidos de um lado e de outro do Reno, acelerou o movimento niilista. Deus deixou acontecer uma guerra que produziu seis mil mortos por dia. Para os homens que retornaram do *front* com a alma estraçalhada pela selvageria belicista, parece difícil engolir as fábulas cristãs de um Deus bom e misericordioso, de uma religião de paz e amor, sobretudo porque a Igreja não insistiu muito na mensagem evangélica, preferindo a da guerra e dos nacionalismos...

A Igreja Católica não gosta nem da república nem da esquerda, execra o bolchevismo e o comunismo, rejeita o socialismo radical e a maçonaria, não gosta dos judeus, de modo que tem todo o interesse em apoiar o regime de Vichy, o qual promove seus ideais. Em 1937, a encíclica *Divini redemptores* condena o comunismo; é inútil procurar uma encíclica que condene o nacional-socialismo, não existe nenhuma, porque o antibolchevismo nazista permitia, nesse tópico fundamental, a cumplicidade dos cristãos. Em seu famoso discurso de 25 de junho de 1940, Pétain declara: "O chefe de Estado, convencido de que a Igreja pode contribuir para a reedificação moral que ele pretende promover, está absolutamente disposto a acatar todos os pedidos que ela lhe apresentar".

A Igreja não perde ocasião de lhe pedir; o regime faz questão de satisfazê-la. Assim, a escola confessional católica passa a ser subsidiada pelo Estado, os professores ensinam as obrigações para com Deus, as comunas concedem crédito às escolas particulares, o ensino religioso é matéria optativa nas escolas, alunos de escolas privadas podem receber bolsas do Estado, as faculdades católicas e protestantes recebem subvenção estatal, é criado um serviço de capelania nos colégios.

Pétain gosta da Igreja, a Igreja gosta de Pétain: no congresso da Liga Operária Cristã, o cardeal Gerlier declara: "Trabalho, Família, Pátria, essas são nossas três palavras". Os bispos não poupam elogios ao regime. Estão em todas as fotos e em todos os filmes de propaganda. O governo reúne as inúmeras declarações favoráveis do clero a Vichy num folheto amplamente difundido. Pétain, que era casado no civil, regulariza seu casamento na Igreja.

A Igreja também dá sua benção ao antissemitismo do Estado. No fim do século XIX, já havia optado pelo antidreyfusismo e mantém a mesma linha. Ao elaborar o estatuto do judeu, Pétain informa a Igreja sobre seu projeto de lei. Ela concorda plenamente: julga que os judeus, sendo internacionalistas, são inassimiláveis e obrigam o Estado francês "a tomar medidas cautelares em nome do bem comum" – palavras de monsenhor Gerlier diante da Assembleia dos Cardeais e Arcebispos. Algumas vozes se levantam contra a política antissemita de Vichy quando surgem os campos e as *blitzes*, alguns católicos se engrandecem protegendo judeus, mas também há cristãos que, por antibolchevismo, colaboram abertamente com o regime nacional-socialista.

O cardeal Baudrillart, reitor do Instituto Católico, afirma no jornal *Toute la Vie* [Toda a Vida]: "Padre e francês, num momento tão decisivo, por que eu não aprovaria a nobre iniciativa comum, dirigida pela Alemanha, que pode livrar a França, a Europa, o mundo, das mais perigosas quimeras? [...]. Este é o tempo de uma nova cruzada". Já monsenhor Beaussart, representante em Paris do cardeal Suhard, que fazia o elo entre a Assembleia dos Bispos e Cardeais da Igreja e os nazistas, declara, em novembro de 1941: "A colaboração é a única via razoável para a França e para a Igreja". A situação era clara. A Milícia, a polícia política de Vichy, é majoritariamente católica, assim como a Legião dos Voluntários Franceses.

Nenhum prelado se une ao general De Gaulle em Londres. O episcopado francês é legitimista: o regime de Vichy é legal, está fora de cogitação traí-lo para se juntar a De Gaulle, que é apresentado como defensor dos judeus, dos comunistas, dos socialistas radicais, dos maçons, dos ateus e dos ingleses. A Assembleia dos Cardeais ataca a Resistência, condenando "os apelos à violência e os atos de terrorismo que hoje dilaceram o país". Para a Igreja da França, o inimigo não é o pétainismo que deporta os judeus para os campos da morte, alertando para que não fique nenhuma criança para trás, ou o miliciano que tortura os resistentes em nome da luta católica contra o bolchevismo, arrancando os olhos dos resistentes a colheradas e enfiando besouros no globo sangrento para depois costurar as pálpebras; o inimigo é o resistente que combate os que mandam os judeus para os fornos crematórios. Em 24 de agosto de 1944, os sinos da Catedral de Notre Dame celebram a entrada da Divisão Leclerc em Paris. Pétainista até a véspera, a Igreja se torna gaullista da noite para o dia. Algumas semanas depois, em 28 de setembro, o primeiro campo de concentração é libertado. Montes de cadáveres são descobertos.

A Igreja, por antibolchevismo, não fez absolutamente nada para impedir essa barbárie que marca o começo do seu fim. Não se pode lutar contra uma barbárie com outra barbárie. Os fascismos europeus se propunham a lutar contra a descristianização. Queriam recristianizar seus países para responder à ameaça internacional do comunismo. Na prática, produziram o inverso: a vitória aliada em 1945 coloca o cristianismo no time dos vencidos, e os soviéticos que libertam Berlim entram para o time dos vencedores. Depois da guerra, uma das barbáries continua a ser uma barbárie, enquanto a outra se torna uma alternativa civilizacional. Em maio de 1968, os policiais das Companhias Republicanas de Segurança (CRS) são chamados de SS, e De Gaulle, de fascista; Marx, Lênin, Trotsky e Mao são lembrados como heróis. Em 1972, entre Marilyn Monroe e Yves Saint Laurent, Andy Warhol pinta Lênin ou Mao – não Hitler ou Franco.

5
TEORIA DA CÂMARA DE GÁS
AS RUÍNAS DO OCIDENTE

28 de setembro de 1944,
Lublin-Majdanek (Polônia),
primeira libertação de um campo
de extermínio pelo Exército Vermelho

Adolf Hitler era um grande leitor. Insone, lia um livro por noite. O ditador antissemita possuía uma biblioteca de dezesseis mil livros, dos quais um bom número de edições raras. O nacional-socialismo é puro produto intelectual do ressentimento. Talvez seja *o* produto emblemático do ressentimento no Ocidente. Porque esse homem que se considerava um artista – e cujo pai, funcionário de aduana, queria que ele seguisse seus passos e ingressasse no funcionalismo público –, esse homem sempre se viu como tal, mas nunca o foi. Quando se alista no Exército, no outono de 1914, no item "profissão" ele põe: *"artista"*, mas é ajudante de pedreiro. Passados os quatro anos da guerra, no início dos anos 1920, e sem nunca ter publicado absolutamente nada, nesse mesmo item ele põe: *"escritor"*.

Na infância, impressionado pelo fausto dos ofícios católicos, inebriado pela pompa, Hitler cogita ser padre. Sobe em cadeiras e faz sermões; catequiza os colegas de escola. Acaba desistindo da ideia, mas conserva a fé: oscilou a vida inteira entre o deísmo filosófico e o catolicismo paulino. À diferença de alguns dignitários do Terceiro Reich, nunca foi ateu, pagão ou anticristão. Nas primeiras páginas de *Minha luta*, Hitler observa que sua formação católica e sua educação religiosa tiveram um papel fundamental na construção de sua personalidade. Nada o obriga a confessar o que não pensa. Por mais incômoda que seja a ideia, Hitler foi cristão – como o antissemita João Crisóstomo ou o partidário do gládio cruzado São Bernardo de Claraval. Voltarei a isso mais adiante.

Em certo momento, depois de ter assistido *ad nauseam* às óperas de Wagner – viu *Tristão* quarenta vezes –, ele pensa em ser compositor. Depois desiste. Julgando ter talento para o desenho, resolve ser desenhista. Aos treze anos, porém, perde o pai, vítima de apoplexia, e seis anos depois, a mãe, vítima de câncer. Vai para Viena e se candidata à Academia de Belas Artes, é reprovado duas vezes: "Eu estava tão seguro de que seria aceito que a notícia do meu fracasso me atingiu como um raio num céu claro". Despeitado, cogita ser arquiteto. "Eu tinha a firme intenção de fazer nome na arquitetura", escreve. Mas o curso exige uma formação que ele não possui. Padre renunciante, compositor recalcado, artista rejeitado, arquiteto frustrado, Hitler foi pintor, mas de parede, auxiliar de pedreiro pouco estimado pelos colegas de obra, vegetariano bebedor de leite e distante do proletariado movido a álcool. Frequentava cantinas populares, dormia em abrigos ou ao relento, limpava neve, carregava malas na estação de trem, vivia de bicos.

Durante quatro anos, Hitler conhece a miséria e a fome, vê a precariedade social e os estragos da pauperização, a dificuldade para encontrar um trabalho e conservá-lo, os salários que mal permitem sobreviver e o refúgio na bebida, o abandono conjugal e a violência familiar, o sindicalismo que mais se serve politicamente dos operários do que faz algo por eles, as moradias insalubres e a alimentação deplorável. A descrição que ele faz da condição operária não fica nada a dever a de um Dickens ou um... Marx. Ele é, em suas próprias palavras, "um pintorzinho"... de parede. Produz e vende aquarelas na rua. A alta opinião que tem de si mesmo não se conforma com sua vacuidade social e seus fracassos sucessivos.

A Primeira Guerra Mundial começa em agosto de 1914. Em 28 de outubro, ele estreia no combate. O batalhão é dizimado. O homem ressentido encontra matéria na vida de soldado para compor sua subjetividade: o artista fracassado se torna o guerreiro revelado pelo espetáculo do combate. Como Ernst Jünger, vê a guerra como uma higiene existencial: um e outro acham que a constante proximidade da morte no campo de batalha dá sentido à vida. Arriscar a vida é conquistar uma alma.

Para os milhões que não retornarão, mortos, retalhados, aniquilados, destroçados, quebrados, partidos, esmagados, perfurados, decapitados, esburacados, transformados em massa sanguinolenta misturada à lama das trincheiras, outros milhões regressarão com a alma morta, retalhada, aniquilada etc. Hitler é um deles, um morto-vivo que, durante toda a sua vida, transforma em morte tudo aquilo que toca. Foi contaminado por Tânatos, e com Tânatos contaminará.

O antissemitismo se torna a resposta para todas as perguntas, a solução para todos os problemas: o que define a ideologia enquanto patologia – ou a patologia enquanto ideologia. Hitler não nasceu antissemita, nem seu pai ou sua mãe, ele se tornou antissemita. Quando sua mãe morre de câncer, dá uma de suas obras de presente a um médico judeu; quando conhece a miséria em Viena, vive três anos num abrigo financiado por famílias judias; quando pena para juntar alguns trocados para suas modestas necessidades, aceita a esmola regular de um amigo judeu; quando precisa vender suas aquarelas, conta com um comerciante judeu; as que logra vender são compradas por judeus – e, como todo ser ressentido, Hitler mais tarde se vinga do bem que lhe fizeram.

Nesse meio tempo, a humilhação pessoal de uma vida fracassada se soma à humilhação coletiva de uma guerra perdida. É com lágrimas e raiva que Hitler recebe a notícia do fim da Primeira Guerra Mundial, num leito de hospital em Pasewalk, na Pomerânia, *depois de ter sido gaseado* no campo de batalha com gás mostarda, perto de Ypres. Ele descreve esse episódio e a cegueira subsequente, no sentido literal do termo, como os desencadeadores de seu desejo de entrar para a política. Todas as questões complexas com que se depara a partir de então são resolvidas pelo simplismo da resposta antissemita.

Assim, ao fascismo de Mussolini, que luta contra o bolchevismo, Hitler acrescenta a dimensão racial antissemita. O nacional-socialismo é um fascismo racialista: o judeu se torna o bode expiatório de toda a negatividade do mundo. A miséria generalizada? Os judeus. A pobreza no mundo? Os judeus. A prostituição nas ruas? Os judeus. A imperícia da democracia? Os judeus. A economia a serviço da pauperização? Os judeus. O pacifismo que amolece e leva à derrota nas guerras? Os judeus. O capitalismo que esmaga os povos? Os judeus. A imprensa que doutrina e mente? Os judeus. O bolchevismo que ameaça a Europa inteira? Os judeus. O comunismo que rebaixa os homens ao nível dos bichos? Os judeus. A guerra para favorecer os fabricantes de armas? Os judeus. O sindicalismo que virou sinecura? Os judeus. O materialismo como aspiração da civilização? Os judeus. A arte, para ele, degenerada? Os judeus. Seu insucesso, seus fracassos, seus reveses? Os judeus... Essa ideia simplista encanta os simples. Acaba com a complexidade do real, com a diversidade do mundo, com a sutileza das coisas, com a multiplicidade das causas, sob a unicidade de um mesmo e único rolo compressor: os judeus são culpados de tudo que há de negativo no mundo desde que existem.

Os judeus também são responsáveis pela morte de Cristo, segundo a versão oficial da Igreja Católica Apostólica Romana há dois mil anos. Ora, Hitler nunca disse ou escreveu nada contra Jesus. Em *Minha luta*, até aponta o seu episódio preferido na vida do Filho de Deus: o gesto colérico ao expulsar os vendilhões do Templo, judeus por sinal, com uma corda usada como chicote. A verdade é que esse é o único momento do Evangelho em que Jesus faz uso da violência física, mas uma vez é o que basta, infelizmente! Como não pensar que esse Cristo anuncia Hitler, que se dá por missão expulsar os vendilhões do Templo, os judeus, para realizar a parusia de um *Reich* milenar?

Os judeus afirmam que são o povo eleito? Hitler inverte a proposição: a Alemanha é o povo eleito, e o *Führer* é o seu messias. O Jesus dos católicos não é mais o semita do judeu-cristianismo, mas o ariano loiro de olhos azuis, o antípoda racial dos judeus. Graças ao plano elaborado pelo ditador nacional-socialista, a salvação viria da regeneração do povo alemão, que foi corrompido pelos judeus. Como Mussolini, Hitler tenciona fazer da Igreja Católica sua parceira no projeto antissemita. E ela não diria não. Pio XII, aliás, tenderá a dizer sim...

Hitler acredita em Deus, disso não há a menor dúvida. Ele é deísta. Mas também acredita na religião católica. É fideísta. Refere-se constantemente à Providência que vela por ele e determina o que ele deve ser. Acredita em seu destino, aprova sua estrela, escreve incessantemente sua história sob o signo daquilo que deve acontecer. Julga-se escolhido, eleito, nomeado, designado pela Providência – as teorias hegelianas do grande homem e da escrita da Razão na História encontram aqui uma nova ilustração. Acredita que a História o faz, ao mesmo tempo que ele faz a História. Acha também que a História só pode ser aquilo que ele quer, uma vez que algo maior do que ele quer o que ele próprio é.

Quando relata sua vida em *Minha luta*, ele afirma o momento em que se viu órfão de pai e mãe, sozinho em Viena, sem dinheiro, sem trabalho, sem emprego e sem perspectiva: "O que então me parecia inclemência do destino percebo hoje como a sabedoria da Providência. A deusa da necessidade me pegou pelo braço e muitas vezes ameaçou me destruir: minha vontade cresceu com o obstáculo que me tornou duro e capaz". Na filosofia de Hegel, a *sabedoria da Providência* é o motor da História. A Ideia, a Razão, o Conceito, a Verdade são para ele o outro nome do *Führer* - aquele que guia, porque é guiado.

Esse deísmo vai de par com certo fideísmo: lembremos que o fideísmo é a adesão às verdades religiosas de um país, sem intenção de justificá-las mediante a razão, o raciocínio, a reflexão ou a argumentação. A tradição é portadora da verdade. A fé é lei. Querer provar a existência de Deus é um desejo fadado ao fracasso: somos habitados por ele, e ele assume a forma que a História lhe dá. No caso de Adolf Hitler, esse Deus é o Deus cristão e católico. O cristianismo, enquanto tal, não é perseguido por Hitler. Foram mandados para os campos todos os que se opuseram a sua doutrina, mas também aqueles que, segundo ele, se opunham intrinsecamente a ela, porque era de sua natureza: os judeus, os ciganos, os comunistas, os maçons, os homossexuais, os criminosos comuns, cada qual com sua marca infamante, da estrela amarela dos judeus aos triângulos de cores diferentes para as demais categorias - rosa, verde, marrom, preto etc. Existe uma categoria de opositores religiosos identificados como tais: as Testemunhas de Jeová, identificados por um triângulo roxo. *Mas não os cristãos*.

O que Hitler reprova no cristianismo não é o cristianismo em si, mas sua versão pacifista. Quando elabora o nacional-socialismo enquanto civilização, ele não o elabora como um ateísmo ou um agnosticismo, e muito menos como um paganismo, mas como um cristianismo de choque - o que toma o gládio das mãos de São Paulo para dar prosseguimento a sua missão "civilizadora" e imperialista. Essa espada católica já servira nas cruzadas contra os infiéis, no massacre dos hereges na Europa, nos etnocídios dos povos ameríndios no Novo Mundo, nas matanças de protestantes durante as guerras de religião, nas guerras coloniais do século XIX, na Guerra de Secessão nos Estados Unidos, na Primeira Guerra Mundial.

Hitler pode abrigar sob sua bandeira Constantino, o imperador que converteu o Império cristão pelas armas e pela violência; São João Crisóstomo, doutor da Igreja, patriarca de Constantinopla, antissemita virulento, autor de sermões de uma violência inacreditável contra os judeus; Santo Agostinho, Pai da Igreja, que teoriza, legitima e justifica a morte do próximo numa guerra "justa", desde que seja travada em nome de Deus; São Bernardo de Claraval, que chama o povo para um combate renhido sob o estandarte cruzado; Pedro, o Venerável, abade de Cluny, que justifica as cruzadas; São Tomás de Aquino, doutor da Igreja, pensador da guerra justa; o arcebispo de Gênova, Tiago de Voragine, que põe em cena um número inacreditável de santos que guerreiam em nome de Deus em *Legenda áurea*, um *best-seller* medieval; o dominicano Francisco de Vitória e o teólogo jesuíta Francisco Suárez, que teorizam a guerra preventiva etc.

Vamos parar por aqui, porque é longa a lista dos cristãos que, entre pensadores e teóricos, filósofos e teólogos, não viram nenhuma contradição entre a religião que seguiam e a destruição em massa de seus adversários. Desde a sua origem, a Igreja sempre foi mais criteriosa ao proibir a sexualidade livre do que a guerra, muito embora haja no *Decálogo* um mandamento que proíbe matar e nenhum que desautorize desfrutar livremente do corpo. Mas o cristianismo está menos interessado em imitar o Jesus da paz que perdoa e ama seus inimigos do que o Paulo da guerra que ateia fogo e associa seu nome a uma arma.

Hitler não entra nesse tipo de detalhe intelectual, mas deixa claro em *Minha luta* que aprova a linhagem do cristianismo desumano. Devemos ignorar a dúvida, afirma. E acrescenta: "Precisamos aprender com a Igreja Católica", que nunca transige o dogma, que é o que possibilita a fé. Assim, enquanto planeja a criação de seu *Reich*, Hitler ainda toma como exemplo o cristianismo, que "também não se limitou a erigir seus altares, mas precisou destruir os altares pagãos. Somente essa intolerância fanática seria capaz de criar a fé apodítica; era sua condição primeira e absoluta".

O que é uma fé apodítica? É uma crença necessariamente verdadeira, em virtude de uma evidência imediata ou de uma demonstração dedutiva. Em outras palavras, com esse termo de âmbito exclusivamente filosófico, especificamente kantiano, Hitler - que leu Kant, cujos livros sobreviveram nas ruínas de Berghof - indica, paradoxalmente, que essa evidência é fundada pela força - e a história do cristianismo lhe dá razão! O fideísmo encontra aqui sua genealogia imanente.

Hitler defende a Igreja e não aceita que, em nome de um crime cometido por um de seus membros, lance-se o opróbrio sobre a instituição como um todo:

> Se compararmos a grandeza das organizações religiosas que temos diante de nós com a imperfeição ordinária do homem em geral, é forçoso reconhecer que a proporção entre os bons e os maus dá vantagem aos meios religiosos. Encontram-se também no clero, naturalmente, indivíduos que se aproveitam de sua missão sagrada para suas ambições políticas, indivíduos que, na luta política, esquecem-se lamentavelmente de que deveriam ser os depositários de uma verdade superior, e não os protagonistas da mentira e da calúnia; mas, para cada um desses indignos, encontramos mil ou mais honestos eclesiásticos, absolutamente fiéis a sua missão, que emergem como ilhotas no pântano de nossa época mentirosa e corrompida.

Hitler acredita, portanto, numa "verdade superior" a serviço da qual o clero se acha majoritariamente engajado. Ele prossegue:

> Tanto quanto não condeno ou tenho o direito de condenar a Igreja em si, quando um indivíduo corrompido, vestindo batina de sacerdote, comete um crime crapuloso contra os costumes, não tenho esse direito quando outro, entre tantos, macula e trai sua nacionalidade, sobretudo numa época em que isso se vê todo dia. E, sobretudo nos nossos dias, não se pode esquecer que, para cada um desses Efialtes, encontramos milhares de padres cujo coração sangra pelo sofrimento de sua nação, e desejam tão ardentemente quanto os melhores de seus compatriotas que chegue o dia em que o céu volte enfim a nos sorrir.

De novo, vemos aqui alguma palavra anticristã? Alguma declaração ateia? Alguma crítica anticlerical? Alguma diatribe pagã?

Na Alemanha, diz Hitler, a religião deve primeiro defender a nação, o país, o povo. Nesse caso, ela está em seu papel e devemos atuar em conjunto com ela; caso contrário, deveria entrar nos eixos. Hitler quer que o catolicismo e o protestantismo sejam alemães e, para tanto, tomem o partido do povo alemão, como foi o caso na Primeira Guerra Mundial. "As ideias e as instituições religiosas de seu povo devem ser sempre invioláveis para o chefe político; senão, ele que deixe de ser político e se torne reformador, se tiver estofo". A religião cristã é compatível, portanto, com o nacional-socialismo, ao contrário do judaísmo, que, para Hitler, é sobretudo uma religião identitária e separatista dentro da nação. Um católico e um protestante podem ser primeiro alemães; um judeu, não, pois será sempre um judeu em primeiro lugar; de modo que, inassimilável, incompatível ao projeto de um nacionalismo integral, representa um obstáculo para a unidade orgânica do povo germânico.

Referindo-se ao judeu, como ele mesmo diz, Hitler escreve:

> Sua vida é apenas deste mundo, e seu espírito é tão profundamente alheio ao verdadeiro [*sic*] cristianismo [*sic*] quanto era alheio o seu caráter, dois mil anos atrás, ao grande fundador da nova doutrina. É forçoso reconhecer que este nunca escondeu a opinião que fazia do povo judeu e, quando necessário, recorreu até ao chicote para expulsar do templo do Senhor esse adversário de toda a humanidade, que, como sempre fez, via a religião apenas como uma ocasião de fazer negócios. Mas também por isso Cristo foi pregado na cruz.

Esse texto fala por si: existe um "verdadeiro cristianismo", o de Jesus que expulsa os comerciantes judeus do Templo porque estes só pensam em ganhar dinheiro e usam a religião apenas para esse fim. Acaso não se lê no Evangelho de João (8,44) que o próprio Jesus disse que os judeus são do diabo ("Vós sois do diabo, vosso pai")? E os demais Evangelhos abundam em referências antissemitas – cerca de quarenta em Marcos, oitenta em Mateus, 130 em João, 140 nos *Atos dos Apóstolos*. Esse Cristo que não gosta dos judeus é o "grande fundador da nova doutrina", e essa nova doutrina, na medida em que é antissemita, e vigorosamente antissemita, é verdadeira. Seria, portanto, a doutrina do nacional-socialismo teórico e do nazismo na prática. O chicote de Cristo se tornaria câmara de gás.

O que a história nos ensina, o que mostram os fatos, corrobora a teoria de Hitler: o "verdadeiro cristianismo", na medida em que é antissemita e toma das mãos de Jesus o chicote que serve para punir os vendilhões do Templo, revela-se claramente um aliado do nacional-socialismo. O Vaticano, que concorda com esse antissemitismo em relação ao povo deicida, concluiria que, no fim das contas, esse regime é um aliado. Eis por que a obra de Adolf Hitler não se encontra no Índex dos livros cuja leitura e consulta são proibidas pela Igreja Católica Apostólica Romana.

Que pensadores se encontram nessa lista de obras proibidas pelos papas ao longo dos séculos? D'Alembert, o enciclopedista; Descartes, o racionalista; Bayle, o tolerante; Beccaria, o abolicionista; Bentham, o utilitarista; Berkeley, o idealista; Charron, o cético; Comte, o positivista; Condillac, o sensualista; Cousin, o eclético; Diderot, o hedonista; Erasmo, o humanista; Fénelon, o quietista; Fontenelle, o libertinista; Fourier, o socialista; Hobbes, o materialista; Hume, o empirista; Kant, o criticista; Locke, o liberal; Stuart Mill, o utilitarista; Montaigne, o fideísta; Montesquieu, o trocista; Pascal, o jansenista; Rousseau, o deísta; Spinoza, o judeu; Voltaire, o anticlerical - mas Hitler, o nacional-socialista? Ele, não... Bergson, Sartre e Beauvoir vão para a lista, mas não Hitler. Os *Ensaios*, sim; o *Discurso do método*, sim; a *Crítica da razão pura*, sim; os *Pensamentos*, sim; *O espírito das leis*, sim; *Emílio*, sim; a *Ética*, sim; mas não *Minha luta*. A Igreja Católica não achou nenhum vestígio de anticristianismo nesse livro, nenhum sinal de paganismo, nenhum traço de ateísmo.

É compreensível que Meslier esteja no Índex: ele foi o primeiro a anunciar a morte de Deus e mostrar que a religião era cúmplice dos poderosos para escravizar os pequenos. É fácil ver por que Lutero e Calvino estão na lista, nem é preciso discorrer a esse respeito: deve-se a eles o cisma maior, o protestantismo. Não causa surpresa que nela esteja Copérnico, pois seu *As revoluções dos orbes celestes* situa a Terra na periferia do universo, enquanto Deus a coloca no centro. É compreensível que nela se encontre Darwin, se, com *A origem das espécies*, ele derrubou a fábula criacionista e mostrou que o homem descende do animal, seu semelhante. Mas por que não há lugar ali para *Minha luta*? Porque a Igreja não vê nada de errado nesse livro.

Para não ter de pensar no conluio entre o nazismo e o cristianismo, e entre o cristianismo e o nazismo, as sociedades do Ocidente, salvo raras exceções, construíram um útil biombo ideológico: Hitler era ateu, pagão, anticristão. Dessa forma, ele ficava do lado do mal. Tornava-se uma imagem do anticristo. A moral moralizadora dispensou a reflexão, proibiu que se lesse e se fizesse história, o assunto estava encerrado, bastava deplorar sem precisar entender. Hitler se tornou o modelo do mal, e o mal se trata pela encantação catártica contrassatânica.

Meditemos sobre as palavras que se encontram na fivela do cinto dos soldados do Terceiro Reich: *Gott mit uns*. "Deus conosco"... O que isso significa? É verdade que já fazia tempo que a expressão era a divisa militar alemã – desde 1701, porque já era a divisa da casa real da Prússia, e depois o foi do *Kaiser*. Mas Hitler poderia ter trocado a divisa e mandado fazer quantos cintos quisesse com uma frase ateia ou pagã. Se a manteve foi porque concordava com ela. Os SS tinham outro lema: *Meine Ehre heibt Treu*, que significa "Minha honra se chama lealdade" – uma profissão de fé que não contraria *Deus conosco*, não é ateia ou pagã, mas explicita claramente que essa unidade militar estava diretamente sob as ordens de Hitler. O *Führer* aderiu à lógica cristã da guerra santa, da guerra justa, da guerra preventiva; não disse nada contra Cristo, nada contra a Igreja, nada contra o cristianismo e até escreveu em seu favor; ele só queria que, com a ajuda de Deus, que é Providência, o povo alemão se tornasse o povo eleito e conduzisse a humanidade para a nova civilização. A guerra é uma das modalidades do chicote.

Hitler sobe oficialmente ao poder em 30 de janeiro de 1933. Nessa época, tinha a aprovação de noventa por cento dos alemães, inclusive pastores e teólogos. Alguns intelectuais e pensadores, filósofos e historiadores acusam o povo e duvidam da democracia, pois viam o advento do ditador através das urnas como uma prova de que o povo não pensa. Isso é fazer pouco do fato de que o povo pensa muitas vezes o que os formadores de opinião o obrigam a pensar à custa de propaganda, jornalismo, ideologia, conferências, publicações, sermões, aulas, livros, programas de rádio. O mundo intelectual como um todo possibilitou a formação do nacional-socialismo, sua ascensão e permanência no poder.

Logo após a guerra, em 1945, Max Weinreich escreve *Hitler et les professeurs* [Hitler e os professores], em que detalha minuciosamente os mecanismos de construção e alimentação desse ressentimento nacional. De modo que ao ressentimento pessoal de Hitler, artista frustrado que aspira à celebridade, soma-se o ressentimento de um povo humilhado pela vitória francesa de 1918, seguida da assinatura do Tratado de Versalhes, em 28 de junho de 1919.

A Galeria dos Espelhos, em Versalhes, é justamente o local onde foi proclamado o Império alemão, em 1871: a França inscreve seu gesto numa lógica de vingança. Nenhum país vencido estava presente ou representado. A Alemanha derrotada é obrigada a morder o pó francês: redução das fronteiras, proibição de anexar a Áustria, desmantelamento e desmembramento do Império Austro-Húngaro em benefício dos vencedores, diminuição de parte da população e do território pela transferência da Alsácia, do Meurthe e do Mosela para a França, administração internacional da Bacia do Sarre, atribuição de partes do território alemão à Polônia, confisco de Dantzig, que se torna cidade livre e dá acesso ao mar aos poloneses, destruição de todo o arsenal militar e proibição de reorganizá-lo, supressão do serviço militar, desmilitarização de imensos territórios, indenização abusiva de guerra, sanções comerciais, inclusive o confisco de algumas patentes lucrativas, dispensa de impostos alfandegários para algumas mercadorias provenientes da França, desmantelamento do Império colonial alemão e repartição das colônias entre os países vencedores, cessão das agências comerciais. A Alemanha derrotada está de joelhos. Ao mesmo tempo que é condenada a pagar altíssimas indenizações de guerra, fica sem meios comerciais, industriais e coloniais que lhe permitam honrar essa dívida incomensurável. A humilhação não gera outra coisa senão desejo de vingança.

Condenar o vencido a uma pena que ele nunca poderia cumprir é impedir a paz e preparar uma nova guerra. Hitler é o homem que propõe a vingança; o *Führer* se torna o salvador que quer lavar a ofensa no sangue da guerra. O nacional-socialismo é a junção do ressentimento de um homem ao ressentimento de um povo, de um país, de uma nação. O poder das palavras de Hitler é apenas a força de um verbo que promete vingança. Nesse jogo, a vitória é do animal mais brutal. O verbo é sem mistério:

o ódio de um povo ganha voz na neurose de um homem e encarna no corpo extático do soldado raso que se torna o senhor do *Reich*.

A Igreja dá seu apoio a esse funesto projeto. Primeiro subscreve ao projeto de rearmamento da Alemanha; assina uma concordata com Hitler em 20 de julho de 1933; cala-se quando os nazistas boicotam os estabelecimentos comerciais dos judeus; também se omite quando são proclamadas as leis raciais de Nuremberg, em 1935; não comenta a Noite dos Cristais, em 1938; não condena a invasão da Polônia pelas tropas do Terceiro Reich em 1939, mas condena a da Finlândia pelos soviéticos; libera seus arquivos genealógicos para o poder nazista – que assim pode saber quem é judeu e quem não o é –, mas acoberta os judeus convertidos ou casados com cristãos, em nome do "segredo pastoral" – que protege apenas os fiéis de Cristo; toma o partido do regime ustache pró-nazista de Ante Pavelić, na Croácia; em 1942, não condena, nem em público, nem em privado, a solução final iniciada após a Conferência de Wannsee; não excomungou nem jamais excomungaria nenhum nazista, mas, em 1949, expulsa todo comunista, qualquer que seja, alegando o conluio do bolchevismo com o... judaísmo. Passados cinco anos da liberação do primeiro campo de extermínio nacional-socialista, o Vaticano não perdeu o rancor, a vindita, o ódio aos judeus.

Voltando a 1934. O católico Hitler precisa negociar com os nazistas ateus ou pagãos – como Heinrich Himmler e a SS, Alfred Rosenberg e seu *Der Mythus des zwanzigsten Jahrhunderts* [O mito do século XX], Richard Walther Darré, autor de *Neuadel aus Blut und Boden* [Nova nobreza do sangue e do solo]. Todos subscrevem o misticismo, o ocultismo, o esoterismo, o orientalismo, a teurgia. Nesse grupo de iluminados é que, deploravelmente, a referência a Nietzsche é devastadora: a figura ontológica do super-homem é convertida em figura política do SS, que mata para além do bem e do mal; o eterno retorno do mesmo, no qual só há lugar para o assentimento daquilo que é, o famoso *Amor fati*, desfigurado numa teoria da história cíclica em que é possível querer o advento de outra coisa que não o que deve advir; a crítica da moral impossibilitada numa configuração fatalista de repetição do mesmo que se torna prática jubilatória da imoralidade; a filosofia da história trágica, em que o determinismo é lei, transformada em filosofia da história otimista em que se pode inverter o curso do rio histórico; o antijudaísmo dirigido contra São Paulo tornando-se antissemitismo genocida; a noção ontológica da vontade de potência desvirtuada em elogio político da sujeição; a leitura dos conceitos filosóficos de força e fraqueza efetuada mais uma vez sob o signo político - é longa a lista das deturpações do pensamento de Nietzsche na ideologia desses defensores do culto de Odin, dos reis de Thule[48] e outras tolices ocultistas.

Hitler não era nietzschiano. Diz a Leni Riefenstahl, que lhe pergunta sobre suas leituras e se lê Nietzsche:

> Não. Não tenho muito que aproveitar em Nietzsche. Ele é mais um artista do que um filósofo, não tem a compreensão límpida de Schopenhauer. Aprecio o gênio de Nietzsche, evidentemente. Sem dúvida escreve a mais bela linguagem que a literatura alemã tem a oferecer hoje em dia, mas não é o meu guia.

A visita ao Acervo Nietzsche, em Weimar, o encontro com a irmã do filósofo - que, ela sim, era uma antissemita ferrenha e uma nazista convicta e deu de presente ao *Führer* uma bengala de castão que pertencera ao irmão - não mudam nada: "Ele não é o meu guia", diz Hitler. Em compensação, invoca Schopenhauer, cujo busto trona em seu gabinete, e *O mundo como vontade e representação* estava em sua mochila no *front*, em 1914-1918.

Schopenhauer é o filósofo do Querer cego que conduz o mundo, o pensador da arte e da música, o teórico da arquitetura como "música congelada", o misógino celibatário, o crítico da democracia, o antissemita notório que fala em "fedor judeu", o inimigo dos professores universitários, o budista vegetariano que prega a renúncia à sexualidade e à procriação e, na mesma ordem de ideias, defende a compaixão pelos animais - Hitler era muito apegado a Foxl, um cão da raça *fox* que o acompanhou nas trincheiras, e Blondi, uma pastora-alemã que ele *suicida* no *bunker* pouco antes de se suicidar. Em "Metafísica da morte", capítulo

48 Cidade da Groenlândia. [N. E.]

de sua obra maior, Schopenhauer é também o teórico do indivíduo que não é nada, ou melhor, não é mais do que um joguete da espécie, que é tudo. Hitler, no dizer dele próprio, e em vista do que fez e foi, nunca foi nietzschiano. Em compensação, foi o perfeito schopenhaueriano.

Schopenhaueriano e fichtiano. Leni Riefenstahl presenteou Hitler com as obras completas desse filósofo que, em 1808, quando Berlim foi ocupada pelos franceses, conclamou o povo a se erguer contra o exército napoleônico – ao contrário de Hegel, que colaborou... Seu *Discurso à nação alemã* é o contrário, ou melhor, o contraveneno do elogio de Napoleão redigido pelo autor de *Fenomenologia do espírito*. Com efeito, Hegel escreveu a Niethammer, em 13 de outubro de 1806: "Vi o imperador – essa alma do mundo – sair da cidade para dar uma volta de reconhecimento; é de fato uma sensação maravilhosa ver um indivíduo que, concentrado aqui em um ponto, montado em um cavalo, estende-se sobre o mundo e o domina". Fichte também era um antissemita belicoso, pensador da exceção alemã, nacionalista, turiferário da pureza e da eficiência filosófica específica da língua de seu país, mais preocupado em se dirigir ao povo do que a suas elites. Hitler não era ocultista, nem pagão, nem ateu. E, acrescente-se, nem nietzschiano... Podemos apenas dizer que era schopenhaueriano e fichtiano.

O livro que nos permite saber qual a relação de Hitler com o cristianismo é do bispo Alois Hudal: *Die Grundlagen des Nationalsozialismus: Eine ideengeschichtliche Untersuchung* [As bases do nacional-socialismo: uma pesquisa histórica], de 1936. O prelado austríaco, antissemita, propõe que catolicismo e nacional-socialismo formem juntos um exército cristão capaz de travar uma guerra contra a Rússia soviética e livrar a Europa da chamada ameaça judeu-bolchevique. Hitler não concorda com as teses propostas por Rosenberg em *Der Mythus des zwanzigsten Jahrhunderts*, embora este último seja o chefe ideológico do partido nazista. A obra de Rosenberg entra para o Índex. Esse livro de modesta tiragem se torna repentinamente um *best-seller*, o segundo mais vendido no Terceiro Reich, depois de... *Minha luta*.

Alois Hudal obriga Hitler a se definir: ele apoia ou não as teses pagãs de Rosenberg? Se há distanciamento em relação ao campo pagão, Hudal cogita uma colaboração com o nacional-socialismo cristão baseada em pontos estruturais comuns: a doutrina paulina, segundo a qual todo poder emana de Deus; a teocracia, em vez da democracia; o antissemitismo raivoso; o ódio ao bolchevismo; o receio dos dirigentes soviéticos de que surja uma frente comum de fascistas e católicos romanos, como temia Molotov. Hitler, para quem o livro do ocultista pagão Rosenberg é confuso e sem pertinência, concorda com as ideias do bispo católico Alois Hudal. Da mesma forma como Mussolini quer fascistizar a Igreja, Hitler quer nazificar o cristianismo. Nem um nem outro pretende cristianizar suas ditaduras. A Igreja oficial poderia ter recusado e resistido, mas não.

Vale destacar, contudo, que Pio XI, papa desde fevereiro de 1922, publica, em março de 1937, uma encíclica, redigida em alemão, e não em latim, como de costume, intitulada *Mit brennender Sorge*, isto é, *Com ardente preocupação*. Nela critica claramente as teses nazistas: o neopaganismo e seus valores baseados no sangue e na raça, a crítica ao judaísmo do Antigo Testamento, o racialismo antissemita, a fusão entre nacionalismo e catolicismo, a religião do Estado e o culto ao governante, as inúmeras violações de direitos, a repressão da Igreja não alinhada, o desrespeito aos termos da Concordata. Em represália, Hitler desencadeia a repressão contra os cristãos.

Em 3 de maio de 1938, quando o *Führer* visita Mussolini em Roma, Pio XI fecha o Museu do Vaticano para lhe impedir o acesso. E, ostensivamente, o papa deixa Roma e vai para a residência de Castel Gondolfo com seus funcionários, a gendarmaria e a guarda suíça. Ainda de forma explícita, Pio XI retorna ao Vaticano depois que o ditador segue para a Alemanha. Alguns meses mais tarde, em 6 de setembro, afirma: "O antissemitismo é inadmissível. Nós somos, espiritualmente, semitas".

Cinco dias depois da encíclica contra o totalitarismo nacional-socialista, em 19 de março de 1937, Pio XI publica outra, dessa vez contra o bolchevismo: *Divini redemptoris*, ou *O redentor divino*. E não faz rodeios ao criticar "o comunismo bolchevique e ateu, que pretende derrubar a ordem social e solapar a civilização cristã em seus próprios fundamentos". O soberano pontífice admite que a ordem do mundo é injusta e gera a miséria que alimenta o movimento das massas comunistas, mas julga o bolchevismo falacioso do ponto de vista espiritual.

Pio XI foi incontestavelmente um grande papa quando não deu razão a nenhuma dessas duas ditaduras sanguinárias, esses dois totalitarismos devastadores, essas duas visões de mundo movidas a ódio e ressentimento. Embora não o tenha feito em nome da democracia. Durante algum tempo, chegou a acreditar que o fascismo ajudaria a restaurar a ordem cristã devastada pela filosofia das Luzes e pela Revolução Francesa. O que não o impediu de colocar Maurras no Índex em 1926 e condenar a Ação Francesa[49]. Quando morreu, deixou inacabada a encíclica *Humani Generis Unitas*, ou *A unidade do gênero humano*, que prosseguia na linha antitotalitária.

Seria o caso de ver uma ligação entre o seu súbito falecimento em 10 de fevereiro de 1939 – de parada cardíaca, segundo o comunicado oficial – e essa coragem política? É verdade que ele tinha 82 anos. Contudo, no dia seguinte, ele faria um discurso contra o sistema de escutas do regime totalitário do *Duce* e sua política belicista, na presença de Mussolini. Pio XI também havia solicitado às universidades católicas que instituíssem um ensino contrário ao racismo e ao antissemitismo. Sua morte viria a calhar para Hitler e Mussolini. Pio XII, que lhe sucede em 2 de março de 1939, foi o papa da colaboração com os regimes fascistas.

Com ele, fica tudo mais fácil. Pio XI cogitou em certo momento incluir o livro de Alois Hudal no Índex, já Pio XII acoberta os desmandos do regime nacional-socialista. Na Conferência de Wannsee, em 20 de janeiro de 1942, Hitler decreta a solução final: a destruição física de todos os judeus da Europa. Essa devastação já tinha começado, mas então se torna prioridade absoluta. Gerhardt Riegner, representante em Genebra do Congresso Judeu Mundial, intervém junto às autoridades americanas, alertando para a eliminação em massa dos judeus: "Fala-se em ácido prússico", escreve em 8 de agosto de 1942. Os Estados Unidos informam o Vaticano – que não se manifesta.

Em Belzec, o coronel da SS Kurt Gerstein assiste a execuções em agosto de 1942. Descreve-as detalhadamente num relatório: a chegada do trem, as mortes durante a viagem, as janelas com grades, o olhar ator-

49 Movimento de extrema direita surgido na França no fim do século XIX. De cunho monarquista, integrista, antissemita, antimaçônico e xenofóbico, tinha Charles Maurras como principal ideólogo. [N. T.]

doado das crianças, a triagem das vítimas, as mulheres, os idosos, as crianças, os homens, as chibatadas, os alto-falantes, a nudez, as pilhas de roupas, os montes de óculos, a pirâmide de 25 metros de altura de sapatos, as dentaduras, o confisco dos objetos de valor, a tosquia, os cabelos enfiados em sacos de batata, o banho de chuveiro supostamente pela higiene, a mentira subsequente sobre a vida após essa formalidade profilática, a entrada na sala da morte, a própria expressão *câmara de gás*, o local saturado de corpos, o fechamento, "os gases de escapamento de *diesel*", os choros, os soluços, a meia-hora de gaseamento – e a morte. A morte inevitável, a morte em massa, a morte industrial, a morte total do corpo, do coração, da alma, de um povo, do humano.

Seis milhões de judeus morrem dessa forma nas câmaras de gás. Quando Kurt Gerstein tenta informar o núncio apostólico em Berlim, não é recebido. Fala com o arcebispo de Berlim, pedindo-lhe que transmita a informação à Santa Sé. Ele envia o relatório para o Vaticano, que não podia desconhecer essas informações, pois elas lhe chegavam simultaneamente por outros canais. O que fez Pio XII? Nada. O que disse Pio XII? Nada. Deu uma palavra que fosse, a uma única testemunha que fosse, que demonstrasse piedade cristã, amor cristão, bondade cristã, compaixão cristã, simples humanidade cristã? Não.

A história é conhecida. As tropas soviéticas libertam Berlim. Hitler se suicida em seu *bunker* em 30 de abril de 1945. O que faz o Vaticano? Continua a apoiar o regime derrotado. A Igreja não diz uma palavra para condenar os desmandos nacional-socialistas após a morte do *Führer*. Mais do que isso: depois de ter sido incapaz de ajudar um único judeu a escapar da morte programada pelos nazistas, organiza toda uma rede envolvendo mosteiros e passaportes do Vaticano – Estado autônomo desde Mussolini – para que os altos funcionários nazistas deixassem a Europa e fugissem dos tribunais. Um homem cumpre um papel fundamental nessa fuga dos criminosos de guerra, um certo Alois Hudal, autor de *Die Grundlagen des Nationalsozialismus*...

Essa guerra ocasionou a morte de 61 milhões de pessoas do lado dos Aliados e doze milhões nas potências do Eixo, ou seja, 73 milhões de seres humanos. Morreram dois terços dos nove milhões de judeus recenseados antes da guerra. O Vaticano de Pio XII consentiu essa carnificina planetária, acobertou esse massacre feroz, deixou acontecer esse niilismo desatinado; e, de lá para cá, nunca pronunciou uma palavra em contrário. Tanto que, neste momento, sob o pontificado do papa Francisco, um processo de direito canônico iniciado pelo cardeal Ratzinger, então Bento XVI, prevê a canonização do papa Pio XII. Não Pio XI. Portanto, Pio XII poderá virar santo da Igreja Católica no século XXI...

Ao anúncio da morte de Hitler, o cardeal Bertram manda os padres de sua diocese celebrar uma missa de réquiem. Foi um réquiem pelo Ocidente. Quem ainda poderia acreditar, se não num Deus compatível com tamanha hecatombe, ao menos numa Igreja que nunca fez nenhuma ressalva? Em seu *Discurso ao VI Congresso Internacional de Direito Penal*, em 1953, Pio XII diz: "Aquele que não está envolvido no conflito sente um mal-estar quando, findas as hostilidades, vê o vencedor julgar o vencido por crimes de guerra, embora esse vencedor seja culpado de fatos análogos em relação ao vencido". Eu não sabia que nos Estados Unidos, no Canadá, na Inglaterra e nos outros países aliados *também* houve câmaras de gás. O judeu-cristianismo morreu porque quis salvar-se seguindo o fascismo.

3
DELIQUESCÊNCIA
O niilismo europeu

1
A PAIXÃO PELA DESTRUIÇÃO UMA ESTÉTICA NIILISTA

Milão, maio de 1961,
Piero Manzoni produz noventa latas de merda de artista

Em maio de 1961, em Milão, Piero Manzoni, filho do fabricante de carne em conserva da marca Manzotini, defeca numa bacia e enche noventa latas de conserva, de trinta gramas cada uma, com seus excrementos. E, em cada uma, escreve: *"Merda de artista. Peso líquido: 30 g. Conservada naturalmente. Produzida e enlatada em maio de 1961"*. Tudo devidamente numerado, etiquetado, assinado. O artista indexa a obra ao preço do ouro: a matéria fecal do artista é vendida, portanto, a preço de ouro, segundo a cotação do dia.

Anos mais tarde, a matéria fecal de Manzoni não é mais vendida a preço de ouro, mas a preço de uma mina de ouro. Uma das latas foi vendida por cerca de 130 mil euros. O conjunto da obra, isto é, as noventa latas, ultrapassa um milhão de euros. O que aconteceu para que, em meio século, a obra atingisse tais cumes no mercado da arte e se tornasse, tanto para os inimigos como para os turiferários, emblema da arte dita contemporânea? A dejeção de um artista vale mais do que ouro – era essa a mensagem que Manzoni queria passar? Ou devemos fazer uma leitura do evento pelo prisma do mero ressentimento, como Ettore Sordini, amigo do artista, afirmou numa entrevista a Martina Cardelli, em 27 de dezembro de 2000: "A venda das 'merdas de artista' a preço de ouro era obviamente [*sic*] um ato polêmico contra o mercado de arte, que não comprava nada dele" (Piero Manzoni, *Contre rien* [Contra nada]).

Piero Manzoni é um cometa no céu da arte europeia: nasce em 1933 e morre aos 29 anos de cirrose hepática – e do frio do seu ateliê, diz Danielle Orhan; de ataque cardíaco, dizem outros... Nesse breve período, produziu um certo número de *performances*, como estas de 1960: assinar e carimbar corpos impetrantes com cores e intitulá-los *Esculturas vivas*, não sem antes atestar a transfiguração com um certificado; encher balões batizados de *Sopros de artista* e apresentá-los como uma produção de *Corpos de ar*; marcar setenta ovos cozidos com suas impressões digitais, distribuí-los ao público para serem comidos e batizar a *performance* de *Consumo de arte dinâmica pelo público devorador de arte*. Além do corpo humano em sua totalidade e das dejeções do artista em particular, Manzoni trabalha com pelo de coelho, bolinhas de poliestireno, pão, algodão. A ele também devemos *Acromos*, de 1957.

Se Manzoni é possível em 1960, é porque houve Duchamp em 1913, ou seja, *quase meio século antes*... Duchamp e *Roda de bicicleta*, seu primeiro *ready-made*. Apesar de requerer intervenção manual, isto é, a fixação da roda de bicicleta no assento do banquinho e, por isso, ainda estar ligado a uma produção artesanal que, além da intenção do gesto, pressupõe o fazer e a mão. O que já não é o caso de *Porta-garrafas*, de 1914, e *Fonte*, de 1917, que são inteiramente *ready-made*, ou *pré-feito*, se quisermos traduzir. Trata-se de dois objetos manufaturados sem a menor intervenção manual do artista, salvo a assinatura no mictório, e cujo *status* de obra de arte se deve ao exclusivo querer conceitual do artista. *Roda de bicicleta* requer um gesto manual; *Porta-garrafas* e *Fonte*, um gesto puramente conceitual, uma intenção estética.

Essa morte da arte clássica coincide com a Primeira Guerra Mundial. Antes da guerra, o próprio Duchamp pinta telas de feições clássicas, como comprovam obras de juventude como *A igreja de Blainville* (1902) e outras telas da aldeia, o *Retrato de Marcel Lefrançois* (1904), o *Retrato de Yvonne Duchamp* (1909), *Nu com meias pretas* (1910), o *Retrato do pai do artista* (1910), o *Retrato do doutor Dumouchel* (1910), *Jogo de xadrez* (1910), *Rapaz e moça na primavera*, *Retrato (Dulcineia)* (1911) e uma dezena de outras obras que mostram que o artista que cinco ou seis anos depois arrasaria a arte clássica não achava indigno pintar o campanário de sua aldeia natal, seus amigos, seus pais, sua irmã, seus irmãos, suas cunhadas, as pessoas que lhe eram próximas.

Marcel Duchamp, filho de um tabelião normando, pinta, nessa época, como um tabelião de província: figuras e corpos, cenas e situações, poses e vistas à maneira dos impressionistas, de Cézanne, dos fauvistas, dos cubistas. Quando descobre o futurismo, cujo *Manifesto* é publicado no *Figaro* em 1909, pinta ao modo cinético e bergsoniano dessa nova sensibilidade e assina um *Nu descendo uma escada* (1912). Intui-se, no quadro, o corpo integrado ao movimento, uno em sua totalidade, em que pese a multiplicidade do deslocamento, mas ainda se percebe ali o real. Alguns anos depois, ele pintaria ao modo cubista.

Pouco se comenta que, nessa época, Duchamp não sabe se seguiria a carreira de pintor ou a de... humorista! O que ele se tornou na história da arte ocidental mostra que ele foi bem-sucedido sem precisar escolher... Em 1905, em Montmartre, descobre o espírito trocista de um grupo que já expôs no Salão dos Incoerentes. Émile Goudeau funda um Clube dos Hidropatas, em 1878 - com esse sobrenome, ele só podia fundar uma comunidade alérgica à água[50]! Com seus amigos, promove algazarras e badernas, tumultos e rumores, fogos de artifícios e leituras de jovens autores desconhecidos - Paul Bourget, Maupassant, Charles Cros... O jornal do clube, *L'Hydropathe* [O Hidropata], registra esses eventos. Até trezentas pessoas assistem a essas algazarras parisienses. Em 1881, os hidropatas cessam as atividades, mas são rapidamente substituídos por outros extravagantes: zutistas, hirsutos e a turma do "estou-me lixando".

Essa insólita boemia inclui um pequeno grupo que gravita em torno de Jules Lévy: os Incoerentes. Esse agente da editora Flammarion organiza um salão cujo princípio é claramente enunciado: "exposição de desenhos de gente que não sabe desenhar". Durante dez anos, entre 1882 e 1893, o espírito adolescente, a franca gozação, a brincadeira livre e solta, a ironia radical tomam conta das exposições em todos os tipos

50 Conjectura-se que o nome do clube seria inspirado na valsa *Die Hydropathen* [Os hidropatas], de Joseph Gungl. Também é um trocadilho com o nome do fundador, Goudeau, que pode ser ouvido como "goutte d'eau" (gota de água). [N. E.]

de suporte: esculturas, jornais, cartazes, colagens, desenhos, convites, bailes à fantasia, baixos-relevos, revistas, catálogos, charadas, trocadilhos, almanaques.

Em 2 de agosto de 1882, Jules Lévy inaugura a exposição nos escombros de um prédio destruído por uma explosão de gás. O dinheiro arrecadado com um bingo é revertido para as vítimas do sinistro. Em seu prefácio ao catálogo de 1884, escreve Lévy: "A seriedade é a inimiga da Incoerência". Há nesse grupo de Lévy absolutamente tudo o que anos mais tarde se encontraria em Duchamp e nos seus seguidores: trocadilhos, *ready-made*, monocromos, concertos de silêncio, pintura em moldura, revolução dos suportes e subjéteis. No meio dessa fauna frenética, encontra-se outro normando, Alphonse Allais, que enuncia assim sua identidade: "Nascido em Honfleur de pais franceses, porém honestos, aluno da Escola Anormal Inferior". Em 1883, expõe uma tela intitulada *Primeira comunhão de meninas cloróticas em dia de neve* – um monocromo branco, naturalmente. No ano seguinte: *Cardeais apopléticos colhendo tomates à beira do Mar Vermelho* – monocromo vermelho, nem é necessário dizer. Esse procedimento já se encontra em Paul Bilhaud: em 1882, ele expõe *Luta de negros num porão à noite*, cuja estampa seria publicada pelo próprio Alphonse Allais em seu *Album primo-avrilesque* [Álbum primo-abrilesco], em 1887.

Em 1884, Alphonse Allais inventa uma extravagante expressão que, assombrosamente, torna-se verdadeira: em pleno século XIX, ele se diz "aluno dos mestres do século XX"! Como discordar, pois se muito antes dos momentos emblemáticos da arte do século XX os Incoerentes já haviam inventado tudo? Yves Klein, em 1949? O *Monocromo* de Bilhaud data de 1882. John Cage e seu concerto de *4'33* de silêncio, em 1952? O *Concerto de silêncio* de Alphonse Allais data de 1897 – a partitura de *Marcha fúnebre para o funeral de um grande homem surdo* não tem notas, porque "as grandes dores são mudas". O *L.H.O.O.Q.* (leia-se, é claro, *elle a chaud au cul*...)[51] e outras brincadeiras de Marcel Duchamp, em 1927? Em 1886, já havia os trocadilhos de *La grammaire incohérente*

51 Quando soletradas em sequência, as letras L.H.O.O.Q. soam exatamente como "Elle a chaud au cul" ("Ela tem fogo no rabo"). [N. T.]

[Gramática incoerente] de Béni-Etcoetera, como L'M.A.K.B ou L'A.E.OU.U.[52]... O *Porta-garrafas*, o famoso *ready-made* do mesmo Duchamp em 1914? Já é anunciado pela exposição de suspensórios da marca Torre Eiffel, apresentados na própria embalagem, em 1882. A *revolução dos suportes* iniciada por Duchamp com a porcelana de *Fonte* (1917), a escultura da estrela cadente em seu couro cabeludo e sua criação de poeira? Já se encontra em pinturas sobre urinóis, salsichões de alho, lixas, cavalos vivos, quando não nas esculturas com queijo ou legumes expostas em 1889. Muito antes de *Merda de artista* (1961), de Manzoni, os incoerentes já utilizam secreções corporais, pintando aquarelas com saliva.

Os incoerentes também dinamitam o sistema com seus salões e júris, seus bastidores miseráveis e receitas lucrativas. Por exemplo, formam júris escolhidos por sorteio. Seguindo o mesmo princípio, distribuem aleatoriamente medalhas de chocolate. Parodiam os *vernissages*, que sempre foram verdadeiras feiras de vaidades, com palhaçadas, risadas espalhafatosas, caricaturas exageradas e ironia cruel. Para escarnecer dos artistas que querem ser subversivos, mas também querem que o Estado premie sua subversão, criam uma roseta multicolorida da Ordem dos Incoerentes, cuja característica é que nunca deve ser usada. Promovem, por fim, jantares gargantuescos e festas báquicas em que os dias inaugurais se perdem nas brumas do álcool.

Em 1905, Duchamp descobre essa parte da história da arte, ou contra-história da arte, através dos catálogos, ou do contato com protagonistas da época nos cafés da boemia, ou em casa de amigos. Dois anos depois, em 1907, expõe no primeiro Salão dos Artistas Humoristas no Palais des Glaces. Apresenta duas obras: *Mulher-cocheiro – tarifa horoquilométrica* e *O coelho*, além de *Flerte* ("Ela: Quer que eu toque *Sobre o mar azul*? Você vai ver como esse piano reproduz perfeitamente a impressão passada pelo título. Ele (*espirituoso*): O que não é de surpreender, senhorita, pois se é um piano... aquoso[53]"), *Preocupação do chifrudo* e *As telas de x* ("Não servem nem para pôr no toalete"). Em 1911, como ele mesmo admite, introduz o humor em seus quadros pintando suas duas irmãs em

52 Respectivamente, "Le macchabée" ("O defunto") e "L'avez-vous-vu?" ("Você viu?"). [N. T.]

53 No original: *piano aqueux*, trocadilho com a expressão homófona *piano à queue* (piano de cauda). [N. T.]

Yvonne e Magdeleine recortadas: seus perfis foram como que recortados e colocados ao acaso sobre a tela, de modo que parecem flutuar. Em outubro do mesmo ano, retrata Magdeleine sentada, lendo, e lhe dá o título: *Falando de irmã caçula*, e, no verso da tela, escreve: *Estudo de mulher / Merda*. Do que se vê que *toaletes* e *merda* entram na dança estética.

Marcel Duchamp não diz nem uma palavra sobre os incoerentes, Jules Lévy, Alphonse Allais ou – o que poderíamos chamar de *performances* – as extravagâncias e as loucuras dos zutistas, os monômios e as algazarras dos hidropatas, as comicidades e as palhaçadas dos fumistas e, sobretudo, as galhofas e os delírios dos incoerentes, nem sobre os monocromos de Paul Bilhaud e os trocadilhos pré-lacanianos de Béni-Etcoetera. Na arte, como em qualquer outra atividade intelectual, os artistas raramente citam aqueles que eles imitam porque os despertaram. Mas não é possível imaginar que Duchamp, *conhecendo esse movimento*, não se tenha inspirado nele.

Dentre muitos outros artistas, Duchamp frequenta Apollinaire e Picabia, Léger e Boccioni, Gleizes e André Mare. Em 1912, seguindo as recomendações de leitura de Picabia, em Munique, encanta-se com *O único e a sua propriedade*, de Stirner, e *Assim falava Zaratustra*, de Nietzsche. É mais fácil situar seu magistério sob o signo dessas duas figuras emblemáticas da radicalidade individualista e da destruição dos valores ocidentais do que sob o de Jules Lévy. Em 1844, Stirner, hegeliano de esquerda, publica esse livro inflamado que pode ser resumido numa frase: só há eu, o Eu, e eu tenho todos os direitos. De modo que, tudo aquilo que não seja eu, eu posso destruir, quebrar, partir, descartar, combater, evitar, prejudicar – tudo é possível, desde que eu possa exacerbar esse Eu que é Tudo.

Stirner é o primeiro pensador do niilismo pós-cristão, muito antes de Nietzsche, que nasceu no mesmo ano da publicação de seu livro. É provável que o autor de *Para além do bem e do mal* tenha lido *O único e a sua propriedade*, pois são duas filosofias que ateiam fogo no judeu-cristianismo. Stirner joga em seu imenso braseiro ontológico tudo o que esteja ao alcance de sua mão. No plano político: o imperador, a pátria, o Estado, o rei, a lei, a ordem, a legalidade, a lealdade, o direito, a liberdade, a igualdade, a censura, o cárcere, o liberalismo, a burguesia, a polícia, o comunismo, o trabalho, a escravidão, o povo, a justiça, as constituições, a propriedade, os partidos, a livre concorrência, a hierarquia, os direitos humanos. No plano religioso: Deus, o Espírito Santo, o cristianismo, os católicos, os protestantes, os ateus, os dogmas, o sagrado, as religiões, a cristandade, a Igreja, o pecado, a fé, Cristo. No plano social: a humanidade, os pais, a família, a coisa pública, o dinheiro, os impostos, a educação, o sistema, a autoridade, a espécie, o senhor, a herança, as ideias, a ideologia, a comunidade, a sociedade. No plano da moral burguesa: a proibição do incesto, a monogamia, a devoção, o amor, a verdade, a veracidade, a justiça, a amizade, o casamento, a renúncia, a abnegação, os moralizadores, os burgueses, o respeito, a honra, o dever, a vida alheia, o amor ao próximo. No plano da ética: o bem, o belo, o mal, os valores, as virtudes, a verdade, a razão. Quais são seus valores? Tudo o que permita a expansão e a expressão de seu próprio Eu: a mentira, a astúcia, o ardil, o assassinato, o crime, o incesto, a traição, a revolta, a rebelião, a força, a violência. Escreve Stirner: "Quero, logo é justo". Devo fazer o que quero, nada pode fazer obstáculo à força de minha unicidade. Sendo assim, é permitido estuprar, matar, dormir com a irmã ou com a mãe, mentir e trair - *O único e a sua propriedade* é um breviário niilista que um equívoco corroborado pela preguiça intelectual descreve comumente como um texto anarquista. Afora atacar tanto o anarquismo em geral quanto Proudhon em particular, Stirner é o filósofo emblemático do niilismo: Nada, para ele, é Tudo.

É compreensível que o filho de tabelião normando bebesse com deleite desse álcool forte: junto com a morte do Bem e de Deus, Stirner anuncia a morte do Belo e da beleza. Duchamp, que foi impressionista, depois cézaniano, fauvista, cubista, futurista, avalia que a arte esteja morta. Em 1912, produz uma aguada sobre papel intitulada *Aeroplano*. Nesse mesmo ano, em visita ao Salão da Locomoção Aérea no Grand Palais, juntamente com Fernand Léger, Apollinaire e Brancusi, Duchamp comenta com o escultor romeno: "A pintura está morta. Quem conseguiria fazer algo melhor do que essa hélice? Diga-me, você seria capaz?". Já que é impossível fazer algo melhor na arte do que aquela hélice, então a hélice seria arte: basta querer e dizer. Não é nem preciso fabricá-la: basta pegá-

-la, *ready-made*, tal como sai da oficina onde outra pessoa a fabricou e realizar o que se tornou o único ato estético possível: dizer que se trata de arte. Stirner justifica que se possa pensar e agir assim. Ele até propõe que se faça isso. Acaso não escreveu: "Eu quero, logo é justo"?

A outra leitura que o alimenta é a de Nietzsche. Sabemos quanto o autor de *O Anticristo* combate o judeu-cristianismo e seus valores: o triunfo do ideal ascético, a vitória da força dos fracos, a submissão dos fortes ao rancor dos fracos, a produção de um homem ressentido, a desvalorização deste mundo em benefício dos ultramundos, a perversão da sexualidade, a submissão de Dionísio a Apolo, o gosto pela morte e a renúncia à vida, o ódio a todo prazer, o desprezo pela carne, a maldição contra as mulheres.

O filósofo alemão anuncia a morte de Deus. E anuncia, ao mesmo tempo, a morte do Belo, pois essas duas noções estão interligadas. Para haver uma ideia de beleza pela qual possamos medir as coisas concretas para saber se são belas ou não, em função de sua maior ou menor proximidade com a Ideia, se são belas ou não, é preciso existir um mundo das Ideias, que não é nada menos do que o meio em que Deus evolui. Deus estando morto, o Belo também morre. Consequentemente, a Verdade que o acompanha, assim como o Bem, o Justo e todos os demais ídolos com maiúscula viram pó. O Belo morreu junto com o Deus a quem ele servia. Resta a perspectiva, o ângulo de ataque, o viés pelo qual abordamos as coisas, o real, o mundo. Portanto, é *belo* o que é decretado como tal por quem se atreva a fazê-lo – o forte. De modo que a pintura pode, sim, ser declarada morta no Salão da Aviação, ao mesmo tempo que é declarada bela a hélice de um Bréguet, de um Daimler ou de um Levassor.

Duchamp revoluciona a arte ocidental propondo uma dupla revolução: a dos suportes e a do olhar. O suporte: durante séculos, ele foi distinto, respeitado, estimado, venerado, prestigiado, nobre. A tela de linho recebia pigmentos preciosos: o dourado para a santidade, as auréolas e as irradiações celestes, os ícones e as vestes dos santos; o azul ultramarino – que vinha de além-mar e, por isso, custava extremamente caro – para colorir o manto da Virgem. Os objetos sacros, relicários e ostensórios, pátenas e cálices, incensórios e tabernáculos, eram de ouro, prata, cobre, e as esculturas, de mármore, marfim, madrepérola, madeiras preciosas. Nada era belo demais para expressar o Belo. O que era precioso precisava ser expressado, mostrado, contado, pintado com objetos preciosos.

Ora, como um bom stirneriano que fundamenta sua causa sobre nada, a não ser sobre si mesmo, sobre o Eu, sobre o capricho pessoal, Duchamp usa todos os materiais: o ferro galvanizado do porta-garrafas, a porcelana do urinol, o metal da pá, o encerado da fita, o plástico da capa da máquina de escrever, a lã do casaco, a madeira do banquinho, o aço do pente, da roda de bicicleta, mas também do fio de chumbo, vidro, cordão, alfinetes de segurança, uma porca e uma escova, borracha, um bulbo de lâmpada, uma concha de choco, veludo, acrílico, cobre, papelão, couro, papel de alumínio, gaze, um prego, iodo, gesso, o material maleável com que se faz moldes dentários, talco, chocolate, moscas, insetos, maçapão, pele de animal, zíper, compensado, tijolo, esmalte, raminhos, linóleo, algodão, luzes elétricas, um bico de gás, e até mesmo "poeira de quatro, de seis meses, que depois é prensada" entre dois vidros, tudo fotografado por Man Ray, em 1920...

Nesse inventário à Prevert, não se encontra matéria corporal - sangue, linfa, suor, cabelos, pelos, lágrimas, esperma, urina, cerúmen, saliva, esmegma, menstruações. Mas em breve eles atestariam a subversão de quem os utilizasse... Mas, em 1920, em Nova York, Man Ray fotografa a cabeça raspada de Marcel Duchamp: uma estrela cadente de cinco pontas desponta no occipício e um rastro de cabelo - do cometa - cruza a cabeça desde a testa até a base do crânio. Essa obra confirma a investidura do corpo enquanto suporte no projeto estético duchampiano.

Duchamp aspira, além disso, a inventar uma personagem para si. Escreve: "Queria mudar de identidade, e a primeira ideia que me ocorreu foi adotar um sobrenome judeu. Eu era católico, e já era uma mudança passar de uma religião para outra! Não achei nenhum nome judeu que me agradasse ou me atraísse e, de repente, tive uma ideia: por que não mudar de sexo? Foi assim que surgiu o nome Rrose Sélavy" - que se deve ouvir como *Éros c'est la vie* [Eros é a vida]. Man Ray fotografa Duchamp vestido com roupas femininas. O corpo, portanto, também pode ser um suporte, como o cordão e a poeira, a mosca e o chocolate.

A segunda revolução de Duchamp é a do olhar. Em *Duchamp du signe*[54], ela é resumida numa frase famosa: "Os OLHADORES é que fazem o quadro". Numa entrevista a Pierre Cabanne, publicada sob o título *Ingénieur du temps perdu* [Engenheiro do tempo perdido], ele explica melhor. Diz sobre a obra de arte: "Para mim, aquele que a olha tem tanta importância quanto aquele que a faz" – o que dá mais sutileza à ideia. Pois o olhador não faz a obra *sozinho*, como na primeira afirmação, mas contribui para ela *tanto quanto* o artista que a quis. Em outras palavras: não é que qualquer um possa fazer uma obra de arte, é preciso também que o artista a queira. A referência a Nietzsche não deixa de ter certo aristocratismo.

Sabemos, desde Leonardo da Vinci, que a pintura é uma "coisa mental"; porém, na mente do gênio italiano, ela é mental para quem a pinta. Duchamp acrescenta que ela é mental também para quem a apreende com seus sentidos, é claro, mas também e sobretudo com sua inteligência, sua cultura, seu saber, suas referências – ou com sua ignorância, seus preconceitos, suas prevenções... Com Duchamp, a obra de arte se torna clara e plenamente uma questão conceitual, uma operação intelectual; pressupõe um parceiro capaz da mesma atitude conceitual e intelectual. Em outras palavras, a arte duchampiana requer um olhador de artista.

A incrível aventura de *Fonte* marca uma ruptura radical no Ocidente judaico-cristão: ela possibilita a passagem do cristianismo teologicamente iconófilo e iconograficamente crístico ilustrado pelo Marcel Duchamp impressionista, fauvista, cubista, futurista, para o judaísmo intelectualmente iconoclasta e filosoficamente conceitual do transexual ontológico em que Rrose Sélavy se transformou. A pista de um devir judeu e pós-cristão da arte contemporânea mediante a abolição da opção figurativa pela opção conceitual não é impossível. Faz sentido que Marcel Duchamp, para quem tudo faz sentido, tenha escolhido um pseudônimo judeu.

---

54 O título, cheio de homonímias, pode assumir diferentes sentidos dentro de um múltiplo jogo de sonoridades: o nome Duchamp pode ser ouvido como *du champ* (do campo) ou *du chant* (do canto), ao passo que *du signe* pode ser entendido como "do signo", mas também "do cisne" (*du cygne*). *Duchamp du signe* se compreende então como Duchamp do signo, do canto do cisne, do campo do signo... Sem falar das diferentes traduções possíveis de *signe*, que tanto pode ser "signo" como "sinal", "marca" ou "aceno". [N. T.]

Com a intenção de expor no Salão dos Independentes de Nova York, em 1917, Marcel Duchamp compra um mictório de louça numa loja de material de construção. O objeto é assinado "R. Mutt" e enviado anonimamente para o comitê de seleção, junto com a quantia que lhe dá o direito a expor. Estupor do comitê: alguns se escandalizam, outros invocam a liberdade de expressão. Vencem os opositores, e o objeto não é exposto. Duchamp faz parte do comitê e se demite.

Stieglitz fotografa o objeto e utiliza a sombra para criar um véu sobre ele. O mijadouro é batizado de *A Madona do banheiro*. Esse nome de batismo significa que persiste a referência ao judeu-cristianismo, mesmo que na forma de derrisão. Revistas de artistas comparam a obra a um Buda, a uma epifania do conceito, citam Montaigne e Nietzsche, Rémy de Gourmont e Bergson para legitimá-la intelectualmente. É exposta numa galeria algum tempo, comprada por Walter Arensberg, um colecionador mecenas, e depois perdida. A obra desaparece de circulação e reaparece trinta anos mais tarde.

Em 1950, ainda em Nova York, o mictório é exposto, vendido, comprado. Torna-se um ícone graças ao pequeno universo nova-iorquino formado por ricos compradores e poderosos galeristas, estetas colunáveis e jornalistas influentes, mecenas ociosos e intelectuais franceses fugidos da Ocupação, da guerra, dos combates e da Resistência. E judeus historicamente dotados para o conceito - galeristas, jornalistas, mercadores, colecionadores, mecenas.

Investindo em todos os suportes, inclusive no corpo, Duchamp conduz a arte a um outro mundo. Durante séculos, a atividade artística serviu ao cristianismo como instrumento de propaganda. Deu corpo e carne à ficção judaico-cristã, dotando suas personagens de formas transfiguradas em verossimilhanças e, portanto, em verdade. Mais tarde, o cinema e a televisão vão contribuir para essa operação de transfiguração do virtual em real, a ponto de fazer da verdade uma ficção, e da ficção uma verdade.

A arte narrou o cristianismo enquanto ele foi forte. A Igreja, o papa, os príncipes cristãos encomendam obras sacras. A emergência da burguesia na história corresponde ao seu aparecimento na pintura: quando pinta *A lenda de Santa Úrsula* (1494-1495), Carpaccio inclui nas cenas da história sagrada as figuras contemporâneas às quais deve a encomenda, os Loredanos. Assim, as insígnias e as flâmulas da família, indicando sua liberalidade, encontram-se numa história que se situa vários séculos antes. Eugênia[55], a esposa do patrocinador, falecida na mesma época em que foi encomendada a obra, é representada no quadro assistindo ao funeral da santa. Junto do papa da lenda estão figuras reais da época: o bispo de Veneza, o embaixador e o cardeal. Carpaccio não podia ter expressado melhor sua submissão ao poder espiritual da santa e sua sujeição ao poder temporal de Sua Sereníssima.

Quanto mais recua o cristianismo, mais avança a burguesia, menos o cristianismo ocupa o proscênio pictórico e mais é relegado ao segundo plano. Em certo momento já não está mais presente, saiu do quadro. Assim, em 1434, ao pintar *O casal Arnolfini*, Van Eyck dispensa a religião e o religioso: um homem de chapéu, uma mulher cheia de bordados, tecidos finos para ele e para ela, peles e veludo, um interior opulento, um largo candelabro e um espelho trabalhado, uma cama de baldaquim púrpura, um cãozinho no primeiro plano, tamancos de madeira largados a um canto, um tapete bordado, uma borla decorativa, móveis, joias, um teto alto, a luz entrando por uma janela ampla, laranjas, uma fruta cara na época, tudo é opulência, riqueza, conforto. O homem segura a mão da mulher: o objetivo é ostentar o casamento, ou pelo menos o noivado, a não ser que a barriga da mulher, disfarçada pelo gesto de erguer o pesado tecido verde do vestido, indique um feliz evento discretamente anunciado pela pintura – e, nesse caso, a obra seria uma anunciação burguesa. A pintura passa a servir aos novos poderosos – os mercadores, os comerciantes, os ricos burgueses.

A fotografia rouba esse mercado dos pintores que, há séculos, representam os reis e as cortes reais. O que Hyacinthe Rigaud faz com Luís XIV, rei da França, Gainsborough com os príncipes e os reis, os duques e as duquesas da Inglaterra, Rubens com uma grande família italiana, Ticiano com Carlos V, Goya com a família espanhola de Carlos IV, Ingres para a burguesia da época, e tantos outros pintores Europa afora, passa a ser feito melhor pelo fotógrafo. Em janeiro de 1839, Joseph Nicéphore

55 Eugênia Caotorta, esposa de Nicolau Loredano. [N. E.]

Niépce produz uma imagem usando uma câmara escura. Em 1824, ele já havia obtido uma imagem com uma pedra litográfica besuntada de produtos químicos. Há quem date de 1822 uma imagem mais antiga, que por acaso é a foto... do papa Pio VII, que foi feita com uma placa de vidro untada com betume da Judeia (!). A fotografia, etimologicamente um processo de escrita pela luz, foi inventada, portanto, em 1822.

A fotografia produzindo melhor do que o melhor pintor, e reproduzindo fielmente a realidade, o pintor precisa pintar outra coisa. A fotografia, que é escrever com luz, mata a pintura e, ao mesmo tempo, garante sua sobrevivência: os impressionistas esfumam o tema, apagam o real e põem em foco a luz e seu efeito sobre as coisas – um monte de feno, a fachada de uma catedral em diferentes momentos do dia, a foz do Sena etc. Monet pinta *Impressão, nascer do sol*, em 1872; a tela dá nome ao impressionismo. O que Monet faz nenhum fotógrafo conseguiria fazer.

O que fazer depois do impressionismo, que como qualquer momento da história não é insuperável? A abolição do tema deu origem à pintura da luz; a abolição da luz daria origem à pintura abstrata. Em 1896, numa exposição dedicada ao impressionismo em Moscou, uma tela de Monet causa uma profunda admiração em Kandinsky. Diante de um de seus montes de feno, cujo tema ele não reconhece, Kandinsky tem a intuição de que a pintura pode existir sem o motivo. Uma pintura sem motivo é a exata definição da pintura abstrata. Kandinsky publica *Do espiritual na arte*, em 1910, mesmo ano em que produz seu primeiro trabalho abstrato. Para quem quer evitar mais uma vez a cristalização da pintura abstrata, o que deve ser abolido agora? Abolir a abstração não faz sentido, porque seria retornar ao tema. É preciso abolir a pintura. Aqui é que entra Duchamp, que revoluciona os suportes e faz explodir o mundo da arte, vítima de um movimento centrífugo. Com *Fonte*, seu golpe de Estado estético se revela um movimento centrípeto que abre as portas para todos os possíveis.

Ora, esses possíveis são os de uma sociedade em que o judeu-cristianismo não faz mais a lei. Agora quem dá a fórmula do niilismo é Marx e o marxismo: "Cortai o mal bem pelo fundo", escreveu Eugène Pottier em 1871, na *Internationale*, e essa frase se torna programa revolucionário;

Freud e o freudismo dão sua contribuição para esse abismo ao transformar a civilização judaico-cristã em produto de uma neurose sexual. O *Manifesto do Partido Comunista*, de 1848, e a *Introdução à psicanálise*, de 1900, e mais tarde, em 1930, *O mal-estar na civilização*, serão os novos breviários – os do niilismo.

Destruir torna-se a palavra de ordem. Quebrar, acabar com o passado, virar a mesa, abolir o que dominou durante mais de mil anos – o poder do capitalismo e do dinheiro, da burguesia e da exploração pelo trabalho, assim como a sexualidade judaico-cristã e o patriarcado castrador, o ideal ascético libidinal e a moral burguesa. Marx se alinhou aos marxistas, mas provavelmente não Freud aos freudianos quando estes se tornaram freudo-marxistas, pois o médico vienense foi conservador a ponto de declarar apoio a Mussolini e desejar colaborar com o Terceiro Reich para que a psicanálise não desaparecesse nas fogueiras nazistas.

No século XX, a história da arte se amolda à do judeu-cristianismo: uma degringolada rumo ao niilismo. Em 20 de fevereiro de 1909, Marinetti publica o *Manifesto do futurismo* no *Figaro*: elogia o perigo, o heroísmo, a energia, a agressividade, a velocidade, a violência, a luta, a guerra, "única higiene do mundo", a revolução, a força, o ódio, a juventude, as máquinas, as massas fanatizadas, o militarismo, o patriotismo, o "gesto destruidor dos anarquistas", das "belas ideias que matam", do "desprezo pela mulher", da "violência desarvorante e incendiária". Escreve: "Queremos demolir os museus, as bibliotecas, combater o moralismo", e, para realizar esse vandalismo futurista, propõe atear fogo nos livros, desviar o curso dos rios para inundar os museus, destruir as cidades de arte com enxada e machado, transformar Veneza em estacionamento. Marinetti diz claramente: "A arte só pode ser violência, crueldade e injustiça". O futurismo se estendeu a todas as áreas: literatura, poesia, música, teatro, cinema, artes plásticas, arquitetura, ciência, culinária. A Itália fascista de Mussolini gostou, a jovem Rússia soviética de Lênin também.

Dadá publica sete manifestos entre 1916 e 1920. No *Manifesto dadaísta 1918*, Tristan Tzara escreve: "Que todo homem grite: há um imenso trabalho destrutivo, negativo, a ser realizado". Com uma sintaxe violentada e insanas associações de palavras e ideias, entre logorreia poética e onomatopeias, e amparando-se numa escrita automática que manda a pontuação às favas, Dadá enuncia algumas teses: o ódio aos princípios, a negação da moral, o desprezo da razão, a detestação da memória, a rejeição da lógica, o ódio ao burguês, a caducidade da pintura, a morte da arte. Também faz alguns elogios: o método psicanalítico, a verdade da força, a sabedoria da loucura. E também, é claro, mijo e diarreia, penicos e intestinos, cuspes e peidos, defecação e imundície, merda e urina... Em *Manifesto do senhor Aa, o antifilósofo*, há uma frase enigmática: "Extermínio. Sim, naturalmente".

Quase não se diz, na França, quão pouco o francês André Breton acrescentou a Dadá e ao dadaísmo. Os dois *Manifestos do surrealismo*, o de 1924 e o de 1929, retomam as mesmas críticas e fazem os mesmos elogios. Breton define o surrealismo como um "automatismo psíquico através do qual se pretende expressar, quer verbalmente, quer por escrito, quer por qualquer outro meio, o real funcionamento do pensamento". Breton leu Freud e concorda com sua análise: a repressão do inconsciente é a fonte de toda patologia; ocorre que a civilização procede dessa repressão; logo, a civilização é uma patologia. De modo que, para curar a civilização, Breton propõe a destruição mediante a liberação do inconsciente. O surrealismo propõe liberar o inconsciente, primeiro como um jogo intelectual, depois como uma política que transborda do cérebro do artista e se torna efeito na história. Eis por que Breton, que nunca escondeu sua preferência por Trotsky e pelo trotskismo, escreve sem pestanejar, no *Segundo manifesto surrealista*: "O ato surrealista mais simples consiste em ir para a rua com um revólver em punho e atirar ao acaso, tanto quanto possível, na multidão".

Concretamente? Concretamente foi o triunfo da estética da desaparição: em 1910, com Kandinsky, a pintura se torna abstrata e abole o tema; em 1916, com o *ready-made*, Duchamp acaba com a arte clássica; em 1922, com o *Ulisses*, de Joyce, o romance rompe com a narrativa e investe no discurso autista; em 1923, Schönberg dispensa a harmonia e a tonalidade da música e promove a atonalidade e o dodecafonismo; em 1945, com Isidore Isou e o letrismo, a poesia passa a prescindir das palavras, das imagens, do sentido, e promove a mera combinação de letras; em 1952, John Cage cria *4'33"*, um concerto de silêncio em que a música são os ruídos produzidos pela plateia; em 1952, Guy Debord faz a projeção de *Hurlements en faveur de Sade* [Urros em favor de Sade], um filme sem imagens que satura a tela com um pretume semelhante ao da sala escura; em 1961, Manzoni vende sua matéria fecal alçada a obra de arte. O que ainda pode vir *depois da merda*? A logorreia sobre a merda para explicar que não é merda porque é crítica do capital – na verdade, sua quintessência?

2

A DESCRISTIANIZAÇÃO CRISTÃ
O PARACLETO IMANENTE DO VATICANO II

8 de dezembro de 1965,
Paulo VI encerra o Concílio Vaticano II

O Concílio Vaticano II (1962-1965) sucede à queda da Berlim nazista cerca de vinte anos depois. Para a Igreja Católica Apostólica Romana, vinte anos é uma vírgula num longo texto de dois mil anos datado da eternidade. Porque a Igreja tem senso de duração. Quem não entendeu que ela define sua existência em relação ao fim dos tempos não entendeu seu funcionamento. O concílio não é evidentemente uma resposta explícita a essa história, ao envolvimento da Igreja com os regimes anticomunistas de Mussolini, Hitler, Pétain e Franco, mas, ainda assim...

Em 25 de janeiro de 1959, menos de três meses depois de ocupar a Santa Sé no lugar de Pio XII, que fora complacente com os fascismos europeus, o papa João XXIII anunciou a realização de um concílio.

No período em que foi representante do Vaticano na Turquia kemalista e, portanto, obrigado a usar trajes civis, o futuro João XXIII, então cardeal Roncalli, forneceu visto a milhares de judeus que rumavam para a Palestina, passando pela Bulgária. Na abertura do concílio, um visitante lhe pergunta o que ele espera dessa pesada máquina que permite decidir os assuntos da Igreja. A história lhe atribui a seguinte resposta, nunca desmentida: "Temos mais o que fazer do que atirar pedras nos comunistas". O Vaticano II é o Maio de 68 cristão.

Replicando ao silêncio de Pio XII, que por anticomunismo apoiou os regimes fascistas, e antissemitas, o concílio decreta que judeus e cristãos são irmãos: Cristo era judeu, os apóstolos também. Se determinados judeus foram responsáveis pela morte de Cristo, não foram todos os judeus daquela época, muito menos os judeus que viveram nos séculos seguintes, e, menos ainda, é claro, os judeus contemporâneos ao Vaticano II. É o que expressa muito claramente o texto conciliar:

> A Igreja, que reprova quaisquer perseguições contra quaisquer homens, lembrada do seu comum patrimônio com os judeus, e levada não por razões políticas, mas pela religiosa caridade evangélica, deplora todos os ódios, perseguições e manifestações de antissemitismo, seja qual for o tempo em que isso sucedeu e seja quem for a pessoa que isso promoveu contra os judeus. (*Nostra ætate*)

O pontificado de Pio XII, cúmplice das ditaduras de direita e da retirada dos criminosos de guerra da Europa após 1945, é claramente desacreditado.

A Igreja associa sua condenação do antissemitismo à condenação do racismo. Com esse concílio, o catolicismo deixa de ser uma questão de católicos e passa a ser uma aventura de seres humanos. Todos podem gostar dessa nova opção, alguns católicos odiariam. Eles não podem mais rejeitar nenhum homem em razão de sua raça, cor de pele ou religião – ou falta de religião. O senso ecumênico constitui a espinha dorsal desse concílio. Acabou o tempo em que a Igreja detestava os judeus, queimava os heréticos, excomungava os heresiarcas, condenava as bruxas à morte, massacrava as pessoas de cor dos países que colonizava, mandava os ateus para a fogueira: a Igreja agora quer converter, trazer ou recuperar os que porventura se desgarraram. "A Igreja reprova, por isso, como contrária ao espírito de Cristo, toda e qualquer discriminação ou violência praticada por motivos de raça ou cor, condição ou religião" (*Nostra ætate* [Nosso tempo]).

O concílio convida os representantes cismáticos do passado a se unir em torno do mesmo ideal evangélico para orar a Deus sem outro intuito a não ser o amor ao próximo: protestantes (anglicanos, luteranos, reformados, evangelistas, metodistas, *quakers*), ortodoxos (armênios, coptas, sírios, russos exilados) e também os cristãos-velhos (como são chamados os crentes da União de Utrecht que rejeitaram o dogma da infalibilidade papal no Vaticano I) são todos convidados a ir a Roma, independentemente das particularidades pelas quais foram declarados inimigos pelos sucessivos papas e pelo Vaticano ao longo dos séculos.

Os "irmãos separados", como são chamados no concílio, devem ser beneficiados pelo mesmo tratamento que os não batizados, com os quais os cristãos são aconselhados a se mostrar amorosos e caridosos. Vai longe o tempo em que os recém-nascidos mortos antes do batismo não tinham direito nem ao paraíso – por causa do pecado original –, nem ao inferno – pela impossibilidade de terem cometido um pecado mortal –, e mofavam no limbo, um lugar à margem do inferno. A teologia escolástica, que inventou essa geografia punitiva no século XIII, refreia o passo. O limbo vai desaparecer em 2007, por decisão de uma Comissão Internacional da Igreja Católica. A canetada foi possível graças ao Vaticano II, que emancipou a Igreja de hoje da Igreja de sempre.

O concílio já não se dirige especificamente aos cristãos, e sim à totalidade dos homens em todo o planeta. Ateus, inclusive. A Igreja não chega evidentemente a aceitar o ateísmo, do qual propõe a genealogia e a análise, mas convida aquele que não crê a "considerar com espírito aberto o Evangelho de Cristo", em outras palavras, a constatar que, fundamentalmente, ao defender "a dignidade da vocação do homem, restituindo a esperança àqueles que já desesperam do seu destino sublime", a Igreja não está totalmente alheia às preocupações dos que obram para o mesmo fim com diferentes meios. De fato, João XXIII está longe de atirar pedras nos comunistas, que compartilham com os cristãos a mesma paixão pela dignidade que se encontra entre os "desejos mais profundos do coração humano" (*Gaudiuem et spes*). Um entendimento entre a esquerda e os cristãos já não está mais fora de cogitação. De modo que, em breve, seria cogitado.

O tempo do imperador bizantino Manuel II Paleólogo, que dizia a seu interlocutor muçulmano que o islã era uma religião belicosa e conquistadora, cruel e vingativa, ficou no passado. O concílio dá mais ênfase ao que aproxima as religiões do que ao que as separa: cristãos e muçulmanos acreditam num Deus único, criador do céu e da terra, um Deus que falou aos homens; eles querem viver segundo os princípios de Deus. Obviamente os muçulmanos não acreditam que Jesus seja Deus, mas admitem que seja um profeta. Além disso, invocam Maria com devoção. E todos esperam o retorno de Deus e a salvação da humanidade. Os devotos de Maomé rezam, praticam a esmola e o jejum, de modo que é possível a reconciliação. O concílio decreta:

> E, se é verdade que, no decurso dos séculos, surgiram entre cristãos e muçulmanos não poucas discórdias e ódios, este sagrado Concílio exorta todos a que, esquecendo o passado, sinceramente se exercitem na compreensão mútua e juntos defendam e promovam a justiça social, os bens morais e a paz e liberdade para todos os homens. (*Nostra ætate*)

A mesma observação é feita acerca das religiões que não são do Livro, como o hinduísmo, o budismo e "as diversas religiões não cristãs", que estão todas dentro da verdade na medida em que derivam de "certa percepção daquela força oculta presente no curso das coisas e acontecimentos humanos" (*Nostra ætate*). O concílio abandona a antiga luta contra o deísmo e não se demora examinando os dentes do cavalo. O hinduísmo recorre aos mitos e à filosofia, à vida ascética e à meditação; o budismo visa à iluminação pelo desapego deste mundo; as demais religiões possuem ritos e senso do sagrado – é o que basta para que todos se possam abraçar. A Igreja, que lutou a vida inteira contra o relativismo, agora convida ao relativismo!

O Vaticano II abre um espaço importante para os leigos – em detrimento dos clérigos, dirão certos clérigos, e alguns se tornarão cismáticos, como o tradicionalista monsenhor Lefebvre. A Igreja não é mais a Igreja do alto, a do papa e dos cardeais, dos bispos e prelados, mas a Igreja da base, a Igreja desejada por Jesus, para o qual ela estava onde duas pessoas se reunissem em seu nome. Os primeiros creem em Deus, mas regem sua crença pela hierarquia e pela transcendência; os segundos creem no mesmo Deus, mas por outras vias, pela democracia e pela imanência. Uns cuidam do ultramundo através da vocação; os outros cuidam deste mundo através das profissões. O *Lumen gentium* [Luz dos povos], texto promulgado em 21 de novembro de 1964, diz: "Além disso, os leigos podem ainda ser chamados, por diversos modos, a uma colaboração mais imediata no apostolado da Hierarquia". E, adiante: "Alguns deles, na medida do possível, suprem nas funções religiosas os ministros sagrados que faltam ou estão impedidos em tempo de perseguição". Em outras palavras, na falta de um padre, um leigo também serve. Assim, o concílio convida os leigos a se tornar padres a sua maneira; paradoxalmente, os padres é que se tornariam cada vez mais leigos, a ponto de se perguntar por que continuar padre, se a vida evangélica já é suficiente.

A pastoral não é mais uma atribuição exclusiva de padres e pastores, todos podem praticá-la - aliás, todo cristão deve praticá-la. O anúncio de Cristo pressupõe uma ação evangélica, uma prática, um testemunho através da vida e da palavra. "Na realização plena deste dever, os leigos ocupam o lugar mais importante [*sic*]" (*Lumen gentium*). Embora devam obediência, assim como os clérigos, eles têm o direito de opinar sobre o funcionamento da Igreja, ou mesmo o "dever" de fazer isso, segundo o próprio concílio. A partir de então, os clérigos têm a obrigação de levar em conta o que os leigos têm a dizer. O texto vai até mais longe, pois, além da igualdade entre clérigos e leigos, ele inverte a perspectiva ao considerar os leigos mais esclarecidos do que os clérigos:

> Estes, por sua vez, ajudados [*sic*] pela experiência dos leigos, tanto nas coisas espirituais como nas temporais, mais facilmente [*sic*] julgarão com acerto [*sic*], a fim de que a Igreja inteira, com a energia de todos os seus membros, cumpra mais eficazmente [*sic*] a sua missão para a vida do mundo. (*Lumen gentium*)

O lema do Vaticano II é, portanto: "Todo o poder aos sovietes!".

Afora a pastoral, os leigos são convidados a participar dos ritos da Igreja. O decreto sobre o apostolado dos laicos, *Apostolicam actuositatemi* [Apostolado dos leigos], menciona sua "participação na santa liturgia". O proêmio de *Sacrosanctum concilium* [Concílio sagrado] (4 de dezembro de 1963) emprega o mesmo vocabulário da Declaração dos Direitos do Homem da Revolução Francesa:

> O sagrado Concílio declara que a Santa Madre Igreja considera iguais em direito e honra todos os ritos legitimamente reconhecidos, quer que se mantenham e sejam por todos os meios promovidos, e deseja que, onde for necessário, sejam prudente e integralmente revistos no espírito da sã tradição e lhes seja dado novo vigor, de acordo com as circunstâncias e as necessidades do nosso tempo.

Nota-se a revisão integral, que pressupõe certa ousadia, e o convite ao exercício da prudência, que modera e tempera a tal ousadia, e isso para que as necessidades do nosso tempo, ou seja, a modernidade, respeitem a sã tradição... A criança nascida da união da água moderna com o óleo antigo é tudo, menos tradicionalista. O concílio, nesse ponto, parece concordar com a Constituição Civil do Clero.

Judeus, protestantes, ortodoxos, ateus, agnósticos, não batizados, hinduístas, budistas, xamanistas ou xintoístas, animistas ou politeístas, leigos – todos os homens são irmãos. *Gaudium et spes* [Alegria e esperança] convida explicitamente a vivermos como "cidadãos do mundo". Com esse universalismo humanista, o Vaticano II dá as costas a São Paulo em nome de Jesus. O concílio envia a espada do tarsiano para o depósito de acessórios e dá preferência às virtudes evangélicas do amor ao próximo, do perdão dos pecados, da comunhão dos santos, da fraternidade universal. O Cristo de capacete e arma na mão que triunfa – de Constantino na Ponte Mílvia a Pio XII na companhia dos altos funcionários do Terceiro Reich, passando por Bernardo de Claraval à frente das cruzadas, ou Hernán Cortés exterminando os povos ameríndios – dá lugar ao Jesus das *bem-aventuranças*. As civilizações, porém, constroem-se à sombra das espadas, e não das oliveiras.

João XXIII se inscreve na linha direta dos anúncios de Jesus no Sermão da Montanha: escolhe o lado dos aflitos, que deseja consolar, dos mansos, a quem promete a posse da terra, dos famintos e sedentos de justiça, que quer saciar, dos misericordiosos, aos quais promete misericórdia, dos corações puros, a quem anuncia a visão de Deus, dos artesãos da paz, que serão chamados filhos de Deus, dos perseguidos pela justiça, a quem anuncia que o reino dos céus lhes pertence, dos insultados em nome do cristianismo. Com esse tipo de programa, não se cria nem se defende uma civilização, mas produz-se humanismo. O Deus de ira cede lugar ao Deus de amor. Ocorre que a ira assusta e mantém os lobos à distância, ao passo que o amor é a promessa de vitória para os que escolheram o ódio.

Pio XII, que jogou tantas pedras no comunismo, tinha uma teoria particular sobre os padres operários; ele, que não incluiu *Minha luta* no

Índex, não excomungou Mussolini, Franco, Pétain, Hitler nem nenhum de seus cúmplices, mas colocou Marx no Índex e excomungou todos os marxistas e comunistas por motivo de ateísmo, via a experiência dos padres operários como um oximoro insuportável: segundo ele, o padre deve ser de direita, e o operário é sempre de esquerda, então é impossível ser as duas coisas ao mesmo tempo! Padres não podem ser operários, e os operários só serão toleráveis e tolerados, defensáveis e defendidos se forem católicos. Portanto, Pio XII condena o movimento dos padres operários, que de fato foi iniciado por católicos de esquerda na esteira do catolicismo social, em 1954.

Os padres operários queriam lutar contra a descristianização no meio operário, onde o sindicalismo e o militantismo de esquerda ganhavam adesão. Contra o aburguesamento do cristianismo nas paróquias, esses homens de Deus que vestiam macacão de trabalho queriam levar a palavra evangélica aos condenados da terra e, ao mesmo tempo, apoiar suas lutas por uma vida melhor. O alimento celeste e o alimento terrestre eram, para eles, indissociáveis. Esses padres tinham passado pela Ocupação, pela Resistência, pela deportação, pela colaboração; tinham visto a hierarquia, a começar por Pio XII, tomar o partido das ditaduras de direita e condenar o marxismo; durante a Segunda Guerra Mundial, nos campos de prisioneiros ou nas redes de resistência, tinham convivido com criaturas de carne e osso, longe das ideias ensinadas nos seminários.

Depois da guerra, muitos entraram para a Confederação Geral do Trabalho (CGT) e se tornaram companheiros de estrada do Partido Comunista Francês (PCF), cuja ideologia se pautava pela URSS. Em 1949, Pio XII publicou um decreto do Santo Ofício que excomungava comunistas e simpatizantes. Em março de 1950, padres operários apoiaram o Apelo de Estocolmo, que fora iniciado por comunistas e propunha a renúncia ao armamento nuclear. Pio XII, apesar de obviamente não ignorar o que acontecera em Hiroshima e Nagasaki, defendia o emprego de bombas atômicas. No Natal de 1955, num pronunciamento pelo rádio, o papa explicou que esse arsenal era legítimo – deveria ser defensivo e não ocasionar a destruição pura e simples do planeta.

O *Catecismo da Igreja Católica* atualmente em vigor não condena a bomba atômica. A Igreja condena *determinado uso* da bomba: "Toda a ação bélica, que tende indiscriminadamente à destruição de cidades inteiras ou vastas regiões com os seus habitantes, é um crime contra Deus e o próprio homem, que se deve condenar com firmeza, sem hesitação". Não há por parte dela uma condenação firme e sem hesitação da bomba atômica – apenas de seu uso, que a seu ver não entra na categoria dos atos de guerra que destroem cidades ou regiões com seus habitantes... Quando é cristã, a bomba poupa suas vítimas! O "não matarás" é um mandamento sujeito a muitas exceções. É compreensível, portanto, que o capelão católico George Zabelka abençoe a tripulação do *Enola Gay*, que estava de partida para a cidade de Hiroshima para destruí-la... Enquanto isso, os padres operários defendem a paz e rejeitam a corrida armamentista nuclear.

Em 28 de maio de 1952, durante as manifestações organizadas pelo Movimento pela Paz, uma derivação do PCF, contra a visita à França do general Ridgway, acusado pelos comunistas de utilizar armas bacteriológicas na Coreia e na China, dois padres são detidos por participar da marcha. A manifestação foi violenta, resultou em mortes, e a sede do PCF foi revistada. O secretário-geral do partido, Jacques Duclos, foi detido. O envolvimento dos padres no universo do trabalho se alastra: depois das fábricas, é a vez do campo e dos portos acolherem os sacerdotes trabalhadores. Em 1º de março de 1954, Pio XII proíbe os padres de trabalhar em fábricas: põe um ponto final à experiência dos padres operários. Eram cerca de cem, a maioria pede demissão, alguns desobedecem e ficam.

O Vaticano II toma o partido dos que desobedeceram, ou seja, nesse ponto como em outros, o concílio desautoriza Pio XII. Embora em nenhum momento isso seja explicitado, parece realmente que o Vaticano II é o concílio da depuração, da desnazificação, do ajuste de contas com a Igreja que colaborou com os nazistas em nome dos cristãos, que individualmente contrariaram sua Igreja, resistiram e não aderiram ao fascismo nem ao nazismo, e muitos, em nome de um ideal de fraternidade com os pequenos e desvalidos semelhante ao dos Evangelhos, tornaram-se companheiros de estrada do marxismo-leninismo.

Em *Presbyterorum ordinis* [Ministério dos presbíteros], a Igreja desautoriza Pio XII ao ensinar que os padres vivem no meio dos homens, iguais aos outros homens, e, portanto, devem compartilhar suas vidas com esses irmãos. Já não se nota o que diferencia o padre do não padre, o clérigo do laico. Já que lhes cabe anunciar a boa nova por toda a parte, não há lugar proibido. A fábrica e o barco de pesca, a cidade ou o campo tornam-se espaços de evangelização. Se o concílio aproxima os leigos dos padres a ponto de às vezes confundi-los, também aproxima os padres dos leigos até confundi-los: o leigo que concelebra a missa e o clérigo que ocupa um lugar na linha de montagem se confundem numa mesma missão ética e política.

O concílio associa todos os padres numa mesma missão:

> Os que se dedicam à investigação científica ou ao ensino, mesmo os que se ocupam em trabalhos manuais compartilhando a sorte dos operários, onde isso pareça conveniente e a competente autoridade o aprove, assim como os que realizam qualquer outra obra apostólica ou orientada ao apostolado. Todos têm uma só finalidade, isto é, a edificação do corpo de Cristo. (*Presbyterorum ordinis*)

Compartilhar a condição operária – está dito, mesmo que o conceito de *padre operário* seja cuidadosamente evitado.

Os posicionamentos de Pio XII a favor da guerra e da bomba atômica são matizados. *Gaudium et spes* aborda essas questões. O concílio toma o partido da paz contra a barbárie da guerra. Uma vez que Cristo quis a paz com seu sacrifício, cabe a nós querê-la também, ela é uma construção. A Igreja opta pelo pacifismo e pela não violência, embora isso seja dito com todas as cautelas jesuíticas da casa:

> Não podemos deixar de louvar aqueles que, renunciando à violência na reivindicação dos próprios direitos, recorrem a meios de defesa que também se encontram ao alcance dos mais fracos – sempre que isto possa ser feito sem lesar os direitos e obrigações de outros ou da comunidade.

A violência e a guerra decorrem do pecado original, a paz é vontade e construção a partir da imitação de Cristo. A não violência é evangélica, e a guerra é contracristã.

Na ordem linguística jesuítica, a expressão "armas científicas" é preferível à "bomba atômica". É claro que essas armas se incluem no que se convencionou denominar NBC (nucleares, biológicas, químicas), mas faz sentido ocultar a arma atômica por trás desses termos. O concílio condena a Guerra Fria, e também a dissimula com o mesmo gênero de circunlocução: "o prolongar-se de guerras [...] larvadas"; reprova igualmente o "recurso aos métodos do terrorismo [que] é considerado como uma nova forma de guerra" (*Gaudium et spes*, 79).

O concílio condena categoricamente o *genocídio*, mas evita usar o termo. Prefere falar em atos "com que se leva metodicamente a cabo o extermínio de toda uma raça, nação ou minoria étnica. Tais ações devem ser veementemente condenadas como horríveis crimes e louvada no mais alto grau a coragem de quantos não temem resistir abertamente aos que as querem impor" (*Gaudium et spes*, 79). Entre os quase três mil príncipes da Igreja reunidos para o concílio, os que guardavam memória de Pio XII devem ter recordado que não era essa a opinião do soberano pontífice anterior. As orelhas ontológicas de Pio XII devem ter ardido e muito!

A Igreja evoca o "direito natural universal", as convenções internacionais que determinam o respeito à humanidade nos conflitos que nem a fé, nem a razão, nem a inteligência conseguem evitar. Mas, devido ao pecado original, a Igreja sabe que a guerra é inarraigável. É preciso trabalhar pela paz, mas, por ela, também saber fazer a guerra. A Igreja não vê nenhuma contradição entre o mandamento que proíbe matar e o fato de matar, desde que seja para se defender. Aqueles que agridem, porém, nunca dizem que estão agredindo, sempre alegam que estão respondendo a uma ofensa. A não violência e o pacifismo se deparam aqui com seus limites: o concílio afirma que não se deve fazer a guerra, exceto quando é necessário fazê-la. A Igreja defende, portanto, o que denominamos "legítima defesa"... Em face do risco de conflito nuclear, a Igreja não tem nada melhor a propor do que convidar os chefes de Estado das potências belicosas a refletir antes de cometer um ato que seria terrivelmente funesto.

O concílio critica a corrida armamentista, mas, sempre jesuíta, admite que o equilíbrio das ameaças trabalha em favor do não recurso à arma atômica. Mais uma vez, não tem outra solução a propor senão o convite à "reforma das mentalidades" – no sentido cristão, é claro. Difícil imaginar que Kennedy e Johnson, ou Khrushchev e Brejnev, estivessem dispostos a reformar suas mentalidades. A leitura dessa profissão de fé: "A providência divina instantemente nos pede que nos libertemos da antiga servidão da guerra" talvez os fizesse sorrir. Em outras circunstâncias, Stálin disse: "Vaticano? Quantas divisões?". Teria sido interessante esse pacifismo de intenção se traduzir num pacifismo militante, numa não violência convertida em cultura evangélica e crística – uma não violência concreta universal poderia ter sido proposta. Dá para imaginar Jesus lamentando a existência da bomba nuclear, mas conformado com ela, desde que se limitasse ao uso defensivo? Sair do atoleiro duas vezes milenar da guerra justa e da guerra preventiva já era, contudo, um grande passo. Com o Vaticano II, a guerra só seria legítima se fosse defensiva.

O Vaticano II realizou de fato o *aggiornamento* a que aspirava João XXIII: os judeus não eram mais o povo deicida; os protestantes e ortodoxos rezavam para o mesmo Deus que os católicos, e era isso que importava; os ateus, os agnósticos e os não batizados também buscavam a verdade, de modo que, mesmo que estivessem equivocados, eram companheiros que partilhavam de uma mesma busca da verdade; os hinduístas, os budistas, os xamanistas, os xintoístas, os animistas e os politeístas podiam até estar errados quanto ao caminho, mas não quanto à direção, pois eram irmãos em ritos e sacralidade; os leigos mal se distinguiam dos padres em virtude do princípio de que todos os homens são irmãos; os clérigos tinham coisas a aprender com os simples cristãos que não dedicaram sua vida à religião; os comunistas não eram mais os principais inimigos, os padres operários estavam certos em evangelizar os trabalhadores nas fábricas, nos portos e no campo, ao lado dos comunistas; os nacionalistas e os patriotas erraram quando se esqueceram da lição do universalismo cristão, que convida ao cosmopolitismo, ao amor do outro, do mais próximo ao mais distante; se a guerra é inevitável, já que é consequência do pecado original, é preciso querer a paz e a não violência, ou então se conformar à guerra, mas somente para se defender.

Cada uma dessas questões era uma bofetada em Pio XII, mas também, e sobretudo, em mais de um milênio de Igreja Católica Apostólica Romana. Porque desde o imperador Constantino ela justificou: o uso do gládio contra o adversário; os autos de fé dos livros não cristãos; os *pogroms* antissemitas; as guerras de religião contra os protestantes; o massacre sistemático e consciencioso dos hereges; a fogueira contra os ateus, os materialistas, os agnósticos, os deístas, os filósofos, os pensadores; os etnocídios no Novo Mundo; a superioridade do clérigo sobre o leigo; o ódio às ideologias progressistas que defendiam os trabalhadores oprimidos; os regimes fascistas que continham o alastramento do bolchevismo ateu e materialista; o genocídio dos judeus pelos nazistas; a guerra "justa", que permitia ataques "preventivos" e apresentava qualquer agressão como defesa; a acusação de simpatia dos padres operários pelo bolchevismo. O concílio foi uma bomba.

Para o fundo ser visível, a forma também precisa ser, e isso vale até para a mais remota igrejinha do interior. Aquilo que foi teorizado nas bibliotecas do Vaticano por teólogos, cardeais, conselheiros e pensadores, antes de ser formulado... em latim, tinha de produzir efeitos visíveis para o católico praticante quando este fosse à missa aos domingos. A liturgia foi alterada e, para os praticantes, essa foi a demonstração palpável de que as coisas haviam realmente mudado. A ideia de que a forma não é mais do que o fundo vindo à tona nunca foi tão acertada.

No mundo inteiro, 1,1 bilhão de cristãos viram a liturgia e o ritual da Igreja Católica se transformar para... *democratizar* o cristianismo! Uma religião de dois mil anos de idade deixou de ser assunto reservado a uma aristocracia, a uma nobreza, ao sangue azul da hierarquia eclesiástica, aos padres e freiras, monges e monjas, bispos e cardeais, beatos e santos, teólogos e casuístas para ser assunto do povo dos cristãos, das pessoas simples, modestas, ignorantes da teologia e da patrística, da escolástica e dos concílios, da definição exata da transubstanciação ou da eucaristia. As sutilezas dessa religião complexa desapareceram em nome de um discurso humanista que parecia querer juntar-se ao dos maçons leigos e dos filósofos kantianos, dos pensadores personalistas e dos espiritualistas ateus. A estrutura da missa foi repensada de cima a baixo, desde a música e as vestes, a língua vernácula e o tratamento de Deus por "tu", a mistura da assembleia dos fiéis e a comunhão sob duas espécies, por exemplo, mas também, e sobretudo, a simbologia mais profunda, o sentido íntimo da topografia do sagrado, como a missa realizada de frente para o público, o padre dando as costas para o tabernáculo e voltado para os fiéis.

A Igreja sempre teve uma relação muito íntima com a música: a missão desta última, como de toda arte cristã, era exprimir a verdade da religião católica. Primeiro veio a monodia gregoriana, que era a legibilidade e a pureza da mensagem cristã em uma única linha melódica; depois veio a polifonia gregoriana, com melismas e refrões sustentando a linha melódica, uma inovação contestada por alguns cristãos porque a música tinha prioridade sobre o texto; vieram em seguida os motetes da *ars nova*, a música sacra medieval, o repertório para órgão, a cantata luterana, o oratório barroco – que fazia concorrência à ópera com temas religiosos – e as grandes formas, como as missas, o *Stabat mater*, os réquiens, as vésperas, as litanias.

Em *Sacrosantum concilium*, o Vaticano II propõe que se "restaurem os hinos" e julga possível se libertar da tradição musical do Ocidente: "Se convier, admitam-se também outros [hinos] que se encontram nas coleções hinográficas". O objetivo é mudar "tudo o que tenha ressaibos mitológicos ou for menos conforme à piedade cristã". Assim, o patrimônio cultural da música sacra abre espaço para as canções populares, o *gospel*, as canções acompanhadas ao violão que encantaram os espectadores do filme *A vida é um longo rio tranquilo*... Uma música do *Top* 10, desde que fale de amor, combina melhor com a devoção cristã do que um *kyrie* gregoriano. Vandalismo suave...

O guarda-roupa sacerdotal é relegado às traças. A ordem é acabar com "a mera suntuosidade" das vestes e também dos ornamentos cultuais. Rendas, sedas, brocados, púrpura – tudo isso desaparece. A batina vai para o depósito de acessórios. O padre se veste de cinza e usa uma gola romana branca, mas também pode vestir-se com trajes civis. A tradição pictórica e escultural clássica que se vê há séculos nas igrejas é acrescida de uma iconografia *kitsch* e sulpiciana, com cromos, pinturas de fiéis, fotos recortadas de jornais, painéis de compensado com caligrafia de criança, cartazes com desenhos inocentes e textos ingênuos dos paroquianos. Iconoclasmo suave...

O latim, que foi a língua do concílio, permanece a língua universal do cristianismo, mas a preferência é da língua vernacular, para que o fiel possa entender e compreender o que é dito. O *Pater Noster* passa a ser *Pai nosso*; o *Credo, Creio em Deus Pai*; a *Ave Maria, Eu te saúdo, Maria*. Mas não basta democratizar a mensagem evangélica, formulando-a na língua do crente, e não na da Igreja; Deus, Jesus e Maria descem do céu e se tornam amigos, tratados com intimidade: ao rezar, já não se diz: *Seja feita a Vossa vontade*, e sim: *Seja feita a Tua vontade*; já não se pede: *Venha a nós o Vosso reino*, e sim: *Venha a nós o Teu reino*. Deus, Jesus e Maria são *sans-culottes* que se pode tratar pelo "tu" revolucionário do ano II.

Num vocabulário que, de novo, lembra a Declaração dos Direitos do Homem e do Cidadão, lemos em *Gaudium et spes*: "Deve superar-se e eliminar-se, como contrária à vontade de Deus, qualquer forma social ou cultural de discriminação, quanto aos direitos fundamentais da pessoa, por razão do sexo, raça, cor, condição social, língua ou religião". As mulheres devem poder escolher livremente seu marido, trabalhar, envolver-se com a cidade. A Igreja não chegou ainda ao ponto de autorizar o acesso das mulheres ao sacerdócio...

A igualdade entre homens e mulheres também tem de ser visível: já não cabe mais a separação entre lado direito e lado esquerdo da igreja, o esquerdo reservado às mulheres, porque tinha conotação negativa, enquanto o direito cabia naturalmente aos homens. A misoginia, a falocracia da Igreja, oriunda do pecado original e da falta cometida por Eva, recua com a mistura dos sexos. Homens e mulheres podem ficar lado a lado, tanto à esquerda quanto à direita da nave central da igreja.

A comunhão que permitia ao padre oferecer diretamente a hóstia ao comungante, enquanto um oficiante segurava uma pátena sob o queixo do fiel para aparar a hóstia caso caísse, é substituída por um novo ritual. O gesto do clérigo que oferece a hóstia ao leigo passivo é trocado pelo gesto do clérigo que oferece a hóstia ao leigo ativo: a hóstia consagrada entregue na mão do comungante, e cabe a ele introduzi-la em sua própria boca. Assim, tocar no corpo de Cristo não é mais prerrogativa exclusiva do padre, por privilégio do cargo, mas também do simples crente. A nova eucaristia transforma o homem de Igreja em prestador de um serviço sagrado, enquanto o essencial, a manducação, torna-se um gesto puramente humano. Os dedos de uma mão comum têm acesso direto à carne de Cristo.

Essa destruição do sagrado, esse massacre da transcendência, essa descida trivial da divindade à terra, culminam na nova cenografia da missa. Desde séculos, o tabernáculo com o Espírito Santo é embutido no altar situado no fundo do coro: o padre celebra a missa de frente para esse dispositivo sagrado. O oficiante em vestes sacerdotais fica de costas para os fiéis, uma vez que está de frente para o sagrado, em face do divino, olhando para o Espírito Santo, em contato direto com a divindade, diante das hóstias consagradas e, portanto, da presença real do corpo de Cristo. Esse espaço é eminentemente simbólico, porque é o lugar do sol nascente, ou seja, de onde virá Cristo no Juízo Final. O padre, ao se virar para oeste, torna-se o intermediário entre Deus e seus fiéis, ele intercede. Assim como os fiéis, está voltado para oeste e, no movimento em direção a Deus, acha-se mais perto Dele e mais distante da porta que dá para o mundo profano.

A mudança litúrgica do Vaticano II abole esse dispositivo e promove uma nova cenografia: o altar é erguido no coro, entre a abside, onde está o Espírito Santo, e a nave, onde reza a multidão dos fiéis. O padre agora dá as costas para o tabernáculo e, portanto, para o sol nascente, e, portanto, para a vinda de Deus, e, portanto, para o próprio Deus, e fica de frente para os homens, que ele agora pode ver e encarar. Dessa forma, o padre fica mais próximo de suas ovelhas, mas à custa de um maior distanciamento de Deus. No campo simbólico, alegórico, isso é terrível: ao querer aproximar os homens de Deus, o Vaticano II fez o exato contrário.

João XXIII, que convocou o concílio, morre em 3 de junho de 1963. Com todos os cardeais já presentes, um novo papa, Paulo VI, é eleito em 21 de junho. A orientação geral do concílio não sofre nenhuma alteração. Iniciado em 11 de outubro de 1962, o Vaticano II se encerra em 8 de dezembro de 1965. Ele se propôs a conter a descristianização, visível na diminuição do número de vocações, no esvaziamento das igrejas, na crença *à la carte* de um grande número de crentes, no fato de a sociedade se libertar cada vez mais do esquema judaico-cristão, na laicização de todos os setores, na força crescente do capitalismo consumista, do agnosticismo, do ateísmo, do materialismo marxista.

A civilização do *rock and roll* e da HQ, do cinema e da televisão, das boates e da fumaceira do cigarro, da pílula e do divórcio, do álcool e dos entorpecentes, do refrigerador e do automóvel, da bomba atômica e da Guerra Fria, do amor livre e do lazer, do dinheiro e dos objetos, avança e arrebenta tudo a sua passagem. Não há nada que o Vaticano II possa fazer contra isso. Aliás, parece que o concílio, que queria ser um remédio, só fez piorar a doença: ao transformar Deus num amigo tratado por "tu", o padre num colega que se convida para a casa de campo, o simbólico numa velharia que deve ser abolida, o mistério da transcendência numa banal imanência, a missa numa cenografia copiada de um programa de televisão, o ritual numa atividade indiscriminadamente aberta ao sucesso da música do momento ou à arte *naïf* dos crentes mais animados, a mensagem de Cristo num mero panfleto sindical, a batina numa fantasia teatral, as outras religiões em espiritualidades tão válidas quanto o cristianismo, a Igreja só fez acelerar o movimento que anunciava a sua própria queda.

Em sua homilia de 29 de junho de 1972, ou seja, menos de dez anos mais tarde, Paulo VI lamenta o que aconteceu após o Vaticano II: "Em face da situação em que a Igreja se encontra hoje, temos o sentimento de que por alguma fresta a fumaça de Satanás penetrou no templo de Deus: existe dúvida, incerteza, problemática, inquietação, confronto. Não há mais confiança na Igreja" – palavras do papa... E, mais adiante:

> Acreditávamos que, depois do concílio, haveria um dia de sol na história da Igreja. Em vez disso, vieram nuvens, tempestade, escuridão, busca, incerteza. Pregamos o ecumenismo e separamo-nos cada vez mais dos outros. Tentamos cavar abismos, em vez de aterrá-los. Como aconteceu isso? Houve a intervenção de uma força adversa, cujo nome é o diabo, esse misterioso ser a que alude São Pedro em sua epístola. Quantas vezes Cristo não fala no Evangelho sobre esse inimigo dos homens! Cremos na ação de Satanás, que opera hoje no mundo justamente para perturbar, sufocar os frutos do Concílio Ecumênico, e impedir a Igreja de cantar seu júbilo por ter readquirido plenamente consciência de si mesma.

Fumaça de Satanás entrando pelas frestas? A leitura da História pelo primeiro dos cristãos parece bastante limitada. Se, para compreender o mundo, só resta àquele que dirige a Igreja Católica mundial o conceito de Satanás, tão gasto quanto o de Deus, é porque ele também soçobrou de corpo e alma no abismo niilista.

3
METAFÍSICA DE MAIO DE 68
A VIA RÉGIA CONSUMISTA

> Colombey-les-Deux-Églises,
> quinta-feira, 11 de dezembro de 1969,
> Malraux se encontra com De Gaulle. A sra. De Gaulle lhe diz:
> "Afirma um apicultor que em maio, na França inteira, as abelhas também estavam enfurecidas."
>
> André Malraux, *Le miroir des limbes*

Depois da Revolução Francesa, no fim do século XVIII, e da revolução bolchevique, bem no início do XX, os acontecimentos de Maio de 68 constituem o terceiro tempo da descristianização da Europa. As ruas substituíram as igrejas, os panfletos viraram missais, as serigrafias tomaram o lugar dos ícones, o megafone desbancou a cátedra, a assembleia geral fazia as vezes de conclave, as manifestações eram missas cantadas, os militantes tomaram as vestes do padre, os maoistas usavam o uniforme do monge-soldado, o retrato dos ícones revolucionários funcionava como outrora o dos santos da cristandade, o gás lacrimogêneo purificava como a água benta, o paralelepípedo era uma esmola à causa. Apesar disso, De Gaulle continuava sendo Deus, e Pompidou, o seu profeta. Tensão à vista...

Visto de Paris, Maio de 68 é um movimento parisiense, ou melhor, do bairro de Saint-Germain-des-Prés. Ora, o movimento foi nacional, mas também, e principalmente, ocidental. Em *Le miroir des limbes* [O espelho do limbo], o agnóstico Malraux escreve: "O drama da juventude me parece ser consequência daquele que se denominou enfraquecimento da alma. Algo semelhante ocorreu talvez no fim do Império romano. Nenhuma civilização pode viver sem um valor supremo. Nem talvez sem transcendência..." Malraux propõe uma leitura de Maio de 68 sob uma perspectiva ontológica e histórica, espiritual e metafísica. Pensa em termos de longo prazo, não é cristão, mas considera as coisas pelo prisma da cristandade, porque o que acontece naquela primavera se inscreve no milênio cristão como mais uma negação dos valores da cristandade. Essa desconstrução não é nem boa, como acreditam os esquerdistas ou os progressistas, nem má, como julgam os reacionários ou os conservadores. *Ela é.*

Ela é, e se estende por grande parte do Ocidente, já que envolve, além de Paris, Berlim, Berkeley, Roma, Amsterdã e Haia, assim como dois países que não pertencem à configuração judaico-cristã, mas alinham-se à ocidentalização pós-cristã, isto é, o Japão xintoísta e a Índia hinduísta, uma vez que Tóquio e Nova Délhi vivem acontecimentos similares. Maio de 68 constitui, portanto, um movimento de descristianização na Europa, e, ao mesmo tempo, o advento de um mundo claramente consumista e descristianizado no Ocidente.

Maio de 68 é, em primeiro lugar, um vento libertário que não desconhece a opção paulina pela qual "todo poder emana de Deus". Quaisquer que sejam as tendências de Maio de 68, situacionistas ou maoistas, trotskistas ou leninistas, guevaristas ou libertárias, o que é questionado é o princípio do poder em si: poder do homem sobre a mulher, do pai sobre os filhos, do esposo sobre a esposa, do patrão sobre os operários, do professor sobre os alunos, do homem branco sobre seus semelhantes de cor, do heterossexual sobre o homossexual, do intelectual sobre os discípulos, do contramestre sobre o operário, do militar sobre o cidadão, do padre sobre as ovelhas. Isso tudo degenera rapidamente em suspeita de quem não sabe sobre quem sabe, em desconfiança de quem não cria sobre o criador, em contestação de quem não tem contra quem tem, em temor de quem não pensa a quem pensa. É uma guerra civil ontológica.

O desejo legítimo de igualdade de Maio de 68 torna-se ditadura igualitarista nos anos seguintes. A igualdade, que poderia ter-se realizado de cima, efetua-se de baixo: é mais fácil tecer loas a quem nada sabe do que içá-lo ao saber, celebrar sua incultura do que iniciá-lo na cultura, arruinar o rico do que enriquecer o pobre, tomar como modelo artístico o louco, a criança, o doente, o ingênuo do que o gênio, exaltar o mérito dos esquizofrênicos do que educar para a razão plena. Desaparecem as antigas figuras de opressão judaico-cristãs, mas surgem novos modelos: as vítimas de ontem se preparam para ser ontologicamente os carrascos de hoje. A velha lógica da inversão de valores que marca o triunfo do ressentimento...

O trabalho em negativo de Maio de 68 envolve os totens do judeu-cristianismo. Está na mira a tríade petainista: Trabalho, Família, Pátria. Mas também o corpo mutilado produzido por essa religião: a sexualidade burguesa, o ideal ascético, a condenação da sexualidade que não segue o padrão heterossexual monogâmico e familiarista. Ou ainda a ordem racional: o trancafiamento dos loucos, a condenação da libertinagem, a submissão das crianças à ordem simbólica e sexual dos adultos. De modo que tudo que se opõe a esses pilares da civilização é virtude e virtuoso: o ócio, o lazer e o jogo contra o trabalho; o celibato contra a família; o cosmopolitismo contra a pátria; o amor livre e as comunidades libidinais contra a sexualidade burguesa; o hedonismo libertino do predador contra o sexo familiarista tedioso; a homossexualidade compósita contra a heterossexualidade monogâmica; a celebração da lógica dos loucos e esquizofrênicos contra a tradição cartesiana e a razão clássica; a pedofilia ontológica e sexual contra a sujeição das crianças aos adultos. Em Maio de 68, Cristo tinha todos os motivos para ficar de olhos arregalados!

O ataque à tríade pétainista tinha a vantagem de permitir que a juventude protegida se dissesse resistente com quase um quarto de século de atraso. A geração que não conheceu nem os massacres da Primeira Guerra Mundial de seus avós, nem a derrota e os acordos da Ocupação da Segunda Guerra Mundial de seus pais, nem a mobilização da Guerra da Argélia de seus irmãos mais velhos podia dar-se ao luxo de travar uma guerra de faz de conta. A algazarra na rua podia ser apresentada como um ato antifascista.

De Gaulle, que foi o homem da Resistência a partir de 18 de junho de 1940, era agora um fascista retratado como Adolf Hitler, e os CRS eram transformados em SS. Uma serigrafia mostra um Hitler com a cruz da Lorena na braçadeira e uma máscara do general De Gaulle na mão; outra representa um CRS com o cassetete erguido, protegido por um escudo no qual se vê o símbolo da SS. O gaullismo, portanto, era o nazismo – mesmo que não tivesse o antissemitismo, os campos de concentração e extermínio, os milhões de mortos da guerra, as execuções da SS, a solução final, o Zyklon B, Auschwitz e, *in fine*, a devastação da Europa. A palavra "fascista" iniciava uma carreira midiática.

Se as serigrafias de Maio de 68 dizem muito, o que falam os muros dessa época? Eles também são a voz do movimento. Contra o cristianismo: "Como pensar livremente à sombra de uma capela?" – no caso, a capela da Sorbonne. Ou então: "Descristianizemos imediatamente a Sorbonne". Contra Cristo: "Abaixo o sapo de Nazaré". Contra Deus: "Se Deus existisse, tinha de ser suprimido", mas também: "Nem senhor, nem Deus. Deus sou eu". Contra a transcendência: "O sagrado: eis o inimigo". Contra o trabalho: "Nunca trabalhem!", ou: "Os que trabalham se entediam quando não trabalham. Os que não trabalham nunca se entediam". Contra a família: "Amai-vos uns em cima dos outros". Contra a pátria: "Não estamos nem aí para as fronteiras". Contra a burguesia: "A burguesia só tem um prazer: diminuir todos os prazeres". Contra a democracia parlamentarista: "Votação, prostituição". Contra a propriedade: "Você também pode roubar". Contra a memória: "Não é só a razão dos milênios que sobra para nós, é também a loucura. É um perigo ser herdeiro". Contra a razão: "Estamos mais tranquilos: 2+2 não são mais 4". Contra o ideal ascético: o famoso "gozem sem entraves" imortalizado na fotografia de Cartier-Bresson, ou então o "eu gozo nos paralelepípedos", ou ainda "gozem aqui e agora". Contra a lei: "É proibido proibir". Contra o sentido: "Tenho algo a dizer, mas não sei o que é". Contra as figuras de autoridade: "O que é o professor, um deus? Ambos são a imagem do pai e cumprem uma função opressiva por definição". Contra os professores: "Não digam mais: Senhor professor, digam: Morra, escroto", a menos que se prefira: "Comam seus professores". Contra a ortografia: "A ortografia é um pepino". Contra a cultura: "Os professores são tão velhos quanto a sua cultura, o seu modernismo é mera modernização da polícia, a cultura está em frangalhos". Contra a arte: "A arte morreu, não consumam seu cadáver", ou: "A arte morreu, libertemos nosso cotidiano". Contra a sexualidade burguesa: "Invente novas perversões sexuais". Contra o real: "Tome seus desejos por realidade", ou então: "O sonho é realidade". Contra as grades: "Abram as portas dos asilos, das prisões e outras faculdades". Os grafiteiros que escreviam: "Abaixem as calças das frases para ficar à altura dos *sans-culottes*" se esbaldaram. E a saideira: "Você sabia que ainda existem cristãos?". Tudo isso, no fim das contas, cabe num único grafite: "Abaixo o velho mundo". Ou então: "Em breve, aqui, graciosas ruínas".

Do que se vê que o projeto é globalmente negativo e negador! A desconstrução dos valores cristãos vai extremamente longe. Por exemplo, a questão da sexualidade das crianças. Sabemos que Freud causou um escândalo quando revelou que as crianças eram seres sexuados, que tinham ereção e desejavam unir-se ao pai ou à mãe numa fase correspondente ao complexo de Édipo. Se a criança é um ser sexuado e tem vida sexual, a geração de 68 não vê por que ela não teria *direito* também a uma sexualidade - com os adultos...

Por isso, em 1977, a nata intelectual de Saint-Germain-des-Prés envia ao Parlamento um abaixo-assinado pedindo a revogação de vários artigos de lei sobre a maioridade sexual. Os signatários desejam a descriminalização das relações sexuais supostamente *consentidas* entre adultos e menores de quinze anos, idade da maioridade sexual na França nessa época. Entre eles: Althusser, Aragon, Barthes, Beauvoir, Châtelet, Chéreau, Bory, Cuny, Deleuze, Derrida, Dolto, Jean-Pierre Faye, Gavi, Glucksmann, Guattari, Daniel Guérin, Guyotat, Jacques Henric, Hocquenghem, Kouchner, Jack Lang, Lapassade, Leiris, Lyotard, Mascolo, Matzneff, Catherine Millet, Ponge, Olivier Revault d'Allonnes, Robbe-Grillet, Christiane Rochefort, Danielle Sallenave, Sartre, Schérer, Sollers...

Em *Nova desordem amorosa* (1977), Pascal Bruckner e Alain Finkielkraut, que de lá para cá se tornou membro da Académie Française, convidam seus leitores a se inspirar nos livros do pedófilo Tony Duvert, e lamentam que venham "causando escândalo: deveriam suscitar vocações, abrir os olhos". Em 1979, em *Au coin de la rue, l'aventure* [Ao dobrar da esquina, a aventura], os dois comparsas reincidem: "Quer viver a intensidade das paixões impossíveis? Apaixone-se por um(a) menino(a)".

Em *O grande bazar* (1975), Daniel Cohn-Bendit – que, como se sabe, foi a figura emblemática de maio de 1968 – relata sua experiência num jardim de infância em Frankfurt:

> Conflitos com os pais não faltaram. Algumas crianças tinham visto os pais fazendo amor. Certa tarde, uma menina vai à casa de uma amiga e lhe pergunta: "Você quer fazer amor comigo?". E ela estava falando em transa, caralho etc. Os pais da amiga, que eram católicos praticantes, vieram queixar-se, chocadíssimos. Já tinha acontecido várias vezes [*sic*] de as crianças abrirem a minha braguilha e começarem a me fazer cócegas. Eu reagia de diferentes maneiras, dependendo da circunstância, mas o desejo delas era um problema para mim. Falava para elas: "Por que não brincam entre vocês, por que me escolheram, e não outras crianças?". Mas, se insistiam, eu acabava fazendo carinho nelas. Então me acusavam de "perversão".

Uma época que quer que os adultos tenham permissão de impor sua sexualidade às crianças, a pretexto de liberação sexual, não expressa nada além de niilismo. Não se cria nem se dá mais liberdade submetendo uma categoria indefesa da população à sujeição do mais forte. Na universidade de Vincennes, local emblemático do Pensamento de 68, René Schérer ensina e teoriza a pedofilia em vários livros: *Émile perverti ou des rapports entre l'éducation et la sexualité* [Emílio pervertido ou Das relações entre educação e sexualidade] (1974), *Co-ire: album systématique de l'enfance* [Coira: álbum sistemático da infância], em coautoria com Guy Hocquenghem (1976), *L'enfant interdit* [A criança proibida] (1976), *L'emprise des enfants entre nous* [A ascendência das crianças entre nós] (1979), *Une érotique puérile* [Erótica pueril] (1979) ou *Infantis* (2002). Um de seus alunos, Bruno Tessarech, escreveu em *Vincennes* que Maio de 1968 permitiu a Schérer mostrar seu verdadeiro rosto: "O de um Robespierre revisado pelo marquês de Sade cujo pensamento libertário produzia anátemas de uma violência que nos fazia estremecer".

A intelectualidade da época, com efeito, descristianizou tudo, destruiu, descontruiu, rompeu e quebrou, mas não propôs um único valor novo, não criou nem uma virtude inédita. Pelo contrário, só aumentou o niilismo do século xx, e colocou-o sob o signo do marquês de Sade. Esse homem, que foi um dos últimos representantes do feudalismo, tornou-se paradoxalmente o primeiro pensador da modernidade pós-cristã que nasceu em Maio de 1968. O século XX foi colocado sob o signo da morte de Deus e da promoção de Sade enquanto divindade niilista.

O marquês tomou parte de todas as lutas típicas do Antigo Regime: desprezo falocrático pelas mulheres, visão misógina do mundo, declarações antissemitas, desprezo declarado pelo povo, ateísmo dos poderosos e catolicismo para manipular o populacho, defesa dos privilégios da nobreza, ócio possibilitado pelo confisco da propriedade, libertinagem de predador com as mulheres pobres ou com as prostitutas, transformadas em vítima sexual. Paradoxalmente, esse pensamento, revisado e corrigido pelo oportunismo do marquês, que se converteu ao jacobinismo para salvar o pescoço na Revolução Francesa e escreveu contra a pena de morte quando foi preso e correu o risco de ser guilhotinado, mas lhe teceu elogios sem fim ao longo de sua obra, esse pensamento se torna paradoxalmente o modelo ético e político capaz de substituir o antigo esquema judaico-cristão.

Ora, o que Sade propõe é nada menos que a sociedade totalitária que os intelectuais sadianos pretendem combater. *Os 120 dias de Sodoma* relatam, com riqueza de detalhes, as prisões em massa para o benefício dos senhores libertinos, os encarceramentos em locais guardados por milicianos, o sinistro castelo de Silling, a marcação dos corpos, a triagem das criaturas identificadas com um pedaço de pano colorido para indicar um uso sexual específico, o uso de uniformes, a nudez das vítimas à espera do suplício, a vida no calabouço, a tosquia das mulheres transformadas em escravas sexuais, os castigos cruéis por infrações ao regulamento, a punição de morte para as tentativas de fuga, a interminável litania das cenas insuportáveis de tortura, o requinte perverso da crueldade, a organização maciça do assassinato, a coisificação do corpo, o conluio de banqueiros e prelados no crime, as vítimas jogadas vivas "num forno ardente", o espetáculo dos enforcamentos, a simulação de execuções, os dentes arrancados e tantos outros detalhes que, embora não seja evidente para todo mundo, lembram o programa nazista. Albert Camus e Hannah Arendt foram os únicos a fazer a relação entre o universo de Sade e o universo dos campos de concentração.

Sinal inequívoco de regressão infantil, quer se trate de um homem, quer de uma civilização, Sade adere à fantasia do regozijo com matérias fecais, ao prazer da escatofilia, às alegrias da coprofagia, que evidentemente se incluem entre as práticas sexuais celebradas: aspirar peidos, engolir lavagens na saída do reto, comer excrementos, beber urina, degustar fetos, ingerir abortos, lamber vômito, comer a sujeira dos dedos do pé, saborear champanha com bosta, embolorar fezes antes de ingeri-las, desflorar jovens virgens com bosta, açoitar prisioneiros com açoites besuntados de merda e urina, urinar nas feridas, "costurar o buraco do cu", explodir uma vítima com uma injeção de gás no reto, inserir uma cobra no ânus e fazer enemas com óleo fervente são algumas das ideias sadianas pinçadas do campo escatológico, mas a lista de torturas não tem fim, e uma é mais extravagante do que a outra. A única lei da natureza, segundo Sade? "Satisfazer a si mesmo, não importa à custa de quem". Não é esse o imperativo categórico tanto das sociedades consumistas liberais como dos dignitários dos regimes totalitários?

Eminentes intelectuais, pensadores e filósofos, poetas e prosadores franceses convertem Sade em herói libertário, modelo da liberação sexual, defensor da verdadeira liberdade, arauto de uma sociedade feminista, novo moralista, libertador do gênero humano: Apollinaire abriu o baile propondo esses elementos de linguagem na apresentação "alimentar", segundo ele, de uma antologia em 1911. Esses elementos foram globalmente retomados por Foucault e Deleuze, Barthes e Lacan, Klossowski e Paulhan, Breton e Bataille, Aragon e Éluard, Char e Dalí, Heine e Lely, Desnos e Blanchot, Adorno e Horkheimer, Pasolini e Derrida, Sollers e Annie Le Brun, entre outros literatos.

Sade, que escreveu em *Os 120 dias de Sodoma* que "a vida humana é tão pouco importante que podemos brincar com ela à vontade, como brincamos com a de um cão ou de um gato; cabe ao mais fraco defender-se", torna-se o pensador do anti-humanismo que sucede a Maio de 68. Essa ideologia da morte do homem anunciada em 1966 por Foucault, em *As palavras e as coisas*, estende-se por meio século de estruturalismo, arrematando o trabalho de descristianização. Com essa nova filosofia, o liberalismo, o mercado, o dinheiro-rei, o consumismo podiam tornar-se os novos deuses da era pós-cristã. Maio de 68 foi a via régia que conduziu ao consumismo - e ao niilismo.

O estruturalismo que domina o pensamento francês impõe sua temática no campo do pensamento coberto pelo judeu-cristianismo. Na última página de *As palavras e as coisas*, Foucault anuncia a morte do homem, seu fim, "como um rosto de areia à beira do mar". O homem de Foucault é parente da ideia de homem de Platão - uma ficção à qual Diógenes, brandindo uma lanterna acesa em plena luz do dia, respondia que vira homens, muitos homens, altos e baixos, gordos e magros, fortões e magricelas, espertos e tolos, mas nunca vira o Homem com H maiúsculo. O que Foucault anuncia, mergulhado em seus arquivos e acreditando que só existe o que está escrito, é que o conceito de homem veio à luz num momento preciso, entre o fim do século XVIII e início do XIX, e morreu em meados do século XX, com um canto do cisne filosófico que seria a *Crítica da razão dialética*, de Sartre, um livro publicado em 1960. O Homem viveu, portanto, apenas 150 anos.

O Homem de Foucault é o homem do humanismo. O que quer o filósofo de *História da loucura* é acabar com a tradição marxista, com a ênfase na história, com a ideologia comunista, em prol de um esquerdismo cultural que substitua o Homem por um conceito totalmente vago, o de *Estrutura*. Deleuze, que em 1967 trata de defini-lo num artigo intitulado "Em que se pode reconhecer o estruturalismo?", prima no exercício sofístico e retórico de antigo aluno da École Normale Supérieure e, no sentido etimológico, fala para *não dizer nada*. O velho truque da teologia negativa ainda faz maravilhas e possibilita a logorreia sem ter de entrar no assunto.

A estrutura é tão misteriosa quanto Deus, do qual ela toma o lugar na filosofia francesa nesses meados do século XX. Ela manifesta o retorno da transcendência reprimida! Para tentar trazer à luz o sentido dessa coisa, Deleuze mobiliza o velho vocabulário escolástico medieval: as espécies, as partes, as figuras, os modos, a atualização, o virtual, os acidentes, as qualidades, o singular, o diferenciante, a diferenciação, a produção, as relações, o serial. Temos a impressão de estar na *Suma teológica* de São Tomás de Aquino, só que sem o cristianismo. A esse jargão

Deleuze acrescenta o saber da modernidade convocando a linguística de Saussure: significante, significado, signo, fonema, morfema, língua, linguagem, palavra, diferença, valor, semiologia, semântica.

E, como se a soma de tantas obscuridades devesse resultar na luz, Deleuze acrescenta ao arsenal conceitual escolástico e à artilharia linguística uma camada suplementar de escuridão, convocando as névoas da psicanálise. O inconsciente, na filosofia contemporânea, tem o mesmo poder do abracadabra dos mágicos. Basta invocá-lo para que se rasgue o véu e apareça em plena luz o que há tanto tempo se vem buscando. Freud traz uma luz, mas é a luz de uma nova nebulosidade.

Quando ainda era lúcido, Freud raciocinou como um médico interessado no plasma germinal, mas muito rapidamente avançou como literato em busca de uma metáfora para dizer o que viria a ser a sua primeira tópica, o inconsciente, o pré-consciente e o consciente. Então, prestamente, transforma sua alegoria, embora a apresente como tal, em verdade científica obtida a partir de uma hipotética autoanálise, seguida de pesquisas empíricas igualmente hipotéticas, realizadas em seu consultório pelo método do divã. O doutor vienense deseja rivalizar em cientificidade com Copérnico e Darwin ao enunciar um inconsciente que é puro produto de uma elaboração literária. Segundo Freud, o inconsciente foi descoberto como as leis da termodinâmica. Ora, o inconsciente freudiano é o inconsciente de Freud alçado por ele a inconsciente de todos – e isso desde que o homem é homem!

Esse inconsciente, na verdade, não é nem do domínio da biologia, nem da anatomia, nem da psicologia, mas da *metapsicologia* – em outras palavras, do além da psicologia. Podemos calcular quão pouco direito de cidadania ainda resta à ciência nessas regiões puramente conceituais onde tudo é possível. Freud não se acanha em tomar seus desejos por realidade, tampouco os filósofos estruturalistas que seguem seus passos. O autor de *Metapsicologia* postula que há, nesse inconsciente, marcas deixadas por um certo número de histórias dos tempos pré-históricos: o estupro primitivo da primeira mulher pelo primeiro homem, a horda primitiva composta de um pai que possui todas as fêmeas, filhos ciumentos dos plenos poderes sexuais do pai, o assassinato desse pai pelos filhos invejosos, o banquete em que é servido o corpo do genitor e o surgimento, como que por milagre, de um remorso que é genealógico da moral. Freud, como podemos ver, tinha talento para a ficção. O refluxo freudiano do real em benefício do virtual também marca o niilismo do século XX.

Freud postula ainda que essas narrativas presentes no inconsciente psíquico dos homens pré-históricos foram transmitidas aos homens contemporâneos através de um processo metapsicológico, o qual desconhece igualmente o real, a realidade, o corpo e a carne, já que a transmissão é realizada por outras vias que não as materiais. Para Freud, o real não é o real, pois o real é o simbólico que, diz Deleuze, cumpre um papel fundamental no estruturalismo, embora "ainda não saibamos no que consiste esse elemento simbólico" ("Em que se pode reconhecer o estruturalismo?"). Em outras palavras: o real não existe, pois o simbólico ocupa todo o espaço, mas *ainda* não sabemos o que é esse simbólico que, no entanto, ocupa todo o espaço. Essa sofística toda cheira a água benta medieval.

Deleuze acrescenta que a estrutura, que é tudo, é mais facilmente descrita por aquilo que ela não é do que por aquilo que é: não é uma forma sensível, nem uma figura da imaginação, nem uma essência inteligível, não é dizível nem indizível, nem ideia platônica, nem real, nem atual, nem fictícia, nem possível, nem visível, não é tributária do ser nem do não ser! Saindo do inefável, Deleuze recorre ao registro oximórico: ela se encontra num "espaço inestendido". Consequentemente, pertence a uma "tipologia transcendental", o que, em vocabulário corrente, designa um local situado em lugar nenhum, uma extensão inexistente no espaço. É uma forma desprovida de forma. Sua realidade é, portanto, virtual, mas o virtual é mais verdadeiro do que o real, em virtude da preexcelência do simbólico oferecido na bandeja freudiana. Esse invisível indizível é tudo. Os escolásticos da Idade Média diziam a mesma coisa.

O estruturalismo apaga o real, anula a história, suprime a realidade. A morte do homem vai de par, portanto, com a morte do real, a morte da realidade, a morte da história, em prol do virtual, que é mais real do que a realidade, e do simbólico, mais verdadeiro do que qualquer verdade. A saída do mundo concreto se dá sob a batuta freudiana dos estruturalistas. Todos julgam saber o que é um pai ou uma mãe, porque todos nasceram de um pai e uma mãe, mas estão todos enganados. Porque "pai, mãe etc. são, antes de mais nada, lugares dentro de uma estrutura". Da mesma forma, todo menino julga saber o que é um falo, porque julga possuir um. Ele está enganado, diria o estruturalista, porque o falo "não é nem o órgão real nem a série de imagens associadas ou associáveis: ele é falo simbólico".

O Homem, que é absorvido por uma vasta operação de mistificação conceitual, é regurgitado como uma excreção insignificante. *Ainda* não sabemos o que é a estrutura, mas sabemos que ela vai abolir o homem e o humanismo que o acompanha. Em Sade, o homem também desaparece na combinação de signos que compõem o texto de *Os 120 dias de Sodoma*. Devemos concluir que acontece o mesmo com os campos da morte onde o Homem desaparece, não queimado num forno crematório, mas na combinação de signos em que se resume o nacional-socialismo? O estruturalismo é uma máquina de produzir niilismo e engolir a história para excretar dejetos conceituais. O niilismo filosófico nunca foi tão longe. Com ele, trata-se menos de morte da filosofia do que de filosofia da morte.

Não existe mais gente, o indivíduo está morto, a pessoa desapareceu, o sujeito é uma ficção, a história é um sonho. Não há mais pai e filho sob o mesmo teto, mas uma relação estrutural e estruturalista entre objetos e agentes com valor simbólico; não há mais um homem e uma mulher na mesma cama, mas uma relação estrutural e estruturalista entre objetos e agentes com valor simbólico; não há mais patrão e operários na fábrica, não há mais analista e paciente no consultório, mas uma relação estrutural e estruturalista entre objetos e agentes com valor simbólico; não existe modo mais eficaz de desmaterializar o mundo. A realidade é a invisibilidade situada entre o que não existe e o que é tudo.

Eis o sentido do anti-humanismo estruturalista: o homem é dispensado do mundo, que não é mais constituído senão por estruturas. Nessa configuração conceitual, não há mais operário explorado pelo patrão, não há mais mulher espancada pelo marido violento, não há mais crianças sujeitadas à sexualidade de um pedófilo, não há mais negros dominados em seu próprio país pelo colono branco, há apenas relações invisíveis, estruturas indefiníveis – o invisível que une as moléculas invisíveis do princípio homeopático invisível. O real se dissolveu. Pelo menos nos livros...

Mas esses livros, que alcançam um imenso sucesso na mídia e nas livrarias, não são a prova em si de que existe outra coisa além das estruturas? Afinal, eles não são pensados, concebidos, escritos, redigidos, publicados, assinados por indivíduos, sujeitos, pessoas, homens que não se negam a receber um cheque por seus direitos... autorais? Nada disso... Só um tolo para acreditar numa coisa dessas. Os *autores* estruturalistas, e, entre eles, mais especificamente, Michel Foucault e Roland Barthes, anunciam a morte do homem, a morte da história, a morte do real, a morte da filosofia, mas também, e sem medo do ridículo, a morte... do autor. O autor anunciar a morte do autor não parece ser uma inépcia para nenhum desses autores.

O niilismo estruturalista enuncia esse paralogismo da morte do autor em 1968, pela mão de Roland Barthes, que assina um artigo intitulado "A morte do autor". Barthes anuncia sem titubear que: o texto não possui autor; o autor só recentemente apareceu na história, com o empirismo inglês e o positivismo, apresentado como um momento do capitalismo – na verdade, ele é o homem de Foucault na medida em que segura a pena e assina seus livros; a escrita automática e o cadáver esquisito dos surrealistas completam essa figura obsoleta; uma vez que o autor só fala através do texto, a linguagem é que fala em seu lugar – como se existisse uma linguagem sem locutor, uma palavra sem aquele que a enuncia, um discurso independente daquele que o produz; o autor não preexiste à obra – quanto mais absurdo melhor: Proust, portanto, não cria *Em busca do tempo perdido*, porque *Em busca do tempo perdido* é que cria Proust (é o caso de se perguntar o que fazia e quem era Proust, ou mesmo se ele existia antes de produzir sua obra); o texto é cristalização de informações, e a narração não é obra de um autor, mas de um "*scriptor*" – o que, convenhamos, muda tudo; o *scriptor* é "sem paixões, sem humores, sem sentimentos, sem impressões" – o que se verifica no caso de Marcel Proust, como qualquer um pode constatar à leitura de sua obra; não existe nenhum sentido para nenhum texto, porque todos os sentidos são possíveis, uma vez que – Duchamp não está muito longe – quem confere o sentido são os leitores, e não um hipotético autor – de modo que "o nascimento do leitor tem de se pagar com a morte do autor".

Barthes, que não conseguia escrever o romance de tipo proustiano que por muito tempo planejou, e passou a vida esquadrinhando os textos alheios, tinha muitos bons motivos para acreditar que o leitor de romance (como ele) era superior ao autor de romance (que ele não conseguia ser). Ele, que deixou um número sem fim de anotações para esse romance que não teve força para produzir, e discretamente, à noite, em sua cama, longe dos olhares mundanos, deleitava-se com a leitura de Chateaubriand, anunciou a morte do autor porque não conseguia tornar-se um e a preeminência do leitor porque lograva ser um. Barthes não gostava de biografias, e ele estava certo – a biografia é a chave de todas as teorias.

Foucault também não gostava de biografias. E tinha os mesmos bons motivos de seu amigo Barthes. No seriíssimo *Bulletin de la Société Française de Philosophie*, Michel Foucault publica "O que é um autor?" em julho-setembro de 1969. Maio de 1968 passara por ali. Foucault retoma as teses extravagantes de Barthes para sancioná-las, desenvolvê-las e afiná-las. E assim um erro dá início a uma carreira como verdade. Para Foucault, a escrita não tem nada a ver com a história: ela "se alforriou do tema da expressão: ela só se refere a si mesma [...]. É um jogo de signos combinados menos por seu conteúdo significado do que pela própria natureza do significante". Traduzido em vocabulário normal: pouco importa o que o texto quer dizer, o que conta é a combinação de signos em sua configuração semiológica. Será que essa lei também vale para *Minha luta*, de Adolf Hitler: uma mera combinação de signos cujo sentido não importa? O estruturalismo anula o autor e a biografia, o contexto e a história, o real e a realidade. Quantas conquistas para o niilismo!

Atacado por essa jovem-guarda que queria tomar seu lugar, o velho Sartre retruca e, pela primeira vez, ele está certo. O autor da *Crítica da razão dialética*, um livro do qual Foucault dissera em 1966 tratar-se do "magnífico e patético esforço de um homem do século XIX para pensar o século XX", responde alguns meses mais tarde ao jovem contraditor e acerta em cheio ao afirmar que o estruturalismo é "uma ideologia nova, a última barreira que a burguesia ainda pode erguer contra Marx". Ele percebe a tática e a estratégia que movem Foucault, que quer ocupar o lugar de *grande autor* que Sartre ocupa há um quarto de século. Sartre morre algum tempo depois; Foucault e alguns outros conseguem o lugar pretendido; pouco depois, os estruturalistas quebram seus brinquedos e passam para outra coisa. Satisfeito, coberto de honrarias, reverenciado pelo sistema, Foucault volta ao assunto - Sartre, que jamais foi visto no Collège de France, certamente teria sorrido.

Mesmo tendo-se retirado do palco, o estruturalismo proliferou como um tumor e teve tempo de causar estragos; e causa muitos ainda hoje em todos os que pensam fora da história e de forma a-histórica - os partidários do gênero contra o sexo, da educação contra a instrução, da pedagogia contra o saber, do instante contra a duração, da virtualidade contra a realidade, da ideologia contra os fatos. O estrago maior do estruturalismo foi a morte da história. Não da história real, concreta, que não precisa ser pensada para ser, mas da história enquanto preocupação indispensável para o pensamento, enquanto condição necessária, embora não suficiente, do pensamento.

O judeu-cristianismo produziu uma concepção da história: subscrevia a uma leitura linear que possibilitava o futuro como parusia; inscrevia o presente na dialética de um passado dinâmico; pressupunha um sentido com desenvolvimento lógico; contava com indivíduos sujeitos da história e sujeitos na história; não ignorava que a individualidade, mesmo como santidade, produzia a história e, ao mesmo tempo, era produzida por ela; sabia que o homem existia como força existencial encarnada numa forma histórica inscrita na temporalidade.

O estruturalismo matou toda e qualquer possibilidade de se pensar a história, e, portanto, de se inscrever na história. Ao preterir o real e a realidade e conceder todo espaço ao simbólico, dava plenos poderes à estrutura enquanto causa incausada, avatar do primeiro motor imóvel, retorno do Deus transcendente reprimido sob a forma de determinante oculto. O niilismo foi produzido muito meticulosamente por filósofos que são hoje amplamente reconhecidos no mundo inteiro - no entanto, Lévi-Strauss, Foucault, Barthes, Deleuze, Lacan e Derrida foram os grandes prestidigitadores de um mundo onde tudo se tornou possível.

Dar as costas a toda e qualquer perspectiva histórica era deixar o caminho livre para o capitalismo liberal, que se beneficiou da incrível oportunidade dada pela queda do Muro de Berlim em 1989 e o fim do império soviético em 1991. A derrocada do marxismo-leninismo na Europa não trouxe o judeu-cristianismo de volta para o proscênio histórico, mas trouxe o consumismo hedonista, que aprofundou o niilismo e fez avançar o deserto cartografado por Nietzsche em *Assim falava Zaratustra*. O mercado, ou seja, o dinheiro, faz a lei. Já dizia Piero Manzoni...

Da mesma forma que 1789 – que se apoiava num ideal emancipador de igualdade – viu seus princípios se desviarem no Terror jacobino de 1793, Maio de 1968 – que celebrava o ideal igualmente emancipador da liberdade – soçobrou no triunfo absoluto do mercado. De Gaulle, dispensado por Maio de 1968, foi substituído à frente do Estado por um banqueiro da École Normale Supérieure – a história se retirava e dava lugar às finanças e à retórica. No processo de descristianização, os devotos da religião do Bezerro de Ouro já não tinham muito mais que fazer para derrubar o edifício judaico-cristão. Desde então, o Ocidente está à venda.

4
A HISTÓRIA DEPOIS DO FIM DA HISTÓRIA
TERCEIRO INTERMÉDIO MUÇULMANO

Londres, 14 de fevereiro de 1989,
dia de São Valentim,
Rushdie é condenado à morte por ter escrito
um romance

Em 4 de novembro de 1989, a União Soviética desaba feito um reles castelo de cartas. O império que queria conquistar a Europa, o mundo, o espaço, a Lua, cai feito fruta podre no chão da história. O marxismo-leninismo representara, no Ocidente, a mais bem-sucedida tentativa de acabar com o judeu-cristianismo. O museu do ateísmo, instalado em 1932 na catedral Nossa Senhora de Kazan, em Leningrado, apresentara as religiões como velharias com as quais os poderosos submetiam outrora os povos, contando-lhes invencionices, sem se dar conta de que o comunismo pretendia, desde então, ter o monopólio das invencionices úteis para manipular o povo.

Anatóli Lunatcharski, intelectual, amigo de Malevitch e Chagall, leitor dos filósofos, homem sofisticado, companheiro de estrada das vanguardas estéticas, arauto da luta soviética contra o analfabetismo, Comissário do Povo para a Educação, diz: "Nós odiamos os cristãos. Eles pregam o perdão e o amor ao próximo. O amor cristão retarda o desenvolvimento da revolução. Abaixo o amor ao próximo! O sentimento que devemos ter é o ódio". Ódio ao próximo e rejeição do perdão em nome de uma revolução que propõe a solidariedade universal, a fraternidade geral?

A União Soviética perseguiu crentes e sacerdotes: privação de direitos civis para os padres; proibição de escolarização para seus filhos, a menos que estes se dessolidarizassem de seus pais; privação de cartões de racionamento, de atendimento médico, de apartamentos comunitários; deportação e trabalhos forçados para milhares de bispos, padres, monges, religiosos; destruição planejada, em todo o território, da totalidade dos prédios religiosos com dinamite; mais de cem mil religiosos fuzilados entre 1937 e 1938; a religião islâmica também é perseguida. No total, duzentos mil religiosos são sacrificados no altar do ateísmo marxista-leninista entre 1917 e 1980.

Assim, seria de se supor que, após a queda do império soviético, a Rússia não sucumbiria facilmente aos encantos do consumismo, essa religião pagã criada nos Estados Unidos. A conversão foi imediata, a partir da demissão de Gorbachev em 25 de dezembro de 1991 pelos *apparatchiks* bolcheviques - que repentinamente se converteram em liberais apoiados pelos governos do liberalismo europeu, entre eles o presidente Mitterrand - e sua substituição por Iéltsin, um grande beberrão, sem dúvida, mas partidário do livre mercado.

A partir desse momento, o mapa dos *gulags* soviéticos é substituído pelo dos supermercados russos. A antiga máfia comunista compra os bens do Estado, liquidados pelos bancos europeus a preço de banana. O objetivo era acelerar a marcha forçada em direção ao mercado que faz a lei. O que a Europa de Maastricht fazia no lado ocidental com mão de ferro em luva de pelica, o Banco Mundial arrancava pela brutalidade no lado oriental. Graças aos banqueiros das praças financeiras da Europa liberal, aquele que, pouco tempo antes, fazia reinar a ordem em nome do Partido como o *kapo* do regime leninista convertia-se, sem maiores pruridos, em *kapo* do capital. A máfia russa que se forma por essa época, transmitida por pais que conheceram a bandeira vermelha a filhos que não a conheceram, impõe doravante sua lei onde quer que domine a vulgaridade liberal - mercado imobiliário, comércio de antiguidades, arte contemporânea, prostituição ogâmica, clubes de futebol, carros de luxo, castelos na região de Bordeaux. As monarquias petrolíferas do Golfo cobiçam essa mesma vulgaridade.

Em 1978, em Harvard, Soljenítsin publica *O declínio da coragem*, um requisitório contra a sociedade materialista ocidental obcecada por dinheiro, que faz pouco da moral e liquida as virtudes em troca dos vícios, desde que estes permitam adquirir bens e objetos, coisas e riquezas terrenas. Esse ex-deportado dos campos soviéticos também ataca o uso comercial do corpo das mulheres na publicidade e na pornografia. Condena os dois pesos, duas medidas da *intelligentsia* europeia, que protesta veementemente contra as ditaduras de direita, mas curva-se diante das ditaduras de esquerda. Tolerância para Brejnev, mas cólera contra Pinochet, assim como, no passado, fúria contra Franco, mas leniência com Fidel Castro ou, antes deles, ira contra Mussolini, mas simpatia a Lênin. Ele interroga a Revolução Francesa para além da cartilha oficial e seus lugares-comuns e vê o genocídio vendeiano perpetrado pelos jacobinos robespierristas como a matriz dos totalitarismos marxistas. Em pleno recuo do cristianismo, remete aos valores da espiritualidade ortodoxa russa. No momento em que triunfa o cosmopolitismo, fala em nacionalismo. Quando todo mundo comunga da religião de uma pretensa democracia, que na verdade é poder de uma oligarquia de políticos corrompidos, clama por um poder forte capaz de garantir, em seu país, a transição entre setenta anos de totalitarismo e um período de autêntica democracia, a qual, para ele, é camponesa e local, autogestionária e municipalista. É desancado pela imprensa de esquerda.

O homem que denuncia ao mundo os campos de concentração soviéticos - mesmo que outros tenham feito isso antes dele, como Kravchenko, em *Escolhi a liberdade* (1947), David Rousset, que foi o primeiro na França a usar a palavra *"gulag"*, e Albert Camus, em *O homem revoltado* (1952) -, Soljenítsin, é arrastado na lama tanto pelo poder bolchevique no Leste quanto pelo poder liberal no Oeste: contrarrevolucionário, czarista, antissemita, mas também sionista, agente da Gestapo, e da KGB, vendido para a CIA, a serviço da maçonaria, a soldo do serviço secreto francês, ultranacionalista. Ele teve direito a todos os insultos, sem falar nas calúnias e difamações a respeito de sua vida privada - embora tenha sido apenas um homem livre, crítico em relação ao totalitarismo soviético, mas também em relação ao consumismo ocidental, nem devoto do marxismo-leninismo soviético nem carola da religião americana dos objetos.

A ruína da URSS dá aos Estados Unidos plenos poderes sobre o globo. Na época em que o arsenal militar soviético estava apontado para o Oeste, o Ocidente liberal não podia tudo: o mercado faz a lei até onde lhe permitem os países, os partidos e os sindicatos europeus, aliados políticos da URSS. Assim, na França, o PCF e sua correia de transmissão sindical, a CGT, refreiam o capitalismo e o impedem de se comportar como gostaria. Em 1974, o socialista François Mitterrand sabe que só pode chegar ao poder com a ajuda do PCF. De modo que faz malabarismos ao se referir ao caso Soljenítsin, declarando que ele deveria poder publicar *O arquipélago gulag* na URSS, evidentemente, mas uma crítica vinda da direita não era uma crítica legítima. O PCF apoiava o Partido Comunista Soviético e, portanto, condenava Soljenítsin. O Programa Comum[56] francês era uma pedra no sapato do capital.

Após a queda do Muro de Berlim, mais nenhum superego político deteria a metástase do consumismo propagado pelos Estados Unidos no mundo inteiro. Em 1992, um homem e um livro fazem a teoria dessa nova parusia: Francis Fukuyama e *O fim da história e o último homem*. Não surpreende que esse filósofo, nascido quarenta anos antes, em 1952, tivesse assistido às aulas de Roland Barthes no Collège de France e de Jacques Derrida na École Normale Supérieure de Paris, num tempo em que o estruturalismo era lei e em que o real era menos importante que as Ideias que traduziam esse real. Ele também estudou em Yale, onde, desde 1975, o mesmo Derrida lecionava algumas semanas por ano.

A tese de *O fim da história* já está presente em Hegel, mas, como vimos, é sobretudo uma filosofia judaico-cristã da História. Antes de aparecer em *Fenomenologia do espírito*, em 1804, já se encontrava no Evangelho de João, segundo o qual, após a primeira vinda de Cristo para anunciar a boa nova associada à Paixão, haverá uma segunda vinda para estabelecer definitivamente o reino de Deus *na terra*. Com Adson de Montier-en-Der, a Sibila Tiburtina, Joaquim de Fiore, Guiberto de Nogent, Gregório de Tours, Tanchelme da Antuérpia, Éon da Estrela, Gerardo Segarelli e

56 Referência ao Programme Commun de Gouvernement (Programa Comum de Governo), um programa de reformas radicais no plano político, econômico e militar francês, assinado conjuntamente pelo Partido Comunista Francês e pelo Partido Socialista em junho de 1972 e que contribuiu para a eleição à presidência da República, em 1981, do socialista François Mitterrand – o qual só parcialmente poria em prática boa parte de seus itens. [N. T.]

Dolcino de Novara, a Idade Média não cansa de produzir textos sobre a escatologia e o milenarismo, o retorno de Cristo à terra por um período de mil anos até que o Juízo Final realize o fim da história.

Essa ideia é retomada pelo luterano Hegel, que considera, sob as névoas do idealismo alemão, que, graças a Napoleão em Iena, a Revolução Francesa alcançou sua plena realização com o reinado da Razão encarnada na História. Hegel anunciou a morte de um monte de coisas, da arte, da filosofia, da história, pois achava que, tendo consumado a filosofia ocidental, não havia mais motivo para que esta se perpetuasse após a morte de sua augusta pessoa. Ocorre que, como pode imaginar qualquer um que tenha um pingo de bom senso, essa história, que supostamente terminaria em Napoleão, continuou. Os filósofos, porém, não são homens de achar que, se o real desmente suas ideias, é porque suas ideias estejam erradas. Eles preferem concluir que o real está errado, e que cabe antes mudar o real do que as ideias.

Assim, nesse espírito, o hegeliano de esquerda Alexandre Kojève, coqueluche da *intelligentsia* parisiense entre as duas grandes guerras, autor de *Introdução à leitura de Hegel*, publicado no momento da Libertação, repete a tese de *O fim da história* como se nada tivesse acontecido entre Napoleão em Iena e o general De Gaulle no palácio do Eliseu - nem a Guerra de Secessão nos Estados Unidos, nem a guerra franco-alemã de 1870, nem a Comuna de Paris, nem o genocídio armênio, nem a Primeira Guerra Mundial, nem a revolução bolchevique, nem os fascismos europeus, nem o nacional-socialismo, nem a solução final, nem o império soviético, nem Hiroshima, nem Nagasaki, nem Mao na China, nem Fidel Castro em Cuba, nem a Guerra do Vietnã, nem a Guerra Fria, nem a descolonização, nem mesmo Maio de 1968!

Do ponto de vista hegeliano, kojeviano ou mesmo derridiano ou estruturalista, o que aconteceu naquele 22 de agosto de 1914, o dia mais sangrento da história da França, o dia em que, em Rossignol, nas Ardenas Belgas, 27 mil franceses encontraram a morte, ou seja, quatro vezes mais do que em Waterloo, tanto quanto nos oito anos de guerra na Argélia? Nesse dia, os alemães perderam de oitocentos a mil homens. Mais de quarenta mil franceses morreram entre 20 e 24 de agosto de 1914. A Primeira Guerra Mundial matou 1,4 milhão de soldados franceses, ou seja, uma média de novecentos mortos por dia em 1.560 dias de combate. Ocasionou a morte de quase dez milhões de homens de um lado e de outro do Reno. Isso por acaso não é história? *O que é então*?

Em 4 de junho de 1968, alguns dias após as manifestações que todos conhecemos, Alexandre Kojève, que julgava que a História chegara ao fim, não viu chegar o fim da sua: ele, que trabalhava para o Ministério da Economia e das Finanças e vinha definindo as bases do Acordo Geral sobre as Tarifas Aduaneiras e Comércio, sobe à tribuna de Bruxelas para defender o projeto comercial do mercado comum; ele, que elogiava Stálin, celebra aquilo que seria o projeto dos liberais europeus: o livre mercado de uma Europa pós-nacional. E desaba ao pé da tribuna. Morto por um ataque cardíaco. Fim da história – para ele...

Francis Fukuyama se revela discípulo de Hegel, de Kojève e dos estruturalistas franceses, dos quais Derrida: mesmo que a história os desminta pelo simples fato de seguir adiante, a primazia é da Ideia. Se a Ideia decretou que a história estava morta, qualquer prova que a história apresente de que esteja perfeitamente viva seria justamente uma prova de sua morte! Kojève, que anunciava que o modo de vida americano era agora a lei no mundo inteiro, que todo indivíduo era ou aspirava ser proprietário, que o homem histórico estava morto, que todos agora podiam dedicar-se a atividades hedonistas como a arte, o amor e o jogo, Kojève encontra um discípulo ideal na pessoa de Fukuyama.

Pois *O fim da história e o último homem* afirma claramente:

> O surgimento de forças democráticas em partes do mundo onde sua presença não era esperada, a instabilidade das formas autoritárias de governo e a absoluta falta de alternativas teóricas compatíveis à democracia liberal nos obrigam a refazer a antiga pergunta: será que existe, de um ponto de vista muito mais "cosmopolítico" do que era possível nos tempos de Kant, uma história universal do homem?

Sabemos que a resposta é afirmativa: segundo nosso hegeliano-kojèviano, existe de fato uma história universal do homem, e ela foi realizada com a democracia liberal.

Mas o que pensar então da Revolução Iraniana que, em 1979, ou seja, treze anos antes do livro de Fukuyama, expulsa o xá do poder para nele instalar o aiatolá Khomeini? Como ver essa revolução teocrática, que pretende aplicar a xariá no antigo território da Pérsia, como um momento histórico ligado a uma alternativa teórica e prática à democracia? Pois, para dizer o mínimo, a história contradizia claramente o discípulo dos filósofos hegelianos e dos estruturalistas com esse acontecimento que, por si só, derrubava sua nebulosa teoria. A revolução dos mulás não pretendia instaurar a democracia nem promover um modo de vida liberal. A teocracia é o contrário da democracia; a xariá, o antípoda da liberdade liberal. É compreensível que, em 1993, um ano após o sucesso de Fukuyama no Ocidente, Jacques Derrida se livrasse intelectualmente desse incômodo discípulo em *Espectros de Marx*.

Pois continuamos a sentir a onda de choque *histórica* dessa revolução no Irã. O aiatolá Khomeini escreveu e agiu. Apresentou uma teoria e uma atividade prática - o que devia ter bastado a Fukuyama para considerar a possibilidade de que existisse no planeta *pelo menos uma* teoria alternativa à democracia liberal, além de uma prática que a reivindicava para si. O aiatolá escreve contra os países muçulmanos laicos, contra os Estados Unidos, contra Israel, contra o sionismo, contra o Ocidente, contra a Europa, afirma que não lhe interessa "o Estado ateu nem o Ocidente opressor e infiel", que só lhe interessa o Deus dos muçulmanos. Escreve contra o jogo, a prostituição, a homossexualidade, a libertinagem, o cinema, o álcool e as drogas. Rejeita tanto o capitalismo quanto o comunismo. Vê a Revolução Iraniana não como produto de forças históricas, e sim como "um presente de Deus". Afirma que o islã não é uma questão pessoal, privada, uma crença subjetiva, mas uma questão política. Explica que o governo islâmico "intervém e exerce seu controle em todos os assuntos individuais e sociais, materiais e espirituais, culturais e políticos, militares e econômicos". Não se dirige apenas aos iranianos, mas a toda a comunidade muçulmana do planeta.

Contra a corrupção ocidental, que é ateia entre os comunistas e materialista no Ocidente, ele quer e realiza a islamização de toda a sociedade. A democracia pressupõe um parlamento, sem dúvida, mas, para esse parlamento, só podem ser nomeados "deputados comprometidos com o islã e com a República Islâmica". Para se candidatar às eleições, o aiatolá se dirige aos mais humildes. Quer ver no parlamento, ou à frente do Estado:

> os que experimentaram a privação e a injustiça de que são vítimas os *musta'afin* e os deserdados da sociedade e pensam em seu bem-estar, e não no bem-estar dos capitalistas, dos proprietários de terra e da alta sociedade, que vivem na riqueza, mergulhados em prazeres e paixões sensuais, incapazes de compreender a amargura da privação e o sofrimento dos famintos e maltrapilhos.

Pobres, e não ricos, crentes, e não intelectuais, iranianos do povo, e não novos-ricos da elite, muçulmanos das classes mais modestas, e não apátridas vendidos às ideias ocidentais: tal é o motor da revolução islâmica.

Contra aqueles que porventura entrassem para a Assembleia Legislativa e não demonstrassem zelo suficiente, diz o aiatolá Khomeini:

> Peço aos deputados da Assembleia Parlamentar Islâmica, neste momento e nos tempos vindouros, que, no caso de, Deus nos livre e guarde, elementos desgarrados imporem sua deputação ao povo por meio de intrigas e tramoias políticas, o Parlamento rejeite seu mandato e não deixe um único sabotador ligado [ao estrangeiro] entrar na Assembleia.

Votar é um dever absoluto, a abstenção é um pecado. Em certas circunstâncias, determinadas pelo clero muçulmano, torna-se até mesmo pecado mortal.

Escolas e universidades, jardins de infância, centros pedagógicos ou outros estabelecimentos educacionais requerem profissionais alinhados aos ideais da revolução islâmica: aquele que não ensinar segundo os princípios muçulmanos seria expulso pelos estudantes, os quais velariam pelo respeito à crença islâmica. O mesmo se aplica aos membros do clero, que durante anos se deixaram corromper pelo canto das sereias ocidentais: eles serão apontados e afastados pelos crentes, que velariam pela estrita observância da lei islâmica.

A justiça obedeceria à mesma lógica: os juízes e os magistrados fariam reinar a lei islâmica e nenhuma outra. Teriam o cuidado de se formar nas leis e no direito em conformidade com os *hadiths* do Profeta. É a xariá, portanto, que deveriam aplicar. O mesmo se aplica aos governadores de províncias, ministros do governo, embaixadores, aos diversos representantes do poder: sua missão consiste em velar pela aplicação dos princípios islâmicos. *Idem* em relação ao exército, à gendarmaria, à polícia, às milícias, aos guardiães da revolução, aos comitês revolucionários, aos aduaneiros e outros agentes uniformizados.

A mensagem de Khomeini é claramente universal. Ele não distingue nem separa xiitas e sunitas. Conclama os governantes a realizar o islã sobre a terra:

> Que eles conclamem igualmente os povos à unidade, que se abstenham de racismo, o qual está em contradição com o que é prescrito pelo islã, e que estendam uma mão fraterna aos seus irmãos na fé, qualquer que seja o seu país e qualquer que seja a sua raça, pois o islã os chamou de "irmãos". Se, pela vontade dos Estados e dos povos, e com a ajuda de Deus Altíssimo, essa fraternidade na fé se realizar, verão que os muçulmanos constituem a maior potência mundial. Na esperança do dia em que, pela vontade do Senhor do Universo, essa fraternidade e essa igualdade sejam realizadas.

A *umma* é, portanto, o horizonte do islã político tal como definido pelo aiatolá Khomeini a partir da Revolução Iraniana.

O Guia Supremo da revolução estatui também sobre os jornalistas, os intelectuais, os artistas:

> A questão da propaganda não é atribuição exclusiva do Ministério da Orientação: é dever de todos os cientistas, oradores, escritores e artistas. O Ministério das Relações Exteriores deve cuidar para que as embaixadas tenham publicações de propaganda e mostrem claramente ao mundo o rosto luminoso do islã, pois, se esse rosto de tão grande beleza - a que nos convidam o Corão e a Suna em todos os domínios - se mostrasse sem o véu [com que o cobriram], os opositores do islã e os falsos entendimentos dos amigos, o islã se estenderia pelo mundo inteiro e em toda parte flutuaria seu glorioso estandarte.

Assim como a política, a educação, a escola, a universidade, o clero, a justiça e a administração pública, a inteligência deve-se colocar a serviço do islã. Trata-se de uma definição clara de regime totalitário.

Com efeito, sob o regime do xá:

> O rádio, a televisão, os jornais, os cinemas e os teatros faziam parte dos instrumentos eficazes para destruir e drogar os povos, em particular a jovem geração. Nos últimos cem anos, e especialmente no último meio século, quantos vultosos projetos não foram realizados através desses instrumentos, tanto para a propaganda contra o islã e contra o clero, que está a seu serviço, quanto para a propaganda em favor dos colonialistas do Leste e do Oeste.

No regime islâmico, todas essas instâncias midiáticas se dedicariam a transmitir os valores do islã e a purgar tudo o que possa lembrar os valores ocidentais – o marxismo-leninismo do Leste e o consumismo hedonista do Oeste, ambos inimigos dos princípios corânicos.

E escreve Khomeini: "As propagandas, os artigos, os discursos, os livros e as revistas contrárias ao islã, à decência pública e aos interesses do país são ilícitos, e é dever de todos nós e dever de todos os muçulmanos nos opormos a eles. Devemo-nos opor às liberdades destrutivas". E também: "Todos precisamos saber que a liberdade sob a sua forma ocidental, que acarreta a corrupção dos rapazes e das moças, é condenada tanto pelo islã quanto pela razão". Do que se vê que *liberdade* e *razão*, no islã, não têm o mesmo significado de liberdade e razão fora do islã; nos moldes da bandeira islâmica, ser livre é obedecer, exercer a razão é acreditar.

Em nome dessa liberdade islâmica e dessa razão muçulmana, em outras palavras, em nome da lei corânica, o escritor Salman Rushdie toma conhecimento, em 14 de fevereiro de 1989, dia de São Valentim[57], de sua condenação à morte. Recebe a notícia em Londres, onde mora. Eis o texto da *fatwa* assinada por Khomeini, entregue a ele quando estava em seu carro, a caminho dos estúdios da CBS:

> Trago ao conhecimento dos bravos muçulmanos do mundo inteiro que o autor de *Versos satânicos* – livro escrito, editado e distribuído com o objetivo de se opor ao islã, ao Profeta e ao Corão –, assim como

57 Dia dos namorados, na França e em vários países do mundo. [N. T.]

> os editores do referido livro, que agiram com conhecimento de seu conteúdo, estão condenados à morte. Peço aos bravos muçulmanos que os executem com celeridade, onde quer que os encontrem, para que de ora em diante ninguém mais ouse ofender o que os muçulmanos têm de sagrado. Aquele que perder a vida tentando executar essa sentença será considerado um mártir, se Deus quiser. Por outro lado, se alguém tiver acesso ao autor desse livro, mas não tiver, pessoalmente, condições de executar essa sentença, que o aponte para outros, de modo que ele pague por seus atos.

Uma jornalista da BBC telefona para ele e pergunta: "Como você se sente, sabendo que foi condenado à morte pelo aiatolá Khomeini?", relata o escritor em *Joseph Anton*, sua autobiografia...

Portanto, um aiatolá iraniano decidiu em seu país, num continente distante daquele onde residia o escritor, em nome de sua religião, de seu Deus e do Corão - cujas suras se iniciam quase todas pela afirmação de que Deus é "bom e misericordioso" - que *no mundo inteiro* os muçulmanos devotos desse Deus de bondade e misericórdia deveriam sair à caça do autor do livro, todos os seus editores no mundo, todos os seus tradutores espalhados por um sem-número de cidades e também seus leitores, disseminados entre os cinco bilhões de habitantes do planeta, a fim de denunciá-los ou *executá-los* no ato.

Era uma declaração de guerra a quem fosse decretado inimigo do islã pelo aiatolá Khomeini. Naquele dia, o Ocidente tinha a chance de existir um pouco mais e não a aproveitou. Nenhum país judaico-cristão chamou de volta seus embaixadores, nenhum país judaico-cristão ameaçou o dignitário religioso com represálias, nenhum país judaico-cristão optou por um revide magistral, diplomático ou militar, que derrubasse a *fatwa*, nenhum país judaico-cristão decretou embargo econômico, nenhum país judaico-cristão fez dessa declaração de guerra contra um homem, mas extensiva a todos que, como ele, invocassem a liberdade ocidental e a razão ocidental, uma oportunidade de derrubar esse regime. Nesse silêncio, morreu o Ocidente.

Khomeini apenas quis se aproveitar de um caso que ocorreu cinco meses antes na Inglaterra, país onde Rushdie residia desde os treze anos de idade vindo da Índia. Em 3 de outubro de 1988, ou seja, menos de dez dias depois do lançamento do livro em Londres, um membro da Fundação Islâmica de Leicester fez uma fotocópia dos trechos que considerava blasfematórios e os enviou às autoridades muçulmanas da Inglaterra. A comunidade muçulmana internacional se inflamou como um só homem: ficou provado que a *umma* existe de fato. A Índia pega fogo, e, em seguida, o Paquistão, a África do Sul, a Somália, o Qatar. Em Meca, o conselho dos juristas da Liga do Mundo Muçulmano condena o livro. Em Riad, os ministros das Relações Exteriores dos 45 países da Organização da Conferência Islâmica fazem o mesmo. No Cairo, a Universidade de Al-Azhar denuncia o livro. Em Nova York, uma imagem de Salman Rushdie é queimada.

A Europa judaico-cristã não fica atrás: em Bradford, 1,5 mil muçulmanos lançam os *Versos satânicos* ao fogo; outras cidades da Inglaterra também fazem autos de fé; em Londres, oito mil pessoas saem às ruas para pedir a morte do escritor indo-britânico; em Paris, cinco meses antes do bicentenário da Revolução Francesa, em 26 de fevereiro de 1989, mil residentes muçulmanos (indianos, paquistaneses, magrebinos) saem às ruas aos gritos de "Morte a Rushdie"; no jornal *Le Monde* de 23 de fevereiro de 1989, monsenhor Ducourtray, primado das Gálias e arcebispo de Lyon, acredita que depois do filme de Scorsese, *A última tentação de Cristo*, os crentes mais uma vez estão sendo insultados e, por conseguinte, afirma sua solidariedade a "todos aqueles que, em dignidade e em oração, vivem essa mesma dor"; em Roma, João Paulo II segue a mesma linha, parecendo mais preocupado com a dor dos crentes do islã – Vaticano II *oblige* – do que com os meios de impedir a condenação à morte de um escritor – *realpolitik* descuidada dos Evangelhos *oblige* (o Conselho da Federação Protestante condena claramente o ato); em Londres, após a *fatwa*, vinte mil manifestantes – *vinte mil manifestantes* – pedem, em 27 de maio, que os *Versos satânicos* sejam proibidos e que o delito de blasfêmia previsto na lei britânica para o cristianismo seja estendido ao islã; em 20 de outubro de 1989, uma pesquisa da Harris realizada com os muçulmanos residentes na Grã-Bretanha revela que 28% dos entrevistados aprovam a *fatwa*, 79% são favoráveis a uma punição, e 62%, à destruição do livro; em Berlim Ocidental, a Academia de Belas Artes se nega a ceder seus locais para uma manifestação de apoio a Rushdie – Günther Grass e Günther Anders pedem demissão; o editor alemão desiste de publicar o livro; em Estocolmo, a Academia sueca se recusa a acusar a *fatwa*.

Os enfrentamentos após a *fatwa* resultam em mortes: em Islamabad, em 12 de fevereiro de 1989, cinco pessoas morrem durante o ataque ao Centro Cultural dos Estados Unidos, uma centena é ferida, um dos guardas do Centro é linchado; em Bruxelas, em 29 de março de 1989, o imame Abdullah al-Ahdal, que pronunciou declarações moderadas, é assassinado com seu bibliotecário; em Tsukuba, em julho de 1991, o tradutor do livro para o japonês, Hitoshi Igarashi, é encontrado morto em sua sala na universidade, apunhalado no rosto e no corpo; em Oslo, em outubro de 1991, o tradutor norueguês, William Nygaard, é agredido e sobrevive aos ferimentos; Ettore Capriolo, o tradutor italiano, sofre um atentado e também sobrevive; na Turquia, em 2 de julho de 1993, é ateado fogo no hotel onde está hospedado o tradutor turco, Aziz Nesin, e o incêndio mata 37 pessoas.

O aiatolá Khomeini não leu os *Versos satânicos*: não sabia inglês nem nenhuma das outras línguas que, na data da *fatwa*, lhe permitiriam julgar o conteúdo da obra. De modo que agiu por ouvir dizer e por razões políticas. Não há dúvida de que o livro tenha trechos capazes de ofender um muçulmano - os nomes das mulheres de um prostíbulo são os mesmos das esposas do Profeta; os clientes dão voltas ao redor do bordel como fazem os fiéis em Kaaba, durante a peregrinação a um dos cinco pilares da fé; a própria ideia de que existam versos satânicos, porque ab-rogados, faz do Corão um produto da história, e não uma dádiva de Deus; o fato de essa ab-rogação envolver suras que aludam a um compromisso com o politeísmo antes de Maomé optar por um claro monoteísmo mostra uma humanidade hesitante e oportunista do Profeta, hesitação que é apresentada como uma influência de Satã, do que a expressão *versos satânicos*. Contudo, trata-se de um romance, não de um tratado de teologia muçulmana ou de filosofia islâmica. Esse romance é uma obra de ficção delirante, mirabolante, barroca, ou até rococó: começa com um atentado a bomba a um avião e a queda do herói, que continua vivo depois de percorrer dez mil metros pelos ares, até seu corpo se metamorfosear e ganhar chifres e cascos fendidos...

Pouco importa que o aiatolá Khomeini não tenha lido o romance, ele cuida para que nada venha a perturbar o dogma do islã político: no mesmo espírito do realismo socialista com os dogmas do marxismo-

-leninismo, o romancista deve celebrar a ideologia do poder estabelecido, nesse caso o islamismo. Rir, sorrir, brincar, delirar, fantasiar, inventar, distorcer a realidade fazem parte do jogo romanesco, da licença poética sem a qual não existe obra de ficção. Mas, num regime totalitário, o romance não se pode alforriar da suprema obrigação de respeito à ideologia que o constitui.

Ao pronunciar uma *fatwa* sobre um livro que não leu, o aiatolá Khomeini assume o jogo em nível internacional. Inscreve-se na lógica das cruzadas e declara guerra ao Ocidente judaico-cristão. Do que se descobre que Julien Freund, resistente, *maquisard*, detido pela Gestapo, prisioneiro, fugitivo, estava certo quando respondeu o seguinte a Jean Hyppolite, que, à saída de sua defesa de tese, da qual participou como membro da banca, refutou sua teoria do par amigo/inimigo:

> O senhor acha, como todo pacifista, que o senhor é quem designa o inimigo. Seu raciocínio é que, se não quisermos ter inimigos, não teremos inimigos. Ocorre que o inimigo é quem designa o senhor. E, se ele quiser que o senhor seja inimigo dele, o senhor lhe pode dar as maiores demonstrações de amizade. A partir do momento que ele quiser que o senhor seja inimigo dele, é isso que o senhor será. E ele o impedirá até mesmo de cultivar o seu jardim.

Hyppolite responde: "Nesse caso, só me resta o suicídio". O hegeliano Jean Hyppolite, que estava errado em relação a Freund, mas certo em relação ao que lhe restava fazer se seu interlocutor tivesse razão, morre em sua cama em 26 de outubro de 1968, em Paris.

Hyppolite, que preferia as Ideias à realidade e acreditava mais na verdade dos conceitos do que na realidade dos fatos, foi logicamente diretor da École Normale Supérieure de Ulm e do Collège de France. Condiscípulo normalista de Sartre e Aron, foi professor, dentre outras celebridades, de Deleuze, Derrida e Foucault – e também de Jean d'Ormesson... Essa atitude é bem típica da *intelligentsia* francesa saída desse molde normalista: preferir uma bela ideia falsa a uma verdade feia e cruel. Michel Foucault foi o sucessor de Jean Hyppolite no Collège de France. Em 1971, presta-lhe uma enfática homenagem em sua aula inaugural *A ordem do discurso*.

Foucault é um intelectual emblemático do lugar de Paris, logo da França, logo da Europa, logo do mundo das ideias, num Ocidente que, nessa época, imbuído da memória de Sartre, ainda acha que Paris é o árbitro das elegâncias espirituais no mundo inteiro. Durante a Revolução Iraniana, Foucault faz reportagens para o *Corriere della Sera*. Parte em setembro de 1978 para Teerã e produz uma série de artigos que, desde então, têm fundamentado a linha dominante do mundo intelectual que se diz e se acha de esquerda sobre a questão do islã. Foucault quer ver os fatos diretamente, mas nem imagina que, entre ele e os fatos, exista a sua própria biografia. Esteve lá duas vezes: de 16 a 24 de setembro de 1978 e de 9 a 15 de novembro, ou seja, oito dias e seis dias.

Conversa, naturalmente, com os comandantes do exército do xá, conselheiros americanos, líderes da oposição, chefes religiosos, manifestantes, mas seu fascínio pessoal pela violência, seu ódio a toda sociedade estabelecida, seu encanto pela brutalidade, sua paixão niilista se reconhecem nessa aventura que ele vê como uma regeneração espiritual num mundo que perdeu o sentido do sagrado, do religioso e da transcendência. Esse homem que, em seu país, luta incessantemente contra a religião judaico-cristã, ajoelha-se quando se trata da religião muçulmana em outro continente. Pois o que Foucault faz no Irã, senão riscar a democracia com uma canetada para lhe preferir a teocracia? Suprimir a referência à assembleia deliberativa para substituí-la pela decisão de um único homem, o Guia Supremo? Abolir a separação entre Igreja e Estado para enxergar salvação política somente no Estado religioso?

Para Foucault, num artigo intitulado "O xá tem cem anos de atraso" (1º de outubro de 1978), a revolução islâmica se dá em oposição à modernidade ocidental, que é... um arcaísmo. Belo exemplo de paradoxo, magnificamente sustentado pela sofística do normalista! O que é moderno é que é antigo. O desejo de futuro transmitido pelo xá é um fragmento do passado! O aiatolá quer um retorno ao local, ao camponês, ao rural, ao tradicional? Isso, sim, é a verdadeira modernidade... Ele transforma um texto tribal do deserto arábico datado de mais de mil anos em breviário para o futuro de uma nação? Isso é que é a autêntica modernidade... O passado é que é o futuro.

Por outro lado, Foucault denuncia, com razão, a corrupção do poder do xá, o confisco da indústria por seu clã, a pobreza do povo, o reinado dispendioso, o massacre dos opositores, a polícia política, o maná petrolífero controlado pela família real, os mortos da repressão – mas por que concordar com o raciocínio simplista de que os inimigos de nossos inimigos são necessariamente nossos amigos? Foucault não gosta do Ocidente nem do capitalismo; ora, os xiitas não gostam do Ocidente nem do capitalismo; portanto os xiitas são amigos de Michel Foucault. Em "Com o que sonham os iranianos?", Foucault opõe o xá, que é um "rei", um "déspota", a Khomeini, que é "o santo", "o exilado pobre", "o homem que se ergue com as mãos vazias, aclamado por um povo". De um lado, o Mal, do outro, o Bem. Quem não vai querer combater um Mal tão claramente designado? Foucault escolheu o Bem, por isso apoia a Revolução Iraniana. Sendo assim, alinha-se "à força da misteriosa energia que une o ancião exilado há quinze anos e o povo que o invoca".

No oposto da lucidez, Foucault escreve na revista *Le Nouvel Observateur* de 16 a 22 de outubro de 1978: "Um fato deve ficar claro: ninguém no Irã entende 'governo islâmico' como um regime político em que o clero teria um papel de comando e direção"! Khomeini continua em Neauphle-le-Château, na Grande Paris. O xá ainda é governo. Mas é possível imaginar que uma teocracia possa reinar sem o clero? Foucault gostaria de "algo muito antigo, mas também muito distante no futuro: voltar [*sic*] ao que foi o islã nos tempos do Profeta; mas também avançar em direção a um ponto luminoso e longínquo onde seja possível reatar com a fidelidade, em vez de manter a obediência". Em outras palavras: fazer o novo com o velho, preparar o futuro dando um salto de mais de mil anos para trás, reatar com o ideal tribal numa época em que o homem andou sobre a Lua.

Foucault descreve esse islã futuro no *Nouvel Observateur*, revista de esquerda por excelência, como em êxtase diante de uma aparição e repetindo o que diz uma autoridade religiosa:

> O islã valoriza o trabalho, ninguém pode ser privado do fruto de seu trabalho, o que deve pertencer a todos (a água, o subsolo) não poderá ser apropriado por ninguém. Quanto às liberdades, serão respeitadas

> na medida em que seu uso não prejudicar o outro; as minorias serão protegidas e livres para ir e vir à vontade, desde que não causem dano à maioria; entre o homem e a mulher, não haverá igualdade de direitos, e sim, diferença, porque há diferença de natureza [*sic*]. Quanto à política, as decisões serão tomadas por maioria, os dirigentes serão responsáveis diante do povo e cada um, conforme estipula o Corão, poderá levantar-se e pedir contas àquele que governa.

No regime dos mulás, o cabelo é raspado de graça – mas todo o mundo usa barba.

O que fascina Foucault, o ateu, o inimigo da sociedade democrática, o adversário do poder que ele nunca rejeita, é uma sociedade inspirada pela transcendência e pelo sagrado! Ele aclama os combatentes muçulmanos que buscam "mesmo à custa de sua vida o que nós, desde a Renascença e as grandes crises do cristianismo, esquecemos como possibilidade: uma *espiritualidade política*. Já ouço as risadas dos franceses, mas sei que eles estão errados". Sobre o governo islâmico, diz que este o "impressionou por sua tentativa de abrir uma dimensão espiritual na política". Foucault sonhando voltar para antes da Renascença e das crises do cristianismo? Foucault fascinado pela Idade Média teocrática e escolástica? Não dá para acreditar...

Ainda ultralúcido, Foucault escreve em "O chefe mítico da revolta do Irã" (26 de novembro de 1978): "Khomeini *não é um político*: não haverá um partido de Khomeini, não haverá um governo de Khomeini". Sobre a revolução islâmica, diz que talvez seja "a primeira grande insurreição contra os sistemas planetários, a mais moderna forma da revolta, e a mais louca". Esse movimento "não se dispersa em escolhas políticas, [é] um movimento perpassado pelo sopro de uma religião que fala menos no além do que na transfiguração deste mundo terrestre".

Em 1º de fevereiro de 1979, Khomeini volta para Teerã. Instaura um poder teocrático e governa com os religiosos. Todas as previsões de Foucault se mostram equivocadas: Khomeini é um político, existe um governo de Khomeini, a espiritualidade é menos a lei do que as milícias armadas que, valendo-se do Corão, prendem, torturam, derramam sangue, desfiguram as mulheres sem véu com ácido sulfúrico e matam os opositores. Instaura-se um regime ditatorial. A extrema esquerda francesa, a Liga Comunista Revolucionária, o PCF, os marxistas aderem ao regime: a religião não conta, só o que importa é a luta contra o imperialismo norte-americano, a oposição antissionista a Israel, a derrocada da burguesia ocidental.

Aos que observam que, para Marx, "a religião é o ópio do povo", Foucault retorque que "a frase imediatamente anterior, e que ninguém nunca cita, diz que a religião é o espírito de um mundo sem espírito. Digamos então que o islã, neste ano de 1978, não foi o ópio do povo, justamente porque foi o espírito de um mundo sem espírito". Que formidável truque de prestidigitação normalista! O ópio marxista se esvai em fumaça enquanto o espírito hegeliano, conceito nebuloso por excelência, passa de repente a ocupar todo o espaço. E, assim, a religião judaico-cristã continua sendo o ópio do povo, e a religião muçulmana é o seu espírito! Graças a Foucault, era possível ser de esquerda e, qual monsenhor Lefebvre, católico integrista, aderir às invencionices religiosas – desde que fossem corânicas. *Ainda estamos nessa.*

O único ponto sobre o qual Foucault não se enganou está em sua resposta a uma leitora iraniana do *Nouvel Observateur*, espantada com suas declarações acerca da espiritualidade política islâmica. Diz o filósofo: "O problema do islã enquanto força política é um problema fundamental da nossa época e dos anos por vir". Foucault morre de Aids em 25 de junho de 1984. Sem querer pôr palavras na boca de um morto, é lícito imaginar que seria um dos primeiros a defender Rushdie em nome dos direitos humanos. Neste momento em que escrevo, Salman Rushdie ainda vive escondido, temendo uma morte que lhe podem infligir a qualquer momento porque escreveu um romance.

O aiatolá Khomeini morreu em 3 de junho de 1989. Em 2017, seu regime continua em vigor. A *fatwa* foi reiterada pelos religiosos que lhe sucederam. Em 23 de fevereiro de 2016, o Irã aumentou em seiscentos mil dólares a recompensa para quem matasse Salman Rushdie. O que faz o Ocidente? Nada. O que poderia fazer? Nada. O programa imperialista de Khomeini vem-se realizando dia após dia com o consentimento de um grande número de intelectuais que se proclamam de esquerda. O judeu-cristianismo, assimilado ao Ocidente, ao capitalismo, ao sionismo, também se tornou alvo. A Santa Sé não notou os sinais – com exceção de Bento XVI no discurso que fez em Ratisbona, em 2006, e em suas referências a Manuel II Paleólogo. Será que uma coisa explica a outra? O fato é que, de lá para cá, ele entregou as chaves de São Pedro ao seu sucessor, o papa Francisco, um jesuíta que deve gostar de Foucault e de seu desejo de que a espiritualidade monoteísta salve a política. O Deus do Vaticano morreu sob os golpes do Deus de Meca.

5
GENEALOGIA DA PEQUENA GUERRA ANTEPENÚLTIMO INTERMÉDIO MUÇULMANO

Nova York, 11 de setembro de 2001,
desabamento do World Trade Center

O Ocidente hiperindustrializado, que se armou até os dentes, dispõe de armas de guerra extremamente sofisticadas - inclusive, no caso dos Estados Unidos, aviões furtivos, submarinos nucleares, lançadores de mísseis atômicos - e de um estado-maior formado numa Escola de Guerra em que se analisam as guerras de Tucídides e Napoleão, Hitler e Giap, César e Stálin, foi derrotado por quatro homens armados de um estilete nos Estados Unidos e, na França, de armas de segunda mão adquiridas no mercado paralelo. Os bilhões despendidos em defesa nacional por esses dois países de nada serviram, naquele 11 de setembro, diante de um estilete adquirido por dez euros num supermercado e uma kalachnikov de quinhentos euros no mercado negro. Como chegamos a esse ponto?

Responder a essa pergunta pressupõe renunciar ao tempo midiático, que é sideração do instante e sideração no instante. A cadeia de informação contínua ilustra bem o que é esse tempo pós-temporal: um fluxo parado, um escoamento imóvel, uma dialética congelada num aqui e agora repetido ininterruptamente, à saciedade. Aquilo que é ocupa todo o espaço: mas o que ocupa todo o espaço é rapidamente substituído por aquilo que, por sua vez, ocupa todo o espaço antes de ser ele próprio substituído por aquilo que tomará seu lugar. Um prego empurra outro, sem deixar vestígio ou memória de prego nenhum. Nem da operação que os empurrou.

O aprisionamento nesse tempo do instante impede que se responda a essa pergunta, uma vez que impede qualquer resposta a qualquer pergunta. Nessa gaiola atemporal, não há nem pergunta nem resposta, apenas imagens e um comentário que é descrição da imagem, sem nada que a complemente e sem qualquer decodificação: aquele que, no entanto, continua sendo denominado jornalista é, na verdade, um papagaio verbal da imagem, diz apenas o que a imagem já mostra. Em face de um incêndio, diz que as chamas estão devastando o prédio; em face dos bombeiros, acrescenta que os combatentes do fogo se encontram no local; quando o socorro médico chega e já se avistam as luzes das ambulâncias, informa que o socorro médico já se encontra no local; quando a polícia isola a área com uma fita, relata que a área está sendo isolada com uma fita. Um sujeito que estiver passando por ali ou observando a cena é convidado a dar sua opinião; e a dá: diz que houve uma explosão, que a polícia está no local, que já chegou o socorro médico e que o espaço está demarcado com uma fita. Outro transeunte pode também ser solicitado, e também dará sua opinião: a mesma. O jornalista completará a informação, relatando que a ajuda psicológica já se encontra no local. Numa tenda. E vemos as imagens da tenda de lona.

Esse tempo que expulsou e esconjurou a reflexão, a análise, o comentário, a perspectiva do fato e suas causas, razões e genealogia, esse tempo é inimigo da inteligência e amigo da paixão, do *páthos*, das emoções, das sensações, das percepções imediatas. Nenhum pensamento é possível, pois pensar é precisar de tempo para expor um raciocínio, enquanto o tempo midiático é dinheiro que não se pode gastar com reflexão. A publicidade que sustenta as emissoras de televisão requer tomadas curtas, nunca mais do que alguns segundos, e assuntos que levam a outros a fim de prender o telespectador diante da telinha e torná-lo cativo no momento em que elas soltam a publicidade - que antigamente se chamava, de modo muito mais claro, propaganda. O pensamento não é incompatível com o universo midiático, mas passa a sê-lo quando este último obedece exclusivamente às leis do mercado.

O tempo midiático atemporal é reduzido à vibração de um ponto. Ocorre que o tempo, ao menos na percepção ocidental judaico-cristã, é uma linha que pressupõe o instante como sendo um ponto, mas um ponto móvel, e não imóvel, que *vem de* e *vai para*. Esse ponto que vem do passado e vai para o futuro é um *punctum* no sentido etimológico, ou seja, não mais um ponto, mas um campo de visão constituído por duas distâncias que delimitam a zona de acomodação visual. Esse campo é um ponto extrapolado, um ponto ampliado, um ponto dinâmico e não estático, dialético e não fixo, cinético e não imóvel. Um ponto que se desloca. Ocorre que esse deslocamento é pensado, e é melhor pensado quando é ampliado e penetra na história passada. A genealogia, uma disciplina herdada de Nietzsche, nos permite ir às fontes do ponto em que estamos. Interrogar o presente significa buscar a modalidade de sua inscrição na civilização.

Responder à pergunta: "*O 7 de Janeiro*[58] *é o nosso 11 de Setembro*?" pressupõe, portanto, o exame de preliminares: o que é o 11 de Setembro? O que o tornou possível? O que é o 7 de Janeiro? O que o tornou possível? Então poderemos abordar a questão do que os aproxima e o que os distingue. Fazendo isso, seremos levados a abordar: o choque das civilizações, o triunfo da pequena guerra sucintamente teorizada por Clausewitz, a derrocada das grandes narrativas ocidentais, o retorno da teocracia sob forma islâmica, a ruína da razão ocidental e o fim da civilização judaico-cristã.

Jacques Derrida e Jürgen Habermas debateram em Nova York, em outubro e dezembro de 2001, sobre *O "conceito" do 11 de Setembro*. Ora, ocorre que não há conceito onde existem fatos; e, onde existem fatos, muitas vezes não há conceitos. O conceito nos ajuda a pensar o fato, mas não é raro que ele substitua o fato – os filósofos têm o hábito de descartá-lo para poder pensar com mais facilidade. O pensamento ocidental dominante é em geral *realista*, e não realmente realista. Esclarecendo: o realismo, no sentido filosófico e medieval do termo, é o contrário do realismo no sentido trivial da palavra. Na Idade Média, os *realistas* são os filósofos para os quais a Ideia é verdadeira, mais verdadeira do que até mesmo a realidade que se supõe que ela expresse. Os pensadores que se opõem a essa versão platônica são os *nominalistas*, para quem a ideia existe, porém enquanto ferramenta que não tem vida em si, mas função utilitária.

58 O autor se refere ao ataque terrorista que ocorreu em 7 de janeiro de 2015, na França, contra o jornal satírico *Charlie Hebdo*. [N. E.]

De modo que o *11 de Setembro* não foi um conceito, mas um fato, um evento, um momento da história. Um momento que faz a história, ao mesmo tempo que é feito por ela. O que possibilitou o 11 de Setembro possibilita aquilo que o 11 de Setembro possibilita. Em outras palavras: o 11 de Setembro é consequência de um passado e causa de um futuro. O acontecimento não cai do céu, se é que posso falar assim; ele vem da terra, é construído, previsto, elaborado, arquitetado por uma história que o torna possível. Os aviões que atingiram as Torres Gêmeas vêm de longe e seguem para mais longe ainda.

Factualmente, o 11 de Setembro nomeia o que sucedeu nessa data: na terça-feira, 11 de setembro de 2001, dezenove pessoas desviaram quatro aviões de carreira, dos quais dois foram lançados contra as Torres Gêmeas do World Trade Center, em Nova York, um sobre o Pentágono, em Washington, e um foi provavelmente desviado de seu desvio por passageiros e tripulantes e caiu num campo aberto da Pensilvânia. É possível que o destino desejado pelos terroristas fosse a Casa Branca. A imprensa e o governo americano convencionaram chamar de *terroristas* os homens que executaram essa ação. Desde então, o uso do termo tem sido aceito tal e qual. Essas operações foram realizadas com estiletes e um *spray* de gás lacrimogêneo, objetos livremente vendidos em supermercados por um punhado de dólares.

Os atentados foram reivindicados por Osama Bin Laden, o que deveria ser suficiente para invalidar as teses negacionistas que proliferaram sobre o tema, com o intuito exclusivo de culpar o governo americano e os serviços secretos israelenses. A menos que se suponha que o próprio Bin Laden seja uma ficção dos Estados Unidos, as reivindicações e os fatos determinam que o real, *esse* real, efetivamente ocorreu. Podemos multiplicar o número de suportes, contabilizar as publicações, listar as reivindicações e especificar os detalhes: Osama Bin Laden, então à frente da Al-Qaeda, escolheu esse alvo, essa data, essa hora e as modalidades da operação. E depois delegou a intendência.

O mundo conectado em que vivemos possibilitou que o primeiro impacto fosse filmado em tempo real e a imagem fosse difundida e reproduzida milhares de vezes nas horas seguintes. E o segundo impacto foi ao vivo, multiplicado ao infinito em qualquer casa do planeta onde houvesse um aparelho televisor, o que transformou esse atentado num espetáculo político universal. O compositor Stockhausen e o filósofo Baudrillard só se impressionaram por esse aspecto do *happening*... O mundo inteiro soube em tempo real o que estava acontecendo nos Estados Unidos. Viu ao mesmo tempo a expressão atônita de George Bush ao ser informado do atentado por um conselheiro que, diante das câmeras, inclinou-se para lhe sussurrar ao ouvido enquanto ele assistia a uma aula de leitura numa escola primária da Flórida... Sua reação? Nenhuma...

O presidente da República pega um avião para retornar à Casa Branca, onde se reúne com seus conselheiros. No fim da tarde, faz um discurso à nação. Podemos imaginar que o texto foi elaborado ao longo do dia pelos paladinos do complexo militar-industrial, os financiadores de todas as campanhas, os que têm todo o interesse em se aproveitar do acontecimento para avançar seus peões: a guerra é útil para o seu comércio. Bin Laden quis o que, dali para frente, Bush vai querer. Inteligência seria não cair na armadilha: a besteira foi entrar de cabeça. O atentado resultou em 2.977 mortos; o mais jovem tinha 2 anos, o mais velho, 85. Tudo isso com menos de cinco estiletes. Por um valor equivalente a duas entradas de cinema, os Estados Unidos se viram de joelhos. O maior exército do mundo, o mais sofisticado, o mais dispendioso em termos de dinheiro público, foi reduzido a pó por estiletes.

A resposta foi o início da guerra ao terrorismo. A identidade dos dezenove atores daquele dia era conhecida: o cérebro da operação, Mohamed Atta, era *egípcio*, outros dois eram *emiradenses*; quinze eram *sauditas*; um era *libanês*; e Bin Laden, que reivindicou o atentado, era *saudita*, como a maioria deles. Pela lógica, a retaliação deveria apontar para um dos países implicados – Egito, Arábia Saudita, Líbano ou Emirados Árabes. Que nada. Foi contra o Afeganistão dos talibãs que os Estados Unidos e a quase totalidade dos países europeus, a França entre eles, lançaram suas primeiras bombas, sob o pretexto de que Bin Laden residia nas montanhas afegãs.

O outro pretexto era a necessidade de se acabar com a Al-Qaeda. Essa guerra se estendeu de outubro de 2001 a 31 de dezembro de 2014, ou seja, treze anos. Fez 25 mil vítimas civis no Afeganistão. Muitos talibãs, é claro, mas, com certeza, um número ainda maior de inocentes.

Mulheres, crianças, adolescentes e idosos que não tinham culpa de viver no Afeganistão e cujos cadáveres nunca foram fotografados, filmados, mostrados. Bin Laden morreu em 2 de maio de 2011, no Paquistão, como todo mundo sabe. A Al-Qaeda não morreu, só mudou de nome e se tornou mais poderosa. Bin Laden queria uma guerra de civilizações: Bush lhe a deu de bandeja. Essa guerra dura até hoje. A França consentiu com esse plano funesto.

Bin Laden justificou os atentados de 11 de Setembro aludindo à ocupação da Palestina pelos israelenses e às ações militares do Estado hebreu no Líbano. Sabe que a Palestina tem capacidade para unir a comunidade muçulmana no mundo inteiro. Ele sabe disso e quer isso. E o obtém. Bin Laden a transforma na parte visível de um *iceberg* cuja parte invisível é o desejo de acabar com os regimes árabes socialistas e laicos, como o de Saddam Hussein, acusados de manter o Corão a respeitável distância da política e reprimir muçulmanos que pregam a teocracia islâmica à qual subscreve o inimigo público dos Estados Unidos. Bin Laden precisava da guerra do Ocidente contra o Islã, e precisava de um Islã que não fosse laico como o de Saddam Hussein, Kadhafi e Bachar al-Assad. E como os do Egito e da Tunísia antes da Primavera Árabe. Portanto, Bin Laden e Bush, pai e filho, compartilhavam de um mesmo objetivo: o primeiro delegou a tarefa aos outros dois. Bin Laden queria restaurar o califado, e não precisava nem do Ocidente nem de muçulmanos frouxos. Seus planos transcorrem como previsto, apesar de sua morte.

Acrescentemos à Palestina e ao Líbano, incriminados por Bin Laden, o fato de que, em 1990-1991, a Guerra do Golfo também opôs os Estados Unidos e grande parte da Europa, França inclusive, aos iraquianos. Bin Laden oferece cem mil homens ao sultão do Kuwait para libertar o país do regime ateu de Saddam Hussein. Em vão. O sultão opta pela coalisão ocidental. O pretexto dos judeu-cristãos era resolver o conflito entre Iraque e Kuwait, visto pelo prisma dos direitos humanos. Conflito que visava manifestamente à apropriação dos poços de petróleo da região, que os ocidentais não queriam deixar nas mãos de Saddam Hussein, descrito como um novo Adolf Hitler (quem não se lembra de uma campanha publicitária nas ruas de Paris que retratava o *raïs* com as feições do ditador nazista?). Os bombardeios ocidentais fizeram entre vinte mil e 25 mil vítimas militares e 3.664 vítimas civis. E o regime iraquiano não caiu.

Para dar continuidade ao conflito, em 2003, George Bush pai decide empreender guerra "preventiva" contra o Iraque, a pretexto de que o país dispõe de armas de destruição em massa (ADM) que ameaçam a segurança dos Estados Unidos e do Ocidente! Colin Powell discursa na ONU, em 12 de setembro de 2002, denunciando o fato com amostras desse produto altamente tóxico. Descobriu-se mais tarde que essa imagem que percorreu o mundo era uma ficção para impactar a opinião pública através da mídia. Um artigo de Ignacio Ramonet, no *Monde Diplomatique* de julho de 2003, diz o seguinte:

> Em entrevista à revista *Vanity Fair*, publicada em 30 de maio, o sr. Wolfowitz admitiu a mentira de Estado. Confessou que a decisão de alegar armas de destruição em massa para justificar uma guerra preventiva contra o Iraque fora adotada "por razões burocráticas". "Concordamos nesse ponto", esclareceu, "armas de destruição em massa, porque era o único argumento em que haveria consenso de todos".

O conflito teria causado entre quinhentos mil e 1,5 milhão de mortes de civis. Entre os quais, ainda e sempre, mulheres, crianças, adolescentes e idosos inocentes.

Vale lembrar que, em 2011, ruidosamente a conselho do filósofo Bernard-Henri Lévy, a França do presidente Nicolas Sarkozy bombardeou a Líbia com o pretexto de acabar com o regime de Kadhafi. Ela eliminou um ditador, sem dúvida, mas abriu espaço para a anarquia, da mesma forma que a morte de Saddam Hussein decretou o fim de uma ditadura laica – com a qual o Ocidente podia negociar por canais diplomáticos –, em troca de uma anarquia sangrenta entre sunitas e xiitas que levou ao desmembramento desses dois países e a guerras civis que hoje permitem ao Estado Islâmico concretizar o califado idealizado por Bin Laden.

Nessa configuração, à qual ainda devemos acrescentar a operação Serval no Mali, em janeiro de 2003, para deter o avanço muçulmano em direção à capital, a França se tornou parceira da campanha americana, comparada por Bush a uma cruzada. Como supor que a *umma*, a comunidade dos muçulmanos no mundo todo, não se alinharia aos incontáveis muçulmanos bombardeados pelos países ocidentais? Quem contabilizará, um dia, as vítimas inocentes dessas guerras empreendidas contra o Islã por políticos mancomunados com comerciantes de armas, apoiados por filósofos e sustentados pela imprensa dominante? Antes que os atacássemos, esses países não nos ameaçavam. Prova disso é que o Estado francês recebia os chefes desses Estados com grande pompa – isso quando eles não financiavam as campanhas de fulano ou sicrano.

Os fautores da guerra desconheciam os fundamentos do pensamento muçulmano. Bush, por exemplo, não sabia a diferença entre sunitas e xiitas... O Islã distingue claramente entre *dar al-Islam*, o território do Islã; *dar al-Harb*, o território da guerra; e *dar al-Suhl*, o território do tributo. No primeiro, o Islã reina; no segundo, é preciso combater para impô-lo; no terceiro, um país suficientemente forte para não se converter permanece sob influência do Islã e obtém uma paz temporária mediante pagamento de tributos. A esses três territórios, a Fraternidade Muçulmana acrescenta a *dar ad-Da'wa*, a terra de missão, onde os muçulmanos minoritários num país devem viver nesse país como muçulmanos. Essa é a divisão que eles fazem do mundo.

Em sua "Message au peuple américain" [Mensagem ao povo americano], feita dois dias antes da eleição de Barack Obama à presidência dos Estados Unidos, Bin Laden lembrou o que os americanos fizeram no Líbano, na Palestina e no Iraque:

> O terror de Estado é chamado liberdade e democracia, enquanto a resistência é chamada terrorismo e reação. Da mesma forma a injustiça e o embargo até que venha a morte, como fez Bush pai no Iraque, causando o maior massacre de crianças, como fez Bush filho para derrubar um antigo cúmplice e substituí-lo por outro a fim de roubar o petróleo iraquiano, entre outros crimes. Nesse cenário é que houve os acontecimentos de 11 de Setembro, como resposta a essas imensas injustiças, pois pode ser censurado quem não faz mais que se defender? Defender-se e punir o opressor também é terrorismo? Se é assim, não tínhamos escolha.

De fato, o embargo de 1991-2000 causou a morte de quinhentas mil crianças menores de 5 anos no Iraque.

O "11 de Setembro" não foi um conceito, portanto, e sim uma resposta política à política do Ocidente em terras muçulmanas. Bin Laden invoca o Islã, reivindica uma guerra de civilização entre a teocracia islâmica, que ele quer que seja imperialista e planetária, e a democracia ocidental, que ele considera judaico-americana – e não há como não entender esse *judeu-americanismo* como um equivalente do judeu-cristianismo ocidental. Tanto Bin Laden como George Bush falam em cruzadas, e não o fazem inocentemente! Em 23 de fevereiro de 1998, Bin Laden já desejava fundar uma *Frente Islâmica Mundial pelo* jihad *contra os judeus e os cruzados*! (Gilles Kepel). Em 23 de agosto de 1996, ele já falava em "coalisão judeu-cruzada" na "Déclaration de jihad contre les Américains qui occupent les pays des deux lieux saints" [Declaração de *jihad* contra os americanos que ocupam as terras dos dois lugares santos], descrevendo-a como uma "coalisão judaico-cristã". Em 23 de fevereiro de 1998, na "Déclaration du Front islamique mondial pour le jihad contre les Juifs et les Croisés" [Declaração da Frente Islâmica Mundial pelo *jihad* contra os judeus e os cruzados], Bin Laden torna a empregar essas expressões e conclama: "Matar os americanos e seus aliados, sejam civis ou militares, é um dever que se impõe a todo muçulmano que esteja apto a fazê-lo, em qualquer país em que se encontre". Pronto, chegamos lá...

Como não incluir o 7 de janeiro de 2015 nessa configuração? E a agressão a faca contra três militares de plantão em frente a um centro comunitário judaico em Nice, em 3 de fevereiro de 2015? E o ataque a um soldado francês no banheiro do aeroporto de Orly, em 10 de abril do mesmo ano? E o assassinato de Aurélie Châtelain por Sid Ahmed Ghlam, em 19 de abril de 2015? E a decapitação de Hervé Cornara no Isère, em 26 de junho de 2015? E o atentado cometido por um marroquino num trem da Thalys, entre Amsterdã e Paris, em 21 de agosto de 2015? E os sete ataques em Paris e Seine-Saint-Denis, perpetrados por pelo menos dez terroristas e cerca de vinte cúmplices, que resultaram em 130 mortos e 413 feridos, em 13 de novembro de 2015? E o ataque a uma delegacia parisiense cometido por um islamita marroquino usando um cinturão de explosivos falso e um cutelo de açougueiro verdadeiro, em 7 de janeiro de 2016? E a agressão a um professor judeu por um adolescente turco, em 11 de janeiro de 2016? E o assassinato, em Magnanville, de um comandante da polícia e sua mulher, Jean-Baptiste Salvaing e Jessica Schneider, por Larossi Abballa, em 13 de junho de 2016? E os 86 mortos e 286 feridos no Passeio dos Ingleses, em Nice, pelo tunisiano Mohamed Lahouaiej-Bouhlel, em 14 de julho de 2016? E a decapitação do padre Hamel, em Saint-Étienne-du-Rouvray, em 26 de julho de 2016? Todos esses fatos ocorreram na França, mas poderíamos listar os que ocorreram nesse mesmo período na Bélgica, na Alemanha, na Dinamarca, no Reino Unido, na Rússia. E essa lista, infelizmente, só aumentou. Em setembro de 2016, o próprio presidente socialista François Hollande afirmava, em *Un président ne devrait pas dire ça* [Um presidente não deveria dizer isso], que "existe um problema com o Islã, é verdade, disso ninguém duvida", mas também: "Como evitar a divisão? Porque é isso que está acontecendo: uma divisão". Esses atentados fazem parte do projeto definido por Bin Laden.

Bin Laden está morto, não há dúvida, e a Al-Qaeda passou a vez para outras organizações, com outros nomes, um combatente vivo tomou o bastão de um combatente morto, mas há também uma nova configuração política internacional: o Estado Islâmico, criado a partir da Al-Qaeda, em 2006. Hoje ele está situado em terras iraquianas e sírias, mas seu espaço desterritorializado se estende à Líbia, à Nigéria, ao Sinai egípcio, à Argélia, ao Iêmen. Em 20 de junho de 2014, Abu Bakr al-Baghdadi se autoproclamou califa, sucessor de Maomé, sob o nome de Ibrahim. O que Bin Laden queria ampliou-se, definiu-se, afirmou-se e se impôs.

Em dezembro de 2002, em "Recommandations tactiques" [Recomendações táticas], Bin Laden escreve claramente que aspira a um califado:

> A consequência positiva mais significativa dos ataques de Nova York e Washington foi mostrar a realidade do combate entre cruzados e muçulmanos, revelar o tamanho do rancor que os cruzados nutrem por nós, uma vez que esses dois ataques despiram o lobo da sua pele de cordeiro, e ele revelou sua face medonha. O mundo inteiro despertou, os muçulmanos tomaram consciência da importância da doutrina da submissão a Deus e da ruptura, fortaleceu-se a fraternidade entre os muçulmanos, o que é um passo de gigante para a unificação dos muçulmanos sob a palavra da unicidade de Deus para instaurar,

> se a Deus aprouver, o califado bem conduzido; o mundo todo pôde constatar finalmente que a América, essa força opressiva, pode ser atingida, humilhada, rebaixada, aviltada. Por fim, recomendo aos jovens que se empenhem no *jihad*, pois são eles os primeiros a quem cabe essa obrigação.

Bin Laden pede "dissimulação, sobretudo no que se refere às ações militares do *jihad*". As vítimas são claramente designadas: os judeus, os americanos e "seus cúmplices", entre os quais a França.

O Estado Islâmico é claramente imperialista; tem como alvo em todo o mundo judeus, americanos e seus aliados, franceses inclusive. Encontra-se nas livrarias, pelo preço de um estilete, um livrinho de instruções sobre o projeto de estender o califado ao Ocidente judaico-cristão. Ele também está disponível na *internet*, na qual foi inicialmente publicado, em 2004. O título é "Gestão da barbárie", ou seja, ele anuncia claramente a que veio. O subtítulo é: "A etapa pela qual o Islã deverá passar a fim de restaurar o califado". Seu autor é Abu Bakr Naji. O objetivo é destruir as democracias por meio da ultraviolência e instaurar um clima constante de medo e insegurança. Primeira fase: "Esgotamento e desmoralização". Para tanto, é preciso surpreender os Estados a partir da periferia e criar um clima de terror no conjunto da população. Segunda etapa: "A gestão da selvageria". Quando os Estados não se acham em condições de garantir a paz e a lei, os jihadistas assumem a função no lugar dos Estados. As pessoas vão querer a volta da paz e da tranquilidade e, submetendo-se, elas as terão. Michel Houellebecq deu uma formidável versão romanesca desse processo em *Submissão*. Terceira e última etapa: estender a zona de influência e proclamar o califado.

Quem pode dizer que o que aconteceu em 7 de Janeiro na sede do *Charlie Hebdo*, mas também as inúmeras tentativas abortadas, parcialmente realizadas, midiaticamente neutralizadas pela mídia quando noticiadas como ações de loucos, desequilibrados, destrambelhados, não se inscrevem nesse processo claramente anunciado e enunciado da instauração do terror na consciência das pessoas? Pois ninguém pode negar que esse atentado criou um clima de terror de massa: a manifestação do 11 de Setembro, aliás, foi apenas a expressão da sideração muda e silenciosa em que se encontrava a população.

O que foi, com efeito, esse acontecimento, esse "7 de Janeiro"? Foi o abate sistemático da equipe do jornal *Charlie Hebdo* – condenado por ter publicado caricaturas do Profeta e seguir uma linha supostamente islamofóbica – pelos irmãos Chérif Kouachi, de 32 anos, e Said Kouachi, de 34, ambos franceses de pais argelinos. Os dois adentram a redação aos gritos de *"Allah Akbar"*. Ao identificar Charb, o diretor do jornal, eles o matam e acrescentam: "Vocês vão pagar por ter insultado o Profeta". Na sequência, assassinam nove pessoas: sete membros da redação, um visitante e o policial encarregado da proteção de Charb, que tentou revidar. A nata do desenho caricatural francês jaz em seu próprio sangue: Wolinski, Cabu, Tignous, Honoré, além de Charb. Entre as demais vítimas: a psicanalista Elsa Cayat, o economista Bernard Maris e o policial Franck Brinsolaro, designado para a segurança de Charb, o revisor Mustapha Ourrad, Michel Renaud, fundador do festival *Rendez-vous du Carnet de Voyage* [Encontro do Diário de Viagem], convidado para a ocasião, e Frédéric Boisseau, funcionário responsável pela manutenção do prédio.

Os irmãos Kouachi saem do edifício ainda atirando e gritando outra vez: *"Allah Akbar"*. E dizem também distintamente: "Vingamos o profeta Maomé". No caminho, matam à queima-roupa, com um tiro na cabeça, o policial Ahmed Merabet, que já estava caído, ferido e implorando piedade e misericórdia. Ao fugir, batem o carro num bloco de cimento, apontam a arma para um motorista e roubam o veículo, dizendo: "Se a imprensa perguntar, diga que foi *a Al-Qaeda do Iêmen"*. Perseguição. Plano Vigipirate[59]. A capital em estado de sítio. Os dois irmãos são localizados numa gráfica do departamento do Aisne, onde se refugiaram para passar a noite. São mortos pelo Grupo de Intervenção da Gendarmaria Nacional no momento em que saem e atiram contra os policiais.

Nesse mesmo dia, 8 de janeiro, Amedy Coulibaly, um francês de origem maliana, mata uma jovem policial que cruza seu caminho, fere gravemente um gari; no dia seguinte, faz reféns num supermercado *kosher* no bairro Porte de Vincennes: assume claramente que pertence ao Estado Islâmico. Assassina quatro judeus: três clientes e um funcionário. É morto por gendarmes e policiais numa investida no fim do dia.

59 *Plan Vigipirate*: conjunto de medidas implementadas pelo governo francês no sentido de vigilância, prevenção e proteção na "luta contra o terrorismo". [N. T.]

À noite, um cúmplice posta um vídeo produzido por ele. Descobre-se então seu nome de guerra: "Abu Bassir Abdallah al-Ifrisi, soldado do califado". Como se esperava, justifica seus atos alegando o comportamento do Ocidente em relação aos países muçulmanos, que vêm sendo bombardeados há vários anos.

Qual foi a resposta do chefe do Estado francês a esses atentados concomitantes e concertados? Foi uma resposta midiática, a única capaz de disfarçar sua incapacidade de dar uma resposta política: pedir ao Partido Socialista que organizasse uma manifestação de rua no domingo seguinte, com o *slogan* "*Je suis Charlie*" ["Eu sou Charlie"], excelente de um ponto de vista publicitário, mas absolutamente nulo do ponto de vista político. Pois o que significa "*Je suis Charlie*" para alguém que não fazia parte da equipe massacrada, não era desenhista ou cronista, da equipe de apoio ou policial encarregado da segurança, mas espectador de um atentado intermediado pela televisão? O presidente da República se exibiu numa manifestação VIP ao lado de chefes de Estado, muitos deles em situação delicada no que tange aos direitos humanos e ao direito internacional.

Que esse 7 de Janeiro é o nosso 11 de Setembro não resta a menor dúvida. Não teria sentido comparar o número de vítimas para chegar a essa conclusão. Os dois acontecimentos dividem a história do país envolvido em "antes" e "depois". Os Estados Unidos responderam com uma guerra que não é solução – a menos que os políticos queiram subvencionar aqueles que os subvencionam, permitindo que empreendam guerras, fabriquem armas, renovem os estoques de munição, aperfeiçoem máquinas de guerra cada vez mais letais. A França respondeu no terreno midiático, que só é movido por paixão e compaixão, *páthos* e emoção, bons sentimentos e moral moralizante. O que é bem útil para gerir os acontecimentos quando não se tem visão política, mas é ineficiente, pois esses acontecimentos não são pontuais e conjunturais, e sim fadados a se repetir indefinidamente.

O ponto comum entre esses dois momentos é o que Clausewitz chama de "pequena guerra". Sabe-se que seu livro póstumo *Da guerra* (1832) foi um livro importante, lido tanto por Lênin, Mao e Giap quanto por Hitler, Patton e Eisenhower. Mais surpreendente, no entanto, é que também foi lido por Colin Powell e por um leitor anônimo, que fez anotações num exemplar encontrado num esconderijo da Al-Qaeda em Tora Bora (*Le Monde Diplomatique*, novembro de 2009). O general prussiano teorizou *a pequena guerra*, mas passamos muitas vezes ao largo desse importante momento polemológico.

Pois como entender que um estilete pudesse levar a melhor sobre o Exército americano inteiro? A pequena guerra é a verdade de nossa época. Talvez seja a guerra com a qual desabe um dia o nosso Ocidente hipermilitarizado, mas cujas bombas atômicas nada podem contra o jovem jihadista determinado a morrer. Essa guerra que os porta-vozes dos estados-maiores chamam de assimétrica diz também que, apesar de pequena, nem por isso deixa de ser guerra.

O que é essa pequena guerra? Clausewitz escreveu sobre esse tema, mas sua esposa, ao editar *Da guerra* – após ele morrer de cólera –, não incluiu essas anotações em sua obra principal. Foram publicadas tardiamente na Alemanha, e em alemão, em 1966, com o título *Conférences sur la petite guerre* [Conferências sobre a pequena guerra]. A morte impediu Clausewitz de levar a cabo seu projeto, que consistia num tríptico: *Da guerra* como primeira parte, uma segunda parte sobre a pequena guerra, e uma terceira sobre a tática – este último fragmento foi publicado sob o título *Teoria do combate*.

A leitura dessas anotações de aulas ministradas em Berlim nos permite apreender o que ele entendia por *pequena guerra*: ela pressupõe "certa engenhosidade", enquanto a grande guerra depende da ordem científica. Não se pode negar que o uso de um estilete e muita engenhosidade tornou possível e vitorioso o atentado de 11 de Setembro, enquanto a resposta da guerra no Afeganistão punha em cena a formidável máquina de guerra americana, com ciência até as bordas. Clausewitz dá a definição: "todas as ações bélicas realizadas por pequenos destacamentos são do âmbito da pequena guerra".

O que diferencia a grande guerra da pequena não é tão claro. Mas algumas características permitem entender mais precisamente o que é. No caso da pequena guerra, e no que tange a seus objetivos e meios, pequenos destacamentos encontram mais facilmente meios de subsistência; são capazes de dissimular sua presença; sabem mover-se e recuar rapidamente; travam combates fracionados; não têm tempo para tomar uma disposição calculada, mas com isso se movem mais facilmente; combatem em apoio; não necessitam de grandes preparativos; acionam tanto uma estratégia quanto uma tática para a definição do objetivo, do momento, do lugar e da força. Clausewitz explica que a pequena guerra deriva da tática da grande guerra. Quanto ao espírito da pequena guerra, digamos que o medo é maior em face do perigo do que na grande guerra; exige, portanto, "a mais elevada coragem e sábia prudência". E: "No que se refere ao indivíduo, a mais elevada energia, a mais furiosa obstinação em face de todos os perigos constituem a mais elevada sabedoria".

Clausewitz teoriza a pequena guerra em 1811, durante as guerras napoleônicas. O campo de batalha do início do século XIX não é, obviamente, o mesmo do início do século XXI! Não só pelo fato de Hitler e Stálin terem alterado as regras do jogo, mas também pelas guerras de descolonização, em que a guerrilha foi mais forte que os exércitos de Estado e, principalmente, pela existência da bomba atômica. A pequena guerra, por conseguinte, precisa ser redefinida: o uso da engenhosidade, a pertinência do pequeno grupo, a flexibilidade de seus movimentos, a organização da invisibilidade, a preparação mínima, seguem importantes em sua definição. Mas é preciso encorpar-se com mais precisões.

A pequena guerra é a guerra dos que não possuem os meios necessários para a grande; é a guerra dos pobres e pequenos contra a dos grandes e ricos; ela pulveriza, com seus meios modestos e mínimos, os meios da grande guerra; dependendo da parte envolvida, é chamada de guerrilha, terrorismo ou resistência, guerra de libertação – o gaullismo é terrorismo para os nazistas, mas é resistência e guerra de libertação para o general e seus seguidores. Não resta dúvida de que a pequena guerra é a denominação da guerra que o Islã radical tem travado contra o Ocidente judaico-cristão em todos os seus territórios – os do *dar al-Harb*, o território da guerra, ou seja, os territórios não muçulmanos ou territórios muçulmanos considerados corrompidos pelo Ocidente, porque são laicos. O Estado Islâmico age de acordo com a ordem da teocracia muçulmana. A Europa judaico-cristã é, portanto, seu alvo privilegiado, junto com Estados Unidos e Israel.

Os meios da grande guerra não contam absolutamente para nada quando se trata de lutar contra a pobreza eficaz da pequena guerra: o orçamento do Exército americano, o primeiro do mundo, revela-se ineficaz contra um punhado de homens armados de estiletes – um só bastaria, desde que fosse bem-sucedido... Os aviões furtivos, os submarinos nucleares, os lançadores de mísseis, as bombas atômicas, os milhares de militares profissionais não serviram de nada para localizar Bin Laden nem para matá-lo. Uma informação banal, obtida por meio de tortura em Guantánamo, *informação de um único homem*, levou ao esconderijo e ao aniquilamento de Bin Laden, cenografado como se fosse um filme.

É claro que o 11 de Setembro americano e o 7 de Janeiro francês não são factualmente comparáveis: o local, o modo de operar, o número de vítimas, as reações dos respectivos chefes de Estado, as consequências dessas reações (bélicas no caso dos Estados Unidos, expectantes no da França), tudo isso impede a comparação. Mas apenas no que tange aos elementos factuais. Em compensação, sob a perspectiva histórica, trata-se de duas maneiras idênticas de declarar uma mesma e única guerra em dois lugares distintos. Nova York certamente não é Paris, mas as duas cidades são símbolos do Ocidente judaico-cristão. Pelo prisma da história e da sua longa duração (um pensamento de que são capazes os pensadores do *jihad*, à diferença dos ocidentais cansados...), essa guerra de civilização é a repetição daquela que opôs os cruzados judaico-cristãos e os muçulmanos quase mil anos atrás.

Bin Laden, como vimos, inscrevia seu combate nesse combate maior. Alguns dias após o 11 de Setembro, George Bush declarou por sua vez ao povo americano: "Esta cruzada, esta guerra contra o terrorismo, vai durar algum tempo". O mesmo George Bush também afirmou, em 1º de novembro de 2001: "Quem não está conosco está contra nós". É preciso esclarecer que o chefe de Estado repetiu as palavras de Cristo no Evangelho: "Quem não está a meu favor está contra mim, e quem não ajunta comigo dispersa" (Mateus, 12,30)? Essa guerra, que era para durar *algum tempo*, segue em curso. O 11 de Setembro e o 7 de Janeiro foram duas batalhas vencidas pelos agressores.

Entre essas duas datas, houve um acontecimento histórico significativo: o assassinato de Bin Laden, na madrugada de 2 de maio de 2011, à 1h30, horário local, em Abbottabad, no Paquistão. A operação montada por Barack Obama e pela CIA foi batizada de... *Gerônimo*. Gerônimo! Gerônimo foi o chefe apache que lutou contra os americanos que o prenderam, trancafiaram e deportaram em várias ocasiões; ele fugiu repetidas vezes e travou novos combates, nos quais deu mostras de extrema competência como guerreiro. Em 4 de setembro de 1886, rendeu-se aos americanos depois de ter negociado a paz. Ficou preso em Fort Sill. Passou a cultivar melancias, vendeu arcos e flechas no mercado, foi exibido pelos Estados Unidos na Exposição Universal de 1904 e nos desfiles dos Jogos Olímpicos de Saint-Louis. Nos 22 anos que passou na penitenciária, converteu-se ao protestantismo... e, na mesma ocasião, ao alcoolismo. Em 16 de fevereiro de 1909, completamente bêbado, caiu do cavalo, passou a noite sob a chuva e, no dia seguinte, morreu de pneumonia; tinha oitenta anos. Arrependeu-se a vida inteira por se ter entregado.

O que dizer sobre a escolha do nome Gerônimo para a operação que resultou no assassinato de Bin Laden? Pois, afora o chefe indígena ter sido um guerreiro fora de série que perturbou a vida dos americanos, Gerônimo se rendeu, foi preso, transformado em homem branco, exibido em zoológicos humanos, humilhado, alcoolizado, cristianizado e morto a fogo lento por quase um quarto de século. A escolha do nome do valoroso apache disfarça mal o fato de que os Estados Unidos queriam acabar com Bin Laden, como tinham no passado acabado com os ameríndios depois de aniquilá-los. Guerra de civilização, já naquela época.

O serviço secreto americano conhecia o paradeiro de Bin Laden desde agosto de 2010. Dispunha de mapas muito precisos da casa, já que construiu uma réplica em território americano para ensaiar a operação. Era viável, portanto, capturar Bin Laden vivo e levá-lo a julgamento. Um país que invoca constantemente o direito e diz que é uma democracia não teria atitude diferente. A operação foi conduzida com o objetivo de matar Bin Laden e quem estivesse por perto, ou seja, mulheres e crianças, que também foram massacradas. Afirmar o direito é bom, agir segundo o direito é melhor ainda. O que houve não foi uma ação segundo o direito, foi uma expedição punitiva. Terrorismo, diriam alguns, e muita casuística seria necessária para argumentar o contrário. O terrorismo de Estado, porém, chama-se guerra; e chama-se terrorismo a pequena guerra dos que resistem à guerra de Estado. Barack Obama anunciou ao mundo que Bin Laden tinha sido morto. E concluiu em seguida: "Foi feita a justiça". Uma multidão em júbilo dançou pelas ruas. As televisões do mundo inteiro transmitiram as imagens. Viu-se então o que significava *justiça* para os Estados Unidos.

Morto Bin Laden, o resto continua! De nada adiantou o corpo morto ser jogado ao mar, como lixo comum, para coibir um local de peregrinação. Fazer sumir um corpo não faz sumir o que esse corpo simboliza. É até melhor, ou pior, conforme o caso, porque assim é que se criam os mártires. A operação foi integralmente filmada, inclusive o corpo e o rosto perfurado de balas. Foi tudo filmado, mas nada foi mostrado. Em contrapartida, uma superprodução foi realizada para deixar registrado na ficção o que não foi bem assim: *Zero Dark Thirty* (ou *A hora mais escura*), da diretora californiana Kathryn Bigelow.

Os americanos acham, e nós atrás, que o que não é mostrado numa tela nunca aconteceu – esse é um dos sinais do niilismo da civilização judaico-cristã. O Islã, que se nega a representar o rosto e o corpo, sabe que o real, para existir, não precisa ser mostrado na televisão ou na mídia – sinal de outra civilização. O filme de ficção tem a missão de deixar uma versão para a história – mas é uma lenda. As inverossimilhanças do filme não têm a menor importância num mundo que abriu mão da razão. No regime niilista, a ficção conta melhor a realidade do que a própria realidade.

A guerra continua. Ela mal começou. Aqui, o 11 de Setembro, ali, o 7 de Janeiro, e acolá, mais tarde, em outras datas, outros eventos do mesmo tipo. O Ocidente hoje só dispõe de soldados assalariados que não têm nenhuma vontade de morrer por valores que um dia foram seus e hoje estão mortos. Quem, hoje em dia, daria a vida pelas engenhocas do consumismo transformadas em objetos de culto da religião do capital? Ninguém. Não se dá a vida por um iPhone. Já o Islã conta com um exército planetário formado por um número incalculável de crentes dispostos a morrer por sua religião, por Deus e por seu Profeta.

Nós temos o niilismo, eles têm o fervor; estamos exauridos, enquanto eles estão em plena forma; vivemos atolados no instante puro, incapazes de nada além de nos deixarmos lentamente consumir, enquanto eles tratam por "tu" a eternidade que lhes dá, ou assim acreditam, a morte que oferecem pela causa; temos o passado do nosso lado, e eles têm o futuro, já que, para eles, tudo está só começando; para nós, tudo está terminando. Cada coisa tem seu tempo. O judeu-cristianismo reinou durante quase dois milênios. Um período de tempo honorável para uma civilização. A civilização que vai substituí-lo será substituída por sua vez. Mera questão de tempo. O barco está afundando: só nos resta soçobrar com elegância.

Conclusão

A POTÊNCIA DESTERRITORIALIZADA RUMO À CIVILIZAÇÃO PLANETÁRIA

Se o real contradiz a ideologia, quem está errada é a ideologia, não o real. Quando Samuel Huntington apontou para a Lua ao anunciar, em *O choque de civilizações e a recomposição da nova ordem mundial*, que, a partir de então, o enfrentamento se daria entre blocos espirituais e culturais, os tolos insistiram em olhar para o seu dedo. A maioria desses tolos, muito embora o real venha corroborando as análises do filósofo americano e contrariando os julgamentos deles, ainda persiste em fitar o dedo. Boa parte dos fatos anunciados nesse livro, em 1996, foi validada pelo real. Mas muitos pensadores e intelectuais, filósofos e políticos, sociólogos e historiadores precisam de bem mais do que o desmentido do real para se deixar abalar em suas convicções ideológicas.

Assim, em 1996, Samuel Huntington diagnosticou: o fim dos Estados, que não controlam mais a moeda, as ideias, a tecnologia, a circulação de bens e pessoas; o declínio da autoridade governamental; o esfacelamento e desaparecimento de alguns Estados; a intensificação dos conflitos tribais, étnicos e religiosos; a emergência de máfias criminosas internacionais; a circulação de dezenas de milhões de refugiados por todo o planeta; a proliferação das armas; a expansão do terrorismo; as limpezas étnicas; o paradigma estático substituído pelo paradigma caótico. Será que o real, desde então, desmentiu o filósofo americano? O fim do Império soviético, portanto da ameaça marxista-leninista em todo o globo, não deixou o caminho livre para uma dominação internacional e ilimitada do liberalismo, como acreditava Francis Fukuyama em *O fim da história*. A análise estreita de visão que se impõe hoje a toda inteligência através do modelo jornalístico pode até ter iludido as pessoas no dia em que caiu o Muro de Berlim, ou nos dias seguintes, mas nenhuma mente avisada iria supor que o fim da União Soviética seria o triunfo ideológico e político definitivo dos Estados Unidos no mundo inteiro.

O mundo não é bipolar até se tornar uno, quando desaparece o outro termo do hipotético dualismo! Ele é, de fato, multipolar, e construído em cima de civilizações que procedem de espiritualidades heterogêneas, ou seja, de religiões. O regime da URSS, embora fosse oficialmente ateu entre 1917 e 1991, também derivava do judeu-cristianismo genealógico do continente americano. A Rússia soviética e a América imperialista que lhe é contemporânea são, do ponto de vista da civilização, uma mesma luva, uma do direito, outra do avesso, mas é de fato a mesma luva...

Em compensação, a China confuciana, a Índia hinduísta, o Extremo Oriente budista, o Japão xintoísta, a África Subsaariana neoanimista, o Oriente Médio e o Norte da África islâmicos constituem civilizações homogêneas, quando consideradas comparativamente a outras civilizações. Com efeito, poderíamos discorrer interminavelmente sobre o que diferencia e parece separar o Irã xiita da Arábia Saudita sunita, mas as diferenças entre os dois países desaparecem instantaneamente quando vistos em relação à Coreia budista ou à Nova Zelândia judaico-cristã.

Em Teerã e Riad, tal como em Gaza e Islamabad, normalmente não se come porco e não se bebe álcool, enquanto em Seul ou Pequim se come carne de cão, mas não em Tóquio, e em Wellington se come sanduíche de presunto – assim como em Paris e Moscou, e em toda a Europa cristã, mas em nenhum país budista ou hinduísta, que são vegetarianos... A gastronomia oferece um ângulo de ataque frequentemente esquecido, mas pertinente e inesperado, para pensar as civilizações, que não se resumem ao modo como produzem suas riquezas – resquício da velha leitura marxista.

Do ponto de vista da civilização, cada uma dessas capitais tem suas raízes num livro que ela considera santo, sagrado e religioso; sabemos que o Corão é que proíbe a carne de porco e o álcool, uma proibição que se encontra igualmente nessa outra religião semita e abraâmica que é o judaísmo, a qual se esteia na Torá; o Novo Testamento, ao contrário, não os proíbe. Os Vedas, que compreendem o *Rigveda* e os *Upanishads*, são os textos de referência dos hinduístas, junto com o *Mahabharata*, o *Ramayana* e a *Bhagavad Gita*, que teorizam a compaixão para com todo ser vivo e, por isso, proíbem a supressão de toda e qualquer vida animal. Da mesma forma que os textos do budismo *theravada*, que, pelos mesmos motivos, proíbem a alimentação à base de carne. Em compensação, os textos das religiões abraâmicas proíbem o consumo de carne de cachorro, um tabu que aboliu a alimentação pré-histórica - que ainda assim subsiste em alguns lugares onde o texto de Abraão não é a Lei.

Uma civilização não produz uma religião, porque a religião é que produz a civilização. A pegada marxista, como poderíamos dizer seguindo o espírito da etologia, treinou a inteligência para obedecer à ideia de que a infraestrutura econômica condiciona a superestrutura ideológica. Em outras palavras: os modos de produção econômicos, propriedade privada ou propriedade coletiva, precediam a ideologia que eles tornavam possível segundo o princípio da consequência.

Ora, o contrário é que é verdadeiro: o que há, primeiro, é a ideologia, e, portanto, a espiritualidade, e, portanto, a religião; a civilização vem em seguida. A economia não tem influência sobre a produção de uma civilização, pois todas elas, sem exceção, construíram-se a partir do capitalismo, que é consubstancial às trocas humanas. A leitura marxista considera o capitalismo uma invenção tardia, como se o capital não fosse lei desde que o valor é determinado pela raridade! A raridade de uma bela concha na pré-história encontra seu equivalente na raridade contemporânea que constitui a obra do pintor Basquiat em valor indexado por sua raridade.

Dizer que o capitalismo nasceu numa data precisa sugere que ele também pode morrer em uma data imprecisa: ensina a vulgata marxista que ele veio à luz no século XIX, com o desenvolvimento da sociedade industrial, e desaparecerá dialeticamente com o advento da revolução proletária, a qual realizará a apropriação coletiva dos meios de produção. Ora, existiu um capitalismo pré-industrial, e as revoluções marxista-leninistas que decretaram a coletivização da propriedade privada não aboliram o capitalismo: elas o sujeitaram ao Estado e o transformaram em capitalismo estatal. Só como curiosidade, lembramos que Marx, em sua abundante obra completa, utiliza apenas duas vezes o termo "capitalismo": uma vez no primeiro tomo de *O Capital* e outra na *Teoria da mais-valia*. Engels, que organizou os manuscritos deixados por seu amigo após sua morte, estabeleceu os outros dois volumes de *O Capital*: "capitalismo" aparece quatro vezes no Livro II e três vezes no Livro III...

Pré-histórico, mesopotâmico, assírio, babilônio, egípcio, grego, romano, ameríndio, europeu feudal, industrial, digital, ecológico - o capitalismo é plástico, mas permanente. Funciona como um baixo contínuo de toda civilização - como energia sustentável... A URSS não aboliu o capitalismo, apenas propôs uma versão soviética que é seguida atualmente pelo marxismo-leninismo cubano, vietnamita, coreano e chinês. O Islã propõe, em diversos pontos do planeta, uma versão corânica. E mesmo os partidos políticos que afirmam querer aboli-lo não fazem mais do que propor uma nova variação sobre o tema do capitalismo - uma versão sovietizada, planificada, nacionalizada, estatizada. O capitalismo é insuperável, é uma hidra de mil cabeças que ressurgem assim que são cortadas.

Portanto, ao contrário do que afirma Fukuyama em *O fim da história*, o capitalismo não é o horizonte intransponível do nosso futuro, porque ele não faz a história: ele acompanha os homens e vai continuar a acompanhá-los, como os vem acompanhando desde que eles existem. O capitalismo é um epifenômeno em que a potência é lei, é seu instrumento. Que a bela concha rara pertença ao chefe mais bem armado, mais forte, mais astuto, mais popular, mais temido da tribo pré-histórica na época de Lascaux, ou que a tela impressionista de Van Gogh esteja nas mãos do macho dominante, do sujeito pós-moderno desenraizado, do residente de um paraíso fiscal dos trópicos, não muda absolutamente nada - a potência elege um destino e descarta outros na mais cega fatalidade. A economia não produz nada, ela também é um produto.

O liberalismo não é, contrariamente ao que afirmam desde sempre seus turiferários, o veículo da emancipação dos homens. O comércio em si não é um fator de civilização, serrote musical da filosofia das Luzes liberais, cujos modelos são Voltaire e Montesquieu, Adam Smith e Ricardo, mas um fator de enriquecimento dos ricos e, no mais das vezes, de empobrecimento dos pobres. A renda média tem aumentado no mundo inteiro com a economia de mercado; mas, quando o salário do mais rico é somado ao do mais pobre e o resultado é dividido por dois para se obter a média, ninguém menciona a pauperização que é a verdade por trás dessa operação. O muito rico enriquece, o muito pobre empobrece, e o salário médio é uma ficção, uma alegoria, um conceito útil para a propagação da ideologia liberal.

Esse mesmo liberalismo vem triunfando na Europa há um quarto de século. Na Europa de Maastricht, todos os comandos estão nas suas mãos: a economia e a sociedade de mercado, a representação eleitoral cerceada por um dispositivo oligárquico, a dominação das mídias de massa, a formatação da infância através do currículo escolar, a renúncia das universidades ao espírito crítico, a edição nas mãos dos diretores comerciais, os plenos poderes de bancos que só emprestam para os ricos, a religião do dinheiro e o culto ao Bezerro de Ouro, o comércio da raposa no galinheiro, o humanismo xaroposo da religião cristã, a arte contemporânea fabricada pelos *marchands*, a polícia obrigada pelo Estado a ser forte com os fracos e fraca com os fortes.

No período eleitoral, para serem eleitos, os partidários dessa Europa do mercado, tanto os da direita como os da esquerda liberal, prometeram pleno emprego, amizade entre os povos, cosmopolitismo feliz, reinado da paz, crescimento garantido; faz quase um quarto de século que essa ideologia está no poder sem nenhum contrapoder digno desse nome e gerou desemprego em massa, aumento da xenofobia, multiculturalismo niilista, guerras e terrorismo, economia impotente em face dos desafios mundiais.

Essa Europa está morta, isso está claro. Por isso é que alguns políticos tentam fazê-la... O judeu-cristianismo perdeu o prestígio nos países onde dominou durante vários séculos. Na Europa liberal, são cada vez mais numerosas as ideias e as leis que se alforriaram da ideologia cristã: sexualidade desvinculada da procriação, do amor e da família; livre acesso à contracepção farmacêutica; despenalização e liberalização do aborto, reembolsado pela seguridade social; simplificação e banalização do divórcio; legalização do casamento homossexual; possibilidade de adoção de crianças por pais de mesmo sexo; tolerância das barrigas de aluguel, praticadas no estrangeiro, mas validadas pela lei europeia; mercantilização do corpo humano.

Não há nisso motivo para comemorar ou condenar, para rir como Demócrito ou chorar como Heráclito, e sim para compreender como Nietzsche: esfacelada a família tradicional, restam apenas mônadas sem portas nem janelas, para empregarmos os termos do Leibniz em *A monadologia*. Indivíduos desvinculados, sujeitos desassujeitados, pessoas errantes, subjetividades autistas, mortais ontologicamente perdidos entre dois nadas. A família, a comunidade, o grupo, o coletivo, o Estado, a nação, o país, a república, perderam o prestígio. Cada indivíduo virou um planeta frio, lançado como um bólido desgovernado num cosmos gelado e sem grandes probabilidades de encontro. Assim é que é. O reacionário pode praguejar, e o progressista pode aplaudir, pouco importa; o trágico contempla aquilo que advém, aquilo que é e aquilo que vai advir.

A Europa é de quem pegar primeiro, ou à venda. Nem eu, nem meu leitor contemporâneo veremos quem vai levar ou quem vai comprar essa coisa velha. Mas vários pretendentes parecem notáveis. O judeu-cristianismo está esgotado, é uma potência que já deu o que tinha que dar. A estrela colapsada continua em colapso, isso é da ordem do seu ser. A demografia atesta o movimento das coisas, mas é uma disciplina sobre a qual os negacionistas do real não querem nem ouvir falar: é uma atividade que produz imagens fiéis da realidade, mas é uma ofensa intelectual aos olhos dos que acham que a realidade não existe e não querem de jeito nenhum que ela exista. Contraria demais suas ideias, e eles preferem as ficções que os tranquilizam às verdades que os inquietam.

Ora, é muito simples: enquanto os europeus judaico-cristãos não fazem mais filhos, os novos europeus que chegaram com a imigração gerada pelas guerras ocidentais, provenientes de países maciçamente destruídos pelo Ocidente, vêm alterando a configuração espiritual, intelectual e religiosa da Europa. Esses povos são em boa parte muçulmanos. Estão *legitimamente* fugindo da guerra, da anarquia, do caos, da miséria criados pelo Exército americano e seus aliados, entre os quais a França e vários países europeus. E esses novos europeus estão assumindo o bastão demográfico, pois suas taxas de natalidade em crescimento compensam as taxas em queda dos europeus pós-cristãos, convertidos à religião do individualismo consumista. De novo, isso em si não é nem bom, como acreditam os islamófilos, nem ruim, como acham os islamofóbicos, apenas é – como bem sabe o trágico.

Quando fazia a lei, o judeu-cristianismo impunha a proibição da sexualidade desvinculada da procriação, vedava todo e qualquer meio de contracepção, criminalizava os solteiros, anatematizava as mulheres e os lares sem filhos, pregava a geração de famílias numerosas em virtude do apelo cristão ao "crescei e multiplicai-vos", perseguia os homossexuais, ou queimava os sodomitas, como os chamava então, segundo os termos do Antigo Testamento, e chegou ao ponto de codificar nos *Penitenciais* os períodos do ano em que o marido podia enlaçar a própria esposa e decretou a masturbação como pecado mortal. Com esse regime de terror sexual, a população crescia a galope. As legislações pós-cristãs que liberaram a sexualidade e a desvincularam da procriação, do amor e da família contribuíram para a queda demográfica. Enquanto isso, o islã, em plena forma demográfica, defende a antiga ideologia do monoteísmo judaico-cristão: celebração da poligamia, como entre os judeus ortodoxos; instituição de casamentos com prazo determinado, o *mut'a;* imposição do dever de procriar; convite à família numerosa - sinal de prosperidade e é do agrado de Deus; criminalização e condenação da homossexualidade; oposição ao casamento homossexual; proibição da homoparentalidade; rejeição da gestação por substituição. Essas populações jovens produzem filhos e fazem do islã uma religião que o Ocidente precisa levar em consideração.

Huntington analisou o islã político independentemente da ideologia de seus partidários e adversários. E apresentou fatos: demograficamente, essa religião tem-se tornado cada vez mais forte; com base no Corão, que o declara sem rodeios, clama sua superioridade não só sobre as demais religiões monoteístas, mas sobre toda e qualquer forma de espiritualidade; vê no descrente um adversário, se não um inimigo de predileção; não esconde seu desejo de converter pela força e pela violência; não põe nenhuma fronteira a sua própria expansão no planeta; apresenta uma alternativa ao niilismo ocidental, à religião do Bezerro de Ouro e ao modo de vida consumista; oferece uma espiritualidade num espaço mental esvaziado de seu conteúdo. Foi o que bastou para a *intelligentsia* ocidental, afeita há mais de um século aos óleos essenciais marxistas, rotular Huntington de islamófobo.

Ora, os fatos parecem dar razão ao filósofo americano. Pode-se até vituperar os números apresentados pelo demógrafo, mas isso não altera o fato de que a demografia traduz as coisas, tal como a geografia: não concordar que a Córsega seja uma ilha, embora isso esteja claro nos mapas dos satélites, não impede a Córsega de ser uma ilha. A demografia, quando praticada com o intuito de obter uma verdade de natureza objetiva e científica, não é uma ideologia; mas recusar as lições da demografia é, sim, uma ideologia.

Após a derrocada do comunismo soviético, o que vem triunfando não é o liberalismo, mas o religioso, em cujo nome milhões de pessoas vão para as ruas. A derrocada do judeu-cristianismo na Europa, a queda da taxa de fecundidade da população europeia, somada ao "Ressurgimento do Islã" (como escreve Huntington, usando maiúsculas, como em "Reforma Protestante", "Revolução Francesa", "Revolução Americana" e "Revolução Russa") e ao aumento de sua taxa de fecundidade, depõem a favor de um Islã que traz uma nova espiritualidade europeia com a potência com que se constituem as novas civilizações. Demógrafo nenhum, isento de ideologia, tem como conceber uma linha de força inversa a essa, ou em favor do judeu cristianismo.

Mas essa nova civilização também obedecerá às leis da entropia, que sempre acaba arrastando o que é para o que já não é. No jogo das civilizações pós-judaico-cristãs, que há de se estender por vários séculos, senão milênios, é evidente que o Islã cumprirá um importante papel. O atual califado do Estado Islâmico, apresentado sob uma perspectiva exclusivamente moral, e nem um pouco geoestratégica ou geopolítica, como o suprassumo da barbárie, poderia ser o esboço de uma forma cuja conclusão não será vista por nenhum contemporâneo. Os reacionários de todos os quadrantes querem impedir esse movimento, desconhecendo a inutilidade e o caráter quimérico de um anteparo ao movimento da potência.

Pensando bem, o bárbaro de ontem é sempre o civilizado de hoje. O civilizado é o bárbaro que deu certo, o bárbaro é o civilizado que fracassou. Nenhuma civilização jamais se construiu com santos e pacifistas, com indivíduos não violentos e virtuosos - com bons meninos... São sempre bandoleiros, bandidos e mercenários, matadores impiedosos e assassinos experientes, torturadores e sádicos que assentam as bases de uma civilização. Atrás de Jesus, os inocentes são gente de pena ou pincel, que servem no máximo para poetas e escritores, artistas e filósofos; atrás de São Paulo, os criadores de império são gente de espada e patíbulo, fogueiras e calabouços. Os primeiros ornamentam os edifícios erguidos pelos segundos.

Não comparemos as civilizações, elas são incomparáveis. Mas, com exceção de detalhes pegos à força, detalhes cuja descrição constitui tão frequentemente o que se convencionou chamar de História, todas as civilizações são redutíveis a um mesmo princípio: seu fluxo é uma etologia ativada em grandes espaços. A filosofia da história coincide com uma etologia planetária que põe certas forças em luta. O que vence nunca é o mais justo ou o mais verdadeiro, mas o mais forte, o menos fraco. Não se ganha com a verdade mais verdadeira ou com a justiça mais justa, e sim com a força mais forte. Ora, a força desconhece o bem e o mal. Quando a força vence, chamamos de bem o que venceu, porque venceu, e não porque se trata do Bem. Assim que essa força se mostra menos forte e sucumbe, dizemos do vencido que ele estava do lado do mal. Por essa lógica etológica, o bem nomeia o que venceu, e o mal, o que perdeu.

Mas a força nunca é eterna, porque também ela obedece à entropia. Que o judeu-cristianismo recue, e que outra civilização se anuncie do que se enuncia, não prova nada além da morte anunciada daquilo que está nascendo aqui e agora. A civilização morta obedeceu ao esquema que a levou do nascimento à morte mediante seu crescimento, acme e decrescimento; a civilização nascente obedecerá ao esquema que a conduzirá do nascimento à morte mediante seu crescimento, acme e decrescimento; e essa civilização será em seguida substituída por outra – e isso finitamente.

Pois esses fins sucessivos terão, um dia, um fim final. Estamos entrando nos últimos tempos das civilizações territorializadas. Cada grande civilização passada cabia num mapa geográfico que delimitava claramente território, zona, espaço, solo. Toda civilização sempre teve fronteiras. Os impérios encostavam em terras que não pertenciam ao domínio imperial. O maior dos impérios nunca foi maior do que as terras que não se submetiam a ele. No século XIII, o Império mongol, que se estendia por 33 milhões de quilômetros quadrados, não passava de um confete se comparado ao que não era ele. A mesma observação vale para o Império britânico no século XIX – o maior de todos os tempos. Sem falar na ínfima partícula que é a Terra em nossa galáxia, e a poeira que é nossa galáxia dentro do universo...

Quando as catedrais europeias se tiverem tornado ruínas como as de Petra ou Palmira, a civilização islâmica também terá de lidar com civilizações com demografias poderosas: entre as mais estruturadas e menos caóticas, nesse momento, estão a China confucionista e a Índia hinduísta. Mas quem sabe onde, quando chegar a hora, a potência será maior? Com essa hipótese, entramos novamente no reino da longa duração. Seria ridículo e vão estimar o tempo necessário para o desaparecimento das civilizações territorializadas e considerar cronologicamente o tempo do advento da civilização desterritorializada. Mas ela advirá.

A tecnologia abole o espaço e o tempo terrestres em prol de um espaço e um tempo virtuais. O universo da conexão já oferece às mônadas errantes a ilusão de existirem numa comunidade que, na verdade, não passa da ilusão do gregário conferida pela enervação do movimento browniano. Conectados com o mundo inteiro, tornamo-nos incapazes de uma presença autêntica no mundo: estando virtualmente em toda a parte, já não estamos realmente em lugar nenhum. Sentados à mesma mesa num restaurante, dois namorados atentos aos seus celulares já não estão juntos, estão com um terceiro – terceiro outro, terceiro tempo, terceiro espaço, terceiro alhures.

A conectividade virtual está apenas em seus primeiros passos. A civilização um dia será planetária, una, única, monolítica. Não há como descrevê-la sem entrar na ficção científica, mas não há por que imaginar que o que virá dispensará o que já é: a servidão do ser humano em relação às máquinas – que são apresentadas como libertadoras, mas na verdade nos escravizam – vai crescer mais e mais até se tornar absoluta. Aquele que julgar obedecer a uma máquina não saberá que se estará submetendo àquele a quem a máquina obedece. Pois a máquina é apenas aquilo que os homens pedem que ela seja, nada mais. Querer a autonomia das máquinas ainda é submeter a máquina ao querer humano: o que a máquina quiser, em sua loucura, será aquilo que o homem quer que ela queira. Exigir liberdade, aqui, é submeter.

O que constituía a matéria do mundo está arriscado a desaparecer num mundo de virtualidade. O que os homens destruirão por não ter sabido cuidar - o ar, o planeta, a natureza, a vida - será oferecido em versões manufaturadas: ar quimicamente produzido em usinas, pedaços de planeta mantidos artificialmente em zonas viáveis, ecossistemas fora do solo, natureza em vasos, estufas, floreiras, redomas e sachês, e embalada a vácuo, vida fabricada em laboratório com tesouras de DNA e cálculos de identidade informatizados, ricos que morrerão somente por acidente e pobres cujos corpos servirão de peças de reposição para os que tiverem condições de comprá-las, bancos de dados digitais corporais, mentes e inteligências disponíveis para *download* transferidas para corpos intercambiáveis.

O *trans-humanismo* já está aí, mostrando um esboço do mundo que espera os que virão depois de nós e viverão na civilização desterritorializada. O termo data de 1957, e foi criado pelo irmão biólogo de Aldous Huxley! Mas a coisa em si tomou impulso no fim do século XX, quando a ficção comunista aparece tal como é, isto é, uma ficção, e a ficção liberal se revela tal como é também, isto é, outra ficção. Ela ocupa o lugar da ficção necessária para a ação. A potência parece agir aqui - como em tudo - para obter seu ser e a permanência de seu ser, sempre de acordo com a lógica entrópica.

O ponto de partida dessa nova ideologia é comum a todas as genealogias de ideologias: os conquistadores de novos mundos consideram que aquilo que é merece ser melhorado ou deixar de ser. O presente é ruim porque é presente; o futuro será melhor porque é futuro. Nesse sentido, o trans-humanismo se inscreve na antiga linhagem das utopias que, do cristianismo aos fascismos, passando pelo comunismo e pelo nacional-socialismo, querem um Homem novo, livre do Homem do passado.

Mafarka, do futurista Marinetti, é um romance de antecipação lírico-poético escrito em francês em 1909 que talvez pudesse ser visto um dia como o modelo prototípico daquilo a que visa o trans-humanismo. Depois de perder o irmão, que foi devorado por uma matilha de cães raivosos, Mafarka decide devolver à mãe o filho morto. Com a ajuda de ferreiros, tecelões, carpinteiros e gente de artifício, ele cria um ser com asas cor-de-laranja que produzem uma música e devem permitir que ele se torne mestre e senhor do Tempo e do Espaço. Uma vez mecanicamente concluído, Gazourma, é esse seu nome, recebe a vida através de um beijo dado pela boca de seu pai. No exato momento em que esse sopro vital lhe dá o ser, ele abre bruscamente as asas e joga mortalmente seu pai contra os rochedos. Coloubbi, que faz o papel da mãe, também é morta por seu filho mecânico. Gazourma se declara senhor do firmamento e decide conquistar Marte. Alça voo rumo ao seu destino depois de ter matado pai e mãe. Alguns anos depois de ter publicado esse texto, Marinetti, que queria abolir a cultura, declara apoio ao fascismo italiano.

O homem do presente precisa ser superado porque é imperfeito, dizem os trans-humanistas contemporâneos: ele nasce, é, cresce, sofre, envelhece, decresce e morre – como as civilizações. Os partidários do trans-humanismo querem que ele seja, mas de um jeito bem diferente: o nascimento não deve mais obedecer aos caprichos e acasos da natureza, deve proceder de um voluntarismo científico e de uma seleção adequada; o sofrimento deve desaparecer, pois a felicidade deve ser lei; consequentemente, tudo o que impede esse hedonismo deve ser suprimido: as deficiências, as doenças, o envelhecimento e também a melancolia, a depressão, a tristeza, ao que se pode acrescentar, por serem fatores de sofrimento, a feiura segundo a definição em voga, as limitações de memória e inteligência, mas também de desempenho físico, assim como a aparência, porque é legítimo querer melhorar segundo os critérios estéticos do dia.

Esse homem novo será obtido pela ciência, medicina, tecnologia, biologia, cirurgia, farmacologia, genética, mas também pela cibernética. O aumento do desempenho intelectual pressuporá intervenção cirúrgica no cérebro do pós-humano, pois um processador permitirá otimizá-lo. A manipulação do sistema nervoso aumentará a presença do homem no mundo: saber mais, conhecer tudo, viver várias vidas, experimentar todos os possíveis.

Sabemos hoje como criar em laboratório lembranças de coisas que não existiram no encéfalo de um mamífero: um dia, provavelmente, lembranças traumáticas ou politicamente incômodas serão apagadas e substituídas por falsas lembranças que constituirão autênticos artifícios euforizantes ou escravizantes. Lembrar-se do que não se viveu e esquecer o que se viveu cumprirá ao pé da letra o antigo imperativo revolucionário, tanto da esquerda como da direita, que propunha fazer tábula rasa do passado. A *lavagem cerebral* deixará então de ser uma expressão para se tornar uma prática efetiva.

Essa falsa memória de verdadeira ficção poderá ser aumentada por um exocórtex, uma espécie de disco rígido que poderá armazenar dados oriundos de um ser duplicado, decalcado, cujo conteúdo cerebral e neuronal será copiado e colado num microssuporte passível de ser integrado ao corpo. O trans-humanismo vem trabalhando de fato no casamento teratológico do humano com a máquina, da célula biológica associada ao microprocessador informático. Ao lembrarmos que Bergson definia o riso como "algo mecânico colado no ser vivo", acabamos por duvidar da pertinência de sua formulação...

Por fim, esse mundo no qual já vem trabalhando um número considerável de pessoas, entre as quais, desde 1980, pesquisadores da Universidade da Califórnia, em Los Angeles, acabará por abolir definitivamente o velho mundo. O trans-humanismo como destino do fim do destino, término da potência em morte real do homem, parece obedecer ao programa do colapso da estrela. O niilismo entrará em seu maior período de incandescência: hiper-racionalismo científico, tecnofilia ilimitada, otimismo ético, cultura da antinatureza, religião do artifício, desnaturação do humano, materialismo integral, utilitarismo carnal, antropocentrismo narcisista, hedonismo autista – tudo o que definia o niilismo será concentrado numa ideologia que será provavelmente a última. Essa derradeira civilização terá a tarefa de abolir toda e qualquer civilização.

A verdade do político não será mais pensar pelo prisma da cidade grega de Platão, da utopia de Thomas More, do Estado de Maquiavel, do contrato social de Rousseau, do liberalismo de Montesquieu, da democracia de Tocqueville, do comunismo de Marx, e sim das obras de dois romancistas britânicos que, em pleno século XX, diziam tudo sobre a sociedade de controle e o trans-humanismo que constituirão o núcleo duro da última civilização, a qual será inquestionavelmente desterritorializada: *Admirável mundo novo*, de Aldous Huxley, e *1984*, de George Orwell.

Não há dúvida de que surgirá então uma nova religião, como momento final da potência. Depois disso, restará apenas o nada, a nadificação da potência, o desabar do desabamento. Um punhado de pós-humanos sobreviverá à custa de uma inédita escravização das massas, criadas como gado. O problema já não será, como hoje, a humanização dos matadouros, e sim o abate em série dos condenados da terra em benefício dos eleitos pós-humanos. As ditaduras desses tempos funestos farão com que as ditaduras do século XX pareçam historinhas água com açúcar. O Google vem trabalhando nesse projeto trans-humanista. O nada é sempre seguro.

Cronologia

Parte I – Os tempos do vigor

1. Nascimento – A invenção de uma civilização

7-5 a.C.: Nascimento de Jesus, para os que creem nele.

30 ou 33 d.C.: Morte de Jesus, que nesse meio tempo se tornou Cristo.

julho de 34: Embora morto, Cristo aparece a Paulo de Tarso.

c. 45: Paulo dá início às viagens de cristianização na bacia do Mediterrâneo.

87 ou 88: Morte de Paulo de Tarso.

140: Aristo de Pela, *Diálogo de Jasão e Papisco a respeito de Cristo*, primeiro texto cristão contra os judeus.

c. 165: Justino de Nablus é decapitado após se recusar a adorar os ídolos.

178: Celso escreve *Discurso verdadeiro contra os cristãos*.

século II: Constituição do *corpus* do Novo Testamento, com distinção e separação dos evangelhos apócrifos dos evangelhos canônicos.

215: Orígenes seciona os próprios genitais.

284: Deocleciano se torna imperador. O cristianismo se difunde.

fim do século III: Deocleciano institui a Tetrarquia para lutar contra as invasões "bárbaras".

295-337: Várias batalhas: no Egito (295-296), na Pérsia (297-298), na Itália (312), entre o Reno e o Danúbio (322-324), novamente na Pérsia (334-337)...

2. Crescimento – A força da fé

24 de fevereiro de 303:
Deocleciano dá início à "grande perseguição", promulgando um primeiro decreto em Nicomédia. Participação de Constantino (segundo decreto na primavera de 303, terceiro no outono e quarto no início de 304).

c. 305: Santo Antão forma alguns discípulos no Egito e cria a primeira comunidade monástica cristã do mundo.

1º de maio de 305: O imperador Deocleciano abdica (assim como Maximiano). Galério se torna Augusto do Oriente, e Constâncio (pai de Constantino), do Ocidente.

15 de maio de 305: Concílio de Elvira, na Espanha.

308: Maxêncio (filho de Maximiano) toma o poder em Roma.

310: Constantino obriga o próprio sogro (Maximiano) a se enforcar.

312: Constantino inaugura a arte cristã ao encomendar a primeira joia apologética.

28 de outubro de 312:
Constantino vence Maxêncio na Ponte Mílvia.

313: Conversão do imperador Constantino ao cristianismo.

13 de junho de 313:
Constantino assina o Édito de Milão, pondo fim às perseguições. O cristianismo se torna religião de Estado.

314: Concílio de Ancira.

c. 318: Pacômio cria o primeiro mosteiro.

325: Concílio Geral de Niceia.

outono de 326: Helena, mãe do imperador Constantino, viaja para a Terra Santa, onde inventa elementos biográficos de Jesus.

verão de 329: Morte de Helena.

22 de maio de 337: Constantino recebe o batismo e morre.
346: Redação do Código Teodosiano sob Constantino I.
358: Morte de Santo Antão, primeiro monge anacoreta.
361-3: O imperador Juliano tenta restaurar o paganismo nos vinte meses que dura seu reinado.
26 de junho de 363: Batalha de Ctesifonte contra os persas. Morte de Juliano, atingido nas costas por uma lança provavelmente cristã.
364-375: Valêncio sobe ao poder. Perseguição aos filósofos.
379-395: O imperador Teodósio empreende uma campanha contra o paganismo.
28 de fevereiro de 380:
Édito de Tessalônica. O império se torna oficialmente cristão.
388: Os casamentos mistos são punidos com morte.
391: Destruição do Templo de Serápis pelos fiéis do patriarca Teófilo.
392: Decreto de Teodósio proíbe os cultos pagãos.
396: Agostinho se torna bispo de Hipona.
414: Expulsão em massa dos judeus de Alexandria.
março de 415: Massacre e morte de Hipátia por cristãos.
416: O imperador Teodósio II obriga todos os soldados do Império a se converter ao cristianismo.
418: Concílio de Cartago.
c. 420: João Cassiano recupera a lista dos pecados capitais de Evágrio Pôntico.
428: Teodósio II reitera a condenação de Justino Mártir.
28 de agosto de 430:
Agostinho morre em Hipona, sitiada pelos vândalos.
431: Concílio de Éfeso.
451: O Concílio da Calcedônia é seguido de um cisma.
529: Concílio de Orange.
c. 547: São Bento redige a regra do mosteiro de Monte Cassino.
c. 570: Nascimento de Maomé em Meca, na Arábia Saudita.
550: O imperador Justiniano fecha o último local de culto pagão.

611: Primeira visão de Maomé.

623: Batalha e vitória de Nakhla.

624: Batalha de Badr.

625: Batalha de Uhud.

630: Maomé conquista Meca.

631: Maomé é o senhor de todas as grandes cidades da Arábia.

8 de junho de 632: Morte de Maomé em Medina. Abu Bakr é seu sucessor.

634: Morte de Abu Bakr, e seu sucessor é Omar.

640: Conquista de Alexandria pelos muçulmanos. O califa Omar destrói todos os livros.

673: Concílio de Hertford.

675: O XI Concílio de Toledo legisla a autoridade e a forma dos concílios.

692: Concílio de Constantinopla.

693: XVI Concílio de Toledo.

705: Hipona se torna muçulmana.

11 de julho de 711: Os muçulmanos conquistam a região que mais tarde se chamaria Espanha.

726: O imperador Leão III publica um decreto proibindo o culto das imagens.

janeiro de 727: O imperador cristão Leão III manda destruir um mosaico com a representação de Cristo, em Constantinopla, e desencadeia a querela das imagens.

730: Os bispos do Oriente atacam o imperador iconoclasta.

11 de fevereiro de 731:

Morte de Gregório II. Seu sucessor, Gregório III, convoca um concílio em Roma em 1º de novembro de 731, no qual excomunga os iconoclastas. Leão III envia seus navios a Roma para destituir o novo papa.

25 de outubro de 732:

Carlos Martel detém os árabes em Poitiers.

734: Os muçulmanos ocupam a Provença. Carlos Martel restabelece o catolicismo.

739: O papa nomeia Carlos Martel vice-rei.

junho de 740: Leão III morre e é substituído por seu primogênito, Constantino V.

740-75: Período iconoclasta durante o reinado de Constantino V.

10 de fevereiro – 8 de agosto de 754: VII Concílio Ecumênico.

780: Morte de Constantino V. Como Constantino VI é ainda uma criança, sua mãe, Irene, torna-se imperatriz regente. Iconófila, restaura o culto das imagens.

787: II Concílio de Niceia. Revogação dos decretos de Leão III e Constantino V.

796: Massacre de cristãos por muçulmanos em Córdoba.

802: Constantino VI destrona sua mãe. Segundo período do iconoclasmo.

815: Um novo concílio anula o de Niceia.

21 de janeiro de 842: Morte do imperador. Sua esposa, Teodora, torna-se imperatriz regente.

março de 843: Teodora convoca um concílio em Constantinopla e põe fim à querela dos iconoclastas. O II Concílio de Niceia, anulado pelo de 815, é confirmado. Retorno definitivo das imagens no mundo cristão.

904-63: "Pornocracia pontifical".

c. 986: Descoberta da América pelos *vikings*.

1000: Os muçulmanos conquistam o Afeganistão. Massacre do Indocuche: oito milhões de pessoas são mortas pelos muçulmanos.

1004-1014: O sultão Aláqueme manda destruir o túmulo de Cristo e milhares de igrejas cristãs, persegue judeus e cristãos.

1047: Guilherme, o Conquistador, recebe Berengário de Tours.

setembro de 1054: Concílio de Verceil.

1071: Os turcos seljúcidas tomam Jerusalém dos abássidas.

1078: Os turcos tomam Jerusalém pela segunda vez e proíbem as peregrinações cristãs.

3. Potência – A violência da religião

15 de julho de 1099: Os cruzados tomam Jerusalém dos muçulmanos.
29 de julho de 1099: Morte do papa Urbano II.
1088: Morte de Berengário de Tours após sua condenação.
1120: Primeiro julgamento de animais, em Laon, na França.
a. 1127: Tiago de Veneza faz as primeiras traduções do grego para o latim, no Monte Saint-Michel.
1130-1136: Na abadia de Claraval, São Bernardo declara, acerca dos pagãos, que "a melhor solução é matá-los".
1139: II Concílio de Latrão.
1º de dezembro de 1145:
O papa Eugênio III convoca uma segunda cruzada. O rei Luís VII recorre a Bernardo de Claraval, que aceita lançar a operação.
22 de julho de 1209: Repressão da heresia cátara durante a Cruzada Albigense.
1213: O papa Inocêncio III ataca o islã.
1215: IV Concílio de Latrão.
1217-1221: Quinta Cruzada.
Setembro de 1219: Francisco de Assis se encontra com o sultão egípcio Malik al-Kamil a fim de convertê-lo.
5 de novembro de 1219:
Os cruzados efetuam um novo ataque e tomam Damieta.
1221: De volta à Itália, Francisco de Assis promulga a regra franciscana, na qual convida os cristãos a viver em terras islâmicas sem criar caso.
1230: Gregório IX manda queimar o Talmude. Seu sucessor, Inocêncio IV, confirmará a sentença.
1231: O papa Gregório IX decreta a Inquisição.

1234: Raimundo de Penaforte compila as *Decretais* de Gregório IX e funda o direito canônico.

c. 1330: Petrarca inaugura a busca de manuscritos antigos. É seguido por Niccolò Niccoli e Poggio Bracciolini, ou Poggio.

1335-40: Guilherme de Ockham escreve *Brevilóquio sobre o principado tirânico.*

1374: Morte de Petrarca.

1376: Nicolau Eymerich redige o *Manual dos inquisidores.*

Natal de 1386: Julgamento e enforcamento de uma porca por homicídio, em Falaise (Calvados, França).

19 de agosto de 1391: A Igreja queima a primeira bruxa em Paris, Jeanne de Brigue.

inverno de 1391: Em Ankara (Turquia), o imperador Manuel II Paleólogo dialoga com um muçulmano.

1399: Délhi é tomada por Tamerlão.

4 de maio de 1410: O papa João XXIII ocupa o trono após a morte de Alexandre V.

PARTE II – OS TEMPOS DO ESGOTAMENTO

1. Degenerescência – A desconstrução racional

1415: Poggio descobre discursos de Cícero em Cluny.

6 de julho de 1415: Jan Hus é queimado na fogueira em Constância.

janeiro de 1417: Poggio descobre uma edição do livro de Lucrécio, *Da natureza das coisas*, num mosteiro de Fulda.

1431: Julgamento de Joana d'Arc.

30 de maio de 1434: Batalha de Lipânia.

4 de dezembro de 1484: Inocêncio VIII redige a bula que autoriza a Inquisição a atuar em assuntos de bruxaria.

1486: Heinrich Institoris e James Sprenger escrevem *O martelo das feiticeiras.*

2 de janeiro de 1492: Alhambra passa para as mãos dos católicos.

1492: Reconquista de Granada. Fim de Al-Andalus.

1492: Cristóvão Colombo desembarca na América.

3 de maio de 1493: O papa Alexandre VI assina a bula que concede a América aos reis de Castela e Aragão (Isabel e Fernando) em troca da cristianização das populações autóctones.

1503: Roma unifica os procedimentos inquisitoriais.

1517: Lutero afixa suas 95 teses na igreja de Wittenberg.

1536: João Calvino publica *A instituição cristã.*

1545-1563: Concílio de Trento (1545-1549, 1551-1552, 1562-1563).

1546: Definição do dogma do pecado original.

1547: François Hotman se converte à religião de Calvino.

1549: La Boétie publica *Discurso da servidão voluntária.*

7 de julho de 1550: Carlos V no Colégio São Gregório de Valladolid.

27 de outubro de 1553: Michel Servet é queimado vivo em Genebra.

1554: Teodoro de Beza publica *De hæreticis a civili magistratu puniendis.*

1564: Surgimento do termo "deísmo" em *Instruction chrétienne,* de Pierre Viret.

9 de abril de 1565: Montaigne se encontra com índios canibais em Bordeaux.

7 de outubro de 1571: Batalha de Lepanto.

noite de 23 para 24 de agosto de 1572:
O rei Carlos IX e Catarina de Médici mandam massacrar os protestantes. Noite de São Bartolomeu.

1578: Francisco Peña faz comentários ao livro de Eymerich.

1579: Philippe Duplessis-Mornay e Hubert Languet publicam *Vindiciæ contra tyrannos.*

17 de fevereiro de 1600:
Giordano Bruno é queimado em Roma pela Inquisição.

22 de junho de 1633: Galileu é condenado pela Inquisição.

1637: Descartes publica *Discurso do método.*

1647: Gassendi publica *Vida de Epicuro.*

1683: Fracasso do cerco de Viena pelos turcos.
1729: O *Testamento* do pároco Jean Meslier anuncia, pela primeira vez no Ocidente, "a morte de Deus".
1751-1772: *Enciclopédia*, de Diderot e D'Alembert.
1º de novembro de 1755:
Terremoto de Lisboa.
1762: Rousseau, *Do contrato social*.
fevereiro de 1762: Voltaire publica *Extrait des sentiments de Jean Meslier.*
1781: Publicação de *Crítica da razão pura*, de Kant.

2. Senescência – O princípio do ressentimento

14 de julho de 1789: Tomada da Bastilha.
noite de 4 para 5 de agosto de 1789:
Abolição dos privilégios.
1793:
21 de janeiro: Decapitação de Luís XVI.
10 de março: Criação do Tribunal Revolucionário.
22 de maio: Brissot pede a dissolução da Comuna de Paris e do Clube dos Jacobinos.
13 de julho: Charlotte Corday assassina Marat.
1º de agosto: Decisão oficial de aniquilar a Vendeia. Nesse mesmo dia, profanação dos túmulos dos reis e das rainhas da França em Saint-Denis.
17 de setembro: A Lei dos Suspeitos é votada.
2 de outubro: Política de descristianização.
7 de outubro: Destruição da Santa Ampola de Reims.
16 de outubro: Decapitação de Maria Antonieta.
31 de outubro: Execução dos girondinos.
25 de dezembro: Robespierre expõe na Convenção as modalidades do princípio do governo revolucionário.
1794:
17 de janeiro: O general republicano Turreau cria as "colunas infernais" com o objetivo de destruir a Vendeia. Trezentos mil mortos.

5 de fevereiro: Robespierre elogia o Terror na Convenção.

6 de fevereiro: Carrier é chamado de volta a Nantes, após massacrar quase cinco mil pessoas.

24 de março: Robespierre manda executar os hebertistas.

5 de abril: Em Clisson (Vendeia), os soldados do general republicano Crouzat produzem gordura com o corpo de 150 vendeianas. Nesse mesmo dia, execução de Danton e dos dantonistas.

4 de junho: Eleição de Robespierre, por unanimidade, para presidente da Convenção.

11 de junho: Início do Grande Terror. Resultaria em mais de duzentos mil mortos.

28 de julho (10 Termidor, ano II):

Execução de Robespierre e de seus seguidores.

9 de novembro de 1799:

Bonaparte dá o golpe de Estado do 18 Brumário.

1846: Último julgamento de animais em Pleternica, na Eslavônia.

1848: Marx publica o *Manifesto comunista*.

1871: Proclamação do Império alemão.

1883: Início da construção da Sagrada Família por Antoni Gaudí. Nesse mesmo ano, Nietzsche publica *Assim falava Zaratustra*.

1907: Léon Blum publica *Du mariage*.

20 de fevereiro de 1909:

O *Manifesto futurista* de Marinetti é publicado no jornal *Le Figaro*.

28 de julho de 1914:

Início da Primeira Guerra Mundial.

22 de agosto de 1914:

Batalha de Rossignol, o dia mais assassino da guerra. Os franceses perdem 11.900 soldados, e os alemães, 3.500.

1916: Tzara e o dadaísmo em Zurique.

1917: Reforma do direito canônico por Pio X. Marcel Duchamp apresenta *Fonte*, seu primeiro *ready-made*.

10 de outubro de 1917:
O Comitê Central do Partido decide o golpe de Estado bolchevique.

24 de outubro de 1917:
Golpe de Estado bolchevique, conhecido como Revolução Russa.

Novembro de 1917: Eleições.

28 de novembro de 1917:
Lênin e o Conselho dos Comissários do Povo decretam o terror de massa.

10 de dezembro de 1917:
Criação da Tcheka, polícia política.

5 de janeiro de 1918:
Assembleia Constituinte.

primavera de 1918: Criação do primeiro campo de concentração soviético nas ilhas Solóvki (Rússia).

30 de agosto de 1918:
Atentado de Fanny Kaplan contra Lênin.

5 de setembro de 1918:
Decreto sobre o terror vermelho.

11 de novembro de 1918:
Fim da Primeira Guerra Mundial.

28 de junho de 1919:
Tratado de Versalhes.

1921: Criação do Partido Nacional Fascista por Mussolini.

12 de junho de 1921:
O general soviético Tukhachevsky dá ordem para utilização de gases.

30 de outubro de 1922:
Mussolini chega ao poder e constitui o governo.

1923: Raymond Radiguet publica *Com o diabo no corpo.*

1924-5: Hitler, *Mein Kampf.*

1924: Primeiro *Manifesto do surrealismo*, de André Breton.

3 de abril de 1922: Stálin chega ao poder.

21 de janeiro de 1924:
Morte de Lênin.
11 de fevereiro de 1929:
Criação do Vaticano por meio dos Acordos de Latrão, assinados por Mussolini e Pio XI.
14 de maio de 1929: Discurso de Mussolini na Câmara dos Deputados.
30 de janeiro de 1933:
Hitler chega ao poder e se torna chanceler da Alemanha.
20 de julho de 1933: A Igreja assina uma concordata com Hitler.
1935: Proclamação das leis raciais de Nuremberg.
1936: Texto do bispo nazista Alois Hudal, *Die Grundlagen des Nationalsozialismus.*
fevereiro de 1936: A Frente Popular vence as eleições legislativas.
18 de julho de 1936: Início da guerra civil na Espanha.
noite de 14 para 15 de agosto de 1936:
Massacre de Badajoz.
1º de outubro de 1936:
Franco se torna generalíssimo.
1937: A encíclica *Divini redemptoris*, do papa Pio XI, condena o comunismo.
1938: Publicação de *A moral deles e a nossa*, de Trotsky.
3 de maio de 1938: Hitler visita Mussolini em Roma.
noite de 9 para 10 de novembro de 1938:
Noite dos Cristais.
2 de março de 1939: Pio XII sucede a Pio XI, morto em 10 de fevereiro. Seria o papa da colaboração com os regimes fascistas.
1º de abril de 1939: Fim da Guerra Civil Espanhola.
Setembro de 1939: Invasão da Polônia pelas tropas do Terceiro Reich.
1940: A Alemanha nazista entra na França.
18 de junho de 1940: Apelo do general De Gaulle.
1941: Começam as negociações entre a Espanha franquista e a Santa Sé. A concordata seria assinada treze anos mais tarde.
abril de 1941: Prisões em massa de judeus na França.

20 de janeiro de 1942:
Em Wannsee, Hitler decreta a solução final.

30 de julho de 1943:
É guilhotinada, na França, a fazedora de anjos Marie-Louise Giraud.

6 de junho de 1944: Desembarque dos Aliados na Normandia.

10 de junho de 1944: Massacre dos aldeões de Oradour-sur-Glane pela divisão *Das Reich*.

24 de agosto de 1944:
A Divisão Leclerc entra em Paris.

3. Deliquescência – O niilismo europeu

28 de setembro de 1944:
Libertação do primeiro campo de concentração em Lublin-Majdanek, na Polônia.

4 de fevereiro de 1945:
Conferência de Yalta.

13-5 de fevereiro de 1945:
Dresden é bombardeada.

30 de abril de 1945: Hitler se suicida em seu *bunker*.

8 de maio de 1945: Vitória dos Aliados sobre a Alemanha nazista.

6 e 9 de agosto de 1945:
Hiroshima e Nagasaki.

c. 1947: Início da Guerra Fria.

1949: A Igreja excomunga todos os comunistas.

29 de junho de 1949: Primeiro jornal televisivo na França.

5 de março de 1953: Morte de Stálin, após trinta anos no poder. A ele devemos vinte milhões de mortos.

9 de outubro de 1958:
Morte de Pio XII.

28 de outubro de 1958:
Eleição de João XXIII.

maio de 1961: Piero Manzoni vende suas matérias fecais, elevadas à categoria de obra de arte.

12 de agosto de 1961: Construção do Muro de Berlim.

11 de outubro de 1962:
Por iniciativa de João XXIII, inicia-se o Concílio do Vaticano II.

3 de junho de 1963: Morte de João XXIII.

21 de junho de 1963:
Paulo VI é eleito papa.

1962: Com o Vaticano II, a Igreja desiste de ver os judeus como povo deicida.

8 de dezembro de 1965:
Fim do Vaticano II.

Maio de 1968

11 de dezembro de 1969:
Malraux se encontra com o general De Gaulle em Colombey-les-Deux-Églises.

28 de abril de 1969: De Gaulle deixa o poder, depois de ser derrotado num referendo. A esquerda e parte da direita (Pompidou, Giscard, Chirac) votam a favor de sua saída.

9 de novembro de 1975:
Morte do general De Gaulle.

20 de novembro de 1975:
Morte de Franco.

1977: Petição de intelectuais e filósofos franceses a favor da revogação de diversos artigos da lei sobre a maioridade sexual.

6 de agosto de 1978: Morte de Paulo VI.

26 de agosto de 1978: João Paulo I é eleito papa.

28 de setembro de 1978:
Morte suspeita de João Paulo I.

16 de outubro de 1978:
João Paulo II é eleito papa.

setembro de 1978: Foucault vai a Teerã e elogia o novo regime dos mulás.

1979: A revolução iraniana expulsa o xá do poder e nele coloca o aiatolá Khomeini.

10 de maio de 1981: François Mitterrand é eleito presidente da República.

1983: François Mitterrand renuncia ao socialismo e decreta rigor.
26 de abril de 1986: Catástrofe nuclear de Chernobyl.
14 de fevereiro de 1989:
Salman Rushdie é condenado à morte pelo Irã khomeinista por ter escrito um romance.
26 de fevereiro de 1989:
Manifestações na França contra Salman Rushdie.
9 de novembro de 1989:
Queda do Muro de Berlim.
2 de agosto de 1990: Os Estados Unidos deflagram a primeira Guerra do Golfo.
1991: Fim do Império soviético.
25 de dezembro de 1991:
Gorbatchev é demitido. Desmantelamento da União Soviética.

4. A potência desterritorializada – rumo à civilização planetária

11 de setembro de 2001:
Desabamento do World Trade Center em Nova York.
12 de setembro de 2002:
Discurso de Colin Powell na ONU.
2003: George Bush pai decide empreender uma guerra "preventiva" contra o Iraque. A França segue os Estados Unidos.
2 de abril de 2005: Morte de João Paulo II.
19 de abril de 2005: Bento XVI é eleito papa.
2005: A Sagrada Família é declarada patrimônio da UNESCO.
2006: Criação do Estado Islâmico a partir da Al-Qaeda.
12 de setembro de 2006:
Protesto no mundo inteiro após o discurso de Bento XVI em Ratisbona.
7 de novembro de 2010:
Bento XVI consagra a Sagrada Família, embora esta permaneça até hoje inacabada.

março de 2011: Por iniciativa do presidente Sarkozy, a França bombardeia a Líbia.

2 de maio de 2011: Assassinato de Bin Laden.

janeiro de 2013: Início da Operação Serval.

28 de fevereiro de 2013:
Bento XVI renuncia ao papado.

13 de março de 2013:
O cardeal Bergoglio, jesuíta, adota um nome franciscano ao ser eleito papa.

20 de junho de 2014:
Abu Bakr al-Baghdadi se autoproclama califa.

7 de janeiro de 2015:
Atentado contra o *Charlie Hebdo*.

8 de janeiro de 2015:
Morte dos irmãos Kouachi. Amedy Coulibaly mata uma jovem policial.

9 de janeiro de 2015:
Amedy Coulibaly faz reféns num supermercado *kosher*.

13 de novembro de 2015:
Atentados em Paris.

14 de julho de 2016: Atentado islamita perpetrado pelo tunisiano Mohamed Lahouaiej Bouhlel na Promenade des Anglais, em Nice, causa 86 mortes.

26 de julho de 2016: O padre Hamel é degolado por dois islamitas durante a missa em Saint-Étienne-du-Rouvray, na Normandia.

outubro de 2016: Presidente da República com passado socialista, François Hollande, afirma em *Un président ne devrait pas dire ça* que "existe um problema com o islã, é verdade, disso ninguém duvida". E, na sequência: "Como evitar a divisão? Porque é isso que está acontecendo: uma divisão".

BIBLIOGRAFIA

Introdução – Potência e decadência

Li para este livro talvez mais do que para qualquer outro. Com *Cosmos*, propus fazer uma limpa nas bibliotecas, distinguindo os livros que afastam do mundo, para nos afastarmos deles, dos livros que aproximam do mundo, para nos aproximarmos deles.

Com este volume, sugiro as leituras que permitem ir além. O índice das obras citadas diz de que fontes me abasteci. Propor-se a dar sentido a dois mil anos de história de civilização judaico-cristã significa privar-se da possibilidade de entrar em detalhes. A miniatura tem seus encantos, mas também tem seus limites, assim como a epopeia.

Proponho aqui a leitura apenas dos livros sem os quais este livro não se teria tornado livro.

*

A filosofia da história é tão velha quanto a filosofia. Dediquei parte de meu doutorado a Spengler. Mas *A decadência do Ocidente* é demasiado mecanicista para mim, embora seu vitalismo me convenha: uma força ateia faz a História, isso é evidente, e, para mim, ela começou bem antes do homem (com o colapso de uma estrela...), mas não faz a história segundo um esquema que se repita escrupulosamente em todas as civilizações. No geral, toda vida, desde as estrelas até as civilizações, passando pelos homens, pressupõe nascimento, ser, crescimento, potência, acme, degenerescência, senescência, deliquescência, decadência e morte, mas não no particular.

O livro que me inspirou, em compensação, foi o de Samuel Huntington, *O choque de civilizações e a recomposição da ordem mundial*, desprezado em seu lançamento pela *intelligentsia* parisiense, para a qual nomear o que é ou o que pode advir é ser responsável pelo real e pelo que advém. Para esse grupo seleto, bastava afirmar que não existia choque de civilizações para que ele não existisse, nunca tivesse existido e nunca viesse a existir! Trata-se da velha patologia da negação, cujo mecanismo analisei em *O real nunca existiu: o princípio de Dom Quixote*, um mal que acomete prioritariamente os intelectuais de Saint-Germain-des-Prés.

Devo destacar o papel de Nietzsche, com sua "vontade de potência", de Bergson, com seu "impulso vital", de Deleuze e seus "fluxos de intensidade" na organização do meu discurso. Esses três pensadores vitalistas são extremamente úteis para a elaboração de uma filosofia da história.

*

Em virtude de um estranho paradoxo, a questão da decadência é tratada com frequência por otimistas que acham possível entravar o movimento, o que não raro os leva a um discurso, se não conservador, ao menos reacionário – no sentido etimológico: eles querem restaurar uma antiga ordem. Já o pessimista enxerga o pior e condena tudo que advém. Julien Freund dedica metodicamente um capítulo a cada um dos autores que abordou essa questão em *La décadence* [A decadência].

Não me sinto nem otimista (vendo o real melhor do que ele é), nem pessimista (vendo o real pior do que ele é), e sim trágico (procurando ver o real tal como ele é). Motivo pelo qual me identifico com o adágio spinozista, que não nos convida nem a rir nem a chorar, mas a compreender. Quando se tenta pensar a decadência, não há como não ter por modelo Edward Gibbon e seu *Declínio e queda do Império romano*. Gosto desse autor por sua capacidade de abranger com largueza, manter o distanciamento, propor uma leitura que não finge que as ruínas das grandes civilizações decaídas não têm nada a nos dizer para compreendermos nosso presente, por sua lucidez trágica, seu sopro poético e sua arte de mostrar como termina uma civilização e de que modo outra assume seu lugar.

Devo mencionar aqui a obra de Lucien Jerphagnon que, como se sabe, foi quem me iniciou na filosofia antiga, ou seja, na filosofia. *Vivre et philosopher sous les Césars* [Viver e filosofar sob os Césares] e *Vivre et philosopher sous l'Empire chrétien* [Viver e filosofar sob o Império cristão] sempre estiveram comigo. O método e a inteligência de Jerphagnon me guiam.

De certa forma, meu *Métaphysique des ruines* [Metafísica das ruínas], que analisa a pintura ruinística de Monsù Desiderio, era como o propileu dessa meditação sobre as ruinas. O *Tratado de ateologia* dá os detalhes, que não retomei neste livro, sobre a invenção de Jesus, o papel de Constantino e de sua mãe, Helena, na transformação em religião dessa seita construída exclusivamente sobre o Verbo de um texto, o Pentateuco.

PARTE I – OS TEMPOS DO VIGOR

1. Nascimento – A invenção de uma civilização

A bibliografia acerca de Jesus é considerável: a que considera Jesus um mito é irrisória. Remeto o leitor a Prosper Alfaric, *Jésus a-t-il existé?* [Jesus existiu?], e, com o mesmo título, um livro de Georges Las Vergnas. E também Iosif Kryvelev, *Du sens des Évangiles* [Do sentido dos Evangelhos]; Arthur Drews, *Jésus a-t-il vécu? Controverse religieuse sur le mythe du Christ* [Jesus viveu? Controvérsia religiosa sobre o mito de Cristo]; e o último livro de Paul Louis Couchoud, *Le Dieu Jésus* [O Deus Jesus], que está mais para um homem paulatinamente divinizado do que para um Deus paulatinamente humanizado.

2. Crescimento – A força da fé

Constantino, ao converter-se, cristianizou o Império. É surpreendente que esse homem não tenha sido objeto de mais livros. Remeto o leitor a Robert Turcan, *Constantin en son temps: le baptême ou la pourpre?* [Constantino e seu tempo: batismo ou púrpura?]. Há outras biografias, e são apologéticas. Da mesma forma que a biografia de Helena, sua mãe: Hélène Yvert-Jalu, *L'impératrice sainte Hélène: à la croisée de l'Orient et de l'Occident* [A imperatriz Santa Helena: no cruzamento de Oriente e Ocidente]. Mais de dez anos atrás, no *Tratado de ateologia*, eu clamava por uma ateologia enquanto ciência – sonho impossível...

Também não existem textos históricos sobre Eusébio de Cesareia, igualmente captado somente por penas apologéticas. Por exemplo, o abade Victor Hély e seu *Eusèbe de Césarée: premier historien de l'Église* [Eusébio de Cesareia: primeiro historiador da Igreja]. Eusébio, no entanto, é o primeiro intelectual a serviço do poder judaico-cristão. Do próprio Eusébio: *La politique de l'Empire chrétien* [A política do Império cristão], seguido de *Louanges de Constantin* [Louvores a Constantino].

O concílio foi o instrumento doutrinal da Igreja. Disponho de uma edição do *Dictionnaire portatif des conciles* [Dicionário portátil dos concílios] que se revelou extremamente útil.

Os Pais da Igreja foram o instrumento filosófico da Igreja. Dois volumes utilizados nos seminários para a formação dos padres me foram muito preciosos: Fulbert Cayré, *Patrologie et histoire de la théologie* [Patrologia e história da teologia]; além dos dois volumes de *L'Orient chrétien* [O Oriente cristão], de monsenhor C. Lagier: *Des apôtres jusqu'à Photius: de l'an 33 à l'an 850* [Dos apóstolos a Fócio: do ano 33 ao ano 850], vol. 1; *De Photius à l'Empire latin de Constantinople: de l'an 850 à l'an 1204* [De Fócio ao Império latino de Constantinopla: do ano 850 ao ano 1204], vol. 2.

A mitologia dos numerosos mártires cristãos é desconstruída em Glen W. Bowersock, *Rome et le martyre* [Roma e o martírio]. Marie-Françoise Baslez publicou *Les persécutions dans l'Antiquité: victimes, héros, martyrs* [As perseguições na Antiguidade: vítimas, heróis, mártires], com uma parte intitulada "L'invention du martyre" ["A invenção do martírio"]. A ela devemos igualmente a organização de um excelente trabalho intitulado *Chrétiens persécuteurs: destructions, exclusions religieuses au IVe siècle* [Cristãos perseguidores: destruições, exclusões religiosas no século IV]. Trata-se de um autêntico trabalho de historiador num terreno inédito.

Não causará surpresa, portanto, a pouca seriedade do livro de Paul Veyne, professor honorário do Collège de France, *Quando nosso mundo se tornou cristão (312-394)*, dedicado a Lucien Jerphagnon. Normalista, ex-comunista, professor universitário, amigo de Michel Foucault, reconhecido especialista em mundo antigo, Veyne escreveu sobre Constantino:

> Ele não perseguiu os pagãos, não lhes negou a palavra, não os desfavoreceu na carreira: se os supersticiosos se querem condenar, estejam à vontade; os sucessores de Constantino também não os coagiram, deixaram sua conversão a cargo da Igreja, que usou mais de persuasão do que de perseguição.

E, adiante: "Afirmamos que Constantino deixou os pagãos e os seus cultos em paz". E também: "Em suma, Constantino praticamente [*sic*!] respeitou seu princípio dogmático de tolerância". Por fim, respondendo à questão apresentada no título, ele faz uma afirmação espantosa, depois de elogiar o amor promovido pela nova religião: "Por esse amor, pelo esplendor de seu Senhor e por uma concepção sublime do mundo e do homem é que a nova religião se impôs". Já idoso, Paul Veyne mais parece querer granjear os favores de um Deus que não existe do que realizar um autêntico trabalho de historiador!

No entanto, sabemos ao menos desde 1924, ou seja, seis anos antes do nascimento de Paul Veyne, que papel coube à violência, à brutalidade, à perseguição, à soldadesca, e não à verdade intrínseca da mensagem bíblica, na cristianização do Império. Remeto o leitor a Auguste Bouché-Leclercq, *L'intolérance religieuse et la politique* [A intolerância religiosa e a política].

Quem procura uma leitura realmente racional e uma resposta histórica ao devir cristão do Império deve ler Marie-Françoise Baslez, *Comment notre monde est devenu chrétien* [Como nosso mundo se tornou cristão]. Essa mesma historiadora organizou uma obra coletiva intitulada *Les premiers temps de l'Église: de saint Paul à saint Augustin* [Os primeiros tempos da Igreja: de São Paulo a Santo Agostinho].

*

Os primeiros cristãos, antes que essa seita se tornasse religião, foram verdadeiros casos patológicos. Eric R. Dodds, com seu *Païens et chrétiens dans un âge d'angoisse* [Pagãos e cristãos numa era de angústia], mostrou de maneira magnífica o fundo neurótico em que caíra a civilização romana antes de ser substituída pela civilização judaico-cristã. Esse livro também diz muito sobre nossa época...

Peter Brown mostrou a mesma coisa ao se interrogar sobre a patrística em *Corpo e sociedade: o homem, a mulher e a renúncia sexual no início do cristianismo*. A obra completa de Brown merece ser lida, sobretudo sua biografia de Agostinho, *Santo Agostinho: uma biografia*.

O saudoso Jacques Lacarrière, homem livre como poucos, escreveu dois livros agradáveis e inteligentes, cultos e originais sobre o tema:

Padres do deserto: homens embriagados de Deus e *Les gnostiques* [Os gnósticos]. Ver também *Règles de moines: Pacôme, Augustin, Benoît, François d'Assise, Carmel* [Regras de monges: Pacômio, Agostinho, Bento, Francisco de Assis, Carmelo].

*

Sobre o Islã. É fácil formar uma opinião desvinculada da ideologia islamófila ou islamofóbica indo diretamente às fontes: *O Alcorão;* os *hadiths* do profeta Al-Sîra, *Al-Sîra: le Prophète de l'Islam raconté par ses compagnons* [Al-Sira: o profeta do Islã segundo seus companheiros]; e uma biografia do Profeta escrita por Ibn Hicham, *La biographie du Prophète Mahomet* [A biografia do profeta Maomé]. Para os mais apressados, há o sintético e acertado *Maomé, a palavra de Alá*, de Anne-Marie Delcambre (Desclée de Brouwer, 1999).

Debrucei-me igualmente sobre os quatro densos volumes de El-Bokhari, *Les traditions islamiques* [As tradições islâmicas]. Essas mais de 2.500 páginas reúnem as tradições proféticas de El-Bokhari, um autor do século IX que compila e comenta uma grande quantidade de *hadiths*, um texto que os sunitas situam logo em seguida ao Corão.

Independentemente da divindade de Maomé, aprende-se ao menos o que ele disse e fez, o que permitirá falar sobre o islã com conhecimento de causa. A não ser que se pense como crente, o que é algo bem diferente...

*

A ficção cristã só pôde existir graças ao recurso e concurso da arte, que serviu inicialmente para dar corpo e rosto a um Jesus conceitual, a sua pretensa família, a seus supostos atos e gestos, a seus hipotéticos contatos com pessoas.

Por isso o interesse de se ler sobre a querela que opôs, sob Bizâncio, os que defendiam o ícone, a imagem, e os que os rejeitavam, alegando que perpetuavam o fetichismo pagão dos ídolos. A controvérsia é pouco estudada, e os poucos estudos a seu respeito são sempre bastante técnicos. Remeto o leitor a André Grabar, *L'iconoclasme byzantin* [O iconoclasmo bizantino], com ilustrações muito interessantes; Pascal Boulhol, *Claude de Turin: un évêque iconoclaste dans l'Occident carolingien. Étude suivie de l'édition du Commentaire sur Josué* [Cláudio de Turim: um bispo iconoclasta no Ocidente carolíngio. Estudo seguido do Comentário sobre Josué]; Marie-France Auzépy, *L'histoire des iconoclastes* [A história dos iconoclastas].

*

O politicamente correto afirma que a Europa não seria nada sem a contribuição do Islã. Sylvain Gouguenheim desconstrói essa mitologia em *Aristote au mont Saint-Michel* [Aristóteles no Monte Saint-Michel], mostrando que, na verdade, é o contrário, pois "o Oriente muçulmano deve quase tudo ao Oriente cristão" (p. 101). Não foram os *árabes muçulmanos*, portanto, que traduziram os autores da Antiguidade do árabe para o grego, ou para o latim, e sim, a partir do século VI, e até a Idade Média, os *árabes cristãos siríacos* é que traduzem o grego para o latim. O autor mostra que, no século XII, João de Veneza traduziu Aristóteles no Monte Saint-Michel e, graças a sua escolástica e filosofia, possibilitou o Ocidente cristão. É desnecessário dizer que o livro foi desancado pelos jornalistas do politicamente correto, que viram nele uma bomba islamofóbica, um historiador revisionista, um pensamento rançoso e nauseabundo etc. O fato é que, lendo esse livro muitíssimo bem documentado, é difícil ver que argumentos poderiam ser apresentados em contrário. Insultar não basta - ou não basta mais.

3. Potência - A violência da religião

A Idade Média foi um período de grande clareza somente para quem gosta das extremas sutilezas da teologia católica, dos intermináveis arabescos da escolástica. A razão era para ela o instrumento das crenças em Deus, sem dúvida, mas também no diabo. O discurso sobre Deus vale tanto quanto o discurso sobre o Maligno. As pessoas acreditavam nele tanto quanto acreditavam em Cristo ressuscitado no terceiro dia após sua morte e sentado no Céu, à direita do Pai.

Os julgamentos de animais mostram que a razão estava a serviço da desrazão: Jean Réal, *Bêtes et juges* [Bestas e juízes], e os estudos de Michel Pastoureau, sobretudo *Une histoire symbolique du Moyen Âge occidental* [História simbólica da Idade Média ocidental] e *Le roi tué par un cochon* [O rei morto por um porco].

Os julgamentos por bruxaria também mostram que a razão servia à desrazão. Nicolau Eymerich e Francisco Peña, em *Directorium Inquisitorum: O manual dos inquisidores,* Bernardo Gui em *Manuel de l'inquisiteur* [Manual do inquisidor] e o anônimo que permitiu a Louis Sala-Molins compor seu *Dictionnaire des inquisiteurs* [Dicionário dos inquisidores] estão repletos de filosofia, raciocínios, argumentações, sofística, retórica. Henri Maisonneuve publicou *Études sur les origines de l'Inquisition* [Estudos sobre as origens da Inquisição], que são notáveis.

Ainda sobre os julgamentos por bruxaria, não faltaram argúcias e referências filosóficas a Heinrich Institoris e Jacques Sprenger para condenar à fogueira muitas mulheres que as pessoas queriam transformar em bruxas. Ver *O martelo das feiticeiras.*

As cruzadas, por fim, também atestam que a razão estava a serviço da desrazão. Mais do que as histórias das cruzadas, prefiro remeter a biografias: Pierre Aubé, *Saint Bernard de Clairvaux* [São Bernardo de Claraval], e Jean Flori, *Pierre l'Ermite et la première croisade* [Pedro, o Eremita, e a Primeira Cruzada].

Recomendo, além disso, os cronistas, mas o leitor deve ter em mente que todos exageram e puxam a brasa para sua sardinha: Geoffroi de Villehardouin e Robert de Clari, *Ceux qui conquirent Constantinople* [Os que conquistaram Constantinopla] e, a visão do outro lado, Amin Maalouf, *As cruzadas vistas pelos árabes.*

PARTE II – OS TEMPOS DO ESGOTAMENTO

1. Degenerescência – A desconstrução racional

A Renascença se inaugura quando Poggio descobre um exemplar do grande poema filosófico *Da natureza das coisas*, de Lucrécio, num mosteiro de Fulda, em janeiro de 1417. Antecedido por Petrarca, Poggio descobre textos da Antiguidade e mostra que existe uma filosofia, uma visão do mundo e das coisas, uma política, uma física que não são cristãs – obviamente, já que se trata de pensamentos pré-cristãos. Essa fonte pré-cristã vai possibilitar a saída paulatina do cristianismo e, com o tempo, a entrada numa era pós-cristã. De Poggio, remeto o leitor a *Les ruines de Rome* [As ruínas de Roma] e *Les facéties* [As facécias].

Em *A virada: o nascimento do mundo moderno*, Stephen Greenblatt relata essa aventura de forma muito erudita e rigorosa, mas num tom romanesco e quase cinematográfico, sem nunca sacrificar a precisão e a história. O resultado é absolutamente original, e muito eficaz. Um grande filme poderia ser tirado dessa aventura filosófica.

A partir de então, o cristianismo sofreu muitas fissuras. Um século antes de Lutero, o boêmio Jan Hus propõe uma reforma do catolicismo. Termina na fogueira em 1415. Richard Friedenthal escreveu a biografia intelectual desse importante desconhecido, depois do qual a reforma luterana pouco acrescentou, além da popularização de suas teses: *Jan Hus, hérétique et rebelle* [Jan Hus, herético e rebelde].

Raoul Vaneigem escreveu a história dos hussitas, os partidários de Jan Hus, em *La résistance au christianisme: les hérésies des origines au XVIIIe siècle* [A resistência ao cristianismo: as heresias das origens ao século XVIII]. A ele devemos também um volume da coleção "Que sais-je?": *As heresias*.

*

A literatura sobre os etnocídios resultantes da conquista de terras não cristãs pelos cristãos é bastante farta. Não faltam biografias de Cortés, Colombo, Las Casas e Sepúlveda. Destaco *Le rêve mexicain* [O sonho mexicano], de Jean-Marie G. Le Clézio, um texto de forte impacto.

A polêmica entre Las Casas e Sepúlveda sobre a forma de considerar os habitantes das Américas é de impressionar. Ler: Bartolomeu de Las Casas, *La controverse entre Las Casas et Sepúlveda* [A controvérsia entre Las Casas e Sepúlveda] e, *cum grano salis*, o relato de Bartolomeu de Las Casas, *Brevíssima relação da destruição das Índias*. Indispensável: Louis Sala-Molins, *Le code noir ou le calvaire de Canaan* [O código negro ou o calvário de Canaã].

Descobri a mentira de Montaigne, que diz ter-se encontrado com os brasileiros em Rouen, mas esteve com eles em Bordeaux, na excelente biografia de Philippe Desan, *Montaigne: une biographie politique* [Montaigne: uma biografia política]. O filósofo temia reavivar uma mágoa do rei, que fora mal recebido em Bordeaux, ao lembrá-lo do episódio bordelês, de modo que deslocou o encontro para Rouen e registrou essa ficção em seus *Ensaios*! Considerava-se que a biografia do filósofo era bem conhecida, mas esse livro mostra que não. Jean-François Dupeyron não concorda com essa tese em seu (ainda assim) interessantíssimo *Montaigne et les Amérindiens* [Montaigne e os ameríndios]. O capítulo "Sobre os canibais" dos *Ensaios* é um divisor de águas na filosofia europeia: houve um antes e um depois de Montaigne. O Novo Mundo mostrou que existia um outro mundo, e que este não era cristão. O relativismo abriu uma larga fissura no Ocidente cristão.

*

A filosofia cumpre um papel essencial na laicização do pensamento: *O príncipe*, de Maquiavel, em 1532, o *Discurso da servidão voluntária* de La Boétie, em 1549, os *Ensaios* de Montaigne, entre 1572 e 1592, o *Discurso do método*, de Descartes, em 1637, a *Vida de Epicuro*, de Gassendi, em 1647 – o *Testamento* do pároco Meslier pôde chegar em 1729 e anunciar, pela primeira vez na Europa, a morte de Deus.

Os filósofos materialistas franceses cumprem um papel essencial na aceleração desse processo: Diderot e D'Alembert, d'Holbach, La Mettrie e Helvétius copiam o pároco Meslier sem nem sempre citá-lo. O fideísmo se transforma em deísmo e, a seguir, em ateísmo.

Rousseau publica *Emílio* e *Do Contrato social* em 1762. Sua obra propõe uma alternativa ética e política à moral cristã com uma ética deísta e à teocracia cristã com a democracia republicana. A crítica da modernidade, o elogio de Esparta, a exaltação do sentimento e do ressentimento que se encontram respectivamente no *Discurso sobre as ciências e as artes* (1750), no *Discurso sobre a origem e os fundamentos da desigualdade entre os homens* (1755) e nas *Confissões* (1782) tornam possível um rousseaunismo que se tornaria razão de Estado com Robespierre e seus seguidores.

2. Senescência – O princípio do ressentimento

A bibliografia sobre a Revolução Francesa enche bibliotecas inteiras. A leitura de *Les origines de la France contemporaine* [As origens da França contemporânea], de Hippolyte Taine, é que me abriu os olhos: por trás das grandes palavras, a História se fez com pequenos sentimentos – nesse caso, com paixões tristes e, entre elas, com ressentimento. Quando se falava em Fraternidade, muitas vezes era preciso entender vingança; quando se dizia Liberdade, era preciso entender punição; e, muitas vezes, quando se tratava de Igualdade, havia de se entender inveja. Renunciar à história lendária e mitológica da Revolução Francesa, que é lei desde a historiografia marxista-leninista de Soboul e Mathiez até Mélenchon, não significa necessariamente adotar teses contrarrevolucionárias!

Por outro lado, a Gironda[60], que foi caluniada por Robespierre e os seus, merece ser reavaliada enquanto possibilidade de uma revolução alheia às paixões tristes. A liberdade, a igualdade e a fraternidade enquanto paixões positivas eram o objetivo dos girondinos. Desenvolvo essa reflexão em *La force du sexe faible: contre-histoire de la Révolution française* [A

60 Partido político formado em 1791, e atuante no período revolucionário, que se opunha em alguns aspectos aos montanheses de Robespierre. [N. T.]

força do sexo frágil: contra-história da Revolução Francesa]. Devemos a Nietzsche a análise do homem ressentido, notadamente em *Genealogia da moral: uma polêmica*. Max Scheler analisa essa noção em *L'homme du ressentiment* [O homem do ressentimento]. Marc Ferro, historiador incontestavelmente de esquerda, publicou uma excelente análise intitulada *O ressentimento na história*. Para compreender o lugar que o islã político ocupa hoje na Europa, as categorias apresentadas nessa obra são uma maravilha. Antoine Grandjean e Florent Guénard organizaram um livro interessante, *Le ressentiment, passion sociale* [O ressentimento, paixão social]. Nesse mesmo espírito, uma abundante monografia sobre certa paixão triste que desempenha um papel crucial na história dos indivíduos e dos povos: *L'envie: une histoire du mal* [Inveja: uma história do mal], de Helmut Schoeck.

*

Se é verdade, como acredito, que os artistas estão à frente de sua época, não porque a anunciem e a façam, mas porque são sismógrafos que sentem os tremores iniciais, é bom dar uma olhada nas vanguardas do século XX que pregaram a destruição: Marinetti, no livro de Giovanni Lista, *Futurisme: manifestes, documents, proclamations* [Futurismo: manifestos, documentos, proclamações]; Tristan Tzara, *Poésies complètes* [Poesias completas]; Marcel Duchamp, *Duchamp du signe* e *O engenheiro do tempo perdido*; André Breton, *Manifestos do surrealismo*.

A destruição estética prefigurou a destruição política que encarnou o niilismo: Lênin, *Œuvres complètes* [Obras completas]; Trotsky, *Questões do modo de vida: a moral deles e a nossa*; Mussolini, *Œuvres et discours* (Flammarion, 1938); Hitler, *Minha luta*.

O que foram concretamente os campos niilistas: Margarete Buber-Neumann, *Prisonnière de Staline et d'Hitler* [Prisioneira de Stálin e de Hitler]; *Déportée en Sibérie* [Deportada para a Sibéria], vol. 1, e *Déportée à Ravensbrück* [Deportada para Ravensbrück], vol. 2. E, evidentemente, o livro monumental de Soljenítsin, *Arquipélago Gulag*. Só a título de informação: Camus, *O homem revoltado*.

A história do comunismo tem agora uma súmula, graças ao considerável trabalho de três mil páginas de Thierry Wolton: *Une histoire mondiale du communisme* [História mundial do comunismo]; vol. 1; *Les bourreaux* [Os carrascos], vol. 2; *Les victimes* [As vítimas], vol. 3; *Les complices* [Os cúmplices].

Sobre o nazismo: a biografia em dois volumes de *Hitler*, de Ian Kershaw, mostra a pessoa e a doutrina do ditador em sua interação biográfica e histórica. Um modelo britânico de pensamento alheio a ideologias, que rejeita tanto a tese liberal quanto a marxista. Ler, do mesmo autor: *Qu'est-ce que le nazisme?* [O que é o nazismo?]. Sobre a relação entre o Vaticano e o Terceiro Reich, ver Saul Friedländer, *Pio XII e a Alemanha nazi*.

3. Deliquescência – O niilismo europeu

A decisão dos Estados Unidos de destruir Hiroshima e Nagasaki não gerou um ódio global e duradouro ao país que cometeu conscientemente esse crime em massa. Günther Anders refletiu sobre esse evento com acuidade: *Hiroshima est partout* [Hiroshima está em toda parte], e *La menace nucléaire: considérations radicales sur l'âge atomique* [A ameaça nuclear: considerações radicais sobre a era atômica]. Karl Jaspers também refletiu sobre a questão do exército nuclear em *A bomba atômica e o futuro do homem*.

O cristianismo se vinha fissurando desde a Renascença e, paradoxalmente, a própria Igreja, pensando tapar as fissuras, alargou-as a ponto de colocar em perigo o edifício inteiro com o Vaticano II. Esse concílio dispensa a transcendência e o sagrado e confina o catolicismo na imanência de um moralismo politicamente correto. Deus é tratado por "tu", Jesus vira um amigo, o Santíssimo Sacramento é desprezado, e a congregação toca violão. Do que o interesse de se ler os documentos desse concílio: *Compêndio do Vaticano II*.

Em abril de 1961, Piero Manzoni põe à venda noventa latas de *Merda de artista*. Ler, de sua autoria: *Contre rien* [Contra nada]. Jean Baudrillard analisou o niilismo da arte contemporânea num artigo publicado no jornal *Libération*, e que depois ganhou forma de um livrinho intitulado *O complô da arte*.

O caso Rushdie é um marco importante no início do fim do Ocidente: por ter escrito uma ficção, um romancista foi condenado à morte por um Estado islâmico, o Irã, sem que nenhuma resposta política ocidental tenha sido dada em contrário. Ver a versão do próprio Rushdie em *Joseph Anton: memórias*. E também Ramine Kamrane, *La fatwa contre Rushdie: une interprétation stratégique* [A *fatwa* contra Rushdie: uma interpretação estratégica]; e Raphaël Aubert, *L'affaire Rushdie* [O caso Rushdie].

Sobre a Guerra do Golfo: Noam Chomsky, *La loi du plus fort: mise au pas des États voyous* [A lei do mais forte: enquadrando Estados delinquentes], de preferência a Jean Baudrillard, *La guerre du Golfe n'a pas eu lieu* [A guerra do Golfo não aconteceu]. Ler o excelente artigo de Deleuze e Schérer, *La guerre immonde* [A guerra imunda], publicado no jornal *Libération* em 4 de março de 1991, e retomado em *Dois regimes de loucos*.

4. A potência desterritorializada – Rumo à civilização planetária

Um papa pedir "demissão" não é muito comum. É preciso que haja razões muito fortes para justificar essa decisão. A leitura de Manuel II Paleólogo, *Entretiens avec un musulman: septième controverse* [Conversas com um muçulmano: sétima controvérsia], permite formar uma opinião sobre o *caso Ratisbona*, que acredito não ser alheio à retirada desse papa teólogo, filósofo e intelectual do mundo sujo da política. O texto do discurso de Bento XVI, *Fé, razão e universidade: recordações e reflexões*, está disponível no *site* do Vaticano (2006).

O "11 de Setembro" foi abordado por dois importantes filósofos, cada qual ao seu estilo: Jacques Derrida e Jürgen Habermas, *Filosofia em tempo de terror: diálogos com Habermas e Derrida*. Um pouco menos de metafísica e um pouco mais de política teriam enriquecido o debate.

O pensamento de Bin Laden – porque ele tem um pensamento – se encontra em *Al-Qaïda dans le texte* [Al-Qaeda no original], uma obra que reúne alguns escritos dos teóricos dessa nebulosa. Organização de Gilles Kepel e Jean-Pierre Milelli.

E, para concluir, o terrível texto de Abu Bakr Naji, *Gestion de la barbárie: l'étape par laquelle l'islam devra passer pour restaurer le califat* [Gestão da barbárie: a etapa pela qual o Islã deverá passar a fim de restaurar o califado], que anuncia o tom do que vem pela frente em matéria de relações entre o Islã de guerra e o Ocidente. Ninguém vai poder dizer que não sabia.

ÍNDICE ONOMÁSTICO

A

B

C

D

E

F

G

H

I

J

K

L

M

N

O

P

Q

R

S

T

U

V

W

Z

ÍNDICE DAS OBRAS

#

A

B

C

D

E

F

G

H

I

J

L

M

N

O

P

Q

R

S

T

U

V

Y

Z

ÍNDICE TEMÁTICO

#

A

B

C

D

E

F

I

J

K

L

M

N

O

P

S